朱慈蕴

中国社会科学院法学研究所民商法博士，清华大学法学院教授、博士生导师，清华大学商法研究中心名誉主任，中国法学会商法学研究会常务副会长，中国法学会经济法学研究会常务理事，深圳市法学会证券法学研究会会长。主要研究领域为商法学和经济法学，特别是对公司法的研究颇为深入，先后在《中国社会科学》《中国法学》《法学研究》等法学核心期刊发表论文百余篇，其中影响较大的论文包括：《公司法人格否认法理与公司的社会责任》《公司法人格否认法理与诉讼程序》《公司法人格否认：从法条跃入实践》《公司的社会责任：游走于法律责任与道德准则之间》《资本多数决原则与控制股东的诚信义务》《公司资本理念与债权人利益保护》《类别股与中国公司法的演进》《公司制度趋同理论检视下的中国公司治理评析》《股东违反出资义务应向谁承担违约责任》《中国影子银行：兴起、本质、治理与监管创新》《差异化表决制度的引入与控制权约束机制的创新——以中日差异化表决权实践为视角》《论中国公司法本土化与国际化的融合——改革开放以来的历史沿革、最新发展与未来走向》《公司资本制度的后端改革与偿债能力测试的借鉴》《中国公司资本制度体系化再造之思考》《“资本显著不足”的适用与研判：理论、实证与规则》《无面额股制度引入我国公司法路径研究》《股东出资义务的性质与公司资本制度完善》《ESG的兴起与现代公司法的能动回应》《有限责任公司全面认缴制该何去何从？》等；公开出版了《公司法人格否认法理研究》《公司法原论》《公司法人格否认制度理论与实践》《公司内部监督机制——不同模式在变革与交融中演进》《全球化与本土化互动中的公司制度演进》等专著。主持国家社科基金、教育部、司法部、最高人民法院、中国证监会、原中国保监会、中国证券登记结算公司、上海证券交易所等多个课题。其中2018年国家社科基金一般课题《公司资本制度再造与债权人利益保护研究》（18BFX126）获得优秀结项（2021）。

曾作为公司法修改专家组成员，直接参与了2005年公司法的修改。2019年，全国人大常委会法工委启动了修改公司法的工作，继续作为公司法修改专家组成员，同时作为法工委委托的公司法修改三个课题之一的负责人进行相关研究。曾多次参加各部委行政法律法规的讨论。

曾获得全国第二届杰出中青年法学家提名奖（1998年）；专著《公司法人格否认法理研究》获北京市第六届哲学社会科学二等奖（2000年）、第四届吴玉章奖优秀奖（2002年）、第三届中国高校人文社会科学研究优秀成果三等奖（2002年）、第二届钱端升法学研究成果奖三等奖（2008年）；论文《资本多数决原则与控制股东的诚信义务》获中国法学会第一届中国法学优秀成果奖论文类三等奖（2008年）；专著《公司法人格否认制度理论与实践》获中国法学会第二届中国法学优秀成果奖二等奖（2011年）；论文《类别股与中国公司法的演进》（第一作者）获得第七届钱端升法学研究成果奖二等奖（2018年）。

当代中国法学名家

朱慈蕴教授

一、个人简介

朱慈蕴，女，1955年生，安徽泾县人。中国社会科学院法学研究所民商法博士，清华大学法学院教授，深圳大学法学院特聘教授（2021年1月—2023年12月），深圳市法学会首席法律咨询专家（2022年至今），曾任最高人民法院咨询员（2015—2019年）。自2001年中国法学会商法学研究会成立之始，出任副会长兼秘书长（2001—2015年），现任常务副会长（2016年至今）。2022年深圳市法学会证券法学研究会成立，出任首任会长（2022年至今）。

回顾其学习工作经历，朱慈蕴教授堪称从会计、经济专业向法学专业华丽转身的成功案例。在1972年没有恢复高考的年代，朱慈蕴教授为了能多读书，放弃可以直接就业工作的机会,而选择就读天津财经学校的商业会计专业，获得中专文凭。毕业后直接进入天津劝业场这一著名的天津零售商业巨头，并在财务科从事财务工作，掌管全商场的资金调度。1977年恢复高考时，朱慈蕴教授非常幸运地成为首届大学生，依然学习商业经济与会计专业，获得经济学学士学位。1982年初大学毕业留校任教，从事政治经济学的教学工作，这一学科必须紧密联系改革开放的实践，而改革开放的深化与经济建设的高速发展，更离不开法治社会的保驾护航。这正是促使其关注经济体制改革与法治建设发展的根源所在，也激发了其学习法律的热情。朱慈蕴教授利用业余时间参加全国自学考试，自修了法律本科的所有内容，并在天津财经大学创设经济法教研室、法律系、法学院，从事法学教育工作。为了提升本人的法律专业素养，其报考了中国社会科学院法学研究所的民商法博士，并跟随著名商法学教授王保树先生研习商法、公司法，开启了商法学专业的教学科研之路。尽管“半路出家”研习法律，但却成功地实现了法律人的华丽转身。

在朱慈蕴教授的教学科研生涯中，她认为能在清华大学刚刚恢复法学院之际加盟并与来自全国多所学校的知名学者一起共事，实为幸事，亦为其兼收并蓄法学大家的研究特色、开阔眼界，提供了难得的机遇。在清华大学法学院工作期间，朱慈蕴教授作为访问学者赴美国密歇根大学法学院研修，并多次赴澳大利亚国立大学法学院、新南威尔士大学法学院、西悉尼大学法学院、新加坡大学法学院进行访学。

朱慈蕴教授在其导师王保树教授的带领下，于2001年发起成立了清华大学法学院商法研究中心，创设了享誉全球的21世纪商法论坛。该论坛从2001年始连续举办国际学术研讨会，迄今已举办21届（2020年、2021年暂停），聚集了境内外百余名著名的商法学者，研讨的主题均为商法理论与实践中的热门话题，对中国的商法发展乃至全球的商法发展作出了重要贡献。而朱慈蕴教授自始参与该中心的组织活动，曾任副主任、主任多年，现为该中心名誉主任。

朱慈蕴教授曾作为公司法修改专家组成员，直接参与了2005年《公司法》

的修改。2019年，全国人大常委会法工委启动了修改《公司法》的工作，她继续作为《公司法》修改专家成员，也作为法工委委托的《公司法》修改三个课题之一的负责人进行相关研究。同时，还多次参加各部委行政法律法规的讨论。

朱慈蕴教授主持了多项课题，其中有国家自然科学基金项目、国家社科基金项目、司法部项目、教育部人文社科项目、全国人大常委会法工委项目，亦有来自最高人民法院、中国证监会、原中国保监会、中国法学会、上海证券交易所、中国证券登记结算公司等的课题，其中2018年国家社科基金项目——《公司资本制度再造与债权人利益保护研究》课题，结题评审结果为优秀。

朱慈蕴教授曾获得多项奖励：荣获全国第二届杰出中青年法学家提名奖（1998年）；专著《公司法人格否认法理研究》获北京市第六届哲学社会科学二等奖（2000年）、第四届吴玉章奖优秀奖（2002年）、第三届中国高校人文社会科学研究优秀成果三等奖（2002年）、第二届钱端升法学研究成果奖三等奖（2008年）；论文《资本多数决原则与控制股东的诚信义务》获中国法学会第一届中国法学优秀成果奖论文类三等奖（2008年）；专著《公司法人格否认制度理论与实践》获中国法学会第二届中国法学优秀成果奖二等奖（2011年）；论文《类别股与中国公司法的演进》（第一作者）获得第七届钱端升法学研究成果奖二等奖（2018年）；论文《公司资本制度的后端改革与偿债能力测试的借鉴》获得广东省第十届社会科学优秀成果二等奖（2024年）。

二、学术研究

朱慈蕴教授在1998年获得中国社会科学院法学研究所民商法学博士学位后，正式展开了她的学术生涯。在此之前的研究虽能与市场经济的发展、法治社会的建设、国企改革的深入、改革开放的推进密切相关，但还属于研究的起步阶段。朱慈蕴教授在学术之路上砥砺前行的重要支柱是给予其攻读博士学位机会的中国社科院研究生院的培养，是其导师王保树教授的指引。在近30年的学术生涯中，朱慈蕴教授在《中国社会科学》《中国法学》《法学研究》等中外法学刊物发表论文百余篇，出版专著《公司法人格否认法理研究》《公司内部监督机制——不同模式在变革与交融中演进》《公司法人格否认制度理论与实践》《公司法原论》《全球化与本土化互动中的公司制度演进》《公司法理论、实践与改革——以公司资本制度与债权人利益保护为中心》等多部著作，也主编、副主编多部教材。其主要研究方向和代表作如下：

（一）公司法人制度的本质及其演进方向

公司作为法律拟制人，虽无四肢和大脑，但通过内部组织架构与一系列的治理机制，实现了公司法人对外经济行为的有序进行，亦衡平了与公司组织密切相关的各类群体的利益关系，使公司充满活力。朱慈蕴教授在做博士学位论文选题“公司法人格否认制度”时，就对公司法人的本质进行了充分研究，在其专著《公司法人格否认法理研究》中对此着墨甚多。此后在《有限责任公司法修改与提高中小企业竞争力——公司自治抑或政府规制？》《转型中的公司法的现代化》《必须尊重和维护公司的独立人格》《公司法人格否认法理与公司的社会责任》《公司的社会责任：游走于法律责任与道德准则之间》《ESG的兴起与现代公司法的能动回应》等多篇论文中，都从公司独立人格的视角进行了分析。特别是在《公司法原论》这本专著中，更是设公司独立人格制度的专篇对公司独立人格的基本特征与现代化修正进行了全面阐释。

众所周知，公司制度本身具有四大基本特征或者说四大优势，且这四大优势并非故步自封，一成不变，而是不断地通过自我修正以保持法人制度的真正优势。一是法人性，强调公司作为独立人格，与其股东人格相独立，公司财产与股东财产相分离。股东入资公司的财产归公司享有，是公司从事独立经营和对外独立承担责任的物质基础。因此，当我们强调公司的独立人格之法人性时，就意味着股东的责任锁定在出资范围之内。股东的有限责任是吸引投资者使用公司这一投资利器最重要的原因，虽然当股东不尊重公司独立人格、滥用股东有限责任时会导致公司法人格被否认，但正是这一修正维护了公司法人制度应有之义，亦彰显这一制度的正当性与正义性。二是营利性，强调公司设立的目的是追求营利性，这是公司的生存之道，也是股东投资获取经济利益回报的期盼。当然，公司法鼓励公司实现营利目标，但从来都反对不择手段逐利，更不赞同只有股东是公司营利的获益者。近年来公司应当承担社会责任，兼顾公司员工、债权人、交易伙伴、消费者等多重利益群体的利益关系。三是社团性，强调公司由复数成员组成，其优势之一就是能够将众多投资者集合于公司法人之下，并通过精密的组织安排，实现公司决策、经营、管理与监督的制衡，亦可以称为众多成员（股东）之间的相互监督，任何成员即便是大股东都不能视公司为自己获利的私器。虽然近年来一人公司盛行，但一人公司仅为公司形态中的特例，其可以随时恢复复数股东的状态，并且公司法亦会通过特别制度安排弥补社团性缺失导致的监督制衡机制失灵。如我国《公司法》要求一人公司股东面对债权人追索时，要自证其自身财产与公司财产是相互独立的，否则要揭开公司面纱直接向债权人承担责任。四是永续性，强调公司制度可以使好公司“长生不老”，因为它实现了股东转让股权（股份）的退出无涉公司资本（资产）的减少而使公司得以继续存在。公司可以永续当然激发了人类提升公司声誉的动力，因为创设好公司的一切努力都可以在老字号的公司品牌中得到回报，最终能为人类社会带来永葆技术创新的百年好公司。而坚持公司的法人性，将是现代公司法必须坚守的基本面。

公司法人制度作为一项人类社会的重要发明，不仅其内含机制的各项优势已为历史证明，而且其可以自主地回应社会实践的需要，充分展现了其极大的适应性。以21世纪展开的环境、社会和公司治理（ESG）运动而言，ESG要求所有的企业都应当以良好的公司治理结构，承担资源有效利用与环境保护的重任，尽到社会公民应担当的社会责任。这些要求与公司生存之道具有极高的契合度，何尝不是公司制度内涵的本质？正如《ESG的兴起与现代公司法的能动回应》一文所言，ESG与现代公司法的演进方向具有一致性，皆在追求可持续发展之目标，其将在“有限责任”与“两权分离”之后，成为促进公司永续发展的新制度工具。

（二）揭开公司面纱的研究奠定了学术地位

1995年，朱慈蕴教授考入中国社会科学院法学研究所攻读民商法博士学位，在导师王保树教授的指导下，将“公司法人格否认法理研究”作为其博士学位论文题目，进行了全面深入的研究。选择这一题目与当时的中国公司实践中发生的一些滥用公司独立人格的案件有关，如果不能遏制这种现象，将对公司制度的健康发展不利。而揭开公司面纱规则就是20世纪初滥觞于西方国家的一种判例法规则，即通过司法审判矫正公司人格被滥用的不良后果。现在回头来看，这是一个非常成功的选题，奠定了朱慈蕴教授的未来学术之路。朱慈蕴教授博士毕业当年就在《中国法学》《法学研究》《法商研究》《法律科学》《法学评论》等法学核心期刊集中发表了5篇论文，同时出版了《公司法人格否认法理研究》专著，不仅获得学界的好评，为其带来了很多荣誉，而且也将揭开公司面纱的制度快速推广开来，让许多债权人学会用这一利器维护自己的合法权益。此后，朱慈蕴教授在这一领域的研究更多地结合司法实践，陆续又发表了相关论文10余篇。还主持了最高人民法院的重点调研课题《关于完善法人格否认制度的调研》，并出版了第二本相关著作《公司法人格否认制度理论与实践》。最重要的是，该项研究成果极大地影响公司立法，最终在2005年修法时成功地反映在第20条条文中，实现了学术研究的最高价值。朱慈蕴教授关于“公司法人格否认”的研究，大致集中在如下几个方面：

首先，关于公司法人格否认法理的制度价值。如前所述，公司法人制度是一项重要的发明，其优势就在于赋予公司组织以拟制的独立人格，独立进行意思表示，独立对外从事交易，独立承担责任。股东虽然是公司的创设者，是公司经营最终决策人，是公司利益的直接受益者，但其责任却被锁定在出资范围内，由此也激发股东的投资热情。正因为公司独立人格与股东有限责任是公司法人的基石，因此立法者或者司法者轻易不会否认公司独立性，让股东承担公司对外的责任。然而，公司法人格否认恰恰是要否认公司的独立人格和股东有限责任，让公司股东直接面对债权人的追索。这样的规则是否会动摇公司法人制度的基础？朱慈蕴教授认为，揭开公司面纱事后通过追究股东责任来矫正失衡的股东与债权人的关系，可以填补公司法人制度被股东滥用而导致的残缺。它只是一时一事否认公司的独立性，让股东直接向债权人负责，而非永久地否认公司法人制度。它的制度价值在于其可以修补股东滥用公司独立人格而导致的公司法人之墙上的千疮百孔，恢复这道墙或者面纱的完整性。如若无视股东滥用公司独立人格而不去修补与纠正，公司法人之墙终将毁于一旦。

其次，关于公司法人格否认的适用要件。（1）涉及揭开公司面纱之诉主体当事人：一方面为有权起诉的当事人，即公司的债权人，且该债权已经确定。债权人有自愿债权人（合同债权人）与非自愿债权人（侵权债权人）之分，前者因其自愿选择与公司进行交易而获得了解公司经营风险的机会，尤其对公司资本显著不足十分清楚，因此会导致对自愿债权人适用揭开公司面纱规则时从严把控。但非自愿债权人因公司侵权受到损害而与公司产生交集，其无法预见公司风险并进行事先防范，因此应当从宽把握适用这一规则的条件。例如，公司资本显著不足通常被认为是股东创设公司时投入的资产不足，面对非自愿债权人，仅这一种滥用行为就可以导致揭开公司面纱，因为公司资本显著不足使得公司无法弥补各种侵权给受害人带来的损害。但对自愿债权人来说，因其有机会事先采取担保等方式防范公司资本显著不足的风险，故而此种情形一般不会仅以此要件就揭开公司面纱。另一方面是被诉对象，应为实施滥用行为并获利的股东，包括实质股东或实际控制人。（2）滥用行为要件，这在司法实践中是认定难度比较大的问题。第一就是资本显著不足的判断问题，特别是在现行《公司法》已经实行全面认缴制的背景下，也使资本显著不足变得更加复杂。朱慈蕴教授认为，资本显著不足强调“显著”二字，一方面应与同行中相同规模的企业相比较，另一方面要以股东认缴额为基数来认定资本显著不足。第二是人格混同，包括人员混同、业务混同、财产混同等，其中财产混同最为法院关注。财产混同不仅包括财务混同、资产不分，更需注意公司和双控人之间的交易频率，关注资产和利益流向。第三是过度控制，即由于股东过度控制，股东会或董事会完全听从控制股东的意志，或者股东不开会，导致公司股东会、董事会形同虚设。以上三种类型，只是理论上的一种归纳，实践中股东滥用公司独立人格的具体表现十分复杂，有些赤裸裸，有些很隐晦，但基本上可以看到，控制股东与公司之间财务往来频繁，期间不可避免会出现利益或财产从公司不当地流向股东的情况。因此，应当将这种财产利益不当流动作为一个特征来判断。（3）结果要件，即股东滥用公司独立人格导致公司不能对外偿债，此时才需要揭开公司面纱，让公司背后的股东对债权人直接负责。如若公司还能偿债，则股东滥用公司人格而非法获利，须由其内部追责或股东代表诉讼予以追究。

再次，关于公司法人格否认在特殊场景下的适用。第一种场景是一人公司场景。一人公司不仅因单一股东具备自己投资即可设立公司的资本实力，同时也因其单一股东不必处理复杂的股东关系而受到青睐。我国《公司法》在2005年允许设立一人有限公司，而2023年《公司法》又承认了一人股份公司，就是对实践的回应。但公司复数股东的一个重要功能就是股东之间的相互监督，任何股东都不能利用自己的控制力而将公司视为自己获取私利的工具。但是，因不存在股东之间的相互制约机制，一人公司的股东与公司的人格相互独立十分困难，股东滥用公司独立人格的现象更为普遍。为此，《公司法》在承认一人公司合法地位的同时，也对一人公司有特别要求。如新《公司法》第60条要求一人公司不设股东会，一人股东行使股东会职权作出决定时，应当采用书面形式，并由股东签名或者盖章后置备于公司。而最重要的是新《公司法》第23条依然保留了“只有一个股东的公司，股东不能证明公司财产独立于股东自己的财产的，应当对公司债务承担连带责任”的规定，这是一把悬在一人股东头上的利剑。当然，朱慈蕴教授特别强调，司法实践中对一人公司揭开公司面纱的概率过高也是值得关注的现象，因为这将使一人公司立法的积极作用被消减殆尽。第二种场景是关联公司或公司集团中的运用。现代公司实践中，越来越多的创始人、投资人为了融资和隔离风险，采用关联公司或公司集团模式经营，实现了规模效应。但是也出现了大量控制股东或实际控制人为谋求其利益最大化，利用姐妹公司的关系，在姐妹公司之间转移财产、腾挪利益，让一家或几家姐妹公司利益受损而致其债权人无法获得清偿的情况。为此，朱慈蕴教授主持的最高人民法院2007年重点调研课题《关于完善法人格否认制度的调研》报告中就提出建议完善横向揭开公司面纱规则，而2023年修法采纳了这一建议，在第23条第2款中予以规定，意义重大。

最后，积极推动揭开公司面纱规则的立法进程。朱慈蕴教授注意到，我国公司制度的推广虽然时间较短，但是滥用公司独立人格和股东有限责任的现象却十分普遍。究其原因，一方面因为我国市场经济法律体系并不完善，特别是信用体系不足；另一方面也是因为作为市场经济发展的后起之秀，我们引入的公司制度已经是西方国家几百年实践中逐步放松事先管制、更多采用事后救济的模式。但我国因袭大陆法系国家传统，习惯于成文法主导司法审判，所以，如何面对大量滥用公司人格行为，成为我国司法实践的重大课题。事实上，将揭开公司面纱这一滥觞于西方国家的判例法规则引入中国来应对公司实践中广泛存在的滥用公司独立人格行为，十分必要和紧迫。朱慈蕴教授除在之前的论著中已经多次探讨揭开公司面纱规则的立法路径外，还特别在2005年初专门发表论文《我国〈公司法〉应确立揭开公司面纱规则》，强调揭开公司面纱立法之必要性与可行性。值得欣慰的是，2005年底通过的《公司法》在第20条第3款以及第64条明确了公司法人格否认规则，后者主要针对一人公司的特定场合，这其中朱慈蕴教授的研究成果贡献极大。尔后在2007年朱慈蕴教授带领清华大学的博士、硕士主持的最高人民法院重点调研课题《关于完善法人格否认制度的调研》中，更是全面研究公司法人格否认规则在司法审判中如何具体适用，指导意义非常大。可以说，朱慈蕴教授作为中国"公司法人格否认"制度研究最权威的专家，其很多研究成果都已经转化为公司法立法和司法解释，是理论研究服务于立法、司法以及公司实务的成果典范。

（三）公司资本制度演进的方向与规制原则

公司资本制度是朱慈蕴教授公司法人格否认专题之外的又一个着墨较多的研究重点。这一方面可能源于其经济学会计学背景产生的对公司资本制度具体内容的敏感度，另一方面是因为揭开公司面纱作为保护债权人的一项规则，自然而然地就会关注到资本制度的变化。朱慈蕴教授发表的与公司资本制度相关的论文有10篇之多，可以分为两个阶段：一是2005年之前，重点关注资本管制缓和与债权人保护；二是2018年以来，重点关注公司资本制度的创新与守成。

第一，关于公司最低资本额与管制缓和。公司最低资本额通常由法律作出规定，即设立公司必须投入不少于法定最低资本额的出资，才符合公司成立条件。例如我国1993年《公司法》不仅要求法定最低资本额，而且还区分不同行业进行规定，从10万元到50万元不等。对于法定最低资本额的功能为何？人们普遍认为是为了保护债权人，但朱慈蕴教授很早就注意到，法定最低资本额不具有保护债权人的功能，它仅仅是公司设立的门槛，是投资人可以运用公司这一工具的最低资本要求，与保护债权人利益没有直接的关系。早在2004年，朱慈蕴教授就在《法定最低资本额制度与公司资本充实》《正确理解法定最低资本额的功能》等文章中详细分析了法定最低资本额的功能、作用与实效，提出公司法可以放弃法定最低资本额要求，那只是一个不切实际的僵化的数字而已。2005年在《公司资本制度的缓和化趋势与债权人利益保护》《公司资本理念与债权人利益保护》等文章中，进一步揭示公司资本与债权人利益保护的关系，特别强调要放松公司资本管制，降低乃至放弃法定最低资本额，以鼓励投资者投资创业。2005年10月底颁布的《公司法》，最大亮点就是资本制度的缓和。

第二，关于正确认识认缴制的功与过及加速到期制度。我国《公司法》自2005年修法以后，不仅大大降低设立公司的门槛，而且还允许股东分期缴纳出资。其后在2013年工商登记制度改革中，《公司法》进一步修正资本制度，彻底放弃法定最低资本额，并完全放开股东认缴出资的任何限制。特别是全面认缴制，在鼓励大众创业、万众创新的同时，其弊害也逐渐暴露，表现在大量的巨婴公司诞生以及公司出资虚化，还导致股东出资义务被事实上架空以及公司信用崩盘。然而，对于全面认缴制的弊害，应否予以矫正，学界观点分歧很大，其中一个观点就认为，全面认缴制是公司法赋予出资人的期限利益，因此不可以通过强制性规则或股东之间约定予以“剥夺”，“加速到期”规则就违反了股东享有的期限利益。对此，朱慈蕴教授全面解构认缴制，强调认缴制没有改变股东出资的法定义务，只是给予股东出资期限选择的灵活性。如果全面认缴制的完全放任危害到公司资本的安全与公司偿债能力，则股东的认缴约定必须让位于其法定出资义务，需要通过“加速到期”制度约束股东的出资。关于股东出资义务之约定性与法定性以及相互关系，朱慈蕴教授在《清华法学》发表的《股东出资义务的性质与公司资本制度完善》一文中进行了深入系统的分析，强调公司作为社团法人，其独立应对债权人的诉求而无须股东负责，皆因股东对公司真实出资履行了出资义务。虽然全面认缴制将股东获得的期限利益放到极致，但其仍有边界，即以保持公司具有清偿能力为边界，才能维护股东的期限利益。若公司没有清偿能力时，则股东出资义务的约定性必须服从法定性而加速到期。对于加速到期制度，朱慈蕴教授特别强调，这是公司法上特有的制度，不同于破产法中的“加速到期”，要以公司资不抵债完全丧失清偿能力为前提，且必须受全体债权人公平受偿机制的约束，不得对个别债权人进行个别清偿。公司法上的加速到期是与认缴制伴生的规则，只要保留认缴制，加速到期就十分必要。公司法上的加速到期，不仅可以在公司不能清偿债务时向股东提出，也可以在公司经营需要时向股东提出。就后者而言，更是与公司是否破产无关。当然，修正全面认缴制的弊害，除了加速到期制度外，还有限制认缴期限等规则。2023年《公司法》修改就一改之前对股东认缴期限完全不限制的做法，要求认缴期限不得超过5年。如何对存量公司适用5年认缴期的规定，是新《公司法》实施面临的非常严峻的现实问题。对此，朱慈蕴教授也发文进行讨论，并提出采用过渡期的对策。

第三，关于公司资本制度体系化建设的必要性与对偿债能力测试规则的认知。我国自1993年颁行《公司法》以来，为了鼓励投资，公司资本制度的放松管制一直是关注的焦点，如从降低公司法定资本额到完全放弃，从保留首付20%的分期缴纳出资到全面认缴制，从只有机器厂房设备、工业产权、土地使用权到股权债权均可出资，等等，都是在放松管制。但是随着我国市场经济的快速发展，科学技术与创新突飞猛进，企业融资模式也越来越多元化，越发凸显我国公司资本制度的不足。比如，许多高科技创新型企业在发展成长过程中需要大量资金支撑，而一些不懂技术甚至不参与公司管理的财务投资人为了防范投资风险，往往采用对赌协议的方式进行投资。如果企业发展顺利并能成功上市，则财务投资人可以通过资本市场退出，实现财务投资的目的。但若公司未成功上市，或没有实现其他目标，此时要求公司回购，在我国《公司法》下必须通过减资程序才能实施，难度很大。如此的一刀切，以对赌协议方式融资就会障碍重重。这表明，我国公司资本制度还需要对后端进行改革，否则新的融资方式就无法实现。朱慈蕴教授早就注意到，我国《公司法》对资本维持十分重视，一般不允许公司资本非正常减损，特别是向股东进行的各种“分配”，如分红、回购、减资、财务资助、不公平的关联交易等。对这些行为，我国《公司法》通过立法分门别类地进行规制，公司实施各种行为都有必要条件，不符合条件的分配被严格禁止，只允许极少情形下的例外。如上面提到的对赌协议引发的公司回购就不属于例外情形，因此要依赖公司减资程序推进，若债权人有异议，公司就需要提供有效担保或者提前偿债，显然加大了公司负担。如果此路不通，对赌协议约定的目标就无法实现，又违反了契约自由精神。事实上，具有大陆法系传统的我国《公司法》，对公司向股东进行各类“分配”行为进行规制，始终采用事先分别规范的模式，好处是规范明确，但僵化与过度管制始终存在，加上各种分配行为的规制条件并不统一，容易导致钻漏洞行为。而美国创设的偿债能力测试，可以应对所有向股东进行利益输出的“分配”行为。偿债能力测试的标准主要有：资产负债表测试、净资产测试以及现金流量测试等标准，结果都是要保证在未来一定时期（如1年、2年等）公司可以偿付债务且保持持续经营能力，公司即可对股东进行“分配”，否则不可以。当然，近年来还加入了董事声明，意即董事们要对自己的判断承担相应后果。这一模式的最大优势是，将名目繁多的分配行为统一归入偿债能力测试，并不事先进行管制，有利于实事求是地处理公司向股东进行分配的各项事宜，具有高度的灵活性与针对性。朱慈蕴教授通过《公司资本制度的后端改革与偿债能力测试的借鉴》一文，详尽、全面地介绍了美国“偿债能力测试”规则的演进，以及其他国家对该规则不同的借鉴模式，有助于我国学界、立法界和司法界增进认知，并进一步探讨我国未来引入借鉴该规则的可能性和路径。在另一篇呼吁我国应当引入无面额股制度的文章中，朱慈蕴教授提及发行无面额股后公司将自主决定公司股本与公积金的比例，未来还需要对公积金制度进行改革，让公司对股东进行分配时具有更多可用资金，创造引入偿债能力测试的背景条件。此外，在另一篇重磅论文中，朱慈蕴教授更是大声疾呼，我国公司资本制度应当关注体系化建设，前端主要着力于缓和的资本规则的进一步完善，后端的重点在于偿债能力测试的逐步引入，摆脱一刀切、僵化地管制公司资产（利益）向股东流动的各种分配行为，实现公司自治。而在资本制度体系化建设过程中，提升董事信义义务将成为非常重要的因素，应当予以关注，包括公司资本（资产）的信息披露需要强化，也就是说，公司资本制度能否完善，还与公司治理是否完善密切相关，这就是公司资本制度体系化建设的含义。

第四，关于公司资本信用与资产信用之争。随着公司资本制度的不断缓和，人们越来越觉得公司资本的重要性在下降。交易对手决定是否与公司进行交易，当然不能只看资本，更重要的是看资产。于是学界提出了资产信用的概念。理论上讲，公司资本（股本）是股东投入形成，反映的是股东获得股权（股份）的对价，最重要的表达在于股东出资（包括实缴与认缴）才能以股东身份控制公司，才能实现以自己的“小投资”撬动整个公司的“大资产”的杠杆效应。它以静态数据的形式标注于资产负债表的股本项下，对公司资本负债表的贡献并不绝对。而公司资产，涵盖了股东、所有债权人的投入以及经营收益的沉淀，包括这些投入形成的各类具体资产。公司资产的表达十分复杂，不仅有总量与净值的数据反映，更有具体资产形态的优劣表达。对公司资产的观察必须全面又具体，才能得出公司资产质量的初步印象。与公司资本是静态数据不同，公司资产是动态数据，每一时点都会发生变化，因此对公司资产，不仅在交易的初始阶段要考察，而且要持续性地监控。作为长期研究公司资本问题的学者，朱慈蕴教授认为，资本信用与资产信用各有各的功能与用途，不能以资本信用取代资产信用，反之亦然。因此，厘清资本信用与资产信用，意义重大。在其出版的《公司法理论、实践与改革——以公司资本制度与债权人利益保护为中心》一书中，朱慈蕴教授全面论述了这一问题。

（四）公司治理

公司治理对公司而言，是其良性生存的重要保障。朱慈蕴教授在公司治理方面的研究同样有许多成果。主要集中在以下几个方面：

第一，关于控制股东及其规制问题。早在20世纪末，朱慈蕴教授就关注到中国公司实践中普遍存在的控制股东问题。2001年其在《法制日报》上撰文，从公司独立人格的角度讨论控制股东问题，并开始深入探讨控制股东的义务问题。该文除了强调出资义务外，还提出控制股东要履行尊重公司独立人格的诚信义务，不得滥用控制权谋私利，其中以控制股东而非控股股东为对象进行讨论，意义很大。而朱慈蕴教授在《法学研究》上发表的《资本多数决原则与控制股东的诚信义务》，标志着对控制股东信义义务研究的开端，具有创新性和前瞻性，对后续的相关研究影响很大。该文认为，由于公司股东会是公司最高权力机关，对公司重大事项具有决策权，而资本多数决的表决机制决定了控制股东对公司决议的形成影响很大，因此要求控制股东在行使自己的表决权时，除追求自己利益最大化外，不得对公司及其他股东造成损害，即负有诚信义务。在该文中，朱慈蕴教授还深入分析了控制股东诚信义务的法理依据之一是资本多数决机制。公司作为团体法人，其股东会以资本多数决方式形成决议，控制股东通常持股比例较高，享有的表决权相对就多；而中小股东持股比例较少，表决权也少。因此，公司决议通常根据控制股东的意志形成，小股东的意志无法被体现，还必须依据少数服从多数的团体表决机制而受到公司决议的约束，导致了事实上小股东将自己的表决权信托给了大股东。为此，为了防止控制股东肆无忌惮滥用自己的多数权利谋求私利，甚至不惜损害公司或其他股东利益，将信义义务施加于控制股东，令其行使多数权利时，不得将自己利益置于公司利益和其他股东利益之上。

近年来，对于控制股东甚至实际控制人的规制研究越来越深入，我国

2005 年《公司法》最著名的第 20 条第 1、2 款就是对控制股东诚信义务的要求。若大股东仅追求自身利益最大化而置公司利益或小股东利益于不顾甚至损害，就属于滥用控制权，小股东享有代表公司诉讼或为自身利益受损而主张获得救济的权利。而 2023 年《公司法》修改，对控制股东、实际控制人的规制更加完善，不仅将股东的信义义务单独规定，有禁止滥用权利亦有滥用权利之后果，还增加了影子董事、事实董事的相关规定，形成对控制股东、实际控制人的全方位约束。当然，朱慈蕴教授还提出若能将实际控制人纳入揭开公司面纱规则中，将更加完美。

第二，关于独立董事制度。朱慈蕴教授在我国也是非常早研究独立董事制度的学者之一。早在 2002 年就撰文呼吁我国要引入独立董事制度，在比较独立董事与我国传统的监事会在监督机制的优劣后，强调我国上市公司应当引入独立董事制度，而非上市公司不强制实施独立董事制度。这是因为，一方面上市公司的公众性特征，要求监督必须独立，而独立董事来自公司外部，比监事会主要成员来自股东具有更大的独立性，有利于上市公司实施有效的监督管理，有助于形成良好的公司治理。另一方面，上市公司通常是规模较大的行业翘楚，参与国际竞争与贸易的机会更多，而国际上的公司监督模式以独立董事为主流。我国引入独立董事，有利于我国企业规则与国际接轨，有助于鼓励我国企业走出去和吸引外资进来，使我国企业在参与国际竞争时无制度上的障碍。对于我国应如何引入独立董事规则，朱慈蕴教授亦提出应注意的若干问题。这些观点，也已为上市公司治理准则、独立董事管理办法吸收。

在《公司内部监督机制——不同模式在变革与交融中演进》这部专著中，更是从现代公司治理不断失灵，引发对公司监督模式的灵魂拷问；进而在如何加强监督管理，避免董事会、管理层或者实际控制人滥用权利，全球公司制度形成了独立董事与监事会两种监督模式，并对两种监管模式各自的演进历程与功能比较进行了深入全面的分析；在此基础上根据我国公司法的立法模式，两种监督模式都予以保留，从而分别就独立董事与监事会制度建设提出了建议。当然，在该专著中，朱慈蕴教授还特别提出，加强公司治理，监督机制的完善是关键。公司中除了独立董事（包括审计委员会等）或者监事会各自制度的完善外，在公司内部还应当强化股东的监督功能与职工的监督作用，国家投资的公司还有党的领导与监督。这些不同的监督机制目标一致，相互补充，相互配合，形成一张有效的监督网络，才能打造出高质量的好公司。

第三，关于公司自治的维护问题。

首先，朱慈蕴教授认为，从宏观角度讲，公司自治与政府管制相对应，一个法治社会一定会给予公司充分的自治空间，提高企业的竞争力，而不是事事处处都由政府审批或者监管，否则企业就没有活力。就微观而言，公司作为经营主体，各自成立目的、从事经营的范围、规模大小等皆不相同。用一部公司法就将所有公司纳入统一模式，是不符合公司主体个性化的基本特性的。因为无论是公司法还是公司章程，他们都是不完全合同。这需要赋予公司更多的自治空间，才能使公司灵活地顺应市场的变化。特别是公司章程，作为公司自治的宪章，如果从形式上分成两部分，组织大纲与内部细则，前者应当登记在册对外公示，必须经严格程序予以修改；后者主要用于公司内部管理，修改程序简便灵活。这样有助于公司拥有足够的自治空间，凸显个性化。

其次，关于公司采用差异化表决机制的讨论。在《差异化表决制度的引入与控制权约束机制的创新——以中日差异化表决权实践为视角》一文中，朱慈蕴教授与日本的神作裕之教授以中日差异化表决权制度的不同，强调引入差异化表决机制以及对控制权进行约束的重要作用。朱慈蕴教授认为，公司制度在创设之初即以股东平等、股东至上为基本原则，表现为同股同权、一股一票、重大事项由股东会决策、股东表决权未经法定或者本人同意不得限制、严格的程式规则保障以及少数服从多数的资本多数决等。但是近些年来，许多高科技企业的诞生与快速发展，不仅依赖高科技手段的不断进步和经营模式的现代化，更关乎巨额融资的成功。但巨额融资却可能导致创始人或者创业者丧失对企业的控制权，于是创始人开始寻求股份的差异化表决，通过限制其他出资人的股份表决权或者增加自己股份表决权，以实现成功融资与自己控制权不被稀释的双重目标。在差异化表决制度兴起的过程中，优先股是最先被广泛采纳的，但优先股的高回报、高收益和优先清算的特性毕竟在一定程度上推高了公司的融资成本。于是一些企业开始寻求发行双重表决权股，以创始人持有的股份一股多个表决权，其他股东持有的股份依然保持一股一权。经过长期的实践，终于被公司法接受。与传统的公司应当平等对待所有股东、同股同权同利、一股一票的公司治理结构相比较，差异化表决机制因能够契合创新型企业在实现巨额融资的同时，还能保持创始人控股结构的稳定，而为大量的新兴科技公司追捧。当然，差异化表决机制如果不加约束，其对股东平等的冲击将是致命的。该文就是希望通过中日差异化表决制度的不同，相互借鉴，相互学习。比如，日本《公司法》的类别股种类多达9种，我国基本是两大类，优先股和双重表决权股；日本《公司法》规定了详尽的类别股股东大会制度，这有助于对类别股中的弱势一方进行保护。而我国在类别股股东大会制度上基本空白。当然，我国的双重表决权股在上市公司中允许保留，要比日本这一制度未明确规定更进一步。该文对我国完善类别股制度意义重大，也影响到2023年《公司法》修改，例如，新《公司法》增加了类别股股东大会制度，有助于减缓类别股的实施对股东平等原则构成的冲击。此外，朱慈蕴教授认为，类别股制度的引入表明中国《公司法》的进步，是现代公司法的应有内容。

（五）公司并购与重组的研究

公司并购重组，一直是公司法学者理论研究的洼地。之所以如此，一是因为公司并购与重组非常复杂，涉及多方当事人，亦涉及多种利益群体的利益平衡，还有周期长的特点。二是因为并购案不仅涉及法律问题，更多的是金融、财务、评估的问题，涉及多个专业领域。因此，一般公司法学者不太敢涉足于此。由于与台湾政治大学法学院进行“企业并购”专题交流，朱慈蕴教授与我国台湾地区学者方嘉麟教授共同发起了我国大陆（内地）、我国台湾地区、我国香港特区、我国澳门特区的亚太地区企业并购竞赛，该赛事每年举办一次，迄今为止已经举办了11届，我国内地（大陆）8所学校的学生与我国香港特区、我国澳门特区、我国台湾地区的8所学校的学生同台竞技，效果很好。为此，朱慈蕴教授持续性地关注这一领域的学术动态。

首先，关于中国资本市场的股权分置改革。在中国资本市场发展历程中，最值得称道的一件事就是2004—2006年的股权分置改革。在此之前，中国的资本市场是割裂的、不完全的，即一家上市公司流通股与非流通股并存，流通股股价市场化，而非流通股因不能流通而始终保持原始价。这种股权分置的现象导致一系列弊害，流通股与非流通股的动机、目标皆不同。2004年从试点开始进行股权分置改革，主要通过非流通股（基本上都是法人股，大股东持有）给流通股一定的对价，来换取非流通股的上市流通权利。在股权分置改革过程中，为了给流通股一个可以接受的对价，非流通股创造了一些新的估值模式和计价方法。而对价能否被接受，要经流通股股东大会与非流通股股东大会分别2/3多数决通过才可实施。对股权分置改革，朱慈蕴教授撰写的论文《对大陆股权分置改革的回顾与法律思考》在我国台湾地区发表，其中对类别股股东大会制度的总结以及各种对价方案对此后资本市场上的公司并购与重组的影响，作了精辟的分析。

其次，对公司并购中的换股并购给予肯定。换股并购，是指在并购案中，收购方以自己的股份与被收购方的股东换股，由此达到较少的现金流就可以实现更大规模的企业并购。而在换股并购中，涉及换股估值是否公平合理，对不接受换股对价的股东给予的现金选择权是否公平合理，以及反对股东还能不能行使异议股份回购请求权等法律问题。此外，换股并购方式还涉及三角并购、反三角并购模式，对此，我国《公司法》并没有相关规定。朱慈蕴教授认为，公司法学者应当更多地进行学习和研究，也提出自己的一些见解。朱慈蕴教授认为，我国企业并购中发展出来的现金选择权这一制度值得认真研究。回顾现金选择权的演进，开始时监管部门担心收购人、大股东欺负小股东，强制要求在公司并购中，凡换股并购者必须在约定换股比例的同时给一个现金选择权，以便让反对股东可以顺利退出。因此，现金选择权初始时被认为是一种异议股东回购请求权的替代。由于企业并购案周期比较长，这期间股市的波动也会影响上市公司的股价，导致小股东对并购案中是否继续留在被并购的公司中犹豫不决。为了让自己进退自如，索性在召开股东会讨论并购案时，小股东先表达反对，在自己手中保留一个现金选择权可以随时退出的机会。但如果绝大多数的小股东都行使反对权，并购案本身就胎死腹中了。因此，后来不再要求未来选择现金权退出的股东一定要投反对票，这样使小股东利益保护与收购方案顺利进行之间达到平衡。但又提出一个问题，即现金选择权是不是异议股份回购请求权？说它是，可它不要求行权者一定要有异议。说它不是，那就意味着有异议的股东还可以向公司提出异议回购请求权。但异议回购请求权最核心的内容是让异议股东获得合理对价体面退出公司，此时的对价会不会就是现金选择权的价格呢？这一问题值得我们进一步探讨。

（六）对金融法律制度的关注

现代经济生活离不开金融，朱慈蕴教授关注金融领域的问题，是从金融机构的监管模式选择开始的。2007 年应邀在《月旦民商法》发表论文《中国大陆金融监管之现状与发展——分业经营、分业监管到混业经营的监管走向》，指出在分业监管的模式下，难以应对混业经营的现状，监管模式必须要改变，一种是实行混业监管模式，一种是实行功能性监管。无论何种模式，都需要突破监管职权割裂、监管机构各自为政的现状。今天看，中国金融监管机构的变化已经证明了朱教授建议的可行性。

朱慈蕴教授在长期关注金融监管的过程中，发现金融控股公司已经在我国大量存在，但却没有相关立法予以规制，是金融业混乱的根源之一。在2013年金融控股公司的不完全统计中，以从事某一金融业务为主的金融控股公司占70.8%，由实业公司主导的金融控股公司占29.2%。在对金融控股公司进行详细统计时发现，2017年共有金融控股公司131家，其中央企37家，地方国企48家，民企46家。在这131家金融控股公司中，拥有4块及以上金融牌照的共计61家，其中央企29家，地方国企22家，民企10家。有23家央企、42家地方国企、16家民企是由金融资本逐渐发展出的金融控股公司，而另外的14家央企、6家地方国企、30家民企都由产业资本跨界形成。在经营模式方面，19家央企、41家地方国企、33家民企采用纯粹型金融控股公司的模式，母公司不负责具体业务，只负责投资和持股。但是，一些银行系统，采取的仍然是事业型金融控股模式。由于分业监管与金融控股公司模式下的金融混业经营之间的不适应，加之金融过度发展，在金融领域也是乱象丛生，如互联网金融不断爆雷、影子银行规模过大等风险也逐步暴露。朱慈蕴教授指出，我国未有专门的《金融控股公司法》，仅以金融业的单行法律规定了银行、证券、保险等金融行业的金融公司的设立条件，我国对金融控股公司的管理亟待加强。关于金融控股公司的规定，唯一的依据2005年《公司法》关于控股公司的零星规定认为，控股公司是一种符合《公司法》要求的公司类型，但没有针对金融业的控股公司之规定，因此，任何公司都能够合法地组建金融控股公司、实现混业经营。不仅金融行业公司可以组建金融控股公司，非金融行业的其他产业公司也可以组建金融控股公司，金融控股公司的准入门槛几乎没有特别的立法限制。金融控股公司法律准入条件缺失的结果是：我国金融控股公司的设立比较混乱，除了金融纯粹控股公司、金融事业控股公司外，还出现了很多产业纯粹控股公司，也有一些由产业资本控股金融企业的产业事业控股公司。鉴于金融控股公司准入条件失范可能引发的上述不利结果，实有必要制定金融控股公司的准入条件，因此，朱慈蕴教授多次在各种场合呼吁制定专门的《金融控股公司法》。2018年3月的政府工作报告强调加强对互联网金融、影子银行以及金融控股公司的监管。直至2020年9月，正式发布了《国务院关于实施金融控股公司准入管理的决定》及《金融控股公司监督管理试行办法》，客观上讲离《金融控股公司法》还有一段距离。

朱慈蕴教授在金融领域的又一研究成果是关于中国影子银行的治理。由于金融实务中普遍的混业经营以及监管长期以来的部门化、分业化，产生了金融分业监管下的监管缝隙、监管滞后与监管套利，这成为中国影子银行快速膨胀的推手。在2016年朱慈蕴教授组织团队承担了中国法学会的金融方阵课题，专门研究中国影子银行的现状与治理问题。课题组通过参考大量文献，进行了大量的实证研究，发现影子银行过度膨胀的主要原因有两点：首先，由于我国的金融监管体制一直按照资本市场与货币市场的不同类型进行分业监管，而影子银行的金融交易因具体形态、种类不同，呈现偏向于货币交易，抑或资本交易，或者兼而有之的不同特点，分业监管措施无法对应多主体、多元化、多工具、多通道的影子银行，从而形成监管缝隙或者监管空白，加之影子银行通常在脱媒和去中心化下完成，信用功能错配风险就可能被数倍放大。其次，影子银行因为监管不到位，在野蛮生长的过程中又与金融创新“难舍难分”，导致金融监管者难以辨别影子银行的真面目，不能及时地进行有效监管，或者过度处罚，又抑制了金融的正常发展。为了防止影子银行的“灰犀牛”风险，朱慈蕴教授带领的团队提出：一是金融监管措施的创新：以功能监管、弹性监管为监管措施主轴。二是明确监管职责：发挥金融稳定发展委员会的统一协调功能。三是建立持续性监管——事前监督与事中、事后监督并举。四是将金融消费者保护放在首位，这是治理影子银行措施中的利器。围绕影子银行如何进行治理的问题，朱慈蕴教授组织了多场专题研讨会，向中央有关部门递交了3份要报，还有一些研究成果最终以专题论文的形式在《清华法学》公开发表，社会反响非常好。

我国资本市场与证券法的发展密切相关。早在20世纪80年代，在中央和地方政府的支持下，一些股份公司尝试发行股票，仅到1989年，全国发行股票的企业就达到6000多家，累计达人民币35亿元。其中，债券化的股票占90%以上，经正式批准的比较规范的股票发行试点企业有100多家，当然也出现了与股票买卖、质押相关的业务。1990年底，上海证券交易所和深圳证券交易所相继正式成立，标志着我国资本市场的基本架构已经建立，不仅为很多企业的快速发展提供了融资渠道，更为1994年全面启动的国有企业公司制改革助力。同样，股份制企业的大量崛起与资本市场的建立，促进了相关证券法以及证券监管制度的发展，终于在1998年，我国《证券法》正式颁布。此后，伴随着中国资本市场的发展，证券法律制度也在不断完善，包括强化上市公司治理以及完善上市公司信息披露制度等。近几年来，我国的资本市场进行了一系列的改革，集融资与控制为一身的双重股权结构制度和注册制的试点，都在科创板中推出，并最终在2020年实施的新《证券法》中确立了注册制，这应当是商法与资本市场互动的又一例证。2023年2月17日，中国证监会宣布实行全面注册制，标志着中国式的资本市场再次步入发展的春天。在《中国式现代资本市场健康发展的路径探讨》一文中，朱慈蕴教授强调，中国式现代资本市场要成为服务实体经济的主要资金池，而注册制应成为中国式资本市场甄别好公司的推动力。其中信息披露将成为监管部门保障资本市场健康发展的重要抓手，同时将注册制与退市制度相结合才能使资本市场行稳致远，而夯实上市公司治理、助力好公司的成长是中国式资本市场的基础。

（七）商法基础理论

提到商法基础理论，必须要提到的就是开创和引领中国商法研究的泰斗王保树教授。在他的带领下，中国商法理论研究不仅进行得广泛、深入，而且已经形成一支非常具有活力的研究队伍。朱慈蕴教授作为王保树教授的亲传弟子，跟随导师学习多年，获益匪浅，有许多心得体会。

首先，关于商法的演进历史已经证明我国商法建设成就斐然。人类社会的发展离不开生产经营，离不开商事主体，只要有商事活动和商事主体的存在，就必然有商事法律制度。我国的商法发展历史充分说明了这一点。在《新中国商法的社会经济史》一文中，朱慈蕴教授认为，我国的商事法律制度应当是在改革开放之后才真正发展起来的。1978 年迎来了改革开放的春天，开始逐步对外开放国门吸引外资，学习外国的先进技术与管理。为了让外商在我国设立企业从事经营活动有法可依，获得法律保障，改革开放后第一部商事法律就是 1979 年颁行的《中外合资经营企业法》。而这部法律的出台，标志着我国商事立法开启了新征程。随着改革开放的推进，商事交易逐渐活跃、蒸蒸日上，商事主体也如雨后春笋般快速发展，商事法律制度也迎来立法的春天。《中外合作经营企业法》《外资企业法》《私营企业暂行条例》《企业破产法》《公司法》《证券法》《保险法》《票据法》《海商法》《商业银行法》《合伙企业法》等商事法律陆续出台，不仅是为商事活动制定规则，更重要的是为商事主体保驾护航。

商事立法的活跃也促进了商法学理论的探索。改革开放后我国转到以经济建设为中心，经济建设中的法律问题，也开始成为法学界集中讨论与研究的问题。从与经济发展相关的法律统称为“经济法”，到后来区分以调整平等主体之间法律关系为主的民法学与调整以政府监管市场主体经济活动、维护竞争秩序为主的经济法学，再到民法和商法的分野，都是经济体制改革时期我国法学界在理论上的探索历程的见证。我国商法理论研究从无到有，规模从小到大，理论从浅入深，其中既有商法基本原则、理念、功能、特征的探讨，更有以公司法为主，证券法、金融法、破产法等商法部门法的崛起。回顾商法的发展历程，朱慈蕴教授认为，商法是人类社会经济活动的重要法律制度，人类社会的每一个技术创新总是会提出新的问题要求商法去解决，商法必须能够快速回应经济社会。同时，时代的发展与技术的迭代，还要求商法具有前瞻性，进而为社会进步和经济发展创造广阔的空间。从这个意义上讲，商法总是走在社会实践的前面。在《中国法治实施报告（2023）》发布会上，朱慈蕴教授在主旨发言中明确指出，新时代10年以来商法实施成就斐然，表现在：商事立法构建了良好营商环境的基础；商事司法审判质量提升了良好的营商环境；运用行政力量引导来推进商法实施，助力良好的营商环境；而坚持对外开放促使我国商事交易更加活跃。当我们展望未来时，我国商事法领域应当会“风景这边独好”。

其次，《商事通则》的重要性。就商法的立法形式而言，在民商法领域一直存在争论。民法学者的多数观点认为，我国属于民商合一的传统，而2020年才颁布的《民法典》，就是依照民商合一的体例设计的，因此无必要起草商法典。而一部分商法学者认为，虽然我国有民商合一的传统，但商法的特殊性规则非常多，不可能都纳入民法典，特别是现行《民法典》并没有将商法的一些重要原则规定其中，只有单独起草《商法典》，才能全面反映商法的重要性，实现体系化建设，彰显商法的独特魅力。对此，朱慈蕴教授非常赞同王保树教授的观点，即在我国《民法典》颁行后，应当正视《民法典》民商合一的特色，以及已经颁布了大量商事单行法的客观事实，同时考虑20世纪末很多已经有《商法典》的国家进行的“瘦身运动”，将公司法、保险法、破产法等移出《商法典》，如日本的《商法典》。“瘦身”原因就是一方面商人受利益驱动，具有创新的动力，需要新法律与之相适应；另一方面商人受逐利性驱使而钻法律的漏洞，这导致商法必须不断地完善。显然，以典相称的法律具有稳定性，需要经常修订的法律不适宜法典化。那么，针对怎样填补商法的一些重要原则和一些无法以单行法立法的商事制度的空白，如营业转让规则、辅助商人制度等，王保树教授提出起草商事通则这一方案。对此，朱慈蕴教授坚定地支持这一方案。朱慈蕴教授认为，我国当前特别需要打造一部“商事通则”，它将有助于商事主体的规范和商事交易的有序，这在《民法典》颁行后显得更为重要：一是《民法典》采民商合一，涵盖了一些商事规则，但仍是以民事规则为主，商事单行法并没有包括在内，特别是缺少商事法特有的基本原则与基本概念。通过商事通则来涵盖商事法的基本原则，规定商主体和商行为等基本概念，有利于商事审判中对商事案件的判断与法律适用，并保障以商事思维审理和处理商事纠纷，理顺商事法律关系。二是商事通则既不是商法典，也不是商法总则，在立法内容上将以“通、统、补”为主。“通”：是指连接《民法典》与商事单行法之间的内容，如商事法的基本原则（外观主义原则、企业维持原则等），商事基本概念，如商人、商行为等；“统”：主要解决商事单行法的一些概念、规则不统一的问题，如营业的概念在很多法律中提到，但解释却各不相同。“补”：主要是填补商事单行法当中没有涉及的但单独立法也无可能的规则，如营业转让、商业使用人、商事账簿等。三是商事通则将成为商事法的灵魂，成为连接《民法典》(特别是民法总则）与商事单行法的桥梁。由于商事通则将规定商事法的基本原则、基本概念等基本商事理念，并填补一些缺失的规则，它将起到统领现行的商事单行法的作用，并为商事执法与商事审判提供清晰的商事规则，有助于培育商事思维，真正成为商事法的灵魂与架构商法与民法的桥梁。

最后，商事通则中的具体制度探究。一是关于商事登记问题。朱慈蕴教授在国内比较早地研究商事登记制度，其论文《我国商事登记立法的改革与完善》对商事登记制度的改革产生重要影响。该文认为，商事登记制度关乎商法中外观主义与公示主义两项基本原则的落实，对提升商事信用与交易快捷迅速关系重大。但是，长期以来，我国没有制定统一的商事登记法，亦没有商事通则予以统领，故而在具体商事登记制度政出多门的情形下，缺乏在主要内容上统一的标准与必须遵守的基本原则。特别是没有明确商事登记的基本功能，所以在各项具体的商事登记规则中，登记事项特别是法定登记事项的范围确定左右失据。虽然 2023 年新《公司法》将公司登记制度写进《公司法》，提升了商事登记法律制度的立法层级，但依然没有解决必须登记事项以及鼓励登记事项的范围，而这将继续影响国家商事登记平台的公信力。

朱慈蕴教授希望未来能认真研究商事主体的哪些信息必须登记，必须公开，让交易对手方降低信息查询的成本。

二是关于营业规制与营业转让问题。营业，是商法中的基本概念，既可以指商人的营利活动，又称作为活动的营业；又可以指作为实现一定营利目的而运用的有机能的财产，又称作为组织的营业，或直接称营业财产。前者通常针对商人的营利性活动，如《营业性演出管理条例》提及的营业性演出，应当属于商行为范畴，重点在于明确营业的内涵——营业特征、营业资格、特别是营业自由。后者聚焦在财产上，是用于营业的特殊财产。与之最接近的概念就是“企业产权”。在市场经济发展中，企业运用于经营的财产注重其整体性、机能性，而非个别性。在市场经济中，生产要素通常向最有效率的方向流动，这种流动其实就是营业转让。实践中，营业转让在企业重组、重大资产转让、股东出资及企业并购中都十分常见。朱慈蕴教授在其《营业规制在商法中的地位》与《营业转让的法律规则需求》两篇论文中，在厘清营业概念的基础上，提出营业转让强调的是活生生的有机结合的具有营业能力的财产转让。这些财产可以表现为机器厂房设备，也表现为专利或者专业技术，还可以表现为债权、债务等，是一种集合的财产。因此，营业财产转让并非各项资产价值的简单相加，而是被视为有营业能力的财产转让。对营业转让如何进行法律规制，这是一个涉及多个法律部门的交易行为，如合同法、担保法、金融法、公司法、知识产权法、竞争法等。其中最重要的法律部门应当是商法，涉及转让人、受让人利益衡量（与估值有关）；涉及公司控制权转移与中小股东保护；涉及债权、债务的处置与外观规则的适用；涉及员工的就业维持以及权益保护；还涉及与营业转让有关联的第三人保护，等等。可见，对营业以及营业转让进行商法规制，对商法大厦的构筑具有重大意义。

变迁中的社会与变动中的私法

主编　陈彦晶　刘胜军
执行主编　孙小雨

当代中国出版社
Contemporary China Publishing House

图书在版编目(CIP)数据

变迁中的社会与变动中的私法 / 陈彦晶，刘胜军主编. -- 北京：当代中国出版社，2024.4
ISBN 978-7-5154-1364-8

Ⅰ.①变… Ⅱ.①陈… ②刘… Ⅲ.①民商法—研究—中国 Ⅳ.① D923.04

中国国家版本馆 CIP 数据核字（2024）第 072417 号

出版人　王　茵
责任编辑　邓颖君　李　昭
责任校对　贾云华　康　莹
印刷监制　刘艳平
封面设计　鲁　娟
出版发行　当代中国出版社
地　　址　北京市地安门西大街旌勇里 8 号
网　　址　http://www.ddzg.net
邮政编码　100009
编 辑 部　（010）66572744
市 场 部　（010）66572281　66572157
印　　刷　北京中科印刷有限公司
开　　本　710 毫米 × 1000 毫米　1/16
印　　张　32.25 印张　2 插页　540 千字
版　　次　2024 年 4 月第 1 版
印　　次　2024 年 4 月第 1 次印刷
定　　价　128.00 元

常思常新的学者总是年轻

陈甦 *

真是想不到，朱慈蕴教授竟然搭边 70 周岁了。当中国社会科学院法学所商法研究室的唐林垚副研究员向我约稿，请我为朱教授七秩华诞祝寿文集作序时，我的第一反应竟是不信，不信那位气质典雅、举止有范、才思敏捷、文魄盎然、笔锋稳健的资深美女教授，竟然也拉开了人生七十的帷幕，迈向古来稀的文业续展并更绽辉煌了。第二个反应竟是屈指算来不得不惊信而叹讶，那个著名相声演员的标识性桥段颇可状之："我的天啊——"

我与朱教授相识颇早，迄今已有 30 多年之久。初识时，我是中国社会科学院法学所商法经济法室的青年研究人员，受教于时任法学所副所长的王保树先生。我在保树先生的工作领导与专业指导下从事商法研究，而朱教授则是保树先生的博士生，与我有相同的商法专业与共同的学术导师。当年的朱教授集风华与才识于一身，为中国社会科学院研究生院博士生群体之佼佼者。学术论道之余，亦曾论年。其典型情形是，"慈蕴，你可比我小啊"，言外之意，以论年之强增气势，暗为论道之弱找场子。其后续情形想必都应该知道，辅以证据得以有效证明的论年结果是，我比朱教授小两岁，得称其为"学姐"。类似情形在 30 多年间发生过多次，每次都以我承认朱教授自然年龄与学术成就呈正相关关系、年龄外观与学界声望呈负相关关系而结束。于其前者，朱教授学术成果卓然且日积月累，与时俱进至今已然蔚为大观；于其后者，朱教授看起来甚为年轻且活力四射，使初识者不敢相信其是商法界学术大咖以至于"大佬"。

或有人言，汝非初识者，且学友卅年，何以屡为论年设疑，故为谑乎？吾实言之，为学而善进取者，必思敏而求新，专注而忘年。思敏则言达，言达则灵动，是以求新思辨而外现为言语清新以致学者气质维新。专注则心定，心定则持中，是以应年迭至之烦俗尽除而只余学者风华淳美。此间代表，朱

---

* 中国法学会副会长，中国社会科学院学部委员、博士生导师，《法学研究》主编。

教授显例矣。以吾观之，朱教授之人物风度若此，遗传基因之功甚小，而书卷陶冶笔墨润染之功甚大。是故，倘隔年相逢，辄惊其又有新作再发高论，继而诧之，“君何以冻龄若此耶？非岁小而若何？”于是论年，再称学姐，佩服之余，赧愧不已。

朱教授学术莺啼初试，便似鹤鸣九皋，声震经济法商法学界。早在20世纪八九十年代，朱教授还是天津一所大学的青年教师，就在多种学刊上发表论文，如1987年在《天津财经学院学报》上发表《全民所有制企业实行股份制的设想》，1989年在《天津财经学院学报》上发表《法律制度是商品经济新秩序的保障》、在《天津社联学刊》上发表《论社会主义市场经济》，1990年在《天津财经学院学报》上发表《论市场经济法律体系》，等等。除了观点新锐外，这些论文集中反映了朱教授这样一些恪守至今的学术品格：一是坚定地信奉改革开放理念，所思、所写、所为、所示均以倡扬改革、拓展开放、完善法治为选题方向与论证基色；二是有敏锐的学术观察力，能够从丰富的实践动向与变幻的政策趋向中发现具有学术生命力的科研选题；三是坚信法治的机制与力量，在商品经济体制及随后的市场经济体制初立时，一入学海就把握了国企改革与法治、商品经济与法治、市场经济与法治等关系的关键本质；四是专业取向集中于经济法商法，为其后在公司法领域大放异彩做了厚实的学术生长点培育和专业知识量积累。

在沉浸几年的法学博士生学习之后，朱教授再次在商法学领域引起学术轰动。那就是在1998年出版了博士学位论文《公司法人格否认法理研究》，并于当年在《法学研究》《中国法学》《法商研究》《法学评论》《法律科学》5个法学核心期刊上系列发表了公司法人格否认方面的重磅论文。商法学界一时学评风起，誉之为公司法人格否定法理的学术轰炸，响起一片关于“否定”的肯定声。《公司法人格否认法理研究》是国内第一部系统研究公司法人格否认制度的专著，朱教授在此专题上的科研引领和学术倡导，以及在此基础上提出的立法建议，如2005年在《法律适用》上发表《我国〈公司法〉应确立揭开公司面纱规则》，使该项制度的学理阐释与规范建构得到了立法机关的认可和司法机关的采行，2005年《公司法》全面修订时，新增专条规定了公司法人格否认制度，相关司法解释亦丰富了公司法人格否认的构成条件与适用规则。其后，朱教授2007年又在《清华法学》上发表《公司法人格否认：从法条跃入实践》，对公司法人格否认规范的适用要点再行提出了周详的见解。于是，从法理到制度再到秩序的完整链条上，朱教授在公司法人格否认这一论域展示了法律知识特有的形成与应用过程。

一般来说，即使一个学者的法理分析或制度建议能与立法条款尤其是新设条款颇一致，也很难在两者之间建立起特定化的因果关系链条，因为法律条文是学界通说几经演化而成社会共识的规范表达，非一人之言所能左右取舍。但就公司法人格否认法理之制度化而言，朱教授的学术阐释及立法建议与公司法人格否认条款引入《公司法》之间，确实有可验证的知识学上的因果关系链条。

对公司法人格否认制度引入我国《公司法》及形成相关司法解释产生深刻影响，仅此一项便是非常值得自豪的学术贡献。但于今想来，朱教授因此所塑的学术价值并不限于一个理论阐释转化为一项制度建构这个层面，还有一些我们容易忽略而经过深思方能感悟的深层意义。

其一，以否定之否定的辩证思维使人们更为深刻地认识到公司法人的本质属性。其时，我国社会主义市场经济体制刚刚确立，《公司法》亦于1993年颁布、于1994年实施未久。在当时的人们看来，何谓公司、何谓法人、何谓有限责任，仍是认知范畴与实践领域的新鲜事。至于有限责任制度的伦理性、工具性争议，仍如在世界法制史上曾经发生的那样，在中国场域同样再现，而至当时议论尚未尘埃落定。而在企改政策制定者和公司立法者大力推进公司制改造与法人化制度建构时，通过阐释公司法人格否定法理，建构以有限责任否定股东直接责任、再以法人格否定法理规制股东滥用有限责任的理念思路及规范体系，实际是从一个侧向支点上为公司法人制度的稳固建立与稳健推进提供理论上的加速力。因为公司法人格否定法理并不是在一般性否定公司法人制度，而是旨在建构更符合公司法人本质的合理平衡的公司法治机制。可以说，公司法人格否定法理的阐释与制度化过程，因朱教授的学术努力而正当其时地出现，可以彻底打消人们观念中残留的对公司法人制度特别是有限责任制度的伦理疑虑和效果恐惧，为中国的企业改制与公司法治的改革热潮添上了一把含有学术能量的理性之火。

其二，以广博的学术视野与兼达的学术能力寻找和汲取域外知识来源。当时的中国初立市场经济体制，而市场经济本质上是法治经济的属性迫切需要及时建构相应的法律体系，广泛汲取域外法律知识和法治经验实乃应时顺势之举。因我国法律体系的形式特点及域外法律知识的传播路径，我国《公司法》是在大陆法系的知识体系与规范框架下初创建立的，源自大陆法系的概念术语、规范示例、司法经验等，在我国公司法阐释与研究领域居于先发优势。而朱教授率先开展的公司法人格法理研究则以系统化筛选、剖析、评估英美法系的公司法知识为主线，在一定程度上促进了我国公司法形成与演进机制的知识开源结构的开放性、平衡性与选择自主性。

其三，将学术研究有机嵌入法治建设实践过程，使之成为法治演进机制的有效构成。将一个学术观点体系化的证成并使之有效进入法律形成机制，应是每一个法学研究者念兹在兹的学术目标。但是在学术目标与其实现之间却是一个很长且很艰巨的学术努力过程，其间的选题、分析、论证、发表、传播、评价、应用等促成学界通说与形成社会共识的方法与机制，需要法学研究者敏锐的学术观察力、优质的法学科研观、深入的法治参与度和强烈的社会责任感。朱教授在其公司法人格否认法理的研究与阐发中，不仅能够在政策变迁与学术纷纭的世相中准确捕捉有价值的学术选题，而且通过系统研究、集中发表、持续拓展等方法扩大相关理论学说或观点的影响力，并且通过积极参与《公司法》修订工作，将其学术观点以立法建议的形式进入法政策选择范畴，此种科研理念及实践方式可为法学研究的一个学术示范。

在其后的学术岁月里，朱教授的学术才智如同浓墨滴入商法学科这张纸上，迅速晕染洇展，由公司法学、证券法学而至商法学全域，终成商法学名家。其间，其观察愈敏、笔端益勤、词锋日健，多有学术创见转化为公司法及商法制度创新，或与后续法治建设事实相一致。公司法研究一直是朱教授着力最多之学科领域，尤其在公司资本制度和公司治理结构方面贡献极大。前者如 2004 年发表于《法商研究》的《法定最低资本额制度与公司资本充实》，2005 年发表于《政法论坛》的《公司资本理念与债权人利益保护》，2013 年发表于《中国社会科学》的《类别股与中国公司法的演进》，等等；后者如 2002 年发表于《中国法学》的《一人公司对传统公司法的冲击》，2004 年发表于《法学研究》的《资本多数决原则与控制股东的诚信义务》，2006 年发表于《当代法学》的《公司章程两分法论——公司章程自治与他治理念的融合》，2008 年发表于《中外法学》的《公司的社会责任：游走于法律责任与道德准则之间》，2013 年发表于《法学研究》的《公司制度趋同理论检视下的中国公司治理评析》，等等，珠连玉续，均为一时之选。

在公司法研究之外，朱教授在整个商法学领域均有学术建树。证券法研究如 2004 年在《中国法学》上发表的《“上市信用”是上市公司的特有信用》，金融法研究如 2017 年发表于《清华法学》的《中国影子银行：兴起、本质、治理与监管创新》，商法总论研究如 2004 年发表于《国家检察官学院学报》

的《我国商事登记立法的改革与完善》，2008 发表于《清华法学》的《营业规制在商法中的地位》，等等，均是该研究领域中很有学术分量与实践价值的科研成果。朱教授的商法研究具有明显的个人特点。一是学术实践与法治实践紧密结合，其科研选题与法治建设需求密切相关，法理阐释与改革开放理念同一贯穿，法律建议与社会发展趋向高度一致。二是商法学领域中各次级学科的专业性与贯通性有机结合，在相关研究的法理阐释与学术表达上，既能充分显现各商法次级学科特有的专业色彩，又能明显体现在整个商法研究中所持价值观和方法论上的一致性与贯通性。三是科研作风与著述文风质朴相合，其科研态度踏实认真，非深思熟虑而不轻启笔墨；学术品性端方有度，勇于创新而不轻率抢先论题；撰稿行文稳健透彻，善于表达却不故作惊人之语。

作为一个长期保持学术能量满满的学者，朱教授在其教学科研本职之外，还在国内外商法学界展示了学术活动家的风采。在 2001 年中国法学会商法学研究会成立之时，朱教授就担任研究会的副会长兼秘书长，后来又担任商法学研究会的常务副会长至今。20 多年来，商法学研究会在繁荣商法学研究和推动商法体系发展方面成就显著，其间朱教授所为的动员、组织、牵头、协调等功效显著。20 多年间，每次商法年会上，如果能够看到主讲台上有一个书卷气息与淑女气质浓馥相彰的学者在侃侃而言，或概括总结商法学研究会往年的工作成绩和将来的学术任务，或就重要的学术主题或法治重点发表卓见，或对学术年会的组织与成效进行周备兼到的总结，那就非朱教授莫属。朱教授曾长期担任清华大学商法研究中心主任，其在任期间，连续 20 年组织主办“21 世纪商法论坛”，该论坛每届主题均与国际学术前沿高度契合，每次论坛国内外顶尖商法专家云集，已是在国内外商法学界颇具影响力和知名度的商法国际论坛。

为学者而知名，盛名之下，通常难免会有一些资深性习惯，如学弦松弛，学力放缓，而不再锐意创新，或因有足够的名气老本可吃而乐得轻松，或因自珍羽毛而不轻发见解以免惹人质疑，或因补偿心理而寄情山水之娱、天伦之乐。但是，这些资深性通病却未在朱教授那里存有一丝一毫，她总是像一个学术新人那样的保持学术朝气，遇到新的法学理论或法治实践问题，便挺身向前，拼搏攻关。看看朱教授近 3 年的学术成果：2021 年在《法律科学》上发表《中国公司资本制度体系化再造之思考》，在《法学研究》上发表《公司资本制度的后端改革与偿债能力测试的借鉴》，在《法学评论》上发表

《“资本显著不足”的适用与研判：理论、实证与规则》；2022 年在《中外法学》上发表《ESG 的兴起与现代公司法的能动回应》，在《清华法学》上发表《股东出资义务的性质与公司资本制度完善》；2023 年在《现代法学》上发表《有限责任公司全面认缴制该何去何从？——兼评〈公司法（修订草案三审稿）〉第 47 条》。我时常感叹，这都是有三个外孙的奶奶辈的人了，还这么拼啊！这与其说朱教授永葆学术青春是因行事风格或为人性格所致，倒不如说是因学术责任与法治信念所致。因为只有后者才有永续性和解释力，至于其外在年轻气质的能见度，不过是内在信念的有效反映而已。

愿朱慈蕴教授永葆青春！

2024 年 3 月 3 日于北京

目　录

中国商事法制建设的路径

——历史选择、现实问题与未来方向

董淳锷*

一、问题的提出

改革开放40多年来，伴随着市场经济体制的建立与完善，中国现代商法制度体系[①]已同步形成。回顾这一发展历程可以看出，作为市场经济后发国家，为降低改革初期制度变迁风险，中国商事法制初始建设的策略是，遵循“秩序优先”思路，由国家主导供给强制性色彩较为浓厚的商事制定法，并为其配套以严格事前监管为主的法律公共实施机制，以此迅速构建一套“外生型”的商事秩序。

商事法制建设的这一“显性路径”有助于推动市场经济的发展，但其缺陷也不可忽视：一是商法建设成本和实施成本高昂；二是制定法的滞后效应在发展变化较快的商事领域容易被放大进而导致大量的规避监管现象产生，甚至因此架空了不少法律条文；三是商人以及商会、行业协会等组织在立法程序中的缺位容易导致商事实践对法律规则的需求信息无法有效传递给立法机关，由此导致立法供给“错配”。

中国共产党第十八届中央委员会第三次全体会议公报提出“全面深化改革”的政策导向。10余年来，包括商法、经济法在内的诸多法律制度经历重大修改。从已完成的《公司法》《证券法》、商事登记制度等法律法规的修改情况来看，从市场事前监管向事中、事后监管转变的改革趋势，以及已建立的22个自由贸易试验区（港）的制度创新成效来看，有理由相信，中国商法制度的进一步改革不只是现有制度的小修小补，而是可能涉及立法理念、设

---

* 法学博士，中山大学法学院副教授。

① 理论上一般把清朝末年统治者和“中华民国”时期立法者先后制定的商法制度称为中国近代商法，为与此区别，本文将1978年改革开放以来中国陆续建立的商法制度称为中国现代商法。下文如无特殊需要，将不再强调这一区别，除非另有指出，否则文中所称的“中国商法”或“中国商法制度体系”均是指1978年之后的中国现代商法。

计原理、基本规则、实施机制等诸多方面的实质变革。因此，商法理论研究有必要结合新的发展形势，对商事法制建设的方向、路径以及可能遭遇的新问题进行预判和分析，并提出有效对策。本文正是在此背景下展开。

二、历程回顾与路径梳理

理论上讲，市场经济体制的建成，必须有相对完善的商法制度体系予以支撑；而现代商法制度体系的建设，也需要有市场经济环境作为依存基础。事实上，40 多年来的实践已表明，中国商法制度体系正是在 1978 年改革开放开始之后，伴随着市场经济体制的建设而逐步建立起来的，两者在很大程度上具有同步性。因此，通过对市场经济体制的发展阶段进行划分，以及对各个阶段商法制度建设整体情况进行总结，将有助于系统地解读中国商法制度变迁的历程、路径和特点。

这里提出的“给市场经济体制的发展历程划分阶段”，并不是个人意愿的主观建构，而是事实的客观还原。实际上，中国市场经济体制的建立本身就是由国家主导，按照“渐进改革”的思路分阶段推进完成。而中央决策者对这些阶段的划分以及对各个阶段的历史任务的安排，则主要是通过中共中央在不同时期所出台的具有“里程碑意义”的多个政策文件予以落实，它们包括：（1）1978 年《中国共产党第十一届中央委员会第三次全体会议公报》，确立实行改革开放政策，随后开始推进计划经济向商品经济的转型，为市场经济体制建设做准备；（2）1993 年中国共产党第十四届中央委员会第三次全体会议发布《中共中央关于建立社会主义市场经济体制若干问题的决定》，确立了开始全面建设市场经济体制的政策；（3）2003 年中国共产党第十六届中央委员会第三次全体会议发布《中共中央关于完善社会主义市场经济体制若干问题的决定》，表明市场经济体制已基本建成，此后进入体制完善时期；（4）2013 年中国共产党第十八届中央委员会第三次全体会议发布《中共中央关于全面深化改革若干重大问题的决定》，确立了对包括市场经济体制在内的各项体制进行系统性、整体性、协同性改革的政策。

根据上述政策的内容及其出台的时点，可以相应地将商法制度变迁的历程划分为以下几个阶段：

第一阶段：前市场经济时期（1978—1992 年）。这一阶段中，在“民商合一”模式下制定了《民法通则》，同时制定了《中外合资经营企业法》《中外合作经营企业法》《外商投资企业法》《经济合同法》《涉外合同法》《技术合同法》《企业破产法（试行）》等单行法，初步确立了平等、自愿、公平、等价有偿等私法理念和原则，但此阶段商法制度体系尚未形成。

第二阶段：市场经济体制建设时期（1993—2002 年）。这一阶段是商事立法“爆炸”时期。国家陆续制定了《公司法》《证券法》《信托法》《保险法》《海商法》《商业银行法》《合同法》《担保法》等大量的商事法律法规，商法制度体系基本建成，商法相对独立于民法和经济法的地位得到进一步的认同，但此阶段的商事立法，亦存在“强制性规范过多”等问题。

第三阶段：市场经济体制完善时期（2003—2012 年）。在此阶段，中国加入 WTO 并承诺将进一步开放和完善市场，国内相关法律制度亦面临相应修改。为此，立法机关对《公司法》《合伙企业法》《企业破产法》等商事法律进行了力度较大的修改。另外，有关“商事通则”甚至“商法典”立法可行性的问题受到诸多关注和讨论，商事审判相对独立于民事审判的问题亦开始付诸实践。

第四阶段：市场经济体制全面深化改革时期（2013 年至今）。国家首次提出“市场应对资源配置起决定性作用”，推行市场领域事前监管向事中事后监管转变，强化市场自治、行业自治、企业自治。据此，立法机关对涉及市场治理和商事治理的制度进行了重大改革。此外，随着资本市场的进一步开放与发展，证券法领域出现很多立法创新的尝试，典型的例子将公司上市从审核制改为注册制。

如果暂不考虑阶段差异而仅从变迁的宏观视角来观察的话，可以进一步将中国商事法制的变迁路径归纳为以下几个层面。

一是从中央到地方的路径构成了商法制度体系的主体框架。中国从计划经济到商品经济再到市场经济的转型过程，并非来源于社会由下至上地推动，而是由国家意志以最高效力层次的政策引导启动。对此，一个基本共识是，中国市场经济体制建设与发展所遵循的是强制性变迁路径。而相应的，中国商法制度体系的主要制度几乎也都由国家立法机关牵头制定。这些制度出台的时间主要集中在 1993—2002 年这 10 年，其重要特点是政策经常发挥着重要的先导作用，其中有些政策甚至成为直接促成或倒逼商事立法出台的“动力源”。

二是从国外到国内的路径提供了商法制度体系的内容借鉴。中国近现代的法制传统一直被认为归属大陆法系。但 40 多年来，很多立法却体现出大陆法和英美法相融合的特点。例如，公司法中独立董事制度与监事制度并存，合同法领域预期违约制度与不安抗辩权制度并存等事实，都是例证。事实上，如果单就商法而言，包括公司法、证券法、信托法在内的立法，其对英美法系相关制度的借鉴似乎更为明显。因此不可否认的是，中国商法制度体系的不少内容来自对域外法的借鉴，而非本土资源的开发和利用，其原因固然与中国历史确实缺少可以形成现代商法规则的本土资源有关，[①] 但也与改革开放之后立法机关不够重视商会、行业协会自治功能以及不够重视现代商事惯例、商业行规的收集、整理、编撰，进而限制了本土商法规则萌芽发展的事实有关。

三是从地方到中央的路径构成了商法制度创新的部分来源。“先地方试点立法，后全国统一推进”是中国经济体制渐进式改革的一个重要方法，其优点是在鼓励法制创新的同时可以有效控制试错成本。不过对于地方立法，以及“从地方试点到全国推广”这一法制建设的路径，虽然它在一定程度上也体现了由下至上的变迁特点，但却不能将其理解为商法的诱致性变迁。因为地方立法权本身由中央授予，且绝大多数地方立法的具体内容亦非来源于“在商事实践中逐步形成的民间法（商事惯例、商业行规等）”，而是由地方立法机关遵照法定程序制定。这与传统制度变迁理论所称的诱致性变迁并不相同。例如，近 10 年来商事登记制度的改革就充分体现了“通过地方立法实现商法制度创新”的事实——2014 年开始着力推行的“先照后证”“工商实质审查改为形式审查”“一照多址、一址多照”等制度的改革，是在珠海、深圳等地试点成功之后才推广至全国；最近两年来广泛推行的“商事登记确认制”，其制度创新则起源于上海（浦东）、广州（南沙）、深圳（前海）等地的自贸试验区。

四是从司法到立法的路径构成了商法制度体系的有效补充。法院对商法制度变迁的作用主要体现在以下几方面：其一，大量司法解释的出现不仅弥

---

① “商法本土资源”本身是一个充满争议的问题，甚至有不少研究者会认为它是一个“伪命题”。理由在于，中国历史以来并不存在适应于市场经济发展需要的商法本土资源。不过笔者认为，不应将“本土资源”这一概念强行与“历史”绑定，即不能认为：历史上没有，则当下也没有，或者以后也不会有。因为，即便我们认同中国历史以来不存在商法本土资源，也并不妨碍我们积极探讨如何在当下开始创建和积累本土资源，或者探讨改革开放近 40 多年来商人们通过实践初步积累下来的、可能升华为商法的一些“制度的雏形”（如具有本土特点的商事惯例或商业行规）。

补了商事单行法操作性不强的缺陷，而且还可能成为单行法尚未规定的某些新规则悄然出现的“非正式通道”，某些司法解释甚至可能改变单行法的某些规则；其二，最高人民法院公布的指导性案例，虽然不构成判例法意义上的先例，但对各级法院的法律适用有实质影响，有助于减少同案不同判的冲突；其三，在一些典型案件中，法官为了处理“新案与旧法”冲突所做出的对已有法律制度的创新运用，也可能构成推动法制改革的动力。

三、特点分析与经验总结

从上述历程及路径可以看出，中国商事法制的建设与市场经济体制的建设具有“时间维度上的同步性”和“发展路径上的同质性”。商法制度体系也同样是国家按照“强制性制度变迁 + 渐进式改革”的思路，由上至下稳步推进建成的。在此基础上，通过观察国家对商法价值导向、对商法渊源以及商事管理机制的具体选择，还可以进一步归纳出以下重要特点。

一是在商事立法和商法实施的价值导向方面，首先强调商事活动秩序的控制和市场风险的防范，其次关注商事活动自由和商人意思自治。这主要体现为，在市场经济体制建设初期立法机关制定的诸多商法制度中，强制性规范较多，而任意性规范较少。很多本可交由商人自行协商确定的事项，立法机关却首先通过立法予以强行安排。例如，1993 年出台的《公司法》在股东最低出资额度、出资形式、货币出资比例、出资缴纳、股东分红等方面都规定了大量强制性规范，甚至强制要求股东之间的分红比例必须与股东出资比例一致，亦不允许公司超越商事登记载明的经营范围从事商事活动。上述强制性规范一直到 2005 年和 2013 年立法机关两次修改《公司法》之后，才被大量删除，并将相关问题调整为“公司章程约定优先”。在企业破产问题上，虽然中国早在 1986 年就出台了《企业破产法（试行）》，并于 2006 年出台正式的《企业破产法》，但在相当长的时间内，企业尤其是国有企业的破产并非严格按照立法标准以及企业或债权人的意思自治执行。国家基于市场秩序和国有企业特殊问题的考虑，往往会采用其他方法（如指令兼并、重组等）尽量避免国有企业破产。在证券法领域，中国从 20 世纪 90 年代开始对企业实行股份制改造。根据相关法规和政策，参与改革的企业应当把拟发行的股份分为国家股、法人股、公众股和外资股[①]几种类别（而不是统一发行公众股）。这种股权分置机制与“同股同权”的平等原则相违背，也未尊重企业的意思自治，但在一定程度上有助于减少改革风险，同时还可以避免反对者对国有企业股份制改造可能动摇社会主义公有制经济的质疑。

二是在商法渊源和规则类型的选择方面，首先强调商事制定法亦即国家法的强制供给，其次考虑赋予商事民间法一定的法律地位。其主要体现是，在2020年《民法典》出台之前，商事活动中长期、大量存在的民商事习惯（法）并未被立法真正确立为法的渊源。虽然在《民法典》出台之前,《合同法》有诸多条文提及交易习惯，但就法律性质而言，原《合同法》规定的交易习惯在法律适用层面上，仅能被视为“事实上的习惯”而非“法源意义上的习惯”。原来的《物权法》（其与商事活动有密切关系，比如为商人提供产权保护），也有两个条文规定了“习惯”的法律适用，但与原《合同法》的情况类似，原《物权法》这两个条文所规定的“习惯”亦属于“事实上的习惯”而非“法源意义上的习惯”。[②]而且，立法机关或司法机关一直以来也并未通过任何途径对实践中业已广泛存在的交易习惯（商事惯例或商业行规）进行收集、整理和编撰，其导致的后果是，司法机关在审理涉及交易习惯（商事惯例或商业行规）的案件时，往往对交易习惯（商事惯例或商业行规）可适用性（具体包括真实性、合法性、关联性）的论证语焉不详，这一状况反过来又进一步弱化了其自身的法律地位和实践功能。此外，全国人大或其常委会至今也未出台有关商会或行业协会的法律制度，[③]因此商业行规的法律地位和适用问题也仍然缺乏权威的保障。

三是在商事管理机制的选择方面，首先强调事前监管机制的运用，其次考虑事中、事后监管机制的功能。商法虽然属于私法，但不可否认，各国商法制度体系中或多或少都存在一些带有强制法色彩的商事管理法，区别只是在于，究竟是更多地采用事前监管机制，还是更多地采用事中、事后监管机制。实践表明，立法机关在改革初期更青睐于事前监管机制。如果不考虑行政管理成本，事前监管确实是更为严格、也更有利于排除违法风险的一种机

---

① 参见《股份制企业试点办法》第4条、《股份有限公司规范意见》第24条以及《深圳市股票发行与交易管理暂行办法》的第33条。

② 一是针对相邻关系问题（原《物权法》第85条），二是针对孳息问题（原《物权法》第116条）。

③ 在涉及商会、行业协会问题上，我国已有的立法主要是部门规章、地方法规和地方规章。

制，这或许也正是立法机关对其优先选择的主要理由。比如在商事登记问题上，按照 2013 年之前的规定，工商行政管理部门应当对商人提交的商事登记资料的真实性实行严格地实质审查。换言之，在此前相当长的时期内，立法机关主要通过法律公共实施机制，把“辨别商人资信能力、淘汰潜在不合格者”这一重要问题设定为公权机关的责任。直到 2013 年国家推动市场领域“事前监管向事中事后监管转变”改革之后，新的商事登记制度才将公司最低注册资本制度、注册资本实缴制度取消，将工商部门的实质审查职责改为形式审查，同时配套出台商人日常信息披露、异常名录公示、执法抽查等制度，从而将“辨别商人资信能力、淘汰潜在不合格者和违法者”的任务从以往主要依靠事前监管逐步转变为主要依靠事中、事后监管。

上述分析表明，在商事法制建设问题上，至少在初期阶段，国家作为秩序建设者的立场和价值取向，与个体商人作为秩序享有者的立场和价值取向有一定区别。国家几乎垄断了商法制度的供给，同时在相当长的时期内，国家供给的制度包含了诸多强制性规范，并配套建立了严格的事前监管机制。这意味着，伴随着市场经济体制建设而建成的商事活动秩序（或称市场交易秩序），主要由国家“外生设定”，而不是商人（市场主体）通过长期市场实践“内生形成”。虽然这种带有“法律父爱主义”的模式与传统商法理论强调“商法起源于商人法”的一些观点有所不同，而且在现实中也因其“强制有余、自治不足”而被一些研究者批评为“矫枉过正”，但不应否认至少在特定历史阶段（改革初期），这种模式对市场经济体制建设起到了积极作用。

其一，国家对商事秩序的外生设定，有助于尽快完成现代市场经济体制建设的政治任务。市场经济体制的建成，必须有相对完善的商法制度体系予以支撑。因此当国家将“建成市场经济体制”确定为重要政治任务之后，“健全商法制度体系”“构建规范的商事秩序”也就相应成了立法机关的当务之急。而从当时（即 20 世纪 90 年代）情况来看，要在短期内构建商法制度体系和法制化的商事秩序，显然无法通过诱致性变迁的路径完全交由商人通过缓慢的实践去总结经验、形成规则、构建秩序。事实上，正如制度变迁理论指出的，制度变迁的一个重要因素（并非唯一因素）是意识形态的实质转变。[①] 建立和

① 参见［美］道格拉斯·C. 诺思：《经济史上的结构和变革》，厉以平译，商务印书馆 2005 年版；［美］道格拉斯·C. 诺思：《制度、制度变迁和经济绩效》，刘守英译，上海三联出版社、上海人民出版社 1994 年版。

发展市场经济属于经济领域“意识形态”的重大转变。尤其是在改革初期，这种转变所带来的思想冲突、观念冲突和决策争议，从中央到地方、国家到民间几乎各个层面都存在。因此，如果决策者决定将市场经济体制建设确立为国家意志，那么在技术路线上就需要有自上至下的政策予以强力导向并将其落实到法律层面，否则，连绵不绝的质疑和争议可能导致改革目标无法实现。

其二，国家对商事秩序的外生设定，有助于降低改革带来的风险。建立市场经济体制对于中国而言是蕴含着挑战和风险的重大决策，因为在此之前并没有任何一个国家或地区通过实践证明以公有制为基础的社会主义国家也能够顺利建成市场经济。而事实上，在 1992 年之前，对于是否以及能否走市场经济道路，理论界和实务界都有不同争论。为此，在后来形成共识并正式决定建立市场经济体制之后，国家即明确要求必须走“渐进式改革”的道路。这种导向投射到商法领域的具体表现就是，在逐步放开商事交易、培育统一市场的过程中，国家需要对秩序有足够的掌控能力——即便改革的某个细节真的出现失误，也不至于因此导致“市场失序”而阻碍了改革的整体进程甚至导致改革目标落空。为此，首先必须强调市场秩序的构建和维护，强化商行为的规范性，预防和控制市场风险，而不是像传统商法原理所强调的那样将商事自由和商人意思自治放在优先保障地位。换言之，商事自由与商人意思自治的价值固然重要，但在特殊历史环境下需要让位于商事秩序的维持以及市场风险的防控。

其三，国家对商事秩序的外生设定，有助于中国与其他市场经济发达国家在商法制度层面迅速接轨。现代商事交易早已不是国与国之间相互封闭的内部活动，国际贸易的发展客观上要求各国之间的商法制度应当日渐趋同。当然，这种趋同并非绝对一致（实际上也不可能绝对一致），更多是指在技术规则层面上不应存在实质差异，否则将导致巨大的交易成本。事实上，2001 年之前中国历经多年努力寻求加入 WTO，很大程度上也表明国家已事先认可商法制度趋同的必要性与可行性。但问题是，在国家开始着手建立市场经济体制的初期，当时大部分的市场主体（商人）刚刚经历过计划经济时代，刚刚开始被获准自由从事商事活动，他们并不具备足够的专业知识和实践经验使其能够在短时间内形成现代商法规则并进而构建法治化的商事秩序。何况，即便作为个体的某些市场主体（商人）具备这些知识和经验，他们要在短时间内与其他市场主体（商人）取得共识并形成具有普适性的规则，也需要耗费巨大的信息传递成本和协商成本等，而这种成本的高昂程度，足以导致市场主体（商人）在短期内无法实现这一目标。

四、问题检讨与原因分析

作为市场经济后发国家，中国的商事法制建设存在很多不同于传统市场经济发达国家历史经验的做法，这些特殊做法在一定程度上有效推进了市场经济体制建设。从某种意义上讲，这些“特殊做法”可以被归纳为“中国商事法制建设的本土经验”，即便它们可能不是经验的全部，但至少可以构成“本土经验”的一部分。当然，这些经验本身并非完美无缺。因为评价商事法制建设的成绩与不足，除了要考虑国家立场、目标和价值取向之外，还应当关注商人这一重要主体的正当需求和利益关切点。

第一，外生型的商事秩序主要依靠商事制定法作为制度基础，而相比于其他法律领域，商法领域制定法的滞后效应更容易被放大，商人的守法成本更为高昂，容易引发法律规避现象。由国家负责商法制度的供给并主导商事活动秩序的设定的优势是立法机关能够调动更多资源参与立法活动，进而缩短制度供给和秩序构建的时间。但相比于民间法，这种模式的缺陷是，商事活动（商业模式、交易技术、结算手段等）本来就是变化最频繁、演变最快速的实践领域，因此相比于其他领域的立法（尤其是婚姻、继承、物权等传统民法领域），尽管立法机关能够在短时间内汇集法律专家实现精英立法，但由于制定法的制度弹性不足和更新速度较慢，因此更容易滞后于实践的发展需要。

原因在于，商事秩序的外生设定需要更多的强制性规范以及更严格的法律公共实施机制予以支撑，它们对商人而言意味着更高的守法成本。如果这些强制性规范本身已经较为明显地滞后于商事实践的发展需要，那么商人在支付高昂守法成本之后，很可能无法从中获得经营收益甚至可能面临利益损害。当然，即便如此，为了避免承担违法责任，商人往往也不敢选择直接违法。因此，在很多理性的商人看来，如果滞后的强制法规范无法得到及时修改，那么他们就必须在降低守法成本和减少违法风险之间寻找一个均衡的行动策略，这种策略通常体现为法律规避。

以非金融类企业之间的借贷问题为例，从理论上讲，企业之间的有偿借贷本是商业社会必然存在的一种现象。但根据早期立法，非金融类企业之间的借贷是立法明确禁止的行为。[①]决策者担心如果放开企业间的借贷，可能会导致实践中若干方面的问题：一是在正常的金融市场之外可能形成“体制外”的资金市场，从而扰乱国家对金融市场的信息掌控，以及削弱国家宏观经济调控的有效性；二是在利率尚未完全市场化的情况下，如果企业间借贷的利率无法标准化，可能削弱了国家对利率管制的有效性；三是由于企业间借贷的利率往往高于同期银行利率标准，因此可能对银行等金融机构正常的存贷款业务造成恶性竞争；四是如果放开企业间借贷，一些能够从银行获得正常利率贷款的企业可能会将资金以更高的利率转贷给其他无法从银行获得贷款的企业，由此扰乱金融市场的正常运转；五是在国家尚未制定完整配套措施之前，放开企业间借贷可能导致大量的合同纠纷，从而进一步加大法院民商事审判的工作压力，同时也给社会带来不稳定因素。

由于一直以来中小企业从银行等金融机构获得资金借贷的成本较高，因此过去若干年来，为回避禁止性立法，企业之间通过构建具有合法外观的虚假合同来实现相互借贷目的的现象非常普遍，由此引发的纠纷不计其数。而实证分析表明，在2013年最高人民法院有条件认可企业间借贷行为法律效力之前，虽然当时立法层面和司法层面都认为企业间借贷属于无效民事行为，但面对这些法律规避行为所引发的诉讼纠纷，不同级别、不同地区的法院在认定相关合同效力时却存在不同思路和做法，并进而导致不同裁判结果。

第二，在外生型商事秩序中，为了维持强制法规范的有效实施，必须配套建立严格的法律公共实施机制（尤其是事前监管机制），由此容易导致商事管理的成本过于高昂。外生型的商事秩序需要几个条件予以支撑：（1）国家对商法规则的强制供给；（2）立法机关出台大量的商事强制法规范；（3）建立严格的商事管理机制尤其是事前监管机制。上述这些条件的实现，都需要以公共成本支出为代价。以事前监管为例，事前监管的立足点是把每一个准备进入市场的主体都事先假定为“坏人”。这一机制实际上是市场监管部门针对每一个经营者的主体资格或其准备采取的行为所做的一项“预先的全面体检”。从早期政策导向和立法来看，立法者似乎更愿意相信，在市场经济发展

---

① 2013年9月，最高人民法院通过“非正式渠道”提出商事审判指导意见，声明“对不具备从事金融业务资质的企业之间，为生产经营需要所进行的临时性资金拆借行为，如提供资金的一方并非以资金融通为常业，不属于违反国家金融管制的强制性规定的情形，不应当认定借款合同无效”。至此，在法律适用层面（而非立法层面）上，临时的、非营业性的企业间借贷行为才开始具备一定的合法性。

的初步阶段，市场法制建设仍有待完善，市场秩序自我矫正能力和市场主体防控风险能力仍有不足，因此通过市场监管部门事先设定某些强制性的实体标准和审查程序，将有助于把客观上缺乏合格生产经营能力（包括资信能力）的市场主体提前识别、筛选出来，以避免“滥竽充数者”进入市场。

虽然在规范分析意义上事前监管可能因其具备某些功能优势而更受立法者和监管者青睐，但不可忽视，相比于事中事后监管，这种理想化的功能优势需要支付更高成本。因为在事前监管领域，由于监管部门需要对每个主体的资质和能力都进行实质审查，因此其涉及的总的监管成本是：总监管成本＝针对每个被监管者的平均监管成本 × 所有准备进入市场的被监管者人数；其涉及的总的守法成本则是：总守法成本＝每个被监管者为满足事前监管要求而支付的守法成本 × 所有准备进入市场的被监管者人数。如果我们愿意承认，在潜在的市场进入者中，具备合格生产经营能力和诚信守法意愿者终究还是占大多数，那么事前监管对这部分人而言就有如对健康者“过度体检”，此时事前监管所耗费的总成本（总监管成本＋总守法成本）可能导致经济效率的损失，因为这些成本原本可不支付。

第三，在外生型商事秩序中，商事审判、商事制定法的适用是最主要的纠纷解决机制。为此，司法机关需要面临数量繁多的商事诉讼纠纷，而商人则需要为此支付高昂的权利救济成本。商事关系需要以制度为基础进行必要的治理。因为，“机会主义、偷盗或掠夺行为一旦形成预期，将阻碍潜在的有价值的投资行为，破坏互惠互利合约的协商订立，并对它们产生强大的负向激励。”[①] 但是，“即便在发达的市场经济，私有产权和合同也不仅仅由正式的法律系统来执行。各种各样的治理机制——无论是私人的还是公共的，正式的还是非正式的，它们作为制度安排的复合体都同时发生作用。”[②]

商事制定法虽然可以其强制力为保障促使大部分的商事纠纷最终得以解决，但其适用过程更注重形式理性和程序主义，因此耗费的成本相当巨大。如果能够在商会、行业协会内部建成规范化的纠纷内部解决机制（如内部调解、行业仲裁等），同时将社会实践中广泛存在的商事自治规范的私人实施系统化，使其成为完善的纠纷解决替代机制，那么有理由相信，司法机关面临

① ［美］阿维纳什·迪克西特：《法律缺失与经济学：可供选择的经济治理方式》，郑江维等译，中国人民大学出版社 2007 年版，第 2 页。

② ［日］青木昌彦：《比较制度分析》，周黎安译，上海远东出版社 2001 年版，第 88 页。

的诉讼压力将有效减少，商事审判的整体运作成本以及商人解决纠纷的成本也将有效降低，事实上，近年来各级法院尤其是基层法院所面临的商事诉讼激增的重大压力，其原因并不仅仅在于商业和市场的全面发展以及商人法制意识的快速提高，也与过去若干年来立法者忽视商会、行业协会内部纠纷解决机制的建设、忽视商事自治规范形成与适用机制的建设、忽视商事自治规范司法适用机制的建设等问题密切相关。正如有学者曾指出的，“研究商业纠纷的经济学者和法学家都认识到，法律权限的初始配置、法庭判决的预期和不确定性，以及使用司法体系的成本都会影响交易方在诉诸法律和通过私下谈判解决争端之间的选择。”①在实证层面上，佩伦波姆（Peerenboom）通过实证研究发现，“即使在美国也并不是所有的商业纠纷都会诉诸法院，而是通过道德的、社会信任、市场机制的自我执行发挥作用，对于社会转型阶段而言，市场的不完善和制度的脆弱使得非正式制度和社会网络的替代作用可能更为明显。”②伯思斯坦（Bernstein）通过对美国钻石行业协会、棉花行业协会以及谷类饲料行业协会商事自治与纠纷解决（仲裁）机制的研究，也印证了上述观点。③

五、改革方向与具体措施

中国商事法制的建设促成了市场经济体制的建立，而且也有助于国家迅速普及市场经济活动的制度意识，但从长远规划和可持续发展角度看，今后商事法制建设是否仍然围绕“国家法”“制定法”为中心？商事秩序是否仍然

---

① ［美］阿维纳什·迪克西特：《法律缺失与经济学：可供选择的经济治理方式》，郑江维等译，中国人民大学出版社2007年版，第32页。

② See Randall Peerenboom, *Social Networks, Rule of Law and Economic Growth in China: The Elusive Pursuit of the Right Combination of Private and Public Ordering*, Global Economic Review, Vol. 31 (2002), pp.1–19.

③ See Lisa Bernstein, *Private Commercial Law in the Cotton Industry: Creating Cooperation through Rules, Norms, and Institutions*, The Law School, University of Chicago. John. M. Olin Law & Economics Working Paper. No. 133 (2D SERIES). Lisa Bernstein, *Merchant Law In A Merchant Court: Rethinking the Code's Search For Immanent Business Norms*, University of Pennsylvania Law Review, Vol. 144 (May. 1996). pp. 1765–1821. Lisa Bernstein *Opting Out of the Legal System: Extralegl Contractual Relations in the Diamond Industry*, The Journal of Legal Studies. Vol. 21 (Jan. 1992). pp. 115–157.

有国家外生给定并主导？这是需要反思和探讨的一个关键问题。

在商事秩序的构建和商事关系治理问题上，“无论治理结构是以政治性的形式出现——比如宪法，还是以私人的形式出现——比如有法律约束力的契约；也无论是正式性质的还是非正式性质的，它都可以构建出一个新兴的商业体系。”[①]对此，本森（Benson）进一步指出，“建立和实施有关财产权保护（财产法）和交易秩序（合同法）的规则对于市场体制的发展至关重要。但问题是，这两种规则的形成和进化并不是任何绝对权力可以设计出来的。”[②]布坎南（Buchanan）亦认为，市场秩序是在各个市场主体自由交易的基础上自发形成；[③]赫斯特（Hurst）则认为，归根结底是自由商业实践而非法律创造了市场秩序。[④]

按照现代市场经济发展理念，以及借鉴其他国家历史经验可以发现，一个成熟有序的商事秩序并不能单纯依靠国家制定法的支撑；与此相关的，一种富有效率的市场经济治理模式也更加需要企业自治能力和商业行业自治能力的同步发展。与其他国家发展历程一样，中国在建成市场经济体制之后，也同样面临着如何妥善处理“政府—市场”二元关系的问题。在此过程中，为了避免被传统以来“非左即右”[⑤]的观念所影响，国家显然需要充分重视商会、行业协会等“第三主体”在商事秩序构建中的功能，即以“政府—商业自治组织—企业”的“三元关系”来替代“政府—市场”二元关系，并逐步促使行业组织通过商事自治规范的适用来提高商事关系治理效率。

改变“商事秩序外生给定”的思路不仅具有必要性，也具有可行性。在过去40多年中，由于“市场经济是法制经济”这一观念的确立，随之产生的是繁荣的经济立法特别是商事立法热潮。但是与市场经济发展初期所不同的，

---

① See Barbara Krug and Hans Hendrischke, *Institution Building and Change in China*, Erim Report Series Research in Managemen, ERS-2006-008-ORG. Jan, 2006.

② See Bruce L. Benson, *The Spontaneous Evolution of Commercial Law*, Southern Economic Journal. Vol. 55 (1989), pp. 644-661.

③ See James M. Buchanan, *Liberty Market and the State: Political Economy in the 1980s*, New York University Press (1986).

④ See James W. Hurst, *Law and Markets in United States History: Different Modes of Bargaining among Interests*, University of Wisconsin Press (1982).

⑤ 所谓的“非左即右”的观念是指，在传统的有关市场经济发展模式问题上，由于受到“政府—市场”二元理论的束缚，导致很多观点要么过分崇尚“自由市场经济”模式并强烈批判政府干预；要么则过分崇尚“政府干预”手段并强烈批判自由市场带来的自发性和盲目性。

现在商事活动已经全面展开，从商也已不再是国有企业特权。因此，对于大量的、瞬息万变的商事活动所带来的社会关系，制定法本身固有的立法滞后的弊端可能日渐突出。而与此相反的是，经过多年商事实践，商人们已经熟悉市场运作和交易行为的特征与规律，他们有可能在国家给定的外生秩序中，通过商事自治规范的自我供给和私人实施、商会行业协会的建立和运作来促成商事秩序的“内生形成”。

由此看来，如果我们能够充分意识到商事制定法的边际效用正在递减，而商事自治规范的边际效用在逐渐递增，同时意识到外生型商事秩序的运作效率正在降低，那么今后商事法制建设的重点，或许就不是像20世纪90年代那样，仅仅注重直接供给商事制定法（尤其是强制法）和严格的商事管理机制，而是需要进一步考虑如何对商事自治规范的私人实施和司法适用做出引导，为商会、行业协会的行业自律治理提供支持，由此促成商事秩序的内生形成。

一是疏通从商事自治规范到商事法律的演化路径。立法机关在制定商事法律时，应当重视对商事自治规范（包括商事关系型契约、商事习惯以及商业行规等）中具有制度创新意义的因素的吸收。尤其要审慎包容地看待商事自治规范中未违背供需良俗的法律规避条款。实践中商人们为了节省交易成本，经常会设计出可以绕开强制性法律规定的契约条款，这些条款一经实践检验具备经济效率，则可能被复制推广进而形成商事习惯甚至商业行规。传统民商法理论认为，规避法律情形下约定的合同条款是否有效，取决于法律解释。大陆法系国家的民商事立法一直以来也未绝对地否定此类条款的法律效力——中国《民法典》第146条即体现了这一立法取向。因此，从积极意义理解，如果商人们所设计的规避条款具有效率性、合理性而且不存在损害公共利益的情形，那么国家可以通过立法程序对原有的强制性法律规范进行检讨和修改，把相关商事自治规范的合理因素吸收到立法中；从消极意义理解，如果商人们所设计的规避条款不具有效率性与合理性，或者虽然具有效率性与合理性但同时也存在损害公共利益的可能，那么国家可以通过立法程序进一步强化原有的强制性法律规范，以尽量弥补漏洞，减少被规避的空间。

二是逐步推进商会、行业协会内部纠纷解决机制的系统建设。规范分析的理论观点认为，与商事制定法体系相比较，商会、行业协会内部纠纷解决机制具有效率优势。因为“坚持运用私立秩序解决纠纷的显著原因就是，借助于正式法律及其成本远没有前者来得低廉。实际成本，尤其是时间成本，经常大大超过可供选择的私立秩序。有时对于当事人各方来说，正式法律判决还不如私立秩序产生的结果。因此，当事人各方预计的法庭判决结果（使用法庭系统的净成本）可以作为私下签约的底线或威胁点。”① 这种效率优势表现为：一是可以避免规则实施的延迟，从而减少了纠纷解决的成本；二是相对于法官而言，请行业专家做仲裁员，其裁决意见更准确，更易为当事人理解和接受，费用也更低；三是有利于减少协商成本、陈述（解释）成本、信息成本以及合同的其他相关成本，包括交易中断风险；四是有利于防止大商人通过诉讼程序拖延策略和庞大的诉讼成本打击小商人，从而导致纠纷的不公平解决；五是行业内的这种裁决结果更易于当事人所预见，因此规范的遵守相对更容易。

三是支持商会、行业协会建立规范化的内部惩罚机制来实行商事活动的自我治理。商会、行业协会内部约束机制的形式主要由以下几种类型构成：一是名誉性处罚，即对违反自治规范的成员提出告诫，责令停止违规行为并消除不良影响，这通常表现为组织内部的“警告”或“通报批评”；二是经济性处罚，即要求违反自治规范的成员向组织缴纳一定的“惩罚金”，或者没收成员的“违规所得”，比如企业可以要求违反“竞业禁止规则”的高管人员，将所得利益上交企业所有；三是资格性处罚，暂时中止违反自治规范的成员享有商事组织提供的各种服务，待成员做出更正行为之后再行恢复，这一般表现为“暂停会员资格”；四是关系性处罚，其轻者可能表现为由组织号召全体成员对违反自治规范的成员进行抵制，重者则是由商事组织将违反自治规范的成员除名，中断成员与组织的关系，这是内部惩罚措施最严重的责任形式。需注意的是，商会、行业协会在建立自律惩罚机制时，应当为成员企业提供申辩、复议和救济的措施，即在惩罚措施实施之前，商会应赋予成员企业提出抗辩以及申请复议机会；同时在出现惩罚措施实施不当而导致成员权利受到损害时，赋予其权利救济途径。

四是启动商业行规、商事习惯的调查、收集与编撰工作。中国《民法典》已经把民（商）事习惯确立为法的渊源，但是有关民（商）事习惯司法适用的配套制度目前仍未完善，司法机关对于实践中存在哪些民商事习惯缺乏权威的查询渠道，因此在审判中往往只能依靠当事人举证进行查明。启动常规化的调查、收集与编撰工作的意义在于：（1）法源意义上的商事习惯法来自实践而非立法程序的制定，因此立法机关首先需要充分了解实践中存在哪些商业行规和

---

① ［美］阿维纳什·迪克西特：《法律缺失与经济学：可供选择的经济治理方式》，郑江维等译，中国人民大学出版社 2007 年版，第 12 页。

商事习惯，然后才能运用前述的“双重要件标准”（即积极要件和消极要件）对业已存在的商业行规和商事习惯进行审查，并从中确定商事习惯法的范围；（2）即便对于那些未能进入法源范围的商业行规和商事习惯，由于它们仍然可能作为“事实上的习惯”适用于案件审判，因此立法机关同样有必要将其纳入编撰工作，以便法官在质证和案件查明环节进行事实的确认；（3）无论是作为法源意义上的商业行规或者商事习惯，还是作为事实意义上的商业行规或者商事习惯，常规化的调查、收集与编撰工作还有助于商人（市场主体）在法庭之外更广范围地知晓并运用这些规范自我调整商事关系，实现真正的商事自治。对于商业行规、商事习惯的调查、收集与编撰工作，我国台湾地区的做法值得借鉴。为了便于法官的审判操作，我国台湾地区曾组织调查和编纂了《台湾民事习惯调查报告》（2004 年版），其内容涉及民事活动的亲属、婚姻、继承、合会、神明会、祭祀公业等若干领域。我国台湾地区还曾经组织编纂了《商事习惯调查研究》（1970 年版）。该研究的内容共分七编，内容分别涉及“一般商业行为”“公司”“保险”“银行”“运输”“贸易”和“渔业”等商事领域。

五是明确规定商业行规、商事习惯司法适用的程序规则。商人在法庭之外自我适用商业行规、商事惯例调整商事关系，其程序可以遵照意思自治和实用主义而灵活多变，不必统一设定（甚至在商事仲裁程序中很大程度上也可以体现这种自由适用的原则）。但如果进入商事审判领域，那么商业行规、商事习惯的适用则必须有法定的程序规则予以规范。这种程序规则首先可以通过司法解释的形式进行规定，待实践检验合格之后，最终通过《民事诉讼法》进行确认。而就适用程序的具体内容而言，商业行规、商事习惯在审判中的完整适用大致需要经过五个环节，即行规或习惯的“提出”“举证”“查明”“过滤”和“运用”。其中，行规或习惯的“提出”包括“当事人提出”与“法官提出”两个途径；“举证”和“查明”主要是指经过当事人的举证以及法官依职权的调查而对行规或习惯的存在、性质和内容等问题进行确认；而“过滤”是指法官通过实体要件和程序要件的检验而把不符合法律原则或强制法规范要求的行规或习惯进行排除；最后，行规或习惯的“运用”则是指法官把经过举证和查明之后的行规或习惯作为案件判决的依据、证据或理由。

六是通过激励措施完善商事纠纷多元解决机制。近年来，国家一直在推动商事纠纷多元解决机制的构建。但从实践来看，目前当事人对诉讼、仲裁系统之外独立的商事调解等纠纷解决机制的选择仍有较为明显的被动性。全国法院系统的“一站式多元解纷机制”在促成“诉讼转调解”方面发挥了重要作用，但此类案件大多数是在当事人立案后，由法院主导转化而成。例如，2017 年 1 月至 2022 年 1 月广州市中级人民法院共受理案件 277.2 万件，诉前成功调解的案件有 37.1 万件。可对比的数据是，自 2020 年 9 月成立之日起至 2022 年 8 月，广州国际商贸商事调解中心两年间共受理法院委派委托商事调解案件 932 宗，但自行受理的商事调解案件只有 9 宗。[①] 为此，应当建立健全鼓励社会公众、市场主体优先选择非诉讼纠纷解决途径的制度。一是鼓励市场主体在各行业、各类示范性格式合同文本中优先约定商事调解、仲裁等方式作为诉讼之前的纠纷解决方式。政府部门、事业单位和国有企业在其参与订立的合同文本中，应带头优先约定选用纠纷多元解决机制。二是通过政府购买服务、政府补贴等途径为纠纷多元解决提供必要的经济支持，相应减少市场主体、社会公众选择适用多元纠纷解决机制的成本。三是进一步完善法院系统对非诉讼纠纷多元解决机制裁决结果、调解结果的执行力，提高多元纠纷解决机制的权威性和公信力。四是完善各类纠纷多元解决机构的资质评定制度和调解员等专业人员资格任免制度，完善行政、司法、检察对纠纷多元解决机构及其专业工作人员的履职监督。五是将纠纷多元解决列为中国法治文化宣传的重要内容，全方位、多渠道、持续性加强纠纷多元解决机制的推广，提升纠纷多元解决机制的专业形象。

六、结语

本文以“总结历史、审视当下，展望未来”为思路，对中国商法制度体系建设与发展的历程、路径及特点进行归纳，对其中可能隐藏的规律与经验进行总结，对仍然存在的相关争议及疑难问题展开分析。文章试图论证，为了降低商事立法成本，提高商法实施的效率，推进商事法制的全面深化改革，完善市场化法治化国际化营商环境，立法机关有必要进一步提升商人意思自治的价值定位，重视商人对商法规则的自我生产能力以及对商事秩序的自我构建能力，疏通商事自治规范到商事法律的演化路径，强化商事自治规范的司法适用，推进商法公共实施向私人实施的有效转变，完善以商事纠纷多元解决机制，进而构建“外生—内生”兼容并存的商事秩序。

---

① 参见《回首过往叙豪情，商事调解再启新征程》，载广州市律师协会官网，http：//www.gzlawyer.org/info/24feb38e6e4c4ba6baa4ec3b1f5ce73f，2023 年 6 月 20 日访问。

法典化浪潮下商法通则立法命运之省思

薛　波*

一、问题镜像：法典化浪潮下缘何重提商法通则？

在《民法典》编纂旗帜鲜明地宣称实行“民商合一”立法体例，[①]《民法典》实施后其所确立的“民商合一”体例已基本为我国政治界/学术界/实务界/商务界等社会各界人士普遍接受和认可的前提下，《商法通则》似乎是一个“已经被抛进历史故纸堆”“冰冷的”“无须言说”甚至“毫无理论和现实意义”的命题。然而，如果细致冷静地回顾和梳理《商法通则》立法命题发展史，理性研读商法学界关于《商法通则》的著述和学说，几乎可以得出相反的结论。《商法通则》不仅没有过时/死亡，相反，在新一轮法典化浪潮兴起背景下，仍有必要省思《商法通则》之立法命运，深究《商法通则》立法命题提出的历史意义和现实价值，对这一问题的思考不仅关乎后《民法典》时代民商关系处置，亦关系中国商事立法的体系化和科学化。

众所周知，《民法典》的编纂表明中国的民事立法“迈向了一个历史的高峰”[②]，经由《民法典》编纂已经基本实现了民法立法的“体系化”和“科学化”，并构建起了统一权威的民法法源体系。[③]肇端于《民法典》编纂的巨大成功和经验启示，旋即诱发了“蝴蝶效应”。2020年11月16日，习近平总书记在中央全面依法治国工作会议上指出：“民法典为其他领域立法法典化提供了很好的范例，要总结编纂民法典的经验，适时推动条件成熟的立法领

---

* 深圳大学法学院副教授，研究员，硕士生导师，法学博士，主要研究方向为商法学。本文系国家社科基金一般项目“团体法思维在商事立法中的运用研究”（20BFX123）和国家社科基金青年项目“公司减资对债权人通知义务研究”（19CFX049）的阶段性成果。

① 民法总则立法背景与观点全集编写组编：《民法总则立法背景与观点全集》，法律出版社2017年版，第4页。

② 谢怀栻：《外国民商法精要》，法律出版社2014年版，第55页。

③ 参见薛军：《民法典编纂如何对待司法解释》，载《中国法律评论》2015年第4期，第48—52页。

域法典编纂工作。”2021 年 1 月 10 日，中共中央印发的《法治中国建设规划（2020—2025 年）》指出，对某一领域有多部法律的，条件成熟时进行法典编纂。为此，法学界掀起了自 1949 年新中国成立以来新一轮的最大规模、最为火爆的“法典化”讨论热潮。目前，教育法典、环境法典、行政基本法典编纂已经被列入 2021 年全国人大年度立法规划[①]。在这一背景下，商事立法该何去何从这一关乎中国商事立法前途和命运的论题再次诱发了商法学界的高度关注和热烈讨论，《商法通则》立法再次成为商法学研究的“热词”。

众所周知，民商两法从来都是如影随形，二者可谓“剪不断、理还乱”之关系。[②]在《民法典》已经实现民事立法体系化和科学化目标并将“从立法论迈向解释论”的历史性时刻，[③]有学者认为，中国的商事立法无须以制定一部单独的法典为其终极目标，《民法典》作为私法基本法发挥统领作用，商事立法应当继续坚持单行立法模式；[④]亦有学者认为，中国需要在《民法典》外另立一部《商法典》，实行彻底的民商分立。[⑤]相对于“单行法”和“法典”模式，《商法通则》是一个更为让理论界和立法机关爱恨交加、纠葛难断的选择。因为无论单行法抑或法典，域外早已有成熟的立法体例。唯有《商法通则》属于中国商法学界和实务界集体的“智慧”和“创新”，属于中国商事立法和司法实践的经验归纳和总结，并无深厚的比较法背景。

自发轫至今，《商法通则》立法命题的提出已逾 30 年，原中国商法学研究会会长王保树教授和现任会长赵旭东教授领衔的一代商法学人对此进行了深入系统的研究，其凝结着国内绝大部分商法学人的长期心血和热烈期盼。在《民法典》实施 3 年多尤其在新一波法典化浪潮兴起的背景下，《商法通则》正站在一个关键的十字路口，撩动着商法学研究者的神经，考验着中国商事

---

① 参见《法工委发言人：今年将启动行政立法领域法典编纂》，载中国人大网，www.npc.gov.cn/npc/c30834/202104/3661fb499e614744963722701ff8d49a.shtml，2022 年 4 月 8 日访问。

② 参见刘凯湘：《剪不断，理还乱：民法典制定中民法与商法关系的再思考》，载《环球法律评论》2016 年第 6 期，第 107—125 页。

③ 参见王泽鉴：《案例研究与民法发展》，载《法律适用（司法案例）》2017 年第 18 期，第 3—7 页。

④ 参见郭富青：《论民法典的体例对商法现代化的影响》，载《财经法学》2017 年第 2 期，第 44—62 页。

⑤ 参见范健：《中国民法典颁行后的民商关系思考》，载《政法论坛》2021 年第 2 期，第 25—41 页。

立法者的智慧。[①] 为此，有必要深究《商法通则》的由来及命运，重思其是否适合中国商法立法体系化和科学化之选择。本文的思路如下：第一，回顾和梳理《商法通则》立法命题的滥觞及流变；第二，就《民法典》编纂前后我国法学界关于《商法通则》的学术观点进行总结并评析；第三，论证在新一轮法典化浪潮下中国选择制定一部《商法通则》的可行性。

二、追本求源：商法通则立法命题之滥觞及流变

正所谓历史是现实的实验室，历史照耀着现实亦预设着未来。对某一制度优劣之评判最重要的尺度即要知晓其历史源流，弄清楚其来龙去脉。唯此，才会有客观、准确的认识。追溯《商法通则》立法命题滥觞，可谓悠久绵长。清光绪二十九年（1903 年）颁布的《商人通例》对商人的概念、商事权利、商号、商业账簿等做了系统规定。宣统二年（1910 年）又编制了总计 7 章 84 条的《商事总则》，遗憾的是，该《商事总则》未经审议；“民国”三年（1914 年），将《商事总则》改为《商人通则》颁布实施，总计 7 章 73 条。

随着新中国成立后原国民党《六法全书》被全部废除，民商立法又重起炉灶。在这一过程中关于民商立法的体例选择一直争议不断，难有定一。1954 年、1962 年、1979 年、2001 年历次《民法典》起草时，制定《商法通则》的主张一直断断续续，不曾间断。1998 年，江平教授基于民商两法关系处置的宏观视角提出制定《商法通则》的主张。他认为，民商关系处置应当坚持两点论：第一，民商两法融合的趋势；第二，民法和商法划分仍有必要。因此，应当对二者的范围作出界定，没有界定就谈不上融合，有必要按照《民法通则》模式，另立一部《商法通则》。

江平教授关于民商两法关系处置的观点引起了学术界的广泛关注和热烈讨论。1999 年 6 月 30 日，由深圳市人大常委会法工委和中国社会科学院法学研究所合作起草的《深圳经济特区商事条例》颁布，这是《商法通则》从理论迈向实践的有益尝试。该条例于 2004 年 4 月 16 日由深圳市第三届人民代表大会常务委员会第三十一次会议做了修改。遗憾的是，该条例于 2013 年 12 月 25 日被宣布废止。之后，中国法学会商法学研究会前会长王保树教授从实用主义立场出发，全面、系统地阐述了他关于制定《商法通则》的方法论、

① 参见赵旭东：《民法典的编纂与商事立法》，载《中国法学》2016 年第 4 期，第 40—54 页。

立法定位、指导思想和基本结构。2004 年，中国法学会商法学研究会以《商法通则》立法问题作为年会中心议题，提出要尽快完成《商事通则》建议稿工作；在 2007 年中国法学会商法学年会上，商法学界围绕“和谐社会构建中的商法建设”这一主题再次探讨商法完善及《商法通则》制定问题；2008 年商法学研究会在宁波成立了《商事通则》调研组，最终在 2010 年形成了包含 10 章 92 条的《中华人民共和国商事通则》建议稿。

但是在 2011 年 3 月召开的第十一届全国人大四次会议上，随着时任全国人大常委会委员长吴邦国庄严宣告中国特色社会主义法律体系已经基本形成，学术界之后虽然有零星制定《商法通则》的声音，全国人大的年度立法规划里一直未曾出现过制定《商法通则》的立法计划。《商法通则》似乎已经沦落为理论界自说自话的命题，离现实渐行渐远。

直到 2015 年《民法典》编纂工作的强势重启，《民法典》编纂的“升温”显然激发了商法学界对《商法通则》新一轮的评估和思考，《商法通则》的制定工作再现曙光，并屡次成为商法学界讨论的焦点论题。2015 年 9 月，在河南召开的中国法学会商法学研究会年会上，时任中国法学会副会长的张文显教授指出，《民法典》和《商法典》是“鸟之两翼、车之两轮”的关系，商法学界要有意识地推动商事立法工作，要在已有的商事通则草案基础上继续推进。之后他又进一步强调，社会主义市场经济法律体系更多要通过商法体现，商法学研究会应当早日向立法部门提交《商法通则》建议稿，推动《商法通则》立法工作。张文显教授的系列发言推高了《商法通则》立法研究的热潮。2017 年商法学界频频发力，展开对《商法通则》新一轮的研究。4 月 15 日，河南财经政法大学召开了“第二届民法与商法的对话学术研讨会”；9 月 10 日，中国商法学研究会专门邀请全国人大法工委主任沈春耀同志专题汇报与研讨“商事制度改革与商事立法中的《商法通则》立法相关问题”；9 月 16 日，吉林大学法学院举办“首届吉大商法高端论坛”集中研讨《商法通则》的立法体例问题；10 月 13 日，南京大学商法研究中心举办“《商法通则》与中国商事立法体系的构建”研讨会；10 月 14—15 日，中国法学会商法学研究会年会热议制定《商法通则》的可行性和必要性；11 月 17 日，中山大学法学院举办“国家工商总局《商法通则》立法研究”项目结项暨《商法通则》制定必要性与可行性研讨会；12 月 30 日，北京大学举行“制定商法典——商法典编纂的全球印象学术研讨会”。2018 年初，在北京召开的商法学研究会会长会议审议与研讨了“《商法通则》专家建议稿”的定稿。另外，在中国法学会商法学研究会和法制日报社主办的“2018年度商法十大事件与中国商法年度人物”新闻发布会上，2018年“中国商法十大事件”之一就是《商法通则》立法获得两会代表委员广泛关注。2019年1月5日，南京大学法学院举办第二届《商法通则》立法研究学术研讨会讨论了《商法通则》的最新研究。2021年国务院出台《中华人民共和国市场主体登记管理条例》对未来工作的展望包括统一商事立法规划和《商法通则》制定，国务院认为未来有必要研究制定《商法通则》。《商法通则》的研究热度可谓一时无两，俨然成为商法学界的“重头戏”。

在前后历经20余年的研究之后，在由王保树教授和赵旭东教授领衔的两代商法学人不断开拓和努力进取之下，在中国商法学界/实务界/商务界以及行政机关的长期努力和推动之下，制定《商法通则》再一次重新回归到立法机关视野之中。在《民法典》实施党中央强力推进新一轮法典化的浪潮下，制定《商法通则》的政策障碍已经被涤除，我国学术界对《商法通则》的理论研究亦相当系统和深入，时机已经成熟。商法不能亦没有理由“沦落”为《民法典》之外的“散兵游勇”或者“可有可无的注脚”，① 必须认真、理性地面对自身的“体系化”和“科学化”及其统一法源体系建构问题，尽早推动《商法通则》进入立法规划。这是《民法典》时代商事立法、司法和理论必须面对的重大课题，亦是商法学人责无旁贷的历史使命。

三、理论争鸣：学术界关于商法通则立法观点述评

以上基于历史演化的视角梳理了《商法通则》的缘起及流变。伴随着这一过程我国法学界对《商法通则》展开了热烈的讨论，观点可谓百花齐放、百家争鸣。纵览学界关于《商法通则》立法的态度，主要存在以下六类。

（一）既有观点之归整

第一类：明确反对型一。这主要来自商法学界外部，更准确地说来自中国民法学界。反对制定《商法通则》主要为持“民商合一”的民法学者所持，其中，王利明教授是这一主张的最有力支持者并多次对此作了周详论证。他提出的理由包括：（1）独立的商法总则将人为造成基本民事制度的分裂；

---

① 参见雷兴虎、薛波：《民法总则包容商事关系模式研究》，载《甘肃政法学院学报》2017年第1期，第56—71页。

（2）商法总则难以提出周延的法律概念；（3）商法总则难以概括出商事特别法的共同规则；（4）制定商法总则将导致法律规则的叠加、重复，增加法律适用的难度；（5）商业活动要求制定不断创新，这导致商法规则也随之变动。但是王利明教授也指出，由于部分商法的共性规则难以完全纳入民法总则，故针对此类问题是否有必要单独制定商法总则涵盖这些商事活动的共性规则还有待进一步探讨。[①] 与其持类似观点的还有王玫黎教授。她认为，制定《商事通则》的做法弊多利少并且经不起时间的检验，具体理由包括：（1）任何一种商事立法模式都是客观历史条件的产物，真正施行的可能性不大；（2）制定《商事通则》没有其他的参照模式；（3）《商事通则》模式与“一般规定”模式[②] 在内容上并没有根本性区别，但是其立法成本较高。[③]

第二类：明确反对型二。反对制定《商法通则》并非商法学界的主流观点，主要为个别商法学者所持。如赵磊教授认为，应当反对商法的形式主义，坚持实质主义的民商分立，冷静对待“商事通则”[④] 立法，完善商法各单行法律、法规。理由有：（1）《商法典》并非商法形式理性的必然产物；（2）美国《统一商法典》的启示是反对形式主义；（3）“商事通则”并非对民商合一与民商分立的超越，而是实质上的民商分立，其体系与内容与大陆法系国家的商法典并无二致。[⑤] 余能斌教授认为，我国民商立法问题应从宏观统筹的高度解决，选择一种真正意义上的“民商合一”的立法道路。他主张将商事规范纳入民法典或者以一部中国民商法律大纲取代民法典。理由包括：（1）应当承认商事关系与民事关系的客观差别以及法律对商事关系予以特别规定的必要；（2）主张用独立的《商法典》或《商事通则》来解决商事规范存在形式的设想缺乏现实性；（3）应用宏观统筹的方法解决我国当前立法中的民商合一问

---

① 参见王利明：《民商合一体例下我国民法典总则的制定》，载《法商研究》2015 年第 4 期，第 6—7 页。

② “一般规定”模式是指在民法典中纳入商法的一般性内容，同时保留商法中具有个性的部分作为单行法。参见王玫黎：《通则上的民商合一与各商事单行法独立并行——中国商事立法模式的选择》，载《政治与法律》2006 年第 3 期，第 123 页。

③ 同上。

④ “商事通则”与“商法通则”除名称一字之差以外，其所指并无任何区别。参见赵磊：《反思“商事通则”立法——从商法形式理性出发》，载《法律科学（西北政法大学学报）》2013 年第 4 期，第 161 页。

⑤ 参见同上书，第 161—163 页。

题。[①] 程淑娟教授认为，在我国制定独立《商法典》或《商事通则》将会增加若干的理论困扰，而用民商合一的《民法典》及商事单行法思路则是一种现实的做法。理由包括：（1）在民法典中将商事规范纳入，足以体现商事规范的相对独立性；（2）该思路能科学地对待现有商事单行法；（3）在《民法典》中纳入商事规范能正确地反映民法和商法的关系，维护民法在私法领域的统帅地位；（4）将商事规范纳入《民法典》，实际可以避免许多商法形式独立带来的技术困难。[②] 于海涌教授认为，制定《商法通则》的时代背景和技术难度均迥异于《民法通则》，既无必要性，亦无可行性：（1）《商法通则》的立法定位模糊；（2）《商法通则》没有足够的存在空间；（3）《商法通则》可能会导致法律适用的混乱；（4）《商法通则》与商法的"去法典化"趋势背道而驰；（5）《商法通则》与我国民商合一的立法传统不合。但是于海涌教授指出，应当按照"分解融合"的路径，将商法的理念有机地融入民法典之中，这不仅便于理顺民法和商法的适用规则，而且具有较强的可操作性。[③]

第三类：明确支持型。商法学界的绝大部分学者主张或认可制定《商法通则》的做法。如江平教授认为，有关商法总则立法有两种模式可循：一是在《民法典》中规定商法总则，完全实行民商合一；二是在《民法典》外另立一部《商事通则》。其认为采取模式二更为简便可行，理由是将商事活动原则、商事权利（包括商业名称、商业信用、商业秘密等）、商事主体以及商事企业的基本形式、关联企业、连锁企业等、商业账簿、商事行为、商业代理（包括内部经理人代理及外部各种销售代理，如独家代理等）等内容均置于《民法典》中加以规定会显得过分累赘，不能突出商法的特征。[④] 王保树教授基于实用主义的立场分析认为，《商事通则》的需要是在商法与实践互动中显现出来的，它产生于生动活泼的商事实践。制定《商法通则》的具体理由包括：（1）需要填补民法和已有商事单行法律之间的空白；（2）需要统率商事单行法

---

① 参见余能斌、程淑娟：《我国"民商合一"立法借鉴的新选择——由〈俄罗斯联邦民法典〉引出的思考》，载《当代法学》2006 年第 1 期，第 40—44 页。

② 参见程淑娟：《我国商事立法模式的再思考——兼论〈商法典〉、〈商事通则〉的不可行性》，载《甘肃理论学刊》2008 年第 1 期，第 109—110 页。

③ 参见于海涌：《分解融合是民法典编纂中民商合一的现实路径选择——以〈商法通则〉的立法建议为中心》，载《法治研究》2018 年第 4 期，第 5—8 页。

④ 参见江平：《中国民法典制订的宏观思考》，载《法学》2002 年第 2 期，第 43—44 页。

律的规则；（3）需要创设民法和其他单行商事法律所没有的规则。[①] 赵旭东教授提炼了制定《商法通则》的五大理由：（1）制定《商法通则》是超越民商合一与民商分立争议的务实立法选择；（2）制定《商法通则》是商事法律制度自身体系化、科学化的必然要求；（3）制定《商法通则》有利于填补我国当前商事法律规定的不足，统一协调和解决相关法律制度之间的矛盾与冲突；（4）制定《商法通则》可以提高商事制度的立法层次，加强对商事关系的法律调整；（5）社会经济的发展、法律意识的提高、立法和司法方面的实践经验以及丰富的理论研究成果，已为制定《商法通则》打下了坚实的立法基础。[②] 近期，朱慈蕴教授亦呼吁，制定《商法通则》有助于商事主体规范的有序和商事交易的有序，在《民法典》颁布后显得更为重要：（1）《民法典》未规定商事法的基本原则，亦未规定商主体和商行为等基本概念，需要通过《商法通则》予以规定。（2）商法法律关系的特殊性和特殊的商法思维需要《商法通则》。（3）《商法通则》立法应当以“通、统、补”为立法原则，商事交易的多元化、多样性及商人创新意识，使商事活动十分活跃，而以“典”相称的法律具有稳定性，导致不能经常修法以适应商事活动的发展。《商法通则》不是商法总则，其内容除总则外还包括一些单行法没有的内容。（4）《商法通则》规定商事法的基本原则、基本概念等基本商事理念，并填补一些缺失的规定，它将为商事执法和商事审判通过清晰的商事规则，有助于培育商事思维，真正成为商事法的灵魂与架构商法与民法的桥梁。[③] 石少侠教授认为应当坚持商法的相对独立性，进行立法模式的创新。实行实质商法主义的民商分立，不搞法典意义上的民商合一和民商分立；应当在编纂《民法典》的同时制定《商法通则》，以实现商法对统一市场的全面规制和商法体系自身的健全与完善。[④] 他认为应抓紧制定《商法通则》的理由包括：（1）制定《商法通则》是对《民法总则》的必要补充；（2）制定《商法通则》是对我国商法体系的自我完善；（3）制定《商法通则》是改善我国营商环境的必要举措；（4）制定《商法通

---

① 参见王保树：《商事通则：超越民商合一与民商分立》，载《法学研究》2005 年第 1 期，第 36 页。

② 参见赵旭东：《制定“商法通则”的五大理由》，载《中国商法年刊》2007 年，第 3—11 页。

③ 参见朱慈蕴：《新时代十年商法实施的成就、经验与展望》，载《中国法治实施报告（2022）》，人民法院出版社 2022 年版，第 205 页。

④ 参见石少侠：《编纂民法典应当正确处理民商法关系》，载《中国检察官》2017 年第 1 期，第 4 页。

则》是完善我国市场经济立法的基本要求。[①] 范健教授认为，当下中国启动《商法通则》立法具有六大必要性：（1）《民法总则》的商事立法存在制度缺陷；（2）中国需要以独立的商法思维完善商法体系；（3）商法的再法典化是世界立法的新趋势；（4）巩固商事制度改革成果与改善营商环境需要《商法通则》；（5）规避商事制度风险与回应时代需求需要《商法通则》；（6）形成制度竞争优势和参与全球治理体系建设需要《商法通则》。[②] 蒋大兴教授认为，我国制定《商法通则》是商业实践本身的客观需求，商业实践对《商法通则》的需求体现在商事交易、商事规制、商事裁判和良性社会竞争秩序四个维度；同时他对"《民法总则》已足以导引商事特别法""独立的《商法通则》会分裂民法的基本制度""民商事区分困难无法制定《商法通则》""独立的《商法通则》存在法技术上的困难"等个别理论质疑做了有力回应，提出中国独立制定《商法通则》之必要与可能。[③] 他还强调理论研究始终应当走在实务 / 立法前面，并对"七编制"的《商法通则》作了翔实、充分的论证。[④] 李建伟教授认为，无论从追求统一私法体系与商法规范体系的立法形式理性，还是从我国民商事立法的实际出发，《商法通则》都不失为一种符合理性主义与现实主义的立法选择。[⑤] 制定《商法通则》是符合我国商事法律制度体系化、科学化要求的理性选择。[⑥] 王建文教授认为，商法法典化立法模式已无法适应时代要求，故不妨制定《商法通则》。但在立法定位上《商法通则》应是立足于现代商法体系的发展，以总纲性商法规范为中心兼及具体商法规范的特殊形式商法。[⑦]

第四类：先支持后放弃型。在商法学界内部，还有部分学者刚开始主张

---

① 参见石少侠：《制定〈商法通则〉是法制模式创新和市场法制需求》，载《国家检察官学院学报》2018 年第 5 期，第 8—15 页。

② 参见范健、丁凤玲：《将〈商法通则〉列入全国人大立法规划的建议》，载《上海政法学院学报（法治论丛）》2019 年第 5 期，第 24—27 页。

③ 参见蒋大兴：《〈商法通则〉/〈商法典〉的可能空间？》，载《比较法研究》2018 年第 5 期，第 58—69 页。

④ 同上书，第 38—54 页。

⑤ 参见李建伟：《民法总则设置商法规范的限度及其理论解释》，载《中国法学》2016 年第 4 期，第 90 页。

⑥ 参见李建伟：《制定商法通则的缘起及其立法价值的再认识》，载《社会科学战线》2015 年第 12 期，第 228 页。

⑦ 参见王建文：《中国现行商法体系的缺陷及其补救思路》，载《南京社会科学》2009 年第 3 期，第 118—119 页。

制定《商法通则》，后又明确表示放弃了《商法通则》，至于放弃的原因尚待进一步观察，笔者揣度，部分是因为在《民法典》颁布之后其预判制定《商法通则》立法的现实性和可能性已大大降低。其中，中青年学者樊涛的观点颇具代表性，早期他认为《商法通则》是一种超越民商分立与民商合一的新的商事立法模式，为此，还撰写了《中华人民共和国〈商法通则〉》建议稿[①]。但之后他又指出，基于制定《商法通则》在理论论证、实践操作及立法技术上的困难和我国民商合一的立法传统，与制定《商法通则》的路径相比，“民商合一”系我国商事立法的务实选择。[②]雷兴虎教授认为，我国应立足于现阶段的经济发展水平和我国现有的商事立法实践，制定一部切实可行的《商事通则》，借以统率我国已经颁发的各种单行商事法律，并进一步实现我国商法体系的自我完善和与民法、经济法之间的协调发展。[③]但是在探讨代理商法律适用特殊诉求时又指出《商法通则》的制定在我国更多的是一种理论上的构想，商法学界虽呼吁多年，却始终未纳入国家立法计划，故寄希望于《商法通则》为解决代理商立法困境的最优路径。[④]郭富青教授早期认为，通过制定《商法通则》可上承民法典下统商事单行法，使《商法通则》成为沟通《民法典》与商事单行法的桥梁。[⑤]但之后又指出制定《商法通则》既不可行亦无必要，理由是《商法通则》实质上是《商法典》缩略版，如此，势必造成《商法典》与《民法典》上下位级基本概念、范畴和制度的矛盾抵触，无法发挥上承《民法典》下统商事单行法的功能。[⑥]

第五类：开放包容型。这类学者对《商法通则》立法持充分尊重、开放包容的态度和立场。典型的如孙宪忠教授认为，商事一般法规则在现行《民

---

① 参见樊涛：《商法通则：中国商事立法的应然选择（附：〈中华人民共和国商法通则〉建议稿）》，载《河南大学学报（社会科学版）》，第19—24页。

② 参见樊涛：《商事关系的特质与法律规制——兼论我国的商事立法模式》，载《甘肃政法学院学报》2009年第6期，第71页。

③ 参见雷兴虎：《〈商事通则〉：中国商事立法的基本形式》，载《湖南社会科学》2004年第6期，第60页。

④ 参见刘浩然、雷兴虎：《〈民法典〉时代我国代理商立法的制度构造》，载《湖北社会科学》2022年第11期，第140页。

⑤ 参见郭富青：《论我国商法体系的建构技术》，载《法律科学（西北政法大学学报）》2008年第2期，第87—88页。

⑥ 参见郭富青：《论现代商法的基点、形式与我国商法的体系化建构》，载《学术论坛》2019年第1期，第35—36页。

法典》中已经确立并且他们和公司法等法律制度是衔接的，但是将来是否需要制定商事法律的一般规则，还要看经济发展和学术研究的情况来确定。[①]王轶教授亦认为，对于是否制定《商法通则》应当持尊重的态度，他形象生动地提出应当在“各美其美、美人之美、美美与共”的前提之下构建民法与商法的关系，主张在深刻认识民法和商法的差异性的基础上再谈民商合一的立法体系。[②]

第六类：态度模糊型。该类型学者对《商法通则》立法既未表示赞同，亦未明确表示反对，大部分持不置可否、事不关己、高高挂起的“漠然”态度，未直接参与到商法立法“体系化”和“科学化”命题中来。

（二）既有观点之评析

综观上述《商法通则》立法的观点争议，我们可以归纳出七点初步的结论。第一，我国学术界关于《商法通则》立法主要存在支持和反对两种立场，双方各有说辞，难分高下，在不同时间段均占据一定市场。二者孰优孰劣，一时难有定论。第二，上述争议说明《商法通则》这一立法命题一经提出即具有持久的学术生命力和现实解释力，继而诱发了学术界和社会各界的广泛关注和热烈讨论。第三，我国民商法学界对这一问题的讨论或多或少掺杂着意气之争。多数民法学者反对制定一部《商法通则》，商法学者则多肯定之，由于受“民商合一”大民法观和民法“沙文主义”思潮之影响，学术界对商事关系相较于民事关系的特殊性及民商法思维在司法裁判中的差异性认识仍有待进一步开拓、发掘。[③]第四，从纵向时间轴观察，反对或者支持《商法通则》的观点更多反映的是基于学者的立场选择、学术视野、知识构成、分析视角的不同，二者对商法学理论的繁荣和昌盛均功不可没，历史功绩不容抹杀，应当理性看待并且予以尊重。第五，关于《商法通则》立法的讨论并未随着《民法典》的颁布实施而减弱或者终结，相反，却呈愈演愈烈的态势。这一现象似乎超出了部分“民商合一”持论者的初衷和预判。第六，抛开价

① 参见孙宪忠：《头等舱理论：民法典之外的民法体系》，载《民法典怎么看？》，中国社会科学出版社2021年版，第95页。

② 参见《王轶教授2019年4月27日在中国社会科学院举办的“民法典背景下的公司法改革学术研讨会”上的发言》，载“商法界”微信公众号，https：//mp.weixin.qq.com/s/qP7BfznUqWzQMk95AYYBYA，2022年12月20日访问。

③ 关于民商思维差异分析参见杨峰：《商法思维的逻辑结构与司法适用》，载《中国法学》2020年第6期，第160—182页。

值判断的孰优孰劣之分，仅从学术讨论的观察视角评价，部分民法学者对《商法通则》立法持开放和包容的态度值得赞赏。第七，对《商法通则》这一根植于中国本土商法实践、充溢着浓郁的“中国特色”理论命题之争论，充分展现了当代中国商法学者的使命、担当、胸襟以及对商法学基础理论的深度思考能力和理性建构能力，值得弘扬并且传承。

四、现实选择：法典化浪潮下商法通则立法可行性证成

基于上述历史和理论维度分析，笔者认为，在当前各部门法纷纷推进“法典化”的“时代风口”面前，在法学界掀起构建中国自主法学知识体系的背景下，[①] 仍然十分有必要制定一部独立的《商法通则》。关于《商法通则》立法的必要性和可行性，学术界的研究虽然已经相当充分和厚实，但是综观这些成果，基本集中在《民法典》颁布之前。《民法典》的实施并不意味着《商法通则》立法命题的“死亡 / 终结”。相反，在《民法典》实施新一轮“法典化”浪潮风起云涌的现实之下，《商法通则》又重新焕发出新的生命力，被赋予了新的时代意涵。当前，我国商法学界 / 实务界 / 商务界亟须凝心聚力合力打造一部高质量的《商法通则》。

（一）法典化现实为制定《商法通则》提供了历史契机

法典化是 19 世纪大陆法系发展出来的以民法典问世为标志的新的社会和历史现象，其核心价值在于消除传统法律的复杂性，转向简明和体系化的方法。[②] 实质意义上的法典是近代理性祛魅的时代产物，反映了高超的立法技术，彰显了人类的理性能力。[③] 众所周知，科学的法律体系应当是形式理性与实质理性的统一，现代法治的理念不仅仅承载于法典的形式之上，更应当将法治的精神根植于法律实践当中。[④]《民法典》出台的影响不仅体现在民法和商法学界，对其他各部门法的法典化亦具有极强的引领和示范效应。当前，中国法学界正处于新一轮“法典化大竞赛”的场域之中，各部门法的法典化运动方兴未艾。商法作为对市场经济反应最为敏锐和超前的部门法之一，在这场充

---

① 参见张文显：《论建构中国自主法学知识体系》，载《法学家》2023 年第 2 期，第 1—15 页。

② 参见［美］约翰·亨利·梅利曼：《大陆法系》，顾培东、禄正平译，李浩校，法律出版社 2004 年版，第 449—451 页。

③ 参见刘凯：《法典化背景下的经济法统合性立法》，载《法学》2020 年第 7 期，第 102 页。

④ 同上书，第 112 页。

满良好机遇的历史性变革当中，理应顺应 / 拥抱时代潮流，积极勇敢地做出自己的时代回应。为此，趁当前各部门法"法典化"之"大势"和"东风"，充分论证和挖掘《商法通则》立法的必要性和可行性，《商法通则》的立法模式、内容框架、制度构造、规范配置、语言修辞等一系列问题；同时，整合政治界 / 学术界 / 实务界 / 商务界等一切可能的力量，通过召开立法论证会 / 听证会 / 论证会形式，借助人大代表建议案 / 政协建议案等多元化的渠道，积极争取说服立法机关早日将《商法通则》立法列入国家年度立法规划，便具有了重要的理论价值和现实意义。①总之，新一轮的法典化浪潮为制定《商法通则》提供了良好历史契机，《商法通则》立法已经成为商法学界的殷切期盼。

（二）《民法典》对商事关系处理的失当为《商法通则》立法预留了充足空间

如果说商法学界的研究成果为《商法通则》的制定提供了理论基础和依据，那么，《民法典》在商事关系处置上的欠缺和失当，则为《商法通则》立法预留下了充足的现实空间和可能。在《民法典》编纂过程中，囿于既有立法传统和现实因素等方面的原因，我国最高立法机关确立了"民商合一"立法体例。但是"民商合一"究竟在哪些地方合，在哪些地方分，合的手段和方式、合的程度和范围等问题，学术界尚未形成统一共识。最终《民法典》虽然在基本原则、法律渊源、民事主体、民事权利、法律行为、代理等章节部分关照到了对商事关系的容纳和调整，但并未完全、充分地反映商法的精神、理念、原则和制度。对此，我国商法学界已经有学者做了全面的解析和批评。②《民法典》"总则编""法人章"采用全面"吸收 / 复印"下位法《公司法》"总则章"规定的立法技术，造成了《公司法》总则规范的碎片化和空洞化。这一做法不仅损及《公司法》自身的逻辑和体系完整，而且给《民法典》和《公司法》的规范适用带来了巨大难题。③典型例证即为《民法典》第 83 条第 2 款营利法人人格否认制度。该款将在《公司法》中即属"特殊 / 例外"规定的第 20 条第 3 款公司法人格否认制度提取出来，扩张一体适用于营利法人、非营利法人等所有的法人类型，会诱致明显的适用障碍和难题。姑且不

① 参见薛波：《民法典时代民商关系论》，上海人民出版社 2021 年版，第 134 页。

② 参见李建伟：《〈民法总则〉民商合一中国模式之检讨》，载《中国法学》2019 年第 3 期，第 283—302 页。

③ 参见薛波：《公司法人格否认制度"入典"的正当性质疑——兼评〈民法总则〉法人章的立法技术》，载《法律科学（西北政法大学学报）》2018 年第 4 期，第 114—125 页。

论这两款存在适用重叠问题，众所周知，营利法人的外延和内涵均大于公司，除普通商事公司外，营利法人还包括国有企业和集体企业，对于国有企业和集体企业中已经完成现代公司化改造的，适用法人人格否认制度自无障碍，但对于未完成改造的国有企业和集体企业，由于出资人不明，恐难适用法人人格否认制度。《民法典》第 83 条第 2 款对适用对象未做区分，盲目扩张法人人格否认制度的适用主体，属于《民法典》对于商事关系调整的“败笔”。再如，对于本应当在《民法典》总则部分规定的商法“总则”规定，如外观主义原则、商事营业和营业转让、商事账簿、商号等，已经为学界呼吁多年。《民法典》编纂之初虽然高调宣布坚持“民商合一”立法体制，但总体上遵循“高开低走”策略，对总则性商法规则采取有意 / 无意忽视 / 漠视的态度和做法，诸如此类例证不一而足。总之，一方面囿于《民法典》自身的功能定位、调整对象、适用范围、体系容量等因素影响；另一方面受《民法典》立法的推进速度和时间安排等条件的制约，在我国《民法典》编纂过程中立法者未能妥善地处理好对商事关系的关照和调整，为后《民法典》时代《商法通则》立法预留下了充足的现实空间和可能。

（三）制定《商法通则》有助于维护《民法典》的私法基本法地位

一直以来，主流观点认为制定《商法通则》面临的最大障碍即其背离了中国近代以来一以贯之的“民商合一”的立法传统。尤其在《民法典》旗帜鲜明地高举“民商合一”体制的前提下，这一做法可谓“逆历史潮流而动”。实际上，制定《商法通则》并非对《民法典》的“背离”或“叛变”，恰恰是对《民法典》的有益“补充”和“完善”。[①] 在该点认识上我国民商法学界存在重大缺陷和不足。有相当部分民商法法学者认为，《商法通则》应该类似于《商法总则》/《商法典总则》，乃是要对各商事单行法规范起到“一般性、统率性、贯彻性”的作用。其实，这种观点只关注到了《商法通则》的部分功能，还不够客观和全面。《商法通则》除了要发挥对各单行法一般 / 通用规则的集中统合功能之外，更为重要的是要发挥“查漏补缺”的功能，即要对各商事单行法的疏漏或者不完整作“补缺性”规定，这才是《商法通则》的核心价值和实际效用所在。[②] 对此，已故的中国商法学研究会前会长王保树教授

① 参见石少侠：《制定〈商法通则〉是法制模式创新和市场法制需求》，载《国家检察官学院学报》2018 年第 5 期，第 8—15 页。

② 相关分析参见薛波：《商法通则的立法定位及其逻辑展开》，载《时代法学》2020 年第 1 期，第 25—34 页。

做过精辟论述。他指出，《商法通则》不是各商事单行法的一般法和上位法，而是和《公司法》《证券法》《合伙企业法》《个人独资企业法》《破产法》《海商法》《信托法》等商事单行法并列的单行法，它不漠视已经颁布并行之有效的单行商事法律，亦不替代单行商事法的完善和发挥作用，更不以商事法律领域的全部规则缩编为一个完整的体系为自己的目标。[①]所以，它不会取代《民法典》的私法一般法地位，主要乃补充和完善各商事单行法规定的疏漏和不足。诚哉斯言！这一观点对《商法通则》的立法定位做了十分精准的评价。在《民法典》私法一般法地位确立的前提下，《商法通则》不是《商法总则》，终极目标更不是制定《商法典》。《商法通则》立法更多是来自商事立法和司法实践的需要而非追求体系逻辑的完整。从法律适用角度而言，《商法通则》立法须注意和《民法典》规则的衔接适用。所拟定规范不能和《民法典》出现体系违反和冲突，应以保障《民法典》落地实施为己任，制定《商法通则》应助力于维护《民法典》私法基本法地位。

（四）制定《商法通则》贴合中国商事立法体系化现状

传统民法理论以理性法为皈依，追求理论的自洽和逻辑完整，这在《德国民法典》中得到了鲜明的体现。德国历史法学派巨臂萨维尼（Savigny）秉持康德以来的自由意志哲学并将其思想浇筑在《德国民法典》当中。[②]因此，追求内在的抽象性、哲理性和外在的体系融贯、逻辑性是《德国民法典》一以贯之的目标。[③]不同于传统民法充满浓郁的理性法色彩。商法规则本来就肇源于商人的商事交易需要和创新，追求体系的完整性和逻辑性从来都不是商法发展的主线。相反，追求规则设计的实用、高效和适应性是商人商事交易的现实诉求在制度层面之映射。中国的商事立法发展亦暗合了这一规律。改革开放 40 多年来，我国的商事立法采取“成熟一个、制定一个”和“宜粗不宜细”的立法方针和策略，最高立法机关针对不同时段社会经济发展的需要，陆续颁布了一大批商事单行法，这些商事单行法很好地适应了不同时段我国经济发展的需要。随着中国特色社会主义商法立法体系的逐步建成，亦面临

---

① 参见王保树：《商事通则：超越民商分立与民商合一》，载《法学研究》2005 年第 1 期，第 32—41 页。

② 参见杨振山、王洪亮：《继受法律的理性科学化——当代法学家的使命与继受法律的理论化》，载《比较法研究》2004 年第 1 期，第 1—14 页

③ 参见［德］霍尔斯特·海因里希·雅克布斯：《十九世纪德国民法科学与立法》，王娜译，法律出版社 2003 年版，第 101—115 页。

一些难题，如“总纲性”和一些“关键性”商法规则的缺失。[①]在当前中国商法发展面临的十字路口前，对中国商事立法发展的路向问题理论界和实务界存在三种意见：（1）在《民法典》之外制定《商法典》；（2）制定独立的《商法通则》；（3）继续保持目前单行法现状。虽然我国商事立法已相当丰富和完备，但实事求是而言，还尚未达到制定《商法典》要求的体系化逻辑化的要求，第一条路径显然不具备可行性。继续保持单行法现状属于一种保守、中庸立场，在各商事单行法基本备齐的前提下，该观点会阻滞商事立法体系化和科学化目标之实现，对司法裁判者而言，商事单行法各自为政，缺少“总纲性”法律文件的统摄和指导，无疑会加大法官“找法”的难度，提高司法裁判的搜寻成本。[②]笔者认为，在《民法典》作为私法基本法地位已被确立并得到广泛认可的前提下，制定《商法通则》贴合中国商事立法体系化之现状，将以提供商事交易活动的一般性规范为主要目标，以规定商事基本原则、理念、基本制度等为主要内容的《商法通则》列入立法规划，在完善我国商法立法体系同时亦可以充分化解我国商事交易和商事司法适用难题，是一种贴合中国商事立法体系化现状的务实选择。

（五）制定《商法通则》具备完善的理论和实践基础

经过商法学界多年持续发力展开对《商法通则》的研究和讨论，已经形成了一大批高质量的学术成果。在此次《民法典》编纂过程中，虽然有不少学者并未直接研究《商法通则》立法相关理论，但是其对于民法与商法的关系或对特定的商事立法和司法问题有了新的理解，对原有商法理论进行了不同程度的深化，进一步夯实了制定《商法通则》的理论基础。[③]而地方立法的可贵探索使得《商法通则》的制定亦有先例可循。1999 年深圳经济特区制定的《深圳经济特区商事条例》是迄今为止我国唯一一部具有商事基本法性质的地方立法，它对商法的立法宗旨、商人、商事行为、商事登记、商人名称、营业转让、商业账簿、商业雇员、代理商等基本商法制度都做了系统的规定。[④]此外，最高人民法院颁布的商事司法解释和商事指导性案例作为司法裁

---

① 参见范健、丁凤玲：《将〈商法通则〉列入全国人大立法规划的建议》，载《上海政法学院学报（法治论丛）》2019 年第 5 期，第 25 页。

② 参见苏永钦：《寻找新民法》，北京大学出版社 2012 年版，第 12 页。

③ 参见赵旭东：《商法通则立法必要性和可行性研究》，载《地方立法研究》2018 年第 2 期，第 22 页。

④ 参见赵旭东：《民法典的编纂与商事立法》，载《中国法学》2016 年第 4 期，第 52 页。

判经验的积累和结晶，已经成为我国商事司法体制的重要内容和特色之一。[①]尤其是司法解释其对我国商事审判的作用不言而喻。经过多年的发展，最高人民法院关于司法解释的生成、发布、修改、引用、清理和废止已经形成了一套系统完备的体制。[②]其犹如源头活水不断涵养着我国商法理论和商事立法。可以说，现阶段已经储备了相当丰富的商事理论、立法、司法和执法经验，制定《商法通则》的时机已经成熟。如果说《民法典》编纂对民事立法而言是锦上添花，那么《商法通则》制定对商事立法而言就是雪中送炭。制定《商法通则》既搭乘了《民法典》编纂的"顺风车"，亦有利于与《民法典》一般规范形成顺滑的链接关系，二者共同为中国特色社会主义市场经济的高质量发展提供坚实的制度支撑和保障。

（六）制定《商法通则》有助于固化商事登记制度改革成果

2013 年 2 月 28 日，中共十八届二中全会决定改革工商登记制度，商事制度改革在全国范围内启动。据统计，2014 年以后国务院和国家工商总局先后出台、修订了 310 多部法律文件，2015 年 6 月 29 日，国务院办公厅又印发了《关于加快推进"三证合一"登记制度改革的意见》，将原来企业设立程序中分别由工商行政部门、质量技术监督部门、税务部门核发的"注册证号""组织机构代码""税务登记证"改为工商行政管理部门一次收件，质检、国税或地税部门联并审批，工商行政部门统一核发加载有统一的企业注册码和社会信用代码的营业执照，实行"一照一证"。浙江省更是在 2015 年 7 月 1 日实行"五证合一"，将原来由社保部门、统计部门核发的社会保险登记证号、统计登记证号，全部统一到企业信用代码并加载于企业营业执照。在地方层面，广东省较早在全国推行商事登记制度改革试点，分别在 2015 年 12 月 3 日和 2016 年 7 月 28 日出台《广东省商事登记条例》《广东省市场监管条例》，借鉴国际营商环境评价通例对标国际开展开办企业便利度评估和排名，尊重商事主体的意思自治、自我约束和自我管理，充分发挥企业市场主体作用。深圳市更是力度空前，几乎每年都会出台营商环境新举措。如《深圳市关于加大营商环境改革力度的若干措施》（2018）、《深圳市建设国际一流营商环境改革创新试验区行动方案》（2019）、《深圳市 2019 年优化营商环境改革工作要

---

① 参见薛波：《后民法典时代民商法法源结构的效用评估及消极效用克服》，载《学术界》2022 年第 9 期，第 126—143 页。

② 参见马莉莉：《民事司法解释研究》，人民法院出版社 2012 年版，第 15 页。

点》（2019）、《深圳经济特区优化营商环境条例》（2020）、《深圳市 2021 年深化“放管服”改革优化营商环境重点任务工作清单》（2021）、《深圳市贯彻〈深圳经济特区优化营商环境条例〉实施方案》（2021）、《深圳市建设营商环境创新试点城市实施方案》（2022）。其他如《上海市着力优化营商环境加快构建开放型经济新体制行动方案》（2017）、《辽宁省优化营商环境条例》（2017）、《河北省优化营商环境条例》（2017）、《陕西省优化营商环境条例（草案）》（2017）、《浙江省优化营商环境条例（草案）》（2018）等。这些行政法规、部门规章、地方规范文件的颁布实施，对进一步推进简政放权改革、优化营商环境、释放市场主体活力、推动投资兴业和经济发展具有十分显著的成效。这些规定虽然具有针对性较强，实用灵活的特点，但是均以行政法规、部门规章或规范性文件形式存在，效力层级较低，适用上存在“区域化、切割化、条块化”特点，与法治经济的统一要求和统一大市场建设期待不符，也少有对其实施效果较为深入的评估，负面效应较多。制定《商法通则》能够提升商法规范应有的位阶和层次，确保其应有的法律权威和法律效力，是固化商事登记制度改革成果的最好途径和方式。

（七）制定《商法通则》能够为“一带一路”建设提供制度支撑

2013 年，习近平总书记提出共建“一带一路”重大国际合作倡议。10 年来，共建“一带一路”一步步走深走实。随着共建“一带一路”合作范围不断巩固扩大、国际市场不断开拓，必然需要高质量的法律规则体系为其保驾护航。2021 年 11 月 19 日，习近平总书记在出席第三次“一带一路”建设座谈会时强调，把规则标准“软联通”作为重要支撑。[①] 第十二届全国人大法律委员会副主任委员，中国法学会党组成员、副会长张鸣起在此前举行的第三届国浩法治论坛上指出：“顺利实现‘一带一路’……必须走法治化道路。要将国际经济贸易规则的新发展与新内容吸收进相关的国内立法当中，减少将来可能产生的法律冲突及法律障碍，努力打造稳定、公平、透明、可预期的营商环境。”中国作为“一带一路”倡议的发起国，将责无旁贷地承担起“一带一路”倡议法治化资源供给的重任。在商事制度供给上，可以借鉴和吸收“一带一路”沿线国家的经贸合作规则，结合中国的实际需要，制定一部适应全球治理体系改革和建设方向的《商法通则》。商业作为世界各国合作和竞争

---

① 《“一带一路”建设未来如何推进？总书记强调这些问题》，载人民网，http：//opinion.people.com.cn/n1/2021/1234/c157301-27968672.html，2023 年 1 月 5 日访问。

的主要领域，商业的发展和繁荣程度体现着一国创新创造的动能和优势，商业的发展和繁荣程度也是衡量一个国家市场经济建设质量的重要标尺。商法是中国承担大国责任、形成制度竞争优势的主要领域。[①]《商法通则》作为中国特色社会主义市场经济建设智慧结晶和经验凝练的制度表达，是中国突破民族和国别局限性向世界展示中国经验、中国方案、中国智慧的重要途径和方式，亦是世界各国认同中国法律制度的“显示屏”和重要“橱窗”，制定《商法通则》对深化“一带一路”建设具有重大而深远的意义。[②]

（八）制定《商法通则》能够为世界商事立法提供崭新范式

世界范围内主要存在“民商合一”和“民商分立”两种商事立法模式，前者主要以瑞士、意大利、荷兰为代表，后者以德国、法国、日本等为拥趸。德国、法国、日本、巴西等国后来曾因民法对商法规则的吸收而在一定程度上出现“解法典化”和“去法典化”现象。[③]但是随着商业实践不断发展的现实，上述国家《商法典》的内容亦在不断更新并且呈现“再法典化”的新趋势，例如，巴西即是商法再法典化最为典型的国家。[④]无论何者，《商法通则》既不是民商合一，亦非民商分立，它属于我国民商立法体系中最富创新的安排，放眼古今中外，几无先例可循。一方面，《商法通则》不以追求大而全的体系化、逻辑化的法典为终极目标，所以，它不是“民商分立”；另一方面，《商法通则》是在充分承认并且积极维护《民法典》私法基本法/一般法地位的前提下基于商事关系调整的需要所形成的“一般”规则和“补充”规则之集成，因此，亦难以归于完全的“民商合一”。《商法通则》是在充分认识改革开放40年来中国商事实践发展的需要和国情现实基础上对二者的反思性超越，是人类社会民商立法模式的重大创新和伟大创举。制定《商法通则》将使商事立法的“中国特色”表现得更为鲜明，它将超越100多年来西方国家“民商合一”与“民商分立”模式的两难选择，又填补了我国目前商事单行立

---

① 参见范健：《制度竞争下的中国公司法改革》，载《法治研究》2019年第3期，第67—76页。

② 参见范健、丁凤玲：《将〈商法通则〉列入全国人大立法规划的建议》，载《上海政法学院学报（法治论丛）》2019年第5期，第26页。

③ 参见魏磊杰：《民法法典化、法典解构化及法典重构化——二百年法典发展历程述评》，载易继明主编：《私法》第5辑第2卷，北京大学出版社2005年版，第59页。

④ 参见范健、丁凤玲：《将〈商法通则〉列入全国人大立法规划的建议》，载《上海政法学院学报（法治论丛）》2019年第5期，第25—26页。

法的缺陷、漏洞和空白，与新中国成立几十年来民商立法“以解决问题为导向”的指导思想和立法布局高度地契合，并且可有效实现国家立法体系的延续、传承和基本稳定。[①]自方法论角度而言，《商法通则》的立法构想源自活泼的商事实践，是中国商法学理论和实务界长期思考和沉淀后的结晶，亦符合中国一贯以来的实践主义导向的立法哲学。[②]这种立法模式深深镶嵌于中国特色社会主义市场经济运行实践之中，充溢着浓郁的中国特色和本土化色彩。当今世界正面临百年未有之大变局，区域矛盾冲突加剧，影响和平和发展的不稳定因素增多。制定《商法通则》打造一部示范法能够为世界商事立法提供崭新范式，能够给他国对其民商关系处理提出全新的中国方案。

（九）制定《商法通则》是推进国家治理体系和治理能力现代化的题中之义

党的十八届三中全会指出，要推进国家治理体系和治理能力现代化建设。推进国家治理体系和治理能力现代化，就是要彻底改革和破除当前不适应实践发展要求的机制和体制，实现治理规范化、法治化、民主化、效率化和协调性的目标。[③]其中，法治现代化可谓是国家治理现代化的基本表征和核心要求。推进国家治理体系和治理能力现代化的关键在于法律制度建设，其直接关系到国家治理体系和治理能力的现代化进程。[④]2023年3月13日，李强总理在出席记者会并答记者问时强调，将在新的起点上大力营造市场化、法治化、国际化营商环境，平等对待各类所有制企业，依法保护企业产权和企业家权益，促进各类经营主体公平竞争，支持民营企业发展壮大。[⑤]商法作为市场经济建设的“大宪章”和基础性法律制度，肩负着弘扬企业家精神、树立产权观念，保护商人利益和良好预期，塑造高质量营商环境的任务和使命。在当前市场经济建设已经迈向深水区的现实背景下，在当前国家和社会基层治理局面日趋复杂的情形下，推进国家治理体系和治理能力现代化迫切需要

---

① 参见赵旭东：《民法典的编纂与商事立法》，载《中国法学》2016年第4期，第52页。

② 参见薛波：《中国特色民法典编纂方法的消极效应及其克服》，载《学术论坛》2022年第5期，第17—32页。

③ 参见俞可平：《推进国家治理体系和治理能力现代化》，载《理论参考》2014年第2期，第5—8页。

④ 参见马怀德：《法治是国家治理体系和治理能力现代化的必由之路》，载《人民日报》2019年12月3日，第11版。

⑤ 参见2023年3月13日李强总理在人民大会堂三楼金色大厅出席记者会并回答中外记者提问全文，载中国政府网，http：//www.gov.cn/zhuanti/2023qglhzb/live/20230313b35796347.html，2023年1月5日访问。

一部《商法通则》为其保驾护航。通过制定《商法通则》为整个商事单行法提供一个名副其实的“一般法、统率法、补充法”，从而改变改革开放40多年来我国商事立法群龙无首、各自为政的散乱局面，形成结构合理、层次分明、逻辑严谨、内容丰富的高质量商事立法体系和商法实施体系，既是国家治理现代化的重要表征，亦是推进国家治理体系和治理能力现代化的题中之义。

（十）制定《商法通则》是商事立法体系化成本较低的选择

不同于制定《民法典》或者《商法典》耗时耗力巨大，作为单行法的《商法通则》立法成本较低。从世界范围内来看，民法典的制定一般需要历经相当长时期方能完成。例如，《德国民法典》从酝酿、筹备起草到最后完成，历经以萨维尼为代表的历史法学派的长期淬炼，前后耗时百余年；[①]《日本民法典》的起草更是曲折坎坷，中间历经以“断行派”和“延期派”为代表的“法典争论”。[②] 日本旧民法先学习《法国民法典》，但是在旧民法典草案颁布后，旋遭到了日本国内保守势力的激烈反对，日本学者穗积八束发表了“民法出而忠孝亡”的雄文，争论达至白热化。法典之争逐步演化为政治斗争，最终导致旧民法典施行搁置，转而改学德国法，重新起草民法。[③]《瑞士民法典》制定前后耗时27年。[④] 中国《民法典》编纂先由政治力量强力推动，在短时间内凝聚政治界/商务界/学术界/实务界等社会各界的力量，最高立法机关数10次深入上海、江苏、浙江、广东、陕西、山西、山东、四川、重庆、河南、河北、福建、广西、内蒙古等地开展立法调研、座谈会和研讨会，[⑤] 前后历时5年多形成。《商法通则》作为单行法无须像法典编纂那样费时费力能在短时

---

① 参见［德］霍尔斯特·海因里希·雅克布斯：《十九世纪德国民法科学与立法》，王娜译，法律出版社2003年版，第101—115页。

② 日本1889年在旧民法公布之前就出现了反对意见。1890年旧民法颁布后反对和拥护意见对峙，形成了以法国法学派为中心的“断行派”和以英国历史法学派为中心的“延期派”，前者主张立即施行旧民法，后者主张延期施行，然后进行改废，此即日本法制史上著名的“法典争论”。法典争论先由学术之争后扩及至政治斗争。参见谢怀栻：《外国民商法精要》，法律出版社2014年版，第125页。

③ 参见谢怀栻：《外国民商法精要》，法律出版社2014年版，第141—144页。

④ 参见［德］K. 茨威格特、H. 克茨：《比较法总论》，潘汉典等译，中国法制出版社2017年版，第294页。

⑤ 参见民法典立法背景与观点全集编写组：《民法典立法背景与观点全集》，法律出版社2020年版，第3—5页。

间内合力完成。此外，基于法典与生俱来的封闭性和稳定性特点，还会存在修改难题。制定《商法通则》是从我国商事立法体系建设的历史维度经过理性思考后得出的立法成本较低的选择。

五、结语

2022 年 4 月 25 日，习近平总书记在中国人民大学考察时深刻指出："加快构建中国特色哲学社会科学，归根结底是构建中国自主的知识体系。"[①] 中国自主商法学知识体系构建必须厚植于中国大地和中国商法实践。与域外通行的"民商合一"和"民商分立"等商事立法模式迥异不同，商法通则作为中国商事立法模式之"独创"，承载着鲜明的"中国元素"和"中国特色"，是中国历代商法学界同仁的集体智慧和结晶。商法通则立法与当前构建自主法学知识体系的时代需求高度契合。本文通过回顾商法通则立法史及对学术争点进行总结和评析，系统论证了制定商法通则的正当性和可行性。行文最后，笔者重申并总结全文，法典化浪潮下制定独立的商法通则是一种理智、务实的立法选择。打造一部高质量的商法通则是实现中国商法立法"体系化"和"科学化"的不二选择，亦是中国商事立法和理论走向现代化的必由之路。

---

① 习近平：《坚持党的领导传承红色基因扎根中国大地，走出一条建设中国特色世界一流大学新路》，载《人民日报》2022 年 4 月 26 日，第 1 版。

股东人格与公司人格关系的动态谱系

陈彦晶[*]

一、问题与方法

传统公司法建立在公司所有与经营分离理论基础之上，以公司人格独立为预设前提或价值目标，但却未能言明公司人格的载体，致使人们无法评价公司人格是否独立。尤其是在判断作为个体的（而非集体的）股东人格与公司人格关系时，二者犬牙交错、难解难分。无论股东是自然人还是法人，股东既是一个拥有人格的独立个体，同时也是公司重要的机关——股东会的组成部分。当股东通过股东会行使权利时，的确展现了作为股东的独立人格，可又何尝不是展现了作为公司权力机构的公司人格？如果将股东人格与公司人格加以剥离，就会发现二者关系呈现的样态并非静态，而是处于一种变动不居之中，不同公司中二者关系可能不同，甚至同一公司的不同阶段二者也不相同。如果在股东人格与公司人格关系的不同状态下法律采取完全相同的态度，恐难以准确把握公司法律适用之尺度，无异于“刻舟求剑”。公司法理论应关注二者关系的动态体系，公司法实践应区别二者不同的关系状态，在抽逃出资、关联交易、股东权利、董事义务等多个制度层面采取不同的宽严态度，以实现法律针对性，建立股东人格与公司人格互动关系中的体系化方法。

研究方法上，本文不是解释论的，不在于讨论我国现行《公司法》到底股东人格至上还是公司人格至上等实证法课题；也不是立法论的，不在于提出关于股东人格和公司人格关系处理的立法建议；而是旨在提出一种分析方法，即无论现行立法如何规定，未来立法如何修订，对于股东人格与公司人格的认知都不应该是一种僵化、静态的解释，而应当是动态的、谱系化的思路。这种分析方法，解释论上的意义在于，不同的人格关系状态下关注的重点不同，适用不同的法律制度的尺度也不同。立法论上的意义在于，公司法应当注意到二者的互动关系是变化的，不能完全学习股权分散、董事会中心

* 西南财经大学法学院教授、博士生导师。

主义框架下的公司制度，否则会过分强化股东权利保护、董事义务责任，过分放任公司自治；也不能完全学习股权（表决权）相对集中环境下的公司制度，否则会过分忽视债权人利益；而应当立足我国公司多是股东人格强势型，[①]据此设计我国公司法的规制重点，同时兼顾公司人格强制型公司的法律调整。

二、股东人格与公司人格互动关系的不同样态

从理论上观察个体股东人格与公司人格关系会发现，二者互动关系可能表现为绝对独立、相对独立、公司人格压制/吸收股东人格、股东人格压制公司人格、股东人格吸收公司人格五种状态。这样一组分类中，需要解释说明的有三点：第一，本文所谓的股东人格并非民法意义上的人格。股东作为民事主体，除了非法人组织之外均具有绝对的民法意义上的人格，本文意义上的股东人格是从与公司独立人格相对而言的意义上使用的，换用政治学语言来说是指股东权力，股东人格优势也就是股东权力优势。第二，绝对独立是指股东人格与公司人格完全独立，没有交集，这在法律上是不可能的，二者完全不相关脱离了法律所设计的公司基本结构，股东有权参加股东会，公司法也赋予了股东各种各样的权利，二者总是有所关联。第三，所谓吸收和压制区别对待，原因在于当股东人格吸收公司人格时，公司法上有特殊的制度加以处理，即刺破公司面纱，如果只是股东人格压制公司人格，并没有达到吸收的程序，则无刺破面纱制度的适用，因此需要加以区分。但是公司人格压制或吸收股东人格，法律上并无特殊对待，故无须加以区分。

（一）股东人格与公司人格的四种实践形态

1. 股东人格与公司人格相对独立

此类状态下股东人格与公司人格各自独立，股东在股东会上行使其权利，

---

① 上市公司一般被认为是股权分散的典型，但是我国上市公司表现出了明显的股权集中情况。不同学者的统计结果略有不同，但基本描述差异不大，都认为我国上市公司第一大股东持股超过30%。参见孙错泽：《我国创业板上市公司股权集中度与公司价值——兼论高管持股的调节作用》，载《商业会计》2020年第22期，第55—59页，该文选取2014—2018年上市公司资料，统计方法采用Stata15.0软件，数据来源于CSMAR数据库，显示创业板第一大股东持股比例均值和中位数分别为0.3070和0.2898，全部A股上市公司同期该数值为0.3446和0.3236。董延安、吴一帆：《股权集中度、媒体报道与股价崩盘风险——来自2014—2018年A股的经验数据》，载《会计之友》2020年第19期，第79—86页。该文选取2014—2018年数据，统计方法采用Stata14.0软件，数据来源于CSMAR数据库，显示上市公司第一大股东持股比例均值为.03219，中位数为0.3114。

股东的各项权利得到彰显与实现。此时，公司也有其较强的独立人格，不会随意受到股东的干预，此可谓公司法所追求的理想状态。但现实公司经营过程中此种理想状态较少发生。公司股权分散不存在控股股东或实际控制人之时，应归入公司人格压制股东人格的状态之中，而非相对独立的状态。此种形态仅出现在公司股权相对集中的情形之下，此时公司中存在控股股东或实际控制人，且股东克制，不去干预公司经营。如果此时公司中还存在中小股东，则中小股东权利也不曾受到抑制或侵害。在此情形下公司董事、高级管理人员较为独立且勤勉尽责。可以说，此种状态下公司法毫无用武之地。恰如美国学者佐哈·戈申、莎伦·汉内斯在《公司法的死亡》一文中所述，股东能力越强，公司法重要性越低。股东能力的提高，降低了管理代理成本，加剧了市场参与者对法院之外私人秩序的偏好，最终将公司法束之高阁、置诸脑后。[①] 但他们忽略了另外一个重要的方面，就是股东本身必须克制，不得滥用股东权利损害其他股东、公司、债权人的利益，否则公司法依然大有可为。

2. 公司人格压制 / 吸收股东人格

前述股东人格与公司人格在各自独立状态中已有所提及，当公司股权分散不存在控股股东或实际控制人时会出现公司人格压制股东人格的状态。此时，董事、高管决策独立进行，他们要考虑的是公司利益、股东整体利益或者社会责任，这与公司的终极目标有关，[②] 但无论如何，他们要考量的并不是某个股东的利益，同时无须征求股东意见或考虑股东个体意志。可以说，此时公司人格得到了绝对彰显。这时股东们仅具有集体的意义，他们需要通过参加股东会行使表决权的方式参与到公司活动中来，或者行使公司法或公司章程赋予他们的特定权利，如提案权、知情权等。但他们中的任何一位股东，无论是自然人、法人还是非法人组织，均不具备影响董事会和高管决策的能力。这种状态广泛存在于美国的公开公司之中，对此，1932 年伯利和米恩斯在其著作《现代公司与私有财产》中称之为公司所有与控制的分离，也有学者将其称为所有（权）与经营（权）的分离。此时公司实际运营完全依赖于董事、高管的勤勉尽责，在此状态下还涉及代理成本问题。由于公司的所有

---

① ［美］佐哈·戈申、［美］莎伦·汉内斯：《公司法的死亡》，林少伟、许瀛彪译，载蒋锋、卢文道主编：《证券法苑》（第二十六卷 2019 年 1 月），法律出版社 2019 年版，第 40 页。

② 此处涉及公司存在的根本目的是什么的理论争议，传统公司法理论认为公司存在的意义或经营目标是股东利益最大化，后来出现了公司社会责任理论及利益相关者理论等其他理论，挑战了传统公司法对公司存在意义的定义。

权与控制权分离，公司股权处于分散的状态，分散的股东并不能对董事、高管进行有效的监管。同时，董事、高管清楚地明白如果某一交易顺利进行致使公司资产增加从而使得股权价值提升，最终的受益人会是股东。而如果交易失败责任将完全属于董事、高管。董事、高管很有可能出于自身利益的考量而损害股东利益。由于董事、高管并不能通过股权而获得满足自身需求的收益，故其可能会利用与公司所签订的“关系性契约”而从事自身利益最大化的行为，即诱发“道德风险”。此种行为有悖于委托人最初签订契约的目的，将导致委托人利益受损。实践中为了避免董事、高管产生自利行为损害股东权益，一方面，股东通常会采取“高薪养廉”的方式满足董事、高管的需求，产生激励成本。另一方面，委托人为了自身效益的目标选择引入第三方对董事、高管的行为进行监管即引入监事会进行监管约束，产生监督成本。

3. 股东人格压制公司人格

当股东与公司之间在股权结构上表现为绝对控股（含全资）或相对控股时，就存在股东人格压制公司人格的可能。如果股东尊重公司独立人格，克制权利（力）的行使，不随意施加对公司董事、高级管理人员的影响，不干预公司经营，则可归入第一种形态，此时也无须公司法介入。如果股东做不到上述这些，将自身意志凌驾于公司独立人格之上，就出现了股东人格压制公司人格的局面。此时，股东已经不仅仅是股东，其行使权利的方式并非通过参加股东会行使表决权，而是深度参与到公司的经营。此时《公司法》所创设的股东会与董事会的分权治理模式将形同虚设。此种治理模式被学者称之为仅具备独立法人之“形”（体现为股东责任切割），却少了独立法人之“魂”（公司在董事会下自主经营）的“夹心饼”状态。[①] 在控股股东是自然人的公司，该股东出任公司董事长、执行董事等职位，往往也会担任法定代表人，即使其并不在公司任职，公司的董事会、执行董事、总经理等也通常与该股东存在公司关系以外的其他亲属、友情等社会关系。这种状态广泛存在于我国的自然人控股的有限责任公司、美国的封闭公司、英国的私人公司等环境中。在控股股东是法人的公司，即母子公司关系中，母公司或集团公司对于子公司具有高度控制能力。子公司的人格无法独立，母公司发布的文件子公司均遵照执行。无论事务是否涉及股东会职权，子公司习惯于向母公司

---

① 郑彧：《论实际控制人的法律责任：公法的路径依赖与私法理念的再生》，载《财经法学》2021 年第 3 期，第 13 页。

发文请示某项具体商业决策应当如何处理，甚至会出现母公司财务、人事统一管理子公司财务、人事的情况，即我国集团公司实践中普遍采取的所谓财务归集、人事归集。这种状态广泛存在于我国的国有企业集团之中。股权集中时，大股东天然的会侵害中小股东利益。

4. 股东人格吸收公司人格

所谓股东人格吸收公司人格，与上一种分类股东人格压制公司人格的区别就在于，此时公司人格已经不复存在，成为股东人格的附庸，即所谓“法人人格形骸化”，此时会有刺破公司面纱的适用。关于刺破公司面纱、公司法人格否认国内外已有研究，可谓汗牛充栋，无须赘言。值得说明的是，上述第一、第二种状态与刺破公司面纱无关，而第三种状态与之关系密切，当股东人格压制公司人格到了一定程度，就出现了公司人格被吸收的状态，二者的界限并不十分清晰，取决于法院如何理解刺破公司面纱的构成要件。

传统理论认为，在公司人格问题上存在公司人格独立和公司人格否认的简单二元格局，似乎二者是非此即彼的关系，并无中间状态。不妨用数学来说明这一传统，如果将公司人格独立赋值为 1，人格否认赋值为 0，那么公司人格要么是 1，要么是 0。然而前述四种状态应当是一个从 1 到 0 的变化过程，可能是 1–0.7–0.3–0 或任何其他的可能数值。本部分重点在于第二种和第三种状态的提出。

（二）与公司法上两权分离理论的差异

无论是立法、司法实践，还是公司法理论，较多关注于第四种，而对于其他的状态未能进行区分，而是发生具体问题时具体处理。立法上针对股东权利、义务和责任，董事义务和责任等分别加以规定，司法上根据诉讼的案由和请求权基础进行判断处理，学理上也与实践一道进行个别研究。但是，股东人格与公司人格处于不同的互动状态时，无论立法政策、司法判断还是学理研究都应有不同的关注点。当前国内的公司法研究普遍以美国公司法理论为预设理论前提，动辄以所有权和控制权 / 经营权分离为先验理论，在此基础上展开我国公司法问题的论述。但是正如王文宇教授所言：美国的大型公司股权极度分散，出现经营权（专业经理人）与所有权（其他大小股东）分离的现象，因此，如何防止专业经理人借机自肥，或者是合纵连横方式巩固经营权，成为最受关切的议题。反观其他国家之企业，真正有专业经理人经营者并不多见，往往形成“控股股东”“主要董监事”与“经营阶层”三位一体的情况。不过，公司法制宜对症下药，分别制定规范策略，则有共识。[①]我国大陆也有学者注意到了这个问题：所有、控制、经营是公司权力架构的三个方面，在我国立法上，实现所有权与经营权分离是立法目标，立法要注意到有限责任公司多为所有权与经营权合一而非分离的治理结构，[②]而所有权与控制权结合乃是消除代理成本、解决经营者道德风险的有效手段，在我国似乎无须立法加以特殊调整，因为我国多数公司并未出现所有权与控制权分离这一“现象”。所有权与控制权分离是20世纪30年代美国学者对美国200家大公司观察的结果，[③]是一种现象描述，而非一种理论假设前提。当国内学者不假思索地引入该理论的时候，研究视野天然地涤除了所有权与控制权结合的可能性。本文不在公司两权分离上展开，而是关注股东人格与公司人格关系。所有权与控制权/经营权合一时，股东人格未必吸收公司人格。两权分离时，公司人格未必吸收股东人格。之所以在此提及公司权力问题，意在避免一种基于所有权与控制权分离前提而对本文分析方法的误解。所有权与控制权结合时，有了股东人格吸收公司人格的机会。所有权与经营权分离时，有了公司人格吸收股东人格的机会。

（三）出现不同样态的原因

很多学者从法律关系的主客体角度认识股东人格和公司人格的关系的复杂局面：“公司对公司的控制形成了公司和公司关系的转换：独立的公司人格和股东人格之间的界限不再清晰。原本非常清晰的股东、管理者、资产、股份、雇员和第三合同方之间的各自利益是清晰的，但是由于公司本身可以作为客体，股东可能会通过不同的途径：控制管理层、控制公司实体（对股权的控制）、控制公司的资产等方式，导致股东和公司之间的人格独立的模糊。”[④]在公司法中以及公司运作过程中，有一个关系始终存在但又可能往往会被忽略，即作为投资者的股东与作为具有独立人格地位的公司之间的关系。他们之间的关系类似于平等主体之间的关系，但又并非完全意义上的平等。此外，股份代表着股份有限公司中的成员资格，它与股东在公司中的地位及其与此相关的股东权利和义务密切相关。与其他公司形式不同，在股份

---

① 参见王文宇：《公司法论》，元照出版公司2008年版，第46页。

② 参见周游：《公司法上的两权分离之反思》，载《中国法学》2017年第4期，第285页。

③ ［美］阿道夫·A. 伯利、加德纳·C. 米恩斯：《现代公司与私有财产》，甘华鸣、罗锐韧、蔡如海译，商务印书馆2005年版，第22—36页。

④ 参见邓峰：《普通公司法》，中国人民大学出版社2009年版，第146页。

有限公司中，股东不承担共同管理权的义务。股东既可以仅仅将股份当作一种资本投资；如果这样，他仅需每年收取股息，而不用做任何其他事情；他也可以通过参与股市投机而获利。但是，他也可以同时行使其股东权。如果他拥有足够的表决权，他就可以对企业的经营决策施加重大影响。公司股东由哪些成员构成，不仅影响着企业的性质，尤其影响着企业不同机构之间的平衡。股东越是消极被动，公司的经营决策就越是由董事会和监事会掌管。同样，公司的社团性质就随之而逐步淡化，而机构特征则日益明显。[①]公司既是股东的投资客体，又是独立于股东的主体，兼具“人”与“物”之双重属性并发挥双重作用。[②]但是这种解释方式似乎不够准确，用传统民法的观点来解释公司总有些力不从心。传统民法从自然基本状态法律秩序包含的人和物两个维度，进而延伸出人是权利主体，物是权利客体的观念。后来权利客体的概念有所扩张，除了有体标的之外，还包括权利。[③]但是股权的客体是公司吗？股权作为一种社员权或者成员权，很难找到传统民法下物权对应物、债权对应行为那样的准确客体。股权作为权利束，其中包含了多种多样的权利，基于投资这一行为产生了股东身份，股东既有表决权、提案权、知情权、司法解散权等参与公司重大决策、选择管理者等权利，又有利润分配、优先购买权等指向资产收益的权利，前者并没有民法意义上的客体。德国传统民法学者将此称为机关形成权[④]或参与管理权。[⑤]在提及这些权利的时候并无客体的描述。当然，也有德国学者将企业作为权利的客体来对待。认为企业是经济上的目的统一体——财产统一体——所有形式的动产、不动产以及权利均可能囊括其中。同时却也指出：如果不是以公司法的形式被经营，这个经济上的统一体——从《民法典》的角度来看——被分解为一系列的被归拢在一起并相互联系的物和权利。法律制度在很多方面将企业视为拟制的统一体。企业此外还可以作为整体而称为买卖合同的标的，然而对于单个权利客体来说，

---

① ［德］托马斯·莱赛尔、［德］吕迪格·法伊尔：《德国资合公司法（上）》，高旭军等译，上海人民出版社 2019 年版，第 99 页。

② 徐强胜：《我国公司人格的基本制度再造——以公司资本制度与董事会地位为核心》，载《环球法律评论》2020 年第 3 期。

③ 参见［德］迪特尔·梅迪库斯：《请求权基础》，陈卫佐等译，法律出版社 2012 年版，第 16—18 页。

④ ［德］卡尔·拉伦茨：《德国民法通论（上册）》，王晓晔等译，法律出版社 2003 年版，第 222 页。

⑤ 同上书，第 288 页。

转让必须分开进行。[①] 该论断可以从两个方面加以展开：一是民法上明确排除了公司型企业作为权利的客体，盖因公司具有法律人格，人格是权利义务的归属点，公司人格意味着公司具有权利能力和行为能力，依法独立享有民事权利和承担民事义务。[②] 故，公司能够称为物和权利的所有人，而不是它的股东作为所有人。二是如果涉及的是具体的物或民法意义上的权利，这时权利客体的表述才具有民法意义。股权作为权利束，涉及表决权等事项时在英美公司法上被称作权力（powers），而非权利（rights），与民法上固有的权利概念存在明显的内涵和外延差异，用民法上的权利主客体理论来阐释股东与公司的关系并不妥当。

其实，造成股东人格与公司人格复杂关系的原因主要在于三个方面：一是公司的法人性。公司作为一个法人而非自然人，其本身并非一个生物意义上的“人”，没有决定实际的心理意思及做出行动的能力。[③] 无论在公司本质上采拟制说还是组织体说，[④] 都无法否认的一个事实是，公司终归要依托自然人作出内部决策和外部行为，所以所谓的公司人格独立是谁的独立就成了一个难题。当立法上将公司权力主要配置给股东的时候，这个问题就更加突出了。二是公司的组织性或团体性。从团体法的视角来看，公司内部主体包括不同层次：一为作为团体整体的公司；二为作为公司内部机关的股东会、董事会和监事会；三为作为团体成员的股东以及作为公司内部机关组成人员的董事、监事。[⑤] 组织内部必然存在着权力分配问题，很多学者将其称为分权制衡结构或思想。[⑥] 有权力的地方就有斗争，股东将财产投入公司，必然希望公司按照自己的意愿行为，而董事、经理们作为实际公司管理者，又通常希望能够实

① 参见［德］本德·吕斯特、［德］阿斯特丽德·施塔德勒：《德国民法总论》，于馨淼、张姝译，法律出版社 2017 年版，第 101—103 页。

② 施天涛：《公司法论》，法律出版社 2018 年版，第 5 页。

③ 参见李志刚：《公司股东会撤销之诉的当事人：规范、法理与实践》，载《法学家》2018 年第 4 期，第 81 页。

④ 在公司本质问题上还有契约论、团体生产理论、宪治理论等，参见［美］弗兰克·H. 伊斯特布鲁克等：《公司法的逻辑》，黄辉编译，法律出版社 2016 年版，但是这些理论与本文观点无关，故不予展开。

⑤ 参见李志刚：《公司股东大会决议问题研究——团体法的视角》，中国法制出版社 2012 年版，第 52—53 页。

⑥ 参见马俊驹主编：《现代企业法律制度研究》，法律出版社 2000 年版，第 211 页；梅慎实：《现代公司机关权力构造论》，中国政法大学出版社 1996 年版，第 223 页；施天涛：《商法学》，法律出版社 2003 年版，第 223—224 页。

际经营公司而非股东的傀儡，股东与董事、经理争夺权力的过程就会呈现出不同的股东人格与公司人格关系。以上两个方面的原因密切相关，只是观察角度不同而已。人们或许认为，如果是董事会或者股东集体与第三人订立合同，那么毫无疑问公司将受到约束。然而，董事会和股东每个人拥有全面且对等的权力来代表公司行事的情形极为鲜见。在通常情况下，公司章程会把公司权力在股东和董事之间进行分配，并将绝大多数权力赋予董事。[①] 三是公司的表决机制，作为资合组织，通常公司股东会上实行资本多数决，造成了大股东有能力控制董事人选进而控制公司经营，若其运用这种能力，股东人格便会压制公司人格。若非资本多数决，除一人公司外，股东便不具备控制公司的能力，或股东虽具备控制公司经营的能力但并不运用，股东人格与公司人格关系就会呈现另外的状态。

（四）判断人格关系的要素

理论上，公司人格具有四种功能：财产控制与合同执行；可识别的人格作为执行商业活动的中心角色；区分用来营业的财产和公司参与人的个人财产的机制；提供了公司内部参与人自我治理的框架。[②] 前三种体现在对外关系中，公司法人独立地位意味着公司以其自身财产承担责任，依据经典的资产隔离说（asset partitioning），防御性资产隔离表明，公司债权人只能寻求公司承担责任，而不能用股东个人财产承担公司债务。[③] 而在内部关系中，即公司参与人内部治理框架问题上，资产隔离理论无法解决评价公司人格是否独立的问题，而需要借助其他要素。

在研究法人格否认的过程中，人们形成了多种判断公司独立人格的要素，例如，出资是否显著不足、人格混同、过度控制、公司形骸化、[④] 欺诈或不当行为，[⑤] 未能保留会议记录或适当的公司记录，以及独立实体的记录混乱、无

① ［英］保罗·戴维斯、［英］莎拉·沃辛顿：《现代公司法原理（上册）》，罗培新等译，法律出版社 2016 年版，第 163 页。

② Margaret M. Blair，*Corporate Personhood and the Corporate Persona*，2013 U. Ill. L. Rev. 787.

③ Henry Hansmann，Reinier Kraakman，*The Essential Role of Organizational Law*，110 Yale Law Journal 387，2000.

④ 参见朱慈蕴：《公司法人格否认制度：理论与实践》，人民法院出版社 2009 年版，第 73—148 页。

⑤ 参见黄辉：《中国公司法人格否认制度实证研究》，载《法学研究》2012 年第 1 期。

视法定手续、未能维持相关实体之间的公平交易关系等。[①]2019年《全国法院民商事审判工作会议纪要》(法〔2019〕254号)中，将法人格否认的要件整理为人格混同、过度支配与控制、资本显著不足三个方面。将上述条件进行反面描述，就成了公司具备独立人格的要素。当然，其中还涉及充分必要条件的复杂关系，在否认公司法人格的过程中各要素是充分非必要、必要非充分、充要条件本身就具有极大的不确定性。若简单地将上述条件反面描述，无法得出公司是否具有独立人格的准确结论。本文认为，可以从公司财产(财务)独立性、董事高级管理人员独立性、公司内部权力分配三个方面加以判断，即财、人、权三个方面。

首先，公司财产是否独立于股东财产、股东能否随意支配公司财产，是评价股东人格与公司人格关系的要素。从财产归属角度即民法所有权关系上看，公司独立人格意味着股东不得操纵公司财产。股东按规定缴纳出资后，其财产已不再归属自己所有，因此不得随意处置已属“他人”(公司)之财产，包括不能以公司财产偿还个人债务，不能随意挪用公司财产。[②]从商业角度看，公司财产应当用来满足公司经营所需，但法律将公司经营管理权限配置给董事高管之时，就意味着只有董事高管才能动用公司财产，股东会职权中并不包含直接关系公司财产的内容，股东自然也就无权处分甚至无权触碰公司财产。如果股东能够随意挪用、处分公司财产，用公司财产清偿自身债务，公司经营中涉及具体非重大财产处分行为向母公司请示汇报的，均是公司人格弱化的表现。此时公司人格处于被股东人格压制的状态。我国上市公司中长期存在着资金被大股东占用现象，证监会曾在2019年12月23日发布《会计监管风险提示第9号——上市公司控股股东资金占有及其审计》，揭示了我国上市公司控股股东占用上市公司资金的现象。该风险提示分析认为，资金占用形成的根本原因是上市公司的内部治理不健全，内部控制不完善，对控股股东的控制权缺乏有效监督，甚至存在控股股东凌驾于内部控制之上的情况。此外，部分董事、监事、高级管理人员道德风险突出，独立性不足，未恪尽职守，纵容控股股东资金占用。具体表现为上市公司对货币资金(尤其是网上银行)的管控失效，公司公章等由控股股东掌控，大额资金支付、重大投

① 参见[美]斯蒂芬·M.班布里奇:《有限责任:法律与经济分析》，李诗鸿译，上海人民出版社2019年版，第102—103页。

② 参见林少伟:《英国现代公司法》，中国法制出版社2015年版，第73页。

资和对外担保等事项未按照规定程序审批和管控，关联交易审批程序不当，公司内部控制流于形式等。[①]

除了公司财产之外，判断股东人格与公司人格关系中还应当包含公司财务。公司具有独立法人地位，意味着公司应当有自己的财务制度，建立自己的会计账簿。按照公司法的规定，公司应当依照法律、行政法规和国务院财政部门的规定建立本公司的财务、会计制度。公司除法定的会计账簿外，不得另立会计账簿。对公司资产，不得以任何个人名义开立账户存储。董事、高级管理人员也不得将公司资金以其个人名义或者以其他个人名义开立账户存储，当然也不得存储在其他公司账户上。然而，实践当中，很多集团公司，尤其是国有企业集团，常常会出现所谓的“基金归集”，即在集团内建立专门的财务部门，对全资、控股子公司的资金进行统一的归集。集团通过将信息集中到内部管理系统，并通过该系统对资金进行统一调配和部署，以对各子公司的银行账户、预算、融资、结算、票据等方面进行全方位、一系列的集中管理。这种做法虽有其政策文件依据：《财政部关于印发〈企业国有资本与财务管理暂行办法〉的通知》（财企〔2001〕325号）、《关于加强中央企业资金管理有关事项的补充通知》（国资厅发评价〔2012〕45号）、《国务院国有资产监督管理委员会关于进一步做好中央企业增收节支工作有关事项的通知》（国资发评价〔2015〕40号）等。然而其合法性障碍也是不言而喻的。

其次，董事、高级管理人员的独立性也是判断股东人格与公司人格关系的要素之一。产生方式上，《公司法》规定董事由股东会选举产生，经理由董事会聘任。但是，同时《公司法》也三次出现了“委派”的字样，如第173条第3款规定，董事会成员由履行出资人职责的机构委派，第178条第2款违反同条第1款规定委派董事的无效。体系解释上似应当认为，第178条第2款所谓的委派，仅限于第173条的委派，而对于其他场合，第178条第2款分别称之为选举和聘任。然而，公司实践并非按照《公司法》如此展开，在多股东的公司中股东之间经常在公司章程中分配董事会席位，明确约定某个股东委派多少董事，即委派行为不仅运用在国有独资公司当中，还运用在其他形式公司之中。当然，也可以将此理解为董事的提名，毕竟股东会的选任董事程序还是必经的。如果公司章程未有董事席位的安排，就要看董事选任

---

① http：//www.csrc.gov.cn/pub/zjhpublic/G00306213/201912/t20191223_368127.htm，2021年2月12日访问。

提案的由来。在所有与控制结合的公司，董事选任的提案是由股东提出的，提出该提案的股东也能保证提案获得通过。此时，股东人格处于优势地位。而在所有与控制相分离的公司，“公司的控制权被掌握在董事或经理们的手中，即使他们作为一个整体明显地只持有小部分的股票，他们也可以利用代理机制成为自我永存的团体。”[①] 此时，公司人格处于优势地位。

董事会和高级管理人员的独立性也影响着股东人格与公司人格关系的判断。公司法人人格意味着集中行使的决策和指挥。在法人制度的外壳下，使得公司的治理类似于共和制或者代议制，公司的所有者选举产生管理者，而不是直接管理公司。即使股东可能实际上管理公司，但也要遵循法人内部的登记制度和治理结构，以管理者的身份来进行。股东不可能废除法人的治理模式而自我管理。[②] 我国已经有学者注意到了这一点，徐强胜教授提出：董事会是公司人格的最大表征和实现者，主要是董事会而非股东和其他机构代表并实现着公司利益。[③] 是董事会将股东与公司区分开来，并处处体现公司的人格意义；同时，也是董事会将股东与公司连接起来，使体现股东的意愿与利益的公司意志得以表达与实现。[④] 董事会对于公司人格的意义主要在于，一般情况下仅董事会才能代表公司对内执行有关公司事务，对外代表公司。董事会就是公司的化身。[⑤] 这一提法有其合理性，但不够全面，尚有两种例外需要补充：一是董事会可能只是股东的“傀儡”，董事并不能基于自己的专业知识作出独立判断，其设置无非是为了满足公司法上关于公司机关的强制要求而已，董事会所有的决定要请示股东而作出，此时董事会无法代表公司人格，依然是股东人格压制公司人格的状态。这在一些结构扁平的创业型科技公司并不罕见。二是董事会只是橡皮图章，公司真正的人格表征在经理身上。我国公司代表制度的独特之处在于，经理可以担任法定代表人。于是，在公司对外关系上，经理是公司人格的代表，董事会或者董事长并无对外的意义。在公司内部关系上，虽说按照《公司法》第 49 条，经理对董事会负责，但公

---

① ［美］阿道夫·A. 伯利、加德纳·C. 米恩斯：《现代公司与私有财产》，甘华鸣等译，商务印书馆 2005 年版，第 8—9 页。

② 参见邓峰：《普通公司法》，中国人民大学出版社 2009 年版，第 108 页。

③ 徐强胜：《我国公司人格的基本制度再造——以公司资本制度与董事会地位为核心》，载《环球法律评论》2020 年第 3 期。

④ 同上。

⑤ 同上。

司章程可以将部分董事会职权授予经理行使，即便没有公司章程的授权，作为法定代表人的经理的内外部决策是独立作出的，并不依附或受制于股东。此时，公司的独立人格也得到了极大的彰显。这种状态常见于经理掌握核心技术的国有持股科技公司。

在母子公司关系中，判断股东人格与公司人格的一个重要因素是人事共享度。进言之，子公司的董事、高级管理人员是否专职工作于子公司，是否在母公司或者母公司的母公司任职，是影响股东人格的要素。按照公司法和民法理论，董事、高级管理人员应当与公司建立委任合同、劳动合同等，但在公司集团中的情况与之相去甚远。母公司董事出任子公司董事长、母公司经理出任子公司董事、母公司副总经理担任子公司经理等交叉任职情况十分常见，母公司人员出任子公司职务的，往往兼职不领薪。很明显，此时的股东人格依然是压制公司人格的，即母公司处于优势地位。如果子公司董事、高级管理人员是专职的，能够独立于母公司作出关于子公司的商业判断，则子公司人格得到彰显。

最后，影响股东人格与公司人格关系的则是公司内部的权力分配。讨论公司内部权力分配，可以分为两个层面：一是法律上的分配，二是公司意思自治安排。法律上而言，我国《公司法》目前将公司权力主要配置给股东，应当是较为妥切的判断，[①] 表现在《公司法》第 58 条将股东会定位为公司的权力机构。尤其是对于一些法律并未明确规定属于股东会还是董事会职权的公司事项，如关联交易的批准机构，对外担保的决议机构，当公司章程未予调整时，应根据对第 58 条的解释得出由股东会批准的结论。司法案例也倾向于如此认识，[②] 立法和司法对于股东权力的倾向造就了股东人格压制公司人格的条件。当然，如果据此直接得出我国公司均为股东人格压制公司人格的结论则未免草率。公司法的功能在于提供现成的条款，以便公司参与各方节约缔

① 本文无意陷入我国《公司法》是股东会中心还是董事会中心主义之争，多数学者认为我国目前为股东会中心主义，应转变为董事会中心主义，观点梳理参见蒋大兴：《公司董事会的职权再造——基于“夹层代理”及现实主义的逻辑》，载《现代法学》2020 年第 4 期，第 114 页。少数学者认为我国为董事会中心主义，参见赵中孚主编：《商法通论》，中国人民大学出版社 2013 年版，第 159 页，执笔人为邢海宝。赵旭东教授认为无须进行立法上股东会中心主义还是董事会中心主义的争论，而应交由当事人自行选择。参见赵旭东：《股东会中心主义抑或董事会中心主义？——公司治理模式的界定、评判与选择》，载《法学评论》2021 年第 1 期。

② 河南省信阳市中级人民法院（2018）豫 15 民终 511 号民事判决书；河南省光山县人民法院（2017）豫 1522 民初 3548 号民事判决书。

约成本，[①]而非框定公司经营的全部。即便立法上将权力重心配置给股东会，并不妨碍公司通过自治安排将权力重心配置给董事会或其他主体。例如，相对而言，通常上市公司董事会的权力大于有限责任公司董事会的权力，公司章程将《公司法》第58条以外的权力明示授予董事会行使，甚至公司章程明确规定章程的修改权在董事会，尽管其效力存疑，但足见公司权力配置的自治安排。所谓其他主体主要指的是经理，前已述及，公司的法定代表人可以是经理，在公司内部，权力主要分配给经理的案例也并不罕见。这种状态在高校、科研院所等事业单位出资企业中较为常见，对于主要从事教学、科研活动的机构而言，出资设立公司主要是为了实现科研成果转化，与国资委或其他政府机构设立的国有公司宗旨并不相同，它们对于出资企业及出资企业的再出资企业并无参与管理的兴趣，而公司的董事、经理通常是掌握公司核心技术的科研人员，对于公司的发展具有举足轻重的地位，这类公司常常会出现股东缺位的情况，事业单位也只是按照董事、经理的要求在该盖章的时候盖章而已。对于将公司权力中心配置给董事会或经理的公司而言，公司人格得到彰显，股东人格处于弱势。

以上三个方面的要素可谓判断股东人格与公司人格关系的核心要素，同时还有一些要素影响着二者关系的判断，当并非绝对，主要包括股东的主体形态、股权集中度、公司类型。

股东主体形态是指股东是自然人、法人还是非法人组织。当股东是自然人时，人事共享不会发生，而股东可能直接出任公司的董事、经理，若其出任的是董事、经理并担任法定代表人的，应认为股东人格处于优势。对于既不在公司任职，亦无董事提名权的股东而言，其人格处于公司或其他股东人格压制之下。自然人股东也很少会与公司财产混同，而只会不当处分公司财产，若其具备这一能力并运用之，则可表明其人格压制公司人格，因公司连自己的财产都未能保证免受股东操纵。仅在公司是法人及非法人组织（常见为合伙企业）时，才有财产混同、财务归集、人事共享的可能性。但并非凡是组织型股东就会出现这些现象。股东主体形态只是上述决定性因素背后的组织条件，影响着核心要素的甄别，但其本身并非决定性因素。

股权集中度也影响着股东人格和公司人格的判断，通常，只有股权集中

---

① See Frank H Easterbrook, Daniel R. Fishel, *The Economic Structure of Corporate Law*, Harvard University Press, 1991, p.34.

的公司才有可能出现股东人格压制公司人格的现象。但不意味着股权集中的公司一定是股东人格优势，需要根据股东是否运用了这种控制能力来判断。还有一种特殊现象值得注意，那就是在日本十分普遍的相互持股现象，很多股份公司的主要股东都不是个人，而是法人（公司），而且该公司往往属于股份互持。在这种情况下，特别是在日本，公司之间往往存在一种“对他公司的经营不干涉”的习惯，其结果是造成了公司董事（经营管理层）在实质上掌握了公司经营的决定权。[①] 此为“即便股权集中公司人格仍较为独立”的例证。另一个例证是实践中很多证照返还纠纷也发生在股权集中的公司，例如，苏潮滨、龙岩市红邦水电有限公司公司证照返还纠纷案[②]、刘博伟、洛阳华视地产营销策划有限公司公司证照返还纠纷案[③]、陈少棠、厦门嘉裕德汽车电子科技有限公司公司证照返还纠纷[④]等。由此表明股权集中并非公司人格处于优势的充分条件。同样，通常股权较为分散的公司更容易公司人格处于优势，但也并非一定如此，例如采双层股权结构的公司，公司创始人股东往往具有较强的控制公司能力，即便其不在公司担任职务，不妨碍其实际控制公司。所以股权集中度并非判断股东人格与公司人格的核心要素。

我国《公司法》上的公司分为有限责任公司和股份有限公司两大类。国有独资公司、一人有限责任公司更为容易形成股东人格优势，员工、高管分散持股的公司更容易形成公司人格优势，股权分散的上市公司也更容易形成公司人格优势，但存在控股股东或实际控制人的上市公司则更容易出现股东人格优势。但这仅仅“容易形成”，而非当然如此，公司类型并非判断股东人格与公司人格关系的核心要素。

三、公司人格吸收股东人格的法律应对

当公司人格处于强势地位压制股东人格时，法律上的关注点应该主要在于董事义务和责任、股东派生诉讼、股东权利保护、董事高管关联交易的规制，而无须强调股东义务、公司法人格否认、股东关联交易。由于个别问题上涉及与股东人格压制 / 吸收公司人格的比较，故在本部分一并论述，至下

① 参见［日］近藤光男：《最新日本公司法》，梁爽译，法律出版社 2016 年版，第 18 页。
② 最高人民法院（2019）最高法民申 2444 号民事裁定书。
③ 河南省高级人民法院（2021）豫民申 8586 号民事裁定书。
④ 福建省高级人民法院（2017）闽民终 1213 号民事判决书。

文部分时从略论述。

（一）董事高管义务和责任

当公司法人独立性得到完全彰显，股东处于弱势地位时，董事高管的义务和责任应被加强。我国《公司法》上的董事高管义务包括勤勉义务和忠实义务，忠实义务主要由第180—186条规范，学术争议不大，但也有学者就董事忠实义务提出了新的学理阐释。[①]相比较而言，勤勉义务的标准则较为模糊，仅仅表述为“执行职务应当为公司的最大利益尽到管理者通常应有的合理注意。”学理上也多有争论。有学者将美国MBCA确立的董事、高级管理人员注意义务标准概括为善意、应当尽处于相似位置的普通谨慎人在类似情况下所应尽到的注意、须合理地相信其行为是为了公司的最佳利益三个方面。[②]也有学者提出应采理性商人标准，通过理性人知识和能力的具体化，建构出理性商人形象，并重构行为作出之商业背景，进而判断具体化的理性商人在重构的商业背景之中为个案董事所为行为时，是否有过失。董事违反勤勉义务之过失程度宜确定为重大过失，仅在董事有违反忠实义务的可能性时，方才降低过失程度的要求。[③]还有学者认为我国董事勤勉义务采取的是德国的严格勤勉标准，对此应予改变，而采取日本的折中的严格勤勉标准，改结果导向责任为过错导向责任，免除董事无过错时的民事责任。[④]以上观点各有合理之处。但是，无论董事高管在公司地位如何，受挟于股东程度如何，均建立一个绝对一致的标准，似也有失偏颇。公司人格较为独立，意味着董事、高管决策较为独立，而非股东的傀儡，此时的董事高管勤勉义务标准应较为严格，可更多参考美国MBCA的做法。当股东人格压制公司人格时，董事勤勉义务的标准应适当降低，采取相对宽松的标准。当然，忠实义务关乎道德和利益冲突，不受股东人格与公司人格相互关系的影响。

在责任承担方面，我国《公司法》并未规定过错作为董事高管责任的构成要件，由此也导致了学理上是否需要过错的争议，司法实践结果也并不一致，

---

① 参见叶林：《董事忠实义务及其扩张》，载《政治与法律》2021年第2期，第16页。

② 参见施天涛：《公司法论》，法律出版社2018年版，第418—419页。

③ 叶金强：《董事违反勤勉义务判断标准的具体化》，载《比较法研究》2018年第6期，第79页。

④ 任自力：《公司董事的勤勉义务标准研究》，载《中国法学》2008年第6期，第91页。

有的法院认为董事责任是无过错责任，[①]有的法院认为是过错责任。[②]与勤勉义务标准的判断一致，当公司人格处于优势，董事、高管独立性较强时，应严格执行《公司法》第188条的文义，采用无过错责任。当股东人格压制公司人格时，董事高管的责任应为过错责任，只有存在故意或过失时才对公司承担赔偿责任。

（二）股东派生诉讼

我国现行派生诉讼制度并未得到很好的运用，学者总结了四个方面的原因，原告股东适格的限制过严，前置程序缺乏可操作性，缺乏激励措施、没有设置相应的费用及诉讼补偿制度，多种法系制度的混合难以本土化。[③]可能还有一个原因，就是我国大量公司处于股东人格压制公司人格的状态，针对董事、高管的派生诉讼并无用武之地。《最高人民法院关于适用〈中华人民共和国公司法〉若干问题的规定（四）》（以下简称《公司法解释四》）第26条仅仅解决了股东因参加诉讼支付的合理费用的问题，其他问题并未得到解决。股东派生诉讼的政策目标在于监督公司经理层。[④]当公司人格处于优势时，正是派生诉讼派上用场之时。此时应降低派生诉讼的要求，例如股东身份应从宽把握，不应类推使用《公司法解释四》第2条决议撤销之诉的股东资格限制；前置程序应适当减少或从略，当有证据证明监事（会）不会提起针对董事、高管的诉讼时，应当允许股东直接起诉；应从宽解释“情况紧急、不立即提起诉讼将会使公司利益受到难以弥补的损害”。

（三）股东权利保护

当公司人格处于优势，无论是作为集体还是个体股东均不控制公司，此时股东的权利保护成为法律上的重要课题。当董事、高管具有极大的独立性，就存在前述代理成本问题，即董事、高管为个人利益或其他利益置公司、股东利益于不顾，此时的股东权利处于危险之中。除了上述派生诉讼之外，股东表决权、临时股东会召开提议权、股东会召集和主持权、临时董事会召开

---

① 河北省廊坊市中级人民法院（2018）冀10民终5692号民事判决书；北京市第一中级人民法院（2011）一中民终字第14843号判决书；上海市第二中级人民法院（2019）沪02民终11661号判决书；浙江省台州市中级人民法院（2018）浙10民终2089号判决书。

② 北京市第三中级人民法院（2019）京03民终1111号民事判决书；北京市第三中级人民法院（2021）京03民终3414号民事判决书；山东省高级人民法院（2020）鲁民终3132号民事判决书等。

③ 林少伟：《派生诉讼何以可能：反思与超越——以日本派生诉讼的发展为出发点》，载《北方法学》2017年第3期，第105页。

④ 参见朱锦清：《公司法学（下）》，清华大学出版社2017年版，第243页。

提议权、利润分配请求权等股东权利可能受到限制甚或侵害。就决议瑕疵之诉而言，董事会决议瑕疵得到关注。例如2016年万科6·17董事会决议之诉。[①]股东直接诉讼更加可能被提起。相比较而言，股东会决议瑕疵之诉权、优先购买权、司法解散请求权可能较少适用。

（四）董事、高管关联交易规制

当公司人格处于优势时，关联交易的规制重点应在董事、高管关联交易上，《公司法》在第139条规定了上市公司董事关联交易的程序规则，在第185条规定了所有董事的关联表决回避。所有公司的董事、高管关联交易程序上应当满足第185条的规定。交易在实体上是否公正是另外的问题，将在下文股东关联交易时一并加以阐述。此时股东关联交易并非规制重点，经董事会决议应即满足程序正当的要求，而无须类推适用关联担保的规定。

四、股东人格压制/吸收公司人格的法律应对

当股东人格吸收公司人格时，会出现刺破公司面纱即法人格否认的运用，这部分学术论著已经较为充分，本文不做展开。当股东人格压制公司人格，但还未达至吸收公司人格状态时，法律上的关注点应有所不同，主要在于股东出资义务、债权人保护、中小股东保护（司法解散、针对大股东或实际控制人的派生诉讼）、股东关联交易规制。

（一）股东出资义务

《公司法》上，股东的首要义务便是按期足额缴纳出资的义务，该义务不仅关乎公司能否拥有资金开展经营，更关乎债权人利益保护问题。如果公司人格较为独立，董事、高级管理人员能够及时向股东催缴出资，公司及债权人利益不致受到损害。但若股东人格处于优势，公司人格被压制，董事、高管会放任甚至帮助股东的出资违约及抽逃出资行为。所以当股东人格处于优势时，对于股东出资义务的履行的规制应予强化。2023年底的《公司法》修订在股东出资义务上变化较大，增加了股东未按期足额缴纳出资对公司的损害赔偿责任、设置了股东失权制度，同时规定了股东出资不足和抽逃出资时负有责任的董事的连带赔偿责任，一定程度上是针对我国公司实践中股东优势局面的回应，通过强化股东出资义务、董事对于资本维持的责任来强制股东依法依章履行出资义务。

---

① http：//news.sohu.com/20170324/n484604713.shtml，2021年3月3日访问。

（二）中小股东保护

当公司人格独立，股东人格处于公司人格之下时，全体股东受到一体对待，法律上应当关心的是股东利益实现和董事高管义务承担问题，在股东集体内部无须区别对待。而当股东人格压制公司人格时，不仅仅公司的利益存在潜在危险，中小股东的利益也处于危险之中。学术研究凡是提到中小股东保护的，理论预设前提便是股东之间存在差异，有些学者将其称为股东异质化，[①]股东压制问题也是在这一理论预设下展开，[②]《公司法》第21条“股东不得滥用股东权利损害公司或者其他股东利益”的规定也是以股东异质化作为立法逻辑起点。大股东过分强势，公司人格劣势，此时《公司法》第21条第2款可能得到适用，股东滥用权利损害公司或者其他股东利益的责任发生。与此同时，针对大股东的派生诉讼可能出现，《公司法》第189条第3款可能被适用，理论上虽然就该款的适用范围有争议，但均主张将大股东纳入该款适用范围。[③]换句话说，当没有出现大股东人格压制公司人格时，不大可能会用到上述两个《公司法》条款。

（三）股东关联交易

股东关联交易在我国是一个大问题，《公司法》中只有股东关联担保和上市公司董事关联交易的程序规则，对于股东非担保类关联交易、非上市公司股东关联交易的程序或实体规则均付诸阙如。《最高人民法院关于适用〈中华人民共和国公司法〉若干问题的规定（五）》中设专条加以规定，[④]建立了“程

---

① 参见赵万一、汪青松：《股份公司内部权力配置的结构性变革——以股东“同质化”假定到“异质化”现实的演进为视角》，载《现代法学》2011年第3期，第32页；冯果：《股东异质化视角下的双层股权结构》，载《政法论坛》2016年第4期，第126页。

② 参见李建伟：《股东压制的公司法救济：英国经验与中国实践》，载《环球法律评论》2019年第3期，第148页。

③ 参见钱玉林：《公司法第151条的漏洞及其填补》，载《现代法学》2015年第3期，第178页；蔡立东：《论股东派生诉讼中被告的范围》，载《当代法学》2007年第1期，第158页。

④ “第一条　关联交易损害公司利益，原告公司依据公司法第二十一条规定请求控股股东、实际控制人、董事、监事、高级管理人员赔偿所造成的损失，被告仅以该交易已经履行了信息披露、经股东会或者股东大会同意等法律、行政法规或者公司章程规定的程序为由抗辩的，人民法院不予支持。

公司没有提起诉讼的，符合公司法第一百五十一条第一款规定条件的股东，可以依据公司法第一百五十一条第二款、第三款规定向人民法院提起诉讼。

第二条　关联交易合同存在无效或者可撤销情形，公司没有起诉合同相对方的，符合公司法第一百五十一条第一款规定条件的股东，可以依据公司法第一百五十一条第二款、第三款规定向人民法院提起诉讼。”

序正当 + 价值公平”的关联交易合法要件。在答记者问中，司法解释制定者解释道：关联交易的核心是公平，本条司法解释强调的是尽管交易已经履行了相应的程序，但如果违反公平原则，损害公司利益，公司依然可以主张行为人承担损害赔偿责任。[①] 虽然有学者认为该规定并不成功，世界银行对于关联交易的结构和功能认识有误，应注重关联交易中的利益平衡，在法律机制上注重事前批准、事中披露与事后救济的多措并举，在实施保障上做到公共执法与私人执法并重。[②] 本文并不致力于关联交易问题的法律解决，而是强调当股东人格优势时，应关注股东关联交易的规制问题。换一个角度来说，当判断股东关联交易的实体是否公平和程序是否正当时，应注意到大股东人格优势这一前提，重点关注交易价格是否偏向于大股东，无关联董事（包括独立董事）、无关联股东的决议。当公司人格处于优势时，已如前述，董事会决议足以解决股东关联交易的程序正当问题。

或许有人认为以上两个法律应对的部分是没有必要的，但这里涉及的是认知问题和司法裁判的逻辑层次问题。如果是浅层逻辑，构成要件对应法律效果，自然没有问题，但在判断构成要件时，需要分析股东人格与公司人格状态的深层逻辑。更为重要的是，公司法上的法条很多并非完全性法条，不是构成要件与法律效果的一一对应关系，更有很多存在法律漏洞的地方，比如关联交易的程序规则，需要深层逻辑帮助漏洞填补。

五、结语

医学上，只有准确诊断才能正确治疗，正所谓对症下药，法律上也应如此。以公司法人形态从事经济活动的企业，在法律上虽是权利义务的主体，但其与自然人之最大差异，即是公司本身无法活动，例如公司法人之业务执行，甚至是该公司之意思决定，唯有透过该公司的机关运作，尤其是借助自然人的行为，始得完成该公司所预定达成之目的事业；因此，公司法人机关

---

① 《依法保护股东权益 服务保障营商环境——最高人民法院民二庭相关负责人就〈关于适用若干问题的规定（五）〉答记者问》，http：//www.court.gov.cn/zixun-xiangqing-155282.html，2020 年 3 月 22 日访问。

② 参见汪青松：《关联交易规制的世行范式评析与中国范式重构》，载《法学研究》2021 年第 1 期，第 156 页。

化是一种必然的现象。[①]然而，法人的机关化为董事会化抑或股东会化，不无疑问。在英美公司研究视野中，基于董事会中心的立场，常常认为在公司治理中，股东的角色是选举董事，此外，股东可能因修改公司章程、合并、实质性出售全部资产以及解散公司而被召集起来投票。[②]就特定交易要求股东投票不意味着给了股东决策的权力，而是给了他们否定董事决策的权力。换句话说，例如，股东不能发起一个公司收购或者出售全部资产，他们不能命令董事会做出这样一个交易，或者进一步设定一个董事可以做出交易的参数（不像董事会可以指示经理如何执行它的决策）。所有股东能做的，是投票支持或反对董事会所谈下的哪个收购或者资产出售。[③]法律上股东的不能也不应当被高估。但是当我们将视角移回中国时，发现的是另一番图景。中国公司法是一种激进的股东至上主义。股东会似享有大部分甚至全部公司权力，若其愿意，董事会可沦为“消极公司机关”[④]。因此，一成不变地看待股东和公司的关系、用一种理论模型，尤其是一种国外理论模式来检验我国公司实践，恐非正确之道。我国公司实践中，财政部门、国资委履行出资人职责的国有公司、高校设立的科技创新型公司、各类民营公司中，股东和公司人格的互动状态可能呈现出多种样态，甚至同一公司的不同时段都呈现不同样态，这种现象的多样绝非股东会中心主义还是董事会中心主义所能概括。理论、立法和司法应充分关注到这种复杂的、动态的互动关系，以避免理论的误导、制度的错配和司法的误判。

---

① 廖大颖：《公司法原论》，三民书局 2019 年版，第 178 页。

② Franklin A. Gevurtz, Corporation Law, West, 2010, p.195.

③ Ibid., p.196.

④ 参见楼秋然：《股东至上主义批判：兼论控制权分享型公司法的构建》，社会科学文献出版社 2020 年版，第 12 页。

公司人合性概念的省思

皮正德*

一、引言

人合公司与资合公司这一学理区分的意义已经式微，现在无论是在学理探讨中还是在司法实践中，更经常出现的是人合性。但是人合性这一概念及其相关理论在我国几乎仍属空白，不少公司法著述在此问题上的“集体无意识”错误带给人们的误解甚深，[①]误解与争议也延续到了司法判决中，不仅存在着完全相反的判断，[②]甚至还冲击着现有的法律规则，譬如最高人民法院（以下简称“最高院”）就在认定某公司具有高度人合性的基础上，排除适用《公司法》第75条的缺省性规定。[③]理论上和审判实践中，常有“人合公司”“资合公司”以及“人合性”“资合性”这类表述，但这些表述的含义并不清楚，便导致了误用和滥用现象。[④]人合性与人合公司有什么联系？人合性这一概念的内涵是什么？能否以人合性这一学理概念突破法律规定？许多问题都没有明确的回答。学理中对人合性的探讨尚未展开，但这一概念在司法裁判中已经落地生根，有许多判例的说理部分都出现了人合性，或成为法律规定正当性的表述，或成为选择性法条的选择依据，甚至成为裁判的直接依据。人合性深刻影响着《公司法》第75条、第182条及司法解释中规范的适用，但是这一概念似乎是公司法领域“房间里的大象”。

司法判例勾勒出了人合性的边界，不同案例会从不同的侧面描绘人合性

---

* 上海交通大学凯原法学院助理教授，上海市“晨光学者”。

① 李建伟：《公司法学》，中国人民大学2014年版，第17页。

② 参见磐石市金轩粮油有限责任公司与孙淑珍、原审第三人郭春洁、蔡庆飞公司解散案，吉林省高级人民法院（2018）吉民申3405号民事裁定书；信德控股集团有限公司、宋旭与北京中安卫德投资中心、地球卫士（天津）环保新材料有限公司股权转让案，吉林省高级人民法院（2018）吉民终294号民事判决书。

③ 参见启东市建都房地产开发有限公司、周艳股东资格确认案，最高人民法院（2018）最高法民终88号民事判决书。

④ 参见王军：《中国公司法》，高等教育出版社2017年版，第11页。

的内涵，但由于司法水平参差不齐，不同裁判的认知不全然相同。这就导致人合性概念处于不稳定的状态，这种不稳定性严重影响了司法裁判的稳定性。为保障同案同判，有必要对人合性在司法裁判中的功能进行梳理，考察人合性概念的起源与发展，在厘清其内涵的基础上，结合中国国情，妥当确定其与《公司法》中部分条文理解与适用的关系。

二、人合性司法功能的类型化分析

实证研究的效果仰赖于样本的选择，对司法裁判的考察亦是如此，本文选取的138份样本均为最高院、高级人民法院（以下简称“高院”）的生效裁判文书，“人合性”均出现在这些裁判文书的说理部分。[①] 每一份裁判文书均提炼了“人合性说明目的”这一核心要素，此外还提取了纠纷类型、裁判所依据的法条这两项要素。“人合性说明目的”主要是为了厘清我国司法裁判中对人合性功能的认知，纠纷类型及裁判所依据的法条主要是为了厘定人合性在公司法中的适用边界。

对人合性在裁判中发挥的功能进行类型化处理，可将样本归纳为三种不同类型：第一类是说明性功能，一般是为了说明某一公司的特性，或者说明某一法律条文的规范目的。典型如“有限公司具有很强的人合性”[②]，“优先购买权……是一种为保证有限责任公司的人合性而赋予股东的权利。”[③] 第二类是选择性功能，譬如股权转让协议解除后，按照《合同法》第97条规定，[④] 既可能判决恢复原状，重新将原股东登记为股东，也可能采取折价补偿等措施，而许多法院将人合性作为选择具体后果的依据。第三类是突破法律规定的功能，其典型是《公司法》第75条，最高院甚至以人合性为由，判决不适用股

---

① 裁判文书筛选：以“人合性”为关键词在北大法宝数据库中进行检索，将案由限制为“与公司有关的纠纷”，选择最高人民法院的所有裁判文书共25份，选择2017—2022年的所有高级人民法院的裁判文书共239份，筛选出“人合性”出现在法院说理部分的，共得到样本139份，剔除其中一份再审判决书的二审判决，共得到本文的实证分析样本138份。

② 涂开元、舒鑫、攀枝花市开明房地产开发有限责任公司与许光全、许光友股权纠纷案，最高人民法院（2011）民提字第78号民事判决书。

③ 北京新奥特集团有限公司与北京新奥特集团有限公司股权转让合同案，最高人民法院（2003）民二终字第143号民事判决书。

④ 合同解除后，尚未履行的，终止履行；已经履行的，根据履行情况和合同性质，当事人可以要求恢复原状、采取其他补救措施，并有权要求赔偿损失。现为《民法典》第566条第1款。

东可以继承股东资格的默示规则。[①] 各类型在样本中所占比例如下：

表 1　人合性不同功能在样本中的占比

类型	说明性功能	选择性功能	突破性功能
数量	111	10	17
比例	80.43%	7.25%	12.32%

如表 1 所示，人合性在超过八成的案例中都仅发挥着说明性的功能，其中大部分都是指出《公司法》中某一规定是为了维护公司的人合性，在超过一成的案例中，法院以人合性这一学理理念为依据，突破了《公司法》的规定，在少部分案例中，人合性扮演着选择性法条的选择理由。由于案例的数量仅仅代表一种偶然事件，对案例进行分析时，不仅应当考虑到每类判决的数量，还必须考虑那些表达一种原则的判决是否比表达另一种原则的判决更重要、更根本或者更广泛。[②] 人合性的突破性功能属于学理中的空白地带，其重要性不言而喻，下文将以定性研究的方式分而述之。

（一）突破性功能

人合性这一概念没有在任何法律、行政法规当中出现过，源自学理上对公司性质的讨论，但是法院却以人合性这一“法外因素”突破了《公司法》中的缺省性规定，甚至公司法司法解释中的规定。

在启东市建都房地产开发有限公司案（以下简称“建都案”）中，建都公司于 2009 年删除了章程中所规定的继承人可以继承股东资格的条款，且明确规定股东不得向股东以外的人转让股权。后于 2015 年在章程中新增“对正常到龄退休（返聘除外）、长病、长休、死亡的股东，应及时办理股权转让手续”的条款。该公司持股 42% 的大股东死亡后，公司内部并无其他股东有认购其股权的意愿和财力，这种情形应当如何处理在公司章程中也没有规定，于是江苏高院按照《公司法》第 75 条的规定判决该股东继承人继承股东资格。该案被上诉至最高院后，最高院认为“公司章程及经营状况反映出建都公司具有高度的人合性与封闭性特征”，推定排除股东资格继承是章程的真实意

---

① 参见启东市建都房地产开发有限公司、周艳股东资格确认案，最高人民法院（2018）最高法民终 88 号民事判决书。

② 参见［美］德沃金：《法律帝国》，李常青译，中国大百科全书出版社 1996 年版，第 220 页。

思表示，并且认定“股权排除继承后，究竟是由公司回购还是由其他股东受让，均可通过公司自治实现。这两种方式均有利于打破公司僵局，维持公司的人合性和封闭性，体现公司意志，保护股东权益。此外，周某虽无权继承股东资格，但其财产权利可以得到保障”。最终驳回了死亡股东继承人的诉讼请求。[①]

这一判决存在诸多疑问，但本文仅讨论人合性的功能问题。按《公司法》第75条的规定，若公司章程没有相反的规定，应当按照该条的缺省性规则处理，即继承人有权继承股东资格，一审法院允许继承的裁判却被最高院以人合性为由推翻。仔细拆解其公司章程，由于有限理性未能考虑到其他股东没有意愿或财力接受股权时的处理方式，公司章程存在空白地带，自然应当按照《公司法》所提供的缺省性规则来处理。但是最高院却以该公司具有高度的人合性推定排除继承是章程的真实意思表示。这里存在一个裁判后果考量的问题，即便按照《公司法》的规则进行判决可能会造成不公平的后果，法院试图实现个案公平，也应当在裁判文书中进行充分的论证，而不是简单地将背法裁判的依据定位于人合性，况且也未对人合性进行解释。这样简单化地处理会产生不良的示范效应，人合性极可能在此类纠纷中被下级法院误用甚至滥用。

在北京富基标商流通信息科技有限公司案（以下简称“富基标商案”)中，由于股东之间存在冲突，该公司已经连续三年无法正常召开股东会、作出有效的股东会决议。股东之间不仅存在正在进行的民事诉讼，甚至还存在刑事举报。但北京高院认为，各方股东仍有召集股东会的意愿，虽然股东会未正常召开，但鉴于没有充分证据证明各股东已经收到并知悉召集股东会的通知，所以难以认为公司无法召开股东会，公司经营管理发生严重困难；此外，基于股东之间相关诉讼及举报均在法律途径可以解决的范围内，相关机关亦会对各类纠纷有相应处理，仅以多年未召开董事会、股东会为由认为公司决策机制失灵，缺乏充分依据；再加之公司正常存续并开展经营，虽然投资者损失重大，但投资本身即意味着风险，仅以此为由主张解散公司有违公司的人合性，故不支持公司解散。[②]

---

① 参见启东市建都房地产开发有限公司、周艳股东资格确认案，最高人民法院（2018）最高法民终88号民事判决书。

② 参见北京弘合投资中心（有限合伙）等与北京富基标商流通信息科技有限公司公司解散案，北京市高级人民法院（2019）京03民终4247号民事判决书。

如果说建都案还是以人合性较强而推定“默示”的公司章程的话，那么富基标商案就是直接以维护人合性为由拒绝适用《公司法司法解释（二）》的明文规定。从裁判文书中不难看出，股东会与董事会已经长期失灵，且股东之间存在着诉讼乃至刑事举报的严重冲突，虽然公司持续运营，但是股东正遭受重大损失。在这种情况下，按照《公司法司法解释（二）》的规定裁判公司解散并无不妥，如果不裁判司法解散，也可以预见该公司在斗争中走向清算的结局。由于裁判文书中无更多信息，仅以各股东仍然有意愿召集股东会为由认定该公司具有应当予以维持的人合性，偏离司法解释的规定裁判，难谓具有说服力。

法院以人合性为由突破法律、司法解释的规定时，是在追求个案正义、结果公平的基础上寻找正当化依据，而人合性这一概念又因为其模糊性成为这些案例中的有力抓手。但是司法裁判并没有在这些判例中说明人合性的具体内涵与适用范围，只是以人合性这一大而化之的概念笼统述之，这就极易导致人合性功能的野蛮生长。如果不对这种情况加以引导和控制，人合性或许会成为公司裁判中背法裁判的“口袋理由”。

（二）选择性功能

选择性功能的发挥集中在股权转让纠纷中，因为股权转让合同的特殊性，合同一旦产生效力问题，各方当事人便会在继续履行、恢复原状、赔偿损失等后果中争执不休。如何判定选择何种法律后果，法院会考量多方面因素，而人合性就是其中一项具有决定性的指标。

在龚某与韩某股权转让纠纷案（以下简称“龚某案”）中，龚某与韩某均为利济商场有限公司的股东，双方约定龚某转让60%的股权给韩某，韩某应于2011年8月31日前付清股权转让款，否则龚进有权解除协议，并就股权转让事宜重新协商。后韩某并未如期付款，龚某主张解除协议并要求恢复原状。湖北高院认为有限公司兼具资合性与人合性的双重性质，人合性要求公司股东之间需要相互信任才能予以维系，公司的股东之间是一种互相信任、共同合作的关系。因此，股权转让合同的履行本身就会给公司和股东带来重大的影响。一旦股权转让合同解除后恢复原状，意味着又要进行一次股东的变更或者股权比例的变化。若是受让人在解除前已经实际控制股权并参与了公司的管理和经营，此时恢复原状对于公司来说无异于股权的又一次转让和经营管理权的又一次更迭。上述变化不仅影响合同当事人的权利义务关系，还会对公司、股东、案外第三人的权利义务产生重大影响。因此，在考量股权转让合同应否解除及恢复原状时需要考虑公司的状况，顾及公司的稳定性和人合性特征，而不是仅仅符合《合同法》的解除条件即可解除，即使合同解除后也并非必须恢复原状。以此驳回了龚某的诉讼请求。[①]

除龚某案之外，还有股权转让方要求继续履行合同，但是法院以股权受让方与公司之间股东已经丧失人合性基础为由驳回其请求的。[②]在这类案例中，法院面临多种法律后果的选择，法官会综合考量各种因素选择最合适的法律后果。在股权转让类纠纷中确认股权归属是核心争议焦点，在法院裁判的诸多考量因素中，人合性在某种意义上成为股权归属的指南针——股权归属的认定要有利于维护公司的人合性。在这一问题的判定上，似乎人合性是公司纠纷中应当优先考虑的因素，在各种利益衡量的坐标系中占据较高的权重。

（三）说明性功能

实证研究中，人合性更多地发挥说明性功能。其中又可以分为两类：第一类是以人合性说明法条的规范目的，第二类是对公司本身属性的表述。根据总结，法院认为规范目的是维护公司人合性的相关条文如表 2 所示：

表 2　人合性所涉相关条文[③]

人合性 相关条文	《公司法》第 34 条，新股发行优先认缴权[④]
	《公司法》第 43 条，新股东加入的法定程序[⑤]
	《公司法》第 71 条，股权转让需过半数同意；[⑥]优先购买权[⑦]

① 参见湖北省高级人民法院（2016）鄂民再 154 号民事判决书。

② 参见陈摩根与上海诺美教育信息咨询有限公司股权转让案，上海市高级人民法院（2019）沪民申 18 号民事裁定书。

③ 表格中每个条文均有较多参考案例，由于本部分属于定性研究，故在每个条文后只选择代表性案例。

④ 参见中节能资产经营有限公司、荆门京环环保科技有限公司股东出资案，最高人民法院（2016）最高法民再 234 号民事判决书。

⑤ 参见北京康正恒信担保有限公司与河北天人化工股份有限公司、北京华夏建龙矿业科技有限公司、河北省矾山磷矿有限公司股权转让合同案，最高人民法院（2012）民二终字第 44 号民事判决书。

⑥ 参见艾梅、张新田与刘小平、王鲜、武丕雄、张宏珍、折奋刚股权转让案，最高人民法院（2014）民二终字第 48 号民事判决书。

⑦ 参见北京新奥特集团有限公司与北京新奥特集团有限公司股权转让合同案，最高人民法院（2003）民二终字第 143 号民事判决书。

续表

人合性相关条文	《公司法》第 74 条，未禁止协商回购[①]
	《公司法》第 75 条，股权继承[②]
	《公司法》第 182 条，司法解散[③]
	《解释（三）》第 24 条，隐名股东显名[④]

既然司法实践认为人合性是这些法条的规范目的，那自然能够从这些法条所能够达致的效果中观察人合性的大致轮廓，这些法条所保护的法益就是人合性这一抽象概念在现实世界中的具象。首先，《公司法》第 43 条、第 71 条、第 75 条与《解释（三）》第 24 条均意在维护有限公司内股东成员的相对稳定，排除不受多数股东欢迎的人进入公司的可能。譬如第 71 条优先购买权即旨在维持公司股东成员之间的信赖，维护公司股权结构的稳定，[⑤] 第 34 条仅意在维护股权结构的稳定。其次，《公司法》第 182 条是人合性丧失的反面典型，司法强制解散程序解决的是“公司人合主义欠缺”（公司股东不和）问题，（解散救济的本质目的）旨在为终结不和谐股东关系提供一种经济的法律通道，[⑥] 该条以及其配套司法解释——《公司法司法解释（二）》第 1 条共同从反面描绘了公司丧失人合性时的状态。最后，仅有《公司法》第 182 条是同时适用于有限公司与股份公司的，其他法条均只适用于有限公司，这从某种程度上说明有限公司对人合性的要求强于股份公司。

说明性功能的第二类是针对公司本身特质的描述，绝大多数法院都认为有限公司具有人合性，在裁判文书中会出现“有限公司具有人合性”“有限

---

① 参见叶志伟、湖北诚杰汽车零部件有限公司公司决议效力确认案，湖北省高级人民法院（2019）鄂民申 1163 号民事裁定书。

② 参见山东华星石油化工集团有限公司、聂晓股东资格确认纠纷、股东知情权案，山东省高级人民法院（2019）鲁民终 272 号民事判决书。

③ 参见广西弘迪投资有限责任公司、广西联喆投资有限公司公司解散案，广西壮族自治区高级人民法院（2019）桂民终 686 号民事判决书。

④ 参见浙江国贸集团金信资产经营有限公司、广厦建设集团有限责任公司、浙江三和控股集团有限公司等股权转让案，浙江省高级人民法院（2019）浙民终 1 号民事判决书。

⑤ 参见虞政平：《中国公司法案例精读》，商务印书馆 2016 年版，第 336—227 页；郑云端：《公司法学》，北京大学出版社 2016 年版，第 130 页。

⑥ 参见蒋大兴：《“好公司”为什么要判决解散——最高人民法院指导案例 8 号评析》，载《北大法律评论》2014 年第 1 期。

公司以人合性为基础”这样的表述。[①]但是，裁判文书对股份公司的描述中却出现了截然相反的判断，有同一家法院在公司解散纠纷中认为股份公司具有人合性，[②]又在股权转让纠纷中认为股份公司是资合公司、不具有人合性，[③]前后两个案件的审结日期不超过两个月。这一现象反映出人合性概念的模糊性，既没有得到统一的认知，也没有明确的适用边界，甚至在相同的纠纷中也会发挥完全不同的功能，成为司法实践中的怪象。

最后，人合性的适用场景如表 3 所示：

表 3　人合性适用场景[④]

案由	数量	占比
股东资格确认纠纷	55	39.86%
公司解散纠纷	47	34.06%
股权转让纠纷	30	21.74%
股东出资纠纷	2	1.45%
……		

股权转让纠纷与股东出资纠纷的最终目的是确认谁终局意义上拥有股权，谁应当享有股东资格，从这个角度上讲，这两类纠纷与股东资格确认纠纷具有相同的目的，而公司解散一般是公司成员人合性彻底丧失的最终救济。所以从人合性发挥作用的案由范围来看，主要集中在确认公司股东成员以及判定公司能否继续经营，这与前文对人合性相关法条分析得到的结果也基本一致。

司法意见上的可疑处，对应的往往就是理论研究不清晰的地方。[⑤]裁判文

① 参见中节能资产经营有限公司、荆门京环环保科技有限公司股东出资案，最高人民法院（2016）最高法民再 234 号民事判决书；陈摩根与上海诺美教育信息咨询有限公司股权转让案，上海市高级人民法院（2019）沪民申 18 号民事裁定书等。

② 参见磐石市金轩粮油有限责任公司与孙淑珍、原审第三人郭春洁、蔡庆飞公司解散纠纷案，吉林省高级人民法院（2018）吉民申 3405 号民事裁定书，

③ 参见信德控股集团有限公司、宋旭与北京中安卫德投资中心、地球卫士（天津）环保新材料有限公司股权转让纠纷案，吉林省高级人民法院（2018）吉民终 294 号民事判决书。

④ 样本中其他案由下的案件均仅有 1 件，故不在表格中展示，分别是公司决议效力确认纠纷、公司盈余分配纠纷、请求公司收购股份和损害股东利益责任纠纷。

⑤ 张双根：《论股权让与的意思主义构成》，载《中外法学》2019 年第 6 期，第 1557 页。

书留下了几个悬而未决的问题：其一，人合性能否成为背法裁判的正当性依据？如果可以，需要满足什么样的条件？其二，人合性在司法裁判中可以发挥什么样的功能？这些功能的边界是哪里？其三，人合性本身的内涵究竟是什么？

三、人合性概念的考察

人合性的概念与人合公司的概念相辅相成，人合性与资合性这一对概念随着人合公司和资合公司的概念一同被引入我国，但是人合公司与资合公司的分类在我国学界并没有取得统一的观点，甚至还有第三种类型——“人合兼资合”的观点。[①] 可想而知，人合性概念在这样的争论中也必然具有高度的模糊性，甚至观念上的冲突。法律概念之界定，除受到实证法及因实证法的变动而产生的概念本身的历史性限制之外，亦必有目的考量因素的影响。[②] 要想了解其功能、目的，亦需先厘清其内涵，这就仰赖于对人合性概念源流的考察。故梳理人合性概念的起源及其发展脉络是探究其内涵的前提基础。

（一）德国的人合性内涵及其意义

人合性并非凭空产生，而是源于人合公司。最初，德国法学界创造了人合公司与资合公司这一对概念，在经济上区分狭义上的合伙公司与团体法人，随后这一概念被法律所接受，成为常用的区分概念[③]。

在德国的分类框架下，人合公司包括民事合伙及无限公司，两合公司及隐名公司，而无限公司、两合公司及隐名公司都是民事合伙的下位形式。[④] 资

---

① 参见梁宇贤：《公司法论》，三民书局 1980 年版，第 36 页；王泰铨：《公司法新论》，三民书局 1998 年版，第 45 页；孔祥俊：《公司法要论》，人民法院出版社 1997 年版，第 70 页；江平主编：《新编公司法教程》，法律出版社 2003 年版，第 37 页；范健、王建文：《公司法》，法律出版社 2011 年版，第 80—81 页；何芳枝：《公司法论》，中国政法大学出版社 2004 年版，第 12 页。

② 参见施鸿鹏：《民法与商法二元格局的演变与形成》，载《法学研究》2017 年第 2 期，第 76 页。

③ 主要有《德国股份法》第 100 条第 2 款第 1 句第 3 项、德国《企业形式转换法》第 3 条第 1 款及《决算法》(德国《商法典》第 264 条等款)。

④ 参见［德］格茨·怀克、［德］克里斯蒂娜·温德比西勒：《德国公司法》，殷盛译，法律出版社 2010 年版，第 249 页。

合公司包括股份公司（包括股份两合公司）与有限公司，[①] 股份两合公司因为其属于股份公司的特殊形态而被纳入股份公司内。各类公司之间的区别如表 4 所示：

表 4　德国公司类别比较

公司	民事合伙 & 无限公司	两合公司 & 隐名公司	有限责任公司	股份有限公司
德国学理分类	人合公司	人合公司	资合公司	资合公司
外部责任承担	全部无限连带	部分无限连带 部分有限责任	全部有限责任	全部有限责任 特殊无限责任[②]
内部投资人格局	紧密的信任关系与合作基础	紧密的信任关系与合作基础	可能有紧密信任 可能无信任基础	可能有紧密信任 可能无信任基础

如果直观地看，自然会先关注到人合公司与资合公司之间最大的区别就是公司对外承担责任的基础，资合公司的投资人以出资额为限承担有限责任，而人合公司的投资人需要对公司债务承担无限连带责任，所以有诸多论述认为公司对外承担责任的基础是人合公司与资合公司分类的唯一标准。[③] 这种观点虽然与德国少部分学者观点相同，即资合公司以其拥有的资产为限对其债权人承担清偿责任，而在人合公司中，其成员则必须对公司债务承担无限连带责任。但是这一观点仅仅适用于股份有限公司和有限责任公司，股份两合公司就不是如此（《股份法》第 278 条第 2 款）。股份两合公司处于两合公司和有限公司之间。[④] 从德国的现行法来看，这种分类是错误的，从理论上分析，这种分类也不能成立。其他人尤其是股东的共同责任并不是资合公司或者人合公司的概念问题，它们更应该是有关公司信用的问题或者是有关团体形式

① 参见［德］托马斯·莱赛尔、［德］吕迪格·法伊尔：《德国资合公司法》，高旭军等译，法律出版社 2005 年版，第 5 页；范健：《德国商法：传统框架与新规则》，法律出版社 2003 年版，第 16 页。

② 股份有限公司中也包括股份两合公司，由于股份两合公司的特殊性，股份两合公司中的无限股东可能会承担无限连带责任。

③ 参见李建伟：《公司法学》，中国人民大学 2014 年版，第 17—18 页；王军：《中国公司法》，高等教育出版社 2017 年版，第 11 页。

④ Koch, in: Hüffer/Koch, Aktiengesetz, 14. Aufl., 2020, § 278 Rn. 3.

的功能问题。[①]

除此之外，这一理解也只关注到了公司对外承担责任基础这一外在面向，忽视了公司内部投资者信任关系、结合紧密程度这一内在面向。如果关注公司内部投资人格局这一内在面向，会发现以内在标准作为人合公司与资合公司的区分标准更加妥切，即人合公司内部投资人均具有一定的信任关系与合作基础，而资合公司则对内部投资人之间的联系不做要求。此外，还有论述创设新的分类，将德国法上的两合公司认为是属于中间形态的“中间公司”“人合兼资合公司”。[②]这也属于对人合公司与资合公司这一分类的认知偏差，这种观点在理论矛盾中力求创新，但是同样没有抓住人合公司原本分类的关键——公司内部投资者之间的信任基础。

在德国联邦最高法院 1997 年的一份裁定中，深刻揭示了人合性的内在面向。在该份裁定中，德国联邦最高法院认为，由于股份两合公司具有人合公司的法律性质，对于它应当使用人合公司在组织架构上的私法自治原则，而不是股份法中带有强行法性质的严格的机关组成要求。[③]从这个角度而言，德国司法对人合性的认知并不局限于公司对外承担责任的基础，还包括公司内部成员之间的信任关系。如果公司内部成员不存在信任关系，那就需要极高的协商成本以促成共同合作，资合公司就是无须内部人信任关系的商事组织，法律对资合公司规定了严格的分权制衡结构。而人合公司则因为其成员之间较强的信任基础，所以立法和司法才会放心地将公司内部组织机构的架构交由其自由协商，适用私法自治原则。

在定性问题上，最终决定性的永远是整体面貌。[④]人合公司与资合公司之间的区别是多样的，对其区分应当是基于一个整体印象而非某一特定的标准，这一整体印象可能包含多项指标。其一，人合公司建立单个股东的人格特征

---

① Raiser, Die Haftungsbeschränkung ist kein Wesensmerkmal der juristischen Person. FS-Lutter 2000, 637. 转引自［德］托马斯·莱赛尔、［德］吕迪格·法伊尔：《德国资合公司法》，高旭军等译，法律出版社 2005 年版，第 16 页。

② 参见王泰铨：《公司法新论》，三民书局 1998 年版，第 45 页；孔祥俊：《公司法要论》，人民法院出版社 1997 年版，第 70 页；梁宇贤：《公司法论》，三民书局 1980 年版，第 36 页；江平主编：《新编公司法教程》，法律出版社 2003 年版，第 37 页；范健、王建文：《公司法》，法律出版社 2011 年版，第 80 页。

③ Vgl. BGH DNotI-Report 1997, 147.

④ 参见［德］卡纳里斯：《德国商法》，杨继译，法律出版社 2006 年版，第 43 页。

基础上，而资合公司中资本参与居于首要地位。[①]故资合公司中，出资是股东要承担的最重要的义务，而人合公司的成员必须亲自参加公司的管理。[②]也正是因为这一点，人合公司的成员之间都具有很强烈的信任关系，因为没有人愿意把自己的全部责任财产系于陌生人之手，而资合公司成员之间则无需紧密的信任关系。其二，人合公司的特点在于社团性，而资合公司的特点在于它具备法人资格。社团一般以成员人头数为准，而按照资合公司一般规则，股东在公司中的地位，包括对事务决定权的程度和分摊盈利的多少，完全取决于他的出资在公司全部资本中所占的比例。[③]其三，人合公司中，承担无限责任的股东不仅是设立公司的前提条件，同时又是公司的信用基础，也是对债权人的唯一保护，而资合公司都必须拥有一个最低资本额。这一最低资本额不仅是设立资合公司的一个前提条件，也是公司的信用基础，同时也是对公司债权人的唯一保护。[④]这一区分的表现就是人合公司对外责任基础是公司出资人的个人信用，而资合公司仅以公司资本为限。

人合公司的典型模型是民事合伙，而资合公司的典型模型是股份公司。虽然人合公司和资合公司在立法理念中有显著的差别，但是因为德国法律设置了类型众多的公司，这些公司虽然被归类为人合公司或资合公司，但是可以明显感觉到两合公司中显著的资本化因素，以及有限公司接近人合公司的趋势。[⑤]而且，从德国现行的公司实践来看，资合公司和人合公司之间的区别已经不是很明显。主要表现在两个方面：首先，资合公司中，只有股份公司还基本上具有股东参股这一资合公司的基本特征。而股份两合公司和有限责任公司则具有明显的人合特征。正因为如此，长期以来人们习惯把它们称之为具有人合性质的资合公司。[⑥]其次，人合公司的资合性质日益浓烈，其在成

---

① 参见［德］格茨·怀克、［德］克里斯蒂娜·温德比西勒：《德国公司法》，殷盛译，法律出版社 2010 年版，第 36 页。

② 参见［德］托马斯·莱赛尔、［德］吕迪格·法伊尔：《德国资合公司法》，高旭军等译，法律出版社 2005 年版，第 5—6 页。

③ 参见范健：《德国商法：传统框架与新规则》，法律出版社 2003 年版，第 139 页。

④ 参见［德］托马斯·莱赛尔、［德］吕迪格·法伊尔：《德国资合公司法》，高旭军等译，法律出版社 2005 年版，第 5 页。

⑤ 参见［德］格茨·怀克、［德］克里斯蒂娜·温德比西勒：《德国公司法》，殷盛译，法律出版社 2010 年版，第 36 页。

⑥ Vgl. Immenga, Die personalistische Kapitalgesellschaft, 1970. 转引自［德］托马斯·莱赛尔、［德］吕迪格·法伊尔：《德国资合公司法》，高旭军等译，法律出版社 2005 年版，第 6 页。

员资格上的人合性质却反而日趋淡薄。因此，人们称之为资本结构或法人结构的人合公司。其典型例子就是公众性的股份两合公司。[①]

在德国，人合性概念在人合公司的基础上得以发展，指典型人合公司的本质特征。除了学理讨论的价值外，其对司法裁判的意义也在联邦最高法院中得以彰显，因为德国并没有专门、完整的法律规制两合公司、股份两合公司，在这些公司出现纠纷时，往往需要参照适用立法关于其他公司的法律规定，适用资合公司（股份公司）或人合公司（民事合伙）的规定会产生完全不同的法律后果，此时法院就需要根据公司人合性的强弱决策应当适用的法律。

（二）我国大陆学理中的人合性内涵及其意义

我国大陆对人合性与人合公司概念的继受与我国台湾地区、德国一脉相承。我国台湾地区学者在述及人合公司和资合公司的区分时，多认为这一分类标准是公司对外信用基础，并且将公司分为人合公司、资合公司以及中间公司（或称人合兼资合公司），人合公司的对外信用基础是公司股东，资合公司的对外信用基础是公司资本，而人合兼资合公司则专指两合公司及股份两合公司，因为其中既包括承担无限责任的股东，又包括享受有限责任保护的股东。

但是，当我们在使用比较法的时候，研究不能只是简单地对该国或该地区成文规则甚至制度的抄袭或改造，并不能仅仅是在一个名词、术语、规则下的排比对照；同样，在进行法律移植的时候，就不能仅仅是成文规则或者案例的单纯翻译、摘抄和简化。甚至，我们需要警惕，我们在使用同样的词语的时候，头脑中所指向的具体对象，作出判断所依赖的共识或者常识，进行分析所需要的前提或假设等诸多方面上所存在的差异。[②]我国台湾地区学者的分类方式其实已经偏离了概念发源地的原本意义，这一分类不仅仅将人合公司和资合公司的分类标准固化为单一的信用基础标准，甚至还创设了中间公司这一特殊类型。

笔者猜测这一误会或许是出于以下原因：其一，对公司信用基础特征的过度关注。因为我们很容易只看见我们所注意的，我们的视线有焦点，焦点

---

① Vgl. Nitschke, Diekörperschaftlich strukturierte Personengesellschaft, 1970; H. P. Westermann, Vertragsfreiheit und Typengesetzlichkeit im Recht der Personengesellschaften, 1970. 转引自［德］托马斯·莱赛尔、［德］吕迪格·法伊尔：《德国资合公司法》，高旭军等译，法律出版社2005年版，第6页。

② 邓峰：《代议制的公司：中国公司治理中的权力和责任》，北京大学出版社2015年版，第4页。

依着我们的注意而移动。注意的对象由我们选择，选择的依据是我们的需要。[①]可能在继受与解读这些概念时，责任基础不同的这一特征过于显著，对这一特征的关注使内在格局的差异被忽略了。其二，信用基础在某种程度上决定了内部成员之间彼此的信任关系。如果公司的责任基础是公司的投资者，那么公司每名投资者都相当于将自己所有的责任财产放心地交给了公司，这就需要对执行公司事务的人有极高程度的信任，没有人愿意将自己财产的安危放在不信任的人手中。但这两者之间关系是信任基础决定了责任基础，只关注责任基础其实未能洞悉其信任基础的本质。其三，德国公司种类繁杂而我国的公司种类简单，这就导致学理上仅从介绍意义上引介人合公司、资合公司、人合性这些概念，没有对这些概念的内涵进行更深一步的挖掘，这同样导致几乎所有著述中关于人合公司、资合公司以及人合性的部分都是一笔带过。其四，可能受到其他错误理解的影响，比如有法国学者认为人合公司和资合公司是欧洲传统商法理论中的两个概念。他们是依公司责任基础的不同而对公司所做的学理分类。前者是以成员个人财产为责任基础的公司，后者是指以成员出自所构成之资本为责任基础的公司。[②]

我国台湾地区的理解一定程度上代表了我国大陆的理解，[③]但也有观点认为只有人合公司与资合公司的两分法，[④]还有学者指出，这一区分仅具有理论意义，具有一定的相对性。实务中，则要看企业的具体情况。譬如，股份有限公司应该是资合公司，但是如果其股东人数较少，股东兼任董事或者高级管理人员，其人合性就很强。而有限责任公司如果人数众多，所有权与经营管理权分离得比较彻底，则显现出完全的资合公司状态。[⑤]也有极少数论者认为有限公司人合性的含义包括对公司内部和对公司外部两个方面，但是对公

---

① 参见费孝通：《乡土中国》，北京出版社 2011 年版，第 25 页。

② 参见［法］伊夫·居荣：《法国商法》第 1 卷，罗结珍、赵海峰译，法律出版社 2004 年版，第 227—229 页。

③ 参见孔祥俊：《公司法要论》，人民法院出版社 1997 年版，第 70 页；江平主编：《新编公司法教程》，法律出版社 2003 年版，第 37 页；范健、王建文：《公司法》，法律出版社 2011 年版，第 80—81 页。

④ 参见李建伟：《公司法学》，中国人民大学 2014 年版，第 17—18 页；王军：《中国公司法》，高等教育出版社 2017 年版，第 11 页。

⑤ 施天涛：《公司法论（第四版）》，法律出版社 2018 年版，第 68 页。

司内部意义的分析却止步于立法论。[①]虽然人合公司与资合公司的两分法在我国异化为三分法，但是这一分类的分歧似乎已经变得不再重要，新的问题是公司人合性的强弱与否，从简单分类的认知方式转向分析某一商事组织中人合性因素的多少，资合性色彩的强弱。[②]在这样的谱系中，我国各种商事组织在其中的坐标如图 1 所示：

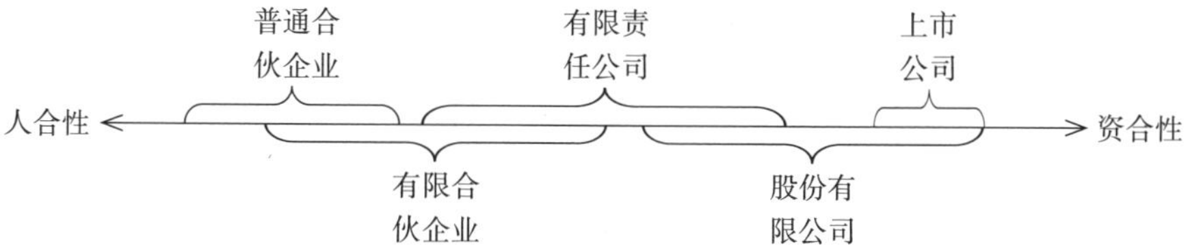

图 1　我国各商事组织在人合性—资合性谱系中的位置

如图 1 所示，谱系左侧人合性最强，右侧资合性最强，每一种商业组织都在谱系中占据一段位置。最左侧为普通合伙，因为普通合伙中合伙人之间的信任关系极强，彼此都为对方行为负担无限连带责任。其次是有限合伙，有限合伙几乎等同于德国的两合公司，其中既包括承担无限责任的投资人，也包括承担有限责任的投资人，承担有限责任的投资者未必与承担无限责任的投资人之间具有信赖关系。再次是有限公司，有限公司跨度最大，在谱系中与有限合伙和股份公司均有交叉，因为有限公司在立法理念中自治程度极高，有大量可由公司章程规定的事项，既可能被设置得极具人合性，也可能被设置得极具资合性。最后是股份公司，其中资合性最强的是股份公司中的上市公司，上市公司中的股东即使相互之间没有任何信赖关系甚至毫不相识，也并不影响上市公司的存续和发展。

由于我国公司仅有两种类型，不像德国几乎将所有商业组织均冠以“公司”的名称，加之我国仅有的两种公司均属资合公司，合伙企业虽然属于人合公司，但是已经因其“合伙”名称与公司分道扬镳，所以人合公司与资合公司这一分类在我国已经丧失其意义。但是人合性这一“副产品”却能够生根发芽，并且还在司法实践中发挥了相当的功能。这并不奇怪，在法律历史领域

① 参见李劲华：《有限责任公司的人合性及其对公司治理的影响》，载《山东大学学报（哲学社会科学版）》2007 年第 4 期，第 90 页。

② 参见刘俊海：《现代公司法》，法律出版社 2011 年版，第 28 页。

中，我们也常常会遇到“目的转换”现象：一种制度设置的伊始目的早已迷失，不可追寻，但它却向截然相反的方向发展出功利效果，以此作为继续存在且言之成理的目的。[①] 人合或资合的分类在我国仅具有介绍性意义时，人合性这一副产品却在司法实践中发展出了若干种功能。但是当我们回顾人合性的起源与发展，会发现这一概念在转引入我国时已经丧失了其原本含义，我国司法实践中的人合性几乎是在商事裁判中独立发展出的概念。法律不是考古，并非必须还原历史真实，不必甚至应该摒弃因循守旧；而是为满足社会生活的实际需求而设置相应的制度，即法律人应当树立发展的而非静止的观点。[②] 故应当对司法裁判进行更深一步的考察，查明具有中国特色的人合性内涵。

四、人合性的本土含义及其司法意义

我国司法实践中的人合性是在我国商事审判实践的基础上自发生成的概念，故应当回归司法裁判，从法院的说理中寻找人合性的具体内涵。根据统计及类型化处理，司法裁判中的人合性的内涵如表 5 所示：

表 5　人合性在司法判例中的内涵 [③]

人合性内涵	股东之间的合作意愿、信任基础[④]
	公司经营体现所有股东意志[⑤]
	股东成员结构的稳定[⑥]
	股东知晓公司股权结构[⑦]

① ［德］拉德布鲁赫：《法学导论》，米健、朱林译，中国大百科全书出版社 1997 年版，第 113 页。

② 崔建远：《物权编对四种他物权制度的完善和发展》，载《中国法学》2020 年第 4 期，第 38 页。

③ 每一种类型下均具有多个案例，故仅在脚注中标明该种类型的典型案例。

④ 参见长沙市猛然建材科技有限公司、何恒公司解散案，湖南省高级人民法院（2019）湘民申 5592 号民事裁定书。

⑤ 参见金濠（合肥）建设发展有限公司、江苏建坤置业有限公司公司解散案，最高人民法院（2019）最高法民终 1504 号民事判决书。

⑥ 参见浙江国贸集团金信资产经营有限公司、广厦建设集团有限责任公司、浙江三和控股集团有限公司等股权转让案，浙江省高级人民法院（2019）浙民终 1 号民事判决书。

⑦ 参见涂开元、舒鑫、攀枝花市开明房地产开发有限责任公司与许光全、许光友股权纠纷案，最高人民法院（2011）民提字第 78 号民事判决书。

续表

人合性 内涵	股东会运作通畅①
	股东之间不存在矛盾②
	股东会实行严格的一致决③
	股东行使股东权利顺畅④
	章程存在人走股留的规定⑤
	公司的业务开展需要股东⑥

大部分案例均为有限公司的案例，但因为公司解散纠纷中存在股份公司，所以司法实践中人合性的概念已经与公司类型脱钩。从表5中也可以看出，对人合性内涵的描述都集中于公司的内在面向。这一概念在德国原本是同时描述公司的内在面向与外在责任基础面向，可惜在概念继受的过程中不慎丢失了一半。在这一概念在我国学理讨论中几乎丧失意义的时候，当我们把目光转向本土司法实践，却发现人合性早已落地生根，在没有理论指导的基础上完成了其实用意义上的重生。而且本土的人合性恰好只关注公司的内在面向：公司内投资人之间的关系格局、公司内部机构的运作状况等。这一本土意义恰好能够与百年前其发源地的原始含义在内在面向上有高度的相似之处。更印证了以公司性质、股权结构与公司文化而论，中国公司治理更接近德、日而离英、美较远，⑦这种人合性的再生是类似的公司文化土壤栽培的必然结果。

---

① 参见北京汉唐圣大控股集团有限公司、山东出版文化置业有限公司（原山东新源文化置业有限公司）公司解散案，山东省高级人民法院（2020）鲁民申898号民事裁定书。

② 参见北方技术国际（亚太）有限公司、天津洁乐特防锈技术有限公司公司解散案，天津市高级人民法院（2017）津民终326号民事判决书。

③ 参见富钧新型复合材料（太仓）有限公司、仕丰科技有限公司、永利集团有限公司公司解散案，最高人民法院（2011）民四终字第29号民事判决书。

④ 参见山东绿杰环保节能科技有限公司、北京世纪天泰投资有限公司公司解散案，山东省高级人民法院（2018）鲁民申6443号民事裁定书。

⑤ 参见天长市中天实业有限责任公司、章文萍股东资格确认案，安徽省高级人民法院（2018）皖民再88号民事判决书。

⑥ 参见玉溪市城市管道建设有限公司、云南省玉溪市市政开发建设有限公司公司解散案，云南省高级人民法院（2017）云民终518号民事判决书。

⑦ 朱慈蕴、林凯：《公司制度趋同理论检视下的中国公司治理评析》，载《法学研究》2013年第5期，第27页。

（一）人合性的表现与构成

人合性虽然在不同的案例中展现出千姿百态的表现形式，但根据归纳总结，人合性这一学理概念其实是两个理念内核的综合表达。

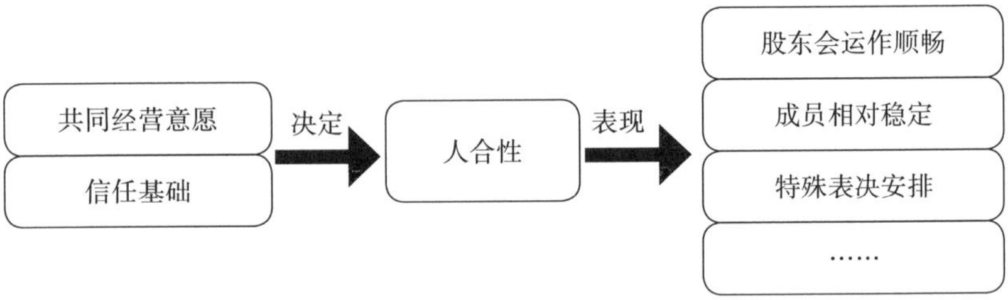

图 2　人合性的构成要件及表现

如图 2 所示，实践中的公司千姿百态，许多运营中的表象都说明公司具有人合性。第一，最典型的表现是公司股东会运作顺畅。这就说明股东能够自由地行使股东权利，股东会能够在各方股东的配合下正常运作，股东之间如果互不合作，股东会是难以顺畅运作的，而相互合作不仅要求股东之间具有信任基础，[①] 还有共同经营公司的意愿。第二，公司的成员结构稳定是具有人合性的重要表现。这一表现有两个方面的含义：其一，公司具有稳定的成员结构意味着公司的这些成员之间具有良好的共同合作意愿，否则会想方设法退出共同经营，上市公司成员的不稳定性就是缺乏或没有人合性的表现；其二，成员结构稳定也并不意味着成员结构变动不居，有限公司在接纳新成员时，需要公司原有成员对其投以“信任票”，且这一“信任票”是不以资本数量多少为权重，而是以人头数为权重的，这一制度设计体现并且维护着公司内部人与人之间的信任基础，使不受公司中多数人欢迎的人无法进入公司。第三，公司股东会具有的特殊表决权安排，尤其是一致决。《公司法》给公司的投资者提供了一份默示的法律范本，如果要对其中缺省性规则进行修改，需要股东们协商确认。如果公司有偏离默示规则的安排，说明公司股东已就此问题协商一致，否则，损害任何一名股东在公司中决策权的提案都无法被通过。其中一致决最能体现公司股东之间的相互信任，因为一致决相当于每一名股东都有一票否决权，在这种决策体系之下，如果股东之间缺乏良好的

① 参见［波兰］彼得·什托姆普卡：《信任：一种社会学理论》，程胜利译，中华书局 2005 年版，第 33—34 页。

信任基础与共同经营的意愿，那股东会必然会瘫痪，没有理性的主体会设置一个可以预见到必然会瘫痪的公司结构。除此之外，人合性还可能在公司中具有多种表现形式，比如公司业务需要股东之间的合作、股东均认可章程中关于人走股留的规定，等等。当我们拆开层层人合性的表现形式，打开人合性这一“黑箱”，不难总结出司法实践中人合性所具有的两个理念内核：股东的共同经营意愿及股东之间的信任基础。

1. 信任基础

股东之间存在的相互信任关系的人合性和以公司信用基础为分类标准的人合性具有不同的法律内涵，前者是指公司内部股东与股东之间的信任关系。[①] 信任基础包括了两个主要的组成要素：信心（belief）与承诺（commitment）。其一，信任包含明确的预期：信心建立在对他人未来的一些场合会如何表现进行个人推测的基础上。但是仅有预期的信心是不够的，信任不仅仅是沉思默想未来的可能性，还包括积极面对未来，致力于至少有部分不确定和不能控制结果的行动。因此，其二，信任包含行动并承担义务。[②]

在公司语境下完全可以找到股东信心与承诺两方面的对应。其一，股东对其他股东有信心，授予其他股东对自己在公司中利益的自由决定权，接受其他股东潜在不良意愿所造成的易受伤害性。因为一旦赋予信任，股东就要承担潜在的伤害所带来的一定量的风险。[③] 股东在公司中的利益即投入公司的经济利益，而股东有信心其他股东会保护好自己在公司中的经济利益。其二，股东对其他股东也有相应的承诺，这一承诺体现为两个方面：第一是股东认可并承诺自己遵守公司章程的规定，第二是股东认缴一定量的出资。股东的信心与承诺完全契合信任基础的构成要件。

2. 共同经营意愿

股东之间的信任基础固然是人合性重要的内涵，但是仅有信任基础并不能完全展现出人合性的全貌，人合性另外一个重要的理念内核是股东之间具有共同的经营意愿，这也是构成人合性决定性的因素。共同经营的意愿不是指投资者经营该公司的意愿，而是指投资者意图与其他股东一起经营该公司

---

① 高永周：《论有限责任公司的人合性》，载《北京科技大学学报（社会科学版）》2008 年第 4 期，第 60 页。

② ［波兰］彼得·什托姆普卡：《信任：一种社会学理论》，程胜利译，中华书局 2005 年版，第 33 页。

③ 参见［美］马克·E. 沃伦编：《民主与信任》，吴辉译，华夏出版社 2004 年版，第 1 页。

的意愿。人合性与资合性的区别也在这里彰显，如果投资者仅仅是想参与该公司的经营而参股该公司，就显示出该公司的资合性，因为投资者并非因为其他股东而成为该公司股东，即将经营意愿系于公司。而如果投资者是基于对其他股东的信任，意欲和其他股东共同经营该公司，则属于经营意愿系于其他股东，彰显出公司的人合性。

在我国几乎所有的案例中，法官说理部分的“人合性”都可以用“信任基础与共同经营意愿”进行等价替换。股东在相互信任的基础上，由于共同经营意愿而维系在公司框架内，赋予其他股东可能伤害自己在公司中财产性利益的权力，同时也换取了相互合作、规模经济的好处。因为股东间紧密的信任与合作关系对公司的成立、公司业务的开展乃至公司的存续与否都发挥着重要影响。[①] 司法实践中人合性的各种表现均是股东之间“信任基础”和“共同经营意愿”这两项要件的必然结果，所以，人合性即由这两方面的要素组成。如果错误理解了公司人合性的内涵，就有可能作出不当裁判。

（二）人合性的司法意义探究

厘清人合性的内涵之后，再重新审视人合性在司法实践中所发挥的三种功能。可以认为，人合性当然可以发挥描述性作用，因为司法判例中所涉相关法条确实意在保护公司成员的相对稳定，通过这种方式维护公司股东之间业已形成的信任基础与共同经营意愿。同时，人合性也能够在司法裁判中发挥选择性作用，因为公司运营成功与否的重要影响因素之一就是公司内部股东是否相互信任、是否有共同经营意愿，这直接关系到公司权力机构能否正常运作，决定了公司继续存续是否符合社会效率。以股权转让合同解除为例，如果股权已经实际由买受人享有，在恢复原状、赔偿损失及采取其他补救措施中进行选择时，公司股东之间的信任基础及共同经营意愿就是重要的考虑因素。但是，能否单独以人合性为由而偏离公司法而裁判，发挥其突破性作用，笔者认为答案是否定的。

1.《公司法》第 75 条

在“建都案”中，最高院认为公司具有高度人合性而拒绝适用《公司法》第 75 条的缺省性规定，裁判结果或许合情，因为导致有限公司股权不可继承

① 参见叶林、段威：《论有限责任公司的性质及立法趋向》，载《现代法学》2005 年第 1 期，第 62 页。

性的因素的确可能是有限公司的人合性，[1] 但是因为缺乏充分的说理论证，单独以人合性这样的简单理由突破公司法的规定并不合理。法律既然已经设置，我们的任务更多的应当是去解释它，将问题消解在合理的解释当中。如果放弃解释论的基础，则难以有真正的法体系和安定的法秩序，徒增交易成本。[2]

首先，法院对公司章程的解释超出了章程的文意范围，当章程存在多种解释可能且当事人无法达成一致意见时，应当遵循公司法的默示规则。第一，建都公司章程含义很明确，将正常到龄退休、长病、长休、死亡的股东，与免职、调离、终止合同、提前退休的股东区别对待，前者属无过错情况下退出，而后者多属于因过错退出，前者仅规定“及时办理股权转让手续”，后者规定“由公司其他股东按原出资额受让”。这本身就将股东死亡的情况与有过错退出公司的情况相区隔，可以理解为在无过错情况下退出公司时可以将股权让与他人，也不排除其他处理方式，但均需及时办理手续。第二，即使认为章程存在漏洞，所有股东退出公司时处理情况均应当按照先前的惯例。在裁判文书中所提到的四个先例中，均是退出公司的股东与其他股东协商转让股权，在股东死亡的情况下无法完成协商转让股权，如果此时可以让所有股东按照持股比例受让，又产生了没有股东愿意受让的尴尬境况，而公司章程并没有规定这种情况下如何处理。第三，最高院将先前股东以意思自治通过协议转让股权的退出方式认定为公司的惯例，侵害了在后退出公司股东的意思自治空间。在先退出公司的四名股东均转让了自己所持有的股权，但是都是以协商方式完成的，两名股东经协商将股权转让给其他股东，两名股东经协商由公司回购。但是该案中股东由于根本无从完成协商环节，法院简单地将退出公司的股东均转让了股权当作公司先例，忽视了意思自治在其中发挥的基础性作用。根据《公司法司法解释（五）》第5条的规定，在存在争议时应当尊重当事人的意志，而本案中死亡股东明确通过遗嘱让女儿继承股权。在超出公司章程文意范围时，应当按照公司法的默示规则裁判。

其次，法院实际上是以人合性为由否认《公司法》的适用而“适用”《合伙企业法》，德国联邦最高法院确实存在以人合性强弱判定适用哪种法律规则的案例，但我国情况与德国完全不同，德国先例没有可参考性。如前文所考证，德国联邦法院在裁判股份两合公司的案例时，由于法律对股份两合公

---

① 王跃龙：《有限责任公司股权继承之析》，载《政治与法律》2007年第6期，第87页。

② 参见朱晓娟编著：《商事前沿案例评析教程》，清华大学出版社2018年版，第67页。

司并没有完整的规定，在存在法律漏洞时，就存在选择应当适用的法律规范的要求，因为股份两合公司的特殊性，既可以选用股份公司的规定，又可以选用两合公司等人合性公司的规定。在该案中，德国联邦最高院在考虑股份两合公司实际运作情况的基础上，选择适用人合公司在组织架构上的自治规则。① 德国之所以有此先例是因为法律本身对于股份两合公司规定的不完备性。反观我国，建都案的裁判结果实际上是对人合性较强的有限公司适用了《合伙企业法》的规定，② 在《公司法》第 75 条明确规定了有限公司股权继承问题的情况下，仍然依据公司实际人合性的强弱选用《合伙企业法》的规定，完全仿照了德国联邦最高法院的裁判思路，但是德国联邦最高法院裁判的前提基础是法律对股份两合公司的法律适用没有明确规定，而我国《公司法》在股权继承的问题上并不存在漏洞。这种惊人的相似恰恰说明了建都案裁判难谓妥当。同案不同判，异案却同判的结果就是损害了法制的稳定性和权威性，甚至破坏法治。③

最后，法院以人合性为由否认公司法的适用，可能使该案实现了个案正义，但因为缺乏充足的论证，可能会产生人合性被滥用的不良后果。虽然解决争议所适用的相关规范涉及维护人合性的立法意旨，也并不意味着需要在个案中绝对维护人合性。④ 笔者并非坚持法律规定不可突破的“原教旨主义者”，为了实现公司正义与个案公平，在特定情况下也可以偏离法律的规定，但是应当进行充分的论证。毕竟，绝大多数有限公司为封闭公司，而在封闭公司中股东之间的人身关联性是很强烈的。在许多闭锁性公司中，同和其家人待在一起的时间相比，一名股东总是会与其他股东共处更久。因此，这样的团体需要会员之间相互的尊重、信赖和理解。由于总是可能存在其中一名股东死亡、离婚、辞职或退休等情形，故如果闭锁公司没有对投资份额的可让渡性进行限制，现存的股东很可能会发现其与原合作伙伴的前配偶或继承人，甚至是陌生人共事，并且发现不可能同这些新合作者一起工作或密切交往。因此，相对于其他类型的公司而言，闭锁公司更有必要对普通投资份额

① Vgl. BGH DNotI-Report 1997, 147.

② 《合伙企业法》第 50 条规定，除非合伙人一致同意，否则合伙企业应当向合伙人的继承人退还被继承合伙人的财产份额。

③ 参见崔建远：《论债权人撤销权的构成》，载《清华法学》2020 年第 3 期，第 137 页。

④ 曹兴权、卢迎：《企业人合性的法律因应：被动尊重而非主动强化》，载《重庆大学学报（社会科学版）》，2020 年 3 月 6 日网络首发。

的让渡作出限制。[①]

但是在建都案中由于章程存在漏洞，并未对该案情况下的股权继承进行限制，法院的说理也并不充分。法院先以人合性和封闭性排除了公司法的适用，再以案涉股权无论是由公司回购和其他股东受让都能够保障继承人的财产权利为由驳回了继承人要求确认其股东资格的诉请。在这一案例中，因为案涉继承股权在公司中的份额高达 42%，在当时是公司的第一大股东，[②] 如果该继承人直接继承大股东的股东资格及股东权力，确实可能会对公司产生重大影响，该继承人与公司之间长达 3 年的诉讼也能够印证可能公司内其他股东并不欢迎大股东的继承人，此时继承人与原股东之间已经产生了信任关系上的裂隙，即使他们共同成为公司股东，也难以达到老股东健在时的信任状态。此时有没有必要为了保护公司原有的人合性状态而拒绝继承人继承股东资格呢？因为公司股东之间的信任状态从某种意义上决定了公司的运营状态，股东之间分歧较大时，必然会对公司的运营产生负面影响，所以选择维系公司的人合性状态不被破坏似乎是更优解。该案可能是以维护公司人合性为目的拒绝了新成员的加入，虽然牺牲了继承人成为股东参与管理的权益，但是保护了公司的存续与发展，实现了卡尔多－希克斯效率。可惜，这些笔者的猜测在法院裁判中均没有体现，以法院现有的裁判来看，虽然可能实现了个案正义，但是严重破坏了公司法的制度利益，同时也可能会产生不良的示范效应。如果能够通过更翔实的说理维护制度利益与社会利益，控制这种特殊情况的适用范围，判决才是妥当的。

综上，如果公司章程在股东资格继承的规定上确有疏漏，存在多种解释可能且当事人无法达成一致意见的，应当以《公司法》所提供的能够继承股东资格的默示性规则为主。如果试图偏离该默示规则的，不仅需要有人合性方面的支撑，还应当论证偏离默示规则更符合社会效率，需要法官充分论证该裁判满足个案正义，以维护公司法的制度利益、控制该裁判示范效应的负外部性。

2.《公司法》第 182 条

在富基标商案中，富基标商公司已经连续三年无法正常召开股东会，而

① ［美］Herbert M. Bohman、Mary Jane Dandas：《商法：企业的法律、道德与国际环境》（第 5 版），张丹等译，清华大学出版社 2004 年版，第 605 页。

② 参见国家企业信用信息公示系统（江苏）：http：//js.gsxt.gov.cn/index.html，2023 年 11 月 15 日访问。

且能够通过股东之间的诉讼、举报行为看出股东之间已经存在着严重的矛盾，处于冲突对立的状态，不仅如此，股东已经遭受了重大损失。法院依据各方股东均有召集股东会的意愿来否认《公司法》第182条的适用，不仅是以人合性为由而无视《公司法司法解释（二）》所煞费苦心制定的股东会僵局“连续两年”的认定标准，[①]更错误地理解了人合性中的“共同经营意愿”要件。

司法解散的构成要件是内部管理严重困难与公司经营困难，该公司已经符合经营困难的要件，对于公司内部管理严重困难，最高人民法院实际上是以股东“人合性障碍”为判断标准。[②]首先，根据案件信息可以得知该公司持股比例较分散，不存在控股股东。如果该公司存在控股股东，自然不会存在3年无法召开股东会与作出股东决议的局面。其次，尽管种种迹象表明公司股东之间已经丧失了共同经营意愿，但是法院抓住了“各方股东均有自行提请召开临时股东会的权利和意愿”这一稻草，认为公司股东仍然存在继续经营该公司的意愿。正如上文所述，“共同经营意愿”是区别于“继续经营公司意愿”的，因为前者要求股东仍愿意与其他股东共同经营公司，而后者只表明股东愿意继续经营公司，但未必愿意与其他股东共同经营。法院错将“经营意愿”认为是“共同经营意愿”，才产生了维持公司的判断。最后，各方股东之间已经丧失了信任基础，各方股东之间不仅仅存在未决诉讼，还存在刑事举报，这些证据足以说明股东之间已经剑拔弩张，甚至希望对方接受刑事制裁。很难认为富基标商公司股东之间仍然存在人合性。

在适用《公司法》第182条时，需要判断股东之间是否存在人合性障碍，其判断核心是股东是否仍然有“共同经营意愿”，相互之间是否还存在“信任基础”。如果仅仅有“经营公司意愿”，并且结合股东之间的冲突情况能够认定股东之间已经不存在“信任基础”的，就可以认定公司存在人合性障碍。

五、结语

全球各地的公司法一直背负着在其历史演变中所留下的痕迹，并且反映

---

① 参见耿利航：《公司解散纠纷的司法实践和裁判规则改进》，载《中国法学》2016年第6期，第223页。

② 同上书，第217页。

着不以效率为导向的诸多文化或者意识形态思潮，[①] 人合性在中国公司法司法中的意义就是中国商事文化的一个注脚。人合公司与资合公司的区分由于在学说移植的过程中出现了理解上的偏差，又加之我国公司类型与德国存在着巨大的差异，这一对概念及其对应的人合性概念成为我国公司法的理论中的“阑尾”——既产生了问题，又似乎没有任何实际意义。但是在司法实践中，人合性却已经落地生根，不仅仅扮演着修辞作用，同时还成为选择某一法律后果的重要考虑因素，甚至成为突破法律强制性规定的依据，人合性概念在司法裁判中获得了新生。

追本溯源，“人合”几乎能够与“人和”的含义等价替换，而“人和”在中国古代汉语中指的就是人与人之间和谐的信赖关系。通过对人合性内涵与部分法条立法目的的拆解，会发现公司法中部分法条确实有维系公司股东之间业已形成的信任基础的功能，同时，股东之间的信任关系也应当成为选择性法条适用时的重要考量因素，毕竟“人”才是公司经营的决定性因素。但是仔细考察人合性的突破性作用，会发现仅以人合性作为唯一背法裁判的裁判理由并不妥切，存在论证不足以及理解偏差的问题。即人合性尚不足以单独成为在适用某些法条下背法裁判的理由。毕竟，个案正义与法律的安定性要求发生冲突时，法院需要充足的说理与论证，这绝非简单的人合性三个字所能够涵盖的。

① ［美］莱纳·克拉克曼、亨利·汉斯曼等：《公司法剖析：比较与功能的视角（第 2 版）》，罗培新译，法律出版社 2012 年版，第 30 页。

无面额股引入路径中“双轨择一”经验与反思

刘成墉[*]　陈晟[**]

我国台湾地区引入无面额股制度已满5年，其制度内容与实施成效值得探讨；尤其其数十年来均要求股票“必须有”股票面额记载，直至2018年始迎来“允许无”股票面额记载的全面转向；审视我国台湾地区股票面额制度变迁的轨迹，从每股面额新台币壹拾元，到每股金额应归一律，再到可发行无面额股，其制度变革的背后其实是隐含一个重要的概念：股票面额脱离股价且两者间无必然关系。我国大陆学者探究无面额股理论及实践已久，[①]且有论者主张可引入并安排适当配套机制；[②]我国《公司法》自2021年出台修订草案，正式进入新一轮的修改工作，无面额股作为修订重点更引起学者的重视。[③]正值公司法制转向期间，无面额股有更广泛研究的余地，本文遂聚焦我国台湾地区“公司法”股票面额制度变迁与无面额股的引入，从其变革始末谈起，再探究其实践情形、双轨制度复杂性与借鉴意义。

一、融资需求驱动下面额股的松绑

我国台湾地区“公司法”与其配套措施多年来采取严格的面额股制度，

---

*　集美大学海洋文化与法律学院，副教授，法学博士，中国法学会商法学研究会理事。

**　厦门工学院思想政治理论课程教学部，讲师。

①　参见傅穹：《股票面额取舍之辩》，载《比较法研究》2004年第6期，第42—49页。

②　参见官欣荣：《论我国无面额股制度之推行》，载《华南理工大学学报（社会科学版）》2013年第5期，第59—64页；参见王心茹、钱凯：《公司资本制度功能转变背景下无面额股的引入》，载《西南金融》2018年第11期，第50—56页；参见卢宁：《股份面额制度的式微与无面额股的引入》，载《东岳论丛》2018年 第9期，第174—182页。

③　参见朱慈蕴、梁泽宇：《无面额股制度引入我国公司法路径研究》，载《扬州大学学报》2021年第2期，第57—69页；林凯：《再论无面额股票的功能与引入》，载《时代法学》2021年第6期，第15—27页；叶林、张冉：《无面额股规则的创新与守成：不真正无面额股》，载《证券法苑》2023年第37卷，第1—26页。

强调公司发行股票“必须有”票面金额的记载，自 1979 年起即遵守固定的面额股制度，然而为因应企业融资需求，逐步进行变革，在 2013 年改为“弹性”面额股制度，最终在 2018 年才迎来“超低”面额股制度，兹说明其变革历程如下。

（一）严格面额股时期

我国台湾地区“公司法”受到资本三原则的影响，为保护公司债权人利益与股东平等对待，自初始一直以来均采取严格面额股制度，亦即采取“固定面额”制度并禁止“折价发行”。例如，在旧“公司法”第 156 条第 1 项载明“股份有限公司之资本，应分为股份，每股金额应归一律”；旧“法”第 162 条第 1 项第 3 款规定股票上应载明“发行股份总数及每股金额”；且旧“法”第 140 条规定“股票之发行价格，不得低于票面金额”等；均属于严格遵守面额股制度之规定。前述条文，未曾就股票的具体面额加以规定，故理论上公司得自主决定票面金额的多寡，而极低票面金额也应是可以安排的选项之一。然而，依据主管机关的要求，仍需按照公司是否为公开发行而有不同面额的限制，说明如下。

其一，“公开发行股票公司”自 1979 年 7 月 1 日起实施“固定面额”制度，且股票面额一律定为新台币壹拾元。早年我国台湾地区证券市场尚处于发展阶段，鉴于市场上的股票面额紊乱（有新台币壹佰元、伍拾元、贰拾元或壹拾元等），且股票面额可以变更，不便于交割和管理，易误导投资人；基于保护投资人以及健全股市之发展，遂颁布“公开发行股票统一规格要点”，其中第 3 条规定“公开发行之股票，其每股金额，自依据本要点印制规格统一规划，换发新股票上市之日起，规定均为新台币壹拾元”。[①]

其二，“非公开发行股票公司”不受每股金额为新台币壹拾元之限制，其股票面额为壹元、贰元、叁元等，均无不可；[②] 又依“商业会计处理准则”第

① 我国台湾地区“公开发行股票统一规格要点”（现已经废止），网址：https：//www.rootlaw.com.tw/LawArticle.aspx？LawID=A040390051008200-0700528，2023 年 12 月 13 日访问。

② 我国台湾地区“经济部”，2004 年 9 月 7 日经商字第 09302147710 号函，“……非公开发行股票公司之股票面额，无每股金额为新台币 10 元之限制，每股金额为 1 元、2 元、3 元……均无不可”。网址：https：//gcis.nat.gov.tw/elaw/lawDtlAction.do？method=lawToCons&pk=19&art=140&dash=0，2023 年 12 月 13 日访问。

12 条规定，“记账以元为单位”，故面额最低以新台币壹元为限制，[①] 意即不开放“超低面额股”制度。从实践而论，虽然只有公开发行公司有面额壹拾元的限制，但投资大众已习惯壹拾元面额，且一般也没有必要做迥异于壹拾元的面额设计，俟日后上市、上柜又要再改为壹拾元，故实践中大部分非公开发行公司面额亦均设定为壹拾元。

其三，自 1979 年施行上述公开发行公司股票面额固定为壹拾元之规定后，影响我国台湾地区投资人之投资习惯甚巨，相当程度上阻碍在台创业者取得资金之机会。详言之，投资人不管是早期或晚期投入资金，其每股持股成本至少新台币壹拾元，尤其在新创事业成功概率仅三成的情形下，投资期望报酬率极低，将严重减损风险投资人之投资意愿。

（二）初次松绑：允许折价发行

传统认为，面额股与资本维持原则密切相连；亦即在严守面额股制度之后，才能有禁止折价发行股票以确保实缴资本和注册资本的一致。然而，我国台湾地区“公司法”在 2001 年进行大幅度修正且自 11 月 14 日施行，在本次修“法”中允许“公开发行公司”折价发行新股，据此突破严格面额股制度下的筹资困境，详述如后。

其一，从本次修“法”的时空背景而言，主要是多数公司股份的市场价格跌破面额，导致公司面临筹资困境。在 2000 年股票市场行情低迷时，许多上市（柜）公司股票的市场成交价远低于股票固定面额（新台币壹拾元），此即俗称的“鸡蛋水饺股”。此等公司并非全为经营绩效不佳或是资不抵债，有许多公司尚处于获利状态且有净资产，但因股票市场成交价格跌破面额，导致投资人宁愿透过流通市场购入已发行之股份，也不愿意认购上市（柜）公司以新台币壹拾元面额发行的新股，致使此等公司无法筹集到资金；[②] 上市（柜）公司为突破困境，只能先透过“减资”而提高每股净值，借以刺激交易市场，进而期待交易价格提升到面额之上，才能在不折价发行的同时又能吸

---

① 我国台湾地区“经济部”，2003 年 12 月 1 日商字第 09202242000 号函，“按‘公司法’第 156 条第 1 项规定略以：股份有限公司之资本，应分为股份，每股金额应归一律。又依‘商业会计处理准则’第 12 规定，记账以元为单位，是以，每股金额应以 1 元、2 元、3 元等为单位。”网址：https：//gcis.nat.gov.tw/elaw/consAction.do ？ method=viewCons&pk=6075，2023 年 12 月 13 日访问。

② 参见邱秋芳：《废除最低及固定面额限制之探讨》，载《证交资料》2002 年第 478 期，第 2—24 页。

引投资人认购新股；但是，此种“先减资再增资”模式，涉及公司章程变更，须经股东会特别决议通过后为之，耗时较久且耗费较多，对于资金需求急切的企业缓不济急。此时，遂兴起修“法”允许公开发行公司得以折价发行之呼吁。

其二，从本次修“法”提出的解决路径与配套措施而言，采用有条件地允许公开发行公司折价发行新股的方式。在2001年底我国台湾地区“公司法”修正第140条为“股票之发行价格，不得低于票面金额。但公开发行股票之公司，证券管理机关另有规定者，不在此限。”[①] 前述规定实施后，公开发行公司仍会本于其股票市场价值来衡量其发行价格，差别只在于不受票面金额之限制而已。然而，有关单位仍出台一系列配套措施，据此完善折价发行新股的落地实施。例如：（1）折价发行仅能是筹资的“最后手段”，亦即公开发行公司只能在无其他合适筹资途径，在充分说明其合理性，且经董事会或股东会决议通过后，才能以折价发行新股；[②] 除现金发行新股外，于合并发行新股、受让他公司股份发行新股、依法进行收购发行新股或分割发行新股时，亦得以低于股票面额之股价发行之。（2）发行人负有“信息揭露义务”，应于公开说明书及认股书中以显著字体载明公司折价发行新股之必要性与合理性、未采用其他筹资方式之原因及其合理性。（3）折价发行的“会计处理”，由于证券主管机关不承认折价公积（即负的资本公积），故要求以减少资本公积方式降低股东权益栏之数额，以达资产负债表之平衡；亦即发行人应于发行时以面额贷记普通股股本，其面额与发行价格之差额，应先借记同种类股票溢价发行产生之资本公积；如有不足，则借记保留盈余项下之未分配

① 其修正理由：“为开创企业良好经营环境，俾利企业发行新股，筹措资金，爰增订但书规定，让公开发行公司于证券管理机关另有规定时，得以折价发行方式筹资。但应注意者，仅限于公开发行公司始得为之。”

② “发行人募集与发行有价证券处理准则”第19条规定，“发行人办理现金发行新股、合并发行新股、受让他公司股份发行新股、依法律规定进行收购发行新股或分割发行新股时，不受‘公司法’第一百四十条关于股票发行价格不得低于票面金额规定之限制。发行人申报以低于票面金额发行股票，应叙明未采用其他筹资方式之原因与其合理性、发行价格订定方式及对股东权益之影响，并依公司法或证券相关法令规定提股东会或董事会决议通过。发行人申报以低于票面金额发行股票，经本会申报生效后，应于公开说明书及认股书中以显着字体载明公司折价发行新股之必要性与合理性、未采用其他筹资方式之原因及其合理性。”

盈余。[①]

其三，虽然上述修法具备一系列的配套措施，貌似能解决企业筹资难题，却又衍生出新的质疑。例如，折价发行依照上述会计处理，如遇到公司无足够资本公积或未分派盈余可供冲抵，等同是产生累积亏损而影响股东权益。又例如，在保留盈余可能变成负数之情形下，公司将无法进行股利分配，恐对公司股价造成不利影响而降低公司股份之流通性等。因此，以折价发行解决市价跌破面额的筹资困境并非妥当方式。

（三）再次松绑：弹性面额股制

考虑到我国台湾地区境内新创事业发展之需求、为降低新创事业募资门槛及技术入股成本，与增加股价长期低于面额之上市（柜）及兴柜公司之筹资弹性等因素，2013 年 12 月 23 日修正“公开发行公司股务处理准则”第 14 条，将原本“股票每股金额均为新台币壹拾元”的规定，修正为“公司发行之股份，每股金额应归一律。”至此，公开发行公司之股票面额制度由固定面额改为“弹性面额”，由公司按需求自行决定股票面额，可以是伍元、贰拾元或其他面额，唯每股面额应归为一律。

第一，弹性面额股的配套机制。此修正实为自 1979 年起实施公开发行公司固定面额制度以后之重大变革，最主要的目的也就是创造有利于新创企业筹资的资本市场环境，且实施弹性面额是接轨国际资本市场趋势的第一步尝试；[②] 为求完美落地实施，特设置如下配套机制：（1）为协助投资人辨识股票面额，采用弹性面额的发行公司，在其股票名称后一律再加上“*”号。

---

① 我国台湾地区“经济部”2008 年 4 月 3 日经商字第 09702034950 号函，“公开发行公司低于面额发行股票之会计处理上，按公开发行公司若有以低于面额发行股票者，应于发行时以面额贷记普通股股本，其面额与发行价格之差额，应先借记同种类股票溢价发行产生之资本公积，如有不足，则借记保留盈余项下之未分配盈余。准此，尚无来函所称发生‘本期纯损’之情事。复按‘公司法’增订第 168 条之一规定，旨在便于股份有限公司改善财务结构，股东会如于会计年度终了前，决议减少资本以弥补亏损，须同时引进新资金；又公司依上述规定办理变更登记时，应就减资及增资案件并案办理，并为叙明。”

② 参见叶淑慧：《企业采弹性面额制度之简介》，载《证券柜台月刊》2014 年 2 月号，第 31—32 页。

（2）在“公开信息观测站”设置“弹性面额股票专区”，[①] 汇整揭露面额非新台币壹拾元的企业信息，方便投资人辨识；另在专区中提醒投资人买卖证券时，应多方参考各公司于该网站公布之财务报告及财务比率分析等资料，包含权益报酬率及资产报酬率等，并且综合考虑各公司之股本规模、每股面额及所属产业特性，避免采用单一财务数据（例如每股盈余或每股净值）作为投资分析指标，以增加对投资目标实际营运状况之了解，保障投资人权益。

第二，超低面额制度仍未开放。于此需说明的是，自面额固定为新台币壹拾元的措施落地以来，数 10 年间有关超低面额与无面额股制度之引进或有讨论，但从未成为我国台湾地区主管机关重视的议题；主要原因在于害怕对证券市场实务造成过大冲击，难以达到保护投资人、健全股市并维护证券市场秩序之目的。到 2013 年时，我国台湾地区证券市场发展已臻成熟且各项制度与信息揭露等已较为健全，且投资人素质以及投资观念均已大幅提升，已非 1979 年当时之时空环境可比拟，故才迎来“弹性面额股”的实施；即便如此，由于最低面额为壹元的行政解释在当时仍有效存在，[②] 故仍不开放“超低面额股”制度。

（四）完全松绑：超低面额股制

由于“超低面额股”（面额低于新台币壹元）在弹性安排发行价格上有便于公司融资的效果，开放引入的呼声也逐渐增加；有认为，以往基于“商业会计处理准则”第 12 条“记账以元为单位”规定，所衍生出的“面额最低新台币壹元的限制”行政解释，[③] 着实欠缺合理性，例如每股面额设定为 0.0001 元，只要每次股份发行都以一万股为单位，就不会产生记账低于元之问题。2018 年 2 月 1 日，主管机关废除最低面额为壹元的行政解释，公司发行股份

---

① “公开信息观测站”乃我国台湾地区“证券主管机构”所设立，提供上市（柜）公司自行输入之各项财务、业务及重大信息的平台，目前内容包括上市（柜）公司之重大讯息、公司概况、营运概况、董监股权异动、财务报表、各项专区、公告查询、证券衍生商品、公司治理、电子书、基金信息、年报及股东会议等相关信息。该平台因应变革，设立“采弹性面额（每股面额非新台币 10 元）公司专区”，网址：https：//mops.twse.com.tw/mops/web/t51sb09。

② 我国台湾地区“经济部”，2003 年 12 月 1 日商字第 09202242000 号函，网址：https：//gcis.nat.gov.tw/elaw/consAction.do？method=viewCons&pk=6075。

③ 我国台湾地区“经济部”，2003 年 12 月 1 日商字第 09202242000 号函，“按‘公司法’第 156 条第 1 项规定略以：股份有限公司之资本，应分为股份，每股金额应归一律。又依‘商业会计处理准则’第 12 条规定，记账以元为单位，是以，每股金额应以 1 元、2 元、3 元等为单位。”网址：https：//gcis.nat.gov.tw/elaw/consAction.do？method=viewCons&pk=6075，2023 年 12 月 13 日访问。

时将更有弹性，“超低面额”亦无不可；依据新的行政解释，[①]我国台湾地区“公司法”第156条第1项仅规定股份有限公司之资本，应分为股份，每股金额应归一律，并未禁止元以下之金额为单位；且每股金额采元以下之单位者，依我国台湾地区“商业会计处理准则”第12条但书规定，得依交易之性质延长元以下之位数为会计处理。

至此，我国台湾地区的股票面额制度变革，从1979年实施面额新台币壹拾元的“固定”面额股制，到2013年启动面额新台币壹元以上的“弹性”面额股制度，最终在2018年正式迎来“超低”面额股制度。本次变革后，低出资也能取得高股数，掌握主导权与经营权，更能顺利募资，对投资人提供弹性空间。据此，对于新创或既存公司的股权结构规划、增资、筹资作业等事项将更为弹性与多元，企业更能因应筹资自身需求，予以多元及弹性规划筹资计划与妥适安排股权结构。

二、营商环境优化下无面额股的开放

我国台湾地区多年来要求股票“必须有”票面金额后，在时空环境变化影响下，迎来了“允许无”票面金额的时期。首先，针对“境外公司”开放适用无面额股制度，而后随着新创公司融资需求迫切而开放适用于“闭锁性公司”，最终经过实践积累经验后才面向“所有股份有限公司”一体适用。分阶段开放无面额股制度，乃为了因应经济形势变化，改善营商环境以面对国际资本市场竞争。

（一）首次尝试：境外公司

自2008年9月我国台湾地区开放海外企业来台第一上市（柜）时起，[②]其面额仍须符合当时长久实施的新台币壹拾元标准。自开放后到2011年底时，海外公司申请在我国台湾地区第一上市的数量实为有限，主要原因在于海外公司股票面额多为美元计价，故无法以其实际营运主体申请在台第一上市，需到第三地（如开曼群岛）设立控股公司，在进行一系列的股份转换与重组程序后，方能让控股公司股票符合面额新台币壹拾元的要求，导致延后上市

① 我国台湾地区“经济部”，2018年2月1日经商字第10702402640号函，网址：https://gcis.nat.gov.tw/elaw/consAction.do？method=viewCons&pk=8880，2023年12月13日访问。

② 第一上市（柜），指的是股票未在海外证券交易所或证券市场上市之境外发行人，初次申请其发行之股票上市（柜）。

的规划时程，增加企业筹资成本。[①]在此情形下，一般投资人认识到的发行公司为控股公司，并无法直接了解该控股公司之下的实际营运主体为何，导致信息透明度较为欠缺。

在各界多方呼吁松绑面额股制度下，为使我国台湾地区资本市场制度与国际接轨，降低企业筹资成本并提升国际竞争力，吸引境外企业回台上市，证券主管机关遂参考境外资本市场经验，尝试自 2012 年 1 月 2 日起开放“境外企业”来台第一上市股票得为“无面额”或“每股面额不限新台币壹拾元”。[②]此次变革，实为我国台湾地区突破严格面额制的首次尝试，获得普遍支持。然而，此次变革仅针对境外公司，衍生出“独厚境外公司而忽略境内公司”的批评。

（二）再次尝试：闭锁性公司择一适用

我国台湾地区“公司法”向来采取面额制，且未限制公司股份面额的最低金额，故理论上可透过公司章程设定超低面额的股份；然而，主管机关以行政解释将最低票面金额设定为新台币壹元，故在前述行政解释废止前，历经数 10 年均不能订定超低面额股且禁止折价发行，[③]最终造成公司股票市价低于面额时的募资困境。为了为鼓励小型企业发展及解决新创业团队融资难问题，我国台湾地区“公司法”自 2015 年 9 月 4 日施行新增订的“闭锁性股份有限公司”专节共 14 条，其中首次引入“无面额股”制度，详述如下。

第一，仅开放闭锁性股份有限公司适用无面额股制。此次新增订的“闭锁性股份有限公司”专节共 14 条，乃有别于一般股份有限公司的特殊性规定。增订意旨在于鼓励新创及中小型企业之发展，营造更有利之商业环境，另因应科技新创事业之需求，赋予企业有较大自治空间，股引进英、美等国之闭锁性公司制度，让新创及中小型企业使用此种公司形态时，在股权安排及运

① 参见田建中、高佩菁：《证券市场开放外国企业来台第一上市每股面额限制之研究》，载《证交资料》2012 年第 605 期，第 38—39 页。

② 我国台湾地区“行政院金融监督管理委员会”2011 年 12 月 6 日金管证发字第 1000052371 号函。网址：https：//www.twse.com.tw/staticFiles/marketAnnounce/setAnnounce/1000038488.htm，2023 年 12 月 13 日访问。

③ 兹有附言，公开发行公司例外得经主管机关允许折价发行，外国公司来台上市（柜）者，则得采用无面额或超低面额股制度。

作上更具弹性。[①] 依据我国台湾地区“公司法”第356条之一规定，“闭锁性股份有限公司，指股东人数不超过五十人，并于章程定有股份转让限制之非公开发行股票公司。”其与一般的股份有限公司的区别如表1所述。

表1　闭锁性股份有限公司与股份有限公司之区别

法规项目	闭锁性股份有限公司	股份有限公司（非闭锁性）
股东人数	不超过50人	2人以上股东或政府、法人股东1人
出资种类	现金、其他资产、技术、信用、劳务（但信用、劳务不得超过发行总数一定比例）	现金、其他资产、技术
股权转让	章程得载明限制股东股份转让	股份自由转受让（但发起设立1年内不得转让）
股东会	得视频会议或书面行使表决权而不实际集会	实际集会
股东表决权	每股一表决权，但得发行复数表决权及特定事项表决权特别股	每股一表决权，但特别股得限制无表决权
盈余分配	得每半会计年度分配一次	每年度决算分配一次
变更组织	2/3以上股东同意变更为非闭锁型股份有限公司	全体股东同意变更为闭锁型股份有限公司

第二，仅能择一发行面额股或无面额股。对于非公开发行的股份有限公司而言，在无法对不特定多数投资人募集资金的情况下，如何提升公司募集资金的能力、活化资金运用弹性，往往是公司经营的重要课题，尤其当公司草创阶段或营运不善时，往往会出现公司股份内在实际价值低于面额的情况；为了解决非公开发行公司的募资问题，我国台湾地区“公司法”引入“无面额股”制度。依据第356条之六规定，公司发行股份，应“择一”实行票面金额股或无票面金额股。若公司发行无票面金额股者，应于章程载明之；其所得之股款应“全数拨充资本”，不适用溢价发行之资本公积转增资及发给现金之规定。据前述规定，闭锁型公司设立时得由公司自行审酌，择一实行面额股或无面额股，不得并存两者的主要理由在于：为避免公司除发行票面金

① 2015年7月1日“公司法”部分条文修正草案条文对照表，“立法院”公报第104卷第54期院会记录，网址：https：//twse-regulation.twse.com.tw/TW/GetFile.ashx？FileID=0000226766，2023年12月13日访问。

额股外亦发行无票面金额股之情形，将产生不同制度股东权益认定困扰，爰于第一项明定公司应选择其中一种制度发行之，不允许公司发行之股票有票面金额股与无票面金额股并存之情形。[①]闭锁型公司引进无面额股制度，并非针对所有股份有限公司均可一体适用，虽让论者仍有些遗憾，但总算踏出了开放无面额股的第一步。从理论上而言，一旦闭锁性公司选择发行无面额股，该股份不受到禁止折价发行之限制，由公司依股份价值等因素弹性地决定发行价格；当发行价格符合投资人对公司股份的合理估值时，投资人才会有投资意愿而公司方能更利于筹措资金，将可满足公司经营者从事商业行为与股权运作之弹性需求。

第三，新制出台后，初始未被普遍适用，但后来有增多趋势。从实践上观察，新制度引入初期的成效与预期不符，未能获得企业界的积极响应。此次开放闭锁性公司采用无面额制的原因之一，在于响应业界需求，认为过去业界惯用的面额新台币壹拾元，将增加投资人取得股份成本，降低投资诱因，为避免面额股下仍有最低发行价格之限制，故引进无面额股，增加实务上运作弹性。然而，新制度实施半年后，截至 2016 年 3 月 15 日，[②]只有 72 家登记为闭锁性公司，占新设家数的 3% 左右而已；72 家闭锁性公司中仅有 11 家采无面额制度，其余皆采面额股且有过半数为面额新台币壹拾元。[③]探究无面额股尚未普遍适用，主要原因在于：（1）大众或企业界对于新制度不熟悉，多采观望态度；（2）我国台湾地区投资人仍常以每股盈余（EPS，Earnings Per Share）作为选择投资目标的依据，而面额壹元与壹拾元的每股盈余数值不同，影响投资意愿；（3）我国台湾地区“公司法”仅允许闭锁性公司采用无面额股，随着公司发展规模变大而有转换为非闭锁性公司需求时，原先的无面额股尚需转换为面额股，该公司须先变更章程而载明面额，并以此切割实收股本得出已发行股份总数，再依照股东出资比例取得股份数，若产生余数除不尽时

① 参见黄铭杰：《公司法资本规范再生的救世主——从闭锁性股份有限公司引进无票面金额股制度谈起》，载《月旦法学杂志》2015 年第 247 期，第 65—77 页。

② 我国台湾地区闭锁性公司名录，网址 https：//gcis.nat.gov.tw/mainNew/closeCmpyAction.do？method=list，2023 年 12 月 13 日访问。

③《闭锁性公司上路半年仅 3%新公司采用》https：//www.chinatimes.com/realtimenews/20160317006735-260410？chdtv，2023 年 12 月 13 日访问。

尚须进行增减资，将增加公司协商与运作成本；[①]上述原因导致大众在使用无面额股上有诸多疑虑。

所幸，随着大众或企业界对于新制度的逐渐熟悉，闭锁性公司专节实施一年半后，闭锁性公司数量有逐渐增加之趋势；截至2017年2月底，闭锁性公司数量已有467家，[②]且有超过1/4之闭锁性公司采用无面额股制度。显见市场对于无面额股之运用随着时间更加熟悉，且有更正面之响应，但与增订“闭锁性股份有限公司”专节时的期待仍有不少落差。基于此等情形，遂衍生出全面开放“无面额股”的呼声，因为从提供公司弹性安排发行价格的目的来说，除闭锁性公司之外，其他的股份有限公司也有此种需求。

（三）全面开放：股份有限公司择一适用

依2018年修正前旧法之规定，公司发行股票之面额并未被加以限定，然而发行金额须归于一律，且发行价格原则上不得低于票面金额。再者，由于就公开发行公司之股票面额原本在1979年有限定为新台币壹拾元之行政解释，虽然此解释后来在2013年被修正为弹性面额制与2018年2月允许超低面额，但实务上许多非公开公司为避免日后可能的公开发行计划发生窒碍难行之处，还是会将股票面额设定为壹拾元。此外，我国台湾地区“公司法”以往未曾区分公司大小而一律施行相同管制，导致行政管制措施束缚了公司自治空间与公司经营弹性；在这样子的环境下，许多具有高技术含量的创业团队，选择到法令更加宽松与弹性的境外地区注册公司，遂衍生出“启动法规松绑，排除投资障碍”的呼吁。

在上述时空因素下，为因应新形态商业模式兴起、创新事业蓬勃发展、经济转型之挑战，以及与国际接轨以提升国际竞争力，我国台湾地区“公司法”聚焦在增加企业经营弹性、提供友善创新产业环境、强化公司治理、提升股东权益等面向上，于2018年7月6日通过修正案、并于同年11月1日全面施行，大幅度修正了第148条条文，[③]其中就包含了“无面额股”的全面引进，至此形成了全面的股票面额与无面额“双轨择一”体制，详述如后。

① 参见朱德芳：《公司法全盘修正管制松绑与公开透明应并重——以筹资、分配与信息揭露为核心》，载《月旦法学杂志》2017年第268期，第5—16页。

② 我国台湾地区“经济部”各类商业组织别登记家数月统计表，网址：https：//gcis.nat.gov.tw/mainNew/doc/bus-org-moncount.pdf，2023年12月13日访问。

③ 2018年7月6日通过台湾地区“公司法”部分条文修正对照表，网址：https：//www.ey.gov.tw/File/6EC48A4EDA70954E？A=C，2023年12月13日访问。

第一，扩大无面额股适用范围，及于所有股份有限公司。无面额股的诸多好处成为各界共识后，本次修正将无票额股制度适用范围予以扩大，不再局限于闭锁性公司，原则上扩大让所有股份有限公司均得选择适用，预计将有利于新创产业筹资，使创业者可以极低价格发行股票，也能以较低成本取得较高的持股比例，进而掌握公司主导权与经营权。为配合一般股份有限公司均得发行无票面金额股，2018 年修正的我国台湾地区“公司法”第 129 条规定，股份有限公司章程的应载明事项中得因公司采面额股或无票额股而有所不同，以利于适用；其中，实行面额股者，应载明股份总数及每股金额；实行无票额股者，应载明股份总数。另外，依据第 140 条规定，实行无票面金额股之公司，其股票之发行价格不受禁止折价发行规定的限制；是以，该无面额股票之发行价格高低，由该公司自行订定。与此同时，删除原第 356 条之六闭锁性公司得发行无票面金额股规定，因本次修正开放所有股份有限公司均得实行无票额股制度，闭锁性股份有限公司亦属股份有限公司，是以，闭锁性股份有限公司应以第 129 条及第 156 条为适用之依据，爰予删除。

第二，实施“双轨择一”体制及“单向转轨”机制。新修正的我国台湾地区“公司法”第 156 条规定，股份有限公司之资本，应分为股份，“择一实行”票面金额股或无票面金额股，且不允许公司发行之股票有面额股与无票额股并存之情形。如系已实行票面金额股制度公司，依据第 156 条之一第 1 项规定，公司经股东会特别决议，得将已发行之票面金额股全数转换为无票面金额股；同条第 3、4 项规定，公司已经印制股票者，当公司将票面金额股全数转换为无票面金额股时，已印制之票面金额股股票上之每股金额，自股东会决议转换之基准日起，视为无记载，且公司应通知各股东于转换基准日起 6 个月内换取股票。与此同时，鉴于国外少见票面金额股与无票面金额股可自由互转之立法例，且自由互转将造成投资人交易习惯及信息之混淆，故本次修法采仅允许票面金额股转成无票面金额股之“单向转轨”机制，在第 156 条之一第 6 项规定“公司实行无票面金额股者，不得转换为票面金额股。”

第三，股东出资全数列入资本，溢价发行款不再列为资本公积。新修正的我国台湾地区“公司法”第 156 条之一第 1 项规定，公司将已发行之票面金额股全数转换为无票面金额股，其于转换前提列之资本公积，应全数转为资本。详言之，由于无面额股未设定股份的面额，没有最低发行价格之限制，即无所谓的折价或溢价发行；公司发行新股所得之股款，均为实收股本，无溢价公积科目。据此，采取无面额股的公司将无溢价发行应列为资本公积；若公司决议将已发行之面额股转换为无面额股时，在会计处理上必须将先前已经提列之资本公积（亦即前述溢价发行超过面额之发行价额）全数转列为资本。

第四，既有公开发行股票公司禁止适用无面额股。鉴于公开发行股票公司涉及众多投资人权益，原则上仍续维持现行票面金额股制度，不得转换为无票面金额股，故我国台湾地区“公司法”第156条之一第5项规定“第一项至第四项（转换成无面额股制度）之规定，于公开发行股票之公司，不适用之。”此外，修正理由中提到，非公开发行股票之公司未来申请首次办理公开发行或申请上市、上柜挂牌时，其原为票面金额股者，于公开发行后，即不得转换，以免造成投资人交易习惯及信息之混淆。据此，本次修“法”实施后在适用上即有以下几种可能性：（1）现已公开发行股票的公司，在修法后继续实行原本的面额股制度，即一般惯用新台币壹拾元的面额，不得依修正后规定转换为无面额股公司。（2）现非公开发行公司且采用面额股制度者，后续公开发行或申请挂牌时仍不得转换为无面额股制度。（3）此规定出台后，令人产生适用上疑问之处在于，现非公开发行公司且采用无面额股者，是否在未来申请公开发行、申请上市（柜）？就此，应使采用无面额股的非公开发行公司，无须改成面额股即能申请公开发行、申请上市（柜），因为就新“公司法”第156条之一第6项规定观之，仅限制“公司实行无票面金额股者，不得转换为票面金额股”，但并未要求改采面额股制后才得公开发行。

三、我国台湾地区股票面额“双轨择一”的评析

我国台湾地区票面金额制度历经了“固定、弹性到允许无面额”的演变过程，最终形成了目前面额与无面额的“双轨择一”体制。相关制度变迁是在经济不景气时放宽管制力度以激发公司活力、繁荣市场，可谓是“友善创新创业环境”和“建立国际化之环境”等观念的体现，而制度革新的成效是否能尽如人意，还有待实践经验的累积。

（一）求稳思维促成双轨择一体制

我国台湾地区经过多年法制面的分阶段修正，低面额股及无面额股制终

于导入公司制度之中，其目的主要在配合公司需求，塑造良好经营环境，亦显示出在资本三原则的退让下，公司拥有更宽阔的自治空间；显见有关单位意识到“松绑法规管制、排除投资障碍”的重要性，欲借此降低台湾地区企业筹资成本并提升资本市场的国际竞争力，说明如下。

第一，我国台湾地区票面金额经历了稳中求进的制度变迁。我国台湾地区多年来一直坚守“固定面额股”制度，甚至例外允许折价发行也不愿放弃此制度，后来才局部性地针对境外来台上市公司开放“无面额”或“弹性面额股”制度。“固定面额股”制度在坚守30余年后才逐步推动变革，首先是允许公开发行公司采用“弹性面额股”制，其次是允许闭锁性股份有限公司得实行“无面额股”制，再次才引入“超低面额股”股，最后才是允许所有的股份有限公司得实行“无面额股”制。由上述过程可知，“求稳”一直是指导制度变革的核心原则，兹按时间序检视我国台湾地区票面金额制度变迁过程如表2所示。

表2 我国台湾地区票面金额制度变迁表

时间	法规范或行政解释	制度
1979.07.01	“公开发行股票统一规格要点”第3条规定	采用严格面额股制度，公开发行公司每股面额固定为新台币壹拾元
2001.11.14	“公司法”第140条但书规定	例外允许公开发行公司折价发行新股
2003.12.01	“经济部”商字第09202242000号函	非公开发行股份有限公司每股面额应以新台币壹元为最低标准
2012.01.02	“行政院金融监督管理委员会”金管证发字第1000052371号函	境外公司来台第一上市股票得为“无面额”或“每股面额不限新台币壹拾元”
2013.12.23	“公开发行公司股务处理准则”第14条规定	允许公开发行公司的“弹性面额股”制度，由公司按需求自行决定股票面额，废止面额固定为新台币壹拾元规定
2015.09.04	“公司法”第356条之六规定（2018年11月1日废止）	闭锁性股份有限公司得择一实行面额股或无面额股制
2018.02.01	“经济部”经商字第10702402640号函	允许超低面额股，废除最低面额为壹元的行政解释
2018.11.01	“公司法”第156条、第156条之一规定	除既有的公开发行公司外，所有股份有限公司得择一实行面额股或无面额股制

第二，在“求稳”原则指导下发展成“双轨择一”体制。首先，在2018年修正之前，各界对于引入无面额股已经形成共识，有疑问者为如何引入才符合当下需求？从比较法观之，境外各国和地区的公司法规定，未见一致：（1）有采取“全面强制无面额股”模式的，例如日本、澳洲、新西兰、新加坡以及我国香港特区已经彻底废除面额概念；（2）有采取“双轨择一”模式，允许公司在面额股或无面额股并行制中择定其一，且单一公司内不得同时并存面额股或无面额股，如德国《股份法》（Aktiengesetz，AktG）；（3）亦有采取“双轨并存”模式，公司除得任意发行无面额股及面额股以外，单一公司内可同时发行无面额股及面额股，也可仅实行其中一种制度，并允许两种制度间的双向转换，如美国《特拉华州公司法》（Delaware General Corporation Law）。

其次，虽然根据新加坡与我国香港特区的经验，在全面强制无面额股落地前搭配一定时期的过渡机制，将有效地减少放弃面额股后对大众既往印象所产生的冲击，且当市场运作熟悉后，全面强制无面额股制度将更能帮助大众一致地看待每间公司，有效避免面额股与无面额股双轨并行下的制度复杂与投资人错判。然而，2018年修正的我国台湾地区“公司法”却决定采用“双轨择一”体制，其背后的思考为：（1）若采用全面强制无面额股制，对现有体制变动过大，由于公众对新制尚不熟悉，在未经适当倡导之下可能错用；（2）考虑我国台湾地区多数中小企业均为家族企业，股份鲜少转让，也无对外引进资金的需求，股本变动的可能性很低，采用无面额股的效益不高，故无强制全面改采无面额股之必要；（3）允许现存公司按实际需求，自主决定继续使用面额股或改为无面额股；同时，考虑国际立法趋势与无面额股的好处，不允许公司改回面额股。[①]

（二）双轨择一体制的实践成效

据统计至2023年10月底的数据显示，我国台湾地区公开发行公司的总数为2624家，[②]而在“弹性面额股票专区（每股面额非新台币壹拾元）”揭

① “公司法全盘修正修法委员会”，第三部分修“法”建议，第1—89页。网址：https://www.law.nccu.edu.tw/uploads/asset/data/5fc364a5dca3a31002009616/section3.pdf，2023年12月13日访问。

② 我国台湾地区总体统计数据库“公开发行公司股票发行概况”，网址：https://nstatdb.dgbas.gov.tw/dgbasall/webMain.aspx？k=dgmain&mode3=1100，2023年12月13日访问。

露的公开发行公司仅有34家，[①]可知采用弹性面额或无面额股的比例还是较低，显见绝大多数的公开发行公司（2590家）仍受面额为新台币壹拾元之习惯影响。就公开发行公司的股票面额与无面额情形，笔者整理并分析如下。

表3　公开发行公司面额或无面额股统计表

市场类型		上市	上柜	兴柜	公开发行	小计
面额壹拾元		983	807	318	482	2590
弹性面额股票专区	弹性面额总数	3	6	7	18	34
	高面额（面额超过壹拾元）	0	0	0	3	3
	低面额（面额壹元以上）	3	4	5	0	12
	超低面额（面额不到壹元）	0	2	1	1	4
	无面额	0	0	1	14	15
总计		986	813	325	500	2624

第一，极少数的公开发行公司采用弹性面额股制度。从“低面额股”制度的实践情形而论，虽然自2013年底实施后，已经有高市价的公开发行公司为了增加股票流通性、活络成交量，借由降低股票面额以压低股票市价，且取得易于向市场筹资的效果；[②]但是，实践中采取低面额股制度（面额壹元以上且不到壹拾元）仅12家。另外，自2018年开放的“超低面额股”制度（面额不到壹元），至今在实践中仅4家采用。从统计数量而言，这两种弹性面额制度对于公开发行公司的吸引力不足，尚未普遍地被市场所接受。

---

①　台湾证券交易所公开资讯观测站“采弹性面额（每股面额非新台币10元）公司专区”，网址：https：//mops.twse.com.tw/mops/web/t51sb09，2023年12月13日访问。

②　以我国台湾地区首家变更股票面额的公司“长科*”为例，2019年将每股面额从新台币壹拾元降为新台币壹元，每股市价瞬间从叁佰元降至叁拾元，并将股份总数进行相应调整，维持市值恒等。随后数个月，日成交均量很快从原先不到百张，冲到上万张，投资大众争相投资，股东人数激增。从个股的交易量来看，确实达到交易活络的目的。

表 4　公开发行公司面额股类型统计表

市场别	面额类型	公司代号	公司简称	普通股面额	低面额家数	超低面额家数	高面额家数
上市	低	6415	硅力 *-KY	新台币 2.5000 元	3	—	—
		6531	爱普 *	新台币 5.0000 元			
		8070	长华 *	新台币 1.0000 元			
上柜	低	3093	港建 *	新台币 2.5000 元	4	—	—
		5536	圣晖 *	新台币 5.0000 元			
		6613	朋亿 *	新台币 5.0000 元			
		6741	91APP*-KY	新台币 5.0000 元			
	超低	4157	太景 *-KY	美元 0.0010 元	—	2	—
		6548	长科 *	新台币 0.4000 元			
兴柜	低	6473	美卖 *	新台币 5.0000 元	5	—	—
		6495	纳诺 *-KY	美元 0.1000 元			
		6875	国邑 *	新台币 5.0000 元			
		6912	益钧环科 *- 新	新台币 1.0000 元			
		6940	格斯科技 *	新台币 2.5000 元			
	超低	6932	水星生医 *	新台币 0.2500 元	—	1	—
其他公开发行公司	高	000153	德意志证券	港币 10.0000 元	—	1	3
		000159	花旗环球	新台币 10000.0000 元			
		B00162	全球投顾	新台币 10000.0000 元			
	超低	7731	火星生技	新台币 0.5000 元			
总计					12	4	3

第二，极少数公开发行公司采用无面额股。从无面额股制度的实践情形而论，该制度自 2018 年出台至今已满 5 年，实际采用无面额股的公开发行公司仅 15 家（兴柜 1 家、公开发行公司 14 家），且非公开发行的股份有限公司也未曾发现有大量转换为无面额股的情形，故不禁让人怀疑无面额股的接受

程度貌似不如预期。然而，考虑到我国台湾地区“公司法”第156条之一第五项规定禁止已经公开发行公司转换为无面额股，且解释上只有“现非公开发行公司且采用无面额股者”才能在申请公开发行、申请上市（柜）时适用无面额股，故笔者认为无法轻率地认为无面额股制度不被市场所接受，甚至应该说，市场对于无面额股的接受程度处于犹未可知状态。反之，从弹性面额股票专区中采用无面额股的比例达44.1%，或许可以推论将来适用无面额股的公司应有可能逐渐增加。

表5 公开发行公司无面额股类型统计表

市场别	公司代号	公司简称	小计
上市	—	—	0
上柜	—	—	0
兴柜	7607	通用干细胞 *- 新	1
其他公开发行公司	000024	东方汇理	14
	000026	安智银行台北分行	
	000027	大华银行台北	
	000166	联昌证券	
	000280	法国兴业银行	
	4753	中晶新材	
	5266	F*AS	
	6876	朗齐生医	
	6942	威达高	
	A00050	路博迈投信	
	B00341	美好投顾	
	B00344	嘉实投顾	
	B00347	集恩投顾	
	B00547	美好投顾	
总计			15

（三）双轨的制度复杂与择定影响

在2018年时，我国台湾地区股份有限公司不但迎来了“超低面额股”制度的开放，也获得在面额股或无面额股“双轨”制度下择一适用的机会，据此满足公司弹性募资与资金运用的需求。然而，处于当时环境下的公司经营者，将面临在“（超）低面额股”与“无面额股”制度竞争间应如何抉择的问题。由于双轨制增加公司法制的复杂性，选择“轨道”的不同将影响公司盈余分派、公积运用、资产流出程序等，此为公司经营者所必须注意的；一旦公司经营者思虑未周，恐面临选定结果不如预期的情形。因为，经过笔者对于双轨制度下公司法制的分析，发现实行无面额股制度反而降低了公司资金的运用空间，还不如选用“超低面额股”更有利于公司资金的弹性运用。

第一，双轨制下出资列账不同导致实收资本与资本公积的差异。采取“面额”制的股份有限公司，当其股份发行价与面额的差距越大时，股东出资股款算入实收资本的数额越少、拨充为资本公积的数额越多。相较而言，采取“无面额股”的股份有限公司，股份发行所得股款应全数充作资本，并无拨充为资本公积的余地，容易导致资本膨胀。同样规模之公司，采无面额股的实收资本额势必高于采面额股者，且与采用超低面额股者之间差异更为明显。（1）依我国台湾地区“公司法”第156条第4项规定，股份有限公司“公司章程所定股份总数，得分次发行”；据此，股份有限公司如采用“面额股”制度时，该公司在登记事项上就有“资本总额”及“实收资本额”的区分；[①]公司透过溢价发行新股所获得的股款，将会被列入不同的会计科目，股票面额的部分列入股本，超过股票面额部分的溢价则会被列入资本公积。[②]（2）如采用“无面额股”制度时，由于其公司章程仅载明股份总数，在登记上并无资本总额概念，仅适用实收资本额；另依我国台湾地区“公司法”第156条第2项规定，“其所得之股款应全数拨充资本”，并无溢价款列入资本公积的余地。因此，不同选择将对公司实收资本与资本公积的计算产生重大差异，并影响

---

① 由于我国台湾地区针对无限公司、两合公司与有限公司，并无股东之出资额得分次缴纳之规定，故前述三种公司种类仅有“资本总额”之登记，并无“实收资本额”之登记事项。我国台湾地区“经济部”2012年8月8日经商字第10102101300号函，网址：https：//gcis.nat.gov.tw/elaw/consAction.do？method=viewCons&pk=8468，2023年12月13日访问。

② 我国台湾地区“公司法”第241条第1项规定，“公司无亏损者，得依前条第一项至第三项所定股东会决议之方法，将法定盈余公积及下列资本公积之全部或一部，按股东原有股份之比例发给新股或现金：一、超过票面金额发行股票所得之溢额。二、受领赠与之所得。”

公司的盈余分派、公积运用、资产流出程序，此为公司经营者所必须注意的。

表 6 面额有无对实收资本与资本公积的影响

	面额股	无面额股
资本总额	1. 又称章定资本额，为公司设立时预估将来运营所需且载明于章程中的资金。 2. 数额 = 章程所定股份总数 × 每股面额	1. 无此概念 2. 章程仅需记载股份总数
实收资本额	1. 按面额计算所收股款，记入股本科目。 2. 数额 = 已发行股份总数 × 每股面额	1. 按发行价计算所收股款，应全数拨充资本，记入股本科目 2. 数额 = 已发行股份总数 × 每股发行价
资本公积 - 股本溢价	1. 按溢价计算所收股款，记入资本公积科目。 2. 数额 = 已发行股份总数 × 每股溢价	1. 无此概念 2. 股款全数记入股本科目

例如甲、乙、丙、丁等四家公司均发行 1000 万股的股份，每股发行价格均为 15 元，募得资金总额同样为 1.5 亿元，唯甲、乙、丙公司之每股面额分别为 10 元、1 元、0.1 元，丁公司为无票面金额股，则甲、乙、丙之实收资本额将分别为 1 亿元、0.1 亿元、0.01 亿元，丁的股本为 1.5 亿元，可知面额股与无面额股制度下产生资本与资本公积的极大差异，尤其是在超低面额股与无面额股之间，无面额股公司的股份发行价格越高时，其资本膨胀的情形就越严重，兹阐述如表 7 所示。

表 7 面额股与无面额股的案例比较表

公司	甲	乙	丙	丁
面额	10 元 惯常面额	1 元 低面额	0.1 元 超低面额	— 无面额
发行股份总数	1000 万股	1000 万股	1000 万股	1000 万股
每股发行价	15 元	15 元	15 元	15 元
股东出资额	1.5 亿元	1.5 亿元	1.5 亿元	1.5 亿元
实收资本额	1 亿元	0.1 亿元	0.01 亿元	1.5 亿元
资本公积 - 股本溢价	0.5 亿元	1.4 亿元	1.49 亿元	—

第二，双轨制下实收资本额不同导致盈余分派空间的差别待遇。依我国台湾地区“公司法”第 237 条规定，[①] 公司分派盈余之前应先提列法定盈余公积，但提列总额已达实收资本额时，不在此限；本条目的在使公司除实收资本额外，还留存与实收资本额同数额的法定盈余公积，以维持正常营运而保护公司债权人。同时，在“双轨”制度下两家规模相同的公司，因选择面额股或无面额股的不同，将造成实收资本额可能存有极大差异；选择采用“超低面额股”的公司，因实收资本额较低，法定盈余公积提拨足额较为容易；选择采用“无面额股”的公司，其实收资本额较高，法定盈余公积提拨足额较为不易。据此，采用无面额股制度之公司盈余分派空间较为限缩，采用低面额股制度之公司盈余分派空间较为宽松，两制度之间产生不同的差别待遇。

第三，双轨制下实收资本额不同导致公积运用空间的差别待遇。依我国台湾地区“公司法”第 239 条规定，[②] 法定盈余公积与资本公积原则上作为填补公司亏损之用；例外在符合第 241 条规定时，[③] 部分的法定盈余公积与资本公积可作为“配发新股或现金”之用，且以该项公积超过实收资本额 25% 之部分为限。[④] 据此，选择发行“超低面额股”的公司，其所收股款绝大多数列为股本溢价的资本公积，日后可直接转增资配发新股或配发现金，仅极少数股款列为实收资本额，且因实收资本额低而容易达成“公积超过实收资本额百分之二十五”的前提条件要求，故该公司可尽早运用公积。相对而言，选择发行“无面额股”的公司，因其股款须全数列为实收资本额，并无“股本溢价”的资本公积，仅有“自股东受赠所得”的资本公积可以运用，导致公积配发的空间受到限制，且因实收资本额高而不易达成配发新股或现金的前提条件。因此，相同规模的两家公司，因选择低面额股或无面额股的不同，将导致实收资本与资本公积的差异，且透过法定盈余公积及资本公积之

---

① 我国台湾地区“公司法”第 237 条第 1 项规定，“公司于完纳一切税捐后，分派盈余时，应先提出百分之十为法定盈余公积。但法定盈余公积，已达实收资本额时，不在此限。”

② 我国台湾地区“公司法”第 239 条第 1 项规定，“法定盈余公积及资本公积，除填补公司亏损外，不得使用之。但第二百四十一条规定之情形，或法律另有规定者，不在此限。”

③ 我国台湾地区“公司法”第 241 条第 1 项规定，“公司无亏损者，得依前条第一项至第三项所定股东会决议之方法，将法定盈余公积及下列资本公积之全部或一部，按股东原有股份之比例发给新股或现金：一、超过票面金额发行股票所得之溢额。二、受领赠与之所得。”

④ 我国台湾地区“公司法”第 241 条第 3 项规定，“以法定盈余公积发给新股或现金者，以该项公积超过实收资本额百分之二十五之部分为限。”

配发呈现差别待遇，显然采用低面额股制度在公积的运用弹性较大，无面额股制度的空间却较小，与当初引入无面额股时意欲活络公司资金运用之目的相悖。

第四，双轨制下资产流出途径不同导致债权人保护的差别待遇。公司“减资”与“股本溢价公积发配发现金”的效果雷同，两者皆源自股东出资而非公司运营所生盈余，在本质上皆属于公司资产流出至股东，都可能减损公司偿债能力、损及公司经营体质。从现行法定程序而言，两者皆需在股东会决议通过后实施，但在是否需进行债权人保护程序却有不同，导致双轨制下公司的不同选择，产生了资本流出时债权人保护程序的差别待遇。(1)公司选择“面额股”时，多数股款列为“股本溢价”资本公积，尤其是超低面额股；如欲将资产返还股东，依我国台湾地区“公司法”第 241 条规定，仅需股东会特别决议通过即可配发现金于股东。(2)公司选择“无面额股”时，股款全数列为实收资本，无从以股本溢价资本公积返还股东，只能按“减资”途径退回股款，在程序上除股东会决议通过外，[①]依我国台湾地区“公司法”第 281 条规定准用第 73 条、[②]第 74 条规定，[③]尚需履行债权人保护程序。(3)当“减资”与“股本溢价公积发配发现金”的效果趋同之下，两者处于竞争适用关系，此时债权人保护程序将成为制约公司选择适用的重要因素；在资本公积配发现金无须履行债权人保护程序下，公司经营者考虑到资金弹性运用需求时，将更愿意采用“超低面额股”制而非无面额股。

(四)无面额股的价值衡量与纠错

即便在双轨制度下公司法具有复杂性，且选择无面额股时将面临适用法的不便利，已如前述；唯一旦公司选定无面额股机制，在运用层面应重视“发行价格的合理性”，避免滥权决定发行价格而造成股东间的不公平对待或

① 我国台湾地区公司实务上常见的减资为在授权资本额度内减资，仅涉及实收资本之减少，并不涉及公司章程所载股份总数，于董事会以普通决议通过后，依据我国台湾地区“公司法”第 168 条规定，股东会仅需以“普通决议”即可通过减资案。然而，如该授权资本额于全部发行后销除资本或增加资本，既涉及公司章程所载资本额之变动，依据我国台湾地区“公司法”第 277 条规定，自应经股东会以“特别决议”变更章程关于资本额之记载后始得为之。

② 我国台湾地区“公司法”第 73 条规定，“公司决议合并时，应即编造资产负债表及财产目录。公司为合并之决议后，应即向各债权人分别通知及公告，并指定三十日以上期限，声明债权人得于期限内提出异议。”

③ 我国台湾地区“公司法”第 74 条规定，“公司不为前条之通知及公告，或对于在指定期限内提出异议之债权人不为清偿，或不提供相当担保者，不得以其合并对抗债权人。”

侵害公司债权人利益；就此，现行我国台湾地区“公司法”仍有完善余地，除要求董事承担责任外，或可增订纠错机制作为配套，说明如后。

第一，董事应订立公正合理的发行价格，否则承担违反受托义务的责任。(1)我国台湾地区“公司法”第140条第2项规定“实行无票面金额股之公司，其股票之发行价格不受限制。”无面额股发行价格，只需遵守第156条第4项“同次发行之股份，其发行条件相同者，价格应归一律”规定即可。据此，无面额股可以突出其发行价格弹性的优势，价格可于每次发行股份时自由决定，较可真实反映公司价值；同时，公司经营者可妥善安排不同次的发行价格，将利于公司创立团队建立合理的控制权架构，不因融资需求而稀释其原有控制权比例，妥适安排天使投资人或风险投资人的出资与控制权比例。(2)按我国台湾地区“公司法”第266条规定，[①]发行价格由董事会决定，是否意味着董事会得以完全自由地订定发行价格？在一般情形下，董事会可视实际需要与筹资便利性因素，根据商业判断决定发行价格；但是，当董事会决定的发行价格远低于股份真实价值，将导致原有股东的利益被稀释而造成股东彼此间（尤其是大小股东之间）的权益失衡状态，同时也可能降低公司财产基础而影响公司债权人利益，值得吾人加以重视。笔者认为，发行价格是否具备“合理性”应为重点，并聚焦在价格决定程序之中；亦即应审视董事有无忠实执行业务并尽善良管理人之注意义务，使其能订立公正合理的发行价格，以保障股东间的公平对待与公司债权人利益；若否，应使其承担我国台湾地区“公司法”第8条、[②]第23条董事违反受托义务的责任。[③](3)依照我国台湾地区实践做法，多种方法均可衡量无面额股的价值，常见方法如净值法、市

---

① 我国台湾地区“公司法”第266条规定，“公司发行新股时，应由董事会以董事三分之二以上之出席，及出席董事过半数同意之决议行之。”

② 我国台湾地区“公司法”第8条第1项规定：“本法所称公司负责人：在无限公司、两合公司为执行业务或代表公司之股东；在有限公司、股份有限公司为董事。”

③ 我国台湾地区“公司法”第23条第1项规定，“公司负责人应忠实执行业务并尽善良管理人之注意义务，如有违反致公司受有损害者，负损害赔偿责任。”第2项规定，“公司负责人对于公司业务之执行，如有违反法令致他人受有损害时，对他人应与公司负连带赔偿之责。”

价法、股利折现法与本益比法等，[①] 据此可审视其发行价格是否具备合理性。

第二，为避免董事滥权决定发行价格，笔者建议或可引入事先与事后的纠错机制，弥补现有法制不足。（1）若董事会决定的发行价格明显低于现有发行股份的平均价格，例如低于平均价格的幅度超过20%时，应明令董事会出具“书面报告”以说明其价格评估机制，并委请中立第三方专业评估机构出具“专家意见书”，据此论证该发行价格的公正合理性。（2）在无面额股发行以前，可明令董事会在决定发行新股条件后，应及时（例如两周内）通知现有股东；股东接到通知后，若认为公司以显不合理的方式发行新股，应使自认为权益受损的股东得请求公司停止发行新股；公司接到前述请求后，董事会应充分考虑并以书面回复结果与理由。（3）除前述两种事先纠错机制外，事后纠错机制也应在考量范围内；当事后发现董事滥权决定无面额股发行价格，因其发行价格欠缺合理性导致公司财产基础减损较大，例如低于合理价格计算数额超过20%时，应使认股人承担补足差额义务，补足数额按“合理价格与发行价格的差数”乘计“实缴股份总数”予以计算；此外，如前述认股人对于董事滥权决定发行价格并无故意且无重大过失时，宜赋予其撤销认股的选择机会，让其有重新评估投资的余地。

四、我国台湾地区无面额股引入路径的借鉴意义

古人云“他山之石，可以攻玉”固然在理，借鉴境外立法例可以协助解决公司实践的难题，但在引进时仍应全面检视新制与现有制度的有机协调。若疏于重视新制度引入的适合度，不仅面临水土不服的后果，还可能无法解

---

① （1）净值法，也称为每股净资产，未上市（柜）的公开发行公司常采此法作为股份发行价格的依据；其计算方法是用公司的净资产（包括注册资金、各种公积金、累积盈余等，不包括债务）除以总股本，得到的就是每股的净值。（2）市价法，指股票已上市（柜）者在公开交易市场中的成交价格，依据公司的获利能力、资产净值、商誉及供需关系而决定；计算上可采1日之收盘价，或某一期间（如1个月）的平均价；实践上，已上市（柜）公司以市价为无面额股发行价格之依据，且通常都按市价的80%为价格，以吸引股东认股。（3）股利折现法，股票的价值应该取决于公司持续经营的状况，将未来的股利予以折现，即是股票的价值；此法常被投资人作为发掘股票价值、决定是否投资的依据。（4）本益比法，依据本益比（市价除以每股盈余）来推算股票价值；本益比越低，表示市价低于股票价值，亦即投资风险低；股票IPO订定承销价格时，此法亦有列入考虑。参见余文彬：《无面额股票及股票分割》，载《会计师季刊》2017年第270期，第20—24页。

决原有问题。笔者认为，我国台湾地区对于无面额股的引入路径采用“双轨择一”体制即为适例，不但面临法制复杂而使资本膨胀与资金弹性运用受限，还需要耗费更多社会成本以修正补强。

（一）双轨择一体制的水土不服

从境外经验可知，双轨制将增加公司法制的复杂和混乱；我国台湾地区采用双轨制引入无面额股后，确实面临法制复杂与不同“轨道”差别对待问题。

第一，按境外经验可知，双轨制必然增加法制的复杂性。在境外多地的修法审议过程记录中，已经多次提示双轨制度造成复杂和混乱的高度可能性，例如：（1）新西兰法律委员会（New Zealand Law Commission）于 1989 年 6 月第 9 号报告《公司法改革和重述》（Company Law: Reform and Restatement）第 384 条指出：“保留有面额股份作为一种选择将会过于复杂而不可接受，而且无任何帮助。”[①]（2）澳大利亚众议院（Australian House of Representatives）于 1997 年《公司法检讨法案》（Company Law Review Bill 1997）第 11.24 条指出，虽然公司和证券法检讨委员会（Companies and Securities Law Review Committee）在 1990 年报告中建议给予公司发行有面额或无面额股份的选择权，但本法案并未采纳，因为一个允许面额或无面额股并行的体系，将不必要地增加法律及管理方面的复杂性。[②]（3）我国香港特区财经事务及库务局于 2008 年重写《公司条例》的咨询总结中指出，应强制所有有股本公司采用无面额制度，因为采用非强制性无面额制度会令法例更为复杂和混乱。[③]虽然，前述审议记录并未说明双轨制造成复杂和混乱的具体理由为何，但可以猜想无论是“双轨择一”或“双轨并存”都将面临同样的问题。

第二，按我国台湾地区经验可知，双轨制确实增加了公司法制的复杂性，且引发公司择定不同“轨道”后的差别待遇。以两家规模相同的公司为例，因选择面额股或无面额股的“轨道”差异，其出资列账将不同，其实收资本

---

① Company Law: Reform and Restatement [1989] NZLCR 9, at 94. 网址：http://www.nzlii.org/cgi-bin/sinodisp/nz/other/lawreform/NZLCR/1989/9.html ? query=Company%20Law%20Reform%20and%20restated，2023 年 12 月 13 日访问。

② Company Law Review Bill 1997, The Parliament Of The Commonwealth Of Australia, House Of Representatives，网址：https://www.legislation.gov.au/Details/C2004B01817/Explanatory%20Memorandum/Text，2023 年 12 月 13 日访问。

③ 香港特区财经事务及库务局：重写《公司条例》——有关股本、资本保存制度及法定合并程序的咨询总结，网址：https://www.cr.gov.hk/sc/publications/docs/020209_conclusion_c.pdf，2023 年 12 月 13 日访问。

与资本公积也因此在数额上有重大区别，形成“无面额股”公司的资本膨胀情形，以及“（超）低面额股”公司实收资本额小与资本公积量大的结果。前述不同“轨道”公司在实收资本数额上的区别，导致公司在“足额提拨法定盈余公积的难易程度”与“盈余分派空间大小”的区别待遇，以及在“配发法定盈余公积及资本公积”的又一差别待遇；甚至，在“公司资本流出时的债权人保护程序”也有不同的要求，已如前述。

（二）引入路径不当导致成效不佳

我国台湾地区创业者在考虑公司未来规划、投资人偏好、未来募资需求、技术出资方式、上市规划等因素后，一般认为以设立“股份有限公司”为最佳的创业组织形态。依据2018年新修正我国台湾地区“公司法”规定，在设立公司阶段拟定公司章程时，就须决定采用面额股或无面额股制度；这个决定，对非公开发行的股份有限公司而言尤其重要，因其无法对不特定多数人募集资金，故公司经营中的重要课题往往在于提升公司募资能力与资金的弹性运用。然而，从笔者分析可知，我国台湾引入无面额股所采用的“双轨择一”路径，不见得就能利于公司筹资与资金运用弹性。

第一，自“无面额股”制度目的而论，公司在募集资金与资金运用层面应有更佳表现。假设某公司选择惯常的“面额壹拾元”且处于草创阶段或营运不善时，往往会出现公司股份内在实际价值低于面额的情况，又因公司不得折价发行的规定，导致投资人对于认购新股望之却步，毕竟在此时以票面金额认购新股时，将产生买入即亏损的情况；同时，亟须充实资金的公司，也将面临融资困难的窘境。反之，假设该公司设立时在公司章程中载明“无面额股”制度，因股份的发行价格具有弹性空间，轻易能避开禁止折价发行规定，故对公司资金筹措较为便利，更能满足创业者从事股权运作之弹性需求。

第二，引入“无面额股”无法直接达成活化公司募集资金的目的。从公司成功募集资金的视角而论，筹资成功的关键因素在“公司与投资人间的意思表示合致”，亦即公司与潜在投资人协商无面额股发行价格时，双方依据各自的价值衡量方式，对公司前景及股份的客观价值具备较为一致的看法，据此达成购买股份的共识。如果双方对股份的价值衡量差距极大，无论该股份是面额或无面额制度，实际上均无可能让双方更容易就发行价格达成共识，从而收到筹集资金的效果。

第三，公司采用“无面额股”更会限制资金弹性运用的空间。乍看起来，无面额股制是为了便利公司融资与资金弹性运用而设立的制度，尤其修法时主要是想帮助非公开发行的股份有限公司的经营者。但是，公司经营者若对我国台湾地区“公司法”仅“见树而不见林”，在未及观察整体规范设计之下，就可能因双轨制的复杂性而“堕坑落堑”；公司选定无面额“轨道”后将面临法制上的不平等对待，远不如选定“（超）低面额股”所得待遇。导致前述双轨间不平等待遇的原因，主要来自无面额股的股款全数拨充“实收资本”，造成公司资本额膨胀而资金运用弹性受限，具体包含“盈余分派空间较为限缩、公积运用空间较小、资产流出程序须履行债权人保护程序”等限制。反之，面额股（尤其是超低面额股）的股款绝大多数入账“资本公积”，公司实收资本规模极小，使得资金运用弹性更大。公司经营者若未深思熟虑而轻率地选定无面额股制，等到发现上述限制后，为时晚矣。笔者认为，在现有法制未改变之前，有意利用无面额股制者，仍须三思而后行。

（三）适时可采强制无面额股模式

当“双轨择一”体制实施时期已经足够市场熟悉无面额股制度时，笔者认为应当伺机再向“强制无面额股”模式迈进。

第一，“双轨择一”仅是一种“求稳”安排下过渡性机制。在2018年我国台湾地区“公司法”修正审议时，考虑当时无面额股仅局部引入到闭锁性公司，且引进时间尚短，故为减缓大众对无面额股不熟悉下可能形成的误解，才采用“双轨择一”体制。详言之，“双轨择一”体制给予公司经营者更为广阔的弹性选择空间，可以针对公司与利害关系人的实际需求而进行量身定制，对于吸引投资亦有其不可忽视的优势；在此情形下，为避免对市场造成立即性的冲击，理应保守看待制度变革，在市场未准备好的阶段不宜轻言废弃面额股制度，强制公司采用无面额股反倒造成不确定的风险。

第二，当将来时空环境匹配时，采用“全面强制无面额股”模式较为妥当。从我国台湾地区的情形而论，当将来市场条件成熟后，应改采强制无面额股模式，理由如下：（1）依据2018年修正后的我国台湾地区“公司法”规定，在面额股或无面额股“双轨”并行且仅能择一实施的要求下，虽允许公司转换“轨道”，但转轨机制犹如一条单行道，公司只可能单向转轨至无面额股，此种安排或能提升日后全面实施强制无面额股制的可行性。[①]（2）在“弹性面额股票专区”中采用无面额股的比例达44.1%，显见无面额股制度逐渐

① 参见刘连煜：《现代公司法》（第16版），新学林出版社2021年版，第311—312页。

地为晚近公开发行股票的股份有限公司所接受；假设日后公开发行公司多半改采无面额股、投资大众对无面额股逐渐熟悉而无错判之时，将迎来废弃传统面额股制度、全面采用无面额股的有利环境。（3）双轨择一模式下，两制度间差异容易对大众造成混淆，并可能引发制度难题与不平等对待，已如前述；如若采用全面强制无面额股制度，只需要制定一套规则，降低执法与遵法成本，将可建立一个在各方面更清晰、简单及一般而言对商界更有利的环境，有利于一次性消弭双轨制的法制复杂难题。

五、结论

我国台湾地区面额股制度的松绑、无面额股制度的开放，目的在便利公司资金筹集与弹性运用，并兼顾股东与债权人利益的保护；但因制度变革时全局调适性有所不足，使得“双轨择一”体制复杂、水土不服且成效不彰，建议将来情势发展成熟时可改采强制无面额股模式。2023 年底交稿之际，适逢我国大陆《公司法》修订通过（自 2024 年 7 月 1 日起施行），乃法治中国建设领域的重要成就，也是社会主义法治国家建设的深入推进。新《公司法》允许公司根据章程择一采用面额股或者无面额股，有利于增进公司融资效率、释放市场主体活力与持续优化营商环境；此次重大变革将带来深远的影响，值得理论界和实务界进一步探索。展望未来，海峡两岸无面额股制度的比较分析，乃营造两岸法治化营商环境的重要组成部分，且为法治建设研究助力两岸融合发展的举措，亟待加强研究工作。

董事会审计委员会是监事会的平替吗？

——我国新公司立法引入单层制公司模式的反思与阐释

沈朝晖 *

世界上很多东西的本质是一样的，只是模式不一样；或者，基本模式一样，其在具体模式上不一样。

——题记（传闻为日本学者铃木竹雄教授所言）

一、问题的提出

沿袭日本等公司法模式，我国《公司法》自1993年以来一直只采取股东会、董事会、监事会“三会”的三角结构公司组织机构模式；2023年12月29日，第十四届全国人大常委会第七次会议通过的《公司法》（修订草案第四次审议稿）（简称“新《公司法》”）在公司治理方面的重大创新是引入单层制公司模式。[①]2023年新《公司法》对股份公司和有限公司分别规定：

（股份公司）第121条规定：Ⅰ. 股份有限公司可以按照公司章程的规定在董事会中设置由董事组成的审计委员会，行使本法规定的监事会的职权，不设监事会或者监事。Ⅱ. 审计委员会成员为三名以上，过半数成员不得在公司担任除董事以外的其他职务，且不得与公司存在任何可能影响其独立客观判断的关系。公司董事会成员中的职工代表可以成为审计委员会成员。Ⅲ. 审计委员会作出决议，应当经审计委员会成员的过半数通过。Ⅳ. 审计委员会决议的表决，应当一人一票。Ⅴ. 审计委员会的议事方式和表决程序，除本法有规定的外，由公司章程规定。Ⅵ. 公司可以按照公司章程的规定在董事会中设

---

* 清华大学法学院副教授。本文系国家社科基金一般项目“数字经济驱动下公司法规范的调适研究”（23BFX085）阶段性成果。感谢博士生李凌霜、硕士生刘向媛的科研助理工作。

① 参见王瑞贺：《关于〈中华人民共和国公司法（修订草案）〉的说明——2021年12月20日在第十三届全国人民代表大会常务委员会第三十二次会议上》，第9页。

置其他委员会。

（有限公司）第 69 条规定：有限责任公司可以按照公司章程的规定在董事会中设置由董事组成的审计委员会，行使本法规定的监事会的职权，不设监事会或者监事。公司董事会成员中的职工代表可以成为审计委员会成员。

（有限公司）第 83 条规定：规模较小或者股东人数较少的有限责任公司，可以不设监事会，设一名监事，行使本法规定的监事会的职权；经全体股东一致同意，也可以不设监事。

本文拟将讨论范围尽量限定在公开发行公司或公众公司的单层制或者单元制公司模式内部监督制度构造。非公开发行公司（私人公司、有限公司）内部监督机关如何设置，很大程度上由公司章程自治或股东治理协议自治。新《公司法》按照股份公司和有限公司区分的原则，分别引入单层制公司模式。有限责任公司可以通过设立审计委员会的方式，不设监事，或者经全体股东一致同意，也可以不设监事。而公开发行公司涉及公众利益，公司法对其内部监督机关设置如何规定基本的强制性结构，则成为一个课题。附带叙明，新《公司法》在第 115 条第 3 款、第 144 条第 2 款、第 161 条第 1 款引入“公开发行股份的公司”（以下简称“公开发行公司”），本文在此基础上分析公开发行股份的公司若选择单层制模式如何构造董事会监督功能。

在前三次审议稿的基础上，新《公司法》进一步完善了单层制的审计委员会制度。单层制公司的董事会不仅承担经营决策职能，还承担公司内部监督职能。董事会成员既平等享有董事投票决策权又须进行功能区分，由非执行董事负责一般监督事项，[①] 且非执行董事组成董事会功能性委员会（主要是审计委员会），负责特别监督事项。在公开发行公司中，单层制公司董事会应

---

① 在各国公司实践中，根据董事外部性、独立性的程度，可将董事分为执行董事与非执行董事、内部董事与外部董事、独立董事与非独立董事。非执行董事、外部董事与独立董事都是董事会中承担监督职能的董事，这三个概念既有联系又有区别。执行董事，是指除了在公司中担任董事职务之外，还兼任公司高级管理人员并代表公司执行业务的董事。非执行董事，是指除了在公司中担任董事外不担任其他任何职务，不负责公司业务执行的董事。外部董事与非执行董事一样，在公司中除了担任董事职务，不担任其他任何职务，不负责执行公司业务。与非执行董事的区别是，外部董事不在公司中领取除津贴之外的报酬。独立董事除应当符合外部董事的条件外，还应当与公司的股东、实际控制人以及其他董事、监事、高级管理人员等不存在可能影响其独立客观判断和独立履行职务的关系。由于本文研究范围为公开发行公司，故使用“非执行董事”；附带一提，在上市公司语境中使用“独立董事”，在国有企业语境中使用“外部董事”。

为英美模式的监督型董事会或者折中模式的混合型董事会。我国新《公司法》在引入单层制公司模式时，董事会的监督职能是将传统的董事监督职能和传统的监事监督职能进行整合，形成新的单层制公司的董事会监督职能或职权，并必须设立审计委员会的升级版——审计委员会 2.0 版，负责特别监督。再者，董事会将公司业务经营管理（执行权）授予给执行董事带领的管理层，从而形成公司内部的分层结构。

对于改革开放 40 多年来，已习惯“权力机构（股东会）—执行机构（董事会）—监督机构（监事会）”双层制或者三角结构公司内部权力制衡模式的我国学术界与实务界而言，不设监事、只设董事会的单层制公司模式是一个新事物。

比较普遍性的疑惑包括：

第一，新《公司法》规定，审计委员会“行使本法规定的监事会的职权”，那么，审计委员会是监事会的平替吗？

第二，审计委员会是超越董事会的独立机关吗？

第三，董事会下设的审计委员会，如何监督执行董事层？

本文将围绕上述问题进行展开。总的来说，为了发挥内部监督功能，单层制公司董事会由非执行董事（监督型董事）与执行董事构成，二者拥有共同权限但区分功能：所有董事拥有平等的公司决策权，非执行董事（监督型董事）透过参与董事会决策而履行一般监督职能；非执行董事在董事会之下组成审计等功能性委员会，履行特别监督职能。审计等功能性委员会具有独立性、专业性和专属的特别监督权限。

此外，本文还将分析，我国引入单层制公司模式还面临职工董事的特别问题。新《公司法》强制要求普通大型公司设置职工董事，可能会被公司所规避；职工利益可通过其他机制得以保护。

如何在借鉴境外单层制公司模式经验与紧密结合本土国情基础上构造单层制公司董事会，使其合理有效发挥内部监督职能，成为新《公司法》公布之后对学界提出的紧迫课题。

二、单层制公司模式的本源

根据公司内部是否设立独立的监督机关，世界范围内的公司治理模式分为两类：单层制与三角结构。单层制公司内部只设立董事会，[①]董事会自己管理或者聘请管理层经营管理公司。1861 年《一般德国商法》区分监督与执行功能，发明三角结构公司，三角结构公司内部设立监事会与董事会，监事会负责监督董事会，董事会负责公司经营管理。当时德国不强制公司采取三角结构，直到 1897 年德国《商法》强制公司采取三角结构，三角结构成为德国公司法制特色。[②]三角结构公司在法律移植过程中又分化为串联三角结构与平行三角结构，前者的监事会与董事会为垂直结构，股东会选举产生监事会，监事会选任董事会负责公司经营管理与执行事务，即德国公司模式。三角结构也称为“双元制”，[③]监事会与董事会为平行机关，股东会分别选举产生监事会与董事会，监事会对董事没有选任、解任权。从公司模式的法域分布来看，英美法系公司、法国、意大利、瑞士等地的公司为单层制，[④]其中，法国 1966 年《商法典》开始允许股份公司选择三角结构，实践中，法国单层制公司占据绝大多数。串联三角结构公司分布在德国、荷兰。平行三角结构则源于日本学者对德国三角结构的本土化改造而形成的模式，后被韩国、我国大陆、我国台湾地区等继受，其中，日本、韩国、我国台湾地区在 21 世纪前后的公司治理改革运动中纷纷为公司提供单层制选项。所以如果放眼历史与世界来看，单层制公司模式是世界公司主流。

（一）单层制公司监督型董事会的起源与演变

单层制公司内部不设监事会，只设董事会，董事会逐步演变出公司内部监督功能，并不断模式化与完善，董事会从而成为监督型董事会。世界最早的股份公司即荷兰东印度公司采取的就是单层制公司董事会模式，董事会由 17 人组成，负责公司经营管理（执行），[⑤]众多分散股东无力监督作为执行机

---

① 桂敏杰、安建主编：《新公司法条文解析》，人民法院出版社 2006 年版，第 519 页。

② 洪秀芳：《德国股份公司单轨制及双轨制之建构》，载《月旦法学杂志》第 258 期（2016 年），第 22 页。

③ 龙卫球、李清池：《公司内部治理机制的改进——“董事会—监事会”二元结构模式的调整》，载《比较法研究》2005 年第 6 期，第 60 页。

④ Davies & Hopt, *Corporate Boards in Europe—Accountability and Convergence*, 61 The American Journal of Comparative Law 301, 310 (2013).

⑤ Ella Gepken-Jager, *Verenigde Oost-Indische Compagnie* (*VOC*): *The Dutch East India Company*, in: Ella Gepken-Jager, et al., ed., VOC 1602-2002, 400 Years of Company Law, Kluwer Legal Publishers, p. 51.

构的董事会，东印度公司股东不信任董事会，与董事会冲突严重。[①]1932年《现代公司与私有财产》观察到，分散持股结构中的股东监督无力与理性冷漠，使得单层制公司内部管理层缺少监督的问题比较普遍与突出。20世纪50年代之前，美国单层制董事会与管理层重合，董事会不被认为是公司治理的实质部分。[②]随着创始人退休与家族无人接班，大公司管理层从企业创始人向职业经理人转型，[③]外部董事出现在董事会中，不过外部董事是咨询顾问角色，监督型董事会尚未兴起，可谓董事会的旧模式。[④]

监督型董事会的兴起大约始于20世纪70年代。[⑤]1972年，美国证券交易委员会要求上市公司必须设置由独立董事组成的审计委员会，作为董事会与外部审计师的桥梁，目的是确保董事会知晓审计师与公司财务部门之间发生的事情。审计委员会作为一个新的公司机关而诞生了。1976年艾森伯格出版《公司的结构》一书，在学理上对董事会功能进行重新概念化，提出非执行董事为主的"监督型董事会"概念。[⑥]美国主要的公司治理组织开始提倡将董事会的监督与管理职能分开，前者分配给外部董事，后者分配给经理层。[⑦]20世纪末，艾森伯格宣布："监督型治理模式的关键结构要素——包括独立董事至少占半数以上的董事会、审计/提名/薪酬委员会——都（已经）建立。"[⑧]从1950年到2005年，美国大型上市公司董事会组成从约20%的独立董事增加到75%的独立董事。[⑨]迈入21世纪后，美国法进一步巩固与完善监督型董事

---

① J. Matthijs de Jongh, Shareholder Activism at the Dutch East India Company 1622-1625, available at https: //ssrn.com/abstract=1496871.

② Robert W. Hamilton, *Corporate Governance in America 1950-2000: Major Changes but Uncertain Benefits*, 25 J. CORP. L. 349, 352 (2000).

③ Ibid.

④ George W. Dent Jr., *The Revolution in Corporate Governance, the Monitoring Board, and the Director's Duty of Care*, 61 B.U. L. REV. 623, 625-626 (1981).

⑤ [美]斯蒂芬·M. 班布里奇、[美]M. 托德·亨德森：《外包董事会：董事会服务提供商如何改善公司治理》，李诗鸿译，上海人民出版社2022年版，第50页。

⑥ Melvin Eisenberg, *The Structure of the Corporation*, Little, Brown and Company, 1976, pp. 149-170.

⑦ [美]斯蒂芬·M. 班布里奇、[美]M. 托德·亨德森：《外包董事会：董事会服务提供商如何改善公司治理》，李诗鸿译，上海人民出版社2022年版，第51页。

⑧ 同上。

⑨ Jeffrey N. Gordon, *The Rise of Independent Directors in the United States, 1950-2005: of Shareholder Value and Stock Market Prices*, Stanford Law Review, Vol. 59, p. 1465 (2007).

会。2001 年，为完善审计委员会功能，由美国全国公司董事协会所组建的蓝丝带委员会提出建议：董事会中独立董事占多数；董事会应当设置关键的委员会，包括但不限于审计、薪酬、治理 / 提名，委员会完全由独立董事构成，必要的时候有权聘请外部顾问；每一个委员会应该备置董事会批准后的书面章程，章程中列明委员会的职责；审计委员会至少包括两个关键要素：监督财务报告、完善财务报告产生的程序；监督风险管理。一年后，美国法律研究院出版的《公司治理原则》接受了监督型董事会的治理理念。“安然”公司丑闻之后，2002 年美国国会通过《萨班斯 - 奥克斯利法》（以下简称《萨班斯法》）强化非执行董事在董事会中的主导性地位，功能性委员会制度体系化，监督型董事会更加模式化与强化。据美国学者分析，美国监督型董事会的形成有四个因素：机构投资者在上市公司持股达到 90% 左右；收购市场的活跃；尼克松丑闻促进对公司行为的监管；大公司崩溃所引发的公司治理改革运动。[①]

英国公司治理框架分为成文法与非成文法。[②] 英国公司法奉行公司机关自治原则，公司法仅规定私人公司必须设至少一名董事，公众公司必须设至少两名董事，为董事而不是董事会设定了相关的义务。美国公司董事会监督功能模式化运动影响到英国。与美国几乎同步，20 世纪 70 年代英国上市公司董事会开始引入外部董事。1992 英国凯德伯里（Cadbury）报告有力推动了单层制公司董事会监督模式化的最佳实践：充分数量的非执行董事与董事会功能性委员会的建立。基于凯德伯里报告，2000 年《英国联合公司治理准则》将监督型董事会作为最佳实践。值得指出的是，不同于美国通过成文法在上市公司推行监督型董事会特别是审计委员会,《英国联合公司治理准则》采取“遵守或解释”方式推进英国董事会监督模式化。[③]

受英美影响，英美法系其他法域公司监督型董事会模仿美英，大约在 21 世纪逐步确立与强化监督型董事会。1987 年澳大利亚股市危机之后，1991 年博世（Bosch）委员会报告建议澳大利亚上市公司董事会以及审计、薪酬、提

---

① Robert W. Hamilton, *Corporate Governance in America 1950-2000: Major Changes but Uncertain Benefits*, 25 J. CORP. L. 349, 353–359（2000）.

② Alan Calder, *Corporate Governance, A Practical Guide to the Legal Frameworks and International Codes of Practice*, Kogan Page Limited, 2008, p. 39.

③ Ibid., pp. 40–44.

名委员会中独立董事占多数。[①]2003 年澳大利亚证券交易所制定《公司治理原则》，建议审计委员会全部由非执行董事组成，绝大部分为独立董事，并采取英国式“遵守或解释”推行该建议。[②]2006 年印度证券与交易委员会在上市规则中移植美国式的监督型董事会。[③]

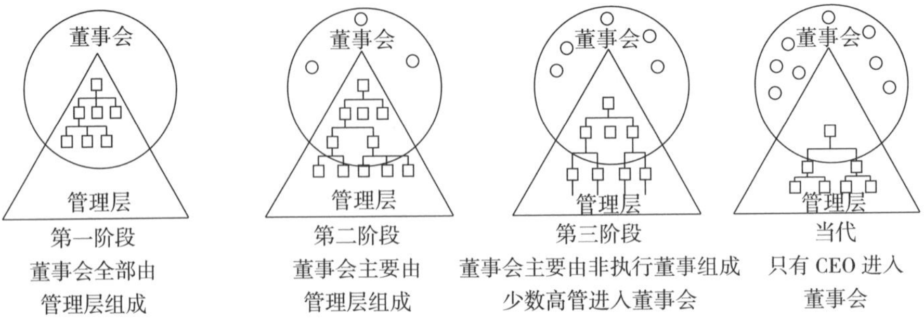

图 1 单层制公司董事会监督功能模式化演变

（注：“○”代表负责监督的非执行董事；“□”代表执行董事与管理层）

来源：李凌霜同学根据相关资料绘制。

如图 1 所示，单层制公司董事会结构的演变经历了三个阶段。在第一阶段，董事会全部由管理层人员担任董事，董事会发挥管理或执行职能，该模式的董事会在当今英美私人公司中依然普遍。公司董事会进化的第二阶段则是非执行董事或外部董事进入公司董事会占据少数席位，主要是发挥咨询顾问功能，后发展为监督功能，董事会属于监督型董事与执行董事的混合模式。第三阶段则是当公司进化到一定阶段，董事会转变为以非执行董事或独立董事为主，来自管理层的执行董事只占据少数席位，董事会整体上演变为监督功能为主的董事会。如今，当代单层制公司董事会的监督功能更加突出，管理层中一般只有首席执行官进入董事会，其余董事会成员均为独立董事。同时，那些以上市为目标的私人公司也模仿上市公司监督型董事会模式而设计自己的董事会。

① Luke Nottage & Fady Aoun, *The Rise of Independent Directors in Australia: Adoption, Reform, and Uncertainty*, 23 U. MIAMI INT'l & COMP. L. REV. 571, 600 (2016).

② Ibid., pp. 612-613 (2016).

③ Umakanth Varottil, *Evolution and Effectiveness of Independent Directors in Indian Corporate Governance*, 6 Hastings Bus. L.J. 281, 311 (2010).

（二）单层制公司董事会监督功能的优劣势

单层制与三角结构公司存在基本的结构差异。单层制公司内部依靠非执行董事特别是非执行董事所组成的功能性委员会履行一般监督与特别监督职能。虽然功能性委员会拥有某些固有的权限，但是它的地位是董事会下设的功能性委员会，“承揽”原属于董事会的某些职权事项，消除董事会的专擅，达成单层制公司治理中的权力制衡（checks and balances）。[①] 而三角结构是强调监督者与董事会之间的垂直或平行制衡关系，监督者置身于董事会外，以“局外人”立场行使监察权。[②]

单层制公司是透过非执行董事行使公司内部监督职能，这有若干优势。第一，监督者与管理者均是董事会平等成员，监督者也参与公司决策，将监督职能融入决策过程，是该体制具有的独特监督优势。[③] 比如，信息流动更畅通，董事会既输入管理的信息，也输入监督的信息；非执行董事也参与决策过程，更有激励去掌握相关信息，因为非执行董事既然事前、事中参与决策，就不能在事后再反对。第二，单层制公司模式决策效率高。管理者与监督者同在董事会，无须两个独立的批准程序，还可以召开更高频率的会议，及时作出回应性决策；同时，首席执行官也在董事会，董事会更能理解商业决策，监督型董事也更能质疑管理层所提出的战略问题。[④] 第三，单层制公司董事会的职权配置较合理。董事会享有解任、选任管理层的人事权，监督有力，能弥补平行三角结构下的监事会对于董事会（定位于执行机构）与经理层没有人事权的重大缺陷。[⑤] 第四，单层制的优势还在于灵活性。单层制公司可透过公司章程的授权，将形式上的单层制公司转化为功能上的三角结构。例如，瑞士法的默认公司模式是单层制公司，瑞士公司董事会可以通过将管理权限授予给非董事会成员的管理层，从而在董事会之外形成事实上的管理委员会，

---

① 曾宛如：《半套公司治理移植经验——以审计委员会与特别委员会为例》，载《月旦民商法杂志》第 43 期（2014 年），第 37 页。

② 同上。

③ ［德］斯蒂芬·格伦德曼：《欧盟公司法》，周万里译，法律出版社 2018 年版，第 237 页。

④ David Block and Anne-Marie Gerstner, *One-Tier vs. Two-Tier Board Structure: A Comparison Between the United States and Germany*, Comparative Corporate Governance and Financial Regulation, 2016, p. 19.（at https://scholarship.law.upenn.edu/cgi/viewcontent.cgi?article=1001&context=fisch_2016）.

⑤ 蔡英欣：《论股份有限公司监督机关之设计——比较日本与台湾的继受法制谈起》，载《台北大学法学论丛》第 107 期（2018），第 206 页。

形成功能上的三角结构。[①] 反之则难以操作，三角结构公司模式中的监事会与董事会的区隔是强制性的。当然，单层制公司模式的劣势在于，作为监督者的非执行董事实质性地参与董事会权限范围内的事项决策，[②] 既是监督者，也是决策者，在逻辑上存在自己监督自己的监督悖论。[③]

三、我国单层制公司董事会模式选择：折中单层制

如图 1 所示，英美单层制公司董事会已经进化到第三阶段和当代阶段：非执行董事占据董事会席位的绝大多数，履行一般监督职能，同时，董事会下设由非执行董事组成的功能性委员会，履行特别监督职能，例如审计、薪酬、提名，即三委员会设置公司。这是当代英美典型的单层制公司监督型董事会模式化构造。然而，东亚在引入当代英美单层制公司董事会模式时遭遇法律移植“水土不服”问题，经调整后形成了单层制公司的东亚模式。由于东亚模式是英美的三委员会设置公司和德国的监事会设置公司的折中模式，故称为折中单层制。[④]

（一）日本的折中单层制：董事会与监事会监督功能的融合

根据《日本公司法》，日本董事会一直以来都强调的是内部监督，相互监督，董事对董事长也有监督责任，每个董事在授权范围内还可以承担业务执行的功能，在董事会内部监督和执行是混合的。[⑤]

为了提升企业治理效率，2002 年《日本商法》和 2005 年《日本公司法》在引入单层制公司模式时，设计的是英美的三委员会设置公司（日文为「指

① Carsten Gerner-Beuerle and Michael Schillig, *Comparative Company Law*, Oxford, 2019, p. 305.

② 非执行董事参与董事会权限范围内的重大事项投票决策而发挥监督功能的相关素材，参见李若山：《李若山谈独立董事：对外懂事，对内独立》，机械工业出版社 2022 年版，第 64—83 页（独立董事李若山分享他参与的董事会层面决策而发挥监督功能的真实案例）。

③ Carsten Jungmann, *The Effectiveness of Corporate Governance in One-Tier and Two-Tier Board System*, 3 European Company and Financial Law Review 426, 460（2006）.

④ 平力群：《日本公司法与公司治理》，社会科学文献出版社 2021 年版，第 359 页。

⑤ 感谢温笑侗教授提供这个资料。

名委員会等設置会社」)，[①] 即董事会的功能是决定基本事项、选任功能性委员会成员以及监督管理层，董事会选出委员组成提名委员会、审计委员会、[②] 报酬委员会，这三个委员会中独立董事须过半数。独立董事是指无论过去还是现在，未曾担任过本公司、子公司的业务执行董事或管理层的董事。[③] 然而，尽管三委员会设置公司在理论上能最有效地发挥公司内部监督机制，但2002—2014 年日本公司治理实践表明，英美的三委员会设置公司模式不受日本企业欢迎。在此期间，选择三委员会设置的单层制公司模式的日本公司比较少。[④] 据分析，原因是三委员会设置公司中，公司的人事权、薪酬权交由独立董事等外部人决定，社长的权力被架空了。出于这种担心，绝大部分日本上市公司不选择三委员会设置公司，导致鼓励公司转型到单层制公司模式的立法政策无法成功实现。

2014 年日本修改《公司法》，推出折中单层制，公司董事会下设符合条件的审计等委员会即可构造单层制公司，[⑤] 称为“审计等委员会设置公司”（日文为「監查等委員会設置会社」)。审计等委员会设置公司不设监事，但董事会须设审计等委员会，审计等委员会过半数的成员（审计等委员）须是外部董事。[⑥] 选择成为审计等委员会设置公司后，公司可以将监事、监事会的所有职责（审计）和董事会的部分职责（监督）统合到审计等委员会中去。[⑦] 审计等委员会，其实是审计与监督委员会，也有学者将其翻译为监察等委员会。

然后，董事会根据法律，可以将业务执行的决定权限委托给董事（可委托的事项与三委员会设置公司中董事会可委托给执行官的事项相同)，此做法

---

① 在董事会下设置三个委员会的公司，在日本法中对应的公司类型为「指名委員会等設置会社」，为与英美法中的董事会类型形成对照，本文在涉及日本法部分皆采用“三委员会设置公司”的表达。

② 日文原文为「監査」，故中译本也有学者将之译为监查，对应英文为 audit。

③ ［日］神田秀树:《公司法的理念》，朱大明译，法律出版社 2013 年版，第 89 页。

④ 朱大明:《公司法立法指导原则的研究——以日本公司法现代化改革为中心》，载《清华法学》2022 年第 2 期，第 33 页。

⑤ 《日本公司法》第 2 条第 11 项之 2、第 327 条第 1 款第 3 项、第 328 条第 1 款。

⑥ 《日本公司法》第 331 条第 6 款。

⑦ ［日］神田秀树:「会社法制の潮流」，载法曹時報 73 巻 3 号（2021 年 3 月）445—465 頁。中译文参见神田秀树:《公司法制的潮流》，段磊译，载《师大法学》(2021 年第 1 辑·总第 9 辑)，法律出版社 2022 年版，第 67—83 页。

可以通过业务执行与监督的分离或区分，实现监督模式的董事会。[①] 依据 2020 年 9 月 7 日东京证券交易所（“东证”）的资料，在东证全部 3677 家上市公司中，有 1106 家（30.1%）设置审计等委员会公司，有 2495 家（67.9%）设置监事会公司，而设置三委员会的公司仅有 76 家（2.1%）。在 2014 年《日本公司法》修订施行后的 5 年多时间里，超过 1100 家东证的上市公司转型为审计等委员会设置公司。[②]

（二）韩国与我国台湾地区单层制公司：审计委员会为监督功能模块化机关

韩国商法传统对于股份公司治理结构奉行“议事机关（股东会）、执行机关（董事会及代表董事）、监督机关（监事会）”分权设置思路。[③]1998 年亚洲金融危机后，为了保障上市公司经营的客观性与透明性，韩国引入美国式独立董事，并修订商法在董事会中新设以外部董事为中心的审计委员会。如此，公司可以选择传统的三角结构设立监事会，也可以选择设立审计委员会作为监督机关，[④] 并为避免叠床架屋，明确规定二者不得兼设。[⑤] 普通公司享有选择权，但上一营业年度末资产总额为 2 兆韩元以上的上市公司必须设置审计委员会，此外，金融机关、综合金融公司、一定规模以上的保险公司、一定规模的证券公司及资产运营公司必须设置审计委员会，[⑥] 须采取单层制。可见韩国立法者将单层制作为公司治理的立法政策趋势。

我国台湾地区公司治理模式处于转轨阶段，三种模式并存：传统三角结构、单层制和叠床架屋模式（即同时设监事会和独立董事）。[⑦]2006 年台湾地区“证券交易法”增设第 14 条之二，一方面规定公开发行公司可自愿设独立董事；另一方面要求主管机关视情况强制部分公司设独立董事。该“法”第

① ［日］神田秀树:「会社法制の潮流」，载法曹時報 73 巻 3 号（2021 年 3 月）445—465 頁。中译文参见神田秀树:《公司法制的潮流》，段磊译，载《师大法学》（2021 年第 1 辑·总第 9 辑），法律出版社 2022 年版，第 67—83 页。

② 同上。

③ ［韩］李哲松:《韩国公司法》，吴日焕译，中国政法大学出版社 2000 年版，第 335—336 页。

④ ［韩］崔埈璿:《韩国公司法》（上），王延川、崔嫦燕译，中国政法大学出版社 2020 年版，第 277 页。

⑤ 《韩国商法》第 415 条之二、第 542 条之十一。

⑥ ［韩］崔埈璿:《韩国公司法》（上），王延川、崔嫦燕译，中国政法大学出版社 2020 年版，第 510 页。

⑦ 蔡英欣:《论股份有限公司监督机关之设计——比较日本与台湾的继受法制谈起》，载《台北大学法学论丛》第 107 期（2018 年），第 203 页。

14 条之四第一项前段规定公开发行公司“应择一设置审计委员会或监察人”。金融业、实收资本额达一定以上的非属金融业上市（柜）公司，应设置审计委员会，也就是必须采取单层制。此外，不论公司采取何种模式，2010 年我国台湾地区“证券交易法”第 14 条之六规定，公开发行公司董事会须设置薪资报酬委员会。

（三）中国大陆的模式选择

如上三个法域公司法在传统三角结构的公司模式基础上移植英美单层制模式，结合本土情况形成折中单层制。折中单层制具有如下若干特征。第一，由于条件限制，董事会构成中对非执行董事的占比有所降低，非执行董事未占据多数席位，执行董事占据多数董事席位（图 1 的第二阶段），折中单层制模式下的董事会是传统监事会设置公司与当代英美单层制公司模式的混合模式。[①] 而英美三委员会设置公司的董事会是非执行董事占多数席位。第二，在监督与执行功能区分方面，非执行董事承担一般监督职能。第三，由非执行董事组成委员会，承担特别监督职能，以此实现监督型董事会。

我国新《公司法》在有限公司的第 69 条、第 83 条和股份公司的第 121 条已分别明确在有限责任公司和股份有限公司均引入审计委员会设置的单层制模式，这实属大势所趋。一是简化组织机构设置，降低我国公司治理成本。二是随着我国对外开放不断扩大，我国企业“走出去”，境外企业“走进来”，引入只设董事会的单层制治理模式，为内外资企业提供更多选择，减少内外资企业交流障碍。三是一些国有企业已开始实行单层制。党的十九届三中全会通过《党和国家机构改革方案》明确，不再设立国有重点大型企业监事会。国务院国资委履行出资人职责的中央企业取消外派监事会后，内部也不再设监事会，而是通过引入外部董事并成立董事会审计委员会等专门委员会发挥监督作用。2017 年国务院要求国有独资、全资公司全面建立外部董事占多数的董事会，国有控股企业实行外部董事派出制度。2018 年国务院要求国有资本投资、运营公司不设监事会，董事会至少有 9 人，包含执行董事、外部董事和职工董事，并成立专门委员会。[②] 目前，这些国有企业董事会实现了外部董事占多数席位，董事会整体转型为监督型董事会，已经采取英美三委员会

① 平力群：《日本公司法与公司治理》，社会科学文献出版社 2021 年版，第 358 页。

② 刘斌：《公司治理中监督力量的再造与展开》，载《国家检察官学院学报》2022 年第 2 期，第 36 页。

设置公司的单层制模式，属于图1的第三阶段。

尽管上述的国有企业已经采取公司进化第三阶段的英美单层制模式，然而对于普通的公开发行公司而言，折中单层制，是我国移植单层制时更合适本土情况的模式。

第一，英美单层制董事会需要有较为成熟的独立董事阶层与市场，[①]而我国独立董事阶层尚未成熟，不足够支撑英美单层制模式。根据wind数据，截至2020年12月31日，上交所上市公司平均每家聘任3.24名独董，深交所上市公司平均每家聘任3.07名独董。独立董事规模呈较为明显的“三人现象”，董事会规模为“九人现象”。绝大部分上市公司董事会以执行董事或内部人为主，独立董事占少数席位。在折中单层制的模式下构造我国的单层制公司模式，有利于降低我国上市公司从三角结构转换到单层制的制度转换成本。

第二，从公司两权分离的进化阶段来说，我国公司仍处于公司进化的第二阶段，公司处于创始人掌握实际控制权的界定，尚未进化到以职业经理人为主的经理层经营管理公司的两权彻底分离阶段。

第三，单层制的移植须重点考虑一国特有制度土壤等因素。例如，日本公司长期采取终身雇佣制，这被认为是日本成功的重要制度，而终身雇佣制形成的日本公司制度文化是公司董事会由内部晋升者所掌控，[②]不容许公司董事会的权力由外部人控制，这就导致2002年日本引入英美三委员会设置公司所遇到的落地障碍。同样，在我国，公司从创业阶段发展壮大直到成为上市公司，公司内部人居功至伟，他们希望在公司上市后继续控制公司，而外部董事的引入无疑是将公司董事会控制权向外部人分享，过多的外部董事不仅增加公司治理成本，而且被公司内部人所抵制，比如英美三委员会设置公司还要求董事会设立外部董事组成的提名委员会，这相当于将公司的人事权交给了外部人，公司内部人不会接受，所以，强行引入英美三委员会单层制容易导致公司的核心权力掌握在外部人手中，最终结果是被内部人所控制的公司在初始状态就不选择单层制，继续沿袭监督机关形同虚设的三角结构。

---

① 曹冬媛：《日本公司监督模式的制度选择及其启示》，载《江西社会科学》2017年第1期，第217页。

② 杜怡静：《台湾与日本关于公司内部治理机制改革之比较——以公开发行公司为考察对象》，载《月旦法学杂志》第184期（2010年），第34页。

四、我国折中单层制公司董事会：功能—结构主义分析

以上阐释我国单层制公司模式应为折中单层制，即，审计委员会为必设功能委员会，强化审计委员会的独立性与监督职权，将监督职权下沉到审计委员会，其他功能性委员会为任意设置委员会。下文进一步分析我国移植折中单层制公司董事会的功能定位与结构模式化构造。单层制公司董事会整体功能定位应为监督机构，而非《民法典》第 81 条所谓的执行机构。若董事会功能定位从执行机构转为非执行机构（监督机构），那么，董事会的结构组织相应地配合功能的变化而适度调整，以将董事会（含审计委员会）的监督功能发挥至极致。[①] 单层制董事会的监督职能分为董事会层面的一般监督与功能性委员会的特别监督。为了发挥监督功能，单层制公司董事会由非执行董事与执行董事组成，董事会成员拥有共同的平等权限但区分功能：所有董事拥有平等的公司决策权，非执行董事透过参与董事会决策而履行一般监督职能，若干非执行董事在董事会设立功能性委员会，履行特别监督职能。这是单层制公司董事会监督功能的基本元素与模式。

（一）董事会功能定位：监督机构而非执行机构

单层制公司董事会监督功能模式构造的前提是董事会的准确定位。董事会是公司的权力中心，[②] 董事会对自身权限范围的事项通过会议的方式作出决策；在公开发行公司中，由于非执行董事参与决策，使得董事会的功能定位为监督机构，在监督者与管理者的共同决策中发挥监督职能，而非执行机构。例如，美国《示范商事公司法》第 8.30（b）节规定，公司董事会在了解相关公司业务经营信息后作出决策和监督公司业务执行时，行使其权力所应尽之注意义务标准，以具有相同地位，于类似情形下的人合理地认为其适当为已足。其官方评注指出：第 8.30（b）节是指董事“作决策”和“监督公司业务”的背景下，建立董事的一般注意义务标准。理论上，董事会的决策权和监督权是一体两面的关系，董事会监督权本质上源于决策权。[③] 所以，董事会主要是作决策，由决策权可以派生出监督权，将董事会定位于与执行机构相对的监督机构，从而理论上可对董事会监督功能进行模式化构造。

---

① 黄铭杰：《公司治理与董监民事责任之现状与课题》，载《律师杂志》第 305 期，第 19 页。

② 梁上上：《公司权力的归属》，载《政法论坛》2021 年第 5 期，第 73—74 页。

③ 王勇华：《董事会权力法律制度研究：理论与规则》，法律出版社 2014 年版，第 95 页。

不论英美单层制还是折中单层制，公开发行公司董事会功能常态是定位于决策权基础上的监督机构。在此，应避免受三角结构的思维定式影响，将其错误定位于三角结构下的执行机构。[①] 三角结构下的“股东会决策、董事会执行、监事会监督”的思维定式，是片面的，只与一部分公司样态相吻合。

第一，董事会是会议体，难以作为执行机构，只能作为经营决策机构和在决策权基础上派生出的监督机构。第二，比较法上一般将董事会定位于监督机构。美国《特拉华州普通公司法》第141（a）节规定，公司应由董事会管理或者在董事会的指导下进行管理。二者分别对应图1所示的公司进化不同阶段：若董事会主要由管理层组成，则董事会直接管理公司（即第一、第二阶段）；公开发行公司或大公司董事会主要由非执行董事组成，公司在董事会指导下由经理层进行管理（即第三、第四阶段）。《法国商法典》第225—235条规定，除明文规定属于股东会的权力之外，董事会处理涉及公司良好运作的所有问题。[②] 这也是将董事会定位于公司中心决策机构。《日本公司法》第362条第2款规定，董事会有权决定公司业务的执行，监督董事执行职务，选任与解任代表董事。通说认为，代表董事享有执行业务的实施权，而董事会只有解任违法或不当履职董事的权限。[③]

一审稿将董事会定位为执行机构，这既不符合实际，又会成为单层制公司董事会监督功能模式化构造的前提障碍。如果非公开公司采取不设董事会而设执行董事的治理结构，而执行董事也是经理层人员，或者设置董事会，董事会成员均为经理层人员，董事会属于完全的管理型董事会，那么，董事会的执行机构定位也许符合这样的非公开公司实际情况。而单层制公司的法人治理机构应该是：股东会是公司的权力机构，董事会是公司的经营决策和战略决策机构，管理层则依据职位高低不同具备不同权限，但均在股东会或董事会授权的权限内开展工作，并接受授权主体的监督。如此的法人治理原则，才能保证各司其职，相互制衡，协同发展。而且董事会作为集体议决的组织在执行方面存在先天缺陷，其决策速度无法适应瞬息万变的业务执行情况；董事会也不可能全面掌控公司各业务的实际情况，既不负责对内具体管理，也无法对外代表公司，事实上不执行内外业务，因此，新《公司法》在

① 黄铭杰：《公司治理与董监民事责任之现状与课题》，载《律师杂志》第305期，第19页。

② 《法国商法典》（上册），罗结珍译，北京大学出版社2015年版，第243页。

③ ［日］森田章：《公开公司法论》，黄晓林译，中国政法大学出版社2012年版，第181页。

二审稿阶段，纠正了一审稿对董事会的执行机构定位。

此外，我国台湾地区“公司法”在这方面的教训需要吸取。我国台湾地区“公司法”第202条规定，公司业务的执行，由董事会决定之。我国台湾地区通说认为，董事会的定位为业务执行机关。[①] 这成为2006年我国台湾地区引入单层制公司模式的障碍，因为董事会定位为执行机构，法理上不能派生出董事会的监督功能。台湾学者通过法解释学方法，解决该条对引入单层制所设置的障碍：“公司法制定时将经营权交付董事会手中，原则上乃因为董事会系由股东所选任之董事所组成，概念上为股东委托董事以董事会集会之方式执行公司业务。然而，由于公司法并未规定所有之经营决策均须经董事会决议，实际运作上也无法要求事事均须经董事会决议，因此，理论上宜解释为董事会享有公司之经营决策权，除非法律针对特定事项，明文规定必须经由董事会决议者外，得由常务董事会或章程或董事会所授权之个人或形式，决定并执行公司业务。”[②] 可见，台湾学者将董事会的“执行”拆分为执行决策和具体执行，认为前者是董事会的权限。该解释论的结果是将董事会定位为决策机构，从而为引入单层制公司的监督型董事会奠定基础。

（二）一般监督职能：非执行董事透过参与董事会决策而进行监督

单层制公司监督型董事会的具体监督个体为非执行董事或者独立董事（上市公司）。普通的股份公司为非执行董事即可，而上市公司，各法域一般通过法律或者上市规则要求董事为独立的非执行董事。非执行董事发挥监督功能的前提是具有较强的监督职权。

在独立董事的一般监督职权配置方面，其表现为参与董事会决策，在与执行董事的会议讨论中发挥监督作用。所以，独立董事一般监督的范围与董事会权限在公司权力分配中所享有的范围一致。在董事会中心主义的公司法域，独立董事作为董事会成员在广泛的权限范围内发挥对业务决策等的监督作用，当然也发挥着咨询顾问作用。我国证券监督管理部门颁布的《上市公司独立董事管理办法》（2023年）第17条明确，独立董事的功能是决策、监督与咨询，即，参与董事会决策并对所议事项发表明确意见；监督与上市公司相关的各种利益冲突交易等。

---

① 黄铭杰：《公开发行公司法制与公司监控：法律与经济之交错》，元照出版有限公司2001年版，第43—44页。

② 林仁光：《董事会功能性分工之法制课题——经营权功能之强化与内部监控机制之设计》，载《台大法学论丛》第35卷第1期（2005年），第172页。

除通过参加董事会投票决策而行使业务等广泛的监督权之外，独立董事还可以对重点事项行使独立监督权，这些重点事项主要是对控制权私人利益行为进行监督，控制权私人利益行为包括隧道效应（利益输送，例如大股东占款）、关联交易、篡夺公司交易机会、过度薪酬和在职消费等。[①] 其实主要是关联交易。例如，我国台湾地区“证券交易法”第 14 条之三特别规定，独立董事可以对董事会决策的重大事项发表反对意见或保留意见，应于董事会记录中载明。

（三）特别监督职能：审计委员会 2.0 的职权重构

从国际惯例来看，特别监督职能一般分为审计监督、薪酬监督与人事监督。[②] 其中，财务方面的审计监督是核心。英美单层制董事会一般设立三个委员会：审计、薪酬、提名委员会。折中单层制董事会设立审计等委员会（日本模式）或审计委员会（韩国与我国台湾地区模式），对公司的财务及相关事项进行专属监督；而对于薪酬、提名事项，作为向本土文化的妥协，交由董事会层面决定，审计委员会只对薪酬、提名等事项发表意见，供股东会投票决策参考。折中单层制的基本监督理论是，审计委员会确保公司财务等信息透明与财务内控制度完善，在此充分准确信息披露的基础上，执行董事的薪酬、提名等也可随之确定了。财务监督是公司监督中最根本、也是最具有专业性的监督。

1. 单层制公司模式必设功能性委员会

例如，《纽约证券交易所上市规则》第 303 条规定，除要求公司应有二名以上的外部独立董事外［2009 年修订要求上市公司董事会绝大部分应是独立董事（第 303A.01 节）］，并应设置审计委员会，委员全部由独立董事组成。美国法律研究院 1994 年《公司治理原则》提倡公司董事过半数为外部独立人士，且监察、提名及薪酬等三委员会中，其委员应全部由独立董事担任，且过半数以上与公司高管间无重大利益关系。

单层制公司模式必设功能性委员会的原因有三：第一，将公司特别监督事项分为财务、薪酬、人事，分设不同的功能性委员会，发挥专业化监督的力量。第二，功能性委员会制度本质上是独立董事制度的集合功能延伸，将

① 曾洋：《重构上市公司独董制度》，载《清华法学》2021 年第 4 期，第 167—169 页。

② 美国法律研究院：《公司治理原则：分析与建议》，楼建波等译，法律出版社 2006 年版，第 134—153 页。

一个个独立董事以集体的方式集合起来，可以促进信息共享，集思广益，在委员会工作细则的指引下更加高效地履行职责，且集体决策的影响力大，有利于扩大独立董事在董事会内部的话语权。第三，功能性委员会的设置，能够透过法律或上市规则的方式，确立董事的分工方式，使得非执行董事（监督者）和执行董事（经营管理者）分别独立，有利于确保监督者的独立性。功能性委员会和独立董事是制度互补关系，缺少任何环节都无法在单层制公司中构建一个有效的监督型董事会。[①] 所以，在公开发行公司中，至少设立一个由独立董事完全组成或占绝大多数的审计委员会的公司，才能不设监事。[②]

我国移植单层制公司模式的首要问题，是董事会中承担特别监督功能委员会的名称与职权范围（功能）问题。

2. 我国新《公司法》采用“审计委员会”名称

比如，该功能性委员会的名称是审计等委员会（日本模式）、审计委员会（韩国与我国台湾地区模式）还是采取其他译者的监查委员会名称？[③] 笔者以为，自我国 2001 年在上市公司引入独立董事并在 2002 年《上市公司治理准则》中倡导设立审计委员会以来，审计委员会制度在中国上市公司实践中已深入人心，我国在进一步移植与构造单层制公司模式时，董事会下设承担特别监督功能功能性委员会的名称为审计委员会为妥，可最大程度地减少制度转换成本。当然，单层制下的审计委员会职权与功能需要重构，它是审计委员会 2.0。

比较法上，美国和我国台湾地区这两个法域单层制公司董事会必设的功能性委员会为审计委员会。历史上，单层制公司董事会必设审计委员会的强制性要求最早出现在 1972 年的美国。美国《萨班斯法》及纽约证券交易所上市公司手册均规定：公开发行公司的审计委员会原则上全部由独立董事组成。[④] 审计委员会职权包括：聘任公司的外部审计师，决定其任命、报酬，并监督外部审计师的活动（包括审计和允许的非审计服务）；至少每年审查独立审计师撰写的报告、公司内部品质控制流程；审计委员会的职权还包括监督公司内部控制结构的设计与运作；审计委员会应确保内部控制运作的效率和

---

① 黄铭杰：《公开发行公司法制与公司监控：法律与经济之交错》，元照出版有限公司 2001 年版，第 46—47 页。

② 我国台湾地区“证券交易法”第 14 条之四。

③ 《新订日本公司法典》，王作全译，北京大学出版社 2016 年版，第 6 页。

④ 美国《萨班斯法》第 301 节。

有效性，以及财务报告的可信度；[①] 根据《萨班斯法》第 404 节，审计委员会应了解负有直接责任并最终对遵循《萨班斯法》第 404 节规定负责的高阶经理人，了解“建立和维持”充分有效的内部控制过程，了解财务报告内部控制评价的设计及运作有效性的程序，了解并遵循第 404 节所应备妥的文件，检查管理层对财务报告内部控制有效性的报告，检查审计人员对财务报告内部控制有效性的报告，评估已识别的内部控制严重缺失及重大弱点，对管理层和审计人员在财务报告内部控制方面的努力及所进行的报告感到满意，确保经营者适当地处理已识别的重大弱点；与管理层和独立审计人员举行会议审查与讨论经审计的年度财务报告与季财务报告；董事会赋予审计委员会的其他职权等（见图 2）。

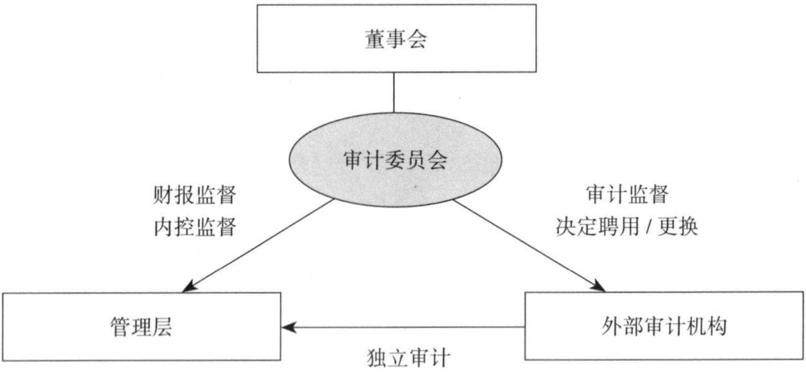

图 2　美国审计委员会的法定职能

来源：刘向媛同学根据相关资料绘制。

我国台湾地区单层制公司董事会的必设功能性委员会为审计委员会。它的“证券交易法”规定，采取单层制的公开发行公司，由全体独立董事组成审计委员会为内部监督机构。何谓审计委员会由全体独立董事组成？根据该法域“公开发行公司审计委员会行使职权办法”第 4 条和第 7 条规定，是指审计委员会成员以独立董事为限，排除其他董事参与。[②] 关于单层制公司模式下的审计委员会的职权：（1）台湾“证券交易法”第 14 条之四第 3 项规定，对于监察人的法律规定，于审计委员会准用之。（2）诸多公司监督与公司经

① 美国《萨班斯法》第 303 节和第 404 节。

② 曾宛如：《监察人 v. 审计委员会》，载《月旦民商法杂志》第 12 期（2006 年），第 85 页。

营管理的重要事项，必须取得审计委员会 1/2 以上同意，并提请董事会决议；若审计委员会未获得 1/2 以上同意，则可以提请董事会以特别决议通过。[①]

台湾地区的启示有二：其一，我国台湾地区单层制公司模式构造时将必设的功能委员会命名为审计委员会，该审计委员会的职权范围超越了英美单层制中的审计委员会的职权范围。其二，我国台湾地区对审计委员会的功能规定的问题在于未区分监督事项与公司经营管理（执行）事项，将公司经营管理事项（例如，重大的资产或衍生性商品交易；重大的资金贷与、背书或提供保证；募集、发行或私募具有股权性质的有价证券）也分配给了审计委员会，而这些经营管理（执行）事项的决策应为董事会层面决策事项。

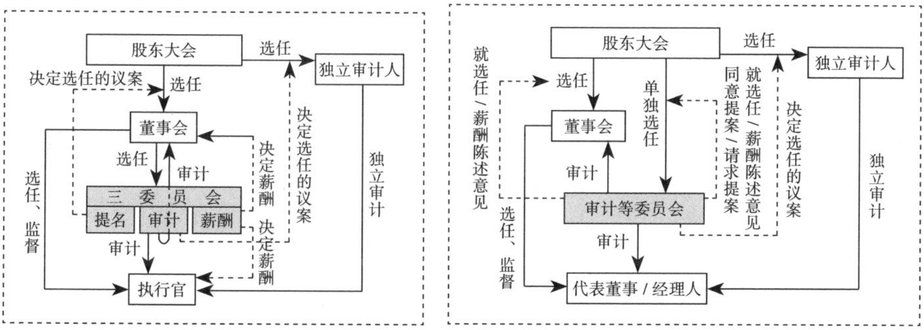

图 3 日本三委员会设置公司（左）和审计等委员会设置公司（右）对比

来源：刘向媛同学根据相关资料绘制。

相比而言，日本折中单层制公司董事会中承担监督职能的功能性委员会名为审计等委员会。它在美式审计委员会的基础上升级改造，反映了审计委员会 2.0 的迭代属性。它的职权范围以审计、内控为中心，但又不局限于审计、内控，而是要承接传统监事会的若干职权，还要整合传统董事会的监督职能。因此，英美三委员会单层制下的必设功能性委员会为审计委员会，而

① 参见我国台湾地区“证券交易法”第 14 条之五。其中规定的重要事项包括：订立或修正财务、业务的内部控制制度；内部控制制度有效性的考核、订立或修改取得或处分资产、从事衍生性商品交易、资金贷与他人、为他人背书或提供保证的重大财务业务行为的处理程序；涉及董事自身利害关系的事项；重大的资产或衍生性商品交易；重大的资金贷与、背书或提供保证；募集、发行或私募具有股权性质的有价证券；签证会计师的委任、解任或报酬；财务、会计或内部稽核主管的任免；由董事长、经理人及会计主管签名或盖章的年度财务报告及须经会计师查核签证的第二季财务报告；公司规定的其他重大事项。

日本将折中单层制必设功能性委员会应称作审计等委员会，通过“等”字突出其复合功能。如图 3 左半边图所示，对于三委员会设置公司,《日本公司法》第 404 条规定，审计委员会履行下列职务：对执行官及董事的职务履行的审计及审计报告的制作；提交给股东会的外部审计师（独立审计人）的选任及解任以及不再连任议案内容的决定。费用由公司承担。[①] 由审计委员会进行调查，审计委员会所选定的审计委员，可随时要求执行官（含执行董事）以及经理人及其他使用人对其职务履行相关事项进行报告，或者对三委员会设置公司的业务及财产状况进行调查。审计委员会所选定的审计委员，为履行审计委员的职务有必要时，可要求三委员会设置公司的子公司对其事业进行报告，或对其子公司的业务及财产状况进行调查。[②] 如图 3 右半边图所示，对于审计等委员会设置公司（即折中单层制），审计等委员会的委员完全由股东会直接选任。审计等委员会的职权包括：对董事履行职务的审计及审计报告的制作；向股东会提交的有关独立审计人的选任及解任以及独立审计人不再连任议案内容的决定；审计等委员会选定的审计等委员，可在股东会上对作为等委员董事以外的董事的选任、解任或辞职陈述审计等委员会的意见；由审计等委员会所选定的审计等委员，可在股东会上对作为审计等委员董事以外董事的薪酬等陈述审计等委员会的意见。[③] 审计等委员对于职务履行可以向公司请求预付费用，请求清偿支出的费用及支出日以后的利息，请求向承担债务的债权人清偿，公司一般不得拒绝。[④]

3. 审计委员会 2.0 的地位与职权

由于日本法“审计等委员会”表述不符合我国立法习惯用语，故我国欲移植折中单层制公司，董事会监督功能模式化构造中的必设功能性委员会确定为“审计委员会”，其实质是升级改造后的审计委员会 2.0。

在地位方面，审计委员会不是超越董事会的独立机关，不是公司的意思表示机关。所以，相关的决定，最终必须转化为董事会决议，方为公司的决议。

在职权方面，折中单层制公司董事会属于非执行董事与执行董事二者构成的混合型董事会，未完全进化到完全的英美监督型董事会，那么，混合型

① 《日本公司法》第 404 条第 4 款。
② 《日本公司法》第 405 条。
③ 《日本公司法》第 399 条之二第 3 款。
④ 《日本公司法》第 399 条之二第 4 款。

董事会层面的监督有所削弱，所以要强化功能性委员会的监督功能，如果仅仅是审计的监督，其监督力度是不够的，而是升级换代，转型为审计委员会2.0，即新《公司法》所规定的“行使监事会的职权”。概括而言，审计委员会2.0的职权构造以审计为核心，但有所拓展。

第一，审计委员会是由三角结构下的旧审计委员会升级换代而形成，核心功能是审计、内控、公司风险管理等审计委员会的监督职能，减少我国三角结构公司转换到单层制公司的制度转换成本。我国自2001年开始引入独立董事制度的同时，就采取“审计委员会”的名称，2018年《上市公司治理准则》强调，上市公司董事会应当设立审计委员会。现行审计委员会的主要职责包括财务、内控、风险管理等监督事项。基于此路径依赖，审计、内控、风险管理等是我国折中单层制公司董事会下设审计委员会2.0的核心职能。

第二，根据新《公司法》所规定的审计委员会“行使监事会的职权”，那么，根据该规则，审计委员会还须承接我国传统三角结构下监事会的部分职能。

然而应予以阐明，董事会下设的审计委员会不是监事会的平替，董事会才是监事会的功能替代机关。三角结构中的监事会在财务审计之外的法定职权，在单层制中，应由董事会（无关联董事）承接。例如，美国公司普遍没有监事会，股东代表诉讼的前置程序，由董事会中无利害关系的董事完成股东代表诉讼的前置程序。也就是说，单层制的监事会职权，将一部分分流给董事会，另一部分分流给审计委员会。

第三，股份公司的公司章程可以规定，审计委员会的监督职权包括重大关联交易的批准。[①]

第四，建议公司章程特别是上市公司的公司章程借鉴美国《萨班斯法》的规定，审计委员会的核心职能包括有权决定公司外聘审计机构的选任、解任，而不是仅仅向董事会或股东会提出意见，同时，公司内部审计部门直接对审计委员会负责，避免管理层的信息过滤。

第五，在此基础上，公司章程还可以给审计委员会配置其他监督权限，扩大审计委员会的监督功能，但不能通过章程缩减审计委员会的功能，可以给单层制公司更大的治理机关设置灵活性。

第六，审计委员会对于职权范围内的事项的决策，具有最终决策权，同

---

① Erik Mouthaan, *The Audit Committee from a European Perspective*, 4 European Company Law 10, 14（2007）.

时，对于董事高管薪酬、董事解任、董事选任等事项，具有向股东会的建议权。最终决策权包括两个方面：审计委员会通过的决议，董事会不得推翻；审计委员会未通过的决议，董事会不得强行通过。我国台湾地区“证券交易法”第 14 条之五第 2 项规定未确立审计委员会的终局性，它规定，未经审计委员会全体成员 1/2 以上同意者，得由全体董事 2/3 以上同意行之，并应于董事会议事录载明审计委员会的决议。这被台湾学者批评为“审计委员会之功能似乎只引进了一半”“半套公司治理移植”。[①] 在这一点上大陆应吸取我国台湾地区教训。

特别重要的是，审计委员会是董事会的内设委员会，审计委员会具有的独立职权，是来源于董事会的授权，亦即，董事会将相关监督权限，授予给功能性委员会。董事会的授权，可能是通过章程，也可能是通过法律等强制性规定。美国公司法的一般规则是董事会可以比较自由地通过公司章程将相关权限授予给下设的委员会。例如，美国《标准公司法》（MBCA）第 8.25（d）条规定：委员会可以做任何董事会可以做的事，然后再排除例外，即，以下事项禁止董事会授权给委员会：决定分红；批准或建议批准依法应由股东批准的事项；选举空缺董事；增加、修改或废除章程细则。是故，包括审计委员会在内的功能性委员会依照公司章程或法律所授权所作出的决议，即为董事会的授权，约束董事会的其他董事，不需要董事会再作出决议，或者董事会只能作出一样的决议。审计委员会代替董事会作出了决议。

（四）审计委员会 2.0 的构成、运营与程序构造

在构成方面，新《公司法》第 121 条第 2 款对于单层制下的股份公司的董事会审计委员会，规定审计委员会成员为 3 名以上，过半数不得在公司担任除董事以外的其他职务，即为监督型董事，且不得与公司存在任何可能影响其独立客观判断的关系。

上市公司有特别的规定。独立性，是承担监督功能的非执行董事有效监督的前提，所以，上市公司相关规范对非执行董事的独立性有特别要求。比较法上对董事独立性常同时采取正向界定和反向界定的方法。比如，美国《萨班斯法》第 301 节规定，独立性是指该人不是发行人或其子公司的关联人士（affiliated person）。纽约证券交易所定义的独立董事为与上市公司“没有

① 曾宛如：《半套公司治理移植经验——以审计委员会与特别委员会为例》，载《月旦民商法杂志》第 43 期（2014 年），第 38 页。

实质关系”，然后从反面列举了不符合独立性要求的情形。[①]《公司治理原则：分析与建议》第1.34节和第3A.01（a）条首先列举了属于“实质关系”的情形，在此之下规定了兜底条款，即有理由相信该名董事将会因其关系而影响其判断。[②]我国台湾地区“证券交易所上市审查准则”规定的董事独立性也是从反面规定符合特定情形者被认为违反独立性要求。总之，独立董事不得在上市公司担任除董事以外的其他职务，且不得与上市公司存在任何可能影响其独立客观判断的关系。

关于审计委员会成员的选任，新《公司法》第144条第3款规定，“公司发行本条第一款第二项规定的类别股份的（即，每一股的表决权数多于或者少于普通股的股份），对于监事或者审计委员会成员的选举和更换，类别股与普通股每一股的表决权数相同。”实践中，首先，公司董事会根据提名委员会的推荐，决定董事候选人名单和审计委员会名单，然后一般只将前者提交给股东会表决，而且每个候选人构成一个独立的议案，不得捆绑。亦即，股东会选举董事，股东会先产生董事会，董事会再正式根据确定下设审计委员会由哪些董事组成，正式产生审计委员会，毕竟存在董事候选人被股东会否决的可能性，所以，逻辑上，他/她必须先被选举为董事，进入董事会，再被董事会确定为审计委员会，方为稳妥。对比实践情况来看的话，新法该条该款容易给人造成错觉，以为审计委员会成员的选举和更换，是由股东会直接进行的。其实，股东会只负责产生董事，不直接侵入董事会确定委员会组成人员的董事会权限，否则构成股东会侵蚀董事会的权限。那么，新法该条该款实施之后，仅适用于发行有特别表决权股份的股份公司，其董事会必须将董事会候选人名单特别是该董事是否为审计委员会提交给股东会，如果该董事候选人是审计委员会成员，则特别表决权股东的表决权回复为一股一权；否则，特别表决权股东的表决权根据公司章程的规定，确定其表决权。

对于股权集中的上市公司，建议公司章程或上市公司监督管理条例，还需要特别考虑独立董事对控制股东的独立性如何建构的问题。控制股东决定了独立董事的选任、解任，而控制股东与上市公司之间的关联交易是掏空上市公司、侵害公众股东的主要手段，被控制股东掌握人事权的独立董事，在

---

① NYSE Listed Company Manual, section 303A.02.

② 美国法律研究院：《公司治理原则：分析与建议》，楼建波等译，法律出版社2006年版，第42、128—131页。

逻辑上和实践上均不能监督控制股东掏空上市公司行为。[①]因此，对于股权高度集中的上市公司，独立董事的独立性应有特别规则，在股权集中公司，独立董事应包含“加强独立性的独立董事”（enhanced independence）[②]。通过赋予非控制股东或公众股东在独立董事选任、解任中更大权重的投票权，可以激励股权集中公司的独立董事更有激励去保护公众股东。根据赋权“加强独立性的独立董事”方案，控制股东依然根据资本多数决原则选任大多数董事会成员，而“加强独立性的独立董事”主要在控制股东与上市公司发生关联交易等涉嫌利益输送行为时发挥守门人作用。比较法上，为了回应越来越多的股权集中公司在交易所上市的形势，2014 年英国金融行为管理局采取新的上市规则，该规则要求在股权集中上市公司独立董事的选任与连任时，实行双重批准，不仅须控股股东同意，而且须由少数股东单独投票，独立董事候选人须获得少数股东中的大多数投票同意后，才能正式当选独立董事。[③]以色列则是规定独立董事应独立于控制股东，赋予公众股东对控制股东推荐的独立董事候选人的否决权；然后，公众股东有权选举一名外界董事（external director）进入公司董事会，无须控制股东同意。[④]就借鉴意义而言，我国对于股权集中上市公司可增加规定 1—2 名独立董事的选举采取累积投票制。

执行型董事不应进入审计委员会。上市公司的审计委员会的委员应全部为独立董事或外部董事，不应仅要求过半数为独立董事。当然不是所有的独立董事都进入审计委员会。比如，美国公众公司审计委员会委员全部为独立董事，我国台湾地区采取单层制的公开发行公司审计委员会是全部独立董事。审计委员会中至少应有一名财务专家。

审计委员会必须是集体决策，不允许单独行动，避免三角结构监事单独

---

① Giovanni Strampelli, *How to Enhance Directors' Independence at Controlled Companies*, 44 J. CORP. L. 103, 109（2018）.

② Lucian A. Bebchuk & Assaf Hamdani, *Independent Directors and Controlling Shareholders*, 165 U. PA. L. REV. 1271, 1290（2017）.

③ Financial Conduct Authority, Listing Rules（Listing Regime Enhancements）Instrument（2014）. Bobby Reddy, *The Fat Controller: Slimming down the Excesses of Controlling Shareholders in UK Listed Companies*, 38 OXFORD J. LEGAL Stud. 733, 743（2018）.

④ Lucian A. Bebchuk & Assaf Hamdani, *Independent Directors and Controlling Shareholders*, 165 U. PA. L. REV. 1271, 1292（2017）.

行动所造成公司内部派系内讧。[①] 审计委员会应在公司设置常务工作人员，协助日常不在公司的审计委员获取公司信息和开展监督工作。此外，审计委员会 2.0 的议事规则与运作程序，完全可以借鉴我国证券交易所《上市公司规范运作》审计委员会的既有规定与制度资源即可。

五、职工董事：何处安放？

公司法调整三对代理关系：所有者与管理者、多数股东与少数股东、公司与公司的缔约方包括债权人、员工与客户。[②] 员工保护为公司法调整范畴。员工参与公司治理的典型法域是德国公司法，职工监事或职工董事来源于德国公司治理共决制。[③]1976 年德国《劳资共决法》规定，雇员超过 2000 人的大公司中，监督董事会成员由资方和劳工各选举一半席位；2004 年《三分之一参与法》规定，雇员超过 500 人的大公司，监督董事会成员由劳工选举产生 1/3 席位。实践中，职工参与公司治理的共决制在德国发挥了社会民主的稳定剂、透过社会合同战胜危机、对于可持续性企业经营的激励和良好公司治理的支持等功能，是成功的。[④]

保护职工利益是我国社会主义市场经济体制的要求，在 2005 年《公司法》（2018 年修订）有所体现，其第 51 条第 2 款规定，监事会中应有适当比例的职工代表，职工代表的比例不得低于 1/3。2005 年《公司法》（2018 年修订）对职工利益的保护是透过承担监督职能的监事席位来实现的。2023 年新《公司法》引入单层制公司模式，公司可以不设监事会，公开发行公司中的监督职能转而由董事会行使。为了一以贯之保障职工利益，新《公司法》第 68 条第 1 款第 1 分句和第 2 分句规定，有限责任公司董事会成员为 3 人以上，其成员中可以有公司职工代表；职工人数 300 人以上的有限责任公司，除依法设监事会并有公司职工代表的外，其董事会成员中应当有公司职工代

---

① 方嘉麟：《经营权争夺战中股东召集权设计兼论监察人角色——以元大复华并购案为例》，载《政大法学评论》第 108 期（2009 年），第 240—244 页。

② Reinier Kraakman et al., The Anatomy of Corporate Law, A Comparative and Functional Approach, Third Edition, Oxford University Press, 2017, pp. 29-30.

③ 邓峰：《普通公司法》，中国人民大学出版社 2009 年版，第 605 页。

④ 黄来纪、李志强、杨合庆主编：《完善中德职工董事、职工监事法律制度研究》，中国民主法制出版社 2015 年版，第 38—51 页。

表（该规定同样适用于股份公司）。新《公司法》不区分公司所有制性质，强制要求职工人数达到一定规模的普通公司的董事会设置职工董事，使职工董事作为公司决策机构的一部分。这在修订草案征求意见阶段引起了比较多的批评意见。监事会不发挥实质性的监督作用，2005 年《公司法》的职工监事形同虚设，一些公司甚至让高管担任职工监事，职工参与公司治理未对股东导向的公司治理产生冲击，而按照 2023 年新《公司法》，董事会享有公司核心的决策权，职工董事享有平等的决策权。这引起了我国企业界的反弹。

职工董事制度在我国不宜不区分公司的所有者性质而强制推行，对于普通股份公司建议修改为任意性或倡导性规范。第一，职工代表董事与股东代表董事的异质化或将意见对立，增加股东与管理层的代理成本。如果单层制公司董事会由股东代表董事和职工代表董事组成，那么，职工代表董事以职工利益为导向，股东代表董事以股东利益为导向；二者的风险偏好也存在本质差异，职工属于风险规避型，因为公司如果从事高风险投资导致公司破产，职工失业难以再谋职业，而股东可以通过多元化的分散投资的方式进行风险分散，属于风险偏好型的。股东与职工对立的立场将使得单层制公司董事会在讨论、决策时出现对立，双方在公司目标、战略、监督措施等方面不能形成一致意见，加剧公司董事会的对立，公司管理层就更可能有机会从中坐收渔翁之利，攫取自我利益，损害公司利益。[①]第二，职工董事承担董事的受信义务，当职工董事违反受信义务时，公司解除职工董事比较困难。[②]第三，新《公司法》对职工董事在董事会中的比例没有规定，因此，预测将来的职工董事在董事会中占据一席，这并不能改变董事会的决策，反而容易制造与加剧公司内部的资方与劳方矛盾。第四，强制推行职工董事，不符合监督专业化的原则，职工不具备监督的专业能力。第五，在董事责任日趋严格的董事责任转型背景下，职工董事背负沉重的董事责任，担任董事反而让职工承担巨大风险。总之，可以预见的是，新《公司法》强制那些选择单层制公司模式的公司董事会必须设立职工董事，那么，大公司会选择传统三角结构，反而与推行单层制的立法政策背道而驰。

中国特色社会主义法律体系已基本形成，可通过其他途径或机制保护公

---

① Jens Dammann and Horst Eidenmuller, *Codetermination: A Poor Fit for U.S. Corporations*, 2020 COLUM. Bus. L. REV. 870, 909–912（2020）.

② Ibid., pp. 913–915.

司职工利益。严格执行2021年新修订《工会法》，加强工会集体谈判的力量。强化职工代表大会的作用。特别重要的是发展我国职工养老金与职工持股计划对公司的持股，我国职工持股会是专门从事企业内部职工持股资金管理、认购公司股份、行使股东权力、履行股东义务、维护出资职工合法权益的组织。[①] 职工持股使职工养老金或其他的职工持股计划成为公司的长期股东，职工能够通过长期资本的力量以股东的身份介入公司治理。[②]

六、结论

长久以来，我国公司学术界与实务界已习惯监事会的存在。面对公司治理全球化运动，2001年我国上市公司引入独立董事，在这条延长线上，2023年新《公司法》继续引入单层制公司模式。然而，单层制公司模式对国人而言仍是较为陌生的公司治理模式。本文的研究内容是在单层制公司董事会中如何构造内部监督机构。单层制公司模式分为英美三委员会单层制和东亚折中单层制。在前者，董事会以独立董事为主，董事会整体上是监督型董事会，董事会下设审计、薪酬、提名等功能性委员会发挥专业的特别监督职能。在后者，董事会由非执行董事与执行董事共同构成，董事会整体上是混合型董事会，非执行董事在董事会决策层面发挥广泛的监督功能包括业务监督，同时，董事会必须设立基本的功能性委员会。

基于我国公司进化阶段与国情，我国移植折中单层制为佳。为有效建立折中单层制公司治理结构，我国董事会的功能定位应为监督机构，董事会中的非执行董事通过参与董事会权限范围内的决策而发挥监督功能，同时董事会须下设审计委员会，审计委员会是现行审计委员会的升级换代版，为审计委员会2.0。审计委员会的职权——“行使监事会的职权”，亦即，承继既有的审计委员会的功能，又进行相应的拓展与整合，吸收传统董事会与监事会的部分监督职能，同时对于自身职权范围的专属监督事项，审计委员会应享有决策权，而非建议权。至于单层制职工董事，其可能成为推进单层制公司治理模式这个政策目标的障碍。

---

① 例如《杭州市企业内部职工持股暂行办法》（1998）第24条。

② Sanford M. Jacoby, *Finance and Labor*: *Perspectives on Risk*, *Inequality*, *and Democracy*, 30 COMP. LAB. L. & POL'y J. 17, 46–48（2008）.

关于审计委员会，另须强调的是：第一，承担特别监督功能的审计委员会不是监事会的平替；董事会才是监事会的功能替代机关。监事会在财务审计之外的职权，由董事会（无关联董事）承接。不设监事会或监事的公司，职工的代表性应在董事会中得到代表，而不是在审计委员会中得到代表。第二，审计委员会不是超越董事会的独立机关，不是公司的意思表示机关。所以，相关决定最终是必须董事会决议，方为公司的决议。审计委员会具有一定的独立职权，但它的权限来源，是董事会的授权，即董事会将相关监督权限，授予给审计委员会。第三，审计委员会根据授权作出的决议，即为董事会的决议，约束董事会的其他董事，不需要董事会再作出决议，审计委员会代替董事会作出了决议。

可见，单层制公司模式并不简单，并没有像想象中的那样“简化”了公司组织机构，其更准确的名称应为“委员会设置公司”，亦即，单层制公司董事会模式内部形成一种分层、分权的内部结构；同时，董事会与管理层形成一个分层的关系。如此，单层制公司模式是三层模式——董事会、委员会、管理层，这三层是既有区分，又有部分重叠。在这个地方，有心的读者可能看到了“制度趋同论”的影子若隐若现。

随着单层制公司模式的移植，我国董事会（含审计委员会）的功能与结构发生本质改变，监督型董事的义务内容与责任体系亦将发生深刻的变化。

免疫学视角下上市公司违规“疫苗”接种效果实证研究

——以独立董事为切入点

朱庆 * 周雪梅 **

近现代免疫学给人类的一大贡献便是发现了“疫苗”。通过接种各类疫苗，人类永远告别了天花、黑死病等动辄夺走数以亿计生命的瘟疫。其实我们可能并不自知，针对“法人有机体”，立法也已自觉或不自觉地引入免疫学机理，为法人编写免疫系统代码（法律制度），或种植“疫苗”。强制上市公司法人接种违规“疫苗”——独立董事便为此类尝试的代表。近年来我国生物“疫苗事件”不断，“疫苗”的可靠性广受关注。而在法人领域的“疫苗”的效果如何？“疫苗”成分的设计与配方是否合理？接种方式是否科学？也颇值得社会科学界给予特别关注。诚然，对独立董事发挥违规防控作用的研究已有不少学者做过，亦有一些颇具价值的发现与建议。但截至目前的研究从未尝试过将管理学、法学等社科理论与免疫学理论进行贯通，是为遗憾。本文尝试在免疫学的思想指导下，借助免疫理论研究独立董事“疫苗”（以下简称“独董‘疫苗’”）在上市公司的违规“免疫”中发挥的作用，存在的问题，并在此基础上给出相关制度完善建议。

本文的理论贡献如下：（1）尝试将公司治理与免疫学理论贯通，开辟学术研究的新地带；（2）进一步分析了不同成分独董“疫苗”对公司不同程度违规行为的影响以及公司环境对独董“疫苗”发挥违规抑制作用的影响；（3）证实了独董“疫苗”对于上市公司违规行为确有抑制作用，但违规抑制作用受独董“疫苗”成分、上市公司违规程度和公司治理环境的影响；（4）相较于以往的研究，考虑到公司违规行为被稽查披露需要一定的时间，本文确定的公司违规年度为发生违规行为年度，使研究结果更加准确。上述发现有利于优化独立董事资源配置，治理上市公司违规行为，进而为中国证

---

* 安徽大学法学院教授，博士生导师，法学博士。

** 安徽大学经济学院理论经济学博士后科研流动站，讲师，法学博士。

监会完善独立董事制度提供借鉴。

一、独立董事作为上市公司违规“疫苗”的免疫学解读

（一）“法人免疫学”概念的提出

公司作为“法人”，在法学界更多的是从其可以像“自然人”一样进行意思表示，产生、变更或消灭法律关系，并承担相应法律后果的角度来理解，并认为其是一种法律的“拟制”。历史上虽有过“法人有机体”“国家有机体”等将法人与有机体类比的学说，[①]但其旨趣所在更多在于政治意涵而非生理学之意义。本文将上市公司法人视为生理学意义上的“有机体”，并进而从免疫学角度观察，并非仅为方便作形象比喻，而是期待从自然科学的研究成果和前沿方法中汲取养分，开拓研究思路和视角，补充研究工具和素材。因为在某种意义上，文明似乎是包含在方法与工具之中的，当科学研究转向了对方法问题的重视时，本身就是科学进步的标志。[②]

我们认为，将免疫学的原理引入法人领域，提出并发展“法人免疫学”理论，有坚实的科学基础。具体而言，向微观处探究，我们发现从人体到器官到组织到细胞，再从细胞结构到核酸和蛋白的分子水平，均可通过检测分子水平的线性结构（如核酸序列）来进行定性与定量分析，亦即人体其实就是一系列微观分子基于一定算法的组合体而已，因此所有人体机能包括免疫机能其实不过是一套复杂的分子层面的算法。向宏观处观察，如果宇宙是源于一次大爆炸而产生的，那么从其引爆到后续的各类物质产生与运行规律，应该也是有一套算法作为基础的。作为自然人有机组合形态的公司法人，其意志与决策均源于组成这一法人的自然人，并通过具体的算法（以法律或章程形式规定的决议机制）形成自己的意思表示（决议或行为）。因此，从分子生物学层面由疫苗激发的免疫应答，到法人层面的独立董事违规免疫，其本质都是免疫算法，只不过算法的层次不同，表现方式略有差异而已。近年来，自然科学的实验方法、计量方法正在逐步渗入社科领域。由生物免疫机理而衍生的人工免疫模型及各种免疫算法已经深入渗透到了诸多工程领域，并正在人工智能领域

---

① 具体参见仲崇玉：《论基尔克法人有机体说的法理内涵和政治旨趣》，载《现代法学》2013 年第 2 期；赵卓然：《试论索尔兹伯里的约翰的国家“有机体论”》，载《贵州社会科学》2015 年第 5 期。

② 张康之：《对社会科学研究方法的认识》，载《北京行政学院学报》2018 年第 2 期。

发挥重要作用。[①] 可见，由自然科学发展出的各类免疫算法和思想对社科领域也必将产生极为深远的影响。“法人免疫学”作为一个新兴交叉学科领域，在逻辑上可以成立，在前景上值得期待！本文尝试从免疫学视角观察公司治理命题，并期待借此抛砖引玉，引起学界对此类视角和方法的更多兴趣与关注。

（二）独立董事作为违规“疫苗”的免疫机理

生物体的免疫系统是一个极为复杂的系统，免疫学也是一门艰深的学问。要将法人与生物体的免疫系统对应，并将相关机理贯通，更是一个庞大工程，非一两篇论文足以阐明。因此，本文仅选取独董“疫苗”发挥违规“免疫”的功能机理与过程作为切入点，进行“管中窥豹”式观察，以避免“小马拉大车”的局面。

1. 独立董事是接种的违规“疫苗”

独立董事在公司中的定位，历来存有争议。但从中国证监会制定《关于在上市公司建立独立董事制度的指导意见》（以下简称《指导意见》）的背景和意图来看，旨在其发挥监控职能，抑制公司的违法违规行为。其一，2001 年《指导意见》发布有一个特殊的国际背景——美国安然丑闻事发。美国证券交易委员会（SEC）加强了对上市公司内控机制的构建，其中强化独立董事制度更是其重要组成部分。这一背景对《指导意见》的出台显然产生了重要影响。其二，我国证券市场股权高度集中，大股东“一股独大”的内部人控制问题严重，大股东侵占上市公司资产、侵蚀中小股东利益等现象频发，而监事会制度又效果不彰。为了监督公司大股东和管理层，抑制公司违法违规行为，保护中小股东利益，独立董事制度被引入中国公司治理结构中。从《指导意见》到 2014 年发布的《上市公司独立董事履职指引》（以下简称《履职指引》），再到 2022 年《上市公司独立董事规则》（以下简称《独董规则》）和 2023 年《上市公司独立董事管理办法》（以下简称《管理办法》）都极为强调发挥独立董事的监督作用。[②] 独立董事要对上市公司及其相关主体、董事会会议的程序和形式进行监督，在履职过程中应重点关注上市公司的关联交易、对外担保、募集资金使用、财务管理、信息披露等事项，而上述事项正是上市公司违法违规主要事由。除《公司法》《证券法》及其他法律规范与公司章程赋予董事的一

---

① 田玉玲、段富：《免疫优化算法模型及应用》，国防工业出版社 2013 年版。

② 《管理办法》已将独立董事角色明确定位为“决策 + 监督 + 咨询”，并将独立董事的监督内容限定于上市公司内部潜在重大利益冲突事项。

般职权外，《履职指引》等还赋予独立董事一些特别职权，如对公司重大关联交易的认可权、提议聘用或解聘会计师事务所等。可见，立法对独立董事在上述事项中发挥监督作用寄予厚望。由于独立董事制度是由中国证监会通过规章形式强制要求上市公司引入的，这与免疫学上的“过继免疫疗法”[①]原理相通。在这个意义上，独立董事可看作证监会为上市公司集体接种的违规“疫苗”。

当然，上市公司的违规免疫系统并非由独立董事一力承担，而是通过审计委员会、监事会和党内巡视等各组成部分相互作用，相互协调的有机系统，共同实现法人的违规“免疫”功能。但在这个系统中，独立董事无疑是非常重要的环节之一。

2. 独董“疫苗”的违规免疫功能机理

（1）违规实为法人“疫病”，违规“抗原”可类型化

根据海恩法则（Heinrich’s Law），每一起严重事故的背后，必然有 29 次轻微事故和 300 起未遂先兆以及 1000 起事故隐患。这一法则在安全领域已被广泛认可，在公司免疫系统中也同样适用。换言之，严重违规背后，必有违规“免疫”系统的一系列多层次问题。如此，便可从公司因违规被处罚的数据去检视公司的免疫系统工作情况。表 1 展示了 1994 年 1 月 1 日—2023 年 12 月 31 日 A 股上市公司的违规处罚数据。

表 1　上市公司违规处罚类型数据表[②]

违规事由	处罚数量	占比（%）
虚增利润	428	4.17
虚列资产	66	0.64
虚假记载（误导性陈述）	3610	35.21
推迟披露	4772	46.54
重大遗漏	2918	28.46
披露不实	264	2.57
欺诈上市	22	0.21
出资违规	1	0.01

① 过继免疫是把致敏淋巴细胞（具有特异免疫力的）或致敏淋巴细胞的产物（例如转移因子和免疫核糖核酸等）输给细胞免疫功能低下者（如肿瘤病人），使其获得抗肿瘤免疫力。

② 由于部分违规事件对应了多种违规处罚事由，所以各项占比加总超过 100%。特此说明。

续表

违规事由	处罚数量	占比（%）
擅自改变资金用途	259	2.53
占用公司资产	841	8.20
内幕交易	6	0.06
违规买卖股票	142	1.38
操纵股价	2	0.02
违规担保	545	5.32
一般会计处理不当	772	7.53
偷税	16	0.16
骗取出口退税	1	0.01
虚开增值税专用发票或者虚开用于骗取出口退税、抵扣税款的其他发票	13	0.13
虚开普通发票	2	0.02
未缴或少缴税款（欠税）	57	0.56
其他	6105	59.54
合计	10253	203.28

CSMAR 数据库一共明确列举了 25 种公司违规事由，这些事由及各自占比展示了我国上市公司“疫病”的外在征象，可以帮助我们观察我国上市公司违规的总体面貌，但并未深入到抗原[①]及病理症状。表 2 在此基础上重新梳理了公司主要违规类型的“抗原本质”“抗原外观”以及相关“病理和症状”。

表 2 上市公司违规主要抗原与病理、症状表

抗原本质	抗原外观	病理及症状
关联交易型利益输送	合同	因关联交易致公司失血
对外担保型利益输送	合同	因对外担保致公司失血
并购重组型利益输送 / 盲目扩张	合同或方案	因盲目扩张致公司大量失血 / 过度浮肿

① 抗原是指那些能够诱导机体免疫系统产生免疫应答，又能与相应抗体或致敏淋巴细胞在体内外发生。

续表

抗原本质	抗原外观	病理及症状
财务数据造假	财务报表	因大脑皮层功能受损致行为障碍，不能正确响应财务规则
信息披露内容或方式违规	信息披露文件	因大脑皮层功能受损致行为障碍，不能正确响应信息披露规则

上市公司大股东借助关联交易等方式恶意掏空上市公司、公司非理性盲目扩张、财务等信息披露造假是公认的几大“顽疾”，且经常会形成流行之势，将其定性为公司“流行病”一点也不为过。由于上述致病“抗原”大都须经董事会决议而生效，而且通常都是内部高管主导提议实施，所以此类抗原的感染标的为公司的“中枢神经系统”，危害极大。不过经过对违规“抗原”的类型化梳理，并有针对地实施“人工免疫”，仍有望产生良好的效果。

（2）独董可以产生“抗体”，“免疫应答”有序多元

如前所述，我国建立独立董事制度的立法目的在很大程度上便是期待借助独董“疫苗”发挥免疫作用，防止法人“中枢神经系统”感染。从免疫学角度而言，这种设计颇为合理。独立董事的确具备精准识别不同类型“抗原”，并产生对违规“特异性免疫”的基本条件。[①] 表 3 对照了生物抗体免疫与独立董事特异性免疫的基本特征，可发现其原理基本相通。

表 3 生物疫苗与独董“疫苗”特异性免疫基本特征对照表 [②]

特异性免疫基本特征	生物疫苗	独董“疫苗”
抗原特异性	能区分抗原间的微小差异。	作为行业专家，能凭知识与经验迅速区分合法议案与违规议案，并能区分不同类型的违规抗原

① 需要说明的是，不同背景独立董事具备的特异性“免疫功能”也不尽相同。从表 2 列举的违规“抗原”本质来看，在机理上，法律背景独立董事（以下简称“法律独董”）基于其对合规问题的敏感性，对全部类型违规“抗原”具备免疫应答功能；财务背景独立董事（以下简称“财务独董”）对涉及财务数据的信息披露文件和财务安排具有敏感性，从而对前 4 类抗原具备免疫应答功能；其他背景的独董，特别是行业专家，除响应法律或财务独董的意见，进而产生“克隆选择”效应，影响董事会决议投票结果外，其本身的“免疫识别”功能较弱。这一事实在我们研究独董“疫苗”成分配置时必须加以注意。

② 特异性免疫基本特征的总结参见田玉玲、段富：《免疫优化：算法、模型及应用》，国防工业出版社 2013 年版，第 11 页。

续表

特异性免疫基本特征	生物疫苗	独董“疫苗”
多样性	能产生数十亿不同的识别分子，每个识别分子都能唯一地识别一种外来抗原的结构。	经多年积累，脑中已有各类违规形态“数据库”；对自己专业领域的各类违规抗原可以迅速唯一识别
克隆选择	抗原在系统中的存在被识别后，会引发具有独特抗原特异性的淋巴细胞增殖。	违规“抗原”被一名独立董事识别并标记后，会迅速引起其他独立董事的关注与共鸣，直至否定该抗原所依附的合同或议案
免疫记忆	抗原被消除后，本轮免疫应答的特异性抗体会被系统记忆下来。当同样抗原再次出现时，由于记忆细胞的使用，二次响应更快，也更为强烈。	《履职指引》第45条：独立董事就会议审议及相关事项进行的询问、调查、讨论等均应形成书面文件，与上市公司之间的各种来往信函、传真、电子邮件等资料应予保存，与公司工作人员之间的工作通话可以在事后做成要点记录。而公司和独立董事对此都会留档。再次出现同类抗原，遵循先例也是公司决议原则的通例

不仅如此，独立董事发挥免疫作用的方式也与“免疫应答”丝丝入扣。表4对比了生物免疫与独董免疫的“免疫应答”三阶段与具体方式，发现其的确惊人的相似。

表4　独立董事违规“免疫应答”三阶段与方式[①]

免疫应答阶段	“免疫应答”方式（生物免疫）	“免疫应答”方式（独董免疫）
感应阶段	抗原的摄取、处理、递呈的特异性识别。	通过阅读相关议案与文件识别“抗原”中的“致病分子”
反应阶段	免疫细胞识别抗原后传递活化信号，自身发生活化、增殖和分化。	董事会会前或会上提出质疑，引起其他董事，特别是独立董事关注和响应

① “免疫应答”三阶段的概括总结参见钱国英、陈永富主编：《免疫学》，浙江大学出版社2010年版，第151页。

续表

免疫应答阶段	“免疫应答”方式（生物免疫）	“免疫应答”方式（独董免疫）
效应阶段	引发T细胞介导的免疫效应和B细胞介导的体液免疫效应。	（1）引发公司修改议案或相关文件；（2）本人投反对票，引起其他董事投反对票；（3）议案不通过或未全票通过；（4）议案通过，但因独董公开发表独立意见，引起监管部门及投资者关注，等等

（三）独立董事违规“免疫”效果发挥的宏观图景与问题

根据上文分析可知，作为“疫苗”的独立董事，在机理上有条件发挥立法所期待的违规免疫功能。但实践中独董“疫苗”的上述功能是否确实得到了充分发挥？其违规免疫效果如何？若其功能发挥有障碍，又具体表现在哪些方面？这些问题都需要结合实证数据加以检验和分析。

独立董事作为公司的外部董事，不直接参与公司日常经营，主要通过出席董事会参与投票和发表独立意见发挥作用。从宏观图景来看，2008—2022年，独立董事在董事会会议上出席率各年度均为95%以上，出席会议总体情况良好，符合履行职责的基本要求；上述期间，共形成了662384份独立董事意见记录，其中异议意见的记录1467条，占总量的0.2%。[①] 可以看出，虽然独立董事与内部董事之间的关系整体上是“和谐的”，但部分独立董事正在积极摆脱“花瓶”形象。然而，我国上市公司依然“疫病”多发。2022年全年证监会系统共做出行政处罚决定383份，累计罚没金额27.33亿元。[②] 实践中独立董事像是有着一张“普罗透斯似的脸”，有时以“正义使者”的形象出现，有时又表现为“花瓶”或“橡皮图章”。例如，在宝万之争中，从前任独立董事华某到现任独立董事刘某威，屡屡发声，发挥了非常积极的作用；又如*ST海润董事长孟某宝私下通过关联交易占用上市公司资金，公司独立董

① 数据整理于CSMAR数据库。《独董规则》第23条第2款明确规定独董发表独立意见有同意、保留意见及其理由、反对意见及其理由、无法发表意见及其障碍等4类。实践中独立董事发表意见类型共包括“同意”“保留意见”“反对意见”“无法发表意见”“弃权”“提出异议”“其他”等7种类型。本文参照唐雪松等、杜兴强等的研究，将“同意”和“其他”视为赞同意见，其他5类视为异议行为。具体参见唐雪松、申慧、杜军：《独立董事监督中的动机——基于独立意见的经验证据》，载《管理世界》2010年第9期；杜兴强、殷敬伟、赖少娟：《论资排辈、CEO任期与独立董事的异议行为》，载《中国工业经济》2017年第12期。

② 具体参见中国证券监督管理委员会年报（2022年）。

事徐某平提议召开董事会解除其董事长、董事、总裁职务，并高票通过。但与此同时，很多独立董事积极履职，却演绎了一出又一出“精卫填海”式的悲剧。[①]

由此，对本部分一开始提出的问题，从上述宏观图景和个案均无法得出确定的结论，需要通过更为精确的检验方法加以确认。本文在现有研究基础上，借鉴疫苗培养的思路，从多元分层角度出发，具体观察独立董事专业背景、公司治理环境与公司违规之间的相关关系，探寻独立董事资源与上市公司优化匹配方案，以实现独董“疫苗”违规免疫效果最大化。具体将从理论分析和实证检验两个递进的方面进行研究。首先，从理论上分析独立董事整体以及不同专业背景独立董事的监督功能与机理，在治理环境中监控机制的机理差异等；其次，从实证角度出发，通过回归分析检验不同专业背景独立董事与公司违规之间的关系，以及在治理环境影响下与公司违规之间的关系，以验证独董“疫苗”能否发挥违规免疫效果，以及不同专业背景独立董事在治理环境调节下的违规免疫效果差异；最后，在上述研究结论的基础上，提出相关制度建议。此外，为适合社科背景读者的阅读习惯，本文除将独立董事视为违规“疫苗”外，对概念和计量指标的使用仍尽量停留在管理学和法学等社科话语体系内，特此说明。

二、独立董事违规免疫作用的文献回顾

（一）独立董事与公司违规

关于独立董事与公司违规之间的关系，理论界存在“肯定论”与“否定论”两种不同声音。“肯定论”认为独立董事拥有较高的监督潜能（周建等，2016），[②] 在上市公司中发挥了积极的监督作用（叶康涛等，2011）。[③] 一方面，独立董事的加入可以监督公司的管理行为，减少管理层与董事合谋的

---

① 除了早期的伊利股份、乐山电力、莲花味精等独立董事事件外，2014 年天目药业两名独立董事因对公司《2013 年年度报告》及《2013 年财务决算报告》投了反对票，而遭遇被迫离职的命运。

② 周建、罗肖依、张双鹏：《独立董事个体有效监督的形成机理——面向董事会监督有效性的理论构建》，载《中国工业经济》2016 年第 5 期。

③ 叶康涛等：《独立董事的独立性：基于董事会投票的证据》，载《经济研究》2011 年第 1 期。

机会（Fama & Jensen，1983），[①]从而抑制上市公司财务舞弊、大股东资金占用、控股股东及其关联方提供担保等违规行为。[②]另一方面，独立董事能够提高公司会计盈余的稳健性（娄权，2004），[③]抑制公司盈余管理行为（Peasnell，2005）。[④]且随着任期延长和经验增加，这种治理作用的有效性更明显（全怡和姚振晔，2015；陈冬华和相加凤，2017）。[⑤]但亦有研究指出，独立董事虽有抑制违规的作用，却无法“包治百病”（郑春美和李文耀，2011）。[⑥]例如，在限制关联交易和直接占用公司资金方面，其发挥作用有限（封思贤，2005）。[⑦]“否定论”则认为独立董事并未有效发挥监督作用（Wade et al.，1990；周佰成等,2017）。[⑧]为避免丢失席位和损失财富，独立董事在董事会中说“不”的可能性很低（唐雪松等，2010），[⑨]其在上市公司中更多是扮演“顾

---

① Fama E.F.，Jensen M.C. *Separation of Ownership and Control*，Journal of Law and Economics，1983，26（2）：301-325.

② 有研究发现独立董事比例越高，上市公司财务报告欺诈概率越低。具体参见 Beasley M.，*An Empirical Analysis of the Relation Between the Board of Director Composition and Financial Statement Fraud*，The Accounting Review，1996，71（10）：443-465；陈关亭：《我国上市公司财务报告舞弊因素的实证分析》，载《审计研究》2007 年第 5 期；也有学者研究发现独立董事比例越高，大股东占用资金越少，具体参见叶康涛、陆正飞、张志华：《独立董事能否抑制大股东的“掏空”？》，载《经济研究》2007 年第 4 期。

③ 娄权：《我国上市公司财务报告舞弊行为之经验研究》，载《证券市场导报》2003 年第 10 期，第 8—12 页。

④ Peasnell K.V.，Pope P.F.，Young S.，*Board Monitoring and Earning Management：Do Outside Directors Influence Abnormal Accruals*，Journal of Business Finance & Accounting，2005，32（7-8）：1311-1346.

⑤ 全怡、姚振晔：《法律环境、独董任职经验与企业违规》，载《山西财经大学学报》2015 年第 9 期；陈冬华、相加凤：《独立董事只能连任 6 年合理吗？——基于我国 A 股上市公司的实证研究》，载《管理世界》2017 年第 5 期。

⑥ 郑春美、李文耀：《基于会计监管的中国独立董事制度有效性实证研究》，载《管理世界》2011 年第 3 期，第 184—185 页。

⑦ 封思贤：《独立董事制度对关联交易影响的实证研究》，载《商业经济与管理》2005 年第 3 期，第 54—60 页。

⑧ 周佰成、邵振文、孙祖珩：《中国上市公司独立董事功能缺失与制度重塑》，载《社会科学战线》2017 年第 3 期，第 251—255 页；Wade，J.，O’Reilly，C.A.，Chandratat，I.，*Golden Parachutes CEOs and the Exercise of Social Influence*，Administrative Science Quarterly，1990，35（4）：587-603。

⑨ 唐雪松、申慧、杜军：《独立董事监督中的动机——基于独立意见的经验证据》，载《管理世界》2010 年第 9 期。

问”角色，尤其是那些具有资源关系型的独立董事（刘浩等，2012）。[①]甚至有研究发现，即使提高独立董事比例也不能降低公司信息披露违规概率（孙敬水和周永强，2008），[②]难以抑制公司盈余管理操纵行为（张华伦等，2007），[③]以及关联交易等（闫邹先和孙玉梅，2008），[④]反而会增加公司的违规概率（邓可斌和周小丹，2012）。[⑤]而上述论争孰是孰非，至今尚无定论。

（二）独立董事背景与公司违规

学界通常将独立董事背景分为五大类：会计、政府、技术、法律和其他。[⑥]国内外大量实证研究表明：会计背景独立董事（以下简称“会计独董”）能够提高上市公司财务报告质量，在一定程度上抑制财务方面违规，减少公司盈余管理行为（John et al.，2013；王怀明和张惠，2009）；[⑦]政府背景独立董事（以下简称“政府独董”）由于其政治身份天然具有资源支持功能，能够帮助上市公司获取较多关键资源和政策扶持（吴文锋等，2009；余明桂等，2010；谢志明和易玄，2014；等等），[⑧]此外，政府独董也可能增加公司事前违规的倾向，并降低公司事后稽查处罚的可能性（逯东等，2017）；[⑨]技

---

① 刘浩、唐松、楼俊：《独立董事：监督还是咨询？——银行背景独立董事对企业信贷融资影响研究》，载《管理世界》2012年第1期。

② 孙敬水、周永强：《我国上市公司董事会特征与信息披露违规——基于2004—2006年数据实证分析》，载《工业技术经济》2008年第1期。

③ 张华伦等：《独立董事、审计委员会有效性的实证研究》，载《统计与决策》2007年第23期。

④ 闫邹先、孙玉梅：《独立董事能否防范上市公司合谋：一项基于上市公司的经验证据》，载《当代经济管理》2008年第10期。

⑤ 邓可斌、周小丹：《独立董事与公司违规：合谋还是抑制》，载《山西财经大学学报》2012年第11期。

⑥ 夏冬、林朱松：《独立董事报酬的决定因素与公司治理特征》，载《南开管理评论》2005年第4期。

⑦ John，L.Abernathy，Don，Herrmann，Tony，Kang.，Gopal，V.Krishnan.，*Audit Committee Financial Expertise and Properties of Analyst Earnings Forecasts*，Advances in Accounting，Incorporating Advances in International Accounting，2013，(29)：1-11；王怀明、张惠：《财务背景独立董事与会计信息质量》，载《南京农业大学学报（社会科学版）》2009年第1期。

⑧ 吴文锋、吴冲锋、芮萌：《中国上市公司高管的政府背景与税收优惠》，载《管理世界》2009年第3期；余明桂、回雅甫、潘红波：《政治联系、寻租与地方政府财政补贴有效性》，载《经济研究》2010年第3期；谢志明、易玄：《产权性质、行政背景独立董事及其履职效应研究》，载《会计研究》2014年第9期。

⑨ 逯东、谢璇、杨丹：《独立董事官员背景类型与上市公司违规研究》，载《会计研究》2017年第8期。

术背景独立董事（以下简称“技术独董”）主要是发挥咨询作用（Johnsone et al., 1996）；[①] 法律背景独立董事（以下简称“法律独董”）凭借其专业优势和职业特征，对于公司违规风险则更加警惕，可发挥重要的监督作用（Jonson, 2004; Krishnan et al., 2011）。[②] 境外实证研究发现，那些规模较大、监管成本较高的公司都倾向于聘请法律独董（Agrawal & Knoeber, 2001）。[③] 然而，国内学界关于法律独董的监督作用争议较大。一方面，有学者研究发现法律独董不仅有助于减少公司违规行为的发生（郑路航，2011），[④] 而且还能抑制公司高管职务犯罪（全怡和陈冬华，2017）；[⑤] 另一方面，有学者认为与预期相差甚远的是，法律独董非但没能发挥有效的监督作用，反而还包庇了公司的违规行为（吕荣杰等，2017），[⑥] 具有法律和会计背景独立董事的违规公司，违规程度更严重（车响午和彭正银，2018）。[⑦] 显然，要平息上述论争，仍需要做更为精准的实证检验。

（三）治理环境对独立董事发挥违规免疫作用的影响

良好的公司治理环境有利于合理配置公司的权力资源，完善公司内部的权力分配，促使其良性运转，对于独立董事发挥作用具有重要的调节作用。公司治理环境的构成因素很复杂，本文仅选取市场化程度对独立董事发挥违规免疫作用的影响进行梳理和研究。

中国目前的发展不平衡仍然严重，东部地区经济发展迅速，而中西部地区经济发展较为落后。王小鲁、樊纲等人运用市场化指数衡量了各省市场化

---

① Johnson, J., Daily, C., Ellstrand, A., *Boards of Directors: A Review and Research Agenda*, Journal of Management, 1996 (22): 409–438.

② Jonson, C., *Lawyers in the Limelight: SEC Helps Police Their , Misconduct*, The Washington Post, 2004-11-20; Krishnan, J., Wen, Y., Zhao, W., *Legal Expertise on Corporate Audit Committees and Financial Reporting Quality*, The Accounting Review, 2011, 86 (6): 2099–2130.

③ Agrawal, A., Knoeber, C., *Do Some Outside Directors Play a Political Role*, Journal of Law and Economics, 2001, 44 (1): 179–198.

④ 郑路航：《“名人”独立董事履行职责状况分析——来自中国上市公司的证据》，载《中南财经政法大学学报》2011 年第 3 期。

⑤ 全怡、陈冬华：《法律背景独立董事：治理、信号还是司法庇护？——基于上市公司高管犯罪的经验证据》，载《财经研究》2017 年第 2 期。

⑥ 吕荣杰、郝力晓、吴超：《法律背景独立董事：监督还是包庇？》，载《上海对外经贸大学学报》2017 年第 6 期。

⑦ 车响午、正银：《上市公司董事背景特征与企业违规行为研究》，载《财经问题研究》2018 年第 1 期。

发展水平和程度，基本概括了市场化各方面内容。市场化进程快的地区，公司治理综合指数较高（罗雨薇,2014）。[①]市场化程度高的地区资本市场发展更为发达，法治环境更好。而好的法治环境能够显著降低企业的违规倾向（徐尧等,2017），[②]还可以减弱产权对企业会计稳健性和融资约束的影响（沈彦杰，2017），[③]减少大股东的资金占用（沈维涛和叶小杰，2012），[④]更好地维护中小股东权益（叶勇等,2013）。[⑤]此外，地区市场化程度与独立董事的监督功能之间在一定程度上存在替代关系。在市场化程度高的地区，会计独董的监督效应与市场化发展水平之间互为替代关系。法律独董的事前、事中、事后监督效应与市场化发展水平之间为互补关系（王凯等,2016）。[⑥]而在市场化程度低的地区，由于资本市场发展水平低、法律环境差，公司会计信息质量显著低于市场化程度高的地区（施先旺等，2014），[⑦]内部人利益侵占程度较高（雷光勇和范蕾,2009），[⑧]上市公司违规概率更高，违规行为将更为严重和复杂，[⑨]实务界会计独董的事前、事中和事后监督功能将更为明显（王凯等，2016）。

综上，目前关于独立董事能否抑制上市公司违规行为的研究结论存有较

---

① 罗雨薇：《市场化指数、治理结构与企业绩效关系研究》，载《统计与决策》2014 年第 24 期。

② 徐尧、刘峰、王亚：《法治环境、政治关联与违规查处——来自 A 股市场的经验证据》，载《当代财经》2017 年第 8 期。

③ 沈彦杰：《市场化程度、会计稳健性与企业融资约束——基于产权异质性的比较分析》，载《财会研究》2017 年第 6 期。

④ 沈维涛、叶小杰：《市场化程度、独立董事独立性与公司价值——基于独立董事辞职公告的实证检验》，载《经济管理》2012 年第 12 期。

⑤ 叶勇、李明、黄雷：《法律环境、媒体监督与代理成本》，载《证券市场导报》2013 年第 9 期。

⑥ 王凯、武立东、许金花：《专业背景独立董事对上市公司大股东掏空行为的监督功能》，载《经济管理》2016 年第 11 期。

⑦ 施先旺、胡沁、徐芳婷：《市场化进程、会计信息质量与股价崩盘风险》，载《中南财经政法大学学报》2014 年第 4 期。

⑧ 雷光勇、范蕾：《市场化程度、内部人侵占与审计监督》，载《财贸经济》2009 年第 5 期。

⑨ 1994 年至 2018 年 6 月 30 日共有 1520 家 A 股上市公司因违规受处罚，其中东部地区占 875 家，中西部地区占 645 家，而这段时间内，共有 3449 家公司上市，其中东部地区占 2341 家，中西部地区占 1108 家，从公司违规概率来看，东部地区公司为 37.38%，中西部地区公司为 58.21%，中西部地区公司违规概率确实更高。数据整理于 CSMAR 数据库，其中东部地区和中西部地区的划分借鉴了《中国统计年鉴 2017》的划分方法，东部地区包括北京、天津、河北、上海、江苏、浙江、福建、山东、广东和海南，其余为中西部地区。

大分歧，而且主要集中在独立董事与不同类型公司之间做违规关联，或是从独立董事不同背景与公司违规关联的角度出发，侧重于研究独立董事与公司违规两因素的相关关系，在研究过程中鲜少考虑不同专业背景下独立董事在不同治理环境公司中的违规免疫效果的不同。因此，仍有必要运用更新更全的数据，更为精确的方法对相关命题进行验证。此外，目前学界对上述问题的相关成果尚无从免疫学视角的观察与研究，对独立董事发挥作用的机理和过程缺乏深入研究，难以进入董事会决议“黑箱”，因此需要我们进一步开拓视野，打通学科藩篱实现新的突破。

三、理论框架与假设提出

（一）不同背景独立董事对公司违规的影响分析

上市公司管理层追求自身利益最大化是其“疫病”多发的主要病因。[①]随着现代企业专业化程度的提高，公司管理层对公司的控制力也越来越强大。而管理层是公司神经中枢系统的主要组成部分，一旦感染“疫病”，对公司健康危害极大。我国强制上市公司接种独董“疫苗”的初衷是期望其能够产生抗体，约束公司内部管理层权力，避免内部人控制现象，从而发挥违规免疫功能。追求良好的声誉是独立董事积极发挥作用的主要动力。[②]实践中，独立董事通常由一些知名的社会成员担任，出于规避声誉风险和法律风险的考虑，整个独立董事团队可能比内部董事更难以容忍公司各类“疫病”。此外，由于独立董事在享有职权的同时，需对自己投赞成票的公司失误或违法决策负连带赔偿责任，[③]因而独立董事在履职过程中可能会更加严谨，从而有助于提高独董“疫苗”的违规免疫效果。在免疫学意义上，每一类疫苗均有自己的特定指向，疫苗成分不同会导致疫苗呈现不同的功效。独董“疫苗”成分的差异主要表现为独立董事的专业背景差异。如上文所析，基于上述差异，不同专业背景独立董事关注的违规行为类型亦将有所差别。比如财务独董会对公

---

① 陈震、李艳辉：《上市公司违规动因研究——基于管理层权力理论视角》，载《中南财经政法大学学报》2011 年第 2 期。

② Fama E.F., *Agency Problems and the Theory of the Firm*, Journal of Political Economy, 1980, 188（9）: 288-307.

③ 唐清泉、罗党论、王莉：《上市公司独立董事辞职行为研究——基于前景理论的分析》，载《南开管理评论》2006 年第 1 期。

司在财务造假等方面的违规行为特别敏感，[①]法律独董则更关注公司的内幕交易、违规担保等违法违规行为，对关联交易等大股东"掏空"行为能起到较好的抑制作用。[②]声誉激励机制会增强独立董事的监督动机。基于前文关于独董"疫苗"免疫机理的论证和上述分析，本文提出如下假设[③]：

假设1a：限定其他条件，财务独董降低了上市公司违规倾向。

假设1b：限定其他条件，法律独董降低了上市公司违规倾向。

（二）不同背景独立董事对公司违规程度的影响分析

实践中，每一类疫苗均有自己的功能边界，不可能包打天下。从理论上分析，独董"疫苗"很可能仅对程度较轻的违规行为产生抑制作用，而对于一些严重的"疫病"，极有可能无力回天，难以发挥有效的违规免疫效果。首先，实践中有些严重违规行为可能都是暗中操作，难以被察觉，情况更为复杂。加之信息不对称，独立董事在公司中投入的时间和精力又有限，对于严重违规行为，独立董事通常心余力绌；其次，上市公司违规行为实际上是一种博弈的结果，在决定是否违规时，公司会事先考虑违规的预期成本和预期收益，如果违规成本高于收益，公司将遵守法律规范；如果违规所获利益高于成本，公司很可能会选择违规。[④]既然公司已经发生了程度严重的违规行为，那说明在开始行动前，公司已经预见到即使违规被稽查惩处，带来的收益也是十分可观的，此时公司的违规冲动强烈，独立董事很难发挥作用。最后，独立董事是否勤勉尽职受到工作机会成本和相关收益两方面的影响。只有独立董事的工作机会成本较低时，才倾向于付出更多的正向努力。[⑤]在一股独大，内部人控制严重，独立董事的提名、选拔和履责受到公司大股东和管

① 胡奕明、唐松莲：《独立董事与上市公司盈余信息质量》，载《管理世界》2008年第9期。

② 周繁：《独立董事背景与治理效果——基于中国上市公司的实证研究》，经济科学出版社2010年版，第150页。

③ 本文并未考虑政府独董、技术独董和其他背景独董。一方面是因为2013年《关于进一步规范党政领导干部在企业兼职（任职）问题的意见》（以下简称"18号文"）下发，其中明确提出现职党政领导干部不得在企业兼职（任职），退休党政领导干部到企业兼职（任职）需经过严格审批等；另一方面，本文主要是探究独董"疫苗"的违规免疫效果，而大量实证研究发现政府独董更多是提供资源支持，技术独董更多是提供咨询服务。

④ 郝旭光、贺小刚、张嘉祺：《证券监管机构与上市公司的博弈分析》，载《中央财经大学学报》2013年第8期。

⑤ 宁向东、张颖：《独立董事能够勤勉和诚信地进行监督吗——独立董事行为决策模型的构建》，载《中国工业经济》2012年第1期。

理层限制的环境下，即使财务独董和法律独董想要积极发挥违规免疫作用，抑制公司违规行为，也通常不著见效。基于上述分析，本文提出如下两个假设：

假设2a：对于所有违规行为而言，限定其他条件，违规越严重的行为，财务独董越难以起到抑制作用。

假设2b：对于所有违规行为而言，限定其他条件，违规越严重的行为，法律独董越难以起到抑制作用。

（三）进一步分析：治理环境对不同背景独立董事作用发挥的影响

与自然人情况相似，上市公司法人感染疾病还会受到外界环境的影响。市场化指数高的地区市场发展水平高，法治环境更好，公司违规倾向较低；而市场化指数低的地区资本市场发展水平低、法律环境差，上市公司违规行为将更为严重和复杂。[①]除了疫苗本身质量以外，外界环境对疫苗的免疫效果影响也很大。独立董事制度的实效与我国资本市场的法治化水平息息相关，在缺乏法治化的资本市场舞台上，独立董事是难以发挥其预期作用的。市场化程度高的地区，地方政府对上市公司的干预较少，公司的治理机制更为有效，有利于规范上市公司的运作，从而保障独董“疫苗”的质量，为独董“疫苗”发挥违规免疫效果提供良好的外界助力，此外，市场化程度高的地区，声誉机制的激励作用更为明显。[②]因而在市场化程度高的地区财务独董和法律独董能够更好地抑制公司违规行为。而在市场化程度低的地区，由于法治发展环境较差，市场发展水平较低，市场难以对公司违规行为形成有效约束，独董“疫苗”的作用空间又有限，且面临的阻碍较多，财务独董和法律独董往往难以有效发挥作用。基于此，本文提出如下假设：

假设3a：对于所有违规行为而言，当公司地处市场化程度较高的地区时，财务独董和法律独董能够抑制上市公司违规倾向。

假设3b：对于所有违规行为而言，当公司地处市场化程度较低的地区时，财务独董和法律独董难以抑制上市公司违规倾向。

---

① 徐尧、刘峰、王亚：《法治环境、政治关联与违规查处——来自A股市场的经验证据》，载《当代财经》2017年第8期。

② 张世鹏、张洁瑛、谢星：《会计独董、治理环境与审计委员会勤勉度》，载《审计研究》2013年第3期。

四、实证研究设计

（一）样本选择与数据来源

由于中国上市公司自2008年才披露独立董事的个人背景信息，且本文上市公司当年是否违规是以违规发生年度来衡量。因而本文以2008年至2014年的中国资本市场A股上市公司为研究样本。上市公司违规数据与独立董事个人背景资料主要来源于CSMAR数据库。在获得独立董事职业背景资料后，手动筛选出财务独董、法律独董数据。为提升研究结论的可信度，本文参照惯例将金融保险行业观测值和数据缺失的观测值予以剔除，最终保留13746个观测值。大多数情况下违规公司的财务状况不佳，为了减少样本选择的偏差，本文未剔除特殊交易状态的样本（ST公司）。同时，为降低极端值可能带来的影响，本文对连续变量在1%和99%分位进行了winsorize处理。

（二）模型设计与变量定义

基于上述理论问题及其带来的实证检验需求，借鉴周泽将和刘中燕（2017）[①]等相关研究，本文构建如下两个模型：

$$
\begin{aligned}
Fraud=&\alpha_0+\alpha_1 Num\text{-}acc(Num\text{-}law)+\alpha_2 Size+\alpha_3 Lev+\alpha_4 Roe+\alpha_5 Board\\
&+\alpha_6 Inddir+\alpha_7 Dual+\alpha_8 Long+\alpha_9 Age+\alpha_{10} Female+\alpha_{11} Part+\alpha_{12} Pay\\
&+\alpha_{13} Geo+\alpha_{14} List+\alpha_{15} State+\alpha_{16} C/V+\alpha_{17} OP+\alpha_{18} Audit+\alpha_{19} First\\
&+\alpha_{20} OC+\alpha_{21} Index+\beta Indus+\lambda Year+\varepsilon
\end{aligned} \tag{1}
$$

$$
\begin{aligned}
Degree=&\alpha_0+\alpha_1 Num\text{-}acc(Nrm\text{-}law)+\alpha_2 Size+\alpha_3 Lev+\alpha_4 Roe+\alpha_5 Board\\
&+\alpha_6 Inddir+\alpha_7 Dual+\alpha_8 Long+\alpha_9 Age+\alpha_{10} Female+\alpha_{11} Part+\alpha_{12} Pay\\
&+\alpha_{13} Geo+\alpha_{14} List+\alpha_{15} State+\alpha_{16} C/V+\alpha_{17} OP+\alpha_{18} Audit+\alpha_{19} First\\
&+\alpha_{20} OC+\alpha_{21} Index+\beta Indus+\lambda Year+\varepsilon
\end{aligned} \tag{2}
$$

由于模型（1）和模型（2）的因变量包括虚拟变量与有序变量，所以本文同时使用Logistic模型和Ordered Logistic模型。

1. 被解释变量。本文上市公司违规行为采用两个维度来衡量：公司是否发生违规行为和公司违规严重程度。① Fraud为公司是否发生违规行为，若当年公司有违规行为发生并因违规行为被监管部门处罚，则将Fraud赋值1，否则赋值0。② Degree表示违规严重程度，上市公司的病情严重程度主要根据上

---

① 周泽将、刘中燕：《独立董事本地任职对上市公司违规行为之影响研究——基于政治关联与产权性质视角的经验证据》，载《中国软科学》2017年第7期。

市公司的违规类型、程度和处罚类型所确定。基于违规类型和严重程度的不同，上市公司受到的处罚存在差异。CSMAR 数据库中将公司违规受处罚类型划分为八类，[①]结合《上市公司监督管理条例》《证券公司分类监管规定》等文件规定，我们将有违规行为但未受到处罚或是受到其他处罚的违规列为轻微违规行为，批评和谴责作为中度违规行为，其余则列为严重违规行为。此处参考郝玉贵和陈奇薇（2012）、周泽将和刘中燕（2017）的做法，根据处罚方式的轻重程度，若当年上市公司未因违规行为受罚，赋值 0；若处罚类型为“其他”，赋值 1；若处罚类型为批评或谴责，赋值 2；若处罚类型为警告、罚款或没收违法所得，则赋值 3。当同时受到多种处罚时取最严重的处罚类型度量。

2. 解释变量。根据样本数据观察，几乎每个上市公司都有一位财务独董，因此本文以不同背景的独立董事数量作为解释变量：①财务独董数量（Num-acc）；②法律独董数量（Num-law）。

3. 控制变量。本文参照相关同类主题的文献，在模型中控制了如下变量：①独立董事个人特征变量：独立董事平均年龄（Age）、女性独立董事所占比例（Female）；②公司治理特征变量，包括企业规模（Size）、资产负债率（Lev）、净资产收益率（Roe）、董事会规模（Board）、董事会的独立性（Inddir）、公司上市年龄（Long）、公司中独立董事人均兼职数（Part）、公司中独立董事人均薪酬（Pay）、本地任职（GEO）、两职合一（Dual）、交易状态（List）、产权性质（State）、两权分离度（C/V）、独立董事意见（OP）、审计意见（Audit）、第一大股东持股比例（First）、公司第二大股东至第五大股东持股比例之和（OC）、地区市场化程度（Index）；③年度虚拟变量 Year、行业虚拟变量 Industry（参照证监会行业分类标准 2012）。具体变量说明详见表 5。

表 5　变量定义表

变量类型	符号	定义
被解释变量	Fraud	虚拟变量，若当年公司有违规行为发生并因违规行为被监管部门处罚，则赋值 1，否则赋值 0
	Degree	若当年上市公司未因违规行为受罚，赋值 0；若处罚类型为“其他”，赋值 1；若处罚类型为批评或谴责，赋值 2；若处罚类型为警告、罚款或没收违法所得，则赋值 3。当同时受到多种处罚时取最严重的处罚类型度量

① 分别为：批评、警告、谴责、罚款、没收违法所得、取消营业许可（责令关闭）、市场禁入和兜底性的其他。

续表

变量类型	符号	定义
解释变量	Num-acc	财务独董数量
	Num-law	法律独董数量
控制变量	Size	以期末总资产的自然对数表示
	Lev	以期末负债总额 / 期末资产总额表示
	Roe	以净利润 / 股东权益平均余额表示
	Board	董事会人数
	Inddir	以独立董事人数 / 董事会成员中非独立董事人数表示
	Long	以观测值所在年份减去企业上市年份表示
	Dual	若董事长和总经理两职合一时，赋值 1，否则赋值 0
	Age	独立董事平均年龄
	Female	女性独立董事所占比例
	Part	公司中独立董事人均兼职数
	Pay	以独立董事平均薪酬的自然对数表示
	Geo	若独立董事是本地任职，赋值 1，否则赋值 0
	List	以上市公司股票交易状态表示，若公司处于非正常交易状态，赋值 1，否则赋值 0
	State	产权性质，若上市公司为国有控股赋值 1，否则赋值 0
	C/V	以控股股东控制权—现金流权表示
	OP	上市公司中形成独立董事意见的总次数
	Audit	若公司当年内存在非标准无保留审计意见，赋值 1，否则赋值 0
	First	第一大股东持股比例
	OC	股权制衡度，以公司第二大股东至第五大股东持股比例之和表示
	Index	市场化指数，采用王晓鲁、樊纲、余静文编著的《中国分省份市场化指数报告（2016）》一书中的市场化总指数衡量
	Year	控制年度影响
	Industry	控制行业影响

五、实证结果与分析

（一）变量的描述性统计

表 6 报告了各变量描述性统计的结果。Fraud 平均值为 0.1538，表明样本公司发生违规行为的比例为 15.38%。Degree 的标准差为 0.5224，反映出样本公司间违规程度存在较大差距。Num-acc 最小值为 0.0000，最大值为 6.0000，说明样本公司中财务独董人数最多为 6 人，部分公司中没有财务独董。Num-law 最小值为 0.0000，最大值为 5.0000，表明样本公司中法律独董人数最多为 5 人，部分公司中未聘请法律独董。其中 Num-acc 均值为 1.1902，Num-law 均值为 0.6015，说明在样本公司中，财务独董比重较大，法律独董比重较小，平均一家样本公司中法律独董不足 1 人。控制变量方面，受篇幅所限，此处略去。

表 6　描述性统计结果

variable	N	mean	sd	min	p25	p50	p75	max
Fraud	13746	0.1538	0.3608	0.0000	0.0000	0.0000	0.0000	1.0000
Degree	13746	0.1985	0.5224	0.0000	0.0000	0.0000	0.0000	3.0000
Numacc	13746	1.1902	0.6784	0.0000	1.0000	1.0000	2.0000	6.0000
Numlaw	13746	0.6015	0.6585	0.0000	0.0000	1.0000	1.0000	5.0000
Size	13746	21.7675	1.2796	18.9543	20.8675	21.6101	22.4840	25.7137
Lev	13746	0.4567	0.2380	0.0415	0.2714	0.4527	0.6262	1.2581
Roe	13746	0.0656	0.1396	-0.7542	0.0304	0.0714	0.1163	0.5160
Board	13746	8.8931	1.7791	4.0000	8.0000	9.0000	9.0000	18.0000
Inddir	13746	0.5986	0.1566	0.4286	0.5000	0.5000	0.6667	1.3333
Long	13746	9.8496	6.1542	1.0000	4.0000	10.0000	15.0000	25.0000
Dual	13746	0.2307	0.4213	0.0000	0.0000	0.0000	0.0000	1.0000
Age	13746	3.9621	0.1092	3.7136	3.8850	3.9608	4.0372	4.2121
Female	13746	0.1712	0.2247	0.0000	0.0000	0.0000	0.3333	1.0000
Part	13746	0.9521	0.7346	0.0000	0.3333	0.8333	1.3333	3.0000
Pay	13746	10.8113	0.4860	9.3927	10.5187	10.8198	11.0509	12.1007
Geo	13746	0.4729	0.4993	0.0000	0.0000	0.0000	1.0000	1.0000
List	13746	0.0535	0.2251	0.0000	0.0000	0.0000	0.0000	1.0000

续表

variable	N	mean	sd	min	p25	p50	p75	max
State	13746	0.4584	0.4983	0.0000	0.0000	0.0000	1.0000	1.0000
CV	13746	5.7742	8.1025	0.0000	0.0000	0.0000	10.7484	29.8855
OP	13746	8.6654	6.3578	0.0000	3.0000	8.0000	13.0000	54.0000
Audit	13746	0.0450	0.2072	0.0000	0.0000	0.0000	0.0000	1.0000
Frist	13746	36.2673	15.3149	9.0280	23.9800	34.4550	47.5000	75.4200
OC	13746	16.8551	11.6591	0.9900	7.0200	14.8700	24.8700	47.5300
Index	13746	7.2762	1.6762	2.8700	6.1000	7.5100	8.6900	9.9500

此外，经过初步分析发现，不同专业背景独立董事与公司违规之间为负相关关系，各变量间的相关系数均小于0.5，且VIF进行的多重共线性检验均小于2，这表明本文所建立的模型不存在严重的多重共线性问题。受篇幅所限，此处略去相关系数统计结果。

（二）回归结果及其分析

表7列示了本文关于不同专业背景独立董事对上市公司违规倾向和违规程度所发挥抑制作用的实证检验结果。在模型（1）中，第（1）列Num-acc在10%水平上显著负相关，第（2）列Num-law在5%水平上显著负相关，上述结果表明在上市公司中，两类专业背景独立董事均能够抑制上市公司违规倾向，假设1a和假设1b得到验证。在模型（2）中，第（1）列Num-acc在1%水平上显著正相关，第（2）列Num-law在10%水平上显著正相关，上述结果表明在所有违规行为中，对于越严重的违规行为，两类专业背景独立董事均难发挥抑制作用，假设2a和假设2b得到验证。

表7 不同背景独立董事与上市公司违规倾向、违规程度多元回归结果

	因变量：Fraud 模型（1）		因变量：Degree 模型（2）	
	（1）	（2）	（3）	（4）
	Fraud	Fraud	Degree	Degree
C	4.0954*** （-3.7897）	4.3316*** （-3.9363）	—	—
Num-acc	-0.0713* （-1.8666）	—	0.3341*** （-3.863）	—

续表

	因变量：Fraud 模型（1）		因变量：Degree 模型（2）	
	（1）	（2）	（3）	（4）
	Fraud	Fraud	Degree	Degree
Num-law	—	-0.0786** （-2.0119）	—	0.1700* （-1.933）
Size	-0.0857*** （-3.0616）	-0.0884*** （-3.1626）	0.0007 （-0.0116）	0.0085 （-0.1332
Lev	1.1310*** （-8.4724）	1.1313*** （-8.4787）	-0.3092 （-1.0718）	-0.2594 （-0.9009）
Roe	-0.9517*** （-6.2670）	-0.9368*** （-6.1710）	-0.8486*** （-2.8988）	-0.9061*** （-3.1072）
Board	-0.0077 （-0.4566）	-0.0047 （-0.2763）	-0.0705* （-1.7453）	-0.0698* （-1.7086）
Inddir	-0.1592 （-0.9003）	-0.156 （-0.8830）	-0.4684 （-1.1406）	-0.4169 （-1.0144）
Long	-0.002 （-0.3492）	-0.002 （-0.3371）	0.0127 （-0.9771）	0.0136 （-1.0415）
Dual	0.2019*** （-3.4429）	0.2058*** （-3.5094）	-0.267 （-0.4978）	-0.1557 （-0.2840）
Age	-0.3303 （-1.4065）	-0.4082* （-1.6985）	-0.6325** （-2.4331）	-0.5774** （-2.2272）
Female	0.0897 （-0.822）	0.0782 （-0.72）	-0.0542 （-0.6634）	-0.0433 （-0.5314）
Part	-0.0118 （-0.3389）	-0.0129 （-0.3714）	0.1039 -0.8188	0.0581 -0.4595
Pay	-0.2020*** （-3.4934）	-0.1936*** （-3.3872）	-0.1748 （-1.4964）	-0.1843 （-1.5798）
Geo	-0.0461 （-0.9151）	-0.0423 （-0.8392）	0.2409 （-1.1262）	0.2421 （-1.1336）
List	-0.3725*** （-3.0040）	-0.3661*** （-2.9557）	0.092 （-0.7111）	0.0761 （-0.5875）
State	-0.3020*** （-4.6094）	-0.2984*** （-4.5535）	-0.1463 （-0.9822）	-0.1788 （-1.2055）

续表

	因变量：Fraud 模型（1）		因变量：Degree 模型（2）	
	（1）	（2）	（3）	（4）
	Fraud	Fraud	Degree	Degree
CV	−0.0088*** （−2.6273）	−0.0088*** （−2.6202）	0.0072 （−0.947）	0.0081 （−1.065）
OP	0.0346*** （−7.4481）	0.0343*** （−7.3974）	−0.0331*** （−2.8874）	−0.0277** （−2.4538）
Audit	0.6507*** （−5.6822）	0.6498*** （−5.6801）	0.4736*** （−2.5972）	0.4635** （−2.5456）
Frist	−0.0070*** （−3.5270）	−0.0073*** （−3.6418）	−0.0137*** （−2.7627）	−0.0134*** （−2.6998）
OC	−0.0065** （−2.4567）	−0.0066** （−2.5108）	−0.0062 （−1.0198）	−0.0071 （−1.1562）
Index	−0.0478*** （−2.9665）	−0.0476*** （−2.9517）	0.0075 （−0.1908）	0.0065 （−0.1642）
Industry	控制	控制	控制	控制
Year	控制	控制	控制	控制
N	13746	13746	2114	2114
Pseudo R2	0.0501	0.0502	0.0664	0.0624
Log likelihood	−5601.187	−5600.9015	−1292.7698	−1298.2922
LR chi2	591.27***	591.84***	183.79***	172.75***

注：*** $p < 0.01$，** $p < 0.05$，* $p < 0.1$，***、**、* 分别表示在 1%、5% 和 10% 水平上显著，括号内为 Z 统计值，下表同。

表 8 列示了本文市场化环境调节下的分类回归结果。第（1）列 Num-acc 在 10% 水平上显著负相关，第（2）列 Num-law 在 5% 水平上显著负相关，上述结果表明在地处市场化程度高的上市公司中，财务独董和法律独董均能够显著抑制上市公司违规倾向；第（3）列 Num-acc 和第（4）列 Num-law 相关系数均为负且不显著，上述结果表明，在地处市场化程度低区域的上市公司中，财务独董和法律独董的抑制作用均不显著。

表 8　市场化环境调节下不同背景独立董事与上市公司违规倾向多元回归结果

因变量：Fraud 模型（1）				
	市场化程度高		市场化程度低	
	（1）	（2）	（3）	（4）
C	2.6872 （-1.4418）	3.1301* （-1.6516）	4.3360*** （-3.1662）	4.4996*** （-3.2214）
Num-acc	-0.1165* （-1.8161）	—	-0.0458 （-0.9544）	—
Num-law	—	-0.1386** （-2.1539）	—	-0.0513 （-1.0316）
Size	-0.1899*** （-3.8883）	-0.1994*** （-4.0848）	-0.0358 （-1.0286）	-0.0367 （-1.0538）
Lev	1.2393*** （-5.4833）	1.2474*** （-5.5285）	1.0849*** （-6.4596）	1.0837*** （-6.4533）
Roe	-1.3934*** （-4.6924）	-1.3650*** （-4.6009）	-0.7949*** （-4.4422）	-0.7863*** （-4.3939）
Board	0.0267 （-0.9002）	0.0346 （-1.1472）	-0.0282 （-1.3527）	-0.0264 （-1.2571）
Inddir	0.2422 （-0.832）	0.2916 （-0.9965）	-0.3715* （-1.6528）	-0.3757* （-1.6765）
Long	-0.0013 （-0.1349）	-0.0008 （-0.0814）	-0.0026 （-0.3462）	-0.0026 （-0.3538）
Dual	0.1988** （-2.2107）	0.2053** （-2.2838）	0.2175*** （-2.7767）	0.2198*** （-2.807）
Age	0.0238 （-0.0617）	-0.1156 （-0.2934）	-0.5159* （-1.7147）	-0.5685* （-1.8449）
Female	0.3153* （-1.7726）	0.2978* （-1.6804）	-0.07 （-0.5013）	-0.0761 （-0.5473）
Part	-0.1050* （-1.8581）	-0.1003* （-1.7706）	0.0511 （-1.1391）	0.049 （-1.0938）
Pay	-0.0648 （-0.6562）	-0.0435 （-0.4474）	-0.2542*** （-3.4907）	-0.2504*** （-3.4694）
Geo	-0.1032	-0.0967	-0.0183	-0.0164
	（-1.2752）	（-1.1940）	（-0.2829）	（-0.2534）
List	-0.2955	-0.2968	-0.3675**	-0.3620**
	（-1.2778）	（-1.2885）	（-2.4866）	（-2.4483）

续表

因变量：Fraud 模型（1）				
	市场化程度高		市场化程度低	
	（1）	（2）	（3）	（4）
State	-0.3423***	-0.3295***	-0.3125***	-0.3117***
	（-2.9861）	（-2.8698）	（-3.8521）	（-3.8423）
CV	-0.0067	-0.0063	-0.0103**	-0.0104**
	（-1.2888）	（-1.2019）	（-2.3144）	（-2.3336）
OP	0.0367***	0.0366***	0.0324***	0.0322***
	（-4.7446）	（-4.7363）	（-5.481）	（-5.4548）
Audit	0.6785***	0.6727***	0.6508***	0.6511***
	（-3.2777）	（-3.2635）	（-4.6938）	（-4.6961）
Frist	-0.0122***	-0.0129***	-0.0047*	-0.0048*
	（-3.6088）	（-3.8232）	（-1.8860）	（-1.9297）
OC	-0.0109**	-0.0113**	-0.0049	-0.005
	（-2.4673）	（-2.5708）	（-1.4776）	（-1.4888）
Industry	控制	控制	控制	控制
Year	控制	控制	控制	控制
N	6068	6068	7678	7678
Pseudo R2	0.0683	0.0685	0.0434	0.0433
Log likelihood	-2216.6406	-2215.9606	-3345.0144	-3345.0919
LR chi2	324.79***	326.15***	303.19***	303.04***

（三）稳健性检验

为了保证研究结果的稳健性，本文通过考虑内生性问题和更换相关度量方式进行稳健性检验，检验结果与前述研究结论一致。

（1）为解决内生性问题，财务独董和法律独董的数量并不能代表其在董事会中占有较高比例，拥有一定的话语权，对公司的监督可能会受到限制，本文借鉴张梅（2015）[①] 的做法，采用新的度量方式，即财务独董在董事会中

① 张梅：《会计背景独董提高了股价信息含量吗？》，载《东南学术》2015 年第 3 期。

所占比例（Rto-acc）、法律独董在董事会中所占比例（Rto-law）进行稳健性测试。表 9 列示了回归结果，结果仍然支持假设 1a、1b 与假设 2a、2b。对于假设 3a、3b 同样更换度量方式，重复模型（1），表 10 列示了回归结果，结果进一步支持了假设 3a、3b。

表 9 更换度量方式不同背景独立董事与上市公司违规倾向、违规程度稳健性检验结果

	因变量：Fraud 模型（1）		因变量：Degree 模型（2）	
	（1）	（2）	（3）	（4）
	Fraud	Fraud	Degree	Degree
C	4.1363*** （-3.8069）	4.3618*** （-3.9525）	—	—
Rto-acc	-0.5525* （-1.7200）	—	3.2250*** （-4.4989）	—
Rto-law	—	-0.6726** （-2.0267）	—	1.4699** （-2.0112）
其他控制变量	控制	控制	控制	控制
Industry	控制	控制	控制	控制
Year	控制	控制	控制	控制
N	13746	13746	2114	2114
Pseudo R2	0.0501	0.0502	0.0682	0.0625
Log likelihood	-5601.4521	-5600.8697	-1290.1703	-1298.1372
LR chi2	590.74***	591.90***	188.99***	173.06***

表 10 更换度量方式市场化环境调节下不同背景独立董事与上市公司违规倾向稳健性检验结果

因变量：Fraud 模型（1）				
	市场化指数高		市场化指数低	
	（1）	（2）	（3）	（4）
C	2.9013 （-1.5479）	3.2640* （-1.7166）	4.2834*** （-3.1127）	4.4464*** （-3.1763）
Rto-acc	-1.1428** （-2.1089）	—	-0.226 （-0.5619）	—
Rto-law	—	-1.2741** （-2.3195）	—	-0.3554 （-0.8447）
其他控制变量	控制	控制	控制	控制

续表

因变量：Fraud 模型（1）				
	市场化指数高		市场化指数低	
	（1）	（2）	（3）	（4）
Industry	控制	控制	控制	控制
Year	控制	控制	控制	控制
N	6068	6068	7678	7678
Pseudo R2	0.0685	0.0687	0.0432	0.0433
Log likelihood	-2216.053	-2215.5772	-3345.3909	-3345.1908
LR chi2	325.96***	326.91***	302.44***	302.84***

（2）本文更换股权制衡度的度量方式，用第二大到第十大股东持股比例（shrs）替代第二大股东至第五大股东的比例（OC）替代。回归结果如表 11 所示，结果仍然支持假设 1a、1b 和假设 2a、2b。对于假设 3a、3b 同样更换度量方式，重复模型（1），表 12 列示了回归结果，结果进一步支持了假设 3a、3b。

表 11　更换度量方式不同背景独立董事与上市公司违规倾向、违规程度稳健性检验结果

	因变量：Fraud 模型（1）		因变量：Degree 模型（2）	
	（1）	（2）	（3）	（4）
	Fraud	Fraud	Degree	Degree
C	4.1353*** （-3.8264）	4.3734*** （-3.9738）	—	—
Num-acc	-0.0715* （-1.8700）	—	0.3340*** （-3.8601）	—
Num-law	—	-0.0788** （-2.0172）	—	0.1717* （-1.9509）
其他控制变量	控制	控制	控制	控制
Industry	控制	控制	控制	控制
Year	控制	控制	控制	控制
N	13746	13746	2114	2114
Pseudo R2	0.0502	0.0503	0.0670	0.0630
Log likelihood	-5600.7635	-5600.4736	-1291.8842	-1297.3625
LR chi2	592.11***	592.69***	185.56***	174.61***

表 12 更换度量方式市场化环境调节下不同背景独立董事与上市公司违规倾向稳健性检验结果

因变量：Fraud 模型（1）				
	市场化指数高		市场化指数低	
	（1）	（2）	（3）	（4）
C	2.8005 （–1.501）	3.2430* （–1.7092）	4.3591*** （–3.1834）	4.5257*** （–3.2403）
Num–acc	–0.1171* （–1.8267）	—	–0.0457 （–0.9540）	—
Num–law	—	–0.1385** （–2.1534）	—	–0.0517 （–1.0391）
其他控制变量	控制	控制	控制	控制
Industry	控制	控制	控制	控制
Year	控制	控制	控制	控制
N	6068	6068	7678	7678
Pseudo R2	0.0686	0.0688	0.0433	0.0433
Log likelihood	–2215.9136	–2215.2542	–3345.1197	–3345.034
LR chi2	326.24***	327.56***	302.98***	303.15***

（3）删除样本中违规严重程度为 3 的观测量重复模型（1）、（2）。表 13 列示了回归结果，Num–acc 和 Num–law 项的相关系数均显著为负，与原回归一致，进一步说明了财务独董和法律独董对于程度较轻的违规行为有着更加显著的抑制作用，再次验证了假设 1a、假设 1b 与假设 2a、假设 2b。对于假设 3a、3b 同样更换度量方式，重复模型（1），表 14 列示了回归结果，结果进一步支持了假设 3a、3b。

表 13 删除样本不同专业背景独立董事与上市公司违规倾向和违规程度稳健性检验结果

	因变量：Fraud 模型（1）		因变量：Degree 模型（2）	
	（1）	（2）	（3）	（4）
	Fraud	Fraud	Degree	Degree
C	4.4140*** （–3.938）	4.5595*** （–3.9944）	—	—
Num–acc	–0.1066*** （–2.6705）	—	0.2459** （–2.2453）	—

续表

	因变量：Fraud 模型（1）		因变量：Degree 模型（2）	
	（1）	（2）	（3）	（4）
	Fraud	Fraud	Degree	Degree
Num-law	—	-0.0854** （-2.1058）	—	0.2355** （-2.1544）
其他控制变量	控制	控制	控制	控制
Industry	控制	控制	控制	控制
Year	控制	控制	控制	控制
N	13578	13578	1946	1946
Pseudo R2	0.0524	0.0522	0.1081	0.1078
Log likelihood	-5284.4044	-5285.7722	-711.8487	-712.0411
LR chi2	584.62***	581.88***	172.48***	172.09***

表 14 删除样本市场化环境调节下不同背景独立董事与上市公司违规倾向稳健性检验结果

因变量：Fraud 模型（1）				
	市场化指数高		市场化指数低	
	（1）	（2）	（3）	（4）
C	3.4187* （-1.762）	3.9087** （-1.9807）	4.4062*** （-3.1148）	4.3875*** （-3.0405）
Num-acc	-0.1642** （-2.4218）	—	-0.0768 （-1.5436）	—
Num-law	—	-0.1744*** （-2.5876）	—	-0.0428 （-0.8359）
其他控制变量	控制	控制	控制	控制
Industry	控制	控制	控制	控制
Year	控制	控制	控制	控制
N	5997	5997	7581	7581
Pseudo R2	0.0729	0.0731	0.0435	0.0433
Log likelihood	-2067.29	-2066.8717	-3177.3874	-3178.2364
LR chi2	325.02***	325.86***	289.30***	287.60***

六、研究结论与启示

（一）研究结论

独立董事制度对于抑制上市公司违规，维护公司和投资者利益，促进上市公司健康稳定发展至关重要。本文实证研究结果如下：（1）财务独董和法律独董在上市公司中均发挥了抑制上市公司违规行为，说明独董“疫苗”具有违规免疫效果；（2）财务独董和法律独董对公司轻微违规行为的抑制作用更强，说明独董“疫苗”对上市公司轻微“疫病”违规免疫效果更好，对上市公司严重“疫病”违规免疫效果不显著；（3）市场化程度高的地区，财务独董和法律独董均发挥了违规免疫效果，能够抑制上市公司违规倾向；在市场化程度低的地区，财务独董和法律独董的违规免疫效果均不显著。说明独董“疫苗”在市场化程度高的地区违规免疫效果更好，而在市场化程度低的地区，违规免疫效果不显著。

（二）政策建议

1. 优化独董“疫苗”成分配置

适时强制配置法律独董。既然中国证监会要求上市公司设立独董，财务独董和法律独董相互协调、相互补充，共同发挥着违规免疫作用，那么从逻辑上，两者也应该做同样的制度设计。从现行规定来看，中国证监会已强制要求上市公司至少聘任一名财务独董，但对法律独董的配置却未做强制，从而在逻辑上出现断裂。我们建议在未来修订相关规则时，应强制要求在违规倾向高、违规严重的上市公司独立董事队伍中强制配置法律独董，或至少要求上市公司发生违规事件后，必须配置法律独董，以充分发挥独董“疫苗”作为“复方制剂”的作用。

2. 加大对上市公司严重违规行为的惩处力度

根据本文研究结论，独董“疫苗”对于上市公司严重“疫病”的违规免疫效果很差。因而相关监管部门需要加强对上市公司严重违规行为的防控，通过加大对违规公司的处罚力度，增加上市公司违规成本等方式实现，而不宜不切实际地期望内部诸如独立董事等监督主体发挥监控作用。

3. 提高地区市场化程度

市场化程度对独董“疫苗”的违规免疫作用产生了重要影响。提高市场化程度能够强化独董“疫苗”的违规免疫作用，对上市公司规范运作，健康有序发展具有很好的促进作用。根据王小鲁、樊纲等人提出的市场化指数相关指标，我们建议，第一，应承认市场在资源配置中的决定作用，政府在市场经济发展过程中，应尽力扮演好“守门人”的角色，减少行政干预，通过完善市场竞争机制，促进各生产要素之间的自由流动和优化配置；第二，应深化国企改革，引入民间、海外等优良资本，大力支持民营企业的发展，提高经济发展活力；第三，宜加强对市场中介组织的监管，明确和规范市场中介组织行为，完善市场中介组织信用制度建设，保障市场中介组织的健康发展；第四，营造良好的市场法治环境，通过完善相关法律法规，严厉打击各类违法违规行为，加强社会信用监督体系建设，推动市场经济健康有序发展，提高政府机关依法行政意识和公民法律意识。

4. 建立健全独董“疫苗”的检测制度

实践中，独立董事任职门槛并不高，缺乏竞争机制，遴选与考核体制明显滞后。我们建议未来在完善独立董事制度和公司治理相关制度时，建立一套指标对独立董事的履职情况进行打分。按照科学的标准考核独董的工作，并进一步完善独立董事的市场退出机制。通过上述机制，让实践中勤勉履职、对提升公司违规免疫力有益的独立董事脱颖而出，让与上市公司合谋违规或是未能勤勉尽责的独立董事退出市场，从而提高独董“疫苗”的整体质量。

5. 协调优化“免疫”系统的互动关系

当然，独董“疫苗”效果的充分发挥，除成分配比、接种方式外，还有很多需要考虑的因素。例如“疫苗”的材质，即独立董事本身的专业水平与敬业程度；接种对象的整体免疫系统健康状况与协调情况，即上市公司监事会、内外部审计、党内巡视，以及舆论、市场和监管机构的外部监督等的整体运行与协调情况等。显然这是一项非常复杂的系统工程。如何将上述因素全面考察，并模拟生物免疫系统进行建模，为上市公司法人的“人工免疫”系统构建数学模型并运用“免疫算法”进行控制，目前仍有大量工作要做，但随着人工智能和计算机算法的不断迭代，其在逻辑上并非不能成立，在时间上也未必太久。相信在这一过程中，会有大量令人激动的成果不断涌现，也值得各相关学科研究力量协同作战，攻坚克难。当然，这已并非本文主题所及。

（三）启示意义

免疫学位于现代生命科学最前沿。尽管也有诸多未解之谜，但其很多研究发现与研究进展对我们观察和研究法人免疫系统及相关制度也可以提供重要启示。

1. 免疫学的理论假设与实验验证早已形成良性互动关系，值得借鉴

免疫学发展早期的“牛痘”种植其实也主要凭感觉。种植剂量多少合适？种植人群会不会过敏？相信“牛痘”疫苗的发现者 Edward Jenner 医生也一无所知。随着数据不断积累，实验水平不断提升，免疫学迅速发展。时至今日，我们种植“牛痘”早已不必担心这些免疫学中的“小儿科”问题了。而法人

免疫学的研究目前还处于“蒙昧时期”。与当年的 Edward Jenner 医生一样，各国证券监管部门对独立董事“疫苗”的成分配比、剂量应如何确定？对部分上市公司的“过敏”与“免疫逃逸”现象如何应对等问题仍知之甚少。如果我们认同法人也可以参照有机体进行免疫学研究，独立董事是政府为上市公司种植的“人工免疫抗体”，那么我们就应当像生物免疫学一样重视实验和数据，以不断验证我们对法人“人工免疫”的各类“诊疗方案”是否有效（例如独立董事对公司违规抑制的现实效果），针对不同受体，“疫苗剂量与配比”是否合适（例如不同背景独立董事在不同类型的公司中的比例关系是否会影响其违规抑制效果），等等。在这些问题上，还需要投入更多资源、动员更多研究者去求解。

2. 生物免疫学早已进入“数学模型”时代，必须重视

数学模型的大量使用是现代科学的重要标志之一，也是任何一门学科飞跃发展的重要前提。自 1776 年牛痘疫苗被发现，从而开创人工免疫学先声以来，经 300 多年的发展，现代免疫学已经将研究触角从免疫器官、免疫细胞，延伸到了免疫分子层面，处于目前生命科学的尖端。科学家从生物免疫系统中获得诸多启示，并为其建立数学模型，应用到越来越多的人工免疫领域。其中最为著名的是诺奖得主免疫学家 Jerne 在 1974 年提出免疫系统网络理论，并做了数学建模。1986 年，Farmar 等人于 1986 年在免疫网络学说的基础上，建立了免疫系统的动态模型，探讨了免疫系统与其他人工智能方法之间的联系，开始了人工免疫系统的研究。其后的研究者不断从生物免疫系统中抽取隐喻（metaphor）机制，用于人工免疫算法模型设计，并应用到工程等诸多领域。这些模型在法人免疫系统构建方面显然也具有相当的启发意义，例如多层次免疫系统的构建、不同免疫器官之间的配合协调等在免疫学上均已有数学建模，而在法人层面作为违规防控制度而建立的外部审计、内部审计、监事会、独立董事，还有党的巡视等一系列制度之间的配合协调问题，在社科领域仍难以厘清。显然，将上述问题参照人工免疫系统建模并运用先进的免疫算法进行研究，也非常值得期待。

当然，现代免疫学对疫苗的效果检测早已进入分子生物学层面，这在社科层面尚不具备条件，故本研究主要还是运用统计学方法对独董“疫苗”的效果进行检测，并据此提出解决问题的具体方案。不过，免疫学思想和理论在公司治理领域的渗透，无疑将对相关理论研究产生极为深远的影响，值得关注与跟进。

公司永续需求与公司治理的能动回应

刘江伟[*]

一、引言：可持续公司治理的现实需求

我国已迈入新发展阶段，需要以新发展理念为指引，走高质量发展的新道路，实现中国式现代化。习近平总书记在党的十八届五中全会上提出“创新、协调、绿色、开放、共享”的新发展理念。传统高投入、高耗能和高污染的产业结构与发展方式在当前资源约束趋紧、环境污染压力加重、生态系统严峻等情形下是不可持续的，[①]绿色发展是永续发展的必要条件及中国式现代化的内在要求。中国式现代化是人与自然和谐共生的现代化，这需要我们坚持可持续发展，注重经济、社会和环境的均衡发展，转变生产方式和生活方式。

公司作为重要的市场经济主体，在实现可持续发展中扮演着重要角色。公司是最巧妙的法律发明之一，带来了经济繁荣，但也促成了全球社会面临的各种危机，[②]比如早在公司产生的污染排放之前，公司内部已经形成对环境产生深远影响的决策，公司的运营对可持续发展的各个方面有重大影响。推进可持续发展离不开公司参与，不改变公司行为很难解决阻碍可持续发展的问题，一切照旧的公司经营方式可能会破坏社会和经济稳定，甚至可能威胁到人们的长期生存。实现可持续发展必然要求公司本身能够可持续发展，减少公司过度冒险和成本的外部化，注重公司自身的长期韧性与发展。

公司永续涉及公司治理结构，[③]公司治理结构应当有助于公司永续。近些年在比较公司治理层面上发展出推动公司永续的公司治理改革举措。一方面，世界各国的投资者和公众对相同的可持续公司治理议题的关注不断增加，呼

---

* 法学博士，上海政法学院法律学院讲师。

① 参见项久雨：《新发展理念与美好生活》，载《马克思主义研究》2021 年第 10 期。

② See Stavros Gadinis & Amelia Miazad, *Corporate Law and Social Risk*, 73 Vanderbilt Law Review 1401, 1454 (2020).

③ Vgl. Birgit Spießhofer, Sustainable Corporate Governance, NZG 25 (2022), S.435.

吁公司董事会和高管重新思考可持续公司治理，市场力量驱动公司回应投资者和公众需求，在可持续公司治理实践方面做出行动。[①]另一方面，政治力量是法律变革所不能忽视的关键因素，金融监管领域的经验表明通常只有在危机发生之后，立法者和监管者才能克服现存既得利益者的阻力，通过全面的法律变革。[②]许多可持续公司治理规则和实践在危机时期成为政治议题的重点。面对问题的相似性和制度竞争的压力，不同国家在可持续公司治理方面的规则和实践有着不同程度的趋同。

相比之下，我国可持续公司治理概念及其机制存在一定的滞后与缺位。继受性是我国公司法的特性之一，从市场经济发达国家公司立法中吸收借鉴先进理念、制度范例与实施经验，是我国公司制度构建的重要方式之一。[③]关注可持续公司治理的重要价值及相关变革，调整公司法律制度，推动我国公司治理向可持续公司治理转型，是实现中国式现代化的重要制度支撑。因此，本文首先挖掘公司永续与可持续公司治理的内在联系。其次，梳理可持续公司治理的重要发展与实践。最后，在可持续公司治理的内在机理及比较相关可持续公司治理实践的基础上，探讨我国公司法的现代化如何积极回应公司永续对公司法和公司治理提出的新要求。

二、公司永续与可持续公司治理的内在联系

长期以来，人们对什么是公司及公司的目的是什么有着激烈的争论，形成不同的代表性理论。股东价值/股东至上理论认为公司的目的是最大化股东财富，为减少困扰公司的代理成本，增加股东价值，应当增加股东权力以改善公司治理，[④]公司治理体系转向股东中心。不同于股东至上理论，公司合同理论将公司视为由明示和默示合同组成的网络，[⑤]董事会是合同网络的联结

① See Virginia Harper Ho, *Modernizing ESG Disclosure*, 2022 University of Illinois Law Review 277, 287 (2022).

② See John C. Coffee Jr., *Political Economy of Dodd-Frank: Why Financial Reform Tends to be Frustrated and Systemic Risk Perpetuated*, 97 Cornell Law Review 1019, 1020 (2012).

③ 参见陈甦:《我国公司立法的理念变迁与建构面向》，载《中国法律评论》2022年第3期。

④ See Lucian A. Bebchuk, *The Case for Increasing Shareholder Power*, 118 Harvard Law Review 833, 836 (2005).

⑤ 参见［美］弗兰克·伊斯特布鲁克、［美］丹尼尔·费希尔:《公司法的经济结构》，罗培新、张建伟译，北京大学出版社2014年版，第12页。

点，由董事会决策具有效率优势，董事会处于公司治理的核心地位，股东作为公司利润的剩余索取权人，董事的主要义务是增加股东财富，最大化股东财富为董事会的决策提供指导原则。[①] 作为公司合同理论的变体，团队生产理论主张公司是由作为“协调科层”的董事会管理，董事会不仅要保护股东的专用投资，还要保护雇员、债权人、顾客和其他利益相关者的专用投资，[②] 也就是说董事不能仅仅考虑股东的利益，还要为利益相关者的利益服务。

从公司权力分配和公司目的看，上述这些理论集中在公司治理的两个方面，即董事会权力与股东权力（董事会中心与股东中心）、股东价值目的与利益相关者目的，围绕其四个变量进行匹配。股东价值 / 股东至上理论对应着股东权力与股东价值目的。公司合同理论对应着董事会权力与股东价值目的。团队生产理论对应着董事会权力与利益相关者目的。这些理论各有其优势与劣势，但均不足以解释公司法的全部图景。例如，股东价值 / 股东至上理论和公司合同理论没有为现代公司法允许公司从事任何合法业务，追求任何合法目的，而不仅仅是股东财富最大化的单一目的提供有效的解释。股东价值 / 股东至上理论也未能有效说明公司法允许公司透过公司章程限制股东权利。团队生产理论没有为股东派生诉讼、董事对股东的信义义务等有利于股东的公司法结构提出有说服力的解释。对公司的解释框架应当能够包含更广泛的动态和利益。

林恩·斯托特（Lynn Stout）和塔玛拉·贝林凡蒂（Tamara Belinfanti）从系统论的角度提出了一个极富启发性的框架。贝林凡蒂和斯托特将公司比喻成一个由有形资产、无形资产、金融资源、劳工等要素组成的系统，这些要素通过公司实体相互结合、相互协调，发挥其各个要素无法单独发挥的功能，使公司像系统一样得以整体运作，每一家公司都是由无数个系统内的子系统（如经理团队、营销团队）组成，同时可以成为更大的系统（如公司集团）的一部分，公司的运行依赖于每一个子系统的持续健康和运作，比如公司高管的管理不善可能导致公司运行停止。[③] 每个子系统都可以有自己的目的（融资、

---

① 参见［美］斯蒂芬·M. 贝恩布里奇：《理论与实践中的新公司治理模式》，赵渊译，法律出版社 2012 年版，第 51—58 页。

② See Margaret M. Blair & Lynn A. Stout, *A Team Production Theory of Corporate Law*, 85 Virginia Law Review 247, 251 (1999).

③ See Lynn Stout & Tamara Belinfanti, *Contested Visions: The Value of Systems Theory for Corporate Law*, 166 University of Pennsylvania Law Review 579, 602 (2018).

生产产品、销售等），公司这个系统可以追求复数目的，逻辑上没有理由只选择一个有益结果作为公司的重要目的，而贬低其他目的。但是，系统要实现其追求的目的有一个重要的前提，即系统必须能够生存或者长时间运行，公司也不例外。公司能够生存是公司实现其他目的的基础保障，公司应当具备可持续发展能力，以使公司长时间运行。

公司永续与公司永久存在的特征具有内在契合性。一般认为公司通常具备法律人格、有限责任、股份自由转让、集中管理和投资者所有权的基本特征，[①]除此之外，公司还具备一个没有得到人们太多关注的重要特征，即公司的永久存在。虽然实践中公司有发展期、成长期、成熟期和衰退期的生命周期，但理论上对公司的存在没有特定的期限限制。多数国家和地区的公司法规定公司可以无期限存在，只有在少数情况下可以终止公司的存在。例如，公司章程规定的存续期间届满或者股东会决议解散公司。

现代公司的起源可以追溯到 17 世纪殖民地公司，其中以英国、荷兰东印度公司为典型。在此之前，个人独资企业和合伙是从事商业活动的主要组织形式。在公元 9 世纪，欧洲农业发展和人口增长带动贸易复兴，而海上贸易的发展在地中海沿岸催生了康孟达及其所衍生出的合伙组织形态。[②]15—17 世纪的地理大发现改变了商业活动范围，引起欧洲商人们开展长途贸易、获取利润的欲望。亚洲贸易的开始从根本上增加了商业船队的旅行距离和航行时间，带来组织上的障碍，长途贸易不仅增加风险挑战，还要求大量的资本和长期投入资本。[③]合伙组织形式很难克服长途贸易造成的组织障碍，一方面，合伙是短途海上贸易的主要工具，是一种短期行为。合伙人通常在船只返航将货物出售和分配利润后，合伙人之间的合作关系解除。另一方面，合伙缺乏长期投资的承诺，合伙可能因为合伙人决定退出、合伙人死亡等原因随时解散。在商人需求和国家为防止过度竞争导致贸易航线终结进行干预的结合

---

① See Henry Hansmann & Reinier Kraakman, et al., *The Anatomy of Corporate Law: A Comparative and Functional Approach*, Oxford University Press, 2017, p.1.

② 参见［法］费尔南·布罗代尔：《15 至 18 世纪的物质文明、经济和资本主义》（第 3 卷），顾良、施康强译，生活·读书·新知三联书店 2017 年版，第 132 页。

③ See Henry Hansmann, Reinier Kraakman & Richard Squire, *Law and the Rise of the Firm*, 119 Harvard Law Review 1335, 1376（2006）.

下，[①] 东印度公司这类由君主或者立法机构特许成立的商业组织应运而生。

处于萌芽阶段的现代公司并不是一开始就具有永久存在的特征。英国东印度公司早期采取单次航海模式，每次出海前征集资金，在返航后进行清算，将货物或者货物的销售额按投资比例回馈给各个股东，没有建立起一个持久而稳定的公司。早期荷兰东印度公司则只是建立相对持久稳定的公司。公司规定以 10 年为一期出资期间，在此期间内股东不得擅自撤资退出，新投资者和原投资者只有在 10 年后的清算时，才可加入或者退出，[②] 从而实现公司相对长久稳定的经营与存在。经过相对漫长的时间演化，最终形成公司之永久存在的特征，满足了商人对于建立持久的商业机构之需求。

然而，公司在发展过程中本身也带有不可持续的因素。最为典型的例子是股东有限责任。股东有限责任限制了股东的责任风险，将公司经营风险转移给公司债权人。[③] 在股东有限责任规则下，股东可能会倾向于公司投资高风险、高回报的项目，如果项目顺利，股东能够从中获取更多的剩余价值，如果项目失败，股东的损失限于股东向公司的出资，股东的个人资产不会受到进一步损害，但公司债权人需要承担公司收入不足以清偿其债务的风险。股东有限责任是鼓励公司承担风险的诱因。除了股东有限责任之外，公司融资、商业判断规则及董事责任豁免等制度与规则同样会鼓励公司承担风险。不可否认，鼓励公司承担风险是促进经济增长与经济繁荣的方式之一，但公司承担风险也是一把“双刃剑”，会威胁公司的可持续性，过度承担风险最终可能会导致公司走向毁灭。需要考虑如何抑制公司的不可持续因素。

公司永续必然离不开公司治理，公司治理能够促进公司永续之目的实现。公司永久存在特征对公司治理有着重要影响。生态系统的生存取决于该系统的可持续发展能力。生态系统的一个重要可持续发展能力机制是系统本身应对环境变化的学习、多样化、复杂化、进化的能力。对公司而言，公司治理发挥着可持续发展能力机制的作用。公司治理是公司的操作系统（operating system），影响公司实际运行的方式，公司治理的核心在于促进公司的可持续

① 参见［日］浅田实：《东印度公司：巨额商业资本之兴衰》，顾姗姗译，社会科学文献出版社 2016 年版，第 11—12 页。

② See Giuseppe Dari-Mattiacci , Oscar Gelderblom, Joost Jonker & Enrico C. Perotti, *The Emergence of the Corporate Form*, 33 Journal of Law, Economics, and Organization 193, 207 (2017).

③ 参见［美］斯蒂芬·M. 班布里奇、［美］M. 托德·亨德森：《有限责任：法律与经济分析》，李诗鸿译，上海人民出版社 2019 年版，第 53 页。

发展。良好的公司治理结构是一个有原则的目标设定、有效的决策、以及对合规和绩效进行适当监督的工作系统。通过充满活力和反应迅速的公司治理结构，对不断变化的情况做出迅速和适当的反应，防止环境变化给公司生存带来威胁。

公司治理在过去20年发生迅速而彻底的变化，朝着实现公司永续方向前进。竞争驱使各国采取有效率的公司治理体系，美国公司治理体系在此过程中成为典范。1997年亚洲金融危机中，国际货币基金组织和世界银行要求接受财政援助的国家还必须承诺按照美国模式的方向对其公司治理体系进行根本性的改革，[①]美国公司治理体系成为公司治理演变的终点。2001—2002年美国出现大量的公司丑闻打击了对美国公司治理体系的信念。这些公司丑闻是复杂的金融欺诈，其主要目的是使公司股价最大化。董事、高管股权薪酬和股票期权使用的增长诱使公司管理层痴迷于公司日常股价，[②]不当薪酬激励结合监督机制失灵造就公司丑闻爆发。作为回应，美国《萨班斯—奥克斯利法案》(Sarbanes-Oxley Act，简称SOX法案)通过要求上市公司有一个完全由独立董事组成的审计委员会等措施对公司治理发起改革。主要的交易所上市规则进一步要求上市公司一半以上的董事会成员须为独立董事，[③]且须有完全由独立董事组成的薪酬委员会制定高管薪酬、提高高管薪酬透明度等措施，改善对公司管理层的有效监督和不当激励。

2007年爆发的全球金融危机表明SOX法案的公司治理改革没有完全解决短期主义问题，进一步增强人们对公司长期运营的关注，呼吁转向创造长期价值的公司治理改革。反思金融危机产生原因的共识认为金融危机是企业不顾长期后果追求短期利润所导致。[④]股东监督缺位、董事会对公司承担的风险监督不足、支持公司经理过度冒险、不当的高管薪酬设计等因素产生短期主

---

① See Ronald J. Gilson, *Controlling Shareholders and Corporate Governance: Complicating the Comparative Taxonomy*, 118 Harvard Law Review 1641, 1648 (2006).

② See John C. Coffee Jr., *What Caused Enron - A Capsule Social and Economic History of the 1990s*, 89 Cornell Law Review 269, 276 (2004).

③ See Lisa M. Fairfax, *The Uneasy Case for the Inside Director*, 96 Iowa Law Review 127, 136 (2010).

④ See Lynne L. Dallas, *Short-Termism, the Financial Crisis, and Corporate Governance*, 37 Journal of Corporation Law 265, 267 (2012).

义激励。[①]美国、英国、欧盟等采取强化机构投资者参与、股东对高管薪酬投票、要求董事主要为其公司长期利益行事等许多公司治理改革措施以应对短期主义问题，维护公司的长期健康发展。2019 年欧盟委员会提出的《欧洲绿色协议》中一个重要策略是将可持续发展进一步嵌入公司治理框架，推动公司关注长期可持续发展。[②]

近年来，环境、社会和治理（Environment、Social and Governance，简称 ESG）运动的兴起为可持续公司治理注入新的内容，促进公司永续的公司治理规则设计进一步包含公司对 ESG 的考虑。环境意识、社会意识的增长使人们越来越关注公司对环境、社会的影响，呼吁公司更加关注其对环境、社会的责任，以及良好的公司治理。公司未能回应 ESG 关注可能致使其声誉、获得资本和销售产品的能力等受损，ESG 成为威胁公司长期发展的一个风险来源。[③]公司治理与环境、社会风险密切相关，良好的公司治理对于公司监督和管理环境、社会风险至关重要，其是成功实施应对环境和社会挑战之政策和措施的关键前提条件。[④]公司治理机制需要关注公司与环境、社会和经济发展的关系，注重公司的持续发展。

三、比较法上促进公司永续的公司治理规则演变

在比较公司治理层面，日益增长的可持续发展需求驱动公司治理改革，产生不少促进公司永续的公司治理举措。下文将从股东与董事这两类重要的公司决策参与者的角度，阐述一些较为引人关注的可持续公司治理变革。

（一）从股东赋权到股东义务

股东是有效公司治理的重要组成部分，股东的直接参与可能会解决公司治理的问题。公司治理丑闻和金融危机促使股东对公司事务寻求更大的权力，

---

① See Lucian A. Bebchuk & Jesse M. Fried, *Paying for Long-Term Performance*, 158 University of Pennsylvania Law Review 1915, 1917（2010）.

② See European Commission: The European Green Deal，载 https：//ec.europa.eu/info/sites/default/files/european-green-deal-communication_en.pdf，2023 年 12 月 11 日访问。

③ See John C. Coffee Jr., *The Future of Disclosure*: *ESG*, *Common Ownership*, *and Systemic Risk*, 2021 Columbia Business Law Review 602, 619（2021）.

④ See Jennifer O' Hare, *Don't Forget the "G" in ESG*: *the SEC and Corporate Governance Disclosure*, 64 Arizona Law Review 417, 432（2022）.

增加股东权力刺激股东参与公司事务。一方面，股东参与可以监督董事会的不法行为，增加对董事会的问责。另一方面，董事会可以从股东参与中更好地理解股东的态度，获得对其政策和实践的支持，了解有关股东关注的重要信息，避免与股东的斗争。

比较法上为鼓励股东参与，在董事选举、高管薪酬及更广泛的公司事务方面赋予股东更多的权力。美国证券交易委员会（SEC）长期以来试图改革授权委托书规则（proxy rule），使股东能够使用授权委托书提名董事候选人，增加公司董事选举的竞争性。2016 年 SEC 推出通用授权委托书规则允许股东投票给其喜欢的被提名人组合，以提高股东通过授权委托书程序选举董事的能力。[①] 股东积极利用股东提案权在美国公众公司中推动去交错董事会、董事选举由相对多数投票改为绝对多数投票，保证股东对董事的问责。[②] 这些股东赋权倾向于向长期股东赋权，因为长期股东有关注公司长期健康的激励。比如，SEC 在股东提案权和股东使用授权委托书提名董事的规则中接受长期股东和短期股东的区分，只许可在公司拥有一定长期利益的股东利用股东提案和董事提名程序。

为更好地发挥股东在公司治理中的作用，出现了股东赋权向股东义务的范式转变。随着机构投资者在股票市场的权重增加，机构投资者有资源监督被投资公司，机构投资者被期待通过其监督角色成为公司治理的一股力量。机构投资者对被投资公司的监督冷漠在金融危机中被指责为导致市场崩溃的原因之一，[③] 要求机构投资者尽责管理成为改善机构投资者参与的方法之一。尽责管理要求机构投资者监督和参与公司的战略、业绩、风险、资本结构和公司治理等事项，与公司展开对话，最终目的是促进公司的长期成功。英国在 2007 年全球金融危机之后率先推出要求机构投资者更好履行其尽责管理责任的《尽责管理准则》（Stewardship Code）。2017 年欧盟根据机构投资者尽责管理的理念推出《股东权利指令Ⅱ》，由欧盟成员国将其转化为国内法。《尽责管理准则》和《股东权利指令Ⅱ》有着相似的要求，比如机构投资者应当

---

① See Scott Hirst, *Universal Proxies*, 35 Yale Journal on Regulation 437, 439 (2018).

② See Lisa M. Fairfax, *From Apathy to Activism: The Emergence, Impact, and Future of Shareholder Activism as the New Corporate Governance Norm*, 99 Boston University Law Review 1301, 1327 (2019).

③ See Hanne S. Birkmose, *Forcing Shareholder Engagement: Theoretical Underpinning and Political Ambitions*, 29 European Business Law Review 613 (2018).

披露其参与政策、监督被投资者公司、披露投票活动等。

（二）董事会组成

董事会在确定公司战略和方向以及监督战略和方向的实施方面，对促进公司永续起着至关重要的作用。鉴于董事会对公司永续的重要性，董事会的组成变得尤为重要，关系到董事会功能的实现。许多国家和地区为此采取或者考虑变革董事会的组成，主要表现在两个方面：一方面是董事会的性别多样性，另一方面是董事会中引入职工代表。

董事会性别多样性根源于 20 世纪 60 年代的性别平等、反歧视和女权运动，[①] 董事会性别多样性为曾经被排除在领导职位的女性提供了平等的机会。近期越来越多的实证研究发现董事会性别多样性对公司业绩有积极影响。[②] 最重要的是，研究发现具有性别多样性的董事会与更好的决策、治理改善相关。同质化组织与破坏独立思考的无意识偏见、群体思维的风险增加有关。[③] 董事会性别多样性能够带来认知和视角的多样性，不容易被群体思维俘获，做出更明智的决策。[④] 这对公司永续来说很重要，董事会性别多样性可以成为缓解风险的工具，降低威胁公司生存的风险。

对董事会性别多样性的关注推动一系列公共干预。2003 年挪威在上市公司董事会中引入强制性女性配额，法国、意大利、比利时等国家紧随其后，掀起一场董事会女性配额运动。[⑤] 在美国，加利福尼亚州率先采取行动，2018 年加利福尼亚州参议院通过第 826 项法案，要求总部办公地位于加利福尼亚州的公众公司到 2019 年底至少要有一名女性董事，到 2021 年底，有 5 名董事的公众公司董事会必须至少有 2 名女性董事，有 6 名或者更多董事的公众

---

① See Lisa M. Fairfax, *Some Reflections on the Diversity of Corporate Boards: Women, People of Color, and the Unique Issues Associated with Women of Color*, 79 St. John's Law Review 1105, 1109 (2005).

② See Yaron Nili, *Beyond the Numbers: Substantive Gender Diversity in Boardrooms*, 94 Indiana Law Journal 145, 147 (2019).

③ See Yaron Nili, *Out of Sight, Out of Mind: The Case for Improving Director Independence Disclosure*, 43 Journal of Corporation Law 35, 56 (2017).

④ See Lynne L. Dallas, *The New Managerialism and Diversity on Corporate Boards of Directors*, 76 Tulane Law Review 1363, 1391 (2002).

⑤ See Darren Rosenblum & Daria Roithmayr, *More than a Woman: Insights into Corporate Governance after the French Sex Quota*, 48 Indiana Law Review 889, 890 (2015).

公司董事会必须至少有 3 名女性董事。[①] 针对现实中女性董事比例较低的情况，[②] 为实现女性在私有经济中担任领导职务中的性别平等，[③] 德国联邦议会分别通过《男女平等担任私有经济和公共事业中领导职位法》和《补充和修订男女平等担任私有经济和公共事业中领导职位法》对董事会中女性董事比例规则进行完善，规定适用《共同决定法》《煤炭和钢铁工业职工共同决定法》或者《共同决定补充法》的上市公司，如果其董事会有 3 名以上成员，至少应由 1 名女性和 1 名男性组成，违反规定的董事选任无效，其他上市公司或者被共同决定的公司董事会中女性比例最终目标设定为零，应当作出解释说明。

除董事会性别多样性之外，董事会中的职工代表同样受到人们关注。有观点认为德国在 2008 年金融危机中比美国更具有韧性与德国法上的共同决定制度相关。[④] 在德国区分公司监事会和董事会的双层董事会结构模式中，监事会成员由股东选举的代表和职工选举的代表组成，实行共同决策。此德国公司治理的特征与美国公司治理特征有明显差异，职工代表的存在使公司决策不能仅仅考虑股东利益，有着控制风险承担和成本外部化的作用。[⑤] 共同决定制度在美国引起有关董事会组成的改革提议。2018 年，作为参议员的知名学者伊丽莎白·沃伦（Elizabeth Warren）提出《问责资本主义法案》，要求总收入超过 10 亿美元的美国公司应当至少为职工提供 40% 的董事会席位。参议员伯尼·桑德斯（Bernie Sanders）提出的《公司问责和民主》更进一步要求年收入或者总资产达到 1 亿美元的公众公司为职工提供 45% 的董事会席位。尽管这些提案最终被驳回，但激发了学者们对共同决定制度是否能够适用于美

① See Darren Rosenblum, *California Dreaming*, 99 Boston University Law Review 1435, 1440 (2019).

② Vgl. Friedrich Merath, Auswirkung des geplanten FüPoG Ⅱ auf Aktiengesellschaften, GWR 13 (2021), S.69.

③ Vgl. Claudia Junker/Jan Schmidt-Pfitzner, Quoten und Zielgrößen für Frauen (und Männer) in Führungspositionen, NZG 18 (2015), S.929.

④ See Grant M. Hayden & Matthew T. Bodie, *Codetermination in Theory and Practice*, 73 Florida Law Review 321, 323 (2021).

⑤ See Andreas Riihmkorf, *Stakeholder Value versus Corporate Sustainability: Company Law and Corporate Governance in Germany*, in Beate Sjåfjell & Christopher M. Bruner, *The Cambridge Handbook of Corporate Law, Corporate Governance and Sustainability*, Cambridge University Press, 2020, p.238.

国公司治理的讨论。

（三）董事 / 高管薪酬

董事 / 高管薪酬被视为促进公司长期成功的一个关键工具，许多法域为实现董事 / 高管薪酬与公司长期价值相一致，更新了董事 / 高管薪酬规则。2010年美国《多德 – 弗兰克华尔街改革和消费者保护法案》第 951 节要求 SEC 强制公众公司向股东提供对高管薪酬进行非约束性投票的机会，并允许股东决定薪酬投票的频率和在并购中对高管离职金进行投票。这增加了股东在公司治理中的作用，为股东关注过高或者结构不良的激励薪酬提供了一种机制，使高管薪酬与公司业绩的联系更紧密。[①] 欧盟委员会早期将董事薪酬作为调整董事、高管与股东利益的关键机制，[②] 而 2008 年金融危机将欧盟委员会关注焦点转移到董事薪酬如何促进公司的长期可持续发展上。除了进一步完善 2004 年欧盟委员会《关于促进建立适当的上市公司董事薪酬制度的建议》内容外，《股东权利指令Ⅱ》还增加了“薪酬建议”（say on pay）的原则、股东对薪酬政策与薪酬报告的投票权及薪酬报告应当披露的信息等内容。[③]

将可持续性薪酬与公司永续联系起来的明显例子是德国。董事薪酬是德国公司治理的一个中心议题，[④] 德国立法者为回应 2008 年金融危机，《股份法》第 87 条第 1 款第 2 句特别规定上市公司的薪酬结构应与公司的可持续发展相一致，第 3 句要求董事浮动薪酬应有一个多年的估算基础。这一方面是防止公司“昙花一现”；另一方面促进公司未来投资，提升公司长期盈利能力。[⑤] 学界对《股份法》第 87 条第 1 款第 2 句中“公司的可持续发展”理解存在争议，主流观点将“公司的可持续发展”限缩在时间维度上，认为“公司的可持续发展”等同于时间维度上的长期性，少数观点则认为“公司的可持续发展”

---

① See Randall S. Thomas, Alan R. Palmiter & James F. Cotter, *Dodd-Frank's Say on Pay: Will It Lead to a Greater Role for Shareholders in Corporate Governance*, 97 Cornell Law Review 1213, 1232（2012）.

② See Christoph van der Elst, *Shareholders Holding the Reins on Remuneration: The European Say on Pay*, 14 European Company Law Journal 114（2017）.

③ See J. Nijland & T.C.A. Dijkhuizen, *Say on Pay and Focus on Sustainability of Companies: A Revised Shareholders' Rights Directive*, 14 European Company Law Journal 188（2017）.

④ Vgl. Marita Körner, Die Angemessenheit von Vorstandsbezügen in § 87 AktG, NJW 57（2004）, S.2697.

⑤ Vgl. Holger Fleischer, Das Gesetz zur Angemessenheit der Vorstandsvergütung（VorstAG）, NZG 12（2009）, S.802.

不应局限于时间维度上，还应当考虑纳入非财务指标，[①]如环境、社会和治理方面事项。德国2019年为实施欧盟《股东权利指令Ⅱ》通过的《股东权利实施法案Ⅱ》将《股份法》第87条第1款第2句中“公司的可持续发展”被修正为“公司的可持续和长期发展”，表明董事薪酬不应仅仅注重时间维度上的长期目标，还应当考虑环境、社会等非财务指标。

（四）董事信义义务内容增加

ESG的发展为董事信义义务增加新的内容。随着投资者对ESG关注的增加，ESG投资的不断增加，ESG构成了威胁公司价值和声誉的风险，董事需要采取有效的监督政策，主动解决威胁公司价值和声誉的ESG风险。[②]董事必须积极确定ESG如何与公司战略和投资目标相一致。有学者进一步将ESG分为附带收益ESG和风险回报ESG，风险回报ESG通过改善风险调整后的回报率使受益人直接受益，符合受托人的忠实义务要求。[③]

与ESG相关的董事信义义务逐渐转变成公司治理规范。2022年美国SEC提议的气候相关风险披露规则要求公众公司描述董事会对气候相关风险的监督和治理，包括确定负责气候相关风险监督的委员会或董事等，[④]监督气候相关风险成为董事义务的一部分。在德国双层董事会结构中，德国法在一定程度上为监事会和董事会创设了以可持续发展为导向的监督义务。根据《股份法》第171条规定，董事会向监事会提交的报告包括了非财务报告，监事会需要审查包含ESG信息的非财务报告。《德国公司治理准则》原则6规定监事会监督职责包括可持续发展问题。《股份法》第91条第2款要求董事会建立监督系统，以便尽早发现威胁公司存续之发展。《德国公司治理准则》A.1建议董事会应系统的识别和评估与社会和环境因素相关的企业风险和机遇，以及企业活动对生态和社会的影响，除长期经济目标外，在企业战略中应适当

---

① Vgl. Patrick Velte, Nachhaltige und langfristige “Vorstandsvergütung nach dem ARUG Ⅱ, NZG 23(2020), S.13.

② See Leo E. Strine, Kriby M. Smith & Reilly S. Steel, *Caremark and ESG, Perfect Together: A Practical Approach to Implementing an Integrated, Efficient, and Effective Caremark and EESG Strategy*, 106 Iowa Law Review 1885(2021).

③ See Max M. Schanzenbach & Robert H. Sitkoff, *Reconciling Fiduciary Duty and Social Conscience: The Law and Economics of ESG Investing by a Trustee*, 72 Stanford Law Review 381, 382(2020).

④ See Scott Hirst, *Saving Climate Disclosure*, 28 Stanford Journal of Law, Business & Finance 91, 102(2023).

考虑生态和社会目标，公司规划应包括适当的财务和可持续发展相关目标。董事会为负责任的应对经营活动的风险，履行内部监督职责，需要适当、有效的内部控制系统和风险管理系统，《德国公司治理准则》A.3 进一步建议内部控制系统和风险管理系统应涵盖可持续发展相关目标。

（五）公司 ESG 信息披露

促进公司永续的公司治理改革举措往往建立在以信息披露为基础的策略之上，具体表现为公司 ESG 信息披露。公司永续问题包括环境、社会和治理问题，ESG 建立在环境、社会和治理因素对公司健康构成短期和长期风险的洞察之上。公司 ESG 信息披露有助于帮助人们了解公司在环境、社会和治理方面的实践，评估公司相关风险，确定公司董事会对影响公司中长期发展的相关风险的了解程度及公司如何管制这些风险。透明度提升既可以改善监管者的信息环境，又可以允许投资者和公众参与监管过程，这对公司改善行为起到激励作用，激励公司采取更好的 ESG 实践，制定适当的应对措施，对 ESG 相关风险进行更好的风险监督和管理，即公司 ESG 信息披露能够间接促使公司采取可持续发展的做法，促进公司永续。

多个法域对公司 ESG 信息披露采取行动。法国 2001 年通过的《新经济条例》强制所有上市的法国公司在其年度报告中披露公司活动对社会和环境影响的信息。[①] 英国《2006 年公司法》第 417 条要求为理解公司业务发展、表现或状况，在公司报告中披露与环境事项、雇员事项、社会和公众问题相关的信息。欧盟 2014 年颁布的《大型企业和集团非财务与多样性信息披露指令》（以下简称《非财务与多样性信息披露指令》）要求在财务年度拥有超过 500 名雇员的企业从 2018 年开始在其管理报告中纳入企业在环境、社会、雇员、人权、反腐和董事会多样性事项的信息，符合条件的企业集团同样需要提交合并非财务报告，并要求成员国将该指令规定转化为其国内法。德国将《非财务与多样性信息披露指令》规定纳入《商法典》。[②]2021 年美国众议院通过《公司治理改善和投资者保护法案》，要求 SEC 强制公众公司披露 ESG 指标，新任 SEC 主席加里·盖斯勒（Gary Gensler）将公司 ESG 信息披露监管作为任

---

① See Olivier Delbard, *CSR Legislation in France and the European Regulatory Paradox: An Analysis of EU CSR Policy and Sustainability Reporting Practice*, 8 Corporate Governance 397, 400 (2008).

② Vgl. Joachim Hennrichs, CSR-Umsetzung, NZG 20 (2017), S.841.

期内的一个核心重点。[1]

（六）小结

从上述比较法经验来看，可持续公司治理改革举措主要围绕改善决策者激励和改变决策者两方面展开。一方面，股东和董事是公司决策的重要参与者，以股东会决策和董事会决策的方式呈现，股东会决策和董事会决策共同构成公司决策。董事会负责经营公司，有权就公司经营作出各种决策，而公司分立、合并与修改公司章程等最根本、最重要的变化需要股东会决策。公司决策直接关系到公司行为，公司是否以可持续的方式从事活动。要求股东尽责管理、董事薪酬改革与 ESG 信息披露等公司治理措施意在直接或间接激励股东、董事关注公司的长期利益和可持续发展，避免过度的承担短期风险。另一方面，改善董事会组成是改变决策者，透过改变决策者将更广泛的视角和利益纳入公司决策中，使公司决策能够关注更多的利益相关者之利益。改善决策者激励和改变决策者均希望提升公司决策的质量，在公司决策中考虑股东和利益相关者的利益，为公司永续创造机会。

四、对我国完善公司法和公司治理的启示

公司永续为评估公司法和公司治理规则设计提供了一个有用的视角，公司永续是我国公司法长期以来所追求的一个显性和 / 或隐性的目标。2002 年由证监会和国家经贸委联合发布的《上市公司治理准则》明确要求上市公司应当与利益相关者积极合作，共同推动公司持续、健康地发展。由于公司社会责任越来越成为检验公司现代化的标准，2005 年《公司法》修改特别增加公司承担社会责任的要求，[2] 而且《公司法》长期强调对职工利益的保护，表明不能将公司作为股东营利性投资工具，追求股东财富最大化绝对化。相反，要考虑到公司的持续发展，公司治理规则设计要为促进公司永续提供空间。

上述比较法层面促进公司永续的公司治理规则设计提供了一个比较对象。就股东与董事激励而言，从比较的角度检视我国《公司法》中的相关公司治理规范，可以发现《公司法》在促进公司永续方面仍有进一步改进与完善的

---

① See Jennifer O’ Hare, *Don’t Forget the “G” in ESG: the SEC and Corporate Governance Disclosure*, 64 Arizona Law Review 417, 441 (2022).

② 参见朱慈蕴：《公司法原论》，清华大学出版社 2011 年版，第 67 页。

空间。比较法层面促进公司永续的公司治理规则设计对此提供了启示与借鉴。公司法和公司治理需要减少公司永续的障碍，创造促进公司永续的制度保障。

（一）公司利益作为促进公司永续的根本指针

公司利益涉及公司是什么的问题，指导公司及其决策管理者的行为，是公司组织法的基石。《公司法》使用“公司利益”“公司的利益”或“公司的合法权益”表述作为董事、监事、经理的行为准则，但对什么是公司利益缺乏明确的界定。尽管公司是股东为追求共同目标（通常是经济目标），实现利润而组成的社团，但公司利益不等同于个别股东的利益或者股东集体利益，[①]股东利益不能替代公司利益，[②]公司利益有其独立性。实际上，没有一个公司法体系要求公司决策者只关注股东利益，我国同样如此。从历史角度观察，1993 年《公司法》中对公司利益和股东利益作了一定的区隔，其规定董事会决议违反法律、行政法规，侵犯股东合法权益，股东可以向法院请求停止该违反行为和侵害行为，而若董事会决议违反法律、行政法规，给公司造成严重损失，参与决议的董事需要对公司负赔偿责任，针对不同的利益受损规定不同的救济方式。

公司利益之目标是确保已成立的公司长期存在，并通过获取利润确保公司的长期盈利能力。对公司利益应有多元理解，公司决策管理者应当同时顾及股东、雇员及其他利益相关者的利益，[③]以实现公司的持续价值。从长远来看，一家经常无视雇员、客户、供应商或公众利益及关切的公司很难取得成功。相反，考虑股东以外的利益相关者的利益可能是持续创造价值和实现可持续回报的先决条件，有助于培养“良好公司公民”的形象，[④]提高公司的声誉和长期盈利能力，从而维持公司的存续。

2021 年公布的《公司法修订草案》积极接受公司利益多元化的趋势，以超越软法的立法技术要求公司从事经营活动，充分考虑利益相关者的利益及

---

① Vgl. Jan Dörrwächter, Nachhaltigkeit und Gesellschaftsinteresse, NZG 23（2022）, S.1084.

② 参见邓峰：《公司利益缺失下的利益冲突规则——基于法律文本和实践的反思》，载《法学家》2009 年第 4 期。

③ 参见朱慈蕴：《论中国公司法本土化与国际化的融合——改革开放以来的历史沿革、最新发展与未来走向》，载《东方法学》2020 年第 2 期。

④ 参见朱慈蕴、吕成龙：《ESG 的兴起与现代公司法的能动回应》，载《中外法学》2022 年第 5 期。

生态环境保护等社会公共利益，[①]为公司活动提供根本遵循。该规定内容被2023年12月29日修订通过的新《公司法》延续。在公司利益语境下，公司决策管理者需要在公司经营与治理中考虑可能威胁公司长期生存的环境、社会和治理问题。这种对公司利益构成要素的理解为公司决策者提供了促进公司永续的自由裁量空间。可以进一步考虑在《公司法》中创设以公司价值持续提升为导向的公司利益条款，将多元利益的考虑纳入其中，[②]比如董事会负责以公司最佳利益经营公司，董事会应当同时顾及股东、职工及其他利益相关者的利益，以实现可持续价值创造为目标。透过公司利益条款明确公司董事在履职过程中必须维护公司利益，促进公司永续的行为准则，在平衡各方利益时，应当追求公司的永续。

（二）完善股东权利与机构投资者尽责管理

可持续公司治理离不开股东参与，鼓励股东参与需要为股东配置内容合理、完善的股东权利。以ESG问题为重点的股东参与在近些年来显著增加，股东参与成为推动可持续公司治理转型的重要力量。股东参与都有赖于股东的影响力，而股东的影响力根本上需要以股东权利作为依托。完善股东权利不仅可以提升中小股东利益保护，更能激励股东参与公司事务。《公司法》在股东提案权、董事提名权等激励股东参与的基础性股东权利存在规范缺陷，比如董事提名权的行使条件、提名程序更多留给公司章程自治，导致控股股东实际上决定了董事提名，中小股东鲜有提名董事的机会，削弱中小股东参与董事提名的积极性。

因此，《公司法》需要充实股东提案权、董事提名权等股东权利的保障措施。当然，股东参与也可能带来股东为获取私人利益损害公司长期价值的消极效果。[③]理论上认为，长期投资者更为关注公司的长期价值，[④]为避免股东为短期收益牺牲公司长期价值，可以考虑在完善股东权利规范中倾向于向长期股东赋权，比如设置最低持股期限的行使条件，实现向长期股东的赋权。

---

① 参见傅穹：《公司利益范式下的董事义务改革》，载《中国法学》2022年第6期。

② 参见杨大可：《德国法上的公司利益及其对我国的启示》，载《清华法学》2019年第4期。

③ See John C. Coffee, Jr., Robert J. Jackson, Jr., Joshua R. Mitts & Robert E. Bishop, *Activist Directors and Agency Costs: What Happens When an Activist Director Goes on the Board*, 104 Cornell Law Review 381 (2019).

④ See Lynne L. Dallas & Jordan M. Barry, *Long-Term Shareholders and Time-Phased Voting*, 40 Delaware Journal of Corporate Law 541, 547 (2016).

此外，在股东参与方面需要重视机构投资者在公司治理中的作用，通过强化机构投资者尽责管理使机构投资者成为积极参与的股东。近年来我国资本市场投资者结构有明显的变化，机构投资者持股市值占比逐年提高，[①]在欢迎长期机构投资者增加持股比例的政策导向基础上，[②]可以预期机构投资者在提高公司质量中的作用将逐渐提升，这尤为需要机构投资者积极参与公司治理。尽责管理核心是通过机构投资者监督被投资者公司，维护被投资公司利益。[③]实践中不乏机构投资者通过开展尽责管理积极参与被投资公司治理。

虽然我国一些政策性文件中强调了机构投资者开展尽责管理，但目前尚未出台指导机构投资者开展尽责管理实践的尽责管理准则，有必要制定有效的尽责管理准则，为机构投资者提供明确的指引与要求。机构投资者应当披露其如何履行尽责管理职责的政策，管理与尽责管理有关的利益冲突，监督被投资公司，制定投票政策且披露其投票活动，在适当的时候与其他机构投资者集体行动。英国等国家和地区推出的尽责管理准则具备原则性要求与规范性内容的结合，增强机构投资者尽责管理的法律操作性，为我国如何完善机构投资者尽责管理职责提供借鉴。

（三）董事义务与董事会的重构

从董事会功能的历史嬗变看，董事会功能从咨询功能向兼具监督功能转变，甚至主要充当监督型董事会，[④]董事负有监督义务。董事的信义义务要求董事善意地相信他们的行为符合公司的最佳利益，将公司利益放在首位，并对公司战略、财务完整性、管理层、风险等进行监督，当中包含了董事的监督义务。《公司法》构筑了由勤勉义务和忠实义务组成的董事信义义务体系，但对董事监督义务的依据、内涵及外延的规定并不明确。理论上，董事监督义务至少包括董事督促公司建立内部控制系统、风险管理系统及信息收集与报告系统，并且应当持续监督系统的运作。[⑤]通过董事监督义务的履行，管理

---

① 参见孟珂：《全面注册制改革正式启动，引导中长期资金做市场“稳定器”》，载《证券日报》2023 年 2 月 4 日，A1 版。

② 参见《国务院金融委会议研究当前形势》，载《人民日报》2022 年 3 月 17 日，第 2 版。

③ 参见王心怡：《我国机构投资者信义义务体系的反思与重构——以尽责管理义务的引入为视角》，载《法商研究》2017 年第 6 期。

④ See Ronald J. Gilson & Jeffrey N. Gordon, *Board 3.0: An Introduction*, 74 Business Lawyer 351, 354 (2019).

⑤ See Elizabeth Pollman, *Corporate Oversight and Disobedience*, 72 Vanderbilt Law Review 2013, 2024 (2019).

公司相关风险，协助公司将可持续发展标准规范予以内化。

实践中越来越多地对可持续公司治理议题的关注，使人们对董事的监督义务有了更多的期望，希望董事能够更积极主动的应对威胁公司永续的风险。例如，伴随着 ESG 风险日渐成为威胁公司永续的风险来源，带来了董事监督义务是否扩张到对 ESG 相关事项监督的问题。ESG 具有宽泛性，E 侧重于公司的环境影响或可持续发展政策，S 涉及重要的社会问题，而 G 指向公司在公司治理方面采取的实践。要求董事对每一项 ESG 事项进行监督会给董事履职造成沉重的负担，增加董事的责任风险，结果可能会降低人们担任董事的意愿或者使董事过于谨慎、规避风险。公司对 ESG 相关事项的遵守可以类型化为法律强制性要求公司遵守的 ESG 相关事项和公司自愿性遵守的 ESG 相关事项。从公司合规来看，合规意味着阻止非法行为和对法律服从，[①] 董事监督义务至少应当扩张到法律强制性要求公司遵守的 ESG 相关事项。对于董事监督义务是否应当扩张到公司自愿性遵守的 ESG 相关事项，则可以做进一步讨论。

公司的风险管理与监督需要覆盖与可持续发展相关的风险，因为这些风险可能会损害公司永续，同时识别与解决公司永续的机遇与风险。忽视公司 ESG 风险因素可能使董事面临信义义务诉讼。[②] 董事在公司监督方面发挥核心作用，这种董事义务的扩张是维护公司长远利益的应有之义。《公司法》明确董事执行职务应当以公司最大利益为出发点，但仍需进一步对可持续公司治理中董事义务内容的扩张做出回应。可以考虑将董事会应识别和评估与 ESG 相关的公司机遇与风险和机遇，以及建立涵盖可持续发展目标的内部控制系统、风险管理系统及信息收集与报告系统纳入公司法中。

董事职责及董事会功能的良好运作与董事会的组成密切相关，董事会的组成也影响着董事会决策能否包含广泛的利益。《公司法》对职工参与公司管理和决策一直有着规定，此次《公司法》修订改变了以往只对国有独资和国有全资的有限责任公司提出设置职工董事的要求，扩大了设置职工董事的公司范围，要求职工人数超过 300 人的有限公司和股份公司应当设置职工董事，而其他有限公司和股份公司董事会中可以有职工董事。这为进一步促进公司

---

① 参见邓峰：《公司合规的源流及中国的制度局限》，载《比较法研究》2020 年第 1 期。

② See Brett McDonnell, Hari M. Osofsky, Jacqueline Peel & Anita Foerster, *Green Boardrooms*, 53 Connecticut Law Review 335 (2021).

永续提供了一些机会，职工董事的存在有助于防止公司只关注股东的短期回报，纠正公司短期主义行为。

然而，《公司法》对于董事会组成的另一个重要议题（董事会性别多样性）缺乏规定。鉴于董事会性别多样性的积极意义，多样性的董事会更有可能对公司永续问题或者 ESG 问题有更好的信息披露和监督实践。[①]《上市公司治理准则》第 25 条第 2 款鼓励董事会成员的多元化，但没有对公司董事会中女性比例作出硬性要求。这种软法措施对真正改善董事会成员多元化的效果甚微，德国法经验提供例证。德国《股份法》曾允许上市公司或建立共同决定机制的公司自行为董事会的男女比例设定最终目标，实践表明，董事会中女性比例增加缓慢，甚至不少公司董事会中没有女性董事。[②]德国《股份法》为此进行修订，明确要求适用《共同决定法》《煤炭和钢铁工业职工共同决定法》或者《共同决定补充法》的上市公司董事会实施固定配额制度。未来《公司法》可以考虑对董事会中女性董事比例作出安排，采取比鼓励性的软法措施更有效的方法，比如要求公司对其董事会性别多样性进行解释说明，结合信息披露和市场声誉机制，改善董事会性别多样性。

（四）董事薪酬作为促进公司永续的工具

董事薪酬的设定应定位于公司可持续和长期发展。董事薪酬有助于公司的长期利益和可持续发展，避免董事薪酬结构中设定的短期目标诱发损害公司永续的高风险行为。《公司法》对董事薪酬事项规定较为简略，只要求股东会决定董事薪酬事项，股份公司应当定期向股东披露董事从公司获得报酬的情况，没有对董事薪酬作更多的规定。实践中董事往往兼任高管，股东会对董事薪酬的决议又往往以董事会自己的薪酬提案作为基础，股东会对董事薪酬事项的决定被形骸化，存在董事自定薪酬的状态，[③]而董事薪酬过高一直是一个广受诟病的问题，过高且不合理的董事薪酬是促成公司高风险行为的重要诱因，董事薪酬与公司可持续和长期发展联系不足。

董事薪酬结构一般分成固定薪酬和浮动薪酬两个部分，浮动薪酬作为一

---

① See Christopher M. Bruner, *Corporate Governance Reform and the Sustainability Imperative*, 131 Yale Law Journal 1217, 1259（2022）.

② Vgl. Jan-Mark Steiner, Die Mindestbeteiligung von Frauen in deutschen Vorständen im Spannungsfeld zwischen Gesellschaftspolitik und Gesellschaftsrecht, NZG 24（2021）, S.276.

③ 参见丁勇：《高管薪酬法律规制的结构性思考——德国立法及其启示》，载《证券法苑》2012 年第 2 期。

种激励机制，旨在将董事薪酬与公司绩效挂钩，弥补固定薪酬下激励效应递减的不足。董事整体薪酬结构应当满足公司可持续和长期发展要求，产生董事与高管对公司永续结果当责的激励效应。一方面，从时间维度考虑董事与高管薪酬设计。另一方面，董事与高管薪酬设计需要考虑环境、社会和治理方面的目标。《上市公司治理准则》第 62 条第 2 款只规定上市公司的激励机制应当促进上市公司可持续发展，该规定更多针对浮动薪酬部分，而非考虑董事的整体薪酬结构，可能不足以有效形成推动公司长期可持续发展的董事可持续薪酬，应当明确董事的薪酬结构应与公司的可持续和长期发展保持一致。

为了向市场传递有效的决策信息，确保对董事的问责，应当披露董事的薪酬情况。董事薪酬披露至少应当包括每个董事的薪酬情况，描述固定薪酬和浮动薪酬的不同组成部分，描述制定董事薪酬时设定的公司可持续发展目标与相应的绩效指标，解释公司在设定可持续发展目标及相应绩效指标时的考量因素，并应当解释董事薪酬如何有助于公司的长期利益。

（五）完善公司 ESG 信息披露制度

我国目前公司 ESG 信息披露以原则性和自愿性披露为主，没有提供一个一致、可比较的公司 ESG 信息披露框架。[①] 由于缺乏一个共同的框架，ESG 信息披露很难进行比较，ESG 信息披露的可靠性也存在疑问。改善公司 ESG 信息披露的方法之一是增加公司 ESG 信息披露的强制性，建立 ESG 信息披露规则。2020 年一份分析 80 多个国家自愿披露和强制披露公司 ESG 信息情况的研究发现，强制披露比例远高于自愿披露的比例。[②] 我国未来应当从鼓励公司披露 ESG 信息披露转向强制特定类型公司披露 ESG 信息披露，并提供一个有助于增加 ESG 信息披露可比性的披露框架。例如，上市公司因其可能产生规模效益，要求上市公司进行 ESG 信息披露。

制定 ESG 信息披露规则需要认识到不同行业和不同公司在披露 ESG 信息

---

① 参见刘江伟:《公司可持续性与 ESG 披露构建研究》，载《东北大学学报（社会科学版）》2022 年第 5 期。

② See Cornis van der Lugt, Peter Paul van de Wijs & Daniel Petrovics, Sustainability Reporting Policy: Global Trends in Disclosure as the ESG Agenda Goes Mainstream，载 https://www.carrotsandsticks.net/media/zirbzabv/carrots-and-sticks-2020-june2020.pdf，2023 年 12 月 11 日访问。

事项上可能存在差异，[①] 注意强制性与灵活性之间的平衡。可以在参考 ESG 评价体系的基础上制定分行业的公司 ESG 信息披露报告框架，并在具体指标披露上采取兼具强制性与灵活性的“遵守或解释”方法进路，以解决公司 ESG 信息披露不足和缺乏可比性的问题。全球报告倡议组织（GRI）、可持续发展会计准则委员会（SASB）等组织制定的有关 ESG 信息披露规则和标准，以及德国等国家和地区的 ESG 信息披露规则为我国完善 ESG 信息披露制度提供可供参考的国际经验。

由于 ESG 信息的重要性越来越高，对公司是否应当披露 ESG 信息基本上不再有争论，更重要问题是公司所披露的 ESG 信息是否可信，如何通过配套规则设计来提升公司 ESG 信息披露的质量。为增加公司 ESG 信息披露的可信度，可以对公司 ESG 信息披露实施鉴证。在欧盟《非财务与多样性信息披露指令》强制符合要求的公司披露 ESG 信息之后，有实证研究考察了公司 ESG 信息披露的质量，发现强制公司 ESG 信息披露的直接效果限于增加 ESG 信息量，对增加公司 ESG 信息披露质量的效果有限，[②] 欧盟《非财务与多样性信息披露指令》强制符合要求的公司披露 ESG 信息没有完全改善公司 ESG 信息披露质量。欧盟委员会为此在对《非财务与多样性信息披露指令》审查的基础上公布《公司可持续发展报告指令草案》，引入法定审计师对公司 ESG 信息披露的实质审查，要求法定审计师根据有限保证的方式对公司 ESG 信息披露发表意见。欧盟委员会还需要在《公司可持续发展报告指令草案》生效 3 年后对指令内容进行审查，考虑合理鉴证意见的可能性。[③] 通过增加审计师鉴证的方式强化公司 ESG 信息披露的可靠性。由于我国当前公司 ESG 信息披露鉴证尚不成熟，可以考虑采取欧盟渐进式的做法，对公司 ESG 信息披露施加的鉴证要求从有限保证方式逐渐向合理保证方式过渡。

---

① See Robert G. Eccles, Michael P. Krzus, Jean Rogers & George Serafeim, *The Need for Sector-Specific Materiality and Sustainability Reporting Standards*, 24 Journal of Applied Corporate Finance 65, 71 (2012).

② See Fabio Caputo, Rossella Leopizzi, Simone Pizzi & Virginia Milone, *The Non-Financial Reporting Harmonization in Europe: Evolutionary Pathways Related to the Transposition of the Directive 95/2014/EU within the Italian Context*, 12 Sustainability 92 (2020).

③ Vgl. Josef Baumüller/ Oliver Scheid/ Sean Needham, Die Corporate Sustainability Reporting Directive als Schlüsselelement von Sustainable Finance: Zusammenhänge und Entwicklungsperspektiven, IRZ 16 (2021), S.341.

五、结语

可持续公司治理话题正吸引着众多关注。不仅公司热衷于向客户和公众证明他们在认真对待可持续发展问题，投资者也开始将他们对可持续发展问题的兴趣纳入他们的投资方法。可持续公司治理是公司永续的内在要求，从根本上说是为确保公司作为一个持续经营实体存在，以可持续的方式创造价值，为整个社会造福，为可持续发展作出贡献。公司治理向可持续公司治理的转变是一个质的变化，对公司法和公司治理提出了新要求，考虑如何对待公司治理，如何使公司永续。在公司治理方面采取有助于促进公司永续的机制，通过以公司利益为根本指针，围绕改善决策者行为或者决策者激励完善股东权利与义务、董事会组成、董事义务、董事薪酬及信息披露等规则，改善公司、股东、董事等行为与激励，减少威胁公司长期生存的风险，鼓励公司在高质量发展中创造长期可持续价值。

股东私人诉讼与上市公司投资者保护

刘胜军 *

近来证监会首次提出，要建设以投资者为本的资本市场。以投资者为本的要义在于让投资者能够获得长期持续的回报，这就需要健全的投资者保护机制。多年来上市公司董事、高管、控制股东等内部人（以下简称“上市公司内部人”）财务造假、欺诈发行等侵害投资者的事件时有发生。投资者才是资本市场的“主人”，目前来讲，作为股市根本的投资者还不能自己发动股东集团诉讼维护自己的权益，股东集团诉讼只能由中证中小投资者服务中心有限责任公司（以下简称“投服机构”）发动。我们应当让上市公司的投资者通过股东私人诉讼更多的真正参与上市公司内部违法行为人的责任追究，通过股东私人诉讼的市场的力量来威慑和追责上市公司内部人的违法行为。本文所称股东私人诉讼是相对于投服机构发动的公益股东诉讼而言的，股东私人诉讼有直接诉讼和派生诉讼，股东集团诉讼是股东直接诉讼的一种形式，下文将集团诉讼形式的股东直接诉讼简称为股东集团诉讼。

我国证监会的公共执法和投服机构的证券支持诉讼还不能为投资者提供充分保护。目前，中国证券市场投资者中散户自然人投资者占比超过 99%，绝大部分都是持股市值不足 50 万元的中小投资者，其合法权益遭到的侵害能否便捷、及时地获得经济赔偿或补偿，关系到中小投资者切身利益和中国股市的信心，资本市场的改革和治理应贯彻“坚持以投资者为本”的发展思想的根本方向和要求。[①] 通过完善和强大的股东诉讼制度，股东可以对上市公司的董事或控制股东提起集团诉讼形式的股东直接诉讼或股东派生诉讼，这将为投资者保护发挥非常重要的作用，能有效地威慑和遏制上市公司董事和控

---

* 上海师范大学哲学与法政学院教授、法学博士。本文为作者主持的 2023 年国家社科基金一般项目《基于类型思维的类别股法律适用研究》（23BFX074）的阶段性成果。

① 黄炜：《加快健全完善证券投资者损害赔偿救济制度——黄炜主席助理在证券投资者民事损害赔偿救济法律制度完善座谈会上的发言》，http：//www.csrc.gov.cn/pub/newsite/zjhxwfb/xwdd/201808/t20180824_343046.html，2018 年 8 月 24 日访问。

制股东的违法行为。我国应完善我国上市公司的投资者保护，主要通过市场力量来规制上市公司内部人的违法行为。股东私人诉讼相对于公共执法，属于私人执法。私人执法是指追求损失赔偿的股东提起的民事诉讼，是市场力量。从投资者保护效果来讲，私人执法比公共执法对投资者保护更有效，更有利于证券市场的信用和稳定，立法和司法对股东私人诉讼应多加激励而非过多限制。

一、股东私人诉讼应与投服机构公益股东诉讼并举

股东私人诉讼是上市公司投资者保护重要的事后监督机制，作为一种市场力量，尽管其自身存在市场失灵问题，但是证券违法行为的公共执法力量不足，并且不能补偿投资者，投服机构发动的公益股东诉讼也存在不足。我国应当以股东私人诉讼的市场力量为主，通过投服机构发动的公益性质的股东诉讼矫正股东私人诉讼的市场失灵，两者应当并举共治上市公司内部人的违法行为。

（一）证券欺诈行为公共执法存在的不足

我国习惯于对证券市场违法行为通过行政执法主导方式进行规制，对于有效遏制我国上市公司层出不穷的管理层和控制股东滥权行为，以行政执法为主导方式存在不足之处。其一，证券执法机构人、财物、都是有限的，不可能对所有上市公司内部人滥用权力侵害中小股东的行为监督到位；其二，从驱动力上来看，执法机构并不是利害当事人，缺乏充足的动力惩处违法行为，不可避免会呈现出被动的特征；其三，行政执法措施主要是进行处罚，并不能够填补受其侵害公众股东的损失，不能较好地保护投资者利益。[①]

尽管中国证监会的行政执法已经相当努力，但效果却不尽人意，我国上市公司财务造假、欺诈等现象仍然严峻，实证研究表明，国内证券市场仍存在相当数量的违法行为未被执法机关发现、证实、查处，即使发现了违法行为，处罚力度也不够，而且处罚本身并不能补偿投资者损失，投资者的救济无法及时实现。[②]另外，还有一点需要注意，上市公司内部人违法行为公共执

---

① 参见梁上上：《证券民事责任与股东诉讼方式》，载《复旦学报（社会科学版）》2003 年第 2 期，第 69—70 页。

② 参见汤欣：《私人诉讼与证券执法》，载《清华法学》2007 年第 3 期，第 93 页。

法前置程序，现在只是取消了虚假陈述案件的行政执法的前置程序，其他证券违法行为仍要求行政执法前置程序。行政罚款的行政处罚后才提起股东诉讼，将减少上市公司的责任财产，减少上市公司投资者的赔偿数额。因此改善投资者保护的现状，应切实关注股东损害赔偿的民事诉讼。

（二）股东私人诉讼的市场力量与不足

股东私人诉讼是上市公司内部人违法行为威慑与责任追究的市场力量。以投资者为本的资本市场，规制上市公司控制股东和管理层的违法行为应当以私人执法的市场力量为主。我们上市公司的治理应当尊重规律，应考虑运用私人执法的市场力量——股东诉讼更加高效地对上市公司内部人潜在的机会主义行为形成强大的威慑力，以广泛上市公司股东监督的大网来对公司内部人违法和滥用权利的行为进行监督。离开完善的股东私人诉讼制度，就无法建立起来约束上市公司内部人侵害投资者权益的有效机制，从而投资者权利难以得到有效保护，投资者难以信任上市公司，股市的发展终将受到影响。尽管我国公司法规定了股东诉讼，但现有的股东诉讼制度一方面不能充分激励股东发动股东私人诉讼；另一方面限制股东发起集团诉讼，因此股东私人诉讼并没有产生强有力的诉讼威慑力。[①]

股东私人诉讼尊重资本市场的规律，发挥市场的力量去威慑和制衡上市公司内部人的违法行为。作为私人执法的股东私人诉讼，增加了对资本市场上市公司的执法资源，减少了执法成本，减少政府的监督费用，并且其比政府执法动用的资源更广泛、执法更具有针对性。股东私人诉讼中，无论是股东直接诉讼的集团诉讼，还是股东派生诉讼，相对于在上市公司中经济利益非常有限的少数股东，追求律师费的律师对诉讼结果更具切身利害关系，是最大受益者，是股东私人诉讼的发动机。律师追逐经济利益的动机是市场的力量，组织原告股东发起股东私人诉讼的律师，提供了私人执法的公益品，那就应当尊重市场给予其充分的回报。

股东私人诉讼作为一种市场的力量，也存在市场缺陷，美国股东私人诉讼的经验研究揭示了其存在的不足。

其一，趋利动机导致代理律师挑选上市公司，小公司无人诉，专挑大公司诉讼。无论是针对大规模上市公司还是针对小规模上市公司，股东直接诉

① John Chrisma，Open Sesame？ Not for now，Alibaba，http://blogs.law.harvard.edu/corpgov/tag/dual-class-stock/，2014 年 9 月 17 日访问。

讼的集团诉讼或股东派生诉讼的成本大体相当，成本相对固定。从美国的经验来看，从成本收益分析的角度来看，“胜诉酬金”意味着律师按照胜诉或和解的赔偿数额的比例收费，当然，大规模上市公司赔偿数额更高，在诉讼成本相对不变的情况下，律师更倾向于挑选大规模上市公司发动股东私人诉讼。小规模上市公司内部人违法行为同样严重的，缺少充分的股东私人诉讼，未能被有效遏制。①

其二，股东私人诉讼存在滥诉。无论是集团诉讼行使的股东直接诉讼，还是股东派生诉讼，原告股东对诉讼结果经济上的利害关系小，无论胜诉还是败诉，成本和收益都不大，但是诉讼结果对于收取“胜诉酬金”（风险代理费）的律师影响非常大。股东是名义上的原告，律师才是实际的原告，这会导致原告对律师的监督动力不足，从而这会放大原告方律师懈怠，或者追求自身利益的可能性。这样，原被告和解的意愿非常强烈，案件本身在事实上和法律上的意义变得不那么重要。被告和解是避免败诉后上市公司和承保董事责任险的保险公司不能报销其诉讼费用和律师费，原告律师和解是为了避免败诉，因为收取“胜诉酬金”，意味着败诉律师前期投入都会打水漂，只有胜诉与和解其才能获得“胜诉酬金”。但是这样的无谓诉讼就是滥诉，诉讼成本和和解金额都是由上市公司承担，最终由所有股东买单。②

其三，原告律师的机会主义行为。在美国的股东集团诉讼中，原告律师得到的收益在于律师费。然而，无论胜诉还是和解，原告律师拿到的费用通常只是原告获得的赔偿金额的 1/3 左右。也就是说，律师为原告每多争取 1 美元赔偿，自己只能得到 0.33 美元。如果律师为此要付出的成本高于 0.33 美元，他就不会去争取这 1 美元赔偿——尽管从原告的角度来看，花 0.33 美元去多争取 1 美元是值得的。也就是说，以满足被代理人的最大利益而论，原告律师的工作动力普遍不足，这是一种典型的代理人成本。③

（三）投服机构发动的公益股东诉讼之不足

从我国《证券法》（2019 年）第 95 条第 1、2 款来看，仍未引入股东自己发起的股东集团诉讼，股东发起的群体性的股东直接诉讼需要采取人数不确定的代表人诉讼的，仍然需要股东登记才能加入。现行《证券法》不允许股

---

① See Stephen J. Choi, *The Evidence on Securities Class Actions*, 57 VAND. L. REV. 1465, 1499-1502（2004）.

② Ibid., pp. 1477-1499.

③ 张巍:《美式股东集团诉讼问题与矛盾》，载《投资者》2020 年第 2 期，第 170—171 页。

东自己发起集团诉讼，可能出于维稳和担心美国股东集团诉讼那样的滥诉风险审慎考虑的结果。

我国投服机构的股东支持诉讼其性质不是私人执法而具有公共执法色彩。我国《证券法》（2019 年）第 95 条第 3 款采取了一种中国特色的股东集团诉讼，即由投服机构发起特别代表人诉讼，实行股东“选择退出”规则，实现“默示加入、明示退出”的效果。投服机构发动的股东集团诉讼不是私人执法的市场行为，具体原因在于：其一，投服机构发动的特别代表人诉讼更主要是出于公益，其并非出于私利驱动的市场行为。实践中，投资者保护机构——中证中小投资者服务中心（以下简称“投服中心”）通过持有各个上市公司至少一股的方式，以股东代表诉讼形式为中小投资者提供维权支持，投服中心持有的股份极少，只是满足股东代表诉讼形式上的要求，本质来讲是一种公益诉讼。其二，投服中心本身是证监会批准设立的证券金融类公益机构，提起诉讼并非出于私利驱动的市场行为，而是追求投资者保护和证券市场公共秩序，具有规制性质的公共执法色彩。

投服机构发动的特别代表人诉讼存在不足。尽管投服机构发动的特别代表人诉讼不存在股东发起的集团诉讼中律师先天的利益驱动和机会主义行为的不足，有助于克服股东集团诉讼中存在的挑选诉讼对象和片面的追求律师费而滥诉的问题，并可以主动地监督公益诉讼代理律师，但是投服中心的公益股东诉讼也不是完美的，也存在自身的问题。首先，与广泛的上市公司股东及证券律师来讲，投服机构主体有限，资源有限。我国目前的投保机构仅有中国证券投资者保护基金和中证中小投资者服务中心，其可以动用发起特别代表人诉讼的资源有限，在众多案件中作出选择的难度较大，实际提起的特别代表人诉讼和股东派生诉讼案件数量不多即是体现。其次，投服机构可以摆脱经济激励的限制，但是这并不意味着其不存在代理成本，其尽管不是经济人，但是可能有其他追求，例如选择案件的时候谋求社会影响，在案件选择的时候也会具有倾向性，社会影响不大的案件可能不会考虑。最后，公益诉讼机构对相关法律问题的专业知识和经验也决定着其能否找准案件，能否有效监督好律师的工作。[①]

① 参见清澄君：《抱团未必多温暖：股东诉讼，未必要靠“集体”》，载公众号“比较公司治理”，https：//mp.weixin.qq.com/s/P5qGFUr_Tl6kFcMJTr6Fjg.，2023 年 12 月 9 日访问。

（四）投资者保护应当股东私人诉讼与投服机构的公益股东诉讼并举

我国《证券法》规定的特别代表人诉讼并非股东私人发动的集团诉讼，尽管股东集团诉讼在美国暴露的滥诉问题在中国也可能出现，但是不应因噎废食，而应根据中国的具体情景进行制度设计来兴其利的同时降其弊。我们应根据我国的国情，借鉴美国的股东集团诉讼和股东派生诉讼制度的成功经验，避免其实践中暴露出来的弊端，维护投资者权益，推动上市公司治理水平。①

无论是股东发起的集团诉讼还是投资者保护机构——投服中心的公益诉讼性质的集团诉讼，各自有自己的制度优势和劣势，应当积极配合，共同发挥约束控制股东滥权的违法行为，维护投资者利益。我国应当尊重市场规律，以股东私人诉讼的市场力量为主，以具有公共执法色彩的投服机构的公益股东诉讼来矫正股东私人诉讼的市场失灵。今后可同时借鉴美国集团诉讼的经验，形成“股东集团诉讼”+“特别代表人诉讼”的并行模式，关注股东集团诉讼的风险代理机制，尽力缓和“赏金猎人”带来的社会问题。②

股东私人诉讼通过投资者的维权动力和代理律师的逐利动机，事后追究上市公司控制股东和管理者的损害赔偿责任，其实质是通过股东私人诉讼这一私人执法的市场力量来实现上市公司控制股东和管理者的违法行为的规制效果，实现保护投资者和维护证券市场秩序的公共利益目标。股东私人诉讼作为一种市场力量，在运行中可能存在市场失灵，但是投服中心主导的股东诉讼也不完美。我国投服中心是证监会批准成立的证券金融类公益机构，作为公共团体，其主导的公益性质的股东诉讼，具有行政干预和规制的色彩，应当作为一种市场失灵的矫正手段，而不应替代股东私人诉讼作为主要的上市公司控制股东和管理者的违法行为的规制手段。

二、股东集团诉讼与投服机构特别代表人诉讼并举

对于威慑和追责侵害股东利益的上市公司内部人违法行为，无论是股东发起集团诉讼形式的股东直接诉讼，还是投服机构发动的中国特色的股东集团诉讼——特别代表人诉讼，各自有自己的制度优势和劣势，应当积极配合，

---

① 参见汤欣：《私人诉讼与证券执法》，载《清华法学》2007年第3期，第99页。

② 叶林：《全面注册制下投资者保护的制度逻辑与发展方向》，载《证券市场导报》2024年第1期，第13页。

共同发挥约束控制上市公司内部人违法滥权行为，维护投资者利益。现阶段，应当敬畏市场，尊重资本市场的内在规律，引入作为市场力量的股东发起的集团诉讼。笔者认为，股东集团诉讼是打击上市公司内部人违法行为的关键机制，实践证明，集团诉讼能有效克服股东直接诉讼集体行动困难，有助于保护投资者。[①]

（一）“选择退出”规则应当适用于股东发起的股东集团诉讼

“选择退出”（opt-out）规则可以极大地降低股东集团诉讼原告的征集成本。1966 年美国《联邦民事诉讼规则》修订加入了“选择退出”规则这一项非常重要的制度，“选择退出”规则将美国的集团诉讼与其他国家的群体诉讼制度显著区分开来。所谓“选择退出”规则，是指经法定程序通知后，如果未明示反对，则股东视为默认加入股东集团诉讼中。该规则的意义在于：由于股东集团诉讼中，股东“选择退出”的情况极少发生。因此未“选择退出”的当事人的请求权自动累计加入集团诉讼一方（通常是股东直接诉讼的原告）的诉讼请求中，这样原告方包容的当事人人数和赔偿金数额得到了极大扩张，克服股东直接诉讼“集体行动”困难，这样将能够极大吸引最优秀的律师团队加入这一集体诉讼中，巨额的赔偿金及其所附带的律师费用将充分的吸引和激励最优秀的律师加入并投入大量的诉讼费用；同时原告累计的赔偿金额可能超过被告公司内部人所得违法受益，对其形成极大的威慑力，阻却其违法行为。[②]

集团诉讼形式对股东直接诉讼的优势在于：第一，提高了诉讼效率，节约了诉讼成本；第二，为持股分散的少数股东提供了诉讼激励，减少了诉讼股东对其他股东“搭便车”的顾忌，缓和了股东集体行动困难。[③]“选择退出”规则的诞生大大推动了美国的股东集团诉讼，20 世纪末美国实证研究证券集团诉讼的结果发现，在 1966 年适用“加入规则”（opt-in）之前，仅有 15% 的受害人主动选择加入证券集团诉讼中，因此公司内部人只对滥权行为的损害只赔偿 15% 受害股东，“选择退出”规则在 1966 年适用以后，仅 15% 的股东退出，这样 85% 的受害股东就可以适用发生效力的判决结果，股东集团诉

---

① 参见汤欣：《私人诉讼与证券执法》，载《清华法学》2007 年第 3 期，第 100 页。

② 参见杜要中：《美国证券集团诉讼程序规则及借鉴》，载《证券市场导报》2002 年第 7 期，第 65 页。

③ 参见郭雳：《美国证券集团诉讼的制度反思》，载《北大法律评论》第 10 卷第 2 辑，北京大学出版社 2009 年版，第 429 页。

讼制度的经济性得到了极大的彰显，也加大了对上市公司内部人违法行为的处罚力度，保持了极大地威慑力。如果没有“选择退出”规则，则上市公司内部人违法行为的收益将大于其成本，其可以收获85%受害股东的损失。[①]

我国2019年《证券法》修订引入了由投服机构提起的特别代表人诉讼，实质是投服机构发动的集团诉讼，其中规定了“选择退出”规则，不同于美国股东集团诉讼之处，中国的股东集团诉讼只能由投服机构提起，不能由股东或其代理律师提起。

我国《民事诉讼法》并没有规定集团诉讼制度，对于上市公司人数众多股东诉讼，可以适用现有的是《民事诉讼法》第55条、第56条规定有共同诉讼和代表人诉讼。如果股东加入股东提起的股东直接诉讼，根据第57条人数不确定的代表人诉讼规定，[②]而这需要进行登记，这是一种“选择加入”方式。其结果可以想见，主动选择加入的股东比例将不会很高，而这将无疑让上市公司违法内部人仅赔偿加入诉讼股东所受损害，不必赔偿未加入诉讼的受害股东，这不利于威慑和阻却上市公司内部人违法行为，不利于投资者全面保护。因此，我国应借鉴美国证券集团诉讼的“选择退出”规则来确定股东发起的股东直接诉讼原告范围。

（二）股东集团诉讼“胜诉酬金”的适用与限制

无“胜诉酬金”激励，股东难以发动股东集团诉讼。如果股东诉讼败诉，根据美国律师费用原被告双方“各自支付”规则，败诉原告股东应承担自己一方的律师费用。[③]股东诉讼复杂，没有原告股东能够确信自己能够胜诉，即

---

① 参见郭丹：《证券集团诉讼在中国的制度价值——法经济学与法社会学的悖论》，载《北方法学》2012年第3期，第65—66页。

② 《中华人民共和国民事诉讼法》（2023年）第57条规定：“诉讼标的是同一种类、当事人一方人数众多在起诉时人数尚未确定的，人民法院可以发出公告，说明案件情况和诉讼请求，通知权利人在一定期间向人民法院登记。

向人民法院登记的权利人可以推选代表人进行诉讼；推选不出代表人的，人民法院可以与参加登记的权利人商定代表人。

代表人的诉讼行为对其所代表的当事人发生效力，但代表人变更、放弃诉讼请求或者承认对方当事人的诉讼请求，进行和解，必须经被代表的当事人同意。

人民法院作出的判决、裁定，对参加登记的全体权利人发生效力。未参加登记的权利人在诉讼时效期间提起诉讼的，适用该判决、裁定。”

③ 参见耿利航：《论我国股东派生诉讼的成本承担和司法许可》，载《法律科学》2013年第1期，第172—173页。

使胜诉股东根据持股比例从上市公司收益获利，但是数量也有限，而败诉则要承担全部律师费用，衡量如此风险将没有股东有提起直接诉讼的内在动力。

“胜诉酬金”有助于驱动股东发动集团诉讼，进行私人执法。美国股东集团诉讼中的律师“胜诉酬金”（contingent fee）（即风险代理律师费）解决了股东诉讼败诉的律师费用风险。根据“胜诉酬金”机制，“胜诉酬金”的前提是原告胜诉产生“共同基金”，否则律师自己负担费用。律师的“胜诉酬金”是股东诉讼运行的驱动力，至于“胜诉酬金”数额计算，股东集团诉讼代表人也是股东，由于其并非所有集团成员的受托人，因此，其并没有权力如何用诉讼受益的“共同基金”来支付律师费用，律师费用的计算由制定法或判例法等加以规范，并且由法院具体裁量决定。

股东集团诉讼中律师费用的计算和支付方法有两种：一是“北极星计算法”（lodestar star approach），根据代理律师投入诉讼时间的合理价值来进行计算，首先计算律师实际投入的时间，再乘以每小时报酬确定律师费，但这种方式也存在律师故意浪费时间的弊端；二是“比例收费法”（Salvage value approach），又称百分比计酬法，是指将诉讼收益的一定比例作为律师费支付给集团律师，并且针对不同诉讼收益数额给予不同比例。

原告股东胜诉律师费用的收取，并不是原告和律师进行完全协商的结果，法院应进行司法干预，防止律师过高的收费成为“赏金猎人”。“胜诉酬金”的经济实质是，诉讼项目由原告提供给律师，律师通过风险代理向原告进行融资，“胜诉酬金”使双方一拍即合，解决了双方各自存在的问题。可以说，没有“胜诉酬金”制度，股东诉讼将难以有效实施，股东诉讼私人执法的威力也将难以发挥。[①]

美国股东集团诉讼的“选择退出”规则和“胜诉酬金”（contingent fee）制度很好地实现了股东直接诉讼的内在驱动力问题，克服了股东“集体行动”困境，并且这两个制度彼此强化，“选择退出”规则有助于确保集团诉讼的规模，极大地扩张赔偿金的数额从而增加集团律师与被告公司博弈时的要价和筹码，增大被告公司违法成本；“胜诉酬金”规则为提起直接诉讼的股东提供了末端保障，激励其无后顾之虑的放手一搏提起集团诉讼。[②]

---

① 参见耿利航：《论我国股东派生诉讼的成本承担和司法许可》，载《法律科学》2013 年第 1 期，第 172—173 页。

② 参见郭雳：《美国证券集团诉讼的制度反思》，载《北大法律评论》第 10 卷第 2 辑，北京大学出版社 2009 年版，第 429 页。

我国的民事诉讼制度与股东直接诉讼制度缺乏有效的联动协调，股东直接诉讼不适用“胜诉酬金”（风险代理律师费）。美国股东集团诉讼的“胜诉酬金”能够有效解决原告股东的后顾之忧，也有利于激励律师对上市公司违法行为进行“私人执法”。然而，无论我国2006年的《律师服务收费管理办法》还是2021年的《关于进一步规范律师服务收费的意见》明确规定：“禁止刑事诉讼案件、行政诉讼案件、国家赔偿案件以及群体性诉讼案件实行风险代理收费。”[①] 这意味着我国现有的律师收费办法禁止在股东群体诉讼中实行“风险酬金”。由于我国诉讼费用制度通常是以败诉方承担为原则，现行规定很显然缺乏对律师加入股东集团诉讼的吸引力，不能激励律师从事股东集团诉讼。由于以往维稳重于个人权利维护的惯有思路，压制了我国股东群体性诉讼，不利于上市公司众多分散持股的投资者的保护。我国不允许在股东集团诉讼中实行“胜诉酬金”（风险代理）制度，这就阻却了律师对这类案件提供法律服务，上市公司股东也不愿意以微弱之利益提起人数众多的股东直接诉讼的代表诉讼，因为结果不确定的股东直接诉讼会导致其承担巨额诉讼费用和律师费。[②]

（三）我国应坚持引入股东发起的股东集团诉讼

我国并未引入股东发起的股东集团诉讼。从《证券法》（2019年）第95条第1、2款来看，仍未引入股东自己发起的股东集团诉讼，股东发起股东直接诉讼（与投服机构发起的相区别），采取人数不确定的代表人诉讼的，仍然需要登记才能加入。现行民事诉讼法的相关规定不允许股东自己发起集团诉讼（群体性诉讼），是出于维稳和担心美国股东集团诉讼那样的滥诉风险审慎考虑的结果。不过，《证券法》（2019年）第95条第3款采取了一种中国特色的股东集团诉讼，即投资者保护机构可以发起股东集团诉讼，实行股东“选择退出”规则，实现“默示加入，明示退出”的效果。

投服机构通过持有各个上市公司至少一股的方式，以股东代表诉讼形式为中小投资者提供维权支持，投服中心持有的股份极少只是满足代表人诉讼形式上的要求，本质来讲是一种公益诉讼。作为公益机构的投服中心不存在股东发起的集团诉讼中律师先天的利益驱动和机会主义行为的不足，有助于

---

① 国家发展改革委、司法部发改价格（2006）611号《律师服务收费管理办法》第12条，《关于进一步规范律师服务收费的意见》三（四）。

② See Raymond Siu Yeung Chan, John Kong Shan Ho, *Should Listed Companies Be Allowed to Adopt Dual-Class ShareStructure in Hong Kong*? 43 Comm. L. World Rev. 155, 176–179 (2014).

克服股东集团诉讼中存在的挑选诉讼对象和片面的追求律师费而滥诉的问题，并可以主动的监督公益诉讼代理律师。

投服机构发起的公益性质的股东集团诉讼也不是完美的，也存在自身的问题。[①] 首先，投服机构资源有限，发动的股东集团诉讼数量有限。尽管我国投服中心在维护和支持投资者诉讼的工作卓有成效，证券特别代表人诉讼第一案康美药业虚假陈述案，还有近期我国第一例证券集团诉讼和解第一案——投资者诉科创板上市公司泽达易盛（天津）科技股份有限公司及其实控人、高管、中介机构等 12 名被告证券虚假陈述责任纠纷案。但是我们也要看到，我国目前的投资者保护机构只有中国证券投资者保护基金和中证中小投资者服务中心，其资源有限，投服机构在众多案件中作出选择的难度较大，实际提起的特别代表人诉讼案件数量并不多，只有目前这两件。其次，投服机构是证监会批准设立并直接管理的证券金融类公益机构，因此其性质具有一定的行政色彩。具有行政色彩的公益类投服机构追求社会影响力的动机会使其也有不足之处，例如在被诉对象的挑选上，可能更倾向于选择更具影响力的大公司，不倾向于选择影响力小的小公司。另外，投服机构发动集团诉讼，聘请的律师为公益律师，律师不能像美国的股东集团诉讼实行风险代理，收取比较高的律师费。投服机构聘请的公益律师代理通常是无偿的或仅须由投服中心给予适当补助。投服机构对上市公司发动的股东集团诉讼旷日持久，专业程度要求高，工作量非常大，短期试点而言，或可使用聘请公益律师的方式，律师为了追求自身的影响力，有积极性参与这样具有社会影响力的案件中。长期来看，如何保证投服机构能持续吸引到最优秀的律师参与到股东集团诉讼中来，是一个值得思考的问题。

我国仍应坚持引入股东自己发起的股东集团诉讼，尽管在美国暴露的滥诉问题在中国也可能出现，但是不应因噎废食，而应根据中国的具体情景进行制度设计，兴其利的同时除其弊。无论是股东发起的集团诉讼还是投资者保护机构——投服中心的公益诉讼性质的集团诉讼，各自有自己的制度优势和劣势，应当积极配合，共同发挥约束控制股东滥权的违法行为，维护投资者利益。因此，今后应继续考虑借鉴和引入美国股东集团诉讼的经验，形成“股东集团诉讼”+“特别代表人诉讼”的并行模式，对股东集团诉讼兴利

① 参见清澄君：《抱团未必多温暖：股东诉讼，未必要靠“集体”》，载公众号“比较公司治理”，https：//mp.weixin.qq.com/s/P5qGFUr_Tl6kFcMJTr6Fjg.，2019 年 12 月 9 日访问。

除弊。[①]

三、投服机构股东派生诉讼的有限性与股东私人派生诉讼机制构建

对于内部人损害上市公司利益的违法违信行为，我国目前尚缺乏股东派生诉讼的土壤，因此应当发掘股东派生诉讼的市场机制。为区别于投服机构发起的公益性质的股东派生诉讼，本文将股东自己发起的股东派生诉讼称为股东私人派生诉讼。股东派生诉讼制度设立的初衷就是充分地发动市场的力量去制衡违法行为，但是我国立法和执法机关，太多关注和担心了股东派生诉讼的弊端，而没有充分认识和重视股东派生诉讼的市场力量和优势及其对投资者的意义。对于上市公司内部人损害公司利益的行为，应当以市场力量为主，政府干预为辅，即使投服机构发动的派生诉讼也应当仅是补充市场力量和矫正市场缺陷的角色。市场高效，可以节省政府的执法资源，凡是市场可以解决的，应当留给市场，政府不应插手，而只应该对市场的不足补充，对缺陷之处矫正。[②]

（一）投服机构股东派生诉讼的有限性与股东私人派生诉讼的市场力量的发掘

投服机构限于人员和财务约束，提起的派生诉讼案件也相当有限。我国《证券法》第 94 条第 3 款规定了投服机构发动股东代表诉讼，其持股比例和期限不受《公司法》第 189 条规定的限制。发行人的董事、监事、高级管理人员执行公司职务时违反法律、行政法规或者公司章程的规定给公司造成损失，发行人的控股股东、实际控制人等侵犯公司合法权益给公司造成损失，投资者保护机构持有该公司股份的，可以为公司的利益以自己的名义向人民法院提起诉讼，持股比例和持股期限不受《公司法》规定的限制。但是，投服机构限于人员和财务约束，提起的公益股东派生诉讼案件数量屈指可数，目前，投服机构提起的股东派生诉讼仅 3 件。[③] 投服机构是经中国证监会批准设立并直接管理的证券金融类公益机构，具有准行政的色彩，其提起的股东

① 参见叶林：《全面注册制下投资者保护的制度逻辑与发展方向》，载《证券市场导报》2024 年第 1 期，第 13 页。

② 参见朱锦清：《公司法学（修订本）》，法律出版社 2019 年版，第 813 页。

③ 参见中证中小投资者服务中心网站，http：//www.isc.com.cn/html/gdss/，2024 年 1 月 10 日访问。

派生诉讼具有行政规制的色彩，并不是基于市场的力量来发动的派生诉讼。股东发动的派生诉讼，作为市场的力量，应当是股东派生诉讼的主要力量，而投服机构发动的派生诉讼，应是股东私人诉讼这一市场力量的股东派生诉讼的补充。

美国发达的资本市场和良好的投资者保护水平，是以市场调节为主，政府干预为辅。我国上市公司投资者保护水平不高，与我国对股东派生诉讼的股东私人执法的认可与承认不足有关系，过度关注与强调其市场机制的滥用和不足。美国的法律人和法官都充分承认股东派生诉讼的市场机制，人们并非不知道市场的局限性，因为市场只能在利益的推动下才愿意起诉，但是人们对此予以认可并且充分地利用，因为市场高效，而且能够节省政府的执法资源。所以凡是市场能够解决问题的地方，都会把任务留给市场去完成，政府决不插手。我国的立法者、法官没有充分认识和发掘股东派生诉讼的市场力量，我们如今强调投资者为本，更应转变这一认识，并建立机制激励和释放股东派生诉讼市场的力量。[①]

要使股东派生诉讼承担起上市公司治理、约束控制股东侵害公司并间接损害少数股东的行为，就需要解决少数股东因为股东派生诉讼成本高导致维权动力不足和“集体行动困难”的问题，因此需要构建股东派生诉讼相关机制，激励股东及其代理律师对上市公司内部人的滥用权力的行为提起派生诉讼，保护投资者，参与上市公司治理。

（二）上市公司股东派生诉讼费用的负担

我国上市公司股东发起的派生诉讼屈指可数。上市公司股东派生诉讼的私人执法不积极的原因，除了行权资格条件要求持股比例高以外，主要在于股东的诉讼成本与收益严重不匹配。首先，股东提起派生诉讼，胜诉后被告的赔偿归于上市公司而不是股东个人，股东从公司间接收益，但是基于其持股份额间接收益也非常有限；其次，股东作为原告起诉，需垫付诉讼费用和律师费，如果案件胜诉且被告和公司偿付能力较好，股东事先垫付的诉讼费用可获补偿，但是律师费是否被法院支持获得补偿具有不确定性；反之如果被告、公司偿付能力不佳，则股东垫付的诉讼费用和负担的律师费面临无法受偿的风险；最后，如果股东派生败诉，则公司不承担原告股东的诉讼费和

① 参见朱锦清:《公司法学（修订本）》，法律出版社 2019 年版，第 814 页。

律师费。[①]一句话，派生诉讼原告股东的成本、风险和收益严重不匹配，这是我国上市公司股东派生诉讼屈指可数的主要原因，需要有具体的机制来释放市场力量，使股东派生诉讼成为对上市公司内部人违法行为进行私人执法的重要力量。具体到某一个别股东，其在上市公司中的经济份额并不大。派生诉讼中，律师是最大的受益者，名义上的原告是少数股东，但是诉讼实际上都由律师主导。法律应当认可律师在经济利益的推动下发动派生诉讼，从政策来考虑的话，可以利用市场力量来遏制违法行为，民间私人执法往往比政府公共执法更加有效。[②]

关于股东派生诉讼费用和律师费的承担。我国《公司法》没有规定股东派生诉讼费用和律师费如何承担，《公司法司法解释四》第 26 条规定，股东代表诉讼的诉请部分或全部得到支持的，公司应当承担股东因参加诉讼支付的合理费用。据此，原告股东只有在部分或全部胜诉，公司才应当承担原告股东参加诉讼支出的合理费用；原告股东部分或全部未获胜诉的，公司不承担原告股东参加诉讼支出的合理费用。合理费用的范围如何？除了胜诉的原告股东垫付的诉讼费外，是否也包括原告的律师费，该条规定并未明确。

（三）股东私人派生诉讼的诉讼费用和律师费的承担规则

我国的民事诉讼实行败诉方承担诉讼费用，法院有可能还支持胜诉方要去败诉方支付律师费的请求。这种体制下，股东派生诉讼的原告不仅要承担己方的诉讼费用，败诉后还要承担对方的诉讼费用，甚至还可能承担对方的律师费用。相反，上市公司内部人应对诉讼，其诉讼费用可以由公司来承担，最终由全体股东分担。因此在我国，少数股东对上市公司内部人的违法行为提起派生诉讼非常困难，后者有强大的公司资金支持，其能够走完所有程序。而提起派生诉讼的少数股东却缺少资金支持。

缺少诉讼成本分担机制，那么个人股东难有诉讼内在驱动力来进行股东派生诉讼追究公司内部人的违法行为。上市公司内部人违法侵害上市公司利益，间接损害投资者利益，投资者关注诉讼成本。自然人投资者投资规模较小，即使遭受不法行为的侵害，也必然权衡投资者的诉讼成本和收益的关系。梁上上教授指出，如果上市公司董事或高管侵害公司利益，对于股东而言其

---

① 参见投服中心：《股东代位诉讼知多少》，载微信公众号“河北省上市公司协会”，https://mp.weixin.qq.com/s/xLBKsRzdzINpKtI8EAUgLQ，2024 年 1 月 30 日访问。

② 朱锦清：《公司法学（修订本）》，法律出版社 2019 年版，第 757 页。

损失是间接的，那个股东愿意起诉？股东通过派生诉讼起诉董事，但赔偿归于公司而不是归于股东，股东将不愿意起诉。[①]梁上上教授一针见血地指出了股东派生诉讼需要制度设计驱动股东诉讼的动力。

关于股东派生诉讼的诉讼费承担。上市公司公众股东人数众多并且分散，是否进行派生诉讼和诉讼费用如何进行分担，这样的集体协商交易成本太高，而且即使能够协商，达成一致也很困难，所以美国法院要求，股东派生诉讼胜诉后，原告股东为诉讼发生的费用由该诉讼被代表公司负担，这是强制性的，通过这一成本分担机制，股东“集体行动”困难得到了解决，这一机制相当于对上市公司所有股东进行司法“征税”。[②]

关于股东派生诉讼律师费的承担。传统美国式诉讼运作模式乃是，无论胜负，诉讼各方当事人自己承担己方律师费用，但是若坚持这一模式在公司的股东派生诉讼中，那将会使人数众多的股东派生诉讼难以进行，因为即使胜诉，个别原告股东的个人所得收益（还是间接收益）也不足以支付高昂的律师费用。举例来讲，X 是一家上市公司 ABC 公司的一名股东，其持股比例为 5%，ABC 公司的控制股东 Y 侵占公司财产 200 万美元，派生诉讼胜诉后，原告 X 需要支付律师费 50 万美元，而其从公司间接可以获得受益最多也仅仅 200 万美元 ×5%=10 万美元，X 将损失 40 万美元。股东派生诉讼集体行动困难。提起股东派生诉讼并承担了全部成本的原告股东，侥幸胜诉后其根据持股比例间接获得的收益远不及于其支出的诉讼成本。因此，在美国式传统诉讼模式各方律师费自己负担，但是派生诉讼是个例外，理由是原告律师为公司提供了服务，因而有权获得服务报酬，只要诉讼给公司带来了金钱或非金钱的好处，后者如公司取消了某一项自我交易，或者治理上的变化提升。Tandycrafts, Inc. v. Initio Partners, 562 A. 2d 1162（Del. 1989）一案是针对公司及其董事的派生诉讼，原告认为公司的投票代理权征集书含有虚假的和误导性的陈述。因为原告派生诉讼的提起，公司政策的改变或信息披露的改进都可以支持律师费的支付。[③]

非原告股东可以因原告股东提起股东派生诉讼“搭便车”，导致股东派生

---

① 参见梁上上：《证券民事责任与股东诉讼方式》，载《复旦学报（社会科学版）》2003 年第 2 期，第 74 页。

② See William A. Klein & John C. Coffee, Jr, *Business Organization and Finance: Legal and Economic Principles*, 10th ed., Thomson /West Group, 2007: 403–405.

③ 朱锦清：《公司法学（修订本）》，法律出版社 2019 年版，第 801 页。

诉讼集体行动困难。非原告股东可以“搭便车”获得意外之财，因为股东派生诉讼的原告股东胜诉，ABC 公司的财产从 Y 那里获得追偿，非原告股东他们的股份价值将会因为公司整体财产获得补偿而没有遭受损失，而不必支付律师费用。正是这种“搭便车”问题会使一个股东提起的派生诉讼惠及所有股东，而预见到这样的结果将会使股东观望，导致股东“集体行动”困难。[①]

为处理股东派生诉讼中的“集体行动困难”和“搭便车”问题，美国法院采取了一个所谓的“共同基金”（Common fund）规则和“实质利益”（Substantial benefit）规则来解决原告胜诉律师费承担的问题。根据“共同基金”规则，如果一个人的行为产生了一个有利于他和其他人的共同基金，那么这个人的律师费用和其他费用可以从该基金中支取。在股东派生诉讼的情形下，原告股东诉讼的律师费用和其他必要费用可以从公司财产权益的收回中扣除，这是美国法院在股东派生诉讼中的一贯做法。根据“实质利益”规则，如果派生诉讼提供给了公司“实质性利益”，例如公司信息披露的改进、治理水平的提升等，即使公司没有得到对应的实际金钱收益，法院也会要求公司将律师费用补偿给原告。[②]

我国股东派生诉讼的诉讼费承担。美国、日本的股东派生诉讼均是按照非财产案件来收费，我国立法将派生诉讼案件划入财产案件，按诉讼标的额收取受理费，按照财产案件来收取诉讼费用显然要比非财产案件收取的诉讼费用为高。这对股东而言是其考虑是否提起派生诉讼的主要考量因素之一，我国应当将股东派生诉讼性质规定为非财产案件并据此收取诉讼费用。根据中国《民事诉讼法》第 118 条和国务院《诉讼费用交纳办法》第 6 条的规定，中国民事诉讼的诉讼费用包括案件受理费、申请费和其他诉讼费用。《诉讼费用缴纳办法》第 29 条前 2 款规定，诉讼费用由败诉方负担，胜诉方自愿承担的除外。部分胜诉、部分败诉的，由法院根据案件的具体情况决定当事人各自负担的诉讼费用数额。共同诉讼当事人败诉的，法院根据其对诉讼标的的利害关系，决定当事人各自负担的诉讼费用数额。《公司法》第 189 条未规定诉讼费如何承担，《公司法司法解释四》第 26 条规定，诉讼请求部分或全部得到法院支持的，公司应当承担股东因参加诉讼支出的合理费用。据此，根

① See Stenven L. Emanuel, *Corporations*, 中信出版社 2003 年版，第 365 页。

② 美国法律研究院：《公司治理原则：分析与建议》，楼建波、陈炜恒等译，法律出版社 2006 年版，第 775—777 页；耿利航：《论我国股东派生诉讼的成本承担和司法许可》，载《法律科学（西北政法大学学报）》2013 年第 1 期，第 172—173 页。

据上述相关规定，股东派生诉讼胜诉或部分胜诉的，公司应当承担股东因参加诉讼支出的合理费用，合理费用是否包括律师费用可能有争议，但是此合理费用显然是包括诉讼费用的。但是，股东派生诉讼原告股东败诉的，诉讼费用如何承担，《公司法》和《公司法司法解释四》的第26条均未规定，如果按照《诉讼费用缴纳办法》的规定，有败诉的原告股东承担，则将打击股东提起派生诉讼的意愿。本文认为，在原告股东派生诉讼败诉的情况下，其诉讼费用应当类型化处理。原告股东恶意诉讼的，败诉时由原告承担诉讼费用；否则，原告败诉的，由公司承担诉讼费用。

我国股东派生诉讼的律师费承担。股东派生诉讼的原告股东在胜诉后还要自己承担律师费，将使我国的股东派生诉讼难以进行。在我国民事诉讼实践中，与传统美国的诉讼模式一致，一般由各方当事人自己承担己方律师费用的规则，法院一般不支持胜诉方要求败诉方承担自己律师费的请求，但这一规则适用于派生诉讼，于理不合。因为股东是为公司利益，代替公司行使诉权，并且胜诉后赔偿的经济利益归于公司，原告股东自己不能得到任何直接的好处。如果原告股东还要自己承担这些费用，而其他股东因原告股东提起的派生“搭便车”反而得到实质的“意外好处”，将导致无人愿意提起股东派生诉讼。因此，在派生诉讼中必须建立新的诉讼费用规则：原告股东提起派生诉讼获胜的，应从公司获得律师费的补偿。[①] 股东派生诉讼的原告股东败诉后，在允许原告律师“胜诉酬金”的情况下，原告无需向律师支付律师费。股东派生诉讼的原告股东败诉后，若一方面不允许“胜诉酬金”，另一方面又让原告股东承担被告的律师费用，那将是派生诉讼律师费用承担最糟糕的结果。因此，无论是否采纳“胜诉酬金”，都不应当让原告股东在败诉的情况下承担对方的律师费用。

（四）股东私人派生诉讼应适用“胜诉酬金”

为胜负难测的派生诉讼缴纳高额的律师费将阻碍股东提起派生诉讼。提起股东派生诉讼的上市公司投资者关注证明责任，其寻求专业律师不得不考虑败诉成本，“胜诉酬金”有助于通过市场的力量解决股东派生诉讼的败诉风险。投资者追究上市公司内部人违法行为，其负有证明上市公司内部人违法的举证责任，还要承担证明交易因果关系或损失因果关系的责任，在计算投资者损失时，则要考虑市场价格波动等，不得不寻求律师等专业人员的辅助。

① 李建伟：《公司法学》（第5版），中国人民大学出版社2022年版，第388页。

上述“共同基金”只是解决了股东诉讼在胜诉后有收益情形下律师费用和诉讼费用的支付问题，如果股东诉讼败诉，原告股东在承担诉讼费用之外还要承担高额的律师费，这也是其不能承受的，这将可能阻却股东提起派生诉讼的动力。

派生诉讼的市场力量在于律师，律师追求经济利益发动派生诉讼，到处搜寻违法行为以便发动派生诉讼，最终维护直接维护上市公司利益，间接保护了上市公司投资者的利益，提升上市公司的治理水平。法官也应当认识到派生诉讼的市场力量的意义，不能仅因为原告股东在公司中的经济利益不高而怀疑其动机，美国法院的判词中经常看到一句话“要让市场的力量充分发挥作用”，我国法院的判词中从来看不到。[①]

“胜诉酬金”（风险代理）作为一种市场机制可以解决股东派生诉讼的败诉风险问题。律师追求“胜诉酬金”的自利心是一种市场力量，在高比例、高数额的“胜诉酬金”（风险代理律师费）的利益驱使下，原告律师往往有经济动力去寻找原告，主动去挖掘潜在的股东派生诉讼，积极游说上市公司的少数股东提起股东派生诉讼。“胜诉酬金”的存在，派生诉讼的诉讼成本的风险转移由原告转移至原告律师，提起派生诉讼的少数股东只是名义上的原告，实际的原告是原告的律师。真正有利害关系的是想赚取“胜诉酬金”的律师，律师是派生诉讼的发动机，也是这一诉讼的最大受益者。原告律师将敦促股东提起派生诉讼作为一种“营利性”投资，这就是市场机制，我们应当充分认识和认可这一市场机制，而不应将其视为异类。在“胜诉酬金”的市场机制安排下，原告股东在派生诉讼开始时，只需先自己缴纳诉讼费用，无需向律师缴纳律师费，只有在原告胜诉或者与公司达成和解的情形下，律师才向原告股东收取一定比例的律师费用，原告股东无须畏惧可能承担巨额律师费用的风险，这就决定性地改变了少数股东决定是否提起诉讼的立场，使得股东在通过成本收益分析方法权衡提起诉讼的利弊得失之后往往倾向于提起股东派生诉讼。[②]

股东派生诉讼的原告股东和代理律师主观追求经济利益，客观上达到上市公司投资者保护的效果。如果没有“胜诉酬金”，那么股东派生诉讼中的

---

① 参见朱锦清：《公司法学（修订本）》，法律出版社 2019 年版，第 814 页。

② 参见朱芸阳：《论股东派生诉讼的实行——以“经济理性人”为假设的法经济学解释》，载《清华法学》2012 年第 6 期，第 116 页。

“集体行动”的困境将难以克服，即使持股数量较多的机构投资者也缺乏足够动力提起股东派生诉讼，不可否认“胜诉酬金”机制对推动美国股东派生诉讼繁荣贡献卓著。[①] 由于有利可图，律师有足够的内在驱动力代表分散的上市公司投资者去主动发现上市公司内部人的违法行为，形成股东派生诉讼的案源，发动股东派生诉讼。通过法院对上市公司内部人的违法行为通过事后司法程序进行处罚，主观上是为了经济利益，客观上达到了上市公司投资者保护的效果，股东及其代理律师的派生诉讼形成了市场力量驱动下的上市公司违法行为的私人执法。依靠分散、微观市场的私人执法力量有力地保护上市公司投资者，震慑了上市公司内部人潜在的违法行为动机。

股东派生诉讼是集团诉讼或群体性诉讼。派生诉讼都是集体诉讼，因为派生诉讼中的原告股东是个代表，既代表公司的利益，也代表了其他股东的利益，既然他称公司的利益受到了损害，那么不但他本人因公司的利益损失而间接受损，其他股东也因公司利益的损失而间接受损了。例如，股东代表诉讼的和解、调解，不能只是原告股东与被告和解、达成调解，还应当征询其他股东的意见。对此，《九民纪要》第 27 条即规定：“公司是股东代表诉讼的最终受益人，为避免因原告股东与被告通过调解损害公司利益，人民法院应当审查调解协议是否为公司的意思。只有在调解协议经公司股东（大）会、董事会决议通过后，人民法院才能出具调解书予以确认。至于具体决议机关，取决于公司章程的规定。公司章程没有规定的，人民法院应当认定公司股东（大）会为决议机关。”在浙江和信电力开发有限公司、金华市大兴物资有限公司与通和置业投资有限公司、广厦控股创业投资有限公司、上海富沃企业发展有限公司、第三人通和投资控股有限公司损害公司权益纠纷案中，最高院认为，股东代表诉讼的特殊性在于，提起股东代表诉讼后，经人民法院主持，诉讼各方达成调解协议的，该调解协议不仅要经过诉讼各方一致同意，还必须经过提起股东代表诉讼的股东所在的公司和该公司未参与诉讼的其他股东同意后，人民法院才能最终确认该调解协议的法律效力。[②]

我国的民事诉讼制度与股东派生诉讼制度缺乏有效的联动协调，股东派生诉讼不适用“胜诉酬金”（风险代理律师费）。2021 年中华人民共和国司法

---

① 参见王佳思:《美国证券集团诉讼研究》，复旦大学法学院 2012 年硕士学位论文，第 22 页。

② 浙江和信电力开发有限公司、金华市大兴物资有限公司与通和置业投资有限公司、广厦控股创业投资有限公司损害公司权益纠纷案，载《最高人民法院公报案例》2009 年第 6 期。

部、国家发展和改革委员会、国家市场监督管理总局发布的《关于进一步规范律师服务收费的意见》中规定，严格限制风险代理（胜诉酬金）适用范围，禁止在群体性诉讼案件中适用风险代理，风险代理根据财产标的额分段比例收费，其中标的额不足100万元部分不得超过标的额的18%，标的额的增高比例依此降低，标的额在人民币5000万元以上的部分，不得超过标的额的6%。如上所述，股东派生诉讼的性质是集团诉讼或群体性诉讼，根据《关于进一步规范律师服务收费的意见》的规定，集团诉讼或群体性诉讼性质的股东派生诉讼将不允许律师进行风险代理，这无疑将难以利用市场力量来威慑和追究损害上市公司利益的内部人违法行为。由于以往维稳重于个人权利维护的惯有思路，压制了我国群体性诉讼，不利于上市公司众多分散持股的投资者的保护。在监管层已经开始强调资本市场投资者为本，为维护上市公司投资者的利益，应当允许投资者的私人执法，通过股东派生诉讼威慑和追究上市公司内部人违法侵害上市公司利益的行为。因此，我国未来应考虑修改民事诉讼法及相关配套文件的相关规定，允许股东派生诉讼适用律师风险代理，以“胜诉酬金”制度来解决股东派生诉讼的败诉风险，让股东无后顾之忧，释放和利用股东派生诉讼私人执法的市场力量。

四、结论

投资者是股市的根本，是股市的“主人”，投资者要风险自负，不仅没有话语权，而且还缺乏低成本、有效的维权法律机制，这将严重影响投资者对上市公司和股市的信心。长期以来，我国股市更多关注融资方的利益，未充分强调投资方的利益，上市公司内部人违法或违信行为侵害上市公司及其投资者利益的现象比较严重。我国立法和执法机关，太多关注和担心股东私人诉讼可能的风险和弊端，而没有充分认识和重视股东私人诉讼的市场力量和私人执法优势及其对投资者的意义。“我国目前A股拥有5300多家上市公司，……中国股市上市的数量世界第一，融资额世界第一”，对于如此庞大的市场，依赖投服机构有限的资源发动公益性质的股东直接诉讼或派生诉讼来威慑和追责，显然是不现实的。因此，对于我国上市公司内部人损害公司利益和投资者利益的违法或违信行为，应当以股东私人诉讼的市场力量为主，由投服机构发动的公益股东诉讼来担任补充市场力量和矫正市场缺陷的角色。

股东私人诉讼有直接诉讼和派生诉讼，二者均应充分重视市场化的投资者保护机制，相对于股东诉讼原告，律师是股东私人诉讼结果最大受益者，律师追逐经济利益的动机是市场的力量，应尊重律师为股市的私人执法提供的公益品。我国股东直接诉讼目前只有投服机构可以发起集团诉讼形式（体现为特别代表人诉讼）的股东直接诉讼，我国应坚持引入股东自己发起股东集团诉讼，“选择退出”和“胜诉酬金”（风险代理收费）规则应当适用于股东发起的股东集团诉讼。我国上市公司股东私人派生诉讼屈指可数，主要原因是股东派生诉讼的成本与收益严重不匹配，我国应当实现民事诉讼法与股东派生诉讼的协调，降低原告股东的诉讼费用，特别是应当将“胜诉酬金”适用于股东派生诉讼，发掘股东派生诉讼的市场力量，使股东派生诉讼实现约束内部人侵害上市公司利益的行为。

公司型社会企业利润分配限制的法律问题

——以美英法为视角

郑又瑞 *

一、问题的提出

党的十九届四中全会首次提出了“重视发挥第三次分配作用，发展慈善等社会公益事业”，明确了第三次分配[①]在我国经济和社会发展中的重要地位。第三次分配通过社会机制的参与、甚至主导资源配置，通过社会力量自愿以民间捐赠、慈善事业、志愿活动等方式促进扶贫济困、关怀弱势群体等公益事业，是对再分配的有益补充，已经成为实现共同富裕的重要手段。[②]随着“社会企业”概念[③]的兴起，社会力量能够灵活地选择组织形态，以积极态度直接参与第三次分配。尽管国家政体、经济和法制的不同造成对社会企业的界定存在差异，但“以营利性手段实现社会公益目标”被广泛认定为界定社会企业的方式；[④]而“营利性”正是公司作为商事主体的基本特征，所以公司组织成为 21 世纪热门的社会企业选项。但对于采取公司形态的社会企业而言，营利性也是把“双刃剑”。虽然企业社会责任的理论发展和市场实践已经在全球范围内形成普遍共识，但总体而言，仍然是在承认公司盈利目标的前提下

---

* 海南大学法学院讲师。

① 第三次分配，是基于道德信念而进行的收入分配。厉以宁：《股份制与现代市场经济》，江苏人民出版社 1994 年版，第 79 页。

② 参见白光昭：《第三次分配：背景、内涵及治理路径》，载《中国行政管理》2022 年第 12 期，第 121 页。

③ 社会企业，是企业家因道德驱动而开展、超越传统营利性企业和非营利组织的混合组织形态。此概念在经济合作与发展组织（OECD）1994 年的研究报告中首次出现在世人眼中。参见《经济合作与发展组织报告节选》，刘继同译，载王思彬主编：《中国社会工作（第二辑）》，社会科学文献出版社 2004 年版，第 197—201 页。

④ Robert A. Katz & Antony Page, *The Role of Social Enterprise*, 35 VT. L. REV. 59, 59 (2010).

展开。[1]在追求公益目标的同时又不放弃营利的基本结构，必然存在利益冲突和使命漂移的风险。因此，公司型社会企业如何在制度设计上协调公益性和营利性的平衡追求，甚至以公益为先？这种制度设计在公司法理论和规范下对股东权益造成怎样的风险？如何确保在实现公益为先的过程中继续保障股东权利？解决这些问题不仅可以有效降低我国公司直接参与第三次分配的法律风险和市场疑虑，而且作为最具自持力和可持续发展的市场主体，公司积极参与第三次分配对于实现共同富裕也具有重大意义。

二、限制利润分配成为公司型社会企业路径选择的关键

由于对社会企业的定位不同，成熟的社会企业立法分为美国和欧洲两个系统。其中，美国和英国代表两个以公司形式为主的系统。[2]英美公司法对其他国家的公司法理论和制度产生了深远影响，因为资本市场和经济的全球影响力。尽管美国和英国都是普通法系国家，他们的公司法采取了成文法的形式，但公司型社会企业的制度特点在美欧系统中有所不同。因此，在研究美国和英国的公司型社会企业如何平衡追求公益目标和营利本质时，不仅在理论基础上有论证可行性，而且对于我国以公司型社会企业作为第三次分配的制度创新也有一定的借鉴意义。

（一）美国公司型社会企业对于利润分配限制采取弹性态度

美国基于联邦宪政体制，一般由各州自行订定公司法。美国的社会企业广泛选择公司这一营利实体作为组织类型，具体制度设计随着州立法多有不同，又以低利润有限责任公司（low-profit limited liability company，L3C）、共益公司（benefit corporation）和社会目的公司（social purpose corporation，SPC）三种社会企业最为普遍。美国社会企业立法依循传统的公司治理规则，仅为了维系公益目标而有特殊设计。例如，将法定公益目标加入章程中的公司目的条款，课予董事平衡公益和股东等利害关系人的责任，设计制度安全港降低董事违背信义义务的法律风险，以及强制发布公益报告等的信息披露义务。然而，前述手段更大程度上仰赖社会企业运营者的自觉，以及社会舆

---

① 参见朱慈蕴：《公司法原论》，清华大学出版社 2011 年版，第 56—68 页。

② See Jacques Defourny & Marthe Nyssen, *Conceptions of Social Enterprise and Social Entrepreneurship in Europe and the United States: Convergences and Divergences*, 1（1）Journal of Social Entrepreneurship 32, 33-38（2010）.

论和投资者的市场选择来形成软性监督。美国公司型社会企业没有欧洲系统常见的限制利润分配规定，而是保持经营弹性，让发起人自行通过公司章程或股东协议进行安排。其不限制利润分配的理由，主要包括：限制利润分配与实现公益目的不具有合理关联性、是否限制利润分配属于公司自治不宜由法律强制，以及公司让股东享有盈余能提升公益产品效益。①

（二）英国公司型社会企业从制度上限制利润分配

与美国隔大西洋相望的英国，在《2006 年公司法》（Company Act 2006）第 6 条新增了“社区利益公司”（Community Interest Companies，CIC），此公司类型是专门为社会企业设计的。根据英国内阁办公室的立法研究报告，为了更好地确保企业利润及资产用在公益目标上，需要为社会企业提供一种新的、现成的企业工具。当公司的灵活性和市场熟悉性与社会企业的“品牌价值”相结合时，不仅有利于主管机关进行监管，也将为社会企业的发展提供更好的生态环境。②社区利益公司与有限公司相似，可以选择担保有限公司（company limited by guarantee，GLC）或股份有限公司（company limited by shares，CLS）的组织结构。但要求公司名称必须标明“社区利益公司”。与美国法律相比，社区利益公司最大的制度区别在于将“资产锁定原则（asset lock）”作为关键。这一原则包括利润分配上限（dividend cap）、绩效相关利息上限（performance related rate cap）、资产转让要求（requirements for transfer of assets）以及剩余财产分配（restrictions on the return assets to members）等限制条件。③通过这些限制，投资者就能明确获知社区利益公司的资产、收入和其他利润必须符合公益目标的最低要求，并根据这一基准进行

① 限制利润分配是欧陆社会企业发展的关注重点，美国学者对此却少有讨论，可能是社会企业制度设计的初衷不同所致。See J. Haskell Murray & Edward I. Hwang, *Purpose with Profit: Governance, Enforcement, Capital-raising and Capital-locking in Low-profit Limited Liability Companies*, 66 U. MIA L. Rev. 1, 50–51（2011）. Also see Dana Brakman Reiser, *Theorizing Forms for Social Enterprise*, 62 Emory L. J. 681, 735（2013）.

② Explanatory Memorandum to the Community Interest Company Regulations 2005（2005 No.1788）, at 4. Available at https: //www.legislation.gov.uk/uksi/2005/1788/pdfs/uksiem_20051788_en.pdf（Dec.28, 2023）.

③ Office of the Regulator of Community Interest Companies: Information and guidance notes, Chapter 6: The Asset Lock, at 4–5. Available at https: //assets.publishing.service.gov.uk/media/5a82bc6fe5274a2e8ab5915d/14-1089-community-interest-companies-chapter-6-the-asset-lock.pdf（Dec.28, 2023）.

投资和经营安排。

（三）美英公司型社会企业的立法评析

美英两国社会企业制度的最大差异在于资产锁定原则，其中最具争议的是从制度上限制公司的利润分配。这也是由于美国和欧洲两种立法系统的底层逻辑不同。英国社会企业从立法上限制公司利润分配，这是基于实现社会企业的价值与目标。首先，社会企业利用营利主体和商业手段是为了实现公益目标，公益为本、营利为形，这是社会企业与企业社会责任的核心区别。即便股东利用一般公司也可以通过制订或修改章程来决定利润分配，但选择社区利益公司能从公司法制避免侵害股东权益的风险。其次，公司法作为减少协商成本的“默认契约”（default contract）[①]，如果股东利益和社会公益的先后顺序只依赖于公司自治，为了避免“公益使命漂移”，公司将支出更多的创办和治理成本，市场投资者为了选择满意的投资标的，也需要支付额外的交易成本，这违背了公司法在法律市场上促进市场发展、保障主体利益的使命。[②] 再次，限制利润分配并非禁止利润分配，而是设定社区利益公司将盈余用在公益目标的底线，结合资产转让限制、监控董事经理人薪酬及指定将剩余财产捐赠给非营利组织等配套措施，确保社会企业资产尽可能实现公共利益。最后，限制利润分配、剥夺剩余财产分配等资产锁定原则，明确了股东对于公司资产的权利范围，避免了社会企业的生命周期中因为股东权益不明而产生纷争；也通过制度宣示，让市场投资人评估未来投资收益，并且形成董事决策应以公益优先的指标，抑制董事追逐利益、更坚定其为公益尽心，使社区利益公司对追求公益目标的路线更加明确。

相较于欧洲系统，美国社会企业立法并没有对公司利润分配进行限制，甚至少有学者对此进行讨论，这归结于美国公司在“捐赠精神”[③] 驱动下，没有利润分配限制并不妨碍公司参与社会公益。公司核心贡献是从事商业行为繁荣市场、维持企业运作并为社会提供就业机会，至于公司的经营收益，股东主动放弃利润分配，将公司盈余用在公共支出（税捐）、法定公益目的及

---

① Jacob E. Hasler, *Contracting for Good: How Benefit Corporations Empower Investors and Redefine Shareholder Value*, 100 Va. L. Rev. 1279, 1302 (2014).

② 关于公司法和“法律市场”的论述，参见罗培新等：《公司法的法律经济学研究》，北京大学出版社 2008 年版，第 45—47 页。

③ 关于美国公益发展中企业的角色，参见资中筠：《财富的责任与资本主义演变：美国百年公益发展的启示》，上海三联书店 2015 年版。

可持续发展的投资等三个方向，这种方式既实现公益目标又不违反公司法的规定。[①]然而，公司如此运作的前提是股东主动放弃利润分配，即便公司设立之初得到全体发起人同意，也不代表股东想法不会改变；或者因受让股权或公司增资而加入的新股东的想法犹未可知，公司是否能继续追求公益目标令人存疑。更关键的是，股东投资企业并获得经济回报是股东重要的财产权利，即使企业社会责任的发展对股东利润最大化形成挑战，公司营利性本质仍然未被否定。[②]美国社会企业立法仅依靠法定公益目的和董事责任改革，无法避免股东对公司利润分配计划的争议，徒增市场和法治成本。

（四）限制利润分配涉及少数股东权益保障

在公司自治下，美英两国传统的利润分配属于董事会自由裁量事项，相关条款甚至可以不写入公司章程或备忘录。如果出现利润分配限制，一般来自债权人合同（如贷款合同、公司债合同）和公司章程条款。[③]英国公司法明确了社区利益公司的利润分配限制，极大程度降低了股东为此维权的诉讼风险。反观美国公司法允许公司章程或股东协议安排利润分配，即便社会企业立法初步构建了董事责任的安全港，仍无法避免股东以董事违背信义义务为由提起诉讼。从“道奇兄弟诉福特汽车公司案（Dodge v. Ford Motor Co.[④]）”到 21 世纪的今天，法院在何种情形下能介入公司利润分配、公司能否为了社会公益限制利润分配，始终是美国公司法涉及公司利润分配的两道难题。[⑤]中国虽然和美国分属不同法系，但我国公司法理论和制度深受美国影响，除了遵守弥补亏损、提取公积金等公司法强制规定，公司利润分配也属于公司自治事项，分配方案经董事会决议制定，由股东会决议批准。[⑥]因此，美国公司

---

① See Heather Sertial, *Hybrid Entities: Distributing Profits with a Purpose*, 17 Fordham J. Corp. & Fin. L. 261, 277–281 (2012).

② 参见施天涛:《公司法论》，法律出版社 2014 年版，第 7—8 页。

③ 参见邓峰:《普通公司法》，中国人民大学出版社 2009 年版，第 336 页；葛伟军:《英国 2006 年公司法（第 3 版）》，法律出版社 2014 年版，第 665 页。

④ Dodge *v.* Ford Motor Company, 204 Mich. 459, 170 N.W. 668 (Mich. 1919).

⑤ 福特案的案情简介及影响，参见邓峰:《普通公司法》，中国人民大学出版社 2009 年版，第 51—53 页。

⑥ 我国《公司法》中利润分配的章定要求因公司类型而不同，股份有限公司属于章程必须记载事项，有限责任公司则是章程任意记载事项；另外，我国利润分配仍属于股东会决定事项，这不同于美国公司法由董事会决定利润分配。上述两规定在 2023 年 12 月 29 日《公司法》的最新修订中没发生变化，于此说明。

型社会企业的法律问题对我国有着借鉴意义。如果我国社会企业选用公司形式，在没有类似英国特别立法限制利润分配的情况下，基于股东权利保护，必须正视以公司章程或董事会决议限制公司利润分配带来的法律问题。

三、以公司章程限制利润分配的法律论证

公司章程固然可以限制股东权利，但有疑问的是，章程限制股东从盈余获利能做到何种程度？章程是否能否定公司的营利性本质？这个问题涉及公司民主中股东多数决的基础，以及对少数股东的法律保护。基于我国没有如同英国为社会企业专门立法限制利润分配，因此将观察重点放在美国公司法实践，其未将利润分配限制明文化，公司章程限制利润分配可能发生的法律问题。以下将根据公司章程的形成阶段，区分为原始章程和修改章程这两个部分进行探讨。

（一）原始章程的合法边界是获得股东一致同意

就原始章程与修改章程的边界而言，美国公司法的关注重点是确定在什么情况下章程内容不能排除公司法规定的适用，以及在利润分配方面哪些正当程序应该遵循来保护股东权益。[①] 换言之，涉及公司法的禁止规定和少数股东保护制度。

根据美国公司法学界的普遍共识，公司发起人在起草公司章程并向社会募集股份时，需要考虑到章程条款对吸引投资者的影响。这代表市场机制在公司设立初期就发挥作用，原始章程比较不会出现对投资者明显不利的内容，此时法律介入的必要性较低，赋予章程自治较大的空间。[②] 因此，原始章程基于“股东一致同意（unanimous consent of shareholders）”的民主基础，加上没有信息不对称的风险，其条款设计将公司全部利润用在公益目标而不进行利润分配，仍符合公司的合法目的（lawful purpose），得以公司自治。这里需要注意的是，利润分配的决策在美国是董事会权限，而不是股东的“既定权利”（vest right），甚至将“股东利益最大化”视为一种节省交易成本的“默认规则”（default rule），而非“强制规则”（mandatory rule），自然可以通过公司

① 参见邓峰：《普通公司法》，中国人民大学出版社 2009 年版，第 368—369 页。

② 参见罗培新：《公司法强制性与任意性边界之厘定：一个法理分析框架》，载《中国法学》2007 年第 4 期，第 79 页。

章程排除“股东利益最大化”。[①]另外强调一点：原始章程的内容是否超出合法范围，和董事信义义务是两个不同层次的问题。美国通过社会企业立法，明文规定公司类型、要求董事决策过程“平衡”考虑股东及其他利害关系人的利益，一定程度降低公司诉讼风险，但不以法律形式限制股东利润分配，董事进行经营决策时仍旧无法摆脱公司法理论中股东利益最大化的幽灵。

（二）修改章程的合法边界在于信义义务对少数股东的保护

相较于原始章程，公司在经营过程中修改章程，公司参与方的合意远不够充分，产生了股东被盘剥的可能。[②]修改章程涉及股东的多数决定争议，可能会对公司成员的权利和义务产生重大变动，而且影响时间比股东会决议更长，程序上必须践行少数股东保护、避免股东压迫问题的发生，并构成法律和司法对公司自主权的干预的合理性。

美国公司法实践通过诉讼救济制度来保障股东权利，早期州法和判例允许受压迫或受到不公平待遇的少数股东请求法院裁定解散公司，然而这种"同归于尽"的做法只适合当作最后救济手段。因此法院在封闭公司股东之间类似合伙企业般关系紧密的基础上，发展出了股东之间应当尽最大“善意”（good faith）与“忠实义务”（duty of loyalty），使受压迫的少数股东可以向特定人请求损害赔偿，[③]这一观点在美国司法实践中被广泛采纳。当然，美国各州关于少数股东权益被侵害的司法审查标准存在发展差异，从最初必须公平对待每个股东的“整体公平性”（entire fairness），放宽到义务人证明其行为符合“正当商业目的”（legitimate business purpose）或为“公司最佳利益”（best interest），再到少数股东的“合理期待”（protecting participants' expectations）。[④]

---

① See Jonathan R. Macey, *A Close Read of an Excellent Commentary on Dodge v. Ford*, 3 VA. L. & BUS. Rev. 177, 185（2008）. Also see David A. Wishnick, *COMMENT: Corporate Purposes in a Free Enterprise System: A Comment on eBay v. Newmark*, 121 Yale L. J. 2405, 2412（2012）.

② 罗培新：《公司法强制性与任意性边界之厘定：一个法理分析框架》，载《中国法学》2007年第4期，第79页。

③ 参见林郁馨：《闭锁性公司之公司治理与少数股东权之保障》，载《月旦法学杂志》2014年8月（第231期），第140页；参见靳羽：《美国控制股东信义义务：本原厘定与移植回应》，载《比较法研究》2021年第1期，第124—125页。

④ 参见章友馨：《美国控制股东“公平对待义务”之法制探源》，载《政大法律评论》2012年第4期，第56页；参见周淳、肖宇：《封闭公司控股股东对小股东信义义务的重新审视——以控股股东义务指向与边界为视角》，载《社会科学研究》2016年第1期，第99—100页。

需要说明的是，美国法学界对于“善意”是否能作为独立的司法审查标准尚未形成共识。有学者认为，善意是一种独立于传统注意义务和忠实义务的义务类型，这来源于《美国标准公司法》（Model Business Corporation Act，MBCA）第8.30条的规定，义务人必须以“善意”（good faith）行事，确保公司不违反法律义务。[①]还有学者认为，“善意”并非独立的义务类型，而是注意义务和忠实义务的上位概念，类似于英美合同法中作为辅助判断工具的“善意”。[②]还有学者认为，“善意”在司法判决中仅仅是一种修辞手段，特拉华州法院以判决“创造”这个词汇，目的是增加公司经营决策过程中的司法审查强度，并在注意义务和忠实义务之间形成一个灰色的裁量空间。[③]然而，从相关的理论争议和司法判决的发展可以看出，股东权益保障的重要性和复杂性，以及在传统公司法下修改章程调整并限制利润分配将面临较高的法律风险。需要注意的是，美国公司法实践中，控制股东负有信义义务的案件适用范围受到一定限制：首先，适用于逐出少数股东（freezeout transaction）的案件，以此确保公司合并的整体公平性。[④]其次，相关判决主要集中在封闭公司，因为封闭公司逐出少数股东并不需要如同公开公司以股份交易方式进行，因此少数股东需要更多的保护措施，并要求控制股东对少数股东承担忠实义务。

（三）小结：以章程限制利润分配无法形成稳定的法秩序

美国公司法涉及公司利润分配的法律问题，不仅是因为股东利益最大化原则，更重要的是少数股东权益保障，进而要求董事和控制股东等公司管理层承担信义义务。换言之，资本多数决下通过章程或决议等方式所能达成的合法边界在于少数股东权保障。目前，相关法律讨论仅局限在封闭公司，但有学者主张相关法律说理不用局限在逐出少数股东案件，也不需要具体区分发生在封闭公司或公开公司，因为忠实义务要处理的是自我利益冲突，而非股东利益最大化；而利益冲突不单发生在逐出少数股东时，保护少数股东权

---

① Melvin A. Eisenberg, *The Duty of Good Faith in Corporate Law*, 31 DEL. J. CORP. L. 1, 5-11（2006）.

② David Rosenberg, *Making Sense of Good Faith in Delaware Corporate Fiduciary Law: A Contractarian approach*, 29 DEL. J. CORP. L. 491, 495-496（2004）.

③ J. Griffith, *Good Faith Business Judgment: A Theory of Rhetoric in Corporate Law Jurisprudence*, 55 DUKE L. J. 1, 34-36（2005）.

④ 交易程序不违反公平交易（fair dealing），以及合并条件中的价格公平（fair price）。See Weinberger V. UOP, Inc., 457 A. 2d 701（Del. 1983）. Also See Lewis *v.* Vogelstein, 669 A.2d 327（Del. Ch. 1997）.

益也不止封闭公司需要，保护少数在公开公司也是如此。[①]

因此，如果一家公司为了公益目的修改章程来限制股东的利润分配，在封闭公司中因为股权转让困难，将侵害股东原先对投资报酬的合理期望；而在公开公司，尽管股东可以自由转让股权退出公司，不侵害对投资报酬的合理期望，但可能会导致股价下跌、投资者望而却步，违背了公开公司在市场公开发行股份的初衷和营利属性。因此，除非每一次章程变动都获得“股东一致同意”，否则无法避免压迫少数股东和行为违背公司营利属性的法律困境。

四、以董事会决议限制利润分配的法律论证

美国公司法强调董事的中心地位，显现在公司对股东分配利润的决策程序属于董事会裁量权限，并延伸出董事的信义义务。因此，要关注董事会为了实现公益目的，在董事会决议中限制甚至剥夺股东利润分配，是否违背了信义义务？以上情况是否因公司章程有无规定而发生不同结果？由于封闭公司和公开公司的规范重点不同，以下将分别对两种公司进行讨论。

（一）封闭公司股东会决议的合法边界在于信义义务对少数股东的保护

封闭公司在股东利益和公益目的间发生冲突，恰好落在经典的“道奇兄弟诉福特汽车公司案”（Dodge v. Ford Motor Co.）（以下简称“福特案”）的法学探讨，因此将以福特案开展讨论。

首先，福特案的学术核心争议在于，是否适用规则发生错误？法院认定福特案中的董事违反了信义义务，并阐释董事信义义务的内涵是追求股东利益最大化，因此判决董事败诉。然而，学者对福特案的意见存在分歧：有学者肯定法院正确适用规则，但由于美国公认的董事中心主义以及经营判断法则的发展，股东利益最大化原则自福特案后不再有重现空间，对于社会企业没有参考价值；[②]也有学者认为法院适用规则错误，因为股东之间的利益冲突应属于“少数股东压迫”（doctrine of minority oppression）范畴而非股东利益最大化原则，而且股东利益最大化原则过于抽象，无法解决封闭公司中少数股东压迫的问题，更糟糕的是，即使能处理少数股东压迫问题，也不适用在

---

① See Lynn A. Stout, *Why We Should Stop Teaching Dodge v. Ford*, 3 Va. L. & Bus. Rev. 163, 175–176 (2008).

② J. Haskell Murray, *Choose Your Own Master: Social Enterprise, Certifications, and Benefit Corporation Statutes*, 2 Am. U. Bus. L. Rev. 1, 11 (2012).

公开公司的类似争议而缺乏一般性的探讨价值；[①] 还有学者认为判决适用规则没有错误，但由于公司本质上是“多契约的连结”（nexus of contracts），股东利益最大化原则只是默认规则而非强制性规则，福特案充其量只是将这个逻辑运用在判决中。[②]

其实，福特案是否正确适用规则，问题症结在于封闭公司的经营者通常由控制股东担任，董事和控制股东的身份竞合，从而引发了前述的法律争议。有研究就控制股东对少数股东压迫的救济途径进行了实证研究，[③] 发现少数股东通常主张控制股东违反信义义务的救济途径分为：

1. 控制股东违反对公司所负的信义义务：

（1）虽然无法证明对公司的损害，但直接请求损害赔偿，或依靠衡平救济手段，请求法院以命令进行公司利润分配或让控制股东返还不当得利。

（2）基于公司派生诉讼的相关规定，由少数股东提起代位诉讼请求对公司及少数股东自身进行损害赔偿。

2. 控制股东违反对少数股东所负的信义义务：此义务来自股东间的特殊关系，因此在特别法或衡平法基础上进行救济。例如，法律规定股东直接诉讼请求损害赔偿，或法院命令公司对少数股东持股进行股权回购。

3. 以控制股东行为请求法院对公司进行破产管理或解散清算。

4. 将控制股东的行为定性为违反其和公司间、和少数股东间的合同义务。

5. 将控制股东的行为定性为欺诈。

随着类似案例及理论的发展，越来越多学者倾向在少数股东压迫的背景下讨论董事会决议的合法边界。接续福特案的代表性案例是 Patton v. Nicholas[④]（以下简称“巴顿案”）。巴顿案的争议也起源于封闭公司中控制股东身兼董事的情况，董事会决议不进行利润分配。少数股东提起代位诉讼，

① Lynn A. Stout, *Why We Should Stop Teaching Dodge v. Ford*, 1 Virginia Law & Business Review, p. 174（2008）.

② Jonathan R. Macey, *A Close Read of an Excellent Commentary on Dodge v. Ford*, 3 Virginia Law & Business Review, p. 185（2008）.

③ Elizabeth S. Miller, *The Demise of the Shareholder Oppression Doctrine in Texas: Pursuit of Claims by Minority Shareholders（and LLC Members）After Ritchie v. Rupe*, at 2. Available at https://law.baylor.edu/sites/g/files/ecbvkj1546/files/2023-11/State%20Bar%20Summer%20School%20Shareholder%20Oppression%202015.pdf（Dec.28, 2023）.

④ T. W. PATTON, Petitioner, V. J. W. NICHOLAS et al., Respondents., 279 S.W.2d 848（Tex. 1955）.

主张控制股东违反了对公司的信义义务。判决指出，虽然控制股东没有溢领薪酬，也没有证据显示有不当经营，却曾以口头方式表示其目的是以更低的价格取得少数股东持股，而不分配股利的结果将减损少数股东持股的公平市价，或导致在第三人转让持股时的价格减损。因此，认为被告控制股东的不分配利润是恶意行为（malicious suppression of dividend），违背了对公司的信义义务。①

巴顿案的法律说理进入21世纪继续被法院采纳并在Ritchie v. Rupe②（以下简称“里奇案”）中被引用。里奇案的审理法院也确认了恶意限制利润分配的行为违反了信义义务。虽然公司没有实际损失（没有证据显示控制股东的不当行为减少了公司的价值或导致公司价值低于净资产），少数股东持股也没有因为封闭公司股票不在市场流通而贬值，但公司董事违反了“仅为公司利益考虑”（duty to act solely for the benefit of the corporation）的义务，并且拒绝利润分配是出于非公司利益的“不当目的”（improper purpose）时，这种“利用控制权谋取私利”（use of control for selfish purpose）违反了董事的信义义务。鉴于股东被剥夺了利润分配的权利，法院通过衡平救济手段以强制令要求公司分配利润。在巴顿案中，尽管未对公司造成损害，但控制股东这种处于私利滥用控制地位的行为违反了信义义务。如果少数股东能够证明控制股东的行为动机完全是为了让少数股东处于不利地位，那么可以将同样的法律论证扩展到不损害公司的其他行为。当然，除非像巴顿案中有控制股东的信件和口头声明等直接证据，否则少数股东很难证明控制股东行为恶意，控制股东也得以适用经营判断规则来免责。③

从巴顿案到里奇案的原因事实和法律说理来看，以公司利益涵盖少数股东压迫的底层逻辑与福特案如出一辙。然而，如果我们以巴顿案和里奇案的法律推理重新审视福特案，我们会发现作为封闭公司的董事会成员，控股股东福特能主导公司利润分配，却没有分配给股东而是用在公益事业上。尽管

① See *Patton v. Nicholas*: *Shareholder's Right to Have Dividends Declared*, Hopkins Centrich Law Firm, https: //shareholderoppression.com/dividends-declared（Jan.2, 2024）.

② Lee C. RITCHIE, et al., Petitioners, V. Ann Caldwell RUPE, As Trustee for the Dallas Gordon Rupe, Ⅲ 1995 Family Trust, Respondent, 443 S.W.3d 856（Tex. 2014）.

③ See Elizabeth S. Miller, *The Demise of the Shareholder Oppression Doctrine in Texas*: *Pursuit of Claims by Minority Shareholders（and LLC Members）After Ritchie v. Rupe*, 17 Annual State Bar College Summer School Course in Texas, p. 4.

福特本人没有从中获得过高薪酬或其他利益，但违反了“仅考虑公司利益”的义务。此外，福特的动机是为了剥夺少数股东的流动资金，并计划以较低价格逐出少数股东，这是不恰当和自私的目的。如果发生在现代，福特的行为也将被认定为“压迫少数股东”而违反董事的信义义务。当然，以后见之明，福特案当时以“股东利益最大化原则”作为判决说理基础，既没把握住股东间利益冲突的核心问题，还造成后续美国法律界长时间肆意扩张股东利益最大化原则的现象。

从福特案、巴顿案到里奇案的启示是，当封闭公司出现股东利益与公益目标冲突时，法律核心涉及的都是少数股东权益，与最大化股东利益原则无关：违反对少数股东的信义义务意味着侵害了少数股东对利润分配的合理期望；违反对公司的信义义务，其内涵是隐含在“善意为公司利益”下的压迫少数股东。在此背景下，美国社会企业中的共益公司或社会目的公司，限制利润分配甚至不分配，都将侵害少数股东权而成为董事的法律风险。因此，有学者认为，在社会企业中采用低利润有限责任公司是较好的选择，因为有限责任公司（limited liability company，LLC）允许股东以最适合公司目标的方式来安排利益相关人的义务、责任、权利和利益，甚至放弃部分信义义务要求。在此基础上，低利润有限责任公司可以在经营协议[①]中设定公益目标，并确定各种目标的优先顺序，与此同时兼顾公益目标和股东财产利益。[②]但有限责任公司通过章程自治降低信义义务要求，这又回到前面讨论的原始章程或修改章程可能发生法律问题。

（二）公开公司董事会决议的合法边界在于忠实义务对于少数股东的保护

虽然美国公司型社会企业因为联邦税法及历史文化因素，除了明尼苏达州和夏威夷州外，立法上极少选用公开公司作为组织类型。[③]然而，作为一种快速筹集资金且具有规模增长潜力的法人实体，公开公司在我国发展公司型

---

① 经营协议是有限责任公司使用的关键文件，它概述了企业的财务和职能决策，包括规则、法规和条款。该文件的目的是以适合企业主特定需求的方式管理企业的内部运营，一旦由有限责任公司的成员签署，即成为正式合同，约束他们遵守其条款。See Basic Information about Operating Agreements, The U.S. Small Business Administration, https: //www.sba.gov/blog/basic-information-about-operating-agreements（Dee.29，2023）.

② John Tyler, *Negating the Legal Problem of Having “Two Masters”: A Framework for L3C Fiduciary Duties and Accountability*, 35 Vt. L. Rev. 117, 144（2010）.

③ 关于美国社会企业选用法律实体的来龙去脉，已有研究进行分析。See Thomas Kelly, *Law and Choice of Entity on the Social Enterprise Frontier*, 84 TUL. L. REV. 337, 366–371（2009）.

社会企业上仍然具有讨论价值。公开公司的股权能够自由转让，即使公司董事会决定限制利润分配甚至不分配，也难以构成对少数股东的压迫，因为少数股东可以通过出售股份退出公司，这时市场股价成为一种软性监督机制，更能促进公开公司实现股东利益最大化的原则。[①]尽管董事会享有公司经营权，并能够根据其专业判断决定利润分配方式，美国法院也承认“是否违反注意义务应该尽可能地留给市场和社会监督”[②]，但有必要明确规定董事会决议的合法边界，以确保董事们忠实履行其义务，以减少公开公司经营与所有权分离的代理问题，从而符合公司治理理论对保障公司投资者财产权的要求。

在美国司法实践中，董事信义义务以股东利益最大化原则为基础。然而，如果符合股东的长期利益，董事可以考虑利害关系人的利益并履行企业的社会责任。[③]此外，法院使用经营判断法则作为司法审查标准工具后，鲜有法院遵循福特案的法律逻辑对类似案件作出判决。[④]另外，公司为履行企业社会责任而进行的捐赠行为，随着时间的推移，法院普遍肯定其合法性，但要求捐赠金额必须是“合理的数额”，否则可能损害股东利益并违背公司的盈利目标。[⑤]在合理的捐赠数额要求下，董事会决议将公司利润的大部分用于公益目的，甚至不分配利润，可能违反股东利益最大化原则或长期利益，从而承担法律风险。

需要注意的是，福特案后，法院对于董事信义义务中的“股东利益最大化”的认知已经转变为股东“长期”利益最大化。换言之，董事在作出经营决策时，不仅要考虑股东利益最大化，还要在合理范围内兼顾其他利害关系人的利益。[⑥]所以现实中董事会关于经营方面的决议，看似违反了股东权利

---

① See Bernard S. Sharfman, *Shareholder Wealth Maximization and Its Implementation under Corporate Law*, 66 Fla. L. Rev. 389, 411-412(2014).

② “The task of curbing breaches of the duty of care is largely left to the market and to social norms.” See Zohar Goshen & Gideon Parchomovsky, *The Essential Role of Securities Regulation*, 55 DUKE L.J. 711, 717 - 718(2006).

③ See Steven M. Bainbridge, *The Business Judgment Rule as Abstention Doctrine*, 57 Vand. L. Rev. 83, 85(2004).

④ See Jacob E. Hasler, *supra* note 10, at 1292-1293(2014).

⑤ 参见罗培新：《论公司捐赠的司法政策——从万科捐赠风波谈起》，载《法学》2008 年第 12 期，第 72 页。

⑥ See Lynn A. Stout, *Why We Should Stop Teaching Dodge v. Ford*, 1 Virginia Law & Business Review, pp. 170-171(2008).

保护的信义义务，除非董事行为明显不适用经营判断法则，都能用为了股东“长期”利益进行辩护。此外，以公司目的来解决公益与股东利益冲突问题比想象中困难，因为公开公司的资本和规模庞大，利害关系人众多，利益冲突广泛，公司治理结构相对于非公开公司更为复杂；且从规范的角度来看，股东财富最大化原则看似简单，但由于股份流通性导致股东人数众多，其投资时间、税务需求、外部投资框架和对企业社会责任的多元化态度存在分歧，当法律争议涉及避免外部性、剩余价值索取价值最大化以及支持公司增长的长期投资，想贯彻股东利益最大化原则愈发困难。①

（三）小结：以董事会决议限制利润分配

封闭公司的董事会决议应避免侵害少数股东权益。由于控制股东通常同时担任董事，对公司和少数股东负有信义义务，因此适用不同法律规则仅基于不同的信义义务途径。因此选用封闭公司作为社会企业组织类型时，虽然董事会秉持公司经营权得通过决议限制利润分配，若侵害少数股东对利润分配的合理期待将违反对少数股东的信义义务；但若公司利益与少数股东利益冲突将导致少数股东压迫，进而违反对公司的信义义务。

值得一提的是，相较于股份公司，有限责任公司对少数股东的保护和救济制度并不完善。以美国统一法律委员会（Uniform Law Commission，ULC）②制定的统一有限责任公司法（Uniform Limited Liability Company Act，ULLCA）为例，根据第 801.（a）中的股东直接诉讼规定（Direct Action by Member），如果公司管理层（the managers or those members in control of the company）没有按照经营协议进行利润分配，少数股东可以起诉以寻求赔偿。但第 801.（b）同时要求原告需证明被告的行为对公司没有或可能没有造成损害，否则需改以公司受到损害为由进行派生诉讼以获得赔偿（Derivative Action by Member，属于第 802 条范围）。换言之，股东在维权时无法减轻举证的负担，即使有经营协议也无济于事。如果经营协议没有明确的利润分配条款，少数股东就只剩第 701.（a）（4）C 以管理层压迫股东为由解散有限责任公司，这

---

① See Lynn A. Stout, *Why We Should Stop Teaching Dodge v. Ford*, 1 Virginia Law & Business Review, p. 175.

② 成立于 1892 年的美国统一法律委员会，虽然是非营利性的非法人协会，旨在为美国各州（以及哥伦比亚特区、波多黎各和美属维尔京群岛）提供经过深入研究和起草的示范法案，让跨州的成文法重要内容变得清晰和稳定。虽然是非营利性的非法人协会组织，但其委员均由美国各州、哥伦比亚特区、波多黎各或美属维尔京群岛政府任命，具有半官方地位，并影响各州立法。

种同归于尽的做法，不仅无法经济有效地解决公司追求公益和股东权益平衡问题，法院也倾向于不认可这种有利润分配争议但不影响公司业务正常营运的纷争符合裁定解散标准。因此，即使有限责任公司或低利润有限责任公司能满足社会企业追求双重目标的需求，但如果经营协议没有明确规定，或者投资人的权利义务分层设计不够完善，仍然可能因为公益和股东的利益冲突而产生压迫少数股东的纷争。

虽然公开公司没有少数股东压迫的法律风险，但如果社会企业不通过章程和公司目的来确定股东利益的边界，而是通过董事会的经营决策来限制利润分配，就会面临一系列问题。首先，市场投资者难以预期投资收益，因此可能不愿继续投资，这样社会企业就失去了公开公司的制度优势；其次，如果无法实现股东利益最大化或股东“长期”利益最大化，董事将违背信义义务。这使得公开公司的董事为了避免法律风险或者维持公司的市场价值，仍然以股东利益最大化原则作为经营指导方针，辜负了社会企业追求社会公益目标的初衷。

五、结论

美国与英国的公司型社会企业制度设计，最大的区别在于“是否限制利润分配”。从规范意义来看，美国社会企业立法旨在突破传统公司法的困境，而英国社会企业立法则突出追求社会公益目的的积极取向。英国通过专法，明确了公司型社会企业限制利润分配的合法性及配套措施，大幅降低社区利益公司出现股东诉讼的风险。而美国社会企业立法在维系公益目标上仅有软性监督设计，是否限制利润分配、限制的方式及内容由公司自治来决定。

美国公司型社会企业因为在制度和实践上遵循传统公司法理论，需要进一步就利润分配限制可能产生的公司法问题评估，以此检视公司自治是否足以实现社会企业主要追求公益目标的理念。研究发现，公益目的只有在原始章程因为“股东一致同意”的高概率下不受利润分配或公司利益的拘束。但缺乏法律明文保障公益目标，公司后续经营仍可能因为股东利益最大化原则面临法律风险。如果通过修改章程或者公司董事会决议限制利润分配，将公司盈利全部或多数利用在公益目的，真正的困境不在于“股东利益最大化原则”，而是公司营利性本质及制度设计带来了整体财产利益保护以及少数股东压迫的法律问题。换言之，由于公司与控制股东之间、控制股东与少数股东之间存在利益冲突的可能，法律格外注意对少数股东权的保障，进而形成追求公益目标的障碍。

由此检视美国社会企业立法，因为在限制利润分配这个实现公益目标关键要素任由公司自治，仅凭社会企业应追求公益目的、董事决策应平衡考量多重目标等软性监督，显然无法解决传统公司法可能形成的公司治理困境：为了公益目标限制利润分配，以修改章程或封闭公司的董事会决议，将构成对少数股东的压迫；公开公司的董事会决议可以援用经营判断法则降低管理层违法风险，但未能豁免董事等管理层对公司及股东的忠实义务，反而倒逼董事出于避险心态回归股东利益最大化原则。即便支持者表示社会企业立法在联合国负责任投资原则（Principles for Responsible Investment）指导下，具有税负优惠、品牌效益以及吸引公益投资等优势，但实践中不仅缺乏负责任投资标准，也无法满足盈营利、公益双重公司目的分级管理的要求。[①]

反观英国社会企业立法，传统公司法秩序下限制利润分配导致长期低分红的行为，同样有侵害股东权及投资期待价值之嫌。但英国社区利益公司的专门立法，设计了 35% 的利润分配上限、资产转让限制，以及公益报告书定期披露董事经理人薪酬合理性等系列措施。[②]不仅实现法定公益目的及确保公司盈利用在公益目标上，还可以防止公司管理层通过高额薪酬来规避利润分配限制。至此，英国社区利益公司，以特别法明文形式解决传统公司法的困境，相较于美国公司型社会企业立法，更适合作为在公司形式下确保社会目的实现的社会企业范式。

① Daniel S. Kleinberger, *The Fatal Design Defects of L3Cs*, The Nonprofit Quarterly, Summer 2010, 39, at 41–43（2010）.

② See Office of the Regulator of Community Interest Companies：Information and guidance notes, Chapter 9：Corporate Governance, at 7–14. Available at https：//assets.publishing.service.gov.uk/media/5a81c409ed915d74e33fff0f/13–712–community–interest–companies–guidance–chapter–9–corporate–governance.pdf（Jan.5，2024）.

论作为特别公司的农民专业合作社

李　磊*

一、问题的提出

在传统定义上，农民专业合作社是广大农民群众在家庭经营基础上自愿联合、民主管理的互助性经济组织，是实现小农户和现代农业有机衔接的有效载体和组织形式，并已成为推动农村规模经济和提高农民收入的重要力量。近年来，农民专业合作社发展迅速，数量持续增加，截至 2021 年 12 月，我国已经登记的农民专业合作社已经超过 220 万家，[①] 农民专业合作社的产业范围逐步拓展，服务能力也在不断增强。

同时，农民专业合作社存在诸多发展过程中的问题。以农民专业社的内部治理问题为限，比如，部分农民专业合作社仅仅空有外壳，基于政绩或者私人牟利而成立的农民合作社，并未给其他成员带来经济利益，反而使得利益集中在少数大户手中。比如，由于内部治理规则缺位，农民专业合作社存在自身治理异化的问题。[②] 内部治理的混乱和农民成员利益被侵害，如果体现在制度设计上，其本质问题是农民专业合作社的法律定位模糊，一方面，农民专业合作社的运作机制是典型的商业组织；另一方面，农民专业合作社又被视为在提高弱势农民经济地位的政策工具，商业性与公益性的双重角色使农民专业合作社的法律定位产生了内在矛盾，农民专业合作社大部分发展问题也因此而起。

《农民专业合作社法》解决了农民专业合作社的法人地位问题，但却并未回应农民专业合作社是什么性质的法人；而《民法典》和《市场主体登记管理条例》对于农民专业合作社的定位则出现了较为矛盾的表述。因此，农民专业合作社的法律定位亟须厘清，在此基础上，才能进一步解决农民专业合

*　外交学院国际法系讲师，法学博士，研究方向：商法总论、公司法、信托法。

①　澎湃新闻：《中国这十年：家庭农场达 390 万家，农民合作社超 220 万家》，https://www.thepaper.cn/newsDetail_forward_18758700，2022 年 6 月 28 日访问。

②　张德峰：《论我国合作社社员附加表决权的法律规制》，载《现代法学》2016 年第 3 期。

作社发展问题与规范适用之间的冲突问题。

二、农民专业合作社的法律定位

（一）法律定位的法条依据

2007年颁布的《农民专业合作社法》，在第4条明确了农民合作社的独立法人地位，但《农民专业合作社法》对农民专业合作社属于哪种法人，则并未明确。如果按照传统民法中社团法人和财团法人的区分，农民专业合作社应当属于典型的社团法人。《农民专业合作社登记管理条例》属于农民专业合作社的登记法，将工商登记管理部门（现市场监督管理部门）定位为农民专业合作社的主管机关，这意味农民专业合作社是典型的参与市场活动、进行市场交易的市场主体。

2017年《民法总则》颁布，采取了较为特色的营利法人、非营利法人和特别法人的三分法。《民法总则》第100条明确将农民专业合作社归为特别法人，这也是对农民专业合作社更为细化的定位，《民法典》延续了这种法人的分类方式。根据《民法典》的划分方式，作为特别法人，农民专业合作社既不属于营利法人，也不属于非营利法人。

2021年《市场主体登记管理条例》颁布，第2条明确规定了包括农民专业合作社在内的6类主体为以营利为目的市场主体，同时《农民专业合作社登记管理条例》废止。由于《市场主体登记管理条例》明确将市场主体等同于营利法人/商主体的法律定位，[①]这使得农民专业合作社在法律定位上产生了矛盾，如果以《市场主体登记管理条例》作为特别法/新法，农民专业合作社应当定位为商主体/营利法人，但这显然与《民法典》将农民专业合作社作为特别法人的定位相冲突，但是《民法典》第100条又强调："法律、行政法规对城镇农村的合作经济组织有规定的，依照其规定。"因此，农民专业合作社的法律定位在法律依据上出现了多重路径选择，这涉及民法规范体系与商法规范体系对于农民专业合作社进行双重规制时，应当如何优先适用的法律解释问题。

---

① 市场监管总局在2021年颁布《市场主体登记管理条例》之前，在2020年颁布了《商事主体登记管理条例（草案）》，在规范意义上讲，市场主体与商事主体的范围指涉应当一致。

（二）现有定位的缺陷

在《民法总则》颁布后，关于农民专业合作社定位为特别法人的定位问题就引发了相关学者的争议，例如，有观点认为农民专业合作社应当定位为商事组织的，[①] 有观点认为合作社本身可以存在多种样态，不需要灌输“法人”的概念，因为一方面农民专业合作经济组织是非营利性的；另一方面，更重要的是，中国的农民专业合作经济组织远没有发展到可以做“法人”的程度。[②] 还有观点认为，农民专业合作社不属于现有分类中的任何一种，它不像公司，成立目的是股东利益最大化，也不像慈善组织，严格执行社会公益性的运行标准，而是处于中间状态，满足经济需要的同时达到互相帮助的目的。因此，作为中间法人，农民专业合作社应该在未来《民法典》的修改中获得其制度空间。[③]

尽管对农民专业合作社的法律定位存在争议，但大家普遍达成的共识，即农民专业合作社并不属于特别法人。特别法人在立法逻辑上采取了功能主义的立法进路，而没有采用相对传统的结构主义结构。功能主义的立法进路是以“国家—法人”关系为制度设计首要立足维度；以社会治理为制度设计首要着眼点；以功能（目的追求）为制度设计首要抓手，[④] 这种立法进路造就了法人分类的中国法版本，即营利法人、非营利法人和特别法人。以功能主义的构造，无论是《民法通则》中的“企业法人与非企业法人”分类，还是《民法典》中“营利法人与非营利法人”分类，我国法人分类从始至终都沿着中国社会改革走向而演进，立法者从始至终秉持一种实用主义法律观，此种法律观的核心即是“本土化意识”。[⑤]

本文认为，功能主义进路的法人分类，尽管通过特别法人这种结构容纳了包含农民专业合作社在内的法律主体，但仅仅在体系上明确了其法人定位，

---

① 李磊：《农业合作社的法律定位反思：基于商事组织法的视角》，载《南京大学法律评论》2017 年第 2 期。

② 谭启平、应建均：《“特别法人”问题追问——以《民法总则（草案）》（三次审议稿）为研究对象》，载《社会科学》2017 年第 3 期。

③ 刘大洪、邱隽思：《我国合作经济组织的发展困境与立法反思》，载《现代法学》2019 年第 3 期。

④ 陈小君：《〈民法典〉特别法人制度立法透视》，载《苏州大学学报（法学版）》2021 年第 8 期。

⑤ 谢鸿飞：《〈民法典〉制度革新的三个维度：世界、中国和时代》，载《法制与社会发展》2020 年第 6 期。

并未解决这些法律主体的法律问题。有学者指出，特别法人不是一个体系定位准确、范围划定清晰的概念，因此不宜贸然进入民法典。[①]《民法典》中关于特别法人的表述，并非在学理意义上进行精确描述，而是充满了实践意义上的妥协性和暂时性。《民法典》第 99 条和第 100 条关于农村集体经济组织和城镇农村的合作经济组织的表述，强调法律、行政法规有规定的，依照其规定。因此，随着国家政策的变化和社会经济的发展，特别法人范畴内的法律主体均存在被重新定位的可能性。例如，随着《农村集体经济组织法》已被列为立法规划项目，作为特别法人的农村集体经济组织重新出现在理论探讨的视野中，农民集体经济组织是否需要农民出资，农村集体经济组织的成员是否仅限于农民，[②]农村集体经济组织与农民集体公有制之间的关系[③]等诸多问题的深入探讨，将以特别法人为起点，形塑出农村集体经济组织的全新法律定位。

另外，功能主义进路下所形成的营利法人、非营利法人、特别法人并非形成严密的逻辑闭环，不能客观展现我国法人实践的现状。营利与非营利的非此即彼的绝对化表述，使得实践中许多同时具有公益与营利两种特性的法人，如农民专业合作社、民办学校、民办医院等法人难以归属。除营利性以外，农民专业合作社还存在政策定位上的特殊性，需要体现合作社的成员互助，也承担着振兴农村经济的组织工具的重任。特别法人的规制逻辑恰恰回避了农民专业合作社作为农村经济中互助性经济组织的复合型和多目的性的根本定位问题，也使得农民专业合作社发展过程的问题呈现出结构性问题。

从目前学界研究的资料来看，在农民专业合作社中存在两方面问题：一方面农民专业合作社在运行过程中，农民专业合作社的特色没有体现。反映在制度设计层面，例如农民专业合作社的表决权运作缺乏特色设计，如何协调农民专业合作社中利益平衡，[④]农民专业合作社的资本制度应当如何设

① 谭启平、应建均：《“特别法人”问题追问——以《民法总则（草案）》（三次审议稿）为研究对象》，载《社会科学》2017 年第 3 期。

② 张先贵：《究竟如何理解农村集团经济组织特别法人》，载《暨南学报（哲学社会科学版）》2021 年第 10 期。

③ 韩松：《农民集体成员的集体资产股份权》，载《法学研究》2022 年第 3 期。

④ 张德峰：《农村合作金融组织异质社员间利益冲突的法律平衡》，载《法商研究》2014 年第 4 期。

计[①]等。农民专业合作社的特色制度没有坚持，最终也导致农民社员利益得到不应有的保护，政策性保护的目的无法实现。这表现在农民专业合作社运作过程中出现了成员民主虚化和管理权滥用的问题；或者在企业或政策主导的合作社中，为了最大程度提高效益、降低成本，又会尽量选择乡村大户作为合作主体，进而衍生出“扶强不扶弱”“大农吃小农”的异化现象[②]。

另一方面问题，集中体现在现有的农民专业合作社运营过程中，出现的经济纠纷，但由于《农民专业合作社法》的规则相较于《公司法》更加简单，使得很多复杂纠纷，因为无法适用类推适用公司法规范而无法解决，例如有些纠纷涉及合作社主要承办者侵占合作社财产、怠于履责，合作社的主要承办者为谋取更大利益，并未能发挥其应有作用。个别合作社的实际运作只有一两名主要成员负责，成员大会、理事会（理事长）、监事（执行监事）根本不存在，有的注册地就是农家房或者空无一物的厂房，严重违反农民专业合作社法。但这类案件无法适用法人人格否认制度。[③]同时由于农民组织在纠纷处理上需要考虑社会影响，所以很多农民专业合作社的经济纠纷由法院通过“落实矛盾纠纷多元化解机制，联动构建和谐发展大格局”的方式进行和谐结案。[④]在这个层面，农民专业合作社的纠纷处理，回避了农民专业合作社作为商事组织的特性，因为回避能否适用公司法规范的问题，使得农民专业合作社的经济纠纷在定分止争上缺乏效率和稳定性。

易言之，这两方面问题充分反映了农民专业合作社的主体定位问题上的矛盾，也反映了当前对于农民专业合作社的规制出现了错位，即特色问题或者政策保护问题并没有独立的制度设计给予呈现，特殊性问题没有特殊对待；而在日常运作中体现出足够商业组织的特质的农民专业合作社，在商业纠纷中特别是债权人追索债务环节，又反映出足够的特殊性，不能与一般的公司法规范衔接，即不应当体现特殊性的地方却保留了特殊性。

---

① 张德峰:《合作制保障与效率提升：我国合作社“资本控制”法律规制研究》，载《法律科学》2016 年第 2 期；张德峰:《我国合作社引入伦理投资资本的法律支持》，载《法商研究》2021 年第 5 期。

② 苑鹏:《中国特色的农民合作社制度的变异现象研究》，载《中国农村观察》2013 年第 3 期。

③ 张静:《农民专业合作社不能形同虚设》，载新华网，http：//news.youth.cn/sh/201605/t20160508_7966817.htm，2022 年 3 月 1 日访问。

④ 张思敏:《芜湖县法院反映涉农村合作社纠纷案件的特点、问题及解决路径》，http：//whx.wuhucourt.gov.cn/DocHtml/192/19/10/00075348.html，2022 年 3 月 1 日访问。

表 1 农民专业合作社问题列举

问题列举	合作社特性问题	商事组织法问题
资本引入的平衡	属于	属于
表决权相关问题	属于	属于
扶强不扶弱的异化问题	属于	属于
资本报酬限制问题	属于	属于
无法适用人格否认	不属于	属于
出资加速到期纠纷	不属于	属于

三、农民专业合作社特别公司定位的逻辑证成

农民专业合作社作为组织工具实现政策目的，需要具体的法律规制，因此，在农民专业合作社的主体定位上，需要充分考虑法律规范的整体规制成本和效率，纠纷裁判依据的可适用性以及理论层面的正当性论证等各方面问题，因此，本文拟从组织功能、规制依据和理论支持三条主线证成农民专业合作社的商主体地位。

（一）组织功能：（外部）交易成本和（内部）治理成本

农民专业合作社的出现，是我国农村经济发展到一定规模的产物，其应对的农村经济的市场化和规模化。作为提升农村经济效率和提高农民收入的重要组织工具，农民专业合作社的外部交易和内部运营方面一定比历史上出现过的农民联产承包责任更具优势。因为，在组织功能法上看，农民专业合作社是典型的商事组织，《农民专业合作社法》也是典型的商事组织法，这使得农民专业合作社的外部交易成本显著降低。

应当从何种角度来理解农民专业合作社的组织功能呢？斯特科夫（Sitkoff）认为，商事组织法具有两项核心功能：第一，提供了一整套财产权利规则，从而达到资产分割的效果。第二，提供了一整套以信义义务为特色的合同规则，从而达到组织体的内部管理的功能，这套规则分配了公司管理者的权力和责任以及所有者的权利。[①] 资产分割功能使得商业组织的资产与商业组织成员的个人财产相分离，从而形成了商业组织的独立财产权和商业组织成员的有限责任。汉斯曼（Hansmman）等教授又将资产分割功能分为消极

① L. Smith ed., *The Worlds of the Trust*, Cambridge University Press, 2012, p. 386.

的资产分割功能（或特别财产防御）和积极的资产分割功能（或主财产防御），并进一步强调，在没有商事组织法的情况下，资产分割的功能将无法实现。[①]

我国《民法典》第 76 条将农民专业合作社定位为法人，实际上已经确认了农民专业合作社以其独立财产对外独立承担责任的资产分割功能。具体而言，《农民专业合作社法》第 5 条、第 6 条和第 58 条规定了农民专业合作社的独立财产权和成员的有限责任，即农民专业合作社的债权人不得将债权实现的追索及于合作社成员，这是典型的积极的资产分割功能。《农民专业合作社法》第 13 条第 2 款规定，农民专业合作社成员的债权人不能将债权实现的追索及于合作社，这是典型的消极的资产分割功能。

易言之，资产分割功能的实现使得农民专业合作社的具有独立的财产权和法人地位，使得交易相对方在交易结构中可以有效识别责任承担和财产界限，从而降低了交易的外部成本。

从治理成本的角度而言，商业组织法提供的信义义务作为一套治理规则使得商业组织内部的管理人在一定程度上克服“委托—代理”模式下产生的道德风险和代理成本，从而使得商业组织内部治理成本低于其他商业交易形式。[②] 根据汉斯曼的观察，在美国农业合作社中，农户的监督成本和集体决策成本处于较低层次，农户之所以能够对企业实施有效控制是因为这些农业合作社的代理成本很低。农业合作社的日常执行机关结构决定了农户所有人通常对企业的内部事务非常熟悉，而且都会很积极地参与这些事务的管理，董事不仅在把企业成员传递给管理层的过程中。[③] 而农业合作社另一个特点，就是社员同质化，由于产业资源配置问题，多数农业合作社只经营一种产品，由于产品同质化而导致的追求产品最优利润也趋同，而以这个共同目标也使得合作社的集体决策成本变小（特别是在决定某些产品政策时）[④]

与汉斯曼的实际运作观察异曲同工的是，《农民专业合作社法》从具体规则层面提供了一套关于内部治理降低成本的方案。《农民专业合作社法》第 20

---

① Henry Hansmann & Reinier Kraakman, *The Essential Role of Organizational Law*, 110 Yale L. J. 387 (2000).

② 谭智心、孔祥智：《不完全契约、非对称信息与合作社经营者激励——农民专业合作社“委托—代理”理论模型的构建及其应用》，载《中国人民大学学报》2011 年第 5 期。

③ ［美］亨利·汉斯曼：《企业所有权论》，于静译，中国政法大学出版社 2001 年版，第 199—200 页。

④ 同上书，第 201、206 页。

条规定，农民专业合作社的成员中在人数方面的限制，这种限制其实维护了农民专业合作社成员的利益一致性。

《农民专业合作社法》第四章组织机构中专门设计了一整套内部治理规则。例如，农民专业合作社设置了类似于股东会的成员大会（第 29 条）、类似于董事会的理事会（第 33 条）和监事会（第 33 条），《农民专业合作社法》还规定了农民专业合作社的理事长、理事和管理人员的信义义务范畴，即忠实义务范围（第 36 条）和基于利益冲突的任职资格的限制（第 37 条、38 条），旨在通过行为规制，降低农民专业合作社运行过程中的内部治理成本。

我国学者在农民专业合作社对于盘活当地资源的调研中，也得出类似结论，即当农民专业合作社的决策机制，仅仅由理事长和主要管理者商议并由理事长一人作出决策时，如果出现错误决策往往得不到外界纠正；而由种植大户和村委骨干组成的决策团队，形成了团体决策机制，经营范围改变和追加投资等事项都有社员大会通过，反而形成长远良性的集体决策机制。同样，在设有强约束机制的农民专业合作社中，例如设置监事会并形成监督流程的农民专业合作社，在决策失当方面提供了足够的抵制和约束。①

总之，在《农民专业合作社法》的规则框架下，农民专业合作社的外部交易成本和内部运营成本与其他商业交易形式相比，都有明显优势，这属于商业组织作为组织工具的典型优势。实际上，商法学界对于农民合作社的定位，也从功能主义的视角出发，将其纳入商主体范围，例如，在描述营业规制时，“商人单行法对营业的特殊规制并非缺乏，公司营业、合伙企业营业、个人独资企业营业、农民专业合作社营业、城乡个体工商户营业都已分别由公司法、合伙企业法、个人独资企业法、农民专业合作社法、城乡个体工商户管理暂行条例作出规定，它们的完善仍然是这些单行法的任务。”② 例如，在强调农民合作社的规范时，强调“鉴于合作社确实具有特殊的制度价值，乃至各国立法者普遍规制的对象，我国应通过合作社立法明确规定其企业主体地位。”③

（二）规制路径：比较选择与路径依赖

从比较法上看，国外不少立法例将农业合作社作为公司。例如，德国的合作社法律规定合作社适用商法上的商人制度。法国、意大利的法律制度都将农

① 郭铖、何安华：《内部治理机制对农民合作社盘活资源绩效的影响——来自山西省左权县易地扶贫搬迁地区的证据》，载《中国合作经济评论》2017 年第 2 期。

② 朱慈蕴：《营业规制在商法中的地位》，载《清华法学》2008 年第 4 期。

③ 范健、王建文：《公司法（第 5 版）》，法律出版社 2018 年版，第 92 页。

业合作社定位为公司，意大利还规定了农业合作社争议有法律规制漏洞时可以适用公司法。《芬兰合作社法》第1条将合作社定位为公司。日本的合作社法也强调合作社对于外部市场非交易会员对象，是以追求利润的目的而进行交易的。[①]《瑞士债法典》的合作社第三编公司与合作社将合作社作为特别公司给予定位。[②]美国纽约州合作社的规制利用为《纽约州合作社与公司法》，在英文表达上称为"Cooeprative Corporations"，作为纽约州公司法的特别法进行适用。[③]

在不同立法例中，有些直接将合作社定位为公司；有些立法例虽然并未将合作社定位为公司，但是却将合作社的规制空白依据归于公司法。这使得合作社本身作为商主体有了实体法依据，这实际上在组织功能上对合作社与公司进行了同种类型的规制回应。

第二，以我国现有的法律规范框架为基础，《农民专业合作社法》的规制结构与《公司法》在规则结构上较为类似公司法规范中较为典型有限责任和独立财产权，出资规制，决策机制等多项制度上直接借鉴公司法的相关制度，这使得《农民专业合作社法》在规制逻辑上可以成为《公司法》的特别法（见表2）。

表2　《农民专业合作社法》与《公司法》规制结构对比

	《农民专业合作社法》	《公司法》	差别
法人地位与成员有限责任	第5条、第6条	第3条	无差别
出资规制	第13条、第28条	第27条	《农民专业合作社法》缺乏出资加速到期等更加细化的制度
决策机制	第29条、第33条	第37条、第46条、第53条	无差别
信义义务	第36条、第37条、第38条	第147条、148条	《农民专业合作社法》缺乏勤勉义务的相关规定

① 孙宪忠：《物权法的实施（第一卷）：物权的确定》，社会科学文献出版社2013年版，第473页。

② 《瑞士债法典》第828条将合作社定位为企业，第906条规定股份有限公司关于审计机构的法律规定予以类推适用；第908条规定股份有限公司中关于机构不健全的法律规定类推适用于合作社。《瑞士债法典》，于海涌、唐伟玲译，赵希璇校，法律出版社2018年版，第388、413、414页。

③ 《美国合作社法》，张德峰译，法律出版社2019年版，第33页。

2021 年,《市场主体登记管理条例》颁布，第 2 条明确地将合作社纳入市场主体的登记管理范畴，尽管没有采用商主体的表达方式，[①] 在法律定位将市场主体等同于商主体，已经不存在任何规制逻辑上的障碍。

在具体的规制顺序上，鉴于《市场主体登记管理条例》仅为部门规章，而《民法典》和《农民专业合作社法》则为基本法律，可以认为,《市场主体登记管理条例》作为新法，同时作为特别法，将农民专业合作社定位为商主体，在规制顺序应当优于作为基本法的《民法典》和《农民专业合作社法》。

同时，在农民专业合作社具体实践的问题解决上，相关部委颁布了《农民专业合作社示范章程》《农民专业合作社解散、破产清算时接受国家财政直接补助形成的财产处置暂行办法》《农民专业合作社登记管理条例》等不同的细化规则，试图有效解决农民合作社的内部治理、财产清算以及登记效力等问题，这类规制方法的适用显然在逻辑上已经将农民专业合作社视为商主体/特殊公司。

（三）理论支持：商主体范围的再扩张

在理论层面，传统商法理论对商主体定义的拆解完全可以将农民专业合作社划入其中，但对农民专业合作社的理论定位却并未随着时代发展而进行迭代，这显然另有原因。

商主体指享有商事法律人格，以自己的名义实施商行为，在商事法律关系中享受权利承担义务的法律主体。[②]《农民专业合作社法》第 3 条规定了农民专业合作社的业务范围，即包含生产资料、农产品、农民民间公益及旅游服务等，这些业务范围显然构成了当前农村新经济的主要发展方向，而农民专业合作社经过登记，从事这方面经营活动，并承担独立的法律责任，这显然符合商主体定义的语义范围，但为什么在理论层面商主体始终并未接纳农民专业合作社呢？也许与传统商法理论产生的社会根基有关。

传统商法对商主体的定义，定位于旧时代的商业形态，并没有考虑到现代社会商业形态的多样化，特别是进入工业资本主义以后，将商主体仅仅定位为小商人的显然是不合理性，职业性的经济行为的出发点与归宿都是特定的由劳动力及土地、资本、商誉等有形财产、无形财产所构成的财产有机统

---

① 实际上，在国家市场监督管理总局 2020 年 6 月 15 日就本条例的草案向社会公众征求稿中,《市场主体登记管理条例》还被称为《中华人民共和国商事主体登记管理条例》。

② 施天涛:《商法学（第 5 版）》，法律出版社 2018 年版，第 231 页。

一体[①]。传统商法理论对商主体定义的画像定位出现了问题，1998 年《德国商法》尽管解决了部分问题，但未经登记的农林业经营者仍被排除于商法的适用之外。之所以农业领域中从事商业活动的不同层级的组织（农村承包经营户、农民专业合作社）并未纳入商法评价范围，是因为传统理论认为，农业活动固然可以被视为是经营活动，但若无组织化特征的出现，则其持续性也将趋于弱化。[②]但传统商法理论显然并未认识到农业活动产业化和组织化的发展速度，这种理论上的偏见一直将农业活动排除与商事活动之外，因此农民专业合作社无法定位为商主体。

其次，营利性的学术描述也成为农民专业合作社进入商主体范围的理论障碍。在传统商法理论关于商主体的界定中，商主体的营利性也是确定是否为商主体的重要特征。即商事主体实施商行为必须具有营利性。[③]而营利性一般指的是商主体获得利润，并且向成员分配利润。在这一点上，农民专业合作社显然也是符合要求的。《农民专业合作社法》第 21 条规定了合作社成员具有盈余分配请求权，而该法第 44 条则规定了具体分配方法。农民专业合作社的互助属性并不妨碍其作为主体向成员分配利润，在分配利润这个层面，农民专业合作社中的成员与股东并无差别。

值得注意的是，商法学界的新进观点，已经有意在把营利性与商主体进行分离。例如，有的商法学者认为，营利性系目的范畴，而非结果范畴（营利），揭示企业旨在获得利润为目的。至于是否向投资者分配利润，不影响企业营利性的认定。分配利润者，兼顾了投资者的营利性；未分配利润者，亦可认定为营利性组织。[④]

时至今日，如果再将公司定位为纯粹盈利的组织，显然不能满足社会治理的需要。越来越多公益公司 / 社区公司的出现，显示出作为组织工具和技术手段的公司，实际上是因为自然人创造财富、强化互助而创造，它可集合众力、集思广益，让突破熟人社会的合作成为可能，堪称人类社会最伟大的发明创造之一。[⑤]

---

① 施鸿鹏：《商法的祛魅：经由企业经营组织建构商事法律关系》，载《中外法学》2022 年第 3 期。

② 同上。

③ 施天涛：《商法学（第 5 版）》，法律出版社 2018 年版，第 232 页。

④ 樊涛：《中国商法总论（第 2 版）》，法律出版社 2019 年版，第 300 页。

⑤ 宋亚辉：《营利概念与中国法人法的体系效应》，载《中国社会科学》2020 年第 6 期。

鉴于传统商人概念本身存在的缺陷，商主体概念仍然存在与商事法律关系主体相混淆的问题，因此，已经有学者商法主张突破传统商主体概念的本身限制，即引入经营者的概念，[①]这在解决传统商法理论对商主体概念构建逻辑矛盾的同时，也为商主体范围随着社会经济结构的发展而自然扩张提供了理论空间。从商主体和营利性理论的未来发展脉络来看，商主体或者公司作为组织工具的范畴扩张不可避免，农民专业合作社被定位为商主体已经不存在理论障碍。

四、农民专业合作社的规制逻辑：特别公司的体系定位

我国《公司法》正值第六次修订，也是在2005年以后最大的一次修改，本次《公司法》修订面临一系列问题尚待解决，其中一个绕不开的问题是,《公司法》如何与邻近相关法律部门进行有机协调统一，避免不和谐、不配套的规定，从而实现协同效益最大化。[②]作为商业组织法规范群中最为丰富最为完善的规范样本，公司法能否起到统领商业组织法全局的体系示范作用和规范内核作用，需要解决公司组织与其他类公司的商业组织的规范协调问题，有学者指出，大陆法系商法典国家和地区创造了以企业为中心的“商人”概念，来统辖商自然人和商事组织，并据此建构商法典的总则内容。将股东是否承担有限责任作为不同公司形态的划分标准，把个人独资企业、合伙企业整合到公司法中，赋予公司概念全新的内涵，并在此基础上重构公司法总则，不是没有可能的。[③]在现有法律规范存量资源下，公司法总则具备成为商事通则的替代性选择的可能性，农民专业合作社定位为特别公司，其法律规范适用逻辑还需要符合伦理价值层面的定位。

（一）与《公司法》的规范衔接问题

将农民专业合作社作为特别公司进行定位，在法律规制上就需要妥善处理《农民专业合作社法》与《公司法》之间的规范衔接问题。

正如《瑞士债法典》在规范中展示的立法例一样，可以在未来《农民专业合作社》的修订当中，在附则中加入“本法未有规定，可以援引《公司法》

---

① 王建文:《商法总论研究》，中国人民大学出版社2021年版，第269—282页。

② 郭富青:《论公司法与邻近法律部门的立法协同》，载《法律科学》2021年第6期。

③ 钱玉林:《公司法总则的再生》，载《环球法律评论》2019年第4期。

规定进行参照适用”的相应条款。这样一方面可以将对农民专业合作社的日常运作的规制纳入商法轨道，另一方面，《公司法》中已经规定的内容《农民专业合作社法》可以不再规定，避免浪费立法资源。

2021 年底，全国人大法工委公布《公司法修正案征求意见稿》，不仅完善了公司人格制度，而且首次将股东出资加速到期制度纳入规范。即《修正案》第 21 条在之前《公司法》第 20 条对人格否认制度规定的基础上，补足了先前的法律漏洞，将范围扩大到关联公司。《修正案》第 48 条规定：“公司不能清偿到期债务，且明显缺乏清偿能力的，公司或者债权人有权要求已认缴出资但未届缴资期限的股东提前缴纳出资。”这是首次将股东出资义务加速到期提升到公司法规范的规制层面。这些极具特色的制度无疑丰富了公司法的总则部分。从法律适用的角度而言，公司法总则规范的丰富，需要其他商业组织法在适用上进行衔接。

以法人人格否认制度为例，农民专业合作社在运营过程也会出现核心社员滥用合作社地位的问题。而涉案问题主要涉及合作社主要承办者侵占合作社财产、怠于履责等，有些合作社的主要承办者为谋取更大利益，并未能发挥其应有作用。[①] 如个别合作社的实际运作只有一两名主要成员负责，成员大会、理事会（理事长）、监事（执行监事）根本不存在，有的注册地就是农家房或者空无一物的厂房，严重违反《农民专业合作社法》。但这类案件无法适用法人人格否认制度，使得农民专业合作社的实践纠纷无法回归到商业组织纠纷的效力性框架中，这无疑为解决农民专业合作社的纠纷增加了制度障碍。

因此，本文认为，有必要通过法律适用条款的方式，使农民专业合作社在经营过程中的商业纠纷，如果出现规制空白，可以援用上位《公司法》中的部分条款，从而准确高效地处解决相关问题。在规范适用逻辑上，《农民专业合作社法》与《公司法》之间是特别法与普通法的关系，《农民专业合作社法》已经存在的特别规定可以独立适用，《农民专业合作社法》并未规定的内容，可以援引《公司法》中的相关规定，从而使《农民专业合作社法》进入以《公司法》为中心的商业组织规范群当中。

---

① 《农民专业合作社不能形同虚设》，https：//news.ifeng.com/a/20160508/48718641_0.shtml，2022 年 10 月 12 日。

（二）农民专业合作社的特别规制问题

要改变现实中商业资本以及运营模式对于农民专业合作社所带来的冲击，可以考虑两种方式，分别为间接方式和直接方式。就间接方式而言，由于农民专业合作社成员通过出资而获得成员身份，因此其地位相当于公司股东，除了合作社成员应有的权利规定以外，对于保留农民专业合作社特点，从而对合作社中弱势成员进行倾斜保护的方式应当采用规制合作社执行机构和监督机构（理事会和监事会）成员信义义务以保护合作社中弱势成员的方式。[①] 就直接方式而言，可以考虑通过特别规定的方式保留合作社组织的本来特色。

例如，在成员分红问题上，农民专业合作社的依照其特色应当贯彻资本报酬有限原则。所谓资本报酬有限原则，是指成员入社的股金可以获得利息，但不参加分红，而且股金的利息严格限制在一般不超过市面上通行的普通利率。对于资本报酬的限制实际上与《公司法》第 34 条的分红权存在矛盾，因为股东按照出资取得分红是公司制度的重要组成部分。

例如，在引入外部资本融资方面，农民专业合作社作为合作社本身的特色，并未显示出引入外资方面的优势，因为合作制对投资回报的限制、对“资本控制”的排斥以及对投资积极性造成的其他消极影响，归根到底是因为合作制影响了常规投资者的经济利益，而常规投资资本却是以经济回报最大化为唯一目标追求的资本。[②] 这显然是农民专业合作社不同于公司组织的特殊之处，但公司法自身的理念价值观也在发生重大变化，ESG 的兴起与公司内在机制追求的持续性发展具有方向的一致性、价值理念的契合性。引入有助于农民合作社可持续发展的伦理资本，成为学界关注的另一个问题。常规投资以经济回报最大化为唯一追求目标，而伦理投资的动机则不仅仅是经济的，而且是“社会、环境、慈善以及经济的混合”，即除了追求经济回报还追求社会效益。[③] 这种投资理念显然与当前热点关注的公司 ESG 不谋而合。但农民专业合作社如何践行 ESG（包括伦理资本引入），显然需要特别条款或者特别立法给予规制。这是因为，公司社会责任在很多国家都有立法规定，但我国《公司法》社会责任尚未设置明确的法律后果要件，导致其在一定程度上限于倡导性责任，原因在于公司社会责任涉及公司经营的诸多方面，似没有统一

① 李磊：《农业合作社的法律定位反思：基于商事组织法的视角》，载《南京大学法律评论》2017 年第 2 期。

② 张德峰：《我国合作社引入伦理投资资本的法律支持》，载《法商研究》2021 年第 5 期。

③ 同上。

规定的可能性。[①] 公司法仅仅框架性地规范似乎无法满足 ESG 框架下农民专业合作社的复杂要求。

例如，在资本报酬限制方面，农民专业合作社也有独立规制理由。如果资本报酬不受限制，在资本的逐利本性作用下，合作社的盈余最终很可能还是会走向按资分配（按股分红）的老路，这与合作社的这种“人的联合”本质相违背，因为社员向合作社出资的目的，在于保障其互助合作活动的正常进行并据此利用合作社和实现人的发展，而不在于追求投资回报。[②]

我国《农民专业合作社法》在资本报酬有限原则方面，仅体现在第 44 条的“可分配盈余主要按照成员与本社的交易量（额）比例返还。”此条体现了对于资本报酬模式的限制，但我国当前法律并未区分合作社成员的出资类型，资本报酬有限原则应当限制在“互助合作所必需”的资格股范围，对于后续追加和外部投资人的投资股份，其资本报酬分红不应当限制。因此，有学者建议，立法可以规定，“合作社对于其社员为取得社员身份而义务性缴纳的资本（含均等缴纳的资格股资本和义务性追加股资本）可以不支付报酬，如果要支付报酬，该报酬也应当受到限制。”[③]

以上规制特色，不仅反映了农民专业合作社的设计初衷以及为维护社员利益而构造的制度巧思，也反映了农民专业合作社在公司理念发展的共振下自身规范的独特需求，《农民专业合作社法》不仅在未来修订中需要与《公司法》形成特别法与一般法的规范适用关系，也需要在保持自身独立特色，进行单独的规制设计。

五、结语

从历史层面看，罗虚代尔先锋社 1844 年在英国成立，这是世界历史上最早的合作社，也成为社会改革的重要实验工具。先锋社的治理规则逐渐成立合作社的共同规则，即罗虚代尔原则。该原则几经修改，强调自助、自主、平等、公平和团结，我国农民专业合作社的设立初衷和终极目标，除了发展农村经济，更强调成员之间的互助精神。面对农民专业合作社在现代商业社

① 朱慈蕴、吕成龙:《ESG 的兴趣与现代公司法的能动回应》，载《中外法学》2022 年第 5 期。

② 张德峰:《我国合作社引入伦理投资资本的法律支持》，载《法商研究》2021 年第 5 期。

③ 张德峰:《合作社资本报酬有限原则之立法探讨》，载《政法论坛》2017 年第 3 期。

会发展所呈现出的双重规制需求，一方面，需要祛除传统商法理论对于商主体的固有偏见，从功能主义的角度出发，将农民专业合作社定位为特别公司；另一方面，还需要回应农民专业合作社设立愿景中的宏大社会目标，不能因为在现实实践中逐渐“商业化”，而被动接收资本世界中弱肉强食的规范逻辑，从规范精细调整的角度落实农民专业合作社的伦理目的。

合同法中信息披露义务研究

孙良国*

信息披露义务是合同法中的重要问题，在学术界一直都没有得到认真的全面的研究。在合同法中，信息披露义务的设定要立基于合同法制度的正当性，按照艾森伯格教授的理解，正当性是指任何使之合理的理由，包括但不限于法律理由。成熟的正当性的研究有助于分析的深入。首要的问题是，在合同法中是否存在一般性的信息披露义务。在解决该问题后，信息披露义务有何功能与后果就很重要了。笔者将在本文中依次解决这三个相关的问题。

一、合同制度的正当性

合同制度正当性自身比较复杂，笔者没有足够的时间和空间对其进行全面深入的反思和检讨，而只是对其进行结论性的总结和概括。我国有学者已经对契约制度的正当性进行过较为系统的分析，[①]但是她主要是基于罗尔斯的正义论而进行的推演，认为："以具有双重属性的主体——罗尔斯理论中的道德主体——作为基点，可以推导出衡量契约制度正当与否的两个契约法正义原则，这些正义原则能够给契约法基本制度提供充分的正当性论证。"[②]笔者无意于进行如此具体且宏大的建构，而只是以基本的法学范畴作为契约制度正当性的论证根据。在笔者看来，契约制度正当性主要可以反映在如下三个方面，这三个方面总体上也可以认为是构成了法律制度正当性的根据。

（一）道德规范

法律自身具有道德性，这是法律的应有之义。契约制度同样如此。契约

---

* 大连海事大学法学院教授、博士生导师。本文是国家社科基金重点项目"基于类型化的违约损害赔偿计算的公式化研究"（22AFX014）成果。

① 资琳：《契约制度的正当性论证》，吉林大学法学院 2006 级博士论文。

② 资琳：《契约法基本制度的正当性论证——种以主体为基点的研究》，载《环球法律评论》2009 年第 6 期，第 5 页。

制度应当与个人道德相得益彰，而非相互破坏，相互指责。塞扎纳·谢福林（Seana V. Shiffrin）教授认为："尽管法律不应朝向如此执行个人间道德行为的方向发展，但法律的内容应当与促进繁荣的道德行为所必要的条件相一致。美国合同法的一些方面不仅没有支撑道德上体面的人，而且也促成了一种很难被道德上体面的人所接受的法律和社会文化。"[①] 的确，契约制度不能使道德体面的人感受到一种压力和不顺，而应当是一种支持。我们熟悉的是，"如果法律建立在被大多数遵守法律的人所接受的道德原则之上，那么法律制度的有效性就会道德性提高。如果合同法的制定者注重实际并且深谋远虑，他们就不会强制推行那些为大部分公民所厌恶的道德观念，并且他们甚至会提防将有争议的观念强制给人们。因此，一个古老的格言认为，合同法应当建立在被共同接受的道德原则之上。"[②]

下面笔者主要以违约是否具有道德性为例进行分析：

尽管法律经济学往往认为，契约制度与道德无赦，而且为此提供了非常多的论证，有的是结论式的，有的是市政分析式的。如理查德·艾伦·波斯纳（Richard A. Posner）在帕顿诉中大陆系统公司案（Patton v. Mid-Continent Systems, Inc.）一案的判决中认为：

"即使违约是故意的，其也不必然具有可谴责性。允诺人只是发现他的履行对其他人价值更大。如果这样的话，通过允许其违反允诺而促进效率，假设他使受允诺人的实际损失得到赔偿。如果他被迫支付（惩罚性赔偿），效率违约得以威慑，而且法院也不会判决此结果。"[③]

斯蒂文·萨维尔（Steven Shavell）同样也进行了实证分析，其得出了与上述结论有较大差别的结论。萨维尔调查了 41 个对象，并且设计了四个问题，每个问题提供四个选项：（1）确定不道德；（2）有点不道德；（3）既不道德也道德；（4）确定道德的。第一个问题是，违约一般是否是不道德的？结果显示，违约行为介于有点不道德和既不道德也不不道德之间。其中 38 人认为，违约是确定不道德或者道德中性的，只有 3 个人认为违约是有点道德的，无人认为违约是确定道德的。第二个问题在第一个问题的基础上增加了一个

① Seana Valentine Shiffrin, *The Divergence of Contract and Promise*, 120 Harvard Law Review, 710（2007）.

② ［美］亨利·马瑟：《合同法与道德》，戴孟勇、贾林娟译，中国政法大学出版社 2004 年版，第 77 页。

③ 841 F.2d 750.

条件，即当事人交易的设备价格急剧上升，当事人在缔约时没有考虑这个几乎不可能的可能性。而且如果双方在缔约时知道这种事件，他们会同意在此种情况下取消合同。此时，违约是否是不道德的？结果显示，此种情况下违约行为是道德中性的。在该问题的调查中，41 人中 17 人认为违约是道德的，没有人认为该种情况下违约比在第一种情况下更不道德。第三个问题在第一个问题的基础上增加了一个条件，即设备价格上升，成本急剧上升，双方当事人知道如果他们考虑到该事件，合同依然有效力。此时如当事人违约，该违约是否是不道德的？结果显示，违约行为介于确定不道德与有点不道德之间。其中 38 人认为违约是确定不道德的，3 人认为是道德中性的。第四个问题增加的一个条件是，违约方赔偿了守约方的期望利益损失，违约还是不道德的吗？结果显示，违约行为介于道德中性和有点道德之间。通过上述四个问题，萨维尔试图证明，对违约事实的第一反应就是不道德的。但如考虑到一些偶然事件，如设备价格急剧上涨，而且如果当事人能够考虑到该事件就可能解除合同，当事人就会倾向于改变其对违约的道德评价。如果当事人考虑到该事件而认为当事人依然有履行义务，个人就会发现违约是非常不道德的。如果违约伴随着完全的损害赔偿，那么个人就会改变他的违约观，认为违约是有点道德的。[①] 由此看出，萨维尔的观点是，违约未必是不道德的。

社会中不同群体有不同的道德价值观和道德判断，道德判断具有丰富的多元性。同一行为经由不同社群的道德评价结论可能不同。对于违约是否道德究竟应当如何评价，这是见仁见智的问题。通常情况下，根据我们的道德直觉，违约不应当是常态的事情甚或是道德上应当得到肯定的行为。但这种这只是一种直觉，要想使该种观点有说服力还需要进行经验分析。

戴维·鲍姆伯（David Baumer）和帕翠亚·玛莎（Patricia Marshal）对商人之间的违约行为进行了调查和分析。在北卡罗来纳州，他们调查了 119 个公司，问题是“如果一个贸易伙伴因为在其他地方有更好的生意而故意违反契约，这个行为是非道德的吗？”，其中 105 个被调查者回答“是”。[②] 由此可见，商业实践中绝大多数商人的伦理标准还是比较一致的。单纯为经济利益而违约实质上丧失了基于作为重要无形资产的商业信誉和可信赖性以及进一步的

---

① Steven Shavell, *Is Breach of Contract Immoral*, 56 Emory Law Journal 452–456（2006）.

② David Baumer, Patricia Marshal, *Willful Breach of Contract for the Sale of Good: Can the Bane of Business Be an Economic Bonanza*, 65 Temple Law Review 165（1992）.

商业机会。在119名被调查者中，86个公司在将来一直或几乎一直不会与故意违约的公司做生意。[①] 上述调查主要限于商人之间的合同，商人与消费者之间的合同如何？目前并没有相应的数据材料。商人之间在较为相互熟悉的情况下尚且如此，按照正常推论，如果商人违约或消费者违约，尤其是商人"效率违约"的情况下，消费者认为不道德的比例可能更高。

上述调查肯定了故意违约尤其是效率违约非道德的结论。

综上，鲍姆伯、玛莎与萨维尔的经验分析在结果上不同。但两个调查有一些重要的差别，表现在：

第一，萨维尔并没有说明被调查者的身份，这为两种数据的比较提供了困难。即使在其最近的一篇相关文章中，他也没有说明被调查者的身份。[②] 而且，从萨维尔的文章中我们也很难准确猜测被调查者的具体身份。

第二，鲍姆伯和萨维尔所设计问题的出发点不同。鲍姆伯所设计问题主要着眼于"故意或效率违约"，而萨维尔设计问题的出发点主要在于对违约的一般态度以及具体情境下对特定违约的态度。

第三，萨维尔的研究结果与效率违约之间关系究竟有何关系？从鲍姆伯的调查中，我们得知，商人对效率违约的态度总体上持否定评价。但是，萨维尔的调查结果我们只能得出这样一个结论，即只要违约人对非违约方支付了期望损害赔偿，效率违约总体上不仅不是不道德的，而是道德的。

萨维尔的分析还有以下缺陷：

第一，实践中的期望损害赔偿通常不能实现非违约方的损害填补，其往往是"赔偿不足的"，而萨维尔所设定的期望损害赔偿是能够完全弥补非违约方损失的。这可能产生一些误导，该误导足以影响被调查者的主观判断。

第二，当效率违约发生时，是否与详细的合同条款相一致并不是判断违约是否有效率的依据。而事实上萨维尔确实没有考虑到合同的整体及内容而只是将合同理解为履行或违约加损害赔偿，[③] 事实上合同并非如此。

第三，萨维尔对违约行为的道德评价自身存在一定缺陷，很难直接作为

---

① David Baumer, Patricia Marshal, *Willful Breach of Contract for the Sale of Good: Can the Bane of Business Be an Economic Bonanza*, 65 Temple Law Review 165 (1992).

② Steven Shavell, *Why Breach of Contract May Not Be Immoral Given the Incompleteness of Contracts*, 107 Michigan Law Review, 1569–1582 (2009).

③ Seana Valentine Shiffrin, *Could Breach of Contract be Immoral*, 107 Michigan Law Review 1559–1560 (2009).

证据使用。因为在萨维尔设计后三个问题时，不经意地设定了一个“圈套”，从而为“效率违约理论”的与道德无涉的结论增加道德正当性论证。因为在第二、第三个问题中，萨维尔增加了“市场价格急剧上涨”这个意外事件，而没有言明这个意外事件的原因，从而为其分析提供便利。而且在此基础上作者还在第二、第三个问题中增加了“当事人如果考虑到该事件而同意解除合同”或者“当事人即使考虑该事件而依然保持合同效力”两个附属条件，而正是这两个条件（假定的交易）改变了当事人对“违约”的态度。这可以从两个方面进行分析，一方面是，萨维尔所列的特殊事件极有可能构成“情事变更”“不可能”“目的受挫”等原理，一方即可能获得法律上的“解除权”，此时所谓的“违约行为”已不受道德否定评价而且具有合法性，不能作为判断“违约行为”是否受非道德性评价的素材。而且即使上述事件构不成免责事由，在道德上也可获得足够的道德同情并影响其判断。另一方面是这两个条件已经预设了违约或者守约是合同内容这个事实，在前一条件下违约是合同当事人所同意的，自然为道德性所认可。

什么样的调查能够正当化“效率违约”的是否不道德呢？鲍姆伯和玛莎的调查即可，因此效率违约自身的不道德性是非常明确的。最近，泰斯－维肯森·瑞恩（Tess Wilkinson-Ryan）对违约进行了经验分析，得出以下几点结论：

第一，人们对合同法的道德直觉使违约的发生，比违约有效率即应违约这个理想状态要少得多……经验更丰富的当事人也被阻止效率违约，因为他们不想冒犯客户或者获得一个坏名声。[①]

第二，违约的道德性只能被减弱不能被消除。在当事人理解了违约的可能性以及违约后果是合同协议的一部分时，他们更愿意违约，而且不太可能发现违约在道德上是冒犯性的。规定了定额损害赔偿允许当事人追求一个法律上财富最大化的行动，而该行动在规范道德行为的框架内。[②]

可见，泰斯首先肯定了违约的非道德性，其次确认了在定额损害赔偿的情况下，如果双方当事人意识到违约的可能及后果，当事人再违约，道德否定性评价的意义就小很多甚或不再是不道德的。泰斯将道德性纳入了合同的

---

① Tess Wilkinson-Ryan, Moral Judgment and Moral Heuristics in Breach of Contract, http://ssrn.com/abstract=930144，2024年1月6日访问。

② Tess Wilkinson-Ryan, *Do Liquidated Damages Encourage Breach? A Psychological Experiment*, 108 Michigan Law Review 671（2010）.

评判，而萨维尔则没有。

因此，无论是单纯的逻辑还是从实证分析看，一般来说违约是不道德的，单纯为了金钱利益而进行的效率违约更是不道德的。效率违约理论家也只是在逻辑上限定了效率违约与道德无涉的立场，在经验分析上它们也努力协调该理论与合同法道德性的关系，但总是被自己的成见所束缚，不能得到更真实的结论。

事实上，道德规范是据以表明行为对错的命题。道德规范提供了社会命题通过不同方式作用于司法推理过程的现成例证。在某些场合下，一条已确立的法律规则会特别提到某种道德，以至于我们在把规则适用于特定案件的事实时必须运用道德规范。在英美契约法中，法定义务规则意味着，一份合同中的履约行为仅仅包括合同约定行为的，该合同不执行，这属于例外情况。在例外中，如果合同包括有由于在先前签订时无法预料的情况对先前合同进行公平合理修改的内容的话，则这份合同可以执行……在另外一些情况下，高度概括的法律规则的完整意义只能通过运用道德标准制订更为具体的规则来加以阐明。如在过去的 30 年中出现了这样一条规则：如果合同显失公平的话则该合同不能执行。既然显失公平的概念在很大程度上依赖于公平的观点，所以，阐明这个概念必须考虑道德规范。①

但是，在大陆法系的视野中，道德规范基本上都可以统和在极为抽象且几乎无所不能的“诚实信用原则”概括。王利明教授认为：“需要明确的是，诚实信用是一项道德准则。诚信原则以‘善意及衡平’为内容。对于私法，可给予道德的要素，使法律渐次近于伦理观念。诚信原则也是市场经济最基本的道德准则，作为交易的当事人，在从事交易活动中要遵循诚信原则，要做到恪守诺言、讲究信用、诚实不欺、以信为本、不损害他人利益。一个合理的商人应当是诚实守信的具有商业道德行为的人。”②

但是我们依然需要强调的是，民法上的诚实信用原则绝对不是简单地、直观地反映一个理性的道德人。否则法律将不具有任何独立性，其存在的意义也将大打折扣。因此，“诚实信用原则”自身必须置于特定的语境下，其对民事主体的要求不是一体化的统一的“理性道德人”，其必须尊重不同类型

---

① ［美］迈尔文·艾隆·艾森伯格：《普通法的本质》，张曙光等译，法律出版社 2004 年版，第 20—21 页。

② 王利明：《合同法研究（第一卷）》（修订版），中国人民大学出版社 2011 年版，第 180 页。

的民事主体独有的预期与信赖。因此，“诚实信用原则”的要求必须是“语境化的”。当然，此种“语境化”并非随意的“主观语境化”而是“客观语境化的”，如法律对商人与商人之间的交易与商人与消费者之间以及消费者与消费者之间的而不同。B2B 中商人与 B2C 中的 B 既有不同的法律要求，此时“语境化”也不尽相同。诚实信用原则的要求既要考虑到程序要件也要考虑到实体要件，如前所述，不同的交易语境或者民事主体的语境下，诚实信用原则要求的侧重点不同。

徐国栋教授认为，他的诚信原则的定义应当表述如下：“诚信原则就是要求民事主体在民事活动中维持双方的利益平衡，以及当事人利益与社会利益平衡的立法者意志。一方面，这种意志要求主体有良好的行为，谓之客观诚信；另一方面，要求主体具有毋害他人的内心意识，谓之主观诚信。概言之，诚信原则就是立法者实现上述三方面利益平衡的要求，目的在于保持社会稳定与和谐的发展。三方利益平衡是这一原则实现的结果，当事人以诚实、善意的心理和行为行使权利，履行义务，法官根据公平正义进行创造性的司法活动是达到这一结果的手段。[①]这里的利益平衡不可能仅指结果上的，对商人而言其主要考虑程序性的，而对消费者合同而言则主要可以是指结果性的，这主要可能基于商谈能力的不平等性以及相应的救济方法选择的范围。

因此，道德价值在具体的语境中可能无法充分体现出来，这是正常的，而且法律的价值不仅仅包括道德价值而且还包括其他价值，其可能与道德价值相冲突，此时要考虑价值位阶进行分析和评判。此时涉及更为复杂的价值冲突。此处不赘述。

（二）效率

效率从来不是经济学或经济学理论的专利。在人类法律制度的发展中，优胜劣汰的往往是没有效率的制度。只有不断淘汰没有效率的制度，社会的进步才能得以延续。因此，从总体上看，社会制度是越来越向有效率的制度发展。合同制度是人类发展的制度引擎或者说是发动机。一个合同制度是否是可欲的，关键在于其是否能够合理地创造财富。当然对何为效率，并无完全一致的含义。但效率主要有两个公式，一个是“帕累托最优”，一个是“卡尔多—希克斯效率”。帕累托最优的理想结果是，一个交易使双方的收益最大

---

① 徐国栋：《民法基本原则解释——以诚实信用原则的法理分析为中心》（增删本），中国政法大学出版社 2004 年版，第 72 页。

时，在此状态中，没有办法增大交易一方的收益而使交易双方的收益而同时不损害另一方的收益。[①]说从结果中获得的收益完全可以对所受到的损失进行补偿，这种非自愿的财富转移的具体结果就是卡尔多—希克斯效率。[②]在合同法上，这两种效率模型都有其自身的功能和意义。

在合同法的分析中，效率的分析具有非常高的地位。因此，这里是有必要澄清效率与分配在私法中的地位。共识性观点是，“追求再分配的目的应该是私法应用的一种例外。在特定情况下，也许可以达到公正的效果，但不应该作为司法运用的普遍情况。”[③]主要原因也是非常明确的，包括以下几点：第一，收入所得税关注的是不平等，而私人法律权益下的再分配关注的是平均值；第二，修改私人法律收益的分配效果很难预测，而且还有可能出现一些消费者补贴另外一些消费者的情况；第三，通过私法进行的再分配的交易成本是非常高的；第四，通过私法的再分配比累进税率制度更加扭曲了经济，最典型的是严重破坏正常的交易关系，如一项使番茄消费者受益的法律导致了番茄农场投资者回报的下降。于是投资者会作出减少投资番茄生产的反应，转而投资其他行业。因此，番茄的供应将会减少，而消费者为此就要支付较高的番茄价格，总体而言，运用更加广泛的税收制度，能够减少再分配政策对经济的扭曲，而不是仅仅求助于法律。[④]因此，效率分析相比于分配分析在私法分析中具有更加重要的地位。

即便如此，但是效率分析也并非具有完全清晰的含义和范围。因为效率必然要界定“成本—收益”方法也并不具有最终的确定性，最为明显的是，何谓成本，何谓收益，采取何种公式予以结算，给何种参数以何种比重，这都是经济学也非常头痛的问题。这也意味着即使是经济分析者都将效率作为考察制度正当性的标准，他们的立场、分析工具、分析方法不同也可能产生不同的结果。由此我们也可以看到，即使是法律经济分析者在相同问题上也

---

① ［美］罗伯特·考特、托马斯·尤伦：《法和经济学（第5版）》，史晋川、董雪兵等译，史晋川审校，格致出版社、上海三联书店、上海人民出版社2010年版，第4页。

② “卡尔多—希克斯效率”，载MBA智库百科，http：//wiki.mbalib.com/wiki/%E5%8D%A1%E5%B0%94%E5%A4%9A%E4%B8%80%E5%B8%8C%E5%85%8B%E6%96%AF%E6%95%88%E7%8E%87，2024年1月6日访问。

③ ［美］罗伯特·考特、托马斯·尤伦：《法和经济学（第5版）》，史晋川、董雪兵等译，史晋川审校，格致出版社、上海三联书店、上海人民出版社2010年版，第8页。

④ 同上书，第9—10页。

会产生迥异的观点，最明显的是合同解释的经济分析。

因此，如果合同制度不能获得效率的正当性支持，该制度就不可能获得真正的支持，合同法就应当尽量地使之不具有合法性。合同法视野中的效率考虑也包括通常的权利、义务的成本，而且程序的成本，法院审判的成本，当事人协商的成本等。而我们通常的权利义务关系的分析对程序的成本，这是不完全正确的。

因此，有效率的合同制度必须符合下列要求：

第一，易于操控性。易于操控的合同法制度具有效率性，不易于操控的制度则往往效率性较差。

第二，具有确定性。一个法律制度确定性越强，其就易于使当事人预测法律规则的后果，并根据此预测安排自己的行为，这样就越能实现效率。

第三，具有简单性。简单的规则可以应对复杂的世界，复杂的世界并非总是要求复杂的规则。

第四，程序上比较简便。如果程序的成本过高，或者必须经过诉讼程序等，这就导致额外的程序，增加额外的成本。我们必须树立的观念是，权利是有成本的，而非无成本的。

第五,一体化的规则往往比类型化的规则更具效率性。一体化的规则避免了类型化自身的困难和不确定性，能够实现更多的效率。

因此，笔者认为，效率是合同制度正当性的主要根据，也是设定信息披露义务规则的主要根据。而且救济规则同样体现于此点，救济规则能够对当事人产生可欲的激励，即有利于当事人遵守合同，同时又不能使合同成为束缚当事人激励的工具，但是这种激励或者福利的判断并非仅仅是一方当事人之间的，而是从当事人双方来看，以及将双方当事人作为一个抽象的单位进行分析。因此，单纯从违约人的角度进行分析有其内在的局限性，可能是有问题的。

（三）政策判断

政策在多个层面上作用于审判推理。这里的政策不是虚无缥缈的主观臆断。政策作为正当性基础是人类理性能力有限的结果，而且道德规范还不能完全包括法律规则设计所需要的全部正当性基础。如，在我国《合同法》上，合同成立采“到达主义”的立法模式，这就不能用道德规范解释；同时道德规范自身具有双重性和多重性，有时不能产生确定性的结果，如违约责任产生后，一种道德规范可能认为由违约而发生的所有损失都应当由违约方承担，这也是很多公民的道德观念和意识，而另外一种道德规范可能就认为即使是违约人的违约，守约方也应当及其所能减少损失，不能将全部损失均由违约方承担。此时，政策判断就会发生较大的决定作用。正如迈尔文·艾隆·艾森伯格（Melvin Eisenberg）所言，“一些特殊的政策规定了法律规则的理想特征。其中包括我们可称之为可操作性、信息不对称和机会主义的政策。”①

可操作性的政策是指一项法律规则的可适用性不应当依赖于法院无法可靠确定的那些信息。例如，如果双方当事人对合同条款的理解发生争议而且不能达成共识，此时法律一般都以“理性人”来取代具体的缔约人。因为此时法院不可能完全按照一方当事人的主观意思来裁判案件，双方当事人的利益此时已经对立，其不可避免地产生以有利于自我为中心。而这些主观信息都是无法证实的。此时法律又不能依此为理由拒绝裁判，此时法院应当寻求合理的裁判，此时“理性人”就登场了，“理性人”毕竟比缔约方更具有确定性。

关系甚密的信息不对称的政策是指法律规则额可适用性不应依赖于仅仅为当事人一方所掌握的信息。如我国合同法也往往规定了承运人的严格责任，问题就在于如果规定了过错责任，而是否存在过错，只有承运人及其雇员才能够清晰地知道，此时就托运人就极为不利。

机会主义政策是指法律规则不应鼓励利用行为，为权力寻租提供可能。《公务员法》第52条第14项规定了公务员不能违反纪律从事营利性经营活动。而如果允许公务员自由地从事营利性经营活动，法律很难对公务员是否利用法律赋予其掌握的公权力谋取个人利益或小集体利益作出一个界限清晰的区分，或者区分成本过高，或者该区分一旦确定一个标准，下一步的对策很容易就规避掉。因此该政策也是合同法律制度的重要方面。

政策标准必须有效处理与道德规范与效率规范之间的关系。“在一定的时期内，道德标准几乎是一成不变的，它贯彻了普遍的规则，但政策通常不必如此。根据客观性的基本原则，法院只能通过普遍的规则贯彻政策。”②

“在确立普通法规则时适用已得到充分社会支持的政策无论在实体上还是在程序上都是公正的。从实体上讲，当争议双方本身受益于由法院指定的并已对政策有所考虑的规则，期望法律能反映这些政策的规则，期望其他人依

---

① ［美］迈尔文·艾隆·艾森伯格：《普通法的本质》，张曙光、张小平、张含光等译，法律出版社2004年版，第35页。

② 同上书，第39页。

此规则行事时，法院通过考虑把事物状态分为对整个社会有利或不利的政策来解决纠纷是公正的。从程序上讲，当已经存在要求法院在解决纠纷时应考虑政策的制度性原则，当政策得到必要的社会支持时，当考虑政策的过程可以由律师复现时，法院考虑政策是公正的。”①

因此，政策在很多情况下具有一定临时性，也有在一些情况下具有一定的稳定性。但是，政策判断与单纯的政治判断是不同的。这里的政策判断必须纳入法治的框架内，其绝对不能作为推翻当事人约定或者法律规定的任何借口，其并非“法外施恩”。因此，政策在我国合同法律制度的适用过程中有两点：

第一，在法律规则允许的范围内“创设”新的规则。事实上，汶川地震发生后，如果能够减轻震区当事人的负担，成为一个法律所允许的政策，这事实上在很大程度上促进了“情事变更原则”的出台和“法定化”。

第二，政策判断能够改善法院适用法律规则的态度和松紧。事实上，合同法规则的适用一般不应当有松或紧的差别，但是如果遇上特定的历史事件或者历史时期，合同法规则的适用或紧或松可能就具有正当性和必要性了，过于苛刻的规则适用并不符合法律“以人为本”的价值追求。

第三，政策判断能够校正规则适用的要件。在合同法的视野中，政策判断并非总是消极的角色，而且还有积极的功能，如在公务员违反规定从事营利性经营活动，其可能获得巨额利益。如果对待巨额利益的归属呢？这就要进行较为细致的政策分析。如果欲保持公法与私法的严重分野，尊重“当事人自治”，认为《公务员法》第 52 条第 14 项的规定是管理性规定，那么合同有效，公务员自然可以拥有“违反法律规定”的所得。如果认为，公法与私法之间具有密切的配合作用，私法不能为“公法”拆台，此时只有剥夺该收益才是适当的结果时，公务员违反规定订立的营利性经营合同就是无效的。这直接就决定了政策判断的决定性作用。

（四）经验命题

“经验命题是关于世界运行方式的命题。这种命题中很大的一类是表述社会次级群体中所遵循的日常行为模式的命题。我把这个命题成为习惯。”② 习惯

---

① ［美］迈尔文·艾隆·艾森伯格：《普通法的本质》，张曙光、张小平、张含光等译，法律出版社 2004 年版，第 45 页。

② 同上。

在私法中的地位在历史演进的角度看具有特别重要的意义。法律规则往往是民事习惯、商事习惯的法定化、规则化。但是这里的习惯具有特定的意义限制，即其只是在描述人们实际怎么做，而非项法律规范和道德规范那样强调应当怎么做。《合同法》明确规定了习惯在合同法中的法源地位，最高人民法院《合同法司法解释（二）》也明确了习惯的判断标准，使之具有进一步的可操作性。

习惯是“实然”，而法律规则是“应然”，表面上看两者是风马牛不相及，实则并非如此。如前所述，在历史的演进中，存在“实然”向“应然”的转化问题。这种转化往往是法律进步的反应，是新型习惯获得承认的必然过程。尽管，“实然”向“应然”的转化可能遭遇很多的复杂的社会变化，但趋势确实统一的、一致的。在很大程度上，“实然”可以作为“应然”的正当性基础。

习惯可以使比较抽象和一般性的规则的意义或适用明晰化。例如，在注射青霉素之前，必须要给患者进行过敏试验，这是习惯也是操作规程。如果医生没有给患者进行青霉素过敏试验，这即可证明其没有尽到医疗合同所规定的义务。但是医疗合同所赋予的适当医疗义务是非常抽象的，很难在事前予以完全的具体化，习惯发挥了使抽象义务具体化的职能。

商事习惯也可以排除一些规则的适用，以达成更为合理的结果。现代商业活动在过去的数10年中出现了革命性变化，尤其是源自日本的“即时生产”（Just-in-time）管理模式。企业与企业之间的关联性更大，相互依附性更强。很多企业之间已经形成了利益共同体和利益链。这体现了劳动分工的进一步专业化。问题是，关系链中的一条发生断裂将影响整个关系链并可能产生巨额损失。按照斯图尔特·麦考利（Stewart Macaulay）的研究，很多企业之间不完全依赖设计细致的书面合同维系，而更多地信任当事人之间的关系、声誉和事后的沟通和协商。[①] 商法必须有效反应商法实践，商法应当以商事实践为基础，绝大多数情况下应是商业实践的规则化，当然商法也必须有效引导高效商业实践的形成与发展。如果双方当事人之间有明确的协议而且无其他抗辩，协议应得到遵守。关键问题在于，如果双方当事人对于违约责任没有规定或规定不明确，可预见规则将如何适用？一般认为，根据可预见规则，如果违约人知道可能产生重大损失的事实，他就应对该损失承担责任。在利

① Stewart Macaulay, *Non-Contractual Relations in Business: A Preliminary Study*, 28 American Sociological Review 58-65 (1963).

益链中，当事人对各自的经营非常熟悉，其应非常清晰地知道相对方的特殊情况。这些情况毋庸相对人告知，在法律上此种知识可称为“推定的知识”。在可预见规则适用于即时生产的语境下，“合同当事人没有协议时，由于交付迟延、瑕疵部件的交付或者其他卖方供应商的违约结果的间接损害赔偿的累计会由即时生产供应商承担。这是因为供应商对内在于即时生产供应关系的买方的需求有较多知识以及由此所产生的间接损害赔偿的可预见性，尤其是产生于生产线停工的损害。”①

Western Industries, Inc. v. Newcor Canada Ltd.② 一案的裁决非常具有代表性。该案的基本背景是即时生产购买的语境，事实为：原告向被告订购按客户要求定做的焊接机，为日本的生产商夏普公司提供微波炉插线孔。原告要求被告生产该项目专用的符合与夏普公司订立合同所要求的凸焊机，被告从来没有生产过该机器但同意试试。被告交付了货物但不符合要求，其取回机器并且将它们改造为点焊机，而且将它们重新返回到原告处。地区法院肯定了陪审团的裁决，给被告 130 万美元的损害赔偿以及无须支付全部购买价格。但 Richard Posner 负责起草的上诉法院裁判驳回了该裁决，主要意思是，地区法院不适当地排除了贸易惯例的证据：专业焊接机贸易的习惯不是要给受挫的买方以间接损害赔偿而就是允许其要么返还机器将钱退回来或者（例如如果违约是交付迟延）保有机器和降低买卖价格以赔偿迟延的成本。③

在推理方式上，Figgie International, Inc. v. Destileria Serralles, Inc. 一案中的判决将贸易惯例与合同条款紧密联系起来，非常具有启发性。

第 36-2-719 条规定当事人之间的“协议”可以限制救济。第 36-1-201（3）条将“协议”界定为包括“从其他情形如系列交易或贸易惯例默示的条款”，而且第 36-1-205 条重申如果贸易惯例能够合理解释与书面条款一致，它会补充和成为协议的条款。在我们看来清晰的是，根据这些规定，贸易惯例会补充协议和确实在违约时施加排他性的救济。④

最后，第四巡回法院认可了放弃间接损害赔偿的贸易惯例，并认为贸易惯例补充了该协议。更为重要的是，法院没有适用可预见规则，尽管其是任

① Robert B. Bennett Jr., *Trade Usage and Disclaiming Consequential Damages: The Implications for Just-in-Time Purchasing*, 46 American Business Law Journal 195（2008）.

② 739 F.2d 1198.

③ 739 F.2d 1201.

④ 190 F.3d 256, 257.（4th Cir. 1999）.

意性规则（default rule），但在法律适用上依然劣后于贸易惯例。难道可预见规则没用了吗？答案是否定的。因为，“传统的对可预见规则中可预见性的分析不适合即时生产惯例的经济现实，它也不能与当事人之间的合理的风险分配或产生于贸易惯例的当事人的合理期望一致。因此，法院需要执行即时生产缔约人所做出的风险分配，包括源自贸易惯例的风险分配。”①

对此，笔者仍然需要提醒的是，这里的习惯不是单纯的“实然”。习惯如欲在法律的意义上适用，其必须经过法律的价值判断。只有被法律的价值判断为适当的，其才能在判决中予以适用，否则习惯只能是习惯，而非法律意义下的习惯。因此，习惯自身必须经受“道德规范、效率、秩序”等价值的洗礼。因此，法源意义上的习惯当然不能仅仅是生活意义上习惯的简单反映，而是复杂体现。例如，在我国东北很多农村地区，如果你要出售自家的房屋或者宅基地（合法性暂且不论）事前应当向邻居作出交代其可能出售房屋的事实，这是一种习惯。问题在于，该习惯是否为法律意义上的习惯？应当说，该习惯为生活意义上的习惯无疑。但该习惯如果一旦成为法律意义上的习惯，如果你没有告知邻居此种交易的事实，那么交易效力可能就有影响，交易或者无效或者可撤销。此种习惯显然不符合效率原则而且为房屋所有权人施加了没有必要的负担，对所有权自由的限制过大。此种习惯即不能成为法律意义上的习惯。

总之，合同法中信息披露义务与现有的制度相比，具有独立的意义和价值，具有研究的独立意义，而且信息披露义务的设定以及作为信息披露义务延伸的违反救济等，都必须符合合同制度正当性的标准和根据。

二、信息披露义务是否为一般性的义务

信息披露义务是否为一般性的义务，这个问题的实质在于，如果其为一般性的义务，该规定只能作为一个通常义务进行规定，而且当事人毋庸具备特别关系即应当履行该告知该义务；如果其并非一个一般性的义务，那么法律就不能一般性地规定信息披露义务的存在，而且当事人只有在法律有规定（广义的）或基于当事人特定关系时才能有此义务。

---

① Robert B. Bennett, Jr., *Trade Usage and Disclaiming Consequential Damages: The Implications for Just-in-Time Purchasing*, 46 American Business Law Journal 219 (2008).

信息披露义务是否是一般性义务自身以合同法的默示理想为标准。下面笔者主要讨论英国法的情况。

（一）一些国家对信息披露义务的态度

英国法上并不存在一般性的披露义务。欲订立合同的当事人并没有一般性的提供信息的义务。换言之，合同法的起点是，每一方协商当事人可以保持沉默，即使是他认为对另一方非常重要好的事实。[①]这与他们缔约当事人立场的认识有关。英国法认为，每一方当事人必须自己做出决定而且对是否缔约做出判断，另一方当事人没有义务通知他方影响该决定的事实。而且英国法否认当事人间的信息披露义务还基于以下两个英国法的特征：第一，单边错误无救济的规则。披露义务事实上就是一个救济单边错误的义务。第二，确认一般性的诚实信用的义务披露重要事实的义务可能就是一个诚信义务的典型案例，如果这一义务在英国法存在的话。[②]

在法国法上，“可能认为，一般规则是，除非法律或协议施加了披露义务，或者这么做事实上产生了欺诈或者等于根本错误，没有任何一人有义务向他的合作方提供义务。”[③]尽管如此，我们应当需要了解的是，在法国合同法上，“一个最吸引人的发展是前契约披露义务的增多。这些义务现在不仅存在于传统的买卖与保险法领域，也存在于很多领域，如金钱借贷和特许经营权授予。不仅卖方而且医生、车库所有人、建筑师、银行以及律师不得不在与客户缔约之前披露义务。”[④]而且“可能认为，法国法官将这些规定的范围延伸如此广泛，以至于他们将它们转化为一个连贯的披露前契约信息的义务。”[⑤]

在我国，并没有直接规定一般性的披露义务。而且我国的合同法教科书

---

① John Cartwright, *Misrepresentation, Mistake and Non-disclosure*, Sweet and Maxwell, 2007, p. 535.

② P.S. Atiyah, Stephen A Smith, *Atiyah's Introduction to Law of Contract* (*Sixth Edition*), Clarendon Press, 2006, p. 243-244.

③ Jacques Ghestin, *The Pre-contractual Obligation to Disclose Information I: French Report, in Contract Law Today- Anglo-French Comparisons*, edited by Donald Harris and Denis Tallon, Clarendon Press, 1989, p. 152.

④ Muriel Fabre-Magnan, *Duties of Disclosure and French Contract Law, in Good Faith and Fault in Contract Law*, edited by Jack Beatson and Daniel Friedmann, Clarendon Press, 1995, p. 99.

⑤ Ibid., p. 102.

并没有对披露义务进行论述。[1]但这并非意味着我国没有披露义务的案件，这是在我国都基于诚实信用原则而认可“从给付义务”以及“附随义务”的存在，附随义务中就存在告知等义务，这也是信息披露义务的同义词。但是我们不习惯于用信息披露义务予以统一的概括。但是的确零碎地存在信息披露义务的规定，有的是制定法明文规定的，有的则是通过法官对诚实信用原则的解释扩张而得的。但是较为系统地分析还不存在，而且对信息披露义务是否就是可欲的进行分析。因此，笔者就是要在上文合同制度正当性的基础上，对信息披露义务是否为一般性义务进行一个较为抽象的分析和探索。这是对信息披露义务规则进行分析的前提性问题，如果不解决该问题，后来的问题就没有严格的基础和讨论平台。

对此，笔者既要进行一般性的理论分析，也要进行案件分析，既要有制定法的分析，也要有案例法的评判。

（二）信息披露义务不能作为一般性的信息披露义务

笔者认为，即使在我国债法学术上承认从给付义务和附随义务，但是我国合同法并没有也不宜承认一般性的信息披露义务。主要原因如下：

第一，缔约当事人的利益具有对立性。就欲实现缔约的当事人而言，双方当事人尽管要以诚相待，但是其利益总体上是具有相对性的。英国有学者认为，“所有的法律制度都承认正在协商合同的当事人的独立性，而且都从一个立场开始：即每方当事人有有权利在协商中照顾自己的利益。”[2]缔约过程与履约过程可能不同，履约过程则是当事人就主要条款达成合意，此时履行即是他们的共同目的，因此履约过程中两人的利益更多地体现为合作而非对立。达成协议的过程中双方当事人的利益则主要是对立的，卖方总是要提高价款，而买方总是要降低价格，只有这样才能实现双方当事人各自的利益。双方当事人利益的对立性依然是有限度的，不是无限的。在信息不对称或者双方当事人协商能力不平等的情况系下，双方当事人的利益底线具有相当的秘密性，价格谈判空间非常大。在实际案件中，如果该物是可替代品，而且具有较为稳定的市场价格，此时价格谈判空间较少，而且当事人往往对该信息的掌握的不对称程度差别不是特别大，如市场上白菜的价格就属于这种情况。但是

---

① 崔建远主编：《合同法（第5版）》，法律出版社2010年版；魏振瀛主编：《民法学》，高等教育出版社、北京大学出版社2010年版。

② John Cartwright, *Misrepresentation*, *Mistake and Non-disclosure*, Sweet and Maxwell, 2007, p. 537.

对很多交易课题的信息而言，当事人之间的信息不对称往往比较大，如文物或者艺术品，其价值差别可能非常大，一个对文物毫无兴趣的人，可能认为该文物一文不值，而对其有特别兴趣的人则可能认为该文物价值巨大，因此其差距可能是（0—无限大）的范围。这是两个极端，事实上，很多交易的课题基本上在这两极中间，但价格谈判空间依然非常大。

法律对于双方当事人利益的对立性一定要保持清醒的认识，不能以“和谐”“合作”为由否定此点。只有允许双方当事人自由的追求利益，合同制度才能真正服务于市场经济。

同时我们又必须对利益的对立性不能予以绝对化的认识，因为即使是利益对立的，基于诚实信用原则的一般要求，法律依然可能明确规定或者默示出一些双方当事人之间的合作性义务，如告知义务等。但是这些义务自身都是建立在双方当事人可以自由追求利益的基础上而为之。这是基本立场，不能以任何方式予以消减。置于何种信息是卖方要向买方披露的，这是本文下一步的内容。

第二，信息自身是财产，其可以不披露。在现代社会，财产的概念发生了较大的变化，已经不限于传统的有形物，如动产或不动产等，且扩展至无形财产，如著作权、专利权与商标权等，以及其他类似的无形权利，如商誉、肖像、信用等，而且还包括很多无法用传统无形权利包括的财产权。整个世界已经进入信息社会，信息无处不在，信息数量呈爆炸式增长，信息也可以经由人的劳动和努力获得，而且能够创造财富，现代社会的财富很大一部分已经以“信息”的形式表现出来，因此信息自身是财产。

财产所有人对财产享有财产权或者所有权，基于“所有权自由”或“财产权自由”的理念，其自然可以该财产获得利益，当然也可以放弃该利益。因此，作为财产权，在法律无明文规定且无更为强有力的正当性根据时，不能要求其将财产信息披露给他人，否则法律将无法实现对财产权的尊重，进而无法实现人们对财产权追求的正常欲望，妨碍财富创造的积极性，与人类发展不利。因此，法律通常不能要求当事人将其所掌握的信息披露给相对方。如果要求此种信息披露，那么法律就无法尊重劳动的价值。

第三，没有一般性的信息披露义务有利于促进效率。应当说，效率是合同制度正当性的主要根据。当事人能够运用自已所掌握的信息获得财富，能够最为有效地使其发挥主观能动性。这里包括两类信息：一类是积极创造新的能够创设财富的信息，只有这些信息获得成本能够获得足够的补偿，当事人才能够从该信息中获得利益，才有投资于信息获取的动力，才能够使实现合同制度效率的追求；如果法律强制要求当事人披露其能够产生财富的信息，则很可能破坏其获得信息的激励，或者当事人要花费非常大的精力来规避此种法律规则，因此我们认为一般性的信息披露义务是无法实现效率追求的；另一类是信息自身存在但是规则能够尽可能快地使生产性信息道德市场，这些信息自身往往没有直接的价值，但是如果不要求披露这些信息的话，事实上会产生当事人尽可能地使该信息进入市场，尽快发挥效益。

第四，一般性的信息披露义务与道德原则并不存在矛盾。诚信义务是道德义务的法律化，但是其自身并不完全等同于道德义务。而且道德自身就具有多元性，不具有一元性。因此，民事交易主体的道德与商事主体的道德要求不同，有着特定关系的当事人之间与没有特定关系的当事人之间的道德要求不同。因此，在民事主体和商事主体并不完全相同的情况下，消费者交易中的伦理与商人之间商业伦理明显不同，各种伦理有其特定的发展路径和方式。我们既不能以“商业伦理”取代“生活伦理”，也不能以“生活伦理”强奸“商业伦理”。从本质上讲，伦理与效率可能并不矛盾，因为伦理在总体上与效率是一致的，尽管也有不一致的时候。就商人之间的交易而言，能够适当地获得经济利益就是商业伦理的精髓，因此法律不能要求商人披露对自己不利的商业信息。但是在消费者交易中，生活伦理就发生了一定的变化，此时法律基于特定的政策目的可能施加信息披露义务，但是这种披露义务是单向度的，即商人向消费者的信息披露义务。此时消费者交易的伦理与商人之间交易的伦理是不同的，此时的伦理是：商人不能利用其优越的信息优势获得过分的或不正当的利益。

实践中，由于不公平的商业实践具有复杂性、多变性、灵活性，具有确定性的规则很难对不公平的商业实践进行有效的可持续的跟踪规制。因此，各国无不对不公平的商业实践进行较为全面的类分，并且以该类分作为规制的对象，实质上不公平商业实践的实践样态已经很难为法律所完全规范，此时法律也更多地求助于以较为抽象的、一般性的规则或原则规范不公平的商业实践。商人的聪明才智为了营利而不断创新或者规避法律，而立法者和司法者的智慧主要在于能够为通过具体的或抽象的、一般的或特殊的规则来规制不断发生变化的商业实践。

在消费者交易中，法律通过施加信息披露义务来规范不公平的商业实践，这是欧盟所采取的基本立场，美国的立法总体上也肯定此点。但是一些法律经济学学者对此种立法方式产生了广泛的怀疑，此点容后论述。

第五，法律制度的传统不仅相同。诸如大陆欧洲的法律制度，在它们的合同理论中关注缔约方的统一，而且会因此有范围比较广的错误原理，其就可能被预期发展一个相对比较易于接受的披露义务，或者至少不太可能存在这方面的发展抵触。但是普通法国家，如英国法，它们不愿意允许原告依赖他的错误使合同无效，而且更强调被告在产生错误上的责任：误述。因此与此错误的限制性进路，因此，英国法源自强烈预设开始：没有一般性的披露义务。[①] 在我国，诚实信用原则是帝王条款，该条款要求当事人在交易时应当尽到诚实信用原则。即使在英美法国家，也有学者认为诚实信用原则与信息披露义务没有必要联系。英国著名法官曼斯菲尔德勋爵认为。即使缔约方之间存在一般的诚信原则；它也不能强加一般性的披露义务，因为一个人应当保持沉默而且由另一方发现信息，与诚实信用的原则是一致的。但是诚实信用原则并不能在一般意义上正当化信息披露，但确实可以在特定的语境下施加该强制性规则，这取决于合同的性质以及当事人以及他们技能和知识上的地位。[②]

三、信息披露义务的功能与效果

（一）披露义务的功能

信息披露义务的设定，取决于社会变迁以及社会变迁导致的法律需求的变化，尤其是近两个多世纪以来。无论是普通法系还是大陆法系 ，在 19 世纪的大部分时间里发挥主导作用的是“买者自负”（Caveat Emptor）的观念逻辑，即除非卖方积极隐藏了瑕疵，否则其没有义务告知买方标的物的瑕疵以及该瑕疵不适合一般目的之用途。“买者自负”的观念和古典经济学所假设的那种理想有直接关系，即在社会中每一个人都是一个独立的经济单位，都是自己利益的最大负担者，相应地，任何人对其他人都没有积极的协助义务，更无须为他人承担责任。古典合同法理论与古典经济学理论总体上是一致的：在具体的交易关系中，双方当事人均有同等进入和处理信息的机会和可

---

① John Cartwright, *Misrepresentation*, *Mistake and Non-disclosure*, Sweet and Maxwell, 2007, p. 538.

② Ibid., p. 540.

能性，标的物的状态和状况应为买方知悉的范围。由美国联邦最高法院判决的 Laidlaw v . Organ 案件被称为第一个“买者自负”的案件。在该案中，法院认为 Organ 没有义务告诉 Laidlaw 英军和美军已经达成停战的协定而且要马上解除海上封锁的事实，而这点对于烟草市场的价格有着关键影响。现代美国合同法已经对此进行了较大改变，这种改变主要通过制定法来实施，如《统一商法典》中的可交易性、默示条款和默示担保。尽管如此，普通法还是不愿意轻易对合同进行“默示”或者对“可交易性”进行宽泛的解释。通说认为，普通法不存在作为一般原则的披露义务。他们的观念是，当事人可以自由地协商、接触和谈判，也可以自由地中止协商和谈判在协商谈判中当事人没有诚信义务的束缚。

众所周知，在作为大陆法系的德国，诚实信用原则是整个民法的基本原则，被冠以“帝王条款”的美誉。在当事人的协商过程中，双方当事人都得以非常谨慎和认真的态度对待协商，而且不能产生误导或者欺诈。然而，我们应看到现代社会已经与一个世纪之前的情况几乎是完全不同了。由于现代社会劳动分工的专业化和精密化每个主体都面临着过去难以想象的信息不对称难题。农业社会中人们对于农业产品的性能、构成以及材料等信息的甄别和处理能力相差不大，或者即使相差很大但还不足以使另一方当事人遭受过大的未知风险。此时，当事人之间的互换性较强。而现在，一个人在现代产品面前，从材料、结构、组成以及与上述因素产生的风险等信息，极端的情况是一无所知。由于这种专业化导致出现了缔约主体的二元或多元分化，[①] 这种分化导致互换性的丧失。二元或多元分化必然导致一方处于优势地位，而另一方处于劣势地位，而且这种差异是“结构性不平衡”。当然这种结构性不平衡不是历史的罪恶而是历史发展的必然，因此我们不能试图饮鸩止渴，意欲回到农业社会，而关键问题在于如何校正这种结构性不平衡对弱势方所产生的损害。笔者认为，更为切实的途径在于如何使劣势方了解复杂的产品以及这种产品所可能造成的风险以及风险的大小，使当事人在拥有这些信息的基础上进行完全自主性判断和权衡，并在此基础上作出决定。换言之，当事人应当是在拥有相关重要信息的基础上进行决策，只有这样才能实现一个真正的“自我”和“自我决定”。[②] 那种简单地认为每个人都是自己利益的监护者

---

① 孙良国：《关系契约理论导论》，吉林大学 2006 级博士学位论文，第 14 页。

② 蔡立东：《公司自治论》，北京大学出版社 2006 年版，第 5 页。

的观点是乌托邦式的。现实的问题在于，每个主体都只欲不能受到未知风险，却不知道产品究竟有什么风险？这个风险会给我们带来什么样的后果？ 这就有必要分析信息披露义务的功能。

第一，保护真正的合同自由。合同自由有古典式和现代式，从古典自由到现代自由的转变可以概括为从形式自由到实质自由。这里的实质自由不能简单等同于完全的主观合意。但是合同订立过程中的同意必须是自己衡量的，而不是在无知的基础上做出。那么拥有充分的信息就成为真正同意的前提条件之一，这一点合乎人们的常识。有学者可能对此提出异议，认为这种信息披露义务限制了信息优势方形成的优势，限制了其合同自由。笔者认为，这种指责本身值得商榷。我们所理解的合同自由是整体的合同自由，其应区别于具体的个体的合同自由。整体自由的实现可能需要限制某些具体主体的自由。概言之，自由只能因为自由的根据才能被限制。其实在较为具体的法律关系中，如消费者与生产者的关系中，生产者具有的优势通常是消费者无法具备的，这种结构性的不平衡是无法改变的。消费者由于自身的特殊身份而无法获取这些信息，该信息只能由生产者进行披露，这种披露并没有使自己处于完全不利的地位，尤其是不利信息或可能产生危险的信息。因为这种信息披露给消费者之后没有使生产者失去这些信息的权利。这是由信息与商品不同的可分享性决定的。因此信息披露之前，更多的是优势方的自由，而劣势方更多的是无知的自由。而信息披露之后，优势方和劣势方都享有了自由。那么自由的程度和数量是增加了，这就实现了自由只有根据自由的理由才能予以限制的观念。

合同自由其实分为两种自由：一种是缔约的自由，另一种是免于合同的自由。在传统上，我们往往倾向于缔约的自由而忽略免于合同的自由。即使没有信息披露义务的存在，缔约的自由是不受影响的。因为无论如何，当事人都是在自我决定基础上订立的合同，但是这种选择自身可能是以完全不充分的信息为基础的，更为重要的是，这些信息有可能是重要的决定当事人是否缔约以及如何缔约的自由。如果该房屋没有缺陷，其市场价值是 300 万元，而有此缺陷的价值则是 200 万元，作为一个正常人，缔约主体的自由则限于按照市场价值进行交易，这是真正的“自由”，也是我们常常所理解的自由。在传统的古典经济学背景下，“买者自负”的理念意味着，买受方应当自己对房屋进行检查以发现房屋可能具有的缺陷，其自由就是“形式化”的自由。但是该自由事实上的确实现了“剩余”的“当事人之间的转移”，如买方补贴给卖方，而没有增加社会的整体福利。事实上，该交易只有以 200 万元的价值进行交易，这才是卖方愿意支付的价值，也能够尊重客观事实上进行连环交易。基于人是自利的缔约主体的假设，人为了实现自己的利益最大化而不披露或隐藏该类信息。曾经有学生认为，如果你作为卖方是否会披露房屋的缺陷信息？如果你也这样的话，怎么能在法律上要求他人披露信息呢？这个理由表面上如此，而且有一定的说服力，实则不然。因为一是未必所有人会如此行为，一个具有较高道德标准的人可能就会将此缺陷告知他人而不会选隐藏此缺陷，这个人为什么不能作为缔约人的标准呢？二是即使一般人会隐藏此点，此种行为总体上并不符合契约制度效率性的要求，而且此行为在现代合同法的观念中是“机会主义行为”，是法律制度所要规范的和否定的对象，此时具体个案中的个人利益自然要让位于制度所产生的总体利益。因此，实质自由必须建立在“信息充分”的基础上。

第二，有利于理性选择。市场提供了丰富的多种选择，当事人要为自己的选择承担责任。但是这些责任的承担必须是理性的。缔约的当事人需要信息进行协商，也需要根据此类信息在不同的选择中选择一个理性的替代。此理由和第一个理由是完全相关的。我们这里所理解的理性选择其实必须建立在拥有信息的真实同意的基础上。因此，在理论上两者很难进行分离。

需要特别注意的是，现代社会的信息呈爆炸式增长，人们对信息的输入、筛选和过滤、择优的能力不同。信息的存在和丰富，既可能使人们的信息处理能力增长，自我保护意识增加，但也可能使出现更为广阔的严重信息不对称。信息的不同领域区分越细，人们既可能在处于信息的漩涡中。在一个特定领域中拥有优越信息的人，在其他领域拥有的信息往往捉襟见肘。如一个网络工程师可能对于防止黑客攻击易如反掌，但对食品安全、汽车安全却可能所知甚少，此时单纯让每个消费者去了解如此之多的信息是不现实的，也是不可能的。因为人们基于上述信息作出的决策可能是“不理性的”。

生活中，现代传媒的无所不及、无所不在强化了此种问题，任何人伸出传媒的包围之中，无不对现代广告所印象，人们往往被广告信息所蒙蔽，获得只对消费者有利的信息，并可能产生“虚假的需求”！现代销售方式也同样加剧了此点，尤其是针对老年人，特定群体，如病患者等，上门销售更是如此，这些人也可能基于特殊的个人需求以及产品的虚假宣传产生特殊的信赖和依靠，其作出的决策往往从理性人的角度看很难说是理性的决策，而事实上不仅仅是决策不理性，如果决策不理性，合同内容是公平的也是可以容忍的，但不理性的决策背后往往意味着严重的合同内容不公平。因此，他们需要较为充分的信息披露，以促使缔约人理性决策。

第三，有利于信息清晰。信息规则可用作支持信息澄清的机制。前合同和后合同的告知义务应确保事关合同的信息要双方当事人以充分的方式拥有，这是该规则的主要目的。①

信息透明、清晰是合同制度的魅力之一，我们不可能一直处在一个信息模糊的环境中，否则契约制度就无法产生足够的确定性和可预期性，进而对让人们的行为引导不足。

第四，通过实现合同的公平内容，有利于实现保护的职能。这里也涉及信息披露的内容与优势方的长期利益。因为，强制信息优势方披露不利的信息从长远上看有利于优势方改进缺陷，使产品更加完善，减少更多的对劣势方产生不利的信息。而且在法律的争议中，披露规则也能够被用来作为隐藏控制合同内容的机制。不喜欢合同此特征的法院可能撤销该合同，其作出此决定的形式根据是另一方当事人没有充分告知。②

如果没有信息披露义务规则，市场就可能失灵。因为此时当事人均无充分的动力来披露信息。买方也就没有足够的信息来判断标的的优劣势并进而作出非常合适的选择。此时，市场在传递价格信息上就可能失灵，而且“柠檬市场”就会形成而且难以克服。柠檬市场是失败市场非理想市场。而信息披露义务的强责则有效改进此点，因为如果卖方拥有的信息是能够使其处于竞争优势的，其就会主动予以披露，拥有对其不利信息的一方当事人也必须是其不利信息披露出去，如果不披露将承担较为严格的违约责任或者缔约过失责任。此时，如果该义务得以贯彻，“柠檬市场”就不会出现，因为信息披露义务的存在使“柠檬”只能成为“柠檬”而非所谓的“金疙瘩”，而且经由信息披露义务，交易标的自身提供了积极的放映其自身价值的“市场信号”，有效经济运行的条件也就不再有障碍了。

“市场的问题让市场解决”，这在经济学上是真理。但市场解决上述问题有其局限性。

第五，支持诚实信用的道德义务。社会只有诚信才能运行良好而且保持

① Thomas Wilhelmsson, *Chistian Twigg-Flesner. Pre-contractual information duties in the acquis communautaire*, 2 European Review of Contract Law (2006).

② Ibid.

社会的一致性和信赖，这也可以说是信用。“考虑到社会的一致性以及为了运行良好的社会和市场，法律应当强调诚实的价值。”[①] 而且应对那些道德上难以接受的行为予以制裁，如恶意违约等。事实上，诚信原则不仅仅是道德原则的具体化，因为法律上的道德与日常道德以及商业道德不完全相同，道德强调的是主观性法律强调的是客观性，且两者有不小的差异，这是由法律和道德的不同价值所决定的。在道德义务上，无论对方主体身份是谁，只要他处于信息的优势方，就有道德上的义务予以披露，而且即使披露了也不能获取过多的利润。但是，这种日常或生活道德与法律所追求的确定性以及商人之间的道德性不完全相同。商人对于市场信息以及其他信息能够拥有而且毋庸向对方披露，否则市场就无法维续，效率就无法实现。可以说，信息披露义务既是诚信道德义务的要求，又是培育诚信道德义务的作用力。

正如前所述，道德义务自身也具有复杂性，而非简单的“一元化”的规则。道德义务既可能支撑“信息披露义务”，也可能否定“信息披露义务”的存在。是支撑还是否定，要取决于特定的语境。这种语境主要是消费者交易语境下还是商事交易语境下。一般情况下，商事交易语境下，商业伦理也通常并不支撑“信息披露义务”，而在消费者交易语境下，商人有更多的道德义务来披露相关信息，以促使信息自由。

尤其要注意的是，道德义务可能与效率等价值发生矛盾或冲突，此时哪种价值优位则是难以解决的问题。通常来说，效率的价值位阶应当更高一些。

（二）披露义务的效果

1. 负担转移

买者自负原理的消亡的效果是实质性的。根据买者自负原理，买方负担熟悉财产条件。该负担现在已经转移给卖方。卖方必须向买方提供所有的他所占有能够严重影响财产价值的相关信息。如果瑕疵是买方轻易察知的，尽管该负担没有转移，诉讼回避的卖方可能不希望信赖该例外。

2. 增加诉讼

买者自负消除的一个效果增加了有关财产瑕疵的数量。根据买者自负，交易完成后，买方获得了他所购买的财产而且不能寻求针对卖方的救济。现在买方有针对卖方所知道的但未披露重要瑕疵的诉因。结果是，卖方不能在

---

① Thomas Wilhelmsson, Chistian Twigg-Flesner, *Pre-contractual information duties in the acquis communautaire*, 2 European Review of Contract Law (2006).

他出卖房屋后毫不犹豫地走开。取决于他们买方的好诉，卖方面临他们所出售的财产瑕疵的诉讼的前景。当然，没人为失去该原理而悲伤，该原理保护卖方粉刷从漏水的屋顶产生的损害或者知道地基在每次下雨时发水，但没有将此瑕疵披露给非雨季购买房屋的买方。然而，广泛的披露义务已经对诚实的但厌恶诉讼的不动产卖方产生了新的负担。居住财产有发展大量难题的习性。很多难题确定起来都非常恼人而且会使卖方失望。问题主要产生于瑕疵是否重要以及卖方是否了解这些条件而且应当披露它们。几乎没有房屋买卖都有不满意的买方启动诉讼的可能性。当然，问题的补救成本越大，买方起诉的可能性就越大，而且卖方可能的责任就越大。没有买者自负原理，不动产的卖方必须面对买方占有房屋后发现甚或想象的条件而产生的法律责任的不快的前景。不仅买方针对卖方的法律诉讼要变得更为经常，他们也会更加抵制早期的驳回诉讼。相关的决定都是事实问题，因此问题不能通过异议或者即时判决解决。例如，在加州，创造卖方披露义务的关键事实是他了解该瑕疵，而且瑕疵具有重要性。卖方那的实际知识是陪审团要解决的事实问题。重要性问题也同样。

因此，如果这些问题在诉讼中提出来而且不能通过即时判决的动议解决，诉讼会继续进行审判。

再论私法平等原则的法益及其规则化

林　凯[*]

市民社会永不缺乏对平等的规则需求。民事主体间的疑似私相歧视行为遍及差别定价、大数据杀熟、算法歧视、重男轻女、地域标签、咖位歧视、圈层鄙视链等生活场景，涉及买卖、租赁、继承、招聘、薪酬、任职、征地、投保、合伙、赔偿、离婚等法律关系。然而究竟何为平等，平等与非平等的界限何在，立法、审判、学说多语焉不详。[①]平等原则确实常见于判决文书，但细读之下多是游离于判决逻辑之外的训谕，或者事后点缀结论的道德“补丁”。

2010 年“郭某诉成都府河竹苑餐饮娱乐有限公司案”是一则区县法院的一审判决。被告是一家餐饮店，专对临近的四川大学师生打 8.8 折。原告郭某不是川大师生，在该店消费后被告知不能享受打折，于是以被歧视为由诉至法院。成都武侯区法院驳回原告诉讼请求，并罕见地给出大段说理：

在市场经济环境下，被告在遵循市场经济规律的前提下，享有自主经营权，合法地谋取经济利益，确立企业的经营特色，选择利己的营销策略和经营方式。……按照社会一般生活经验和善恶观念进行判断，被告的该行为没有……对其他职业人员产生不良评价。被告之所以对川大师生实行打折优惠是基于被告经营地点紧临川大，川大师生数量相对固定的特点为被告提供了稳定的经营市场，同时也为被告的经营发展提供了独特的经营环境和文化氛围。[②]

---

* 中国人民公安大学法学院讲师。研究领域：公司法；民法总论。

① See Colm O’Cinneide, *Justifying Discrimination Law*, 36Oxford Journal of Legal Studies909, 909-912 (2016); Heather M. Whitney, *The Regulation of Discrimination by Individuals in the Market*, 2017University of Chicago Legal Forum537, 537-560 (2017); Audra Savage, *The Religion of Race: The Supreme Court as Priests of Racial Politics*, 2021Utah Law Review569, 569-628 (2021). 参见易军：《民法基本原则的意义脉络》，载《法学研究》2016 年第 6 期，第 53—71 页；王蕾：《平等原则的使用模式与论证方法》，载《浙江工商大学学报》2012 年第 6 期，第 11—17 页。

② 郭刚诉成都府河竹苑餐饮娱乐有限公司案，四川省成都市武侯区人民法院（2009）武侯民初字第 4680 号民事判决书。以下简称“府河竹苑案（2009）”。

府河竹苑案的价值在于认真对待了平等。此前所谓“法律面前人人平等”一类文字游戏，诚意过于欠奉。本案则严肃地解释说，餐饮经营者区分对待的正当性基础，在于被优待的消费者提供了额外市场与品牌价值。换言之，阻断经营者区分定价行为产生不法性的，乃是尊重经营者的经营理性的需要，并暗含公平交换逻辑。此外，府河竹苑案的解题思路也合理，即先从根源上讨论清楚平等的上游价值观，再讨论规则设计一类的下游方法论。下文从本案切入，检验私法平等可能的诸项法益及其开出的方法论药方。

一、理性论与理性测试之检证

（一）价值观：交易理性论

府河竹苑案的说理可称为“交易理性论”，似有三层含义：（1）经营者的区分对待是追求经营利润最大化的理性手段；（2）区分对待属市场常见行为，且不违背社会善恶观念；（3）区分对待与被优待者的特殊经济贡献之间互为回报。时空交错间，此说与 1981 年美国伊利诺伊州、华盛顿州的数项判决所见略同。Dock Club v. Ill. Liquor Control Comm'n（1981）中，男性原告向酒吧索赔，理由是后者在“女性之夜”中以超低价向女性出售酒水。伊利诺伊上诉法院驳回其诉讼请求，认为酒吧区分定价只是为了吸引女性消费者，属于引客的常见手段；几乎所有企业都会向特定客群提供优惠。[①]MacLean v. First Nw. Indus. of Am., Inc.（1981）中，一名男球迷指控，西雅图超音速篮球队仅向女球迷出售半价票的做法涉嫌歧视。初审法院不认同，指出区分定价是一种促销活动；被告的行为动机是吸引女球迷进而带动家庭入场观赛，而不是排斥男性球迷。[②]

不过，交易理性论显然没法支撑平等的正当性。它只能解释商事交易场景，没法解释人身法律关系场景，这自不待言。关键在于交易理性与平等关系不大。一方面，交易理性不是平等的必要条件。非理性的、近乎“行为艺术”的任诞型区分对待，只要没有产生负外部效应，就不会触犯平等原则。乔治城大学法学院教授 John Hasnas 提醒，一些非理性的选择，如出于一时冲

---

① Jessica E. Rank, *Is Ladies' Night Really Sex Discrimination ?: Public Accommodation Laws, De Minimis Exceptions, and Stigmatic Injury*, 36Seton Hall Law Review233, 234–235（2006）.

② MacLean v. First Northwest Indus. of Am., Inc., 96 Wash.2d 338, 347, 635 P.2d 683（1981）.

动而选择一位“不够理想”的伴侣、支持一个战绩垫底的球队等，是被社会普遍接受的。[①] 媒体报道，某儿童教育机构招聘时以机构创办人的“颜值偏好”为依据选人，引发争议。[②] 此处的以貌取人现实中无时无处不上演，只不过能做不能说。江苏无锡发生的“通过英语四、六级的房屋预租方优先”事件被舆论广泛批评为歧视，[③] 实际并不构成歧视。类似地，假设府河竹苑案中的优惠对象不是临近的川大师生而是随机挑选的某大学，也难谓对其他院校构成歧视。道理在于私法奉行法无明文禁止即为自由。理性是人的自由选择、性格偏好而非法定义务。把民事主体逼到自证理性，恐非良法。

另一方面，交易理性也不是平等的充分条件，相反，还经常是不平等的诱因。许多区分对待并非源于文化心理的偏见，恰恰是基于利益最大化与风险责任最小化的考虑。韩国人权委员会发布的“残疾人入住福利院案”（2022）[④] 中，某私立老年人福利院“银色小镇”拒绝轮椅上的残疾老人入住。福利院的主要不是歧视残疾人，而是需要控制额外的成本与风险。“王勇等诉粗粮王红光店案”（2000）[⑤] 中，餐馆专为公务员提供优惠。店主是商人，未见得歧视其他消费者，其真正意图无非是赚取特殊消费者的人情债或者散财禳灾。因此，以经营者的交易理性判断其差别对待行为是否公允，离题千里。或者说，歧视并不以心理或文化上对他人有偏见为要。理性且并无恶意的区分对待，照样可能构成歧视。

“交易理性说”的不成立，也为美国 1981 年后的判例所印证。前述 Dock（1981）、MacLean（1981）两案之后，判决似乎放弃了“是否符合交易理性”判断法则。例如，Marina Point，Ltd. v. Wolfson（1982）一案中加州最高法

---

① John Hasnas, *Equal Opportunity, Affirmative Action, and the Anti-Discrimination Principle: The Philosophical Basis for the Legal Prohibition of Discrimination*, 71 Fordham Law Review423, 423-542（2002）.

② 参见搜狐网，https：//www.sohu.com/a/713362355_121687414 2023-3-19。

③ 参见沈浩雁、路若愚：《房东发布租房信息提出通过英语四六级者优先》，载《扬子晚报》2011 年 12 月 16 日。

④ 参见국 가 인 권 위 원 회，장애인차별시정위원회，사 건 22 진정 0707900，휠체어 사용 장애인에 대한 노인복지주택 입주，https：//case.humanrights.go.kr/dici/diciSearchView.do，2023 年 12 月 23 日访问。

⑤ 王勇等诉粗粮王红光店区分不同消费者收费案，四川成都中级人民法院二审判决书，2000 年 11 月 9 日。

院指出，商事企业不能仅仅因行为出于理性的自利动机而得到豁免。[①]Koire v Metro Car Wash（1985）中，被告以社会政策利益与经济合理性提出抗辩。加州最高法院拒不予认可。[②]Peppin v. Woodside Delicatessen（1986）一案中，被告熟食店抗辩说，仅向女性顾客提供5折优惠属于经营策略。马里兰州特别上诉法院拒绝采纳，指出基于性别的区分定价可能导向严重歧视。[③]

无独有偶，“经营自由权并非压倒一切”的理念域外也有体现。韩国진정0521300（2019）案中，一家私人俱乐部性质的酒吧拒绝外国人入内消费，理由是受民族意识影响，韩国人与外国人在酒精支配下容易在狭小空间内发生冲突。韩国人权委员会提出，韩国《宪法》第15条的确赋予商业机构经营者可在一定范围内以任何方式自由经营其机构，以获取最大利润，不过这种自由并非无限制，特别是其实质上排除了某些群体获得服务的机会。[④]德国联邦法院在Ⅷ ZR 401/18（2020）中，针对一家酒店只为年满16岁顾客服务的行为评价说，企业的经营自由及其在商业过程中追求的经济利益本身，并不构成洗脱歧视的充分正当理由；当然，它们构成了理由的重要部分。[⑤]

值得一提的是，府河竹苑案的其他说理也跑题了。其一，是否抵触社会的一般善恶观念本质上与平等无关。它论证的是公序良俗原则的适用性。类似地，杭州某餐厅打出宣传海报，以女性罩杯为标准来打折而引发争议。[⑥]该行为与平等关系不大，抵触的是公序良俗。其二，川大师生是否对店家提供了更多的价值，以至于值得获得优惠待遇也与平等无关。“额外价值换取特殊优惠”讲的是公平原则的逻辑。类似地，在“徐某诉燕莎”（2000）案中，原告到凯宾斯基酒店用餐时，试图在酒店的东花园休息；后者依据饭店规定仅供住店消费者使用。本案的焦点也不是平等，而是“不同类型合同对应不同给付义务”的公平逻辑。[⑦]综上，平等确实会与其他法律原则耦合，但平等法益不应当假借其他法益来解释，而应当找到独有的价值锚点。否则，平等原则将被架空。

---

① Marina Point, Ltd. v. Wolfson（1982）, 30 Cal.3d 721.

② Koire v. Metro Car Wash（1985）, 40 Cal.3d 24.

③ Peppin v. Woodside Delicatessen, 506 A.2d 263, 267–68（Md. Ct. Spec. App. 1986）.

④ 진정 0521300 인종과 피부색 등을 이유로 한 클럽 입장 제한.

⑤ Urteil des VIII. Zivilsenats vom 27.5.2020 – VIII ZR 401/18.

⑥ 参见中国日报网，http: //language.chinadaily.com.cn/2017-08/10/content_30374814.htm。

⑦ 徐高诉北京燕莎中心有限公司侵犯人格权案，（2000）朝民初字第120号。

（二）方法论：主体的交易理性测试

交易理性论既然不是平等法益，讨论其实现机制自然多余。不过，府河竹苑案提示了“餐厅区分定价的营业自由权”与“消费者同等享受优惠的权利”是一对利益冲突。再进一步，“民事主体区分对待他人的自由权”与“相对人不被区分对待的平等权（法益待定）”的法益权衡，实际就是判定歧视的框架。差别对待不当然构成歧视，因为特定场景下，行为人的自由权可能足够强大。营业自由及意思自由也不当然豁免歧视，因为特定场景下，相对人的平等权可能有压倒优势。因此，歧视判断的本质是三步：（1）拆解自由权与平等权背后的构成要素；（2）在特定条件下，捕捉并固定个案中出现的要素；（3）结合场景对要素赋值，并计算孰轻孰重。当然，实现它的前提是找到平等法益。

二、宪法观与比例原则之检证

（一）价值观：宪法平等观

宪法平等观是当前我国民法学界有力说，指将宪法平等的价值与方法用于解释私法平等。宪法平等观之下，民法平等不具有独立性而是附属和屈从于宪法平等权。徐国栋（2009）提出，平等主要是一个控制立法权和司法权的正当行使问题，不是一个纯粹的民法问题。[①] 王轶（2013）提出，民法仅是以民事主体之间平等的假定作为前提和基础。实现民事主体之间的实质平等有赖于宪法等法律部门。[②] 宋云博（2015）提出，多数国家的民法并未规定平等原则，平等更多的是一个宪法问题。[③] 刘征峰（2017）提出，在私人领域和国家向社会融合的过程中，民法的平等观必须屈从于宪法的平等观。[④] 此外，王雷（2013）深度解释了民法平等屈从论的社会背景。近代民法的社会基础是市场经济欠发达、私主体实力相差无几。社会关系遂以平等性和互换性为

---

① 徐国栋：《平等原则：宪法原则还是民法原则》，载《法学》2009 年第 3 期，第 64—74 页。

② 王轶：《论民法诸项基本原则及其关系》，载《杭州师范大学学报（社会科学版）》2013 年第 3 期，第 91—97 页。

③ 宋云博：《法治多元性视域下考察我国民法“平等原则”》，载《法治论丛》2015 年第 4 期，第 12—21 页。

④ 刘征峰：《从“反歧视原则”进入民事交易关系观察当代民法理念的革新》，载《法制与社会发展》2017 年第 1 期，第 52—67 页。

基调。[①] 随着社会势力分布的非均质化与民事主体强弱的结构分化，近代民法平等观丧失了语境基础。民法平等的功能从私法导向的“协调互换性社会秩序”，转变为公法导向的“治理社会优势者滥权”。功能性趋同导致独立性丧失，民法平等被宪法平等归并吸收在所难免。

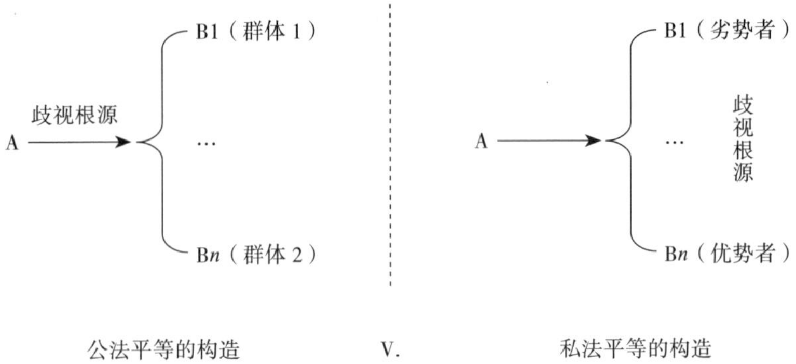

图 1 公法平等与私法平等的构造

宪法平等观准确把握了私法平等的主旨转型。不过此说可能低估了私法平等的独立价值。以利益冲突双方的权力对称性做分类，私域中的歧视有两类。一类是优势方直接针对弱势方滥用权力。这属于公法式的平等冲突（见图 1 左侧）。例如，刘某诉三快科技公司（2018）[②]、郑某高诉携程公司（2020）[③]。上述案件中，美团、携程名义上与原告是所谓“法律面前人人平等”的，实际上是具有信息、科技、预算、背书强大优势的一方。受集体行动之困的个体消费者是弱势方。企业方很容易利用大数据控制或诱导个体消费者决策，并掌握任何交易事实上的“最高业务解释权”。而后者不仅难以知悉损害，知悉后也难以取证维权。此类冲突结构与宪法上公权力与公民的关系没有本质区别，沿用公法平等权思路是恰当的。

第二类不平等发生在权力对称的民事主体之间（见图 1 右侧）。其通常发生于各方依托供需平衡市场互相牵制、各有退路的场合，典型为买卖合同。

① 王雷：《民法中的独立人格与平等原则》，载《杭州师范大学学报（社会科学版）》2013 年第 5 期，第 98—103 页。

② 刘某诉北京三快科技有限公司侵权责任纠纷案，湖南长沙市中级人民法院（2019）湘 01 民终 9501 号。

③ 郑育高诉上海携程商务有限公司其他侵权责任纠纷案，上海长宁区法院（2020）沪 0105 民初 9010 号。

譬如府河竹苑案中，由于存在有效的替代选项，得不到优惠的消费者可能转而选择其他餐厅。微观经济学认为，源于主观偏见的歧视是不经济的，因为竞争性市场会自动矫正与惩罚歧视行为。[①]在有效的竞争性市场中，餐厅的区分定价固然能留住目标客户，但代价是总门槛客户的流失。慑于自我惩罚机制，不平等现象会自发得到抑制。但问题在于，上述市场竞争机制与社会交往反馈系统有时会失灵。一些商家自愿割舍部分利润，也要实施差别对待。例如美国纽约州 Seidenberg v. McSorleys' Old Ale House（1970）案中，被诉酒吧长期有只接待男性顾客的传统。[②]德国亚琛地方法院 2 S 26/17（2017）案中，经营几家健身房的被告承认，拒绝非德国姓氏、非德国国籍或血统、非典型德国外貌的客户是其既定商业政策。[③]此时，依靠宪法平等逻辑定分止争不可行，依然需要民法的介入与评价。评价逻辑是通过利益权衡，确定个案中的自由权与平等权谁更值得保护。

（二）方法论：目的与手段双重测试

宪法平等说的实现机制是违宪审查技术。在针对公权力实施区分对待是否违反宪法平等时，国外通常采用比例原则及其“目的 + 手段”双重测试。美国《宪法》就种族、性别、经济的区分实施从严至宽的三级审查。每级审查时，遵循“目的重要 + 手段相关”标准，即实施差别对待必须有重大、合理目的，而且手段必须与此相关。德国《宪法》与之类似，设置三层审查：明显性审查；可支持性审查；强烈内容审查。每层审查时，遵循“事物本质 + 理智决定”标准，即立法者必须依照事物的本质而理智地决定。[④]法国《宪法》也与之类似，遵循“公共利益或合宪价值 + 相关手段”标准。法国宪政院认为，如果缺乏理由或者理由不当，则立法的差别对待构成违宪。议会必须提供与公共利益或者宪法确认的其他价值相关的理由，才能够在立法上作出差别对待。综上，所谓的“目的 + 手段”双重测试，本质就是公法上的比例原则。

欧盟、德国、日本的私法上，存在宪法观及比例原则的应用痕迹。2000年欧盟《就业平等指令》第 6 条第 1 款规定，会员国可以规定，如果根据国

---

① ［美］格里高利·曼昆：《经济学原理：微观经济学分册》（第 8 版），梁小民、梁砾译，北京大学出版社 2020 年版，第 403—413 页。

② Seidenberg v. McSorleys' Old Ale House, Inc., 317 F. Supp. 593（S.D.N.Y. 1970）.

③ Landgericht Aachen, 2 S 26/17（2017）.

④ 曾云燕：《平等原则研究》，吉林大学出版社 2014 年版，第 82 页。

内法，基于年龄的差别待遇有客观合理的正当理由并且有合法目的，包括合法的就业政策、劳动力市场和职业培训目标，并且实现该目标的手段是适当和必要的，则不构成歧视。2005年德国《一般平等待遇法》第3条第2款在界定“间接歧视”概念时，明确运用了双重测试思路。其但书部分规定，“除非这些规定、标准或者程序被证明具有客观的正当目的，且实现该目的的手段是必要和适当的”。[①]2008年，日本最高法院开始将双重测试框架应用于一切歧视之诉讼。[②]

不论上述实践效果如何，宪法审查的跨部门移植都应慎重。对公权力差别对待的审查当然是合乎逻辑的。一方面，政府仅仅是虚拟之身，被授权为公民利益而行动。政府只具有功利的工具价值而无终极的道德价值。限制政府的任何方面都不会产生内在的道德成本。[③]另一方面，假设不限制政府的行为目的，一个拥有绝对裁量权的国家完全能做到在各种目的之间随意游走。毕竟，找到用以合理化差别对待的修辞并非难事。[④]

私域却天然排斥违宪审查思维。一是缺乏正当性。把民事主体与公权力同等对待，要求任何民事行为都应具有“重大、严肃而正当”的目的，违背基本常识。假设对民事行为实施宪法审查，企图靶向性地筛除“坏行为”，其结果必然是一方面消灭一切不够严肃、不甚理智、不可捉摸、不合时宜、不随大流的无害民事行为，消灭社会系统的活性与多元化生态；另一方面扭曲行为外观，诱导真正的不良行为向“表演行为”拟态式隐蔽，催化出表演型人格式的畸形社会生态。曾云燕也认为，将宪法测试引入私法将“侵犯个人思想、信仰自由及人格的独立自主，对社会存在的样态和意义造成贬损”[⑤]。二是缺乏可行性。私域的差别对待司空见惯，逐一检验行为目的之“正当性”

---

① Gesetz zum Schutz vor Diskriminierung (Antidiskriminierungsgesetz, ADG), § 3 (4), Deutscher Bundestag, Drucksache 15/4538, 2005.

② Craig Martin, *Glimmers of Hope: The Evolution of Equality Rights Doctrine in Japanese Courts From a Comparative Perspective*, 20 Duke Journal of Comparative & International Law 167, 167–246 (2010).

③ John Hasnas, *Equal Opportunity, Affirmative Action, and the Anti-Discrimination Principle: The Philosophical Basis for the Legal Prohibition of Discrimination*, 71 Fordham Law Review423, 423–542 (2002).

④ Paul Savoy, *The Spiritual Nature Of Equality: Natural Principles Of Constitutional Law*, 28 Howard Law Journal 809, 809–913 (1985).

⑤ 曾云燕：《平等原则研究》，吉林大学出版社2014年版，第117页。

将耗费巨大。测试的标准也难以确定。政府行为应具备重大的目标价值，必要的功能指向、完整的程序合法性。而自然人的自由与尊严的终极目的性，使人的行为可以脱离意义语境、功能语境、程序语境之外，充分独立地合法存在。自然人行为只需要不违法即可，舍此别无标准。

阶段性结论：法益基础层面，宪法平等观能解释私法中的部分歧视，即权力非对称歧视。此时，平等法益实际指“禁止优势权力滥用”。不过，私域中大量的权力对称歧视超出其解释力范围，还需要另寻法益基础。实施机制层面，私法自治逻辑从根本上排除对民事行为实施比例原则审查。目的测试被阻断后，手段测试也相应缺乏依据。因此宪法平等观不是本文寻求的答案。

三、空洞论与亚氏公式之检证

（一）价值观：实体空洞论

实体空洞论是另一类价值模型。其认为平等只是既有法益的镜中之像，不构成真实独立的利益类型。密歇根大学法学院教授彼得·韦斯滕（Peter K. Westen，1982）是首倡者，提出平等只是一个“没有实质性道德内容和行动指导意义的空洞容器”。[①] 当代哲学家约瑟夫·拉兹也是空洞论的拥趸，认为平等只不过是权利的副产品；人具有某种平等资格只不过因为人都有某种在先的权利。拉兹举例说，假设两个孩子同时生病，父母只给甲服药而拒绝给乙服药通常被认为违反平等原则。拉兹评论说，这里没有平等的问题；父母错误的实质不在于不平等地对待乙，而在于不给乙吃药本身。[②] 弗吉尼亚大学法学院教授乔治·路斯格兰（George Rutherglen，2013）也指出，平等的规范基础“无可救药地缺乏连贯性而且形同虚设”。[③]

空洞论的第一类变体是价值多元论。其指歧视侵害的法益为自由、尊严、独立、安全、社群、财产之一种或多种；私法平等实际具有多元价值基础。多元论者甚多。圣迭戈大学法学院教授拉里·亚历山大（Larry Alexander，1992）提出歧视和非歧视的界限在历史和文化上是可变的，不同歧视并不是

---

① Westen Peter, *The Empty Idea of Equality*, 95Harvard Law Review537, 537-596（1982）.

② Joseph Raz, *The Morality of Freedom*, Oxford University Press, 1986, pp.228-229.

③ George Rutherglen, *Concrete or Abstract Conceptions of Discrimination*, in Deborah Hellman & Sophia Moreau, eds., Philosophical Foundations of Discrimination Law, Oxford University Press, 115-137（2013）.

同一回事。[①] 牛津大学法学院教授桑德拉·弗里德曼（Sandra Fredman，2001）提出平等原则的背后是多元的深层次价值，包括人的尊严、为历史上非正义歧视提供补偿或修复的需求、社会物品的再分配和参与性民主的理念。[②] 多伦多大学法学院教授索菲亚·莫罗（Sophia R. Moreau，2004）在反思加拿大法院主导理论"尊严说"时说，推动每一个案件分析与其说是尊严法益，不如说是尊严以外的多样化因素。[③] 价值多元论也影响了时间。承担为英国 2010 年《平等法案》提供咨询的官方机构"反歧视评论"也发表报告指出，平等含有消除历史上弱势群体的不利地位、促进多样性与群体间尊重、塑造共同价值观、促进民主参与四项价值。[④] 总之，多元价值论也是一种否定平等独立、实在、新颖性的实体空洞论。

空洞论的第二类变体是比较利益说。其认为平等是一种在他人待遇的比较之下显现的利益，是要求获得同等待遇以及反对差别对待的权利。代表性主张者加州大学尔湾分校法学院教授肯尼斯·西蒙兹（Kenneth W. Simons，1985）[⑤] 提出，获得平等待遇是一项比较性的权利，因为此人的应然待遇是以他人的待遇为参照的。值得注意的事，比较利益说本身不是空洞论，但因其推理结构的不彻底，可能会导向空洞论。一方面，如果承认"比较利益"的独立存在属性，则会导向实质论。例如，瑞士苏黎世大学法学院教授马赛厄四·马尔曼（Matthias Mahlmann，2005）认为，机械的平等肯定不是反歧视法的目的。平等指涉的"比较利益"既不是平等以外的价值，也不是待遇之差的机械计算，而是附着于人格的某种独立价值。[⑥] 另一方面，如果不强调比较

---

① Larry Alexander, *What Makes Wrongful Discrimination Wrong Biases, Preferences, Stereotypes, and Proxies*, 141University of Pennsylvania Law Review149, 154 (1992).

② Sandra Fredman, *Equality: A New Generation ?* 30Industrial Law Journal145, 145–168 (2001).

③ Sophia R. Moreau, *The Wrongs of Unequal Treatment*, 54The University of Toronto Law Journal291, 291–326 (2004).

④ Department for Communities and Local Government, *Discrimination Law Review: A Framework for Fairness: Proposals for a Single Equality Bill for Great Britain*, paras. s. 5.28–5.29 (2007), https: //lgiu.org/wp–content/uploads/2012/04/Discrimination–law–review–A–framework–for–fairness–proposals–for–a–single–equality–bill–for–Great–Britain.pdf.

⑤ Kenneth W. Simons, *EqUality as a Comparative Right*, 65Boston University Law Review387, 387–483 (1985).

⑥ Matthias Mahlmann, *Prospects of German Antidiscrimination Law*, 14Transnational Law & Contemporary Problems1045, 1045–1067 (2005).

利益的独立性，则会导向空洞论。例如明尼苏达大学法学院教授亚历山大·邦尼 - 塞思斯（Alexander A. Boni-Saenz，2019）认为，差别对待体现一种比较性利益，但其要害是行为的内在错误而不是比较性的相对错误。比较性利益终将转向自由、尊严等非比较性价值。[①] 总之，不承认“比较利益”独立性的比较利益说会滑向空洞论。

值得一提的是，本文认为实体空洞论的逻辑不成立。但讲清其逻辑漏洞及论者陷入的思维误区，需要另文讨论。本文不赘述。

（二）方法论：亚里士多德平等公式

空洞论可能衍生两种方法论主张。第一种是彻底放弃建构平等权，转而在私相歧视的个案中推究现有的权利基础，于特定语境下寻找相应的价值支撑。[②] 但尚未见其付诸实践。第二种方法则是亚里士多德在《尼各马可伦理学》中提到的“平等公式”（以下简称“亚氏公式”）：类似情况的人应当得到类似的对待；不同情况的人应该得到区分对待。[③] 此项公式微言大义，对后世影响重大。2005 年德国《一般平等待遇法》第 3 条第 1 款[④]、2006 年欧盟《性别平等待遇指令》第 2 条第 1（a）款[⑤] 等重大反歧视立法范本中都有亚氏公式的影子。不过，该公式并非如其表面那样逻辑顺畅。

首先，“类似情况的人应当得到类似的对待”没有解决实然与应然的断层问题，成为公式的“阿喀琉斯之踵”。“类似情况的人”属于实然范畴，而“应当得到类似对待”属于应然范畴。这就令公式落入“休谟陷阱”。知名哲学论断“休谟难题”指出，如果不借助其他工具和条件，那么从一个事实陈述就不能推导出一个价值陈述。亚氏公式要想成立，必须在“类似情况的人”的实然描述之外补充某种应然条件。可这样一来断层虽然消失，却也发生彼得·韦斯腾指出的循环论证：公式要求平等地对待同类人；然而，当

---

① Boni-Saenz，Alexander Antonio，*Age*，*Time*，*and Discrimination*，53 Georgia Law Review 845，845-904（2019）.

② Lawrence Blum，*Racial and other Asymmetries*：*A Problem for the Protected Categories Framework for Anti-discrimination Thought*，in Deborah Hellman & Sophia Moreau，eds.，Philosophical Foundations of Discrimination Law，Oxford University Press，182-199（2013）.

③ Frances Raday，*Social Science in the Law*：*The Israeli Supreme Court*：*Social Science Insights*，35Israel Law Review380，380-452（2001）.

④ Gesetz zum Schutz vor Diskriminierung（Antidiskriminierungsgesetz，ADG），§3（1），Deutscher Bundestag，Drucksache 15/4538，2005.

⑤ Directive 2006/54/EC of the European Parliament and of the Council，Article 2（1）（a）.

追问什么是“同类人”时，我们又只能循环地回答说是“应当被平等对待的人”。[①]Westen 批评这是一种常见于类案判决的同语反复，并举例说 Carey v. Brown（1980）一案运用的推理结构就是如此。在美国最高法院的判词中，决定性的理由其实是额外补充的言论自由原则。本案只不过是伪装成平等权之诉的言论自由权之诉。[②]

其次，“处于类似情况的人”是亚氏公式的核心假定，承担把抽象平等转化为可操作标准的功能。而该功能却常常落空。原因在于举证责任失衡。原告需要证明自己与可比第三方处于类似情况，这通常显著高于被告抗辩的难度。正如剑桥大学法学院教授凯瑟琳·巴纳德（Catherine Barnard，1998）指出的那样，人不同于数字、图形、符号，每个人均有独特性标识。找出彼此的辨识度与差异性从而否认彼此处于“类似情况”可谓易如反掌。[③]问题在于，事先谋划或重复博弈后的原告会秉承趋利避害策略，主动放弃在事实性战场苦苦证明“是否类似”，而转向更有纠缠空间的价值攻防战场。由此，案件争议焦点也相应从“是否具有类似性以及相似度”，转向“类似性的内在指向与场景意义”。原、被告双方重新回到均衡的攻防中角力，而“处于类似情况的人”所背负的具象化功能也落空了。法庭以及两造又将被迫在公式试图消解的抽象问题中消耗。

最后，平等原则的完整信息经亚氏公式压缩后，已经损耗近半。完整的平等原则包含弱势平等与强势平等。强势平等模式指一切情况下都应相同对待人；即使不同情况下也应尽量避免差别对待。[④]其本质是强调人格平等的绝对性与前提性，原则上禁止对人按任何特征作区分。弱势平等模式指同等情

---

① Peter K. Westen, *The Empty Idea of Equality*, 95Harvard Law Review 537, 537–596（1982）.

② Carey v. Brown, 447 US 455（1980）. 本案原告是伊利诺伊州芝加哥市公民。此人不满芝加哥市长的公交车政策，遂在后者住宅门前的人行道，实施所谓“和平纠察”（peaceful picketing）。伊利诺伊州的一项法令规定，禁止对私人住宅实施和平纠察；除非在涉及劳动纠纷的工作场所为之。政府据此逮捕原告。美国最高法院认为，伊州的该项法令差别对待了劳工纠察员与政治纠察员，剥夺了原告的平等权，构成违宪，Peter K. Westen 评论说，最高法院决定伊利诺伊州法规无效的实质内容来自第 1 修正案的言论自由条款，而不是第 14 修正案的平等保护条款；判决中以平等保护为背景的推理步骤，是完全多余的。

③ Catherine Barnard, *The Principle of Equality in the Community Context: P, Grant, Kalanke and Marschall: Four Uneasy Bedfellows?* 57 The Cambridge Law Journal352, 352–373（1998）.

④ 王雷：《民法中的独立人格与平等原则》，载《杭州师范大学学报（社会科学版）》2013 年第 5 期，第 98—103 页。

况同等对待；不同情况则允许差别对待。其本质是限缩人格平等的绝对性，允许对人按照次要的非敏感特征作区分。显然亚氏公式仅包含弱势平等，损失了强势平等的信息片段。这是有缺憾的。强势平等尽管具有空想性，[①]在实践中却也有一定价值。例如，欧盟法在评价企业对孕妇劳动者的差别对待时，没有按部就班地考察类似情况的男性——例如患病男性是否将得到类似对待，而是以强势平等思路直接宣布对孕妇的差别对待构成歧视。[②]强势平等的意思被抹除后，平等原则失去了部分法理空间与政策弹性。

依常理，亚里士多德平等公式的瑕疵会制约其后续发展。但迄今在美国、加拿大、以色列、日本的宪法平等权与民事反歧视诉讼中，主导说理思路的依然是亚氏公式。研读其判例发现，两块重大补丁延长了公式的生命。在公式前半段，"类似情况应当类似对待"被打上"但是，有合理事由者仍然有权利差别对待"的补丁。该补丁的功能是把审查焦点从"类似性"的事实问题转移到"合理性"的价值问题，避免循环论证。例如，F. S. Royster Guano Co. v. Virginia（1920）一案的判词中说，平等保护并不意味着每个人必然受到同等对待；建立在某种差异基础上的区分对待也是允许的。[③]City of Cleburne v. Cleburne（1985）案中，美国大法官约翰·保罗·史蒂文斯（John Paul Stevens）称："我总是问自己是否能够为有争议的分类找到'合理的依据'。当然，'合理'一词要求一个公正的立法者合乎逻辑地相信，该分类将避免对弱势阶层成员的伤害，服务于合法的公共目的。"[④]

第二个补丁打在公式后半段。"不同情况应当区分对待"被补充了"但是，情况之不同须具备实质性与相关性"的补丁。同理，该补丁把审查焦点从"不同性"的事实问题转移到"实质性"的价值问题，也避免了循环论证。例如，以色列大法官西蒙·阿格拉那特（Shimon Agranat）在 Boronovski v. Chief Rabbinate（1971）中确立了"如果两人不存在与行为目的相关的实质差异，

---

① 陈浩铨：《公民在适用法律上一律平等原则新论》，载《上海政法学院学报》2009 年第 3 期，第 11 页。

② Sandra Fredman, Anti-Discrimination Laws and Work in the Developing World: A Thematic Overview. Background Paper for the World Development Report 2013, https://openknowledge.worldbank.org/bitstream/ handle/10986/12129/WDR2013_bp_Anti-Discrimination_Laws.pdf.

③ F. S. Royster Guano Co. v. Virginia, 253 U.S. 412, 415（1920）.

④ 473 U.S. 432, 105 S. Ct. 3249, 87 L. Ed. 2d 313, 1985 U.S. LEXIS 118.

应当平等待之”的判断法则，为以色列最高法院的平等原则奠定了基石。[①]“合理性”与“实质性”补丁都引入了额外的价值，克服了公式循环论证的弱点，弥合了事实判断与价值判断的断裂。但是，亚氏公式得以续命与其说是自身弹性使然，不如说是自身弹性过大，以至于几乎任何价值都可以注入。公式本身反倒被形骸化。就近取譬，亚氏公式只是螺壳，真正的寄居蟹是那些注入的价值。上述弱点以及前述第二、三项弱点不解决，亚氏公式注定会畸形发展。

阶段性结论：实体空洞论以科学上的证伪主义为基础，解构了法律人的“平等实在性”的直觉，抬高了反歧视研究的技术准入，滤除了一些过分依赖噱头与修辞能力的肤浅观点。拉兹对这些观点给出犀利点评：人们援引平等更多是为了从“平等”在文化中的美名中获益，其代价是智识上的混乱。[②]彼得·韦斯腾（Peter K. Westen）也所见略同：人们礼遇“平等”不过是为了利用平等的真理光环以加持其他的实体价值。[③]但空洞论的否定基调决定了其不适宜作建构基础，只能作为学术议题。亚里士多德平等公式有其作用。只是为了弥补实然与应然的断裂，必须注入额外的价值。额外价值是开放和不确定的，于是又还原到空洞论。

四、强弱论与扶弱机制之检证

（一）价值观：抑强扶弱论

强弱分化论是解释平等法益的又一种价值模型。其认为区分对待的根源在于强弱分化。平等法益旨在抑制引发区分对待的过度强弱分化，并救济区分对待中的弱势群体。强弱分化论有众多支持者。知名法学家卡斯·桑斯坦（1994）提及，反歧视法的目的在于救济那些因种族等特征而处于不利地位的群体。[④]桑德拉·弗里德曼（Sandra Fredman，2013）作跨法域考察后认为，反歧视法律

---

① Paul Savoy, *The Spiritual Nature Of Equality: Natural Principles Of Constitutional Law*, 28 Howard Law Journal 809, 809–913（1985）.

② Joseph Raz, *The Morality of Freedom*, Oxford University Press, 1986, pp.228–229.

③ Peter K. Westen, *The Empty Idea of Equality*, 95Harvard Law Review 537, 537–596（1982）.

④ Cass R. Sunstein, *The Anticaste Principle*, 92Michigan Law Review2410, 2410–2455（1994）.

的宗旨已从追求平等待遇演变为改变弱势者的不利待遇。[①]伦敦政经学院法学院教授塔鲁纳布·科海坦（Tarunabh Khaitan，2015）认为歧视法的结构是围绕应对群体间的相对劣势展开的，而群体的定义是由道德上无关紧要的特征，如性别、种族、残疾，来界定的。[②]牛津大学法学院教授莎瑞雅·艾特雷（Shreya Atrey，2021）也指出，反歧视法的道德目的在于解决群体的相对劣势问题。[③]

强弱分化只是一种事实，不能直接推断出“应当保护弱者”的应然结论。保护弱势群体的价值根基，有三类解释模式：（1）保护弱势者的个人与群体尊严；（2）补偿弱势群体受歧视的历史地位；（3）维持人类命运共同体的真实性而防止其蜕变为“想象的共同体”，防止共同体的崩塌。第一类模式实际属于下文的人格尊严论，此处暂不讨论。第二类回应难以自圆其说。一方面，假设补偿论是成立的，那么对那些在历史上没受到过歧视的群体——譬如蓝色眼睛的人进行歧视，就可能具有合法性；[④]另一方面，假设补偿论是成立的，那么强势群体也理应基于其历史上曾处于低谷的事实，有权主张其当代补偿权。

“人类文明共同体说”是抑强扶弱论的真正价值基础。其大体逻辑是，人类历史表明强势群体有动机、有能力奴化甚至物化弱势群体。群体间的奴化不是道德现象而是生存策略：一则利用弱者的生产资料价值，获得重大的生产力利好；二则以较低能耗维持弱势群体生存，以期获得重大的资源利好。当下人类进入信息文明时代，互联网、大数据与算法加固了强弱群体的结构性分化；人工智能、基因技术、脑机接口等颠覆性科技使强弱群体的永久分化成为可能。强弱结构的固结和永久化，会将人类切割为两个性质迥异的文明亚种。彼时，弱势亚种仅在名义上属于人类，实则蜕化为强势亚种的客体。人类与人类文明的本体意义将因此消失。由此可见，抑强扶弱论与人格尊严论有所区别。两者虽然均有个体关怀的意图，但强弱论主要是站在人类文明的整体层面，反思能动改造客观世界与敬畏客观世界内在规定性的平衡点。

---

① Sandra Fredman, Anti-Discrimination Laws and Work in the Developing World: A Thematic Overview. Background Paper for the World Development Report 2013, https: //openknowledge.worldbank.org/bitstream/ handle/10986/12129/WDR2013_bp_Anti-Discrimination_Laws.pdf.

② See Colm O'Cinneide, *Justifying Discrimination Law*, 36Oxford Journal of Legal Studies909, 909-912（2016）

③ Shreya Atrey, *On the Central Case Methodology in Discrimination Law*, 41Oxford Journal of Legal Studies776, 776-802（2021）.

④ Larry Alexander, *What Makes Wrongful Discrimination Wrong Biases, Preferences, Stereotypes, and Proxies*, 141University of Pennsylvania Law Review149, 154（1992）., p.153.

两者虽然都强调主体人格保护，但强弱分化论不是对外来侵害的预警，而是对自我毁灭的内省。此说是一个具有高远理想的价值模型。

（二）方法论：弱势者救济法律政策

在方法论上，强弱分化论体现为救济弱势群体的法律政策，依循“识别—救济”的内在脉络展开。一是识别机制，意在判断人群的哪些区分特征触及“人类命运共同体”敏感性。通常而言，性别、民族、种族、性别属于各法域公认的敏感特征。年龄、健康、国籍、学历等特征则不一定。二是救济机制，依其目标有分两个子类：（1）“停止侵害”式的消极救济机制，即禁止引发、延续或加深社群之间强弱权力势差。消极救济机制践行“形式平等”或“过程平等”的政策理念。其典型样本为南非《促进平等和防止不公平歧视法》第 1 条第 1 款对歧视的定义中含有“导致或延续系统性的劣势”之表述。[①]（2）“赔偿 / 补偿损失”式的积极救济，即要求或允许作出缓和弱势群体劣势的反向歧视行为。积极救济机制践行“实质平等”或“结果平等”的制度理想。其典型样本为加拿大《权利与自由宪章》第 15 条第 2 款之规定，“前款并不排除任何以改善处境不利的个人或群体的条件为目标的法律、计划或活动。”[②]

救济弱者在宏观政策层面是可行的，而当其试图扩展至私法领域时将受阻。根源在于，弱势救济论会扭曲社会风险的公平分担机制。扶弱济困是一种公共物品，由政府宏观统筹提供为宜。而以弱势者救济为由判令民事诉讼的被告败诉，无异于要求个人负担本应由全体社会成员均摊的成本。例如加拿大 Eldridge v British Columbia（1997）案中，某聋哑病患因医院没有提供手语翻译而主张被歧视。该病患并未起诉医院，而是以医疗保险未能覆盖手语翻译费用为由起诉政府，最终获得法庭支持。[③]“手语费”是救济弱势者所需成本的隐喻。此费用应当由全体社会成员均摊而不应转嫁给医院个体，否则无异于纵容他人搭便车。当平等成本显而易见时，法庭更容易看到合乎逻辑的路径。德国慕尼黑法院审理的 31 S 7910/16（2017）案中，一位 84 岁的客户订购了一些珠宝并打算分期付款。百货公司拒绝，遂成讼。法庭认为分期付

---

① Promotion of Equality and Prevention of Unfair Discrimination Act 4 of 2000, Article1（1）（xxii）（b）（i）.

② Canadian Charter of Rights and Freedoms, Part I of The Constitution Act, 1982, Article15（2）.

③ Eldridge v. British Columbia（Attorney General）, 1997 CanLII 327（SCC）,［1997］3 SCR 624.

款是一种长期限支付，债权在债务人去世前不获完全清偿的风险较大。此时债权人主张剩余债权，必将额外承担继承人搜索、起诉、遗产控制人潜逃等额外成本与风险。①

抑强扶弱与民事法律关系的逻辑也不兼容。弱者救济以群体间宏观关系为基础框架，基于群体间强弱关系配置资源、分配风险。正如莫纳什大学商学院助理教授多米尼克·艾伦（Dominique Allen，2021）所说，实现弱者救济是重新分配资源的过程，需要复杂大量的社会控制手段。②桑德拉·弗里德曼（Sandra Fredman，2019）也提出，实质平等不是被压缩成单一的公式，而是通过多层面系统性的方法对弱势群体做出反应。③相比较而言，私法并不从整体着眼而是将社会关系切割为原子化切片。法律关系的框架下，社会群体的强弱位阶并不具有规范意义。弱势者关怀理念被内化于意思自治、诚实信用、公平交易等原则。在私法中额外考虑强弱因素，反而会消解法律关系固有的权义结构，④扰动程序性规则，无谓地增加法庭的自由裁量空间。

阶段性结论：强弱分化论立意高远，意识到歧视并非根源于个体偶然与无端的恶意、知识与教化的匮乏，而是源于社会内在的结构性强弱分化。该说参与建构了公法平等的理论基础，是“机会平等—结果平等”“形式平等—实质平等”两项分类的理论皈依。不过，强弱分化论内嵌于社会资源分配的宏观视角之下，其解释框架难以下沉至法律关系的微观水平。此外弱势救济理念也不宜无条件成为裁判标准，以免个案被告充当社会整体成本的无辜承担者。

五、尊严论与敏感测试之采用

（一）价值观：人格尊严论

人格尊严论主张平等源于人作为主体固有、内在、不可比较的价值。歧

---

① LG München I, 04.05.2017 - 31 S 7910/16.

② Dominique Allen, *An evaluation of the mechanisms designed to promote substantive equality in the Equal Opportunity Act 2010 (Vic)*. 44Melbourne University Law Review459, 459–501 (2021).

③ Michael P. Foran, *Discrimination as an Individual Wrong*, 39Oxford Journal of Legal Studies901, 901–929 (2019).

④ Avihay Dorfman, *Private Law Exceptionalism ? Part II: A Basic Difficulty with the Argument from Formal Equality*, 31Canadian Journal of Law & Jurisprudence5, 5–32 (2018).

视的不法性在于它暗示某个或某类人仅仅具有次级和劣等的价值。学界通常将此论追溯至康德的道德哲学。康德认为，所有主体都具有“内在的道德价值”。正是这一点使主体区别于仅有工具价值的客体。不尊重人的这种价值而把人仅仅当作实现目的之工具就是错误的行为。[①]学说上，后世诸多学人如保罗·萨伏依（Paul Savoy，1985）[②]、丹尼斯·雷乌梅（Denise Réaume，2003）[③]、陈忠林（2005）[④]、李薇薇（2009）[⑤]、梅拉尼加·简西克（Melanija Jancic，2017）[⑥]均以人格尊严论为价值基础，讨论平等。人格尊严论在司法领域也广受应用。诸如美国路易斯安那州 Sauvinet v. Walker（1875）案[⑦]、加拿大最高法院 Andrews v. Law Society of British Columbia（1989）案[⑧]、欧洲法院 P v. S and Cornwall County Council（1996）案[⑨]、以色列最高法院 Akiva Nof v. Minister of Defense（1997）案[⑩]等不胜枚举的案件中，均以人格尊严论为核心理据。

不过，人格尊严论尚存若干争议。第一项争议是平等意义上的人格尊严指向“绝对尊严”还是“比较尊严”。绝对尊严指个人生存发展所需的底线利益。哈佛大学法学院教授弗兰克·米歇尔曼（Frank I. Michelman，1969）[⑪]、普

---

① Immanuel Kant, *Groundwork for the Metaphysics of Morals*, Yale University Press, 2017, pp.7–9.

② Paul Savoy, *The Spiritual Nature Of Equality: Natural Principles Of Constitutional Law*, 28 Howard Law Journal 809, 809–913（1985）.

③ Denise G. Réaume, *Discrimination and Dignity*, 63Louisiana Law Review645, 645–659（2003）.

④ 陈忠林：《刑法面前人人平等原则——对〈刑法〉第 4 条的法理解释》，载《现代法学》2005 年第 4 期，第 51 页。

⑤ 李薇薇：《平等原则在反歧视法中的适用与发展》，载《政法论坛》2009 年第 1 期，第 134 页。

⑥ Melanija Jancic,（*Non*）*Application of the Principle of Equality in SerbianInheritance Law*, in Margaret Brinig eds., International Survey of Family Law, Jordan Publishing, 311–322（2017）.

⑦ Shaun Ossei-Owusu, *Velvet Rope Discrimination*, 107Virginia Law Review683, 683–764（2021）.

⑧ Christopher Essert, *Dignity and Membership, Equality and Egalitarianism: Economic Rights and Section 15*, 19 Canadian Journal of Law & Jurisprudence407, 407–432（2006）.

⑨ P v. S and Cornwall County Council, Case C–13/94,［1996］IRLR 347.

⑩ Akiva Nof v. Minister of Defense（1997）50（5）P.D. 449.

⑪ Frank I. Michelman, *The Supreme Court 1968 Term - Foreword: On Protecting the Poor through the Fourteenth Amendment*, 83Harvard Law Review7, 9（1969）.

林斯顿大学哲学院教授哈里·法兰克福（Harry Frankfurt，1987）[①]认为，平等保护赋予的是最低限度的福利，而非相同的福利；平等关注的不是相对差异，而是处境较差者是否具有足够的资源。与此相对，比较尊严指民事主体获得不次于可比第三方之资源与地位的相关利益。多伦多大学法学院教授克里斯托弗·埃塞尔特（Christopher Essert，2006）举例说，设想甲、乙两人在农场中做同样的工作。甲获得的工资低于乙且不足以保障有尊严的生活，则此事涉及绝对尊严范畴。甲获得的工资足以获得有尊严的生活但数额上低于乙，则此事不涉及绝对尊严而涉及比较尊严范畴。而只有后者才涉及真正的平等问题。[②]

绝对尊严与比较尊严之争已从纸面跃入实践。实例发生于澳大利亚维多利亚州。该州《平等机会法》1995年版本采用比较尊严论，将歧视定义为一方的行为使另一方获得较差待遇。而该法的2010年版则舍弃了比较尊严论转采绝对尊严论。具体的条文表述是将"较差待遇"修订为"不利待遇"。[③]相关《立法备忘录》也明文确认：原告不再需要寻求一个可比情形下的参照者以证明己方获得了相对较差之待遇。[④]2010年版的修订引发了争议。支持者认为取消比较级的证明要求后，歧视的构成要件更清晰明了。毕竟在实务中，律师举出能为法庭接受的参照对象通常是一项棘手的工作。反对者一则认为新法之下证明难度更高，因为缺失了参照标准；二则认为标准的取消形同虚设，比较性的意味仍然遗留其中。在"不利待遇事实"的证明上总是需要比较被对待者与类似群体。[⑤]

本文更赞同比较尊严说。纵向逻辑来看，比较尊严说更好地安放了平等法益在人格权谱系的位置。比较尊严论更能切中平等法益的特殊性，使之区别于一般的人格尊严法益。平等法益是一般人格权在细分场景下发展的产物。此时，"一般人格权—人格尊严法益—平等法益"呈现三层次的上下位种属关

---

① Harry Frankfurt, *Equality as a Moral Ideal*, 98Ethics21, 21-43（1987）.

② Christopher Essert, *Dignity and Membership, Equality and Egalitarianism: Economic Rights and Section 15*, 19 Canadian Journal of Law & Jurisprudence407, 407-432（2006）.

③ Equal Opportunity Act 2010（Victoria), Section8, 2（2）(a）.

④ The Explanatory Memorandum to the Equal Opportunity Act Bill 2010, Clause8.

⑤ Dominique Allen, *An Evaluation of the Mechanisms Designed to Promote Substantive Equality in the Equal Opportunity Act 2010*（*Vic*）. 44 Melbourne University Law Review459, 459-501（2021）.

系。横向逻辑来看，比较尊严说之下平等与其他民事权利更为协调。克里斯托弗·埃塞尔特（Christopher Essert）关于农场做工的逻辑是成立的。一份优厚但相对较低的待遇，不可能损害底线利益，但照样会损害比较性人格尊严；而一份微薄待遇尽管损害了底线利益，但照样因人人等额而并未损害比较性人格尊严。当事人没有获得最低限度的待遇，可能导致其生命权、健康权、债权受损，但与平等没有关系。假设采用绝对尊严说，平等就与上述权利重叠了。

第二项争议在于，平等法益是主观具体的“尊严感”还是客观抽象的“尊严性”。尊严感指个人或者群体对利益相对剥夺的主观体验。尊严性指不特定人格或者人类整体固有的尊严属性。判例与学说对两者并未严加区分，而是时长交叉混用。例如加拿大最高法院大法官弗兰克·亚科布奇（Frank Iacobucci）在其执笔的 Law v. Canada（1999）判词中，就混用了两者。一方面，第 51 段说加拿大《宪法》第 15 条意在防止对人类基本尊严的侵犯。这是采用客观尊严说。另一方面，第 53 段等处又说平等关涉个人或群体的自尊、自我价值感、身心的完整性与赋能。这更接近主观尊严说。[①] 不宁唯是。美国沃什伯恩大学法学院教授 Craig Martin 的观点也是拼合式的，认为歧视可能在客观和主观两个层面对个人尊严造成伤害。[②]

本文更赞同客观尊严说。第一，平等含有的某些法益侧面，难以为主观尊严说所表达。例如，欧洲人权法院审理的 Wackenheim c. la France（1996）一案颇能说明问题。Manuel Wackenheim 先生是一个侏儒，以“投掷侏儒”表演为生。法国奥尔日河畔莫尔桑当局基于当地《城市法》L.131-2 条之规定禁止其演出。当事人因收入来源断绝而提起行政诉讼。法国最高行政法院裁定：将人用作投掷物作表演本身即损害了人的尊严，这与被投掷人是否同意无关。[③] 第二，主观尊严的独立性存疑。主观状态因无法切实查证而通常由客观状态推定。因此在法律拟制的逻辑中，主观尊严的要件功能是可以被客观尊严所替代的。第三，主观尊严不明确、不稳定，会引发平等案件的公平危

---

① Law v. Canada（Minister of Employment and Immigration），1999 CanLII 675（SCC），[1999] 1 SCR 497.

② Craig Martin, *Glimmers of Hope*: *The Evolution of Equality Rights Doctrine in Japanese Courts From a Comparative Perspective*, 20 Duke Journal of Comparative & International Law 167, 167-246（2010）.

③ Conseil d'État, 27 Octobre 1995, COMMUNE DE MORSANG-SUR-ORGE.

机。例如类似情况可能引发迥异的主观尊严感体验，进而导致迥异的民事责任。又如轻微冒犯可能导致严重的主观挫败感，严重冒犯可能导致轻微的主观体验；而以主观尊严感为标尺将导致对前者苛责而对后者轻纵。综上，客观尊严说更恰当。

（二）方法论：场景与特征双重测试

尊严论连接两类歧视判定方法。第一类将人格尊严法益嵌入亚里士多德公式框架，形成"（实质涉及人格尊严的）同等情况应当同等对待"标准。第二类则放弃亚氏公式，重建一种"行为场景 + 区分特征"的新框架。该框架意在审查特定行为在给定特征与场景下，是否达到了人格尊严敏感性阈值。一方面，场景类似而区分特征不同，敏感性可能不同。例如府河竹苑案中"川大师生"这一区分特征敏感系数较低；而前述王某等诉粗粮王某光店案（2000）同时是消费场景，"公务员职业身份"特征则具有高敏感性。

另一方面，区分特征相同而场景不同，敏感性可能不同。例如，性别是容易触发歧视的高敏感特征，而在如厕、洗澡、搜身等场合，按性别区分的合理性则比较充分。美国特拉华州 Fesel v. Masonic Home of Delaware（1978）一案中，某养老院只招聘女性护士助理，被一名男性应聘者以歧视为由诉至法院。法庭最终接受了养老院的抗辩，即（1）许多女性客户不同意男性的亲密个人护理。聘任男性护工将难免侵犯现有客户的隐私权，并致使潜在客户流失；（2）基于养老院现有的机构与人员规模，无法保证雇用一名男性护士的前提下，通过轮班等机制保证至少有一名女性值班，进而满足那些拒绝男性护理的客户之需求。如前所述，亚里士多德平等公式逻辑是旧路径，加拿大、以色列、日本等迄今沿用。特征与场景双重测试似乎代表新趋势，在1964年美国《民权法案》、2005年德国《一般平等待遇法》、2010年英国《平等法》上可觅得其踪。

建构区分特征的审查规则并不难。敏感度分级是眼见的方法，例如粗分为三级。级别越高，则特征的公认度就越高；级别越低，则该特征就越是一个历史性和地域性概念，越是只能个案讨论、一事一议。此中道理日本东京 Hyon v. Chiba Country Club（2002）[①] 案、北海道 Arudou v. Earth Cure（2004）[②] 案揭示得颇为清楚：区分特征不是自然观念而是文化观念；究竟得否依某种

① Hyon v. Chiba Country Club [Tokyo H. Ct] Jan 31, 2002.

② Arudou v. Earth Cure, 3 (Sapporo H. Ct., Sept. 16, 2004).

特征区分对待，取决于当前的一般社会观念与可接受的合理限度。分级的标准待进一步研究。学人较多主张的是“先天禀赋抑或后天习得标准”；审判实践中也有所应用，如闫佳琳诉喜来登公司（2020）。[①] 实际上，历史创伤的深度与现实破坏力、现阶段经济水平与社会分工特征、发生频次、受劣待者的规模及其社会现实影响力，均是不次于先天—后天标准的因素。

最高敏感级的特征是民族与种族。盖因民族、种族的区隔具有最根深蒂固的文化心理基因。彼此间冲突与战争不仅危害政权稳定和生活秩序，还危及人类繁衍与文明延续，在历史上造成的创伤也最深。与横向的民族、种族同样能撕裂社会结构的是纵向的阶级和阶层。不过后者的边界更为模糊，其内在张力也远不是民法能包裹的。美国的种族歧视问题正是推动反歧视立法的源头，对歧视非洲裔美国人的回应一直是美国历史上法律平等的驱动力。[②] 德国将种族和民族血统特征列为最高保护层级，“一家面包店贴出‘我们不为犹太人服务’的标志”大概率构成犯罪。[③] 南非将反种族、性别歧视列入整部宪法的基础价值观。[④] 此外，民族与种族的衍生性特征如肤色、血统、人种意义上的外貌形象、语言文字、审美习惯等，也相应具有较高敏感度。德国巴姆贝克地方法院审理的 811b C 273/15（2017）一案中，公寓房东对外招租时，拒绝了名字看起来像土耳其裔的申请者，即被认定为歧视。[⑤] 在涉及民族与种族的诉讼中，被告通常放弃正面对抗，明确否认区分的故意。

中度敏感特征诸如性别、地域、残疾、宗教等。性别的敏感性受多数法

---

① 浙江杭州中级人民法院，闫佳琳与浙江喜来登度假村有限公司平等就业权纠纷上诉案，（2020）浙 01 民终 736 号。

② Supra note64, Shreya Atrey; Michael Esler, *Equality in American Law*, 1998Saint Louis-Warsaw Transatlantic Law Journal105, 105-138（1998）.

③ Florian Stork, *Comments on the Draft of the New German Private Law Anti-Discrimination Act*：*Implementing Directives 2000/43/EC and 2004/113/EC in German Private Law*, 6 German Law Journal 533, 533-548（2005; Ronald J. Krotoszynski, Jr., *Law and Religion in an Increasingly Polarized Americaagora*, *Dignity*, *and Discrimination*: *on The Constitutional Shortcomings of "Conscience" Laws that Promote Inequality in the Public Marketplace*, 20 Lewis & Clark Law Review1221, 1221-1264（2017）.

④ Hugo Rojas, *Legal Responses to Discriminatory Actions*: *A Comparative Analysis*, 5 Loyola University Chicago International Law Review127, 127-150（2008）.

⑤ AG Hamburg-Barmbek, Az.: 811b C 273/15, Urteil vom 03.02.2017.

域承认。加拿大反歧视的核心问题是反性别歧视。[①]在中国《宪法》上，性别与民族并列为两大高敏感区分特征。不过，印度、菲律宾、尼泊尔长期缺乏针对性别歧视的法律政策。[②]可以合理想象，当东南亚的女性更多走向职场并参与社会公共事务时，反性别歧视将提上议事日程。国籍或地域歧视也具有相当敏感性。禁止基于国籍的歧视是欧盟立法的基石之一。[③]澳大利亚早期反歧视的焦点在于外来移民之间的平等，以及移民与土著之间的平等。[④]不过，日本、韩国长期奉行基于血统原则的高度限制性移民政策，这使其缺乏反国别歧视的传统。[⑤]可以合理想象，当东亚的结婚率与出生率持续走低、人口结构失衡、老龄化进一步加剧时，反对国别歧视将提到议事议程。总之，中度敏感特征含有的矛盾本身未必不可调和。此类特征往往是重大社会问题的投射，也是生产力发展到一定阶段的产物。

低度敏感特征数量最多。此类特征多为后天习得或者可人为改变，在历史上很少充当过高烈度冲突的动力或旗帜，启动频次较低或者场合较为局限。其包括且不限于个人经济状况、颜值意义上的相貌、犯罪前科、是否传染病病原携带者、持股数量、是否婚生子女、客户的不同等级、学历、商主体的性质与规模、是否婚育、是否蓄须、是否留辫、工作年资与经验、柜台购票抑或线上购票、不动产的不同性质等。府河竹苑案中“是否川大师生”也是典型的低敏感特征。此类案件中，区分特征敏感性不足以给原告提供支持。原告的通常策略是，要么避开区分特征战场，要么把低敏感特征向高层级挂靠。德国联邦劳工法院审理的 2 AZR 764/08（2010）案件中，作为被告的一家汽车供应商要求雇员具备书面德语能力。原告是西班牙裔，德语欠佳。供应商给该雇员推荐了课程、报销了费用、等待了 5 年，未果，于是辞退该雇

---

① Stephen Gardbaum, *The "Horizontal Effect" of Constitutional Rights*, 102MIchigan Law Review387, 387–459（2003）.

② Sandra Fredman, Anti–Discrimination Laws and Work in the Developing World: A Thematic Overview, Background Paper for the World Development Report 2013, https: //openknowledge.worldbank.org/bitstream/ handle/10986/12129/WDR2013_bp_Anti–Discrimination_Laws.pdf.

③ Matthias Mahlmann, *Prospects of German Antidiscrimination Law*, 14Transnational Law & Contemporary Problems1045, 1045–1067（2005）.

④ 李子瑾：《禁止歧视：理念、制度和实践》，北京大学出版社 2018 年版，第 107 页。

⑤ Yujin Yi, *The Status Quo of Racial Discrimination in Japan and the Republic of Korea and the Need to Provide for Anti-Discrimination Laws*, 7Columbia Journal of Race and Law410, 410–467（2017）.

员。原告试图证明自己是因为族裔因素被解雇，但没有获得法庭认可。[①]

场景敏感性审查细则相对不易建构。目前相对稳定成型的判例原则如下。其一，场景敏感性与其对社会权力强弱分化的反映水平正相关。资方与劳方、生产者与消费者的深刻分化与对立动摇了近代民法的基本假设。[②]因此劳资与消费场景成为中外反歧视法的重点监控区。例如，德国《反歧视法》中发展最早及最具体系性的规则就分布于就业领域。[③]美国最重要的反歧视法渊源1964年《民权法案》中，公共场所消费（第2章）与雇佣（第7章）是两处重要的场景。[④]

其二，场景敏感性与行为的公共性与公开性呈正相关。在美国，这套规则源于场景公开性理论。该理论是美国法院在宪法的效力模式议题下扩张解释“国家行为”的副产品。德国奥格斯堡20 C 2566/19（2019）案中，被告拒绝把房子出租给土耳其人。法院指出，招租行为通过互联网广告走出了纯粹私人领域，这是其被认定为歧视的关键。[⑤]此外，美国Markham v. Brown（1837）[⑥]、Seidenberg v. McSorleys' Old Ale House（1970）[⑦]、Evans v. Newton（1996）[⑧]、日本静冈县Bortz v. Suzuki（1999）[⑨]等案中，法庭也通常对位于公共区域、面向公众的行为课以较重的平等对待义务。相比之下，私人俱乐部内的差别对待则更容易接受，尤其是该俱乐部证明其没有事实上向非会员开放，且排斥特定群体入会正是该俱乐部宗旨。[⑩]至于公开性法则背后的理据，似乎是社会影响力的考量。

当然，公共性与私人性的界限并不泾渭分明。微观经济学在公共物品和

---

① BAG, Ur-teil vom 28.01.2010, 2 AZR 764/08.

② 王轶：《民法价值判断问题的实体性论证规则——以中国民法学的学术实践为背景》，载《中国社会科学》2004年第6期，第104—116页。

③ Matthias Jestaedt, Erlangen, *Protection Against Discrimination and Private Autonomy*, 14 Transnational Law & Contemporary Problems1027, 1027-1043（2005）.

④ Nancy Leong, Aaron Belzer, *The New Public Accommodations: Race Discrimination in the Platform Economy*, 105 Georgetown Law Journal 1271, 1271-1322（2017）.

⑤ AG Augsburg, 10.12.2019 - 20 C 2566/19.

⑥ Markham v. Brown, 8 N.H. 523（N.H. 1837）.

⑦ Seidenberg v. McSorleys' Old Ale House, 317 F. Supp. 593, 594（S.D.N.Y. 1970）.

⑧ Evans v. Newton, 382 U.S. 296, 298（1966）.

⑨ Bortz v. Suzuki, [Shizuoka Dist. Ct.], Oct. 12, 1999, 1045 HANREI TAIMUZU 216.

⑩ NeW York State Club Association, INC. v. City of New York et al., 487 U.S. 1（1988）.

私人物品之外，还识别出作为中间状态的“俱乐部物品”。俱乐部物品具备排他性，因而有私人物品属性；同时具备非竞争性，因而具有公共物品属性。由此推理，一切带有私人俱乐部性质的、半公开半私密的营业，其区分对待客户的行为必是疑难判决的集中地。日本 20 世纪 90 年代的高尔夫俱乐部入会系列案便是典型。Yi TOk-ung v. S. T. T. Development Corp.（1990s）中，某韩裔涂料制造公司的总裁，申请成为东京一家高尔夫俱乐部会员。申请被拒，理由是申请人不是日本籍。同一时期的 Hyon Yong Ok v. Chiba Country Club（1990s），也发生了高度近似的事实。前案中，法院认为高尔夫俱乐部是具有一定社会性质的组织。故其虽然在管理方面享有很大自由度，但不能任其自由裁量。后案中，法院又觉得高尔夫俱乐部受宪法保障的结社自由，以及民法典保障的经济活动自由权，压倒了原告的平等权。[①] 前后判词均雄辩滔滔。

其三，场景敏感性与行为的准公共服务属性呈正相关。经营者提供产品或服务的不可替代性越强，越容易触发歧视。反之，在一个有充分竞品的自由流通市场中，经营者区分对待的空间更大。德国联邦法院 122 C 5020/18（2018）一案中，[②] 原告是一家露天音乐会的组织者。时年 44 岁的原告想加入其中却被拒之门外，并被告知活动目标群体仅限 18—28 岁的人。法庭采纳了被告关于活动不具有公共服务属性的抗辩。被告提供的活动不是在市政厅、音乐厅、市政文化中心等公共服务机构举行的。被告这样的私营组织者承担经营失败的风险，应当享有较大的营业自由权。在音乐舞蹈等艺术领域，经营者希望控制目标受众的年龄以保持活动调性与产品投送的精准度，是可以接受的。德国斯图加特 3 C 2853/20（2021）一案同理。一家私人小商店禁止一位顾客入门，理由是后者在饮料瓶自主回收上有数次不良记录。法庭驳回了顾客关于歧视的主张，认为关键问题是超市仅仅提供食品与日用品。原告被超市拒绝并不会妨碍其社会交流与文化参与权。何况该超市并无垄断地位。当地尚有大量购物设施备选。[③] 公共服务性法则背后的理据，似乎是避免过分压迫相对人的自由选择权。不过假使如此，平等与自愿两项原则就难免有所重叠。

阶段性结论：尊严几乎是自由以外所有人格细分利益均可溯及的母价值，

---

① Timothy Webster, *Reconstituting Japanese Law: International Norms and Domestic Litigation*, 30 Michigan Journal of International Law211, 211-250（2008）.

② Urteil des Ⅶ. Zivilsenats vom 5.5.2021 - VII ZR 78/20.

③ AG Stuttgart, 29.01.2021 - 3 C 2853/20.

堪当平等的法益基础。具体而言，民法平等原则保护的是在区分对待语境中识别和显现出的，获得劣次待遇者拥有的比较性的人格尊严利益。尊严论当前最广泛的实现机制是“保护特征—行为场景”双重敏感性测试。该方法正在取代亚里士多德平等公式法。方法转换的背后，是平等法益从“实体空洞论”到“人格尊严论”的价值转换。

六、代结语：平等规则化的三阶层思路

歧视属于侵权行为，其判定遵从一般侵权行为构成要件。如前所述，是否构成歧视本质上取决于行为人自由法益与相对人平等（尊严）法益的权衡。在此框架下，需要拆解、赋值、比较的细小事由较多。三阶层结构更富有弹性，比四要件结构更适宜评价歧视。

（一）该当性判断的要点

行为具备歧视的该当性要件，指该行为属于区分对待，且区分特征或者行为场景侵犯了相对人的“比较性尊严”。核心是区分特征与场景的双重敏感性测试。尚待进一步探索之处有二：一是场景敏感性测试规则尚不清晰完整；二是在特征与场景之外，行为要是否也会影响判断，有待探索。例如，行为方式的文化心理意义可能需要评价。假设在府河竹苑案中，餐厅的打折方案不是向川大师生提供八折优惠，而是规定：川大师生支付全款（但实际相当于原来的优惠价）即可，其他消费者则需额外缴纳25%的附加款（但实际相当于原来的全款）。该行为固然不可能实际发生，但对人格尊严的侵害效果似有所增加。又如，行为动机也未必毫无意义。假设在府河竹苑案中，餐厅仅仅向人民警察打八折。此举含有的区分特征具有较高的歧视敏感性。但是，假设餐厅经营者是人民警察英烈子女，在警察叔叔的多方关照保护下长大。该介入性要素会扰动歧视认定。综上，行为端的影响因素不可忽视。完整的敏感性测试似应包含“特征—行为—场景”三项。

我国的歧视类诉讼尚未形成该当性判断的方法论自觉。其一，倾向于回避特征和场景的敏感性讨论。例如，餐厅打折案（2009）拒绝直面“川大师生身份”的敏感性判断，转而讨论经营者“经济理性动机”的无关话题。又如，米某诉云南世博公司案（2007）并不讨论“本地消费者身份”敏感性这一要

害问题，转而谈及“破坏社会主义市场经济秩序”的无关议题。[①] 其二，对敏感度测试的把握不够敏感。有些似失之过严。例如徐某诉燕莎公司案（2000）中，餐厅规定只有住店客户才能在店内特定区域休息。原告挑战该规定的平等性并得到法院的支持。[②] 实际上不同的消费类型对应不同的服务项目，属司空见惯之事。有些又似失之过宽。张某利诉铁路总公司案件（2016）中，法庭明确承认图形验证程序对视力障碍人士的影响较为明显，但转头又得出其并非对残障人士歧视的结论。

（二）不法性判断的要点

不法性论证的本质在于法益权衡。是否构成歧视，取决于行为人的自由利益与相对人的平等利益之轻重。乔治城大学法学院教授凯瑟琳·罗斯（Catherine J. Ross）[③]、大卫·霍华德（David Howard）博士[④]、印第安纳大学法学院教授德博拉·威迪斯（Deborah A. Widiss）[⑤] 均指出，平等权与言论自由权之间存在天然张力，认识到反歧视和自由之的冲突至关重要。德国反歧视立法的主要争论，也正是围绕反歧视将在多大程度上危及私法自治而展开的。[⑥] 如何权衡上述利益冲突，是反歧视认定与平等司法化的关键。

总结域外判例，至少两项不法性排除事由值得借鉴。其一，重大自由利益得对抗相对轻微的平等利益。或者说，保护平等利益不得以自由利益的重大损失为代价。常识上，民事主体拒绝给予其不喜欢的人平等打交道、缔约的机会且无须说明理由，属于其基本自由。[⑦] 打击此类行为无异于将行为人的自由压缩到违反常识的程度。例如，在德国德累斯顿 4 W 243/21（2021）一

① 米某与云南世博集团有限公司等消费索赔纠纷上诉案，云南省昆明市中级人民法院（2007）昆民五终字第 363 号。

② 徐某诉北京燕莎中心有限公司侵犯人格权案，（2000）朝民初字第 120 号。

③ Catherine J. Ross, *Assaultive Words and Constitutional Norms*, 66Journal of Legal Education739, 739（2017）.

④ David Howard, *Rethinking State Inaction: An In-Depth Look at the State Action Doctrine in State and Lower Federal Courts*, 16Connecticut Public Interest Law Journal221, 221–280（2017）.

⑤ Deborah A.Widiss, *Intimate Liberties and Antidiscrimination Law*, 97Boston University Law Review125, 125–192（2017）.

⑥ Matthias Mahlmann, *Prospects of German Antidiscrimination Law*, 14Transnational Law & Contemporary Problems1045, 1045–1067（2005）.

⑦ John Hasnas, *Equal Opportunity, Affirmative Action, and the Anti-Discrimination Principle: The Philosophical Basis for the Legal Prohibition of Discrimination*, 71 Fordham Law Review423, 423–542（2002）.

案中，原告未佩戴新冠病毒防护口罩而试图进入被告的商店，被拒绝。德累斯顿高等地方法院认为被告拒绝的理由是充分的，因为强大的私人住宅所有权允许权利人自由决定谁可以进入。这甚至不需要其他原因的加持，尽管当局确实要求佩戴口罩。[①]

其二，区分对待的自由利益与其他利益的累加，得对抗平等利益。逻辑是“X+ 自由权＞平等权”。例如 Fesel v. Masonic Home of Del.（1978）[②]表明，以保护隐私权为目标时，必要的差别对待得对抗平等利益（隐私权 + 自由权＞平等权）。Byrd v. Maricopa County Sheriff's Department（2009）[③]一案承认的规则是，如果性别的区分对待恰恰是为了保护人格尊严，允许区分对待（人格尊严法益 + 自由权＞平等权）。从 Cakeshop v. Colorado Civil Rights Commission（2017）[④]一案中抽取的规则是，宗教信仰利益加持下的区分对待自由应当加强保护（宗教信仰自由法益 + 自由权＞平等权）。

（三）有责性判断的要点

有责性负责识别违法认识可能性与期待可能性。违法认识可能性问题，可能发生于涉嫌间接歧视的案件，作为被告的抗辩事由出现。例如，美国内布拉斯加州 Bradley v. Pizzaco of Nebraska（1993）[⑤]案，被告比萨店规定送餐员必须刮净胡须。原告送餐员是非裔美国人，患有假性毛细血管炎。此人因拒绝剃须而遭解雇。原告主张被告的规定构成间接歧视。判决讨论了假性毛细血管炎在人群中的统计性分布差异、原告事实上是否可以剃须等问题，未及其他。不过有评论指出，被告的违法认识可能性存疑。假性毛细血管炎及其分布属于隐微的医学知识。要求作为普通商人的原告对此知悉过于苛刻。[⑥]

---

① OGL Dresden, Beschluss v. 19.4.2021, Az.: 4 W 243/21.

② Fesel v. Masonic Home of Del., Inc., 447 F. Supp. 1346（D. Del. 1978）. 一家养老院拒绝雇用一名男护士而被起诉。特拉华地区法院接受了“保护客户隐私权”的抗辩，允许差别对待。

③ Byrd v. Maricopa County Sheriff's Dep't, 565 F.3d 1205（9th Cir. 2009）. 男性囚犯得以人格尊严不受侵犯为由拒绝女性管理人员搜身。美国第九巡回上诉法院认定男性囚犯有权如此。

④ Masterpiece Cakeshop, Ltd. v. Colo. Civil Rights Comm'n, 137 S. Ct. 2290（2017）. 糕点店拒绝为一对同性伴侣烘焙用于其婚礼的糕点，被科罗拉多州民权委员会裁定为歧视。美国最高法院撤销了该裁定，理由是委员会“对面包店真诚的宗教信仰有明显和不当的敌意”。

⑤ Bradley v. Pizzaco of Nebraska, Inc., 7 F.3d 795（8th Cir. 1993）.

⑥ John Hasnas, *Equal Opportunity, Affirmative Action, and the Anti-Discrimination Principle: The Philosophical Basis for the Legal Prohibition of Discrimination*, 71 Fordham Law Review423, 423-542（2002）.

期待可能性抗辩通常发生于结构性歧视类案件，涉及深层的风险分配。前述 Eldridge v British Columbia（1997）一案的争议是，聋哑人就医时的翻译费应当由社会医疗保险承担还是医院自行承担。以色列 Miller v. Minister of Defense（1995）案的争议是，招聘女性飞行员发生的额外费用与预备役损失应当由财政承担还是训练机构自行承担。日本“住友水泥案”（1966）[①]的争议是，女性职员在终身雇佣制、资历薪酬制下的“过高薪酬”应当由财政补贴还是由企业自行补贴。其共性在于，在社会结构性歧视领域，个体为了趋利避害而遵从迎合若干区分特征，以规避自行承担平等对待他人的额外付费。此时，歧视对他人造成的损失与拒绝歧视需要付出的费用数额相等，本质上是一体两面。前例中聋哑人翻译费、招聘女飞行员的额外费用、维持女性职员高薪酬的超额预算，都是此类损失或代价。问题的实质不在于谁该受道德谴责，而在于谁来承担拒绝歧视或矫正歧视的费用。

大多数判决将费用推给被告。这有违朴素的分配正义。结构性歧视并非源自随机性的主观恶意，而是根源于现实中根深蒂固的经济基础、社会分工与人的自然属性。个人缺乏对抗结构性歧视的能力与资源。既然社会整体做出对抗歧视的价值选择，就应该由社会成员整体均摊其费用。判决将费用非均质地转嫁于个案中的被告是贪求权宜的选择。它无异于诿过于被告而允许其他不特定多数人搭便车。例如前述 Miller 案，招聘女性飞行员没有问题，但公共财政应当补贴额外费用，而不是推给训练机构承担。不公正的分配还会制造奖恶罚善的扭曲机制。例如前述 Eldridge 案，主动选择提供残疾人翻译费的医院必须承担成本代价；而坚持歧视的医院反而会获得成本优势，进而获得竞争优势。同理，如果要实现类似“住友水泥案”那样男女同工同酬的社会理想，就要由全社会补贴那些实际执行的企业。在社会结构性歧视为既成事实时，要求个体自我承担实施平权行为的代价，违反期待可能性。结构性歧视的治理的成本应由社会整体均摊，否则属于双重标准。既要平等又要避免为此付费，属于“巨婴”思想。如果做不到整体均摊，说明社会现阶段生产力水平和文明程度不足以支撑理想。

全文结论：人格尊严论最适宜作为平等的理论基础。私法平等权是一种一般人格权下的细分类型，隶属于人格尊严法益，是在区分对待场景下显现

---

① Craig Martin, *Glimmers of Hope*: *The Evolution of Equality Rights Doctrine in Japanese Courts From a Comparative Perspective*, 20 Duke Journal of Comparative & International Law 167, 167-246（2010）.

的比较性利益。民法平等原则的规则化与歧视判定是一个问题的两个侧面。公法上的歧视认定，本质在于判断公权力是否滥用。私法歧视认定，本质在于权衡自由权与平等权孰轻孰重。具体权衡方法采用侵权的三阶层框架为宜。该当性、不法性、有责性各自要点如前，不赘述。

关系合同视角下数据处理活动的技术流变与法律准备

唐林垚*

一、问题的提出

新兴技术具备监管套利的基因，经常明面上以适应监管为导向，背地里却以挣脱监管为目标。近年来，数据泄露泛滥成灾，推动隐私保护法律密集出台，但过度监管令可合法使用的有效数字资源日益稀缺。数据要素化政策下，以“合规科技”面貌出现的多方安全计算、联邦学习等新兴技术，是强监管形势下的适应性产物，但因其深层次改变了数据处理活动的业务样态、责任主体和法律关系，已然逼近现行法律制度的临界阈值，引发了学界对既有规则的反思。例如，在不是一个而是多个数据处理者的情形中，各个主体之间的责任承担，应当是连带责任还是按份责任？①面对隐匿于数据处理活动流变背后的监管套利行为，如何公平公正地分配数据作为新型生产要素的潜在收益？②以上问题，直指个人信息保护法（以下简称“个保法”）的适用要害——单纯凭借静态的法律规则，能否因势利导地应对动态的技术演变？

本文的回答是，不能。数据处理活动的流变，使得原本结构单一、目标明确、内涵简单的数据处理范式转变为多元的、以复杂方式连续发生并且难以被区分为个别阶段的利益交换，个保法的多项核心关键机制降效失能颓势明显。由此产生了进一步的疑问：应当遵循怎样的完善路径，个保法才可为数据处理活动的流变提供最优的制度安排？面对这一方向性的追问，本文的探讨立足于法经济学的关系合同理论，第一部分通过对数据处理活动“关系合同”属性的阐明，揭示个保法的衡平作用和适应性品质；第二部分对数据处理活动的流变方式进行类型化界分，详细剖析新兴技术在数据处理活动中

---

* 中国社会科学院法学研究所副研究员。本文系国家社会科学基金青年项目“数字化与‘法律创生’原理阐发和机制构建”（23CFX078）的阶段性成果。

① 程啸：《论个人信息共同处理者的民事责任》，载《法学家》2021年第6期，第17页。

② 胡凌：《数字经济中的两种财产权——从要素到架构》，载《中外法学》2021年第6期，第1页。

的穿插应用将给关系合同的订立、履行、变更带来的多重法律挑战；第三部分回归个保法的衡平功能，试图为数据处理活动流变语境下个保法的“适应性”优化途径提供方法论上的建议。本文的观点是，因应数据处理活动的流变，本着个人信息保护的进化理性主义而不是构建理性主义来制定相关规则，其重要性不言而喻。

二、关系合同视角下数据处理活动与个保法的互动

综观世界各国个人信息保护立法，“订立、履行个人作为一方当事人的合同所必需”通常是处理个人数据的合法缘由，而“告知—同意”框架广泛被各国立法者前置为数据处理全周期的“第一闸口”，更是为数据处理活动奠定了合同的基调。尽管如此，区别于常见的即时结清合同，数据处理活动订立的合同存续时间较长，交易标的难以揣度，各方利益需求因外界情形变化需随时进行调整，其存续甚至不以明确的承诺为前提，故而无法用传统的合同法进行解释。突破传统契约理论固定模式的理念，麦克尼尔（MacNeil）教授用“关系合同”的称谓描述一切具有关于未来合意性质的合同，即交换（exchange）和关系（relationship）应时而变的长期合同。[①] 关系合同概念的引入，有助于理解数据处理活动的特殊性。

（一）数据处理活动的“关系合同”释义

数据处理活动的各项属性，与关系合同的上述特征合若符节。数据处理者和数据主体之间的交换，随着个人数据采集范围的扩张或限缩不断变化，各方关系的内涵也因数据处理者的引入、数据处理目的的变化、数据主体的撤回同意等发生改变。此外，数据主体从数据处理者处获得的服务本质也是不确定的，更准确地说，服务的“素质”，取决于多种因素的和。例如，在司空见惯的内容推荐场景中，数据主体以授权数据处理者访问自己的消费记录、浏览历史乃至交易数据、行为轨迹等为对价，换取数据处理者的“精准推送”服务。但是，数据主体最终获得的究竟是“精准推送”还是“定向营销”，抑或是“数字套牢”，既取决于数据处理者有多大的自利动机，也取决于技术人员有多大能力将前述自利动机通过算法进行表达，还取决于相关的法律法规

---

① 参见［美］伊恩·麦克尼尔：《新社会契约论》，雷喜宁、潘勤译，中国政法大学出版社2004年版，第10页。

在多大程度上对数据处理者的逐利行为“熟视无睹”。因为上述三重因素都处于不断变化之中，所以数据主体接受的服务和数据处理者提供的服务的具体情况依赖于一种有待实现的自然状态。

从学理上看，关系合同是典型的不完全合同。相较于在缔约时可以预见一切、对具体事项无所不包的完全合同，不完全合同承认长期关系中个人意志的局限性。实用主义经济学从四个梯度解释了合同不完全性的成因：

（1）面对风云变幻的世界，当事人很难对未来可能发生的各类情况作出事无巨细的规划，依赖过往经验的有限理性“限制了人们的想象力”；

（2）即使当事人可以克服（1），他们也很难找到能够恰当描述各种未知情况和潜在冲突的共同语言；

（3）即使当事人完成了（2），当事人之间认可的共同语言向长期可靠的协议或条款的拔擢仍困难重重，因为“语言的极端精确常以内容意义的极端空洞作为代价”；[①]

（4）即使当事人实现了（3），面对可能的纠纷，外部权威，例如法院，很难真正回溯至合同缔结之时的语境去揣度特定表述的含义并加以执行，尤其是当事各方在协商过程中的真实意图，更是无从知晓。[②]

从效用出发，虽然关系合同不能像完全合同那般“一次缔约，终生受用”，但在数据处理活动中，关系合同完全可以实现不低于完全合同的收益。数据处理者“逐次请求”和数据主体的“依次同意”，反映出各缔约方“走一步看一步”的协商模式。在数据处理活动灵活多变的情况下，各方只能充分考量自身禀赋，将各个阶段的不同共识，以不完全合同的形式固定下来。合同以多种方式履行并通过逐次谈判达成合意，可以使不完全合同在某一特定时期内无限接近于完全合同，并在长期运营的过程中实现超过完全合同的效率。极端情况下，即便无法获得最佳收益，但相对于关系合同已经实现的结果效率，完全合同也无法明显改善，例如，当数据处理者凭借拥有相对于数据主体“压倒性”的合同“缔约力”时，关系合同也好、完全合同也罢，合同形式的选取都无力改变数据主体被数据处理者压榨的事实，两者相较只是“五十步笑百步”而已，并无高下之分。由此引发的问题是，在关系合同的自

① Kaufmann Arthur, “Analogie Und ‘Natur der Sache’ Zugleich Ein Beitrag Zur Lehre Vom Typus.”(1982), p.73.

② See MacNeil Iain. *Company Law Rules: An Assessment from the Perspective of Incomplete Contract Theory*, Journal of Corporate Law Studies 1.1(2001): 107–139.

由化倾向下，个保法辖制数据处理活动的正当性何在？

（二）个保法介入数据处理活动的正当性

关系合同无法被传统的合同理论所涵盖，在很大程度上证明了个保法独立于传统民事法律的必要性。从关系合同的角度来看，个保法介入数据处理活动的正当性体现在两个方面。

其一，个保法以极低的谈判和履行成本为各方之间的关系提供了一套大家都愿意遵循的规则及实施机制。关系合同的长期性将放大个人意志的局限性，即便数据处理者和数据主体想方设法地对未来可能发生的情况进行事无巨细的约定，也难以涓滴不漏。关系合同理论表明，个体试图在当下对未来的利益交换作出不可更改的规划和判断时，暂且不说技术的突飞猛进将在多大程度上颠覆人们的主观想象，单单考虑任何数据主体都多少存在的认知局限和思维惯性，便不难想象数据处理活动中广泛存在的“对对手方的轻信、对潜在风险的低估以及对不确定性的忽视”[①]。更何况，在人工智能批量取代自然人服务的大背景下，数据处理者对个人数据的采集和利用“采取了‘自觉自愿’的诱导进路，其对数据主体的吸引力在于‘免费’提供更‘个性化’的服务”[②]，数据处理者可以轻而易举地将数据处理合同伪装成包含“附负担的赠与”的单务合同，让作为受赠人数据主体“甘之如饴”地按照合同约定履行提供个人数据的义务。数据主体在获得甜头时会变得轻率和盲目乐观，这往往能够悄无声息地卸掉其作为理性经济人本应有的警惕和防备，使其很少思考诸如“为何测算贷款额度需要访问手机通讯录以及获取位置信息权限”等问题。

其二，个保法为数据处理活动中居于弱势地位的数据主体提供托底性保护。在漫长的关系合同履行过程中，数据处理活动存在诸多自然状态下不能被证实的情况。诚然，关系合同中可能写明了数据处理者在任何情况下不得损害数据主体的权益，但某些隐性且不直接的损害，在数据处理活动中可谓根深蒂固，而数据主体对此根本无法举证。例如，“透明性、可问责性、监管

---

① ［美］伊恩·麦克尼尔：《新社会契约论》，雷喜宁、潘勤译，中国政法大学出版社 2004 年版，第 26 页。

② 唐林垚：《人工智能时代的算法规制：责任分层与义务合规》，载《现代法学》2020 年第 1 期，第 208 页。

及正当程序”欠缺；[①]“个体层面由内隐偏见驱动的无意识歧视和社会层面由结构性不平等驱动的系统性歧视”，干预数据生成、采集和利用；[②]对算力的社会化开发，导致“事先难以预料的外部性在市民生活领域的扩散”等。[③]在技术黑箱的掩护下，数据处理者可以毫不避讳地对数据主体作出“虚幻承诺”，而数据主体对此根本无法证伪。在信息和知识劣势导致的举证困难之外，数据主体还面临资金和实力不敌数据处理者的困境。因此，无论数据主体和数据处理者的初始合意有多么充分，不可将公平价值的保障完全系于各方的合同自治，而必须保留某些强制性的规则，例如，要求数据处理者内部指定“数据保护官”、禁止其通过误导和欺诈方式处理个人数据、遏制危害公共利益的数据处理行为、规定数据处理记录必须留存满特定期限才可删除等。

虽然数据处理活动具备关系合同属性，但必须警惕一种倾向，即认为数据处理活动中当事人的合同自治，可以至少排除个保法中的部分强制性规则。事实上，意思表示的一致并不能根除数据处理活动的风险，当新兴技术尚处于“试错”阶段时更是如此。目前，学界多有关于个保法中特定规则的详细研究，但无论是推崇还是反对，其论证的基本逻辑是个别规则相对于一般合同约定的必要性，借此对个保法独立于传统部门法的法律地位予以证成。[④]与此相区别，本文是在关系合同的向度内，探讨个保法对关系合同约定补强与完善的方向与可能。个保法的存在，奠定了关系合同之于完全合同的相对优势。理想的情况下，数据处理活动的各方既没有必要选择签订错综复杂的状态依存合同，也不必选择囊括了烦琐机制设计的完全合同，因为即便他们只是签订了简单的不完全合同，也能获得来自个保法的“补漏”和“强化”。有个保法打底，数据处理活动中的各方既可以有效节省事前的缔约成本，还能大幅降低事后的冲突协调代价，有利于数字经济的良好运营。

（三）关系合同视角下个保法的功能定位

要准确理解个保法在数据处理活动中的功能定位，需要引入“所有权—

---

① 王莹：《算法侵害类型化研究与法律应对——以〈个人信息保护法〉为基点的算法规制扩展构想》，载《法制与社会发展》2021年第6期，第134页。

② 李成：《人工智能歧视的法律治理》，载《中国法学》2021年第2期，第127页。

③ 唐林垚：《算法应用的公共妨害及其治理路径》，载《北方法学》2020年第3期，第54页。

④ 例如，丁晓东：《从“马法”到马克思主义之法：网络法的法理学与部门法意义》，载《地方立法研究》2021年第6期，第109—125页；陆青：《数字时代的身份构建及其法律保障：以个人信息保护为中心的思考》，载《法学研究》2021年第5期，第3—23页。

控制权”模型进行分析。完全合同的终极作用，是明确缔约双方的权利和责任，以鼓励长期投资。而关系合同的主要作用，是为缔约各方的交易关系提供一个个“参照点”，而各个参照点锚定了双方所取得权利的“感觉”。关系合同的缔约各方只有在感觉获得了应得收益时，才会继续提供实质绩效。与之相对应的是，如果某缔约方觉得受到了不公平对待，他会通过合理的“反制手段”施以报复。[①]行为经济学将“互报”等可能导致事后成本的行为变量看作讨价还价的替代性机制，有助于关系合同的“自我修正”以及“按约定履行”。[②]缔约方对应得收益的心理预期，一般接近于关系合同中对他最有利条款所允许的最大利益。在数据处理活动中，事后的合同修改虽可能矫正初始合同的某些问题，但因数据主体普遍存在惰性依赖的情况，缺乏话语权的合同修改反而可能于己不利；初始合同虽然存在普遍信息不对称的情况，但毕竟是在相对竞争的条件下达成的，条款的公正性相对可预期。

结合上述条件，“所有权—控制权”模型在数据处理活动中可演绎为：各方的事后绩效，取决于他们在多大程度上得到了关系合同的允诺收益。倘若仅凭一纸合同约定，当数据主体的收益小于预期时，他们往往缺乏有力的“反制手段”，只能通过一定的“折减行为”，即降低绩效投入，作为对不公正待遇的回应。从效益的角度衡量，折减行为必然造成额外的福利损失。降低这种损失的一种方式是，缔约一份相对苛刻的初始合同，以便最大限度地固定数据主体的未来预期收益，减少合同执行的不一致与侵害可能，但这样的缔约方式会带来事后难以根据现实情况调整合同的缺陷。反之，宽松的初始合同无法有效应对折减行为带来的福利耗散，但能较好地根据情势变化适当调整。

在数据处理者强、数据主体弱的基本格局下，合同的缔约方不可能反复权衡这两种效应，直至“碰撞”出最优的合同状态。此时，个保法的衡平功能得以凸显。一方面，个人信息法通过赋予数据主体各类“反制手段”，激活不完全合同的“互报”机制，促进关系合同预期收益的实现。例如，在“个人信息自决”观念下的知情权、获解释权、拒绝权、更正权、删除权等，是抗衡数据处理者不法行为的法律武器，可以有效“消除信息利用的‘丛林法

---

① See Grossman, Sanford J. and Oliver D. Hart, *The costs and Benefits of Ownership: A Theory of Vertical and Lateral Integration*, Journal of Political Economy 94.4 (1986): 691–719.

② 其他类似的事后成本还包括寻租成本、影响成本和说服成本等。See Coase, Ronald H., *The Nature of the Firm: Origins, Evolution, and Development*, New York, Oxford 18 (1991): 1–33.

则'和'公地悲剧'"。[①]另一方面，个人信息法中的各项强制性条款，为严苛的初始合同松绑，为宽松的初始合同补漏，从根本上弥补了关系合同缔约阶段的缺陷。例如，数据主体丧失行为能力或死亡等情形，在合同缔约之初可能并未进入各方视野，而任由其直系亲属或继承人行使原数据主体的信息权益导致的种种道德风险，无法全部依靠合同规则消弭。为此，各国个保法一般通过严格的限制性规定来解决此类问题，我国《个保法》第49条就仅允许近亲属等在保护自身法定权益的情况下，查阅、复制、更正和删除原数据主体的个人信息，较好地防止了已逝数据主体的个人信息滥用。[②]

关系合同理论框架下，个保法本质上是一个不断发展完善的开放式合同，数据处理活动的各参与方在利益驱动下对个保法的规则"生产"施加着正向或反向的影响：一方面，个保法吸收着包括立法者在内的行家里手之智识，为数据处理活动中不断出现的新问题、新挑战提供新思路、新方法；另一方面，个保法也跟随数据处理合同的成长而不断充实，当事人之间成文或不成文的各项约定，构成了个保法的重要法源。个保法与关系合同的交流与相互增益体现在，数据处理活动的各参与方拟定数据处理合同，通过彼此之间的博弈"筛选出"能够被最多参与方广泛接受的规则，这些规则因获得"自由人的多数同意"[③]而具备了对内的约束力；反过来，前述规则在运营过程中，一次又一次地被更精确的语言所描述，最终固定成文字，经由立法者的承认和吸纳，内化为可操作的个人信息保护规则。

互动和筛选过程推动了多样化数据处理范式的形成，并且使敏感个人信息的认定与保护、禁止滥用自动化决策等规则生长出来。由此观之，个保法等实体法律可以被视为数据处理合同规则的延伸，即数据处理合同的特殊形式。既然数据处理活动中的各类复杂关系以合同为基础，那么个保法所衡平的各类法律关系亦具备可变通性。但无论如何，个保法的主导价值取向是完善，而非替代数据处理活动中当事人之间的自由协商。

（四）个保法正当性维持的适应性品质

以上论述，大体阐释了关系合同向度内个保法的正当性和必要性。更进

---

① 申卫星：《论个人信息权的构建及其体系化》，载《比较法研究》2021年第5期，第1页。

② 程啸：《论死者个人信息的保护》，载《法学评论》2021年第5期，第13页。

③ 根据庞德的解释，法律秩序权威的"直接实际渊源"可以在政治组织社会的立法机关和执行法律的机关中去寻找，而"最终实际渊源"，是"自由人民的同意或服从习惯"。参见［美］罗斯科·庞德：《通过法律的社会控制》，沈宗灵译，商务印书馆2010年版，第31页。

一步的问题是，在新兴技术不断涌现的信息化浪潮面前，个保法的正当性和必要性如何维持？对此，关系合同理论给我们的教义是，立法机关颁布个保法，只是使其获得了短暂的、表面上的合法性，个保法的长期和实质合法性源于其迅速迭代的适应性品质。

就既有实践观之，个保法的适应性品质体现在两个方面：其一，根据环境因素的差异作细微的制度性调整。不同国家和地区有着截然不同的制度环境，数据处理惯例亦大相径庭，例如，中国和欧盟是“同意—进入”（Opt-in）模式，而美国则是“选择—退出”（Opt-out）模式。从外观上看，中国、欧盟、美国等均通过“脱离自动化决策权”的权利设计来解决人工智能的权力宰制问题，似乎相关的个人信息保护规则实现了趋同，但这一静态的描述显然没能反映出不同立法者对于算法“霸权”的理解有哪些不同，也没能反映出各类法律试图赋权的数据主体有何差异，等等。事实上，虽然都贴上了同样的“保护数据主体自主权”“信息自决”等近似的标签，不同国家和地区“脱离自动化决策权”所遵循的路径和规则实施绩效却多有差别。[①]

其二，个保法的适应性品质还体现在规则的不断演进上。不利于各方从原本有利可图的交易中通过努力而获利的禁止性规则，在实践中将面临修改甚至淘汰的命运；与之相对应的，有助于减少交易成本、衡平弱势方和优势方悬殊地位的保护性条款，将不断被采纳、优化直至发扬光大。例如，当前世界各国个保法通行的、具有合同性质的“告知—同意”框架并不是偶然形成的，而是数据处理者在适应“优胜劣汰”的竞争过程中出现的。一方面，标准化的模式无论对于数据主体还是数据处理者而言均为最有效减少交易成本的解决方案。[②]另一方面，具体的“告知—同意”内容历经了成百上千次的市场和司法考验，是各参与方在协商成本足够低的情况下，必然会采取的制度安排。在《民法典》《网络安全法》《消费者权益保护法》所奠定的“告知—同意”框架的基础之上，我国《个保法》发展出了更为细致的“告知—知情—同意”框架，规定数据主体的同意应在“充分知情的前提下自愿、明确作出”。以“知情”勾连“告知”和“同意”，表明数据处理者的“告知”将以数据主体的“知情”为检验，而数据主体“同意”的有效性，也以“知情”为基础。

---

① 参见唐林垚：《“脱离算法自动化决策权”的虚幻承诺》，载《东方法学》2020年第6期，第18—33页。

② 王利明：《数据共享与个人信息保护》，载《现代法学》2019年第1期，第44—45页。

总之，个人信息保护规则并不像有形的计算机代码那般，一旦就位，就能产生特定的作用和效果。法律制度必须顺应数据处理活动的变化并从中自得其所。有些规则虽然言之凿凿，但由于未能契合数据处理活动的变化规律，在现实中被长期虚置，任由一些不成文的规则发挥着替代性的作用。从更宽泛的意义来说，法律的禀赋并非变动不居，而是在“市场主体的行为及其策略性反应之间循环往复”[①]。在这样的情境中，尚处于“摸着石头过河”初期的个保法，正在经受着技术革命的“重压”。既然实质合法性来源于适应性品质，个保法必须直面游走于法律边缘的技术创新。

三、数据处理活动的流变路径及法律挑战

个人信息保护的一项经典命题是，数据处理活动需与处理目的相适配，即以“合法、正当的处理目的”合理化“必要、直接的数据处理活动”。[②]如此，才能使数据主体获得出让个人信息使用权的应得收益，避免数据处理者通过不法手段获取不成比例的回报等道德风险。因此，在各国的个保法中，正当目的原则是通行的法律规则。然而，过去的数年间，为了实现跨境数据处理活动的畅行无阻，各国政策制定者都聚焦于兼具“合规”和“赋能”属性的信息科技，试图构建一套以手段本身正当化处理目的的数据合规制度，倾向于将特定新兴技术的使用等同于数据处理活动的合理合法。自欧盟法院在Scherems Ⅱ案中判决欧盟—美国隐私保护盾无效以后，[③]两大经济体数据互传曾一度陷入瘫痪。迫于数据交流的刚需，欧洲数据保护委员会（EDPB）印发了《关于补充传输工具以确保遵守欧盟数据保护水平措施的建议》，将隐私增强技术的使用视为跨国数据处理者主动合规的证据，为欧盟同各大经济体之间的数据互传另辟蹊径。美国国会也通过了《促进数字隐私技术法案》，要求加强隐私增强技术的研究和推广。

强监管形势下，各类隐私增强技术应运而生，给数据处理活动带来了三个方向的流变。其一，从单打独斗向抱团协作转变。例如，多方安全技术，

---

① 罗培新:《公司治理法律规则背后的经济与社会含义》，载《证券法苑》2010 年第 2 期，第 21 页。

② 参见刘权:《论个人信息处理的合法、正当、必要原则》，载《法学家》2021 年第 5 期，第 1 页。

③ *Commissioner v. Facebook Ireland Limited*, *Maximillian Schrems*（Case C–311/1）.

是多个非信任主体在数据“可用不可见”的前提下进行高效融合计算的技术手段，单边数据传输向多方数据整合跃升。其二，从“中心化”向“去中心化”转变。例如，联邦学习技术，可在不共享本地数据前提下实现机器学习模型的协同训练，参与方呈现零散分布式特点，多个终端共同参与模型训练。其三，由直接关联向模糊关联转变。例如，差分隐私技术，通过在结果中添加噪声，使攻击者无法利用反向识别手段复原敏感数据，此种隐私保护手段以牺牲运算精度为代价，打破了数据处理和结果输出之间的线性关系。

在当代法哲学中，法律与技术关系的重构，向来是一个核心命题。这一命题所面临的二律背反，在数据处理活动中尤为突出。冲突的表象是，法律和科技携手共治，本是应对数字经济危局的大势所趋，但凭借技术手段挣脱法律束缚致使行为不受约束的情况却屡禁不绝。[①] 其深层次的原因在于，对于打着技术幌子的监管套利行为，无论是作为监管者的政府还是作为裁判者的法官，显然都缺乏前瞻研判的主动意识和有效应对的法理准备。虽然兼具“合规”和“赋能”的双重属性，但一如“自反性现代化”的经典命题所揭示出的那般，用以消弭风险的技术手段有时“恰恰是风险生产的诱因”。[②] 新兴技术监管套利的基因决定了，起初的“合规”属性极有可能在日后被“赋能”反噬。在这方面，关系合同分析框架的引入，同样大有裨益。技术适用导致的数据处理活动流变，将给关系合同的执行带来四重挑战。

（一）造成传统责任体系虚置和颠覆

数据处理活动的流变给关系合同带来的第一重难题，是传统责任机制的紊乱失调。

在普通的算法应用中，合同的相对方十分明确、人际接触较为有限、交易标的易于揣度、致害因果关系不难建立，脱胎于长臂理论的归责体系呈现出“运营商问责制”的倾向，透过“数据处理者—数据主体”的二分法以及三分法简化，或主张建立正当程序制度全面追究数据处理者的责任，[③] 或建议采取场景化的规制路径构建算法公开、数据赋权与反算法歧视等具体制度。[④]

---

① 参见袁康：《金融科技的技术风险及其法律治理》，载《法学评论》2021 年第 1 期，第 115 页。

② 许可：《个人信息治理的科技之维》，载《东方法学》2021 年第 5 期，第 59 页。

③ 参见张凌寒：《算法权力的兴起、异化及法律规制》，载《法商研究》2019 年第 4 期，第 63—75 页。

④ 参见丁晓东：《论算法的法律规制》，载《中国社会科学》2020 年第 12 期，第 138—159 页。

虽然“运营商问责制”也因为将责任一揽子归于数据处理者而饱受质疑，但在法律关系相对简单的情况下，较为严苛的责任分配机制有助于约束数据处理者的越矩行为。

数据处理活动的流变，打破了传统的二分法或三分法的归责体系。以联邦学习技术为例。在联邦学习中，当事人的合意以“关系合同集束”的形式体现，对应着更加复杂的法律关系——联邦学习主导方和参与方之间是主数据处理者和从数据处理者关系，参与方和数据主体之间是直接处理关系，主导方和数据主体之间是间接处理关系。除了主导方控制的中央服务器是可信的，所有终端和其他设备均不能排除尝试获取用户隐私和对抗系统的可能，即便他们严格按照联邦学习的初始方案执行程序。有为数众多的参与方横亘在主导方和零散的数据主体之间，传统的二分法和三分法无法准确描述此类网状关联的法律关系，数据处理的层层委托经常演化为“层层甩锅”，致使责任主体虚化。随着训练模型的不断迭代，在事后落实和评估联邦学习各方的责任将愈发困难。倘若依照《电子商务法》第 5 条“产品和服务质量责任”，对链条上的所有数据处理者适用严格责任原则，或依照《个保法》第 20 条“共同处理者责任”，要求全体数据处理者承担连带责任，显然有悖合同的权责对等的基本原则。让多数的善意方因少数的恶意方承担连带责任，也不利于联邦学习等新兴技术的部署和推广。

（二）导致无法通过量化手段趋近完全合同

数据处理活动的流变给关系合同带来的第二重难题，是缔约方难以通过精细的量化手段，分阶段压实不明确的合同承诺。

数据处理合同之所以具备关系合同的属性，很大程度源于数据处理活动中存在数据主体能够大致预料当前行为将给未来造成的后果与其无法通过缔结合同的方式来防止数据处理者在未来对合同条款的预期滥用之间的矛盾。就普通的数据处理活动而言，尽管数据处理各方亦不能具体描述未来可能发生的所有情形，但是他们可以粗略估计未来正常情况下的可能收益，就像网络广告计费有着按点击计费（CPC）、按每千人成本计费（CPM）、按每行动成本计费（CPA）、按每回应成本计费（CPR）、按每购买成本计费（CPP）等不同算法，一般情况下个人数据的现价和待挖掘价值能够通过可量化的手段予以大致估量。基于此，普通数据处理活动的各方完全可以设计出一个行动依赖于各种收益的不完全合同，而不是行动依赖于不可描述状态的关系合同，前者是比后者更加接近完全合同的不完全合同。也就是说，借助外部收益量化机制，最优的数据处理合同不是从状态信息到行动结果的映射，而是从与各种预期收益相对应的且数据主体在事前可描述的一系列收益到行动结果的映射。这也符合马斯金（Eric Maskin）和梯若尔（Jean Tirole）提出的“不相关定理”[①]，基于未来收益并在缔约阶段就进行优化决策的“充分理性”，是对未来状态不可预见的“非理性”的有益而必要的矫正。

个保法中关于损害赔偿责任依照数据主体所受损失或数据处理者所得利益进行确定、对处理个人数据达到和未达到公共管理部门规定数量的数据处理者进行区别对待的规则设计等，均是不完全合同“稳预期、利长远”的法律保障。但是，数据处理各方未来收益预期的可量化，是在数据处理活动的本质没有发生变化的前提下实现的，亦即，固定预期收益所能抗衡的不确定性仅是针对各参与方难以揣度的行为，无法应对数据处理模式的根本性改变。然而，技术变革导致的数据处理活动的流变，无论是从数据处理者的引入、可信执行环境的闭环构建，抑或是数据处理活动的外包、算力边缘响应等，均不同程度破坏了上述前提，给诸多约定本身就不甚明确的关系合同带来了更多的不确定性。针对数据处理活动的本质性流变，个保法也应相应作出调整，以便更好地履行“预期稳定器”的功用。

（三）致使关系合同后续修改机制被架空

数据处理活动的流变给关系合同带来的第三重难题，是架空关系合同的后续修改机制。

后续修改机制，是关系合同逐步趋于完善、依次达成合意从而更有利于当事人的基本保障。面对数据处理活动的流变，争议的焦点在于关系合同的后续修改机制是否应当受到法律规则的限制。支持协商自由的学者认为，当事人之间的自治安排优于法律制度，只要各方合意，规则可以改变。在实践中，某些国家的立法者虑及数据处理技术变化频繁的现状，规定只要数据主体没有明确表示反对，则关系合同的改变在事实上取得合法性。况且，数据主体的“自我保护”，有“选择—退出”机制等予以保障，故而没有必要大费周章地让当事人反复“协商”。诚然，一再请求同意授权必然降低数据处理活动的效率，反过来又会对数据主体所享有的安宁权造成损害，并且极有可

① “不相关定理”是指状态的不可描述性和合同的不完全性并非线性关联。See Maskin, Eric, and Jean Tirole. *Unforeseen Contingencies and Incomplete Contracts*, The Review of Economic Studies 66.1（1999）: 83–114.

能导致疲惫状态下的一揽子授权或一揽子拒绝，扰乱了数据处理活动的正常秩序。然而，深谙个人信息风险的学者对此并不完全认同。在他们看来，如果没有实质性的好处，任何一个理性的、信息充分的数据主体断然不会轻易同意数据处理者的后续合同修改，特别是那些可能加深隐私风险的决定。[①]但是，"合同自由主义者"通常对这些批评置若罔闻，根据他们的主张，数据处理合同的修改自由，即使对于非理性、信息匮乏的数据主体而言，也是利大于弊的，因为市场足以构成对数据处理者越矩行为的约束；想当然地判断具备基础理性智识的数据主体一定会拒绝合同的修改，多少高估了数据主体的"主观能动性"。就理论基础而言，早在 20 世纪末，即便是承认网络法具有突出于传统部门法功用的学者，也不排斥市场竞争和良法善治的相互交融，例如劳伦斯·莱西格（Lawrence Lessig）就曾指出，新兴技术的规制，需透过"国家法律（Laws）、社群规范（Norms）、市场竞争（Market）和技术架构（Architecture）的联结互动"。[②]易言之，市场竞争，自然会对违法道德和群体利益的行为施加成本，比起市场的惩罚而言，来自法律的铡刀经常会有滞后，而且还伴随着其他的成本。

对于上述争论，我国《个人信息保护法》（以下简称"《个保法》"）的回应较为"暧昧"。《个保法》第 14 条要求，个人信息的处理目的、方式和种类发生变更的，数据处理者必须重新取得个人同意，而任何同意的作出，须以个人充分知情和明确自愿为前提。乍一看，立法者回应了崇尚法律保护的学者们的担忧，既然有充分知情的限制性要求在前，数据主体的同意或者拒绝方能不受数据处理者的蛊惑。然而，对于数据处理者的"告知"，《个保法》第 17 条虽有"以显著方式、清晰易懂的语言""真实、准确、完整"的规定，但法条覆盖的事项仅局限于数据处理者的身份信息，数据处理的目的、方式、种类、期限，数据主体的法定权利以及法律法规规定的其他事项，并不涉及数据处理活动的潜在风险、对数据主体的潜在影响以及技术手段详细评测等数据主体真正关心的内容。因此，在"以显著方式、清晰易懂的语言"展示法定内容之外，为满足"真实、准确、完整"的规定，数据处理者倾向于提供长篇累牍的用户协议，字里行间充斥着高深莫测的技术行话和似是而非的

---

① 参见高富平：《个人信息使用的合法性基础——数据上利益分析视角》，载《比较法研究》2019 年第 2 期，第 72—74 页。

② Lawrence Lessig, *The Law of the Horse: What Cyberlaw Might Teach*, Harvard Law Review 113（1999）: 501-502.

虚幻承诺。数据主体既无时间也无能力真正阅读、理解这些条款。某些数据处理者甚至还乐于将计就计，通过刻意增加用户协议的篇幅，达到“喝退”数据主体认真了解合同变更内容的目的。他们表面上是在勤勤恳恳、毕恭毕敬履行让数据主体“充分知情”的信息披露义务，实际上却是利用自身的信息优势地位，对数据主体造成压迫、误导和操纵，《个保法》第 14 条、第 17 条的规定被架空。

实践中，数据主体的“充分知情”和“明确自愿”，一般通过三种极为简陋的形式证明，但法律对此予以认可：一是设置“阅读倒计时”，在倒计时届满前用户无法点击同意；二是在屏幕上，要求用户使用手指，从用户协议的开头划至用户协议的末尾，之后才能表示同意；三是让用户对着摄像头朗读“已经仔细阅读合同全文并洞悉潜在风险”。三种方式也可能被叠加使用，但无论如何，“作秀式”的告知证明，并不能完全保证数据主体真正知晓合同的主要内容以及合同变更的真实目的。告知和知情的“断层”，已经成为世界各国“告知—同意”框架的通病，[①] 我国《个保法》的“告知—知情—同意”框架，也未能真正解决这个问题。立法者所看到的是一个规定了同意须以充分知情为前提，就能扭转数据处理者和数据处理主体信息地位悬殊的世界，而这种愿景同当今技术运作的现实情况存在巨大鸿沟。

可见，尽管数据处理规则的修改必须经过数据主体同意，在理论上必须承认这是双方意思表示一致的结果，但由于数据主体通常在事实上根本不具备预判规则修改后续风险的知识储备，在事实上不可将其视为毫无瑕疵、合意充分的契约行为。故而，必须承认初始合同和后续合同修改在正当性层面存在的区别。如何在数据处理活动流变的语境中充分保障数据主体的知情权，使其能够在技术洪流的波涛汹涌中“行稳致远”，是未来个保法修改必须要考虑的内容。

（四）加剧关系合同中剩余权利分配失衡

数据处理活动的流变给关系合同带来的第四重难题，是加剧合同剩余权利分配的失衡。

依照能否在合同中进行明确规定，莫尔将交易中的权利分为特定权利和剩余权利。正常情况下，无法以条款形式固定的剩余权利对于缔约各方而言

---

① 万方：《个人信息处理中的“同意”与“同意撤回”》，载《中国法学》2021 年第 1 期，第 172 页。

都是均匀分布的，但在数据处理活动中，剩余权利几乎被“一刀切”似的配置给了数据处理者。数据处理者通常以“免费”的服务供给，作为对数据主体授权使用数据的代偿；而剩余权利几乎是作为特定权利的附随，被打包“赠送”给数据处理者。根据关系合同理论，可预见、可实施的特定权利并不会干扰资源的分配和再分配，但合同中无法明示的剩余权利对缔约各方都至关重要。甚至有学者指出，获得剩余权利控制权等同于获得了实质所有权，主张将剩余权利的控制权配置给投资决策相对重要的一方。[①] 前沿技术对数据处理活动的加持，加大了数据的聚合体量、提高了数据处理者的知识处理能力，剩余权利的变现也因此更加容易。“某些在外行人看来一文不值的信息，对内行人却意义非凡。”[②] 数据聚合带来的默会知识和潜在机会无疑给数据处理者带来了丰厚的回报，使其对剩余权利的竞逐变本加厉。

本来，对于剩余权利明显失衡的情况，合宜的做法是一方支付对价，将另一方买断，通过设置合理的价格将剩余权利配置给更能够有效利用它的数据处理者。然而，数据处理活动的流变，加大了剩余权利定价的困难程度。其一，数据一旦透过多方安全计算、联邦学习等技术对其他生产要素产生“倍增作用”，数据的“二次利用价值”便不像一般利用价值那般可计算；其二，当企业效益和社会效益产生冲突时，法律将让违反能够促进市场效率的道德准则的行为得不偿失。数据处理活动的流变稍不注意就可能触碰反垄断法、数据安全法和网络安全法的红线，[③] 来自法律的“事后清算”加大了“事前定价”的难度。

上述困难表明，随着数据处理活动的流变，仅凭强行法在极特殊的情况下对剩余权利的失衡进行矫正是远远不够的。况且，本应深度嵌入数据处理活动的个保法，在保护特定权利方面“刚性有余”，在平衡剩余权利方面却“柔性不足”。各国个保法中的诸多规定，例如在数据处理活动的各个环节履行相应的“告知”义务、允许数据处理撤回同意和授权、为数据主体建立便捷的个人行使权利的申请受理和处理机制等，只是赋予了数据主体就特定权利同数据处理者谈判和博弈的砝码，无法延伸至合同中“说不清、道不明”

---

① See Hart, Oliver, and John Moore, *On the Design of Hierarchies: Coordination Versus Specialization*, Journal of Political Economy 113.4 (2005): 675–702.

② *Marchetti v. United States*, 390 U.S. 39 (1968).

③ 参见杨东:《论反垄断法的重构：应对数字经济的挑战》，载《中国法学》2020年第3期，第206—210页。

的剩余权利。当然，个保法在均衡剩余权利方面，也并非完全无所作为，例如，我国《个保法》第 58 条就对提供多元互联网平台服务、用户数量特别巨大、业务类型相对复杂的数据处理者，规定了引入外部监督体制、定期发布社会责任报告等特别义务，可以在一定程度上矫正剩余权利的失衡。如欲全面应对前沿科技的“狂飙突进”，必须依赖个保法的适应性品质及时对数据处理活动的流变做出回应。

以上四个方面的法律挑战并非互不相关，它们共同揭示了如下的应对原理：其一，受新兴科技的影响，数据处理活动，将朝着重塑权力形态和权力结构的方向流变，政策制定者宜从数据处理的源头构建“技术性正当程序”，[①] 通过多样化、去中心化的规制手段，对抗同样多样化、去中心化的技术风险；其二，在高度不确定的数据处理活动中通过权利赋予配合行为规制的围堵模式来化解技术变革的风险，可能南辕北辙，应回归关系合同的基本属性，以缔约各方互信互惠的良性关系取代过于简单的机械化规则；其三，基于权力制约和尊严保障的法治理想追求，激励相容路径下关系合同的改良有助于从数字规范性和技术可控性角度框定数据处理活动的流变边界，补全临界状态中动态规范的暂付阙如。

四、未来法律准备的全新面向及规则重构

数据处理活动的流变风险，既是技术变革的自然产物，也是新兴技术打破传统数据处理惯例的必然结果。全新数据处理范式带来的问题是，数字经济效率的终极目的与罔顾数据主体合法权益的现实风险之间的矛盾如何协调。马克斯·韦伯（Max Weber）指出，理性的法律，通过稳定交易预期从而为经济发展提供助力。[②] 面对数据处理活动流变带来的法律挑战，稳定预期等积极目标的达成，最终需要个保法的适应性品质予以承载：当且仅当相关规则的改进和完善与数据处理活动的流变“同频共振”，个保法才能长期措置裕如地应对新兴技术带来的各类风险。为关系合同的“长治久安”保驾护航，我国《个保法》的理性优化可以从四个方面展开：其一，通过比例连带责任完善既

① 参见刘东亮：《技术性正当程序：人工智能时代程序法和算法的双重变奏》，载《比较法研究》2020 年第 5 期，第 64 页。

② Trubek David M.，*Max Weber on Law and the Rise of Capitalism*，Wisconsin Law Review（1972）：720.

有责任体系，弥补关系合同存在的责任虚置；其二，引入信义义务规则，充分发挥《个保法》之于关系合同的漏洞填补作用；其三，承认过程信息的个人信息属性，让可携带权的内涵及于过程信息，提升数据主体相对于数据处理者的合同“缔约力”和“谈判力”；其四，活用强制性规范，对信息处理活动中至关重要的剩余权利分配做出合理安排。

（一）穿透合同面纱：构建多维责任体系

《国民经济和社会发展第十四个五年规划和2035年远景目标纲要》明确要求“健全数据资源目录和责任清单制度”，预示着未来将会出现比现有二分法、三分法细粒度更高的规则机制。应对数据处理活动的流变，基于合同相对性的责任承担应当让位于基于合同连锁性的责任分配。

在流量经济引发道德风险的今天，强化责任链条的必要性远超以往任何一个时代。[①] 为争夺市场占有率，数据主体依靠过度宣传招揽客户的行径可谓司空见惯。数据处理者常常面临自身禀赋不足以应对复杂需求的困境，利用多方安全计算“蹭数据”、利用联邦学习“蹭算力”等情形时有发生。为了促成关系合同的签订，数据处理者对可能引发争议的特别事项或避而不谈，或刻意将其美化，例如，将数据处理活动流变中的“转委托”行为描述为“与第三方形成技术合力，共同提供最强技术保障”，完全罔顾从数据处理者可能通过反向识别手段再次“开垦”数据的风险。而且，当从数据处理者的处理能力到达上限时，便可能再次转委托他人处理数据，这种层层外包的方式若不加限制，将导致数据主体的隐私受到“反复侵害”。

从关系合同的“环环相扣”入手，主导方责任、参与方责任、技术方责任和监管责任共同构成了未来数据处理活动的责任构架。在普通数据处理活动中，风险通常能够追溯至形迹可疑、不怀好意的责任主体。随着数据处理活动的流变，风险的产生途径更加宽泛，任一参与方的数据瑕疵、因觊觎而实施的小动作、敌意而隐秘的直接攻击等，都可能“以点带面”地造成损害。因此，针对风险源头高度分散、风险样态各不相同、风险发生随时随地的新兴技术，责任分配机制的设计应当灵活多变，不能简单地将侵权责任的线性思维套于其上。

实践中，技术方与主导方通常归属于同一主体，是多方安全计算、联邦

---

① 参见丁晓东：《个人信息私法保护的困境与出路》，载《法学研究》2018年第6期，第194—196页。

学习的主要发起人，应当对隐私安全防线崩溃、参与方把关不严、算法歧视和其他潜在技术风险承担主要责任。少数情况下，技术方与主导方不属于同一主体，除非主导方与各参与方直接签订合同或主导方有重大疏忽等例外情形，由技术方对数据处理流程中的安全缺陷和目标偏离负责才是正常的责任配置原则。不过，数据处理活动流变的潜在危害，例如个人隐私泄露、训练出的模型输出歧视性结果等，主要的受害人是数据主体，向数据主体直接承担责任的数据处理者，亦即各参与方，处于责任链条的最前端。当数据处理者履行了作为参与方的赔偿责任之后，可以依法向其他参与方、技术方和主导方追偿。此时，应当结合实际情况区分过失和故意，禁止故意方向过失方追偿。需要补充的是，面对数据处理活动的流变，责任分配虽有细究之必要，但是主导方、技术方、参与方之间的内部关系如何，“不会也不应对”数据主体的个人信息权益产生不利影响，数据主体有权向任一数据处理者行使其个人权益。

监管责任是法律应对数据处理活动流变的重要抓手。工信部《关于工业大数据发展的指导意见》要求“明确各级政府监督管理责任，构建工业数据安全责任体系”，《个保法》《电子商务法》《网络安全法》《数据安全法》《关键信息基础设施安全保护条例》等都有关于管理部门和监管人员职权和责任的专门规定，多个法律之间存在平行适用、相互交叉、梯度递进的复杂关系。[①]不过，在各项新兴技术的推广初期，各行业主管部门无疑是履行监管职责的第一主体，有必要通过行政规章对各自的监管责任予以明确。2021 年 6 月 28 日，中国支付清算协会发布了《多方安全计算金融应用评估规范》，这是我国第一个有关隐私计算的金融规范，其他行业和其他技术领域的规范制定，也应同步跟进。

（二）匹配潜在绩效：引入信义义务规则

关系合同理论对不完全合同理论的改进体现在，放弃事后谈判一定能取得实质绩效的假定，将事后交易存在部分可缔约的情形纳入考量。[②]换而言之，关系合同将始终具备“不完全合同”的属性，即便通过事后谈判不断校准，那也只是在“非完全”的意义上进行的事后完善，就像反比例函数“无限趋

① 参见周汉华：《平行还是交叉——个人信息保护与隐私权的关系》，载《中外法学》2021 年第 5 期，第 1167 页。

② See Hart, Oliver and John Moore, *Contracts as Reference Points*, The Quarterly Journal of Economics 123.1 (2008): 1–48.

近但永不相交”那般，事后谈判对不完全合同的修正只能使之无限趋近完全合同，但其“不完全合同”的属性不会因此发生实质性改变，这是关系合同的“关系性”所决定的。这一修正，十分贴合数据处理活动的实际情况，如果数据主体同数据处理者的首轮谈判尚且是漫不经心的，很难想象在习惯于接受数据处理者的产品和服务之后，数据主体会突然觉醒，在数据处理活动的流变中掌握谈判的主导权。

就此而论，个保法的积极意义，在于识辨出数据处理活动中可缔约的字面绩效（即按合同文义执行的可证实的绩效）之外可能存在的不可缔约的潜在绩效（按合同精神执行的不可证实的绩效），并通过一种“笼统但贴合实际”的表述，维护潜在绩效之于数据主体可能存在的“信赖利益”。最常见的此类表述即商事关系中司空见惯的“信义义务”，要求无论在何种情况下，受托人必须本着委托人的最佳利益行事。例如，公司建立之初，公司股东和管理层之间，不可能就未来还没有发生的所有事情，以列举的方式在公司章程中做到面面俱到的约定；为了保护公司股东的“可期待性利益”，公司法中以强制性规则存在的信义义务规则尤其重要，迫使公司管理层应时刻为公司利益最大化审慎行使职权。已经有学者注意到将信义义务引入数据处理活动的必要性，要求数据处理者以“受托人身份管理或处分其占有的个人数据”[①]。

强化数据处理者的信义义务，能有效弥补数据主体应对数据处理活动流变之不足。相互信任是关系合同的根基，数据主体只有在信任数据处理者的情况下才会源源不断地提供其个人数据，为了维护信任，数据处理者必须以值得信赖的方式处理个人数据。虽然信息不对称等原因致使数据主体经常怠于行使权利，但过度透支信任亦会导致数据主体的反击，[②]例如，数据主体可以“用脚投票”，或大幅减少与数据处理者共享的数据量，或撤回数据处理之同意，积少成多将导致数字信任的“崩塌”乃至个人数据的“挤兑”，最终伤害关系合同的正常履行。由此可见，无论数据处理活动如何流变，在个保法中引入“数据处理者”的信义义务，有助于维持数据处理者和数据主体之间的基本信任，促进数据处理活动的长期稳定。虽然信义义务本身是笼统的概括性规则，但各国公司法通常将其具体化为忠实义务和勤勉义务，前者通过

---

① 解正山：《数据驱动时代的数据隐私保护——从个人控制到数据控制者信义义务》，载《法商研究》2020年第2期，第71页。

② See Dennis Hirsch, *Privacy, Public Goods, and the Tragedy of the Trust Commons: A Response to Professors Fairfield and Engel*, Duke Law Review Online 83（2016）: 65.

一系列禁止性规范限制管理层谋取不正当利益，后者通过强制性规范要求管理层提供与其能力和水平相匹配的服务。面对数据处理活动的流变，忠实义务和勤勉义务的具体内涵也应相应改变。具体而言，数据处理者的忠实义务主要体现在三个方面：其一，不得将自身的短期利益置于数据主体利益之上，不可因数据处理活动范式的转变趁机监管套利，在数据处理的全流程禁止自我交易；其二，在模糊保证的用户协议之外，数据处理者应主动履行信息披露义务，提升数据处理活动透明度，确保数据主体对数据处理活动流变方式和潜在危害"真实知情"；[①] 其三，即便数据处理活动的流变给数据处理者带来了显著的信息优势，亦不得对数据主体的弱点或软肋进行不受控制的"战略性滥用"。数据处理者的勤勉义务也体现在三个方面：其一，数据处理者应以数据处理行家里手的身份保护其占有的个人数据，对于新型数据处理活动的潜在危害，推定其"应当知道"；其二，针对数据处理活动的不同样态，数据处理者应正确、积极履行事前安全保障义务、事中风险评估义务和事后损害消除义务；其三，对于新兴、复杂、疑难技术的使用保持审慎和合理怀疑，在必须使用此类技术的情形下，数据处理者必须对技术本身做到"力所能及地理解"，并对潜在的风险做到"不遗余力地避免"。

（三）赋权数据主体：定性过程信息归属

应对关系合同后续修改机制被架空等问题，一种常见的解决方案是限定数据处理者对合同内容的变更作出篇幅适中、语言简洁易懂的信息披露，对于新兴、复杂技术的使用，可以引入外部审核机制，由专人阅读、检视相关条款变更，与《个保法》第 58 条提倡的外部监督机制相衔接。但是，此种解决方案存在标准不明、执行成本过高等问题，并不利于技术的推广应用。

问题的关键，在于扭转过程信息对数据处理者的赋能。数据处理者在清洗、处理原始数据的过程中，会获得大量的关涉数据主体行为表现、经济情况、健康状态、信用分级、兴趣偏好的过程信息。对过程信息的独占，是数据处理者享有更强"谈判力"的根本原因。当数据处理者请求再次授权时，数据主体使用服务已经小有时日，只要在使用体验上没有大的毛病，一般不会考虑继续授权将可能面临的风险。虽然各国个保法多载有不得以数据主体拒绝授权或撤回同意为由停止提供服务的规定，但同样常见的"处理数据为

① See Neil Richards and Woodrow Hartzog, *Taking Trust Seriously in Privacy Law*, Stanford Technology Law Review 19 (2016): 462-465.

提供服务所必需”的但书规定，大幅削弱了数据主体拒绝授权的底气。更重要的是，数据处理者需要请求再次授权时，通常已经掌握了相当程度的个人信息，而事后的拒绝授权和同意撤回并不影响基于之前同意已进行的数据处理活动的效力，即便数据主体拒绝授权，数据处理者已经获取的过程信息足以维持其在数据处理活动中的正常收益。于是乎，本就已经处于下风的数据主体在新的数据处理要约中将面临“胁迫”：其一，继续授权无疑将赋能数据处理者，但自身能否从中获利则是“薛定谔的猫”的命题，在似是而非和模棱两可之间游移不定；其二，不继续授权，未必给数据处理者造成损失，但自身可能面临的损害是可预见的——即便仍能继续使用服务，但服务的精确性和效率能否保证也是一个问题。说到底，当过程信息足以替代原始数据完成自动化决策时，基于继续授权的“存量授权”在获得新用户的“增量授权”面前不值一提。

正是因为意识到过程信息可能使数据主体丧失在数据处理活动过程中同数据处理者讨价还价的筹码，有学者强烈主张“通过保障推论数据获取权以搭建个人数据主体与数据控制者之间的沟通机制”[①]。与此主张同样强烈的是，相当多的学者认为，过程信息，是数据处理者在机器学习、算法决策、用户侧写、情感计算等过程中，为了规避风险、节省成本、提升运算效率、迷惑竞争对手而生成的过程性生产资料，[②]具有专用性资产的属性，故而，认可数据处理者是此类数据的所有者和控制者。[③]争论归争论，数据主体能否主张对过程信息的完整或部分权益，取决于过程信息能在多大程度上被视为个人信息，目前的情况是，不同地区的法院依照不同的法理，给出了正好相反的判决。例如，Y.S v. Minister voor Immigratie 案将推论信息定性为他人经验和思维的创造产物，不属于个人信息；[④]Peter Nowak v. Data Protection Commissioner 案则裁决只要和具体自然人相关联的推论信息都属于个人

---

① 徐文：《个人推论数据是如何被藏匿的》，载《社会科学》2020 年第 6 期，第 107 页。

② 参见王禄生：《情感计算的应用困境及其法律规制》，载《东方法学》2021 年第 4 期，第 51—55 页。

③ See Sandra Wachter and Brent Mittelstadt, *A Right to Reasonable Inferences: Re-Thinking Data Protection Law in the Age of Big Data and AI*, Columbia Business Law Reviews 2 (2019): 494.

④ *Y.S v. Minister voor Immigratie*, Integratie en Asiel C-372/12.

信息。[1]

数据处理活动的“去中心化”流变，将使数据处理者从范围更广、数量更多、程度更深和精度更高的推论信息中获得更高赋能，进一步导致关系合同的权力失衡。过去因保护智识创造物而拒绝承认推论信息属于个人信息的做法，在数据处理活动流变的语境下应当被再度审视。出于维系关系合同稳定性的考虑，应当承认推论信息的个人信息属性，认可数据主体对推论信息享有所有权。当数据主体拒绝授权或撤回同意时，数据处理者便不再享有对推论信息的使用权。与之相对应的是，《个保法》赋予数据主体的部分权利的内涵，应随推论信息的归属变更而相应改进。例如，数据主体依照第 45 条“可携带权”的规定，请求将其个人信息转移至其他数据处理者时，数据主体的原始个人信息和推论信息应当一并转移；数据主体行使第 47 条“删除权”时，可以请求数据处理者删除与自身关联紧密的推论信息，数据处理者不得以“在技术上难以实现”为由拒绝请求。

上述规则的实现，亟须动态的“告知—知情—同意”框架与之配合。既然，关系合同中的各方在任何一个时间点上无法准确定性未来的数据处理情况，只能将彼此之间的交易视为“在很大程度上属于未知领域的整体活动的一部分”，[2]“告知—知情—同意”框架也必须顺应数据处理活动的流变，在关键节点就具体事项“不厌其烦”地“详细告知”和“请求同意”。毕竟，数据主体只有做到“就事论事”的“知情”，才能做出真正符合其意思表示的“同意”或“拒绝”，才有机会行使其对推论信息的正当权利。但是，为了降低各方交易成本、减少对数据主体的无端打扰，应当对数据处理活动流变的个别情形设置授权请求豁免：其一，当数据处理方式的改变确不涉及个人权益时，数据处理者在履行通知义务后直接变更数据处理方式，数据主体虽无收益但其权益不受损害，是否同意甚至是否知情都不重要。其二，数据处理方式和目的虽有改变，但如果符合《民法典》第 1036 条规定，处理自然人“自行公开或者其他已经合法公开”或处理维护公共利益所必需的个人数据时，数据处理者应当有权自行决定。其三，可信赖的第三方，在数据主体的原始授权目的范围内进行的用途兼容的数据调用，数据处理者仅需知会数据主体即可，

---

① *Peter Nowak v. Data Protection Commissioner*, C-434/16 CJEU (2017).

② I. R. Macneil, *Contracts: Exchange Transactions and Relations*, 2nd ed., Foundation Press, 1978, p.13.

无须数据主体的“额外同意”。[①]

（四）稳健合同履行：平衡剩余权利分配

数据环境越复杂，技术方就越有可能以合法形式绕开预设约束，独占数据处理活动中的剩余权利，迂回实现自身利益的最大化，进而损害社会公共利益。面对数据处理活动的流变，未来个保法应当更加注重对剩余权利分配的平衡，确保占有剩余权利收益的数据处理者对剩余权利之于数据主体的潜在收益给予充分补偿，以便最大限度地减少关系合同的种种不效率。

在构建剩余权利分配机制的法律规则时必须注意，相对于经验丰富的数据处理者而言，懵懂单纯的数据主体在签订合同之时难以体会权利分配背后的暗潮涌动，特定权利的唾手可得钝化了数据主体对于剩余权利失控的感知，而数据处理活动的流变放大了技术滥用的道德风险，极大地推高了关系合同的危险指数。[②]法谚有云：“法律不保护权利上的睡眠者。”法律仅能保护那些积极主张自身权利的人，因此，有必要让数据主体充分知晓数据处理活动中剩余权利所蕴含的法益。监管部门、地方网信办应当加强与此相关的宣讲工作，通过广播电视新闻、横幅标语、线上新媒体撰文、线下活动答疑等方式进行普法教育，向社会公众普及数据处理活动的流变趋势以及常见风险的防范措施，让文化程度不高、长期“怠于”行使权利的弱势群体在面对数据处理活动的流变时也能坚守一般理性人的清醒和觉察。在新兴技术不断涌现的信息化时代，这是理性的数据主体必须承受的“学习成本”。

对于某些后果极其严重的剩余权利滥用行为，政策制定者可以本着维护公序良俗和公共利益的考量，规定数据处理活动的行为底线，例如在保证自动化决策透明度和结果公平、公正之外，一概禁止战略性利用数据主体弱点的监管套利行为，从而内化剩余权利失衡带来的外部性成本。根据笔者的观察，数据处理活动的流变，可能导致以下几类剩余权利滥用行为，必须通过强制性条款予以禁止：（1）滥用信息优势地位压榨数据主体的行为；（2）“卡脖子”式的合同束缚行为；（3）将专属人格权益或个人隐私进行商业化利用的行为；（4）显失公平或违反伦理道德的行为。数据处理活动的流变方式因技术而异，一种可行的解决方案是建立剩余权利滥用行为的“负面清单”，根

① 参见许可：《用户数据的第三方使用：三重授权之改进》，载《互联网法治》2020 年第 3 期，第 22 页。

② 参见程啸：《论大数据时代的个人数据权利》，载《中国社会科学》2018 年第 3 期，第 102 页。

据执法情况不断添加完善，及时更新、定期向大众公布。以负面清单为对标，剩余权利的滥用行为即为可诉行为，损害量化和因果追溯问题也将迎刃而解。

面对剩余权利难以估价的现实情况，一种可行的操作方案是借鉴知识产权的定价模式，向一定体量的数据处理者征收数据税。数据处理者每年上缴特定比例的收入回馈社会，既是科技类企业主动履行社会责任的体现，也是对关系合同中剩余权利配置失调的主动弥补。但是，如果关系合同的各缔约方还有一息余力，愿意在个保法各项精神的指引下自发地就剩余权利的分配作出真正有利于各方的安排，国家公权力的介入就应三思而后行。毕竟，在模糊化定价方面，市场的效率通常显著优于技术官僚，而个保法获得市场公认且乐于被人们广泛遵守的前提，正是法律的“构建秩序”在相当程度上兼容了市场的“自发秩序”。[①]

五、结语

挣脱监管、唯利是逐是新兴技术的天性，数据处理活动的流变路径也因此耦合了风险产生的技术规律。借用关系合同理论，本文试图提供一个认知框架，用以阐述合同限度内，个保法积极应对变化的适应性品质和生命力。时至今日，对于个人信息的“合理使用”，仍然缺乏一个被普遍接受的标准。或许，恰恰正是由于“合理”一词的含义模糊不清，才使其获得了合同各方的广泛支持。所谓合理，究竟是之于数据主体的合理，还是之于数据处理者的合理，抑或是之于公共利益的合理，在不同的数据处理活动中，有着大异其趣的解释方式。从本文的论述延伸，对“合理”的解释也应与时俱进。面对数据处理活动的流变，个人信息的“合理使用”取决于个保法能在多大程度上保障：其一，因数据处理范式的转变导致的关系合同变更，不能使数据主体境遇更差；其二，无论数据处理活动如何流变，数据处理者的信义义务贯穿始终；其三，在实现数据要素价值释放的同时，加强数据主体对过程信息和剩余权利的匹配和控制能力。只要个人信息的使用确在“合理”范围之内，数据处理活动的流变也将不再耸人听闻。

---

① 参见张进铭、高雪萍：《自发秩序与建构秩序的相容性——以哈耶克法治理论为视角》，载《江西社会科学》2010 年第 8 期，第 59—63 页。

金融商事裁判中利益衡量的立场与方法

吕成龙[*]

2023 年中央金融工作会议强调“金融是国民经济的血脉”，要“努力把握新时代金融发展规律，持续推进我国金融事业实践创新、理论创新、制度创新”，“坚持把防控风险作为金融工作的永恒主题，坚持在市场化法治化轨道上推进金融创新发展”。[①]在金融创新迸发的背景下，我国各类金融商事案件数量激增，名目繁杂，令人眼花缭乱。金融法作为商法的重要领域，是商人们靠自身不懈努力争取和推动的结果，[②]其独立存在的价值在于它独特的营利调节机制，以维护商人及其他依法从事商行为者的营利为重要宗旨，[③]法律制度是商品经济新秩序的保障。[④]然而，由于我国目前没有制定总括性的商事规则及由来已久的民商合一立法模式，[⑤]司法机关在金融商事案件的裁判中，[⑥]更多地将《民法典》等更多将具有民法理念的法律规范作为审理依据，但如此一来，不利于充分回应当事人的诉求，也不利于正确地理解商事纠纷的本质和促进社会财富增加。所以，在此背景下，探索如何为金融商事裁判中的利益衡量提供立场原则和裁判方法，以回应日新月异的商业社会纠纷，显得十分

---

* 法学博士，深圳大学法学院长聘副教授，清华大学法学院新利益法学研究中心副主任。

① 《中央金融工作会议在北京举行》，载人民网，2023 年 11 月 1 日，http：//politics.people.com.cn/n1/2023/1101/c1024-40107386.html。

② 朱慈蕴、毛健铭：《商法探源——论中世纪的商人法》，载《法制与社会发展》2003 年第 4 期，第 129 页。

③ 王保树：《商法总论》，清华大学出版社 2007 年版，第 22 页。

④ 朱慈蕴：《法律制度是商品经济新秩序的保障》，载《现代财经（天津财经学院学报）》1989 年第 1 期，第 14 页。

⑤ 朱慈蕴：《营业规制在商法中的地位》，载《清华法学》2008 年第 4 期，第 8 页。

⑥ 如楼建波教授所论，金融商法特指金融交易的民商法基础，是一个与“金融监管”相对的表述，本文所研究的金融商事案件相应指向私法之语境下民商事法律纠纷，而非监管维度的立场。楼建波：《金融商法的逻辑——现代金融交易对商法的冲击与改造》，中国法制出版社 2017 年版，第 1—2 页。

必要。

一、疑难金融商事案件裁判的类型识别

（一）疑难金融案件的动力根源

新型、疑难金融商事案件根源于金融创新不断出现和发展。较之其他类型的案件，金融商事案件与经济、社会最前沿领域的发展有着更为紧密的联系，尽管在我国仍然存在一定的“金融抑制”的现象[①]，但商人们总是会飞奔向有利润的地方，诚如亚当·斯密所言，“人们为自己所能支配的资本找到最有利的用途而不断努力”[②]，同时，根据约翰·芬纳蒂（John D. Finnerty）总结，金融创新往往基于税收非对称性、交易成本、代理成本、减少或重新分配风险的机会、提高资产流动性的机会、监管和立法的变化、利率水平及变动、价格水平及变动、金融理论的进步、会计收益和技术进步等因素而产生，其与默顿·米勒（Merton Miller）、爱德华·凯恩（Edward J. Kane）和威廉·西尔伯（William L. Silber）的研究具有一致性。[③]由此可见，金融创新在于成本与收益的显著性变化所导致的经济驱动。在这样的背景下，各国资本市场中的金融创新始终活跃，我国情况亦是如此。

当新型的金融领域纠纷进入司法视野的时候，尽管其可能已经是资本市场中较为成熟的做法而引致的纠纷，但对金融案件的裁判者而言，却极有可能是“前所未判”的疑难问题，其复杂与抽象程度远非一般民商事案件能比。[④]在很早之前，部分复杂金融商事案件或因为司法政策的原因而没有机会进入法院，或在进入法院的过程中被施加了某些限制，[⑤]这在引起某些“拒绝司法”现象的同时，却也在一定程度上“帮助”法院缓解了金融商事审判能力不足的困境，但在全面推行立案登记制改革之后，不予立案已经不是司法机关所

---

① 黄韬：《“金融抑制”与中国金融法治的逻辑》，法律出版社 2012 年版，第 6 页。

② 斯密同时说道：“虽然他考虑的是自身利益，而不是社会的利益，但他对自身利益的研究可能会引导他选定最有利于社会的用途。”亚当·斯密：《国富论》，胡长明译，人民日报出版社 2009 年版，第 222 页。

③ Charles R. Pouncy P. *Contemporary Financial Innovation：Orthodoxy and Alternatives*，SMU Law Review，1998（3）：548.

④ 毛玲玲：《论金融创新与金融审判》，载《学术月刊》2014 年第 5 期，第 94 页。

⑤ 黄韬：《中国法院受理金融争议案件的筛选机制评析》，载《法学家》2011 年第 1 期，第 114 页。

能采取的措施了。因此，对司法裁判机关而言，高质量地裁判疑难金融商事案件，既是其使命与责任之所在，也是提高社会对司法信心的重要途径，还是促进金融更好服务实体经济的有力手段。为此，迅速、准确地识别疑难金融商事案件成为专业裁判的第一步，在此基础上，通过正确适用利益衡量方法，方能促进更为专业的裁判的作出。[①]立足对疑难金融商事案件的调研与检索，本文梳理出三种类型的疑难金融商事案件。

（二）规则仅在文义上涵摄案件

法律适用最为经典的方法便是在案件事实与法律规则之间流连忘返，通过三段论式的推导得出分析结论，可以说，三段论式的法律方法能够解决大部分常规案件的论证任务。但在很多金融商事案件的中，一种可能会令裁判者为难的情况是：当现有的规则仅能够在文义上涵括案件事实，但若按照此规则处理，虽能够中规中矩裁判且并不会有明显不妥之处，却无法反映最新的金融法治精神，比如，不利于构建金融公平。[②]然而，若不按照对现有规则一般文义的理解裁判，又会面临不小的论证难度和裁判风险，可谓进退维谷。

举例而言，李某清与国信证券手续费纠纷案就凸显了这个问题。[③]2012 年 5 月，李某清在办理融资融券交易时，在“信用账户内发生的普通交易和信用交易，一律按照 2.5‰的标准收取手续费”条款下签署了“理解并同意”。此后，国信证券《审批表》注明，“应客户要求，申请费率标准由 2.3‰调到 1‰”，借此，李某清普通账户（2001 年既已开立）的手续费降低至 1‰。从 2012 年 5 月至 2013 年 11 月，国信证券按 2.5‰标准收取了李某清手续费。李某清认为，国信证券私自下调其普通证券账户手续费率且故意隐瞒，是担心其把资金重新转回普通账户进行交易而无法继续通过信用账户向其收取高额手续费。因此，李某清要求国信证券双倍赔偿多收取的手续费。一审法院认为李某清购买股票是一种投资行为，不属于《消费者权益保护法》中的生活消费，再加之其签署了“理解并同意”条款，故不能轻易证明国信证券公司进行欺诈。可以说，法院该论证并无太多不妥之处。然而，结合整个交易

① 利益衡量理论在 20 世纪 60 年代由日本学者加藤一郎和星野英一提出后，90 年代，梁慧星教授将其引入我国，随即引起了理论和实务界的巨大反响。此后，我国学者梁上上教授进一步将利益衡量理论向纵深发展。

② 袁康：《金融公平的法律实现》，社会科学文献出版社 2017 年版，第 93—106 页。

③ 李某清与国信证券股份有限公司深圳深南中路证券营业部、国信证券股份有限公司证券欺诈责任纠纷二审民事判决书（粤 03 民终 4548 号）。

过程和架构来看，若李某清知晓其另一普通账户交易费用降低至1‰，作为理性的投资者，其很可能会将交易在普通账户中完成，而非花费更多的手续费而在信用账户中完成。同时，随着“金融消费者”理念的日益成熟，[①]以及《消费者权益保护法》第28条对提供证券等金融服务的经营者说明义务的新规定，可以说，“将消费者保护理论及立法扩展到金融领域，以保护金融消费者合法权益”，不仅是社会发展的大势所趋，但也给司法审判提出的新挑战。尽管法官按照现有规则裁判并无明显错误，但却不利于更好地促进纠纷解决与“向前看”（forward looking），也不利于社会财富（social wealth）的增加，故法院在做出裁判时需要审慎对待，本质上亦属于疑难案件。

（三）规则无法完全涵摄案件

金融商事的市场实践领先于金融商法的制度发展，成文法的滞后性在此体现得尤为明显，这也是大陆法系与英美法系国家相比而缺乏一定灵活性的地方。因此，面对金融商事的最新实践纠纷，现有的规则很有可能无法完全涵摄案件事实，使得司法裁判面临一定不确定性。例如，在2013年我国开始实行认缴制改革之后，由于没有对滥用认缴期限的情况予以规制，导致股东期限利益和债权人利益之间出现失衡，司法裁判面临困境，即便在《第九次全国法院民商事审判工作会议纪要》出台后，同案不同判的现象仍然屡见不鲜。[②]

再举例来说，光大证券公司“乌龙指”事件所引发的民事赔偿引人瞩目，该案的核心问题是杨某波率领的策略投资部在程序错误重复下单后，光大证券在当日13时至14时22分转换并卖出50ETF、180ETF基金以及卖空IF1309、IF1312股指期货合约，是否应被认为构成《证券法》（2014修正）第202条和《期货交易管理条例》第70条所述的内幕交易。且不论《行政处罚决定书》所遭到的各种质疑[③]，即便在承认其为内幕交易的前提下，其应当如何向投资者承担民事责任？我国彼时仅有《证券法》（2014年修正）第73

① 我国对金融消费者权益保护的研究已经取得了丰厚的成果：叶林、郭丹：《中国证券法的未来走向——关于金融消费者的法律保护问题》，载《河北法学》2008年第6期；朱慈蕴：《论金融中介机构的社会责任——从应对和防范危机的长效机制出发》，载《清华法学》2010年4月第1期，第6—21页；陈洁：《投资者到金融消费者的角色擅变》，载《法学研究》2011年第5期；邢会强：《金融消费者的法律定义》，载《北方法学》2014年第4期。增加几个新近的文献。

② 朱慈蕴：《有限责任公司全面认缴制该何去何从？——兼评〈公司法（修订草案三审稿）〉第47条》，载《现代法学》2023年第6期，第136页。

③ 陈洁、曾洋：《对“8·16光大事件”内幕交易定性之质疑》，载《法学评论》2014年第1期；缪因知：《光大证券事件行政处罚与民事索赔之合法性质疑》，载《法学》2014年第1期。

条和第 76 条第 3 款的概括性规定，[①] 缺乏对内幕交易民事责任构成要件和损害赔偿的计算方法的具体规则，即便现在《证券法》(2019 年修订）也未提供新的规则供给。当大量的投资者诉诸法院时，借助《行政处罚决定书》的论证，法院支持了部分同时反向交易的投资者的赔偿诉求。然而，内幕交易民事责任下因果关系的证明并没有得到明确规定，理论上的阐释更是困难重重，但法院在此案中却勇敢地提出“基于有效市场理论，假定证券及期货市场的价格受所有投资公众可获知的公开信息的影响，交易时不披露内幕信息，会在极大程度上影响市场价格的真实性。因此，存在内幕交易行为应当推定为会影响到投资者所投资的交易品种价格，进而造成投资者的损失。”在此，法院借助经济学上仍然有争议的有效市场假说（efficient markets hypothesis）来推定因果关系，实际存有不小的风险，但法院无法拒绝进行裁判，这是最为典型的疑难案件情形。

（四）现有规则与欲设规则存在冲突

金融市场与创新相辅相成，随着社会经济与技术条件的不断发展，传统的金融形态也潜移默化地发生着改变。例如，利用互联网技术而进行的金融商事交易，既在无形中放大了法律风险，而且很可能和现行法律规则产生冲突。举例而言，互联网平台下股权众筹就集中反映了《证券法》与社会金融需求的冲突。2014 年，被告王某丽通过微信向社会发布拟成立一家餐饮公司的众筹信息，投资者向被告出资后，被告为原告出具的收据显示，张某“股权金壹万元（¥10000 元）”。但此后，王某丽以个体经营的方式成立了餐饮店，致使众筹项目未能成立，王某丽也未向投资者进行过分红。同时，被告提交的入股明细显示共有 64 名人员入股。一审法院判决被告返还投资款并支付相应利息，二审法院予以维持。[②] 从已知信息来看，并不能确切地知道王某丽通过微信向社会公众发布拟成立一家餐饮公司的众筹公司有多少受众，也不确定其是以何种状态（朋友圈、公众号文章、微信群）进行的信息传播，但据当时《证券法》(2014 年修正）第 10 条规定，任何单位和个人未经依法核准不得公开发行证券，包括向不特定对象发行证券的、向特定对象发行证

① 《证券法》(2014 年修正）第 73 条规定：“禁止证券交易内幕信息的知情人和非法获取内幕信息的人利用内幕信息从事证券交易活动。”第 76 条规定：“内幕交易行为给投资者造成损失的，行为人应当依法承担赔偿责任。”

② 张某与王某丽、河南诚铭装饰工程有限公司与公司有关的纠纷二审民事判决书（豫 01 民终 4827 号，2016）。

券累计超过200人等情形。客观而言，利用互联网技术所进行的融资很可能会突破“特定对象”的范畴，而变成一种向社会不特定公众的证券发行，基于金融秩序管理的原因被严格限制，甚至是一种“玩火”的行为。①

从这类案件的特征来看，其代表了金融创新的前沿实践，而且从发展趋势上也符合国际及国内的立法动向，具有相当程度的制度化与合法化的可能性。因而，在这种情形下，一味地根据现有的法律规则去判定新兴交易方式的无效、甚至去追究行为人的刑事责任，不仅不利于金融商事的发展，也不利于整个社会的进步。不论如何，此类金融商事纠纷都会使金融审判陷入了更加两难之境地。再比如，在《关于审理民间借贷案件适用法律若干问题的规定》出台之前的民间借贷纠纷审理实践，也与之类似。因而，这类案件也应当属于疑难金融商事案件的范畴，而且应当是司法机关需要特别注意的情况。

二、金融商事审判中的价值铺陈与目标

（一）金融商事裁判的社会价值目标

很长一段时间以来，国内诸多学者对独立的金融商事制度进行了积极的探讨，各地先后成立的金融审判庭以至于金融法院，也正切实推进着金融商事审判专业化的重要进程。追本溯源，金融商事审判的特殊性是由金融商事活动的特点所决定的，因为商法本身就与商人阶层出现、商人在自治的基础上采行罗马法、以自由平等的“商”对抗封建法等努力密切相关。②概而言之，商法是商人自身基于商业实践需要而创造的司法体系，③因而，商人对纠纷解决的时效性、灵活性和专业性有着强烈的要求，而且其往往并不过分执拗于是与非、对与错，而更看重纠纷的有效解决和商事活动的继续推进。

对法院而言，金融商事纠纷的解决却并非易事，因为司法裁判所体现出的政策导向，将会在一定程度上决定金融实践的走向和制度创新空间，其对金融商事实践具有指示作用。④从理论上来看，在转型时期的资本市场法治版

---

① 彭冰：《投资型众筹的法律逻辑》，北京大学出版社2017年版，第23页。

② 史际春、陈岳琴：《论商法》，载《中国法学》2001年第4期，第94页。

③ 蒋大兴：《审判何须对抗——商事审判“柔性”的一面》，载《中国法学》2007年第4期，第127页。

④ 冯果：《营造与国际金融中心地位相适应的司法环境》，载《法学》2016年第10期，第72页。

图中，法院已不单纯是一个金融商事纠纷的解决机构，更扮演了国家公共政策制定者和实施者的角色，在一定意义上成了一个超越“法”院的“中国式公共政策法院”。[①]就目前而言，现有规则在实质意义上无法充分涵摄案件事实而引致的难题，使得法官的裁判存有变数，甚至无从下手。因此，在面对前述疑难金融商事案件时，金融商事审判中的价值铺陈与目标尤为重要。这是法院做出裁判的重要参考，也是利益衡量的参考系，笔者认为，法院在裁判时应当秉持下述价值目标。

（二）促进社会财富增加与极大化

金融的目的在于运用合同、制度和单据来解决价值跨时空流动的问题，实现未来收益的承诺，其本质上是一台“时间机器”，即通过更深层次地理解和量化过去而帮助我们预测未来。[②]换句话说，金融市场最重要的目的便是将资金从无生产性用途一方转向有生产性用途一方，使得资源优化配置进而提高经济效率。[③]

因而，在金融市场中，最为重要的是各方对于货币时间价值、未来收益和潜在风险的判断，这也是一种风险再分配的手段。值得注意的是，随着近年来金融科技的发展与主要国家不同程度的开放政策，金融市场国际化的趋势日渐显著，资本可以在全球范围内实现优化配置，使得各种各样的金融商事交易面临更多的不确定性。因而，关于金融商事案件的司法裁判，最重要的目的之一在于促进资本的跨时空交换，进而推动社会财富的增加。具体到我国商事法语境下，法官应当尽力在维护当事人合法利益的前提下，促进交易之达致，使“法无禁止即自由”的精神得以彰显，鼓励金融创新。反之，若一味地禁止甚至挥动刑事制裁的“大棒”，恐怕不利于金融市场的发展。

（三）维护金融安全与交易秩序

金融安全是金融市场正常运行的基石，不仅从宏观监管的角度需要注意金融安全、防止系统性金融危机，而且从微观交易的层面来说，具体金融商事关系中更需要保护交易安全，千里之行始于跬步，这实际上构成了投资者

---

① 黄韬：《公共政策法院：中国金融法制变迁的司法维度》，法律出版社 2013 年版，第 5 页。

② ［美］威廉·戈兹曼：《千年金融史：金融如何塑造文明，从 5000 年前到 21 世纪》，张亚光等译，中信出版集团 2017 年版，“导论”。

③ ［美］弗雷德里克·S. 米什金、斯坦利·G. 埃金斯：《金融市场与金融机构（第 8 版）》，杜惠芬译，中国人民大学出版社 2017 年版，第 3—4 页。

对金融市场信心的基础。因而，“商法的思维还需优先考虑如何保护已经完成的交易而非轻易撤销交易”。[①]需要说明的是，交易安全并非一项统一、抽象的指标，而是一种因人而异的个体性判断，借此，交易安全最终会落实到具体交易之中，因为每个人对交易安全的预期、保护方式以及愿意花费的成本都不一样。[②]

作为商事法的重要原则，笔者认为，保护交易安全具体包括了外观主义与风险各担两个具体侧面：一方面，王保树教授提出商事活动需要确认顺利、可靠和安全的原则，具体涵括了企业交易的快速主义、商事交易的要式主义、外观主义、公示主义，责任的加重，以及法的确实主义等，[③]这些原则不仅构成了当事人之间的信赖基础，而且有利于在高频率的商事交易中降低双方当事人的交易成本和提高了交易效率。马克斯·韦伯早已论证了法律形式化对提高法律的可计算性（calculability），为经济的发展提供了稳定性（stablity），并为资本主义企业提供了安全性（security）的价值，而且，商法规则的实际适用情况在英美法系和大陆法系语境下并无实质差别。[④]尽管外观主义的原则下，个别当事人或许会以此来作为抗辩理由，甚至违背诚实信用原则，但外观主义的维护依然是商事交易不可动摇的基石。另一方面，风险各担原则使得商事交易当事人不因重大误解、显失公平等民事事由而丧失已有利益。如前所述，商事活动以营利作为其核心特征，而营利与否则依赖于各种各样的因素，包括个人努力、竞争情况、市场行情以至于社会经济趋势等，抉择时既已面临相当不确定性与风险性。因而，在商事主体参与商事法律行为的过程中，我们并不能将其视为民法意义上假定禀赋一致的单纯自然人，而应该正视其甘冒风险的动因及行为，借此认定其商行为之性质，这也是保护交易安全的重要方面。

（四）促进金融公平与社会发展

金融公平是现代金融活动中日渐被重视的一个方面，其强调各类主体在金融活动中不会因自身经济实力、所有权性质、地域及行业等因素而被差别

---

① 郑彧：《商法思维的逻辑基础》，载《学术月刊》2016 年第 6 期，第 89 页。

② 张凇纶：《关于“交易安全理论”：批判、反思与扬弃》，载《法学评论》2014 年第 4 期，第 106 页。

③ 王保树：《商法总论》，清华大学出版社 2007 年版，第 72—76 页。

④ 赵磊：《反思“商事通则”立法——从商法形式理性出发》，载《法律科学（西北政法大学学报）》2013 年第 4 期，第 160—161 页。

化地对待，其实质上涵括了金融消费者权益保护、金融活动的社会责任、确保市场公平透明和有效等内容，[①]是一个更具有包容性的概念和范畴。以前述金融消费者案件为例，各类市场主体参与金融交易的目的在于获取利润，早期的证券市场更是与“投机”密不可分，[②]因而，传统的消费者概念并不涵括金融市场的主体范畴。但是，当互联网科技使得金融市场变得触手可及的时候，大量非专业的普通投资者在金融市场中越来越接近于消费者所处的境地[③]，使得金融消费者的概念逐渐衍生出来，以金融消费者权益保护为由的案件也急速上升。[④]可以说，各类主体能够公平地参与金融活动并机会均等地分享金融资源成了金融公平的主要意涵。[⑤]

具体到金融商事交易领域，金融公平意在强调金融市场参与者在充分信息基础上的自我决策。例如，在证券市场中，信息是证券市场的血液，[⑥]“阳光是最好的消毒剂，灯光是最好的警察”等说法，都揭示了信息对市场的重要意义，唯有此，市场参与者才能在权衡损益的情况下进行自我决策。这里需要特别强调的是，金融商事交易关系中的公平，并非在于强调各种金融工具的普遍可得性、实质地位和能力的完全一致，金融公平也不在于金融交易双方仅仅形式性的平等。在具体部门法中也是如此，如“公司法所要建立的秩序，是公司有关当事人间利益平衡的秩序”。[⑦]笔者认为，在当前我国语境下，金融公平既体现为初始权利义务分配的公平性，也体现为交易过程中决策机会的公平性，是一种修正意义上的形式平等。换句话说，鉴于普通投资者与专业金融商事机构之间缔约地位的悬殊，专业金融商事机构在交易过程中理应承担更多的信息披露、说明解释、协助照顾与积极补救等责任，其应在能

---

① 冯果：《金融法的“三足定理”及中国金融法制的变革》，载《法学》2011年第9期，第97—98页。

② 吕成龙：《我国〈证券法〉需要什么样的证券定义》，载《政治与法律》2017年第2期，第142页。

③ 陈洁：《投资者到金融消费者的角色擅变》，载《法学研究》2011年第5期，第89页。

④ 江苏省高级人民法院民二庭课题组：《网络交易平台金融纠纷司法规制研究》，载《法律适用》2017年第1期，第9—10页。

⑤ 袁康：《金融公平的法律实现》，社会科学文献出版社2017年版，第66—69页。

⑥ Stephen Choi，Adam Pritchard，*Securities Regulation*：*Cases and Analysis*，Foundation Press，2012：48.

⑦ 朱慈蕴：《资本多数决原则与控制股东的诚信义务》，载《法学研究》2004年第4期，第116页。

够利用自己专业能力的范围内，尽可能帮助普通投资者理解相应信息及在发生问题时积极补救，减少相应损失。当然，对于过于复杂的金融商事交易，应该借助合格投资者的理念和规则，引进专业投资者并降低金融商事机构的交易成本。

三、金融商事案件裁判的利益衡量方法

“法律的本质是对相互冲突的利益进行分配”，[①] 利益衡量理论可以成为上述各类疑难案件司法裁判的有益工具，借此，法官可以在当事人具体利益、群体利益、制度利益和社会公共利益之间，审慎地寻求平衡并作出更好的裁判。[②] 具体来说，在利益衡量理论下，当事人具体利益的冲突自然是针尖对麦芒，群体利益也往往与当事人具体利益的情况类似，存在平等的、互斥的关系。因而，司法裁判对制度利益与社会公共利益的解构、衡量与抉择，成为结论推导最重要的因素和衡量步骤。[③] 当然，利用利益衡量方法进行疑难案件裁判的前提是首先将其从普通案件中识别出来。

（一）疑难金融商事案件的准确识别

金融商事案件处于快速的发展中，司法机关的裁判能力亦在不断增强，因而，疑难案件属于一个动态的范畴，只有及时、准确地将其识别出来，才能防止将其一般化处理，并且需要在合适的语境下进行利益衡量。如前所述，在目前金融商事案件的审判中，不仅存在现有规则无法完全涵摄待审案件、规则完全空白的情况，还存在现有规则仅在文义上能够涵摄的情况。法官对前两种情况能够轻易地识别，不再赘言。然而，在第三种情况下，司法机关实际却面临较大的识别难度，主要表现在两个方面：

一方面，在结构相对单一的金融商事法律关系中，仅从文义上分析，现有规则很多情况下已经能够形式上完全涵摄案件事实，法院借此裁判并无错误，但实难察觉社会经济发展所引致的新兴理念。例如，在前述李某清与国信证券的纠纷中，若不嵌入“金融消费者”理念及综合考虑普通账户手续费变更的情况，就难以做出较为妥当的裁判，因而，这类案件颇有“平淡中暗

---

① 朱慈蕴：《公司法人格否认：从法条跃入实践》，载《清华法学》2007 年第 2 期，第 114 页。

② 梁上上：《利益的层次结构与利益衡量的展开》，载《法学研究》2002 年第 1 期，第 52 页。

③ 梁上上：《制度利益衡量的逻辑》，载《中国法学》2012 年第 4 期，第 73—87 页。

响惊雷”之感。在该例中，尽管目前各界对“金融消费者”概念的理解仍未达成共识，但不可否认的是，“投资”已经不再是少数人的专利，“金融消费者都有权知悉‘金融产品’的内容、风险及收益等信息”[①]。在这样的情况下，我们客观上无法期待金融投资者具有充分的风险意识和市场分析能力，这就对金融机构提出了更高的要求，如要特别注意通知、协助与照顾义务的履行。因此，司法机构除却对金融市场法律相关规定的发展始终保持关注之外，更为重要的是，法官要密切关注社会经济的最新动态，并将金融公平等最新的社会发展理念贯彻到审判实务中。

另一方面，金融商事主体往往通过构造复杂的交易结构来规避现有的法律，此类案件要尤为关注。例如，在近年来讨论较多的融资性贸易中，托盘贸易模式、循环贸易模式、委托监管模式、仓储保管模式等花样繁多，仅从形式要件上看，这类融资性买卖完全符合一般买卖的特征，但却行借贷之实际目的，由于当事人众多、链条较长，很多情况下确实被作为买卖纠纷进行了审理。[②]换言之，当事人通过复杂交易结构的设计实质上达到了借贷的目的，更有个别企业成了资金掮客，这类“影子银行”业务给金融秩序造成了很大的风险，[③]因而，是否能够敏锐地识别出名不符实的金融商事活动，对纠纷解决的结果而言可谓大相径庭。因此，对于交易结构复杂、当事人数量较多、当事人对交易目的存有争议的情形，裁判者应保有警惕并应努力厘清其中的交易关系。

（二）制度的区块利益与制度利益剖析

制度利益在利益衡量中具有承上启下的作用，其内容的铺陈与判断将直接影响到社会公共利益的介入程度，因而，在妥当的制度中进行利益衡量是司法裁判的关键步骤。[④]回顾历史，中世纪商事法院的“法官”一般由集市或市场的商人们推选或由行会首脑选择几名行会成员来担任，[⑤]这其实正是基于

---

① 朱慈蕴：《论金融中介机构的社会责任——从应对和防范危机的长效机制出发》，载《清华法学》2010 年第 1 期，第 16 页。

② 王富博：《企业间融资性买卖的认定与责任裁量》，载《人民司法》2015 年第 13 期，第 58 页。

③ 朱慈蕴：《中国影子银行：兴起、本质、治理与监管创新》，载《清华法学》2017 年第 6 期，第 6—24 页。

④ 梁上上：《制度利益衡量的逻辑》，载《中国法学》2012 年第 4 期，第 73—87 页。

⑤ 朱慈蕴、毛健铭：《商法探源——论中世纪的商人法》，载《法制与社会发展》2003 年第 4 期，第 131 页。

对商事活动的特殊关注而来，商人的交易方式、权利义务、风险承担等都要结合商业活动的特殊语境。因此，对于我们今天的金融商事裁判而言，我们首先需要厘清民事语境与商事语境的不同，否则会出现商事纠纷民事化处理的情况，这不利于社会财富的创造、交易安全与公平的维护，反之亦然。

一方面，制度利益衡量的第一步需要妥当区分民事与商事两种制度。“商法的本质区别于民法，商法具有独立的地位与独立的领域”①。不过，商事案件借助民法规定处理的情况由来已久，路径依赖情况突出。在2005年《公司法》修正之前，对涉及股权转让、股票确权、公司收购、股份回购等商事案件长期被类型化为“合同纠纷”“权属纠纷”和“侵权纠纷”等，绝大多数案件法院依照《民法通则》和《合同法》作出判决，②这与长期以来我国民商关系的演变有关③。但如此一来，商事活动往往会超出民法所能预想的情况，若过于拘泥、机械套用民法条文，或将对商业发展造成过度限制，实际上不利市场创新及企业弹性。④如蒋大兴教授所言，我国法院透过解释技术所构造的“私法/合同行为效力模式”如此复杂，即便是商人及专业人士都难以准确推断某一行为的法律效果，这很大程度上会阻碍了商人理性预期的实现。⑤从法律技术上来说，笔者认为，主要原因在于我国对何谓商事主体与何谓商行为界定不清，使得法官在裁判的时候明知可能存有不妥，但也无可奈何，或者无所适从。因而，在语境厘清的过程中，很重要的基点在于对“商人”的识别。⑥

另一方面，即便在商事制度语境下，金融商事审判要进一步区分不同的

---

① 朱大明：《从公司法的历史沿革探索我国民商法立法模式的选择》，载《南京大学学报（哲学·人文科学·社会科学）》2017年第3期，第57页。

② 钱玉林：《民法与商法适用关系的方法论诠释——以〈公司法〉司法解释（三）第24、25条为例》，载《法学》2017年第2期，第95页。

③ 张谷：《商法，这只寄居蟹——兼论商法的独立性及其特点》，载《清华法治论衡》2015年第2期，第1—51页。

④ 王文宇：《从商法特色论民法典编纂——兼论台湾地区民商合一法制》，载《清华法学》2015年第6期，第72页。

⑤ 蒋大兴：《商行为的法律适用——关于理性社会、交易预期与规则简化的宣言》，载《扬州大学学报（人文社会科学版）》2011年第2期，第41页。

⑥ 商人是商事主体的主要组成部分，但是从事商行为的非商人也依法享有参加商事法律关系，譬如，自然人按照《证券法》的规定而买卖有价证券，应属于商事主体之列。王保树：《商法总论》，清华大学出版社2007年版，第95—96页。

部门法制度区块，使其在妥当的具体制度区块中进行衡量，而非超越特定制度区块的目的范畴，这里的制度区块指的是各个商事法律部门以及其更为具体的组成部分。换言之，在金融商事的语境下，首先要区分其属于哪一法律部门所涵摄的范畴，以更准确地衡量制度利益。在很多情况下，要进一步分析特定法律部门下是否有更加专门、具体的制度利益。举例来说，在王某与五洋建设集团股份有限公司、陈某樟证券虚假陈述责任纠纷案中，[①]尽管证监会并未对锦天城律师事务所进行行政处罚，但法院酌情确定锦天城律所对五洋建设应负的民事责任在5%范围内承担连带责任，理由在于："在大公国际《2015年公司债券信用评级报告》已提示五洋建设控股子公司出售投资性房产事项的情况下，未见锦天城律所对该重大合同及所涉重大资产变化事项关注核查，对不动产权属尽职调查不到位，未能发现占比较高的重大资产减少情况对五洋建设偿债能力带来的法律风险，故锦天城律所亦未勤勉尽职，存在过错。"

然而，即便从法院所引用的依据——《律师事务所从事证券法律业务管理办法》第14条来看，"律师在出具法律意见时，对与法律相关的业务事项应当履行法律专业人士特别的注意义务，对其他业务事项履行普通人一般的注意义务，其制作、出具的文件不得有虚假记载、误导性陈述或者重大遗漏"，五洋建设控股子公司出售投资性房产事项是否应当是证券律师所关注的事项呢？这一点是值得反思的。可以说，即便法院已经在证券法的特定部门内仔细考虑，但更进一步，应当仔细衡量证券律师这一特定商业角色的具体的义务到底边界为何，而不是概括地运用《证券法》（2014年修正）的第173条所规定的一般性的连带责任，要更仔细地衡量不同身份的中介责任边界，如果律师对于非法律事项也要予以关注的话，那么将导致与会计师、评级机构等责任趋同，不仅中介分工的意义遭到侵蚀，而且会使得实践中共同函证事项增加，反而会模糊不同中介服务机构的责任。因此，我们要在妥当的制度区块中进行衡量，而不是概而论之。

（三）公共政策下的社会公共利益衡量

一方面，公共政策与社会公共利益的内在统一能够为利益衡量提供一定参考。金融商事快速发展给司法审判带来的挑战早已被摆上了桌面，有法官

---

① 王某与五洋建设集团股份有限公司、陈某樟证券虚假陈述责任纠纷一审民事判决书（2020）浙01民初1691号。

直言："司法不能因为没有成文法的明确规定而一概采取怀疑、否认的态度，过多考虑其负面因素，而应积极鼓励和支持，对其中的不合理、不完善部分提供切实可行的化解手段和解决路径。"[①] 从比较法的角度观察，面对非标准化、难以事先明文界定、具体因素配置纷繁多样的金融案件，且在法律没有明确规定或禁止一项行为时，判例法国家法官有时更能够灵活公平地处理纠纷，保护投资者利益，[②] 因而，有观点认为普通法系国家的金融市场表现优于大陆法系国家。[③] 笔者认为，这样的判断是存在偏颇的，但在一定程度上也说明了灵活性的重要价值。

根据利益衡量理论，在现有规则不能完全涵括案件事实及与欲设规则冲突的情况下，社会利益成为最终的判断标准。但是，社会公共利益有着一张普罗透斯的脸，是一个模糊性概念，同时其具有很强的适应性，因而，内涵会随着时空背景的不同而有所不同，[④] 无法提供统一的说明，这就需要法官在具体的金融商事审判中具体情况具体分析，这种情形下的司法试错也应当是被允许的。[⑤] 因此，除却上文所提及的促进交易、保护交易安全和金融公平作为公共利益的宏观理论考虑之外，重要公共政策或者是国家政策都可以成为中观层面的裁判参考。波斯纳（Richard A.Posner）法官也提出，尽管美国法官在一般情况下会采取法条主义的决策模式，但该决策有可能会忠实地反映某政党的纲领，也有可能反映某种始终如一的政治意识形态。[⑥]

另一方面，公共政策与社会公共利益的冲突处理方式会影响到利益衡量的效果。金融商事审判不能不加区分地追随公共政策，公共政策只能在特定的情况下、基于特定理由才能进入裁判过程，借此，作为立法的过渡、弥补既有法律的漏洞和应对社会的非正常状态。[⑦] 特别值得警惕的是，若上述政策

① 江苏省高级人民法院民二庭课题组：《网络交易平台金融纠纷司法规制研究》，载《法律适用》2017 年第 1 期，第 13 页。

② 缪因知：《法律如何影响金融：自法系渊源的视角》，载《华东政法大学学报》2015 年第 1 期，第 96 页。

③ Rafael La Porta，Florencio Lopez-de-Silanes，Andrei Shleifer，Robert Vishny. *Law and Finance*，The Journal of Political Economy，1998（6）：1113-1155.

④ 梁上上：《公共利益与利益衡量》，载《政法论坛》2016 年第 6 期，第 3 页。

⑤ 毛玲玲：《论金融创新与金融审判》，载《学术月刊》2014 年第 5 期，第 99 页。

⑥ ［美］理查德·波斯纳：《法官如何思考》，苏力译，北京大学出版社 2009 年版，第 8—9 页。

⑦ 宋亚辉：《公共政策如何进入裁判过程——以最高人民法院的司法解释为例》，载《法商研究》2009 年第 6 期，第 118—119 页。

与现行法律存在矛盾的话，会涉及利益衡量最为根本性的问题，即何种情况下司法裁判可以超越现行法律规则的实体性规定。在很多情况下，由于新的、内容先进的政策往往至少会以规范性文件的形式出现，因而，在制度区块相对缺失的领域，或有后法优于前法的解释空间。然而，一旦该政策与法律、法规、部门规章等较高层级的立法相冲突的情况出现，若出现在司法审判中，笔者认为，此时应当以这类较高层级的立法为准，否则这将突破法律的确定性利益，造成更深层次的社会利益的减损，换句话说，若仅仅为了一时的利益而牺牲法治的确定性、可预测性是得不偿失的。但是，裁判机关可以在裁量权的范围内，适当地减轻相关主体的法律责任，将“枪口”抬高 1 厘米。实际上，在早先的大量民间借贷纠纷中，各地法院曾普遍作出“在认定合同无效之后由资金借入企业向资金借出企业偿还本金并加付同期银行利率标准利息”的判决，这与当时宏观经济环境、国家可能开企业间借贷的立法趋势及最高人民法院的裁判导向有密切关系。[①] 因此，类似的经验也值得在利益衡量中予以借鉴。

四、结语

法律永远都不是完备的，各种新型、疑难金融商事案件会不断涌向法院，而如何在当事人具体利益、群体利益、制度利益和社会公共利益之间寻求利益衡平，不仅关系到个案的合理公正解决，也关系到司法社会功能的发挥与其经济规则的引领、塑造作用。因此，司法机关对疑难金融商事案件的利益衡量应当慎重为之，要特别注意制度利益衡量语境，进而使案件在妥当的制度区块及其细分区块下进行分析。在特定情形下，司法机关还要借助对公共政策所涵摄的社会公共利益的解构，进一步解决制度利益与社会公共利益可能存在的冲突，借此，通过重要个案的裁判来鼓励金融创新、保障交易安全和维护金融公平。

---

① 董淳锷：《企业间借贷的法律规制及其改革——能动司法对法制渐进变革的推动》，载《政治与法律》2013 年第 10 期，第 99—100 页。

中国与欧美上市公司收购规则利弊比较

孙小雨 *

欧美国家公司法与证券法，就公司之收购，在认可各种收购方式共存时，更推崇要约收购，就要约收购的要约方式、触发全面强制要约的持股比例、豁免情形等，都有较为明确的规定。我国《公司法》《证券法》以及《上市公司收购管理办法》，借鉴欧美公司收购规则，结合我国国情，制定了我国公司收购规则。就我国公司收购规则看，是自愿要约与强制要约、全面要约与部分要约并行，公司股份与公司已发行股份共存，触发不同要约方式的，以收购方式确定，具有中国特色。我国公司收购规则与欧美国家相比，有何区别？孰优孰劣？为什么不同模式下美国与欧洲各国都同样地更推崇要约收购而非其他收购方式？为什么欧洲各国触发全面要约收购是强制性的？我国要约收购豁免与欧盟英国的全面强制要约豁免有何不同？我国应当借鉴的规则有哪些？我国应当坚持保留的现有规则有哪些？中国证监会根据《证券法》的授权[①]制定的《上市公司收购管理办法》，与《证券法》的规定是否保持一致？有何区别？有无瑕疵？本文围绕我国公司收购规则的相关规定，对比英美国家公司收购的规定与实际做法，就《上市公司收购管理办法》的相关内容、存在的瑕疵，分析论证，提出改进建议，以期为治理我国上市公司、平衡收购人与目标公司股东之间的利益、我国上市公司收购法律法规之完善，略尽微薄之力。

一、多种收购方式共存中的要约收购

（一）要约收购是公司收购广泛适用的重要方式

欧美国家治理公司的目的之一，就是维持健全、健康的公司控制权市场

* 西南政法大学民商法学院博士研究生。

① 参见《证券法》第 101 条第 2 款。

的存在。公司控制权取决于持有公司股份的多少。各国公司法都认可为争夺公司控制权而取得公司股份的各种各样的方式。不同的收购方式对实施收购行为的公司（称收购人）和被收购公司（称目标公司）股东的利益倾斜不同，对目标公司的大股东、董事会及管理层、中小股东的利益倾斜亦不相同。

协议收购是收购人与相关股东，通过非公开地私下协议对公司的收购。间接收购是收购人通过控制公司股东，以投资、协议、私下安排等方式合并重组公司。这两种收购，不直接涉及上市公司股权转让，可以简化审批程序和收购程序，从而减少收购障碍，加快收购速度。就收购人与目标公司管理层而言，采用资产重组、协商收购、间接控股等方式收购公司，都是收购人与目标公司的大股东或董事会或管理层达成股份流转的合意。这些收购方式，要么是避开监管程序、要么“常会涉及内幕交易等问题而为市场所诟病”[①]的交易信息不公开不透明的、公司上层之间合意的内幕交易，有益于收购人与目标公司管理层的利益，却极容易造成并掩盖损害目标公司中小股东在内的其他利害关系人的合法利益。这会导致有权利意识而又无可奈何的中小股东用“脚”投票，亏本抛售公司股票，甚至会导致公司股票在股市上“崩盘”。1929 年 10 月著名的美国股市崩盘，公司股份流转收购的内幕交易是其重要原因之一。[②]美国股市的大崩盘，导致了 1929—1933 年的美国经济大衰退，共 10500 家银行破产，占银行总数 49%，破产的企业更是超过了 10 万家。[③]

为了让投资者重拾信心，美国国会通过听证会，通过了《1933 年证券法》（Securities Act of 1933，15 U.S.C.77a），要求上市公司必须公允地公开企业的状况，以保护公司中小股东及利害关系人的利益。1954 年，美国股市恢复到 1929 年的水平，一系列公司控制权争夺事件也在美国开始上演。1956 年，华尔街的公司收购人们（也被称为公司的掠夺者）设计出要约收购，被称为“一种新的有效策略”。

要约收购也称公开收购，与协议收购、间接收购不同，是收购人越过目

---

① 蔡伟《强制要约收购制度的再审视——效率视角下的实证分析》，载《中外法学》2013 年 4 月，第 859 页。

② 1929 年 10 月 24 日，美国股市崩盘，股票一夜之间从顶巅跌入深渊，民众的怒气直指华尔街金融机构，1920—1930 年，一系列的美国公司丑闻爆发。从 1929 年至 1932 年 7 月，道琼斯指数跌至 40.56 点，宣告见底。

③ Rothbard, Murray Newton, *America's great depression*, Ludwig von Mises Institute, 1972, pp.46–79.

标公司管理层，直接向所有股东公开发出收购其股份的要约，收购股份。因要约收购人不与目标公司管理层协商，被视为对管理层怀有敌意，大都不受管理层欢迎，称为敌意收购。敌意，是相对收购人与管理层的关系而言，对公司所有股东则公平对待，相对友好。①

20 世纪 60 年代，要约收购在美国普遍出现。当时，要约收购颇具争议。老牌的投资银行和律师事务所认为，敌意收购令人厌恶，从而拒绝为敌意收购方服务。这最终导致愿意为敌意收购人服务的新兴投资银行和律师事务所的迅速崛起甚至全面超越，如今天享誉全球的世达国际律师事务所（Skadden Law Firm）。② 要约收购在美国的公司控制权争夺战中，在理论与实践的争议中，最终确立下来。

英国争夺公司控制权的第一场敌意收购在 1953 年发生。③ 至此，英国的公司收购活动日益频繁，这让商业银行、机构投资者、大型商业机构和伦敦证券交易所的商业投资机构专业的代表们，或多或少地有一种紧迫感。在争夺公司控制权、争夺公司监管话语权的斗争中，最终形成了著名的《英国城市收购及合并守则》（以下简称《城市法案》，City Code），成立了英国收购和合并委员会（以下简称“英国并购委员会”，Panel on Takeovers and Mergers）。④

两次世界大战后，欧洲大陆成为世界顶尖金融机构和跨国公司的聚集地。20 世纪 70 年代中期，欧盟委员会就统一欧盟内部市场展开了激烈的讨论，构想建立统一的“欧洲公司收购法”，统一管理欧盟各成员国公司收购；2003 年，《欧盟收购指令》面世，在长达数十年的磨合过程中，各成员国利益团体你争我斗、官僚机构相互推诿，在经历各成员国上百次争吵、协商、谈判后，在欧盟委员会的奔波、努力、妥协、修改和千方百计地促成下，最终指令在 2004 年 5 月通过。《欧盟收购指令》大段大段地照搬英国《城市法案》，是一部“将各成员国紧密联系在一起，求同存异的立法参考指南”⑤。

---

① 朱锦清：《证券法学》，北京大学出版社 2011 年版，第 242 页。

② Armour, John, and David A. Skeel Jr., *Who writes the rules for hostile takeovers, and why-the peculiar divergence of US and UK takeover regulation*, Geo. LJ 95, 2006, p.1753.

③ 1953 年，从俄罗斯移民到英国的商人查尔斯·克罗尔（Charles Clore）以高于市场价格向希尔鞋业零售公司的股东们发出收购要约，最终获得希尔鞋业零售公司的控制权。See City Notes: The J. Sears Offer, TIMES (London), Feb.5, 1953.

④ City Notes: The J. Sears Offer, TIMES (London), Feb.5, 1953, p.10.

⑤ Commission Of The European Communities, Report on the implementation of the Directive on Takeover Bids, Brussels, 2007, pp.2-5.

尽管《欧盟收购指令》的六项核心规则[①]“在一定程度上允许各成员国选择适用规则”[②]，但是，要约收购及至全面要约却是强制适用的规则。

总之，要约收购相对协议收购、间接收购或其他收购，是对目标公司所有股东尤其是中小股东最公平的收购方式，因此，在公司控制权争夺中，在公司收购多种方式中，备受关注，为欧美各国极为重视和推崇，是公司收购中最常用的方式。

（二）全面强制要约与部分要约的要约收购方式

欧美各国就上市公司的要约收购，大致有自愿要约和全面强制要约两种模式。不同模式就部分要约、全面要约的规定不尽相同。

就公司收购而言，从公司法、证券法审判实践和形成的惯例看，美国是一个自由主义国家，采用的是典型的自愿要约模式。收购人可以采用多种方式收购目标公司，各种收购方式可以单独使用、合并使用。要约收购尽管是最有利于目标公司中小股东利益也是各国公司收购中最常用的，但在美国，收购人仍然是可以采用或不采用要约收购方式；采用要约方式收购，则可以任意发出部分要约或者全面要约；发出部分要约，收购股份的比例不受任何限制，是由收购人自行决定的。

英国、欧盟各国以及我国，与美国的自愿要约模式完全不同，采用要约收购甚至全面强制要约收购模式。我国的要约收购，分全面要约与部分要约。所谓部分要约，相当于美国的自愿要约，即指收购人向目标公司所有股东发出收购其所持有的部分股份的要约。当然，我国的部分要约并非如同美国的自愿要约，发出部分要约的比例要受一定限制，如部分要约人要受持股比例的限制，即持股达一定比例时，必须发出要约。所谓全面要约，相当于欧洲各国的全面强制要约，即收购人持有目标公司股份达一定比例，必须向所有股东发出收购其所持有的全部股份的要约。

收购上市公司，是适用部分要约还是全面要约，对收购人与目标公司股

---

① 《欧盟收购指令》的六项核心规则是：全面强制要约收购规则（Mandatory Bid Rule）、挤出卖空规则（Squeeze-out and Sell-out Rule）、董事会中立规则（Board Neutrality Rule）、突破规则（Breakthrough Rule）、选择适用规则（Optional Arrangements Rule）和互惠豁免规则（Reciprocity Exception Rule）。

② Magnuson, William J., *Takeover regulation in the United States and Europe: an institutional approach*, Texas A & M University School of Law, 2009, p.22.

东的利益的作用，恰恰相反。收购人发出部分要约，目标公司股东预受[①]股份数量超过预定收购数量的，收购人无须收购超过预定数额的股份，只需按照收购要约约定条件、以同等比例收购预受股份。部分要约保证不分预受股份的多少和股东大小，都平等地对待所有预受股东，却不保证股东预受的股票都能卖出。收购人按预受比例购买股票时，股东们总有股票不情愿地留在手上。由于要约人此前已经为收购支付了法定“虚高”溢价，在收购活动完成后，股票价格往往低于要约价格，这些没有售出的股票，其价格再没有人有义务给予保障，即使收购人取得公司控制权，也没有义务保证公司所有股东的所有股票都能公平地卖出。收购人发出全面要约，则必须购买目标公司所有股东预受的全部股票，即只要股东愿意卖出的股票，收购人必须全部收购。这就能够确保目标公司全体股东，不分大小，都能一视同仁地有机会以公平溢价售出持有的全部股票，获得股权溢价收益，确保愿意预受股票的中小股东们适时退出、华丽转身。

全面要约与部分要约相比，对收购人利益相对不利。优质的上市公司，垂涎者多有之，许多潜在的竞争要约人[②]藏于暗处，等待条件成熟。当收购人持股达法定比例、不得不发出要约收购时，发出全面要约，需要的资金大，获得公司控制权的难度增加，全面强制要约收购成功的比率远比部分要约收购小得多。如果仅发出部分要约，预收5%股份，[③]需要的资金额度不大，以一石试水深浅，可以探明意欲收购者、可能发出竞争要约的收购者有多少，对收购进退决策大有好处。收购人发出全面要约，有意挫败收购目的者大有人在。全面要约收购不成功，远比部分要约受挫给收购人造成的损失大得多。部分要约从策略、损益、资金等方面对收购人都更有利。因此，公司收购人往往不愿意实施全面要约，至少在没有探明其他潜在的竞争要约人之前，不愿意实施全面要约。在公司收购的利益博弈中，法律更侧重保护中小股东的利益，对持股达一定条件的收购人，强制其适用全面要约，为此，在欧盟各

① 所谓预受，是指目标公司股东同意接受要约的初步意思表示，在要约收购期限内、不可撤回之前，不构成承诺。参见《上市公司收购管理办法》第42条第二款。

② 所谓竞争要约人，即一个目标公司的两人以上的要约收购人，互为竞争要约人。作者把虎视眈眈、窥测其他收购人、把持股控制在法定比例之下，待时机、尚未发出要约收购的人，称之为潜在的竞争要约人。

③ 按照我国公司收购的规定，部分要约预定收购的股份比例不低于目标公司已发行股份的5%。参见《上市公司收购管理办法》第25条。

国，全面要约又称为全面强制要约。

（三）与欧美立法相同的我国要约收购内容

要约收购是一把“双刃剑”，有利有弊。要约收购既可能提升目标公司的治理水平，也可能是收购人实施绿邮诈骗、[①]挫败竞争对手、[②]拆卸出售获利[③]等掠夺目标公司财富的手段。要约，无论是部分要约还是全面强制要约，比其他收购方式的成本更高，增加了收购的费用和代价，在保证目标公司中小股东不同程度享受公司股份溢价的同时，也会在一定程度上抑制公司收购的产生，不利于公司的治理和一国经济的发展。不管要约收购有何弊端，相对其他收购方式，要约收购要求目标公司管理信息公开、透明，都更有利于目标公司的管理与治理，能够公平地保护目标公司所有股东尤其是中小股东的利益；全面要约又是保护目标公司中小股东利益的最佳收购方式，能够制约相对强势的收购人，均衡目标公司股东与收购人利益。因此，欧美公司法、证券法就公司收购都规定有多种方式，在承认各种收购方式共存时更推崇要约收购。

我国法律在学习和移植国外公司收购先进经验之时，根据我国国情，对要约收购作了相应的规定。《上市公司收购管理办法》将《证券法》第 88 条第 1 款规定的“通过证券交易”“通过协议、其他安排”持有上市公司股份的方式，具体用专章规定为要约收购、协议收购和间接收购。[④]我国法学理论上探讨的收购方式主要有举牌收购、要约收购、协议收购等。就公司收购方式的称谓，尽管我国与欧美各国不同，但多种不同收购方式共存的立法与实践，则是完全一致的。

---

① 绿邮诈骗，亦称绿色邮件、绿色敲诈等，主要指目标公司董事会在抵挡不了敌意收购时，为保全管理层地位，息事宁人，同意以超高价格购回收购人低价收购的目标公司股票；收购人即在短期内获得高额回报；绿邮诈骗亦就特指收购人以合法收购的形式，勒索股票溢价、掠取短期盈利的欺诈收购行为。

② 挫败竞争对手的收购，一般是同行业或者是具有竞争关系的收购人，在成功收购公司后，故意降低目标公司品牌业务经营水平，收购人自己公司的业务经营远远超过目标公司，使目标公司品牌很快淡出人们的视线甚至退出某行业，收购人公司很快挫败曾经的竞争对手，在竞争中获得某一行业的垄断地位。

③ 拆卸出售获利，指在股市低迷、品质优异的上市公司股市估值低于实际价值时，收购人为获得公司控制权大举收购，收购成功后，将公司有价值的部分，如公司的专利、商标等无形资产，产品的制造技术，不同的业务，公司的产品、厂房、土地等有形资产拆分出售，获取巨额利润的行为。

④ 参见《上市公司收购管理办法》第三章要约收购、第四章协议收购、第五章间接收购。

我国公司法、证券法与欧美各国的法律一致，在规定的多种收购方式中，亦同样规定并更推崇要约收购方式。《上市公司收购管理办法》规定，要约收购，收购人购买股份支付的最低限价，不得低于收购人在发出要约前6个月内取得该种股票支付的最高价格，这必然会推高目标公司的股票价格，收购溢价更符合中小股东的利益；[①] 要约收购的期限为发出要约后30—60日，要约收购期限较长，可以保护股东不受“胁迫式要约”的侵害；持有同一种类股份的股东，只要在要约期限内作出同意接受要约预受的股票，不管股东持有股票数量的多少、预售股份的多少，售出股票的价格都相同，这让收购人对目标公司所有股东不分大小、持股多寡，都必须与大股东一样一视同仁、公平对待。由此可以说，要约收购相对协议收购和间接收购，是对目标公司所有股东尤其是中小股东最公平的收购方式。[②] 由此，同欧洲国家一样，我国规定要约收购的同时更推崇对目标公司中小股东最有利的全面要约收购，以增强对目标公司全体股东尤其是中小股东利益的保护。

二、我国与欧美不同的全面要约触发点

（一）美国公司治理的自愿要约模式

要约收购有自愿要约和全面强制要约两种模式。

美国是典型的自愿要约模式，《威廉姆斯法案》（Williams Act）和其他法律都没有要求收购人对目标公司股东流通股份要约收购的强制性规定。收购人可以直接发出要约，可以直接与目标公司管理层协商、谈判，也可以通过其他股东间接控股；是否增持股份、增持股份的比例、增持的方式等，都由收购人自行决定；收购人可以发出任意比例的要约，没有持股多少必须发出要约、必须收购股份比例的限制等，没有全面强制要约与部分要约之分，没有触发全面要约之说。美国的要约收购主要是部分要约。

美国采用自愿要约模式，表面看是明显地偏向收购人，不利于制约收购人、均衡收购人与目标公司股东的利益和目标公司的治理。然而，在美国，管理或治理上市公司，是通过市场竞争方式进行而不是通过要约收购、强制

① 曹清清：《公司章程反收购条款以价值判断与效力剖析为视角》，载《学术交流》2016年11月，第94页。

② 本段关于收购目标公司股份的最低价格、要约期限、预受的股份等内容，参见《上市公司收购管理办法》第35条第一款、第37条第一款、第42条第二款。

全面要约方式进行。不管是通过相对友好的资产重组、公司之间的协同，还是通过其他任何方式取得目标公司股份的收购人，只要能够在收购后提升公司的运营效率，持股比例不管达公司股份的多少，都没有被要求必须采取要约方式收购公司。各公司的董事会及管理层明白，如果不能尽职尽责管理好公司事务，不能将公司业绩通过股票价格良好呈现，潜在的敌意收购方就有可能猛扑过来并且取而代之。这种潜在的威胁，让各公司董事会及管理层不得不兢兢业业地做好自己的本职工作，从而使公司在正常情况下都能够得以发展和运转。公司利润的正常提升以及股东们能够从公司经营中获得利益，当有人有收购意图之时，股东们就不会轻易出售持有的股票，从而使收购人的意图难以得逞。这就同样达到了欧洲各国以要约或者全面强制要约方式治理公司、维护公司大小股东利益的目的。

（二）英国与欧盟公司治理的强制要约模式

在英国及欧盟国家，要约收购及全面要约是强制适用的规则。

按照英国《城市法案》规定，在触发全面强制要约收购门槛[①]之前，收购人获取目标公司股份的方式不限，可以采用多种方式获取目标公司股份。协议收购、在证券二级市场上不动声色地购买股票、直接发起要约收购等均可。不管采用何种方式收购，一旦持有公司股份达30%，收购人必须向目标公司在外流通所有剩余股份发出全面强制要约。[②]在触发全面强制要约之前，并非一定发出部分要约。但是，收购人持某公司股份达触发全面要约之前，遭遇目标公司（此处假设为B）怀疑时，B公司可以直接询问收购人（此处假设为A）是否有收购企图；被B询问的收购人A公司，必须真实回答。如果A的回答模棱两可，B可以请求英国并购委员会要求A立刻明确立场：公开宣布正式收购意向或公开否认收购意向。如果A宣布收购意向，则必须在28天内，正式发出要约收购。[③]A收购B公司股份达30%之前，A的要约收购是被迫的也就是强制的，但不是全面要约，是相当于我国法规中确定的部分要约。英国部分要约触发点及持股比例非常明确：即A公司公开宣布收购B公司意

---

① 英国及欧盟的全面强制要约收购“触发门槛”（threshold），亦称之为“触发点”（trigger）。

② The Panel on Takeovers and Mergers, The City Code on Takeovers and Mergers (12th ed. 2016), Part F1, Rule 9.

③ The Panel on Takeovers and Mergers, The City Code on Takeovers and Mergers (12th ed. 2016), Part F1, Rule 9; Part H3, Rule 16.

图即触发部分要约，比例为A发出部分要约时持有B公司股份达至B公司股份30%之前的差额。A公司发出收购要约，B公司股价会上涨。A公司持股一直在B公司股份30%以下，就不需要发出全面要约；A公司持股一旦达到B公司股份30%，即触发全面要约门槛，就必须向B公司在外流通所有剩余股份发起全面强制要约收购。显而易见，英国部分要约不以收购方式为依据，且部分要约收购股份有上限限制。

欧盟各国与英国一样，都有实施全面要约收购的触发点、持股比例达触发点时收购人必须对目标公司所有股东[①]持有的全部股份发出全面要约的规定。欧盟各国根据《欧盟收购指令》的规定，设定的触发全面强制要约门槛的持股比例高低不同，从收购人获得25%投票权至30%、1/3、40%、50%、66%不等；也有部分国家没有具体规定触发门槛的持股比例，但也明确规定：当"收购人获得公司多数投票权时"触发全面强制要约。[②]即是说，欧盟及英国，部分要约的触发有一定的随意性，取决于收购人的意图是否在持股30%前被目标公司发现。触发全面强制要约的法定持股比例，英国为公司股份30%；欧盟各成员国中，最低的比例是公司股份25%，也仅有两个国家；[③]多数国家为公司股份30%及以上。全面强制要约触发点持有目标公司的股份，是公司的总股本，与公司流通股份、达到持股比例的收购方式无关。

欧洲国家就部分要约收购有一定的随意性，在于部分要约既给予收购人持股比例的自由，又使收购行为公开、公正，能够相对公平地对待目标公司大小股东。全面要约的推行和实施具有强制性，又需要有适当的触发门槛。其目的也在于治理公司，维护目标公司的正常经营与发展，最终达到维护中小股东的利益。全面要约触发门槛高，收购人的成本相对低，收购易于成功，容易激发收购意图和行为，但触发门槛高不易触发，会使全面要约迟迟难以实施以至于无法实施；触发门槛太低，收购成本高、难度大，不易成功，是

① 英国、欧盟各国所称的目标公司"所有股东"，即全面强制要约的对象，包含持有公司所有不同类别股份的所有股东以及任何具有投票权的可转换债券及认股权证持有人。See The Panel on Takeovers and Mergers, The City Code on Takeovers and Mergers (12th ed. 2016), Section F1, Rule 9.1.

② Commission Of The European Communities, Report on the implementation of the Directive on Takeover Bids, Brussels, 2007, pp.13-14.

③ 在欧盟成员国中，全面强制要约收购规则触发门槛为25%的两个国家是匈牙利、斯洛文尼亚。

目标公司抵御收购行为的有效措施，是收购人实施公司收购的障碍，这就可能抑制全面要约收购的产生。一国鼓励或抑制要约收购，是根据本国的国情决定的。因此，《欧盟收购指令》在强制推行全面要约的同时，又赋权各成员国自行确定全面要约的触发点。

（三）我国标新立异的要约收购触发点

1. 要约收购触发点的内容

我国没有采用美国式的自愿要约，与欧洲各国一样实行要约收购。但是，我国的要约收购，并非完全等同于英国与欧盟。我国不仅有全面要约触发点，还有部分要约触发点。

《证券法》第 65 条第 1 款规定："通过证券交易所的证券交易，投资者持有或者通过协议、其他安排与他人共同持有一个上市公司已发行的股份达到 30% 时，继续进行收购的，应当依法向该上市公司所有股东发出收购上市公司全部或者部分股份的要约。"该条款明确的内容是：获得上市公司股份的方式有证券交易、协议、其他安排，我国要约有全面要约、部分要约，收购人收购的股份有"公司已发行股份"和"公司股份"，[①] 目标公司有两种潜在的股东：持有公司公开发行股票的公众股东和上市公司的所有股东；要约收购的触发点：上市公司已发行股份 30%。该条款没有明确的内容是，持有目标公司"已发行股份 30%"触发的是全面要约还是部分要约？触发全面要约、部分要约的持股比例有无不同？《上市公司收购管理办法》就《证券法》第 65 条第 1 款规定的要约收购触发点，分获得目标公司"已发行股份 30%"的三种法定收购方式的不同，是触发全面要约还是触发部分要约，作出如下规定：

（1）自愿采用要约方式或者采用证券交易举牌[②]方式收购目标公司股票的，都属于要约收购。收购人以要约收购方式持股达目标公司已发行股份 30% 的，即触发部分要约，此后，要继续增持目标公司股份的，只能以要约方式

---

① "公司已发行股份"，在其他条款中亦称之为"公开发行股份"，在证券交易中称之为流通股；《股票交易与发行管理暂行条例》将其称之为"发行在外的普通股"。"公司股份"：本条款中的"公司全部或者部分股份"，除去定语"全部或者部分"即为"公司股份"。"公司股份"又称之为"公司股本总额""公司总股本""公司股份总数"等，包括上市公司流通股与非流通股等各种全部股份。

② 所谓举牌，是指收购人通过证券交易收购上市公司已发行股份达 5% 时，必须履行向证监会、证券交易所作出书面报告，向目标公司发出通知及向上市公司股东们发出公告的义务，俗称举牌；第一次举牌后，收购人持股每增减 5% 时，都需要再次举牌。学界及实务界，把通过证券交易收购上司股份称为举牌收购。

收购，不能采用协议或者间接方式收购；自愿要约收购人可以自愿选择全面要约或部分要约，我国法律法规没有关于自愿要约的收购人持股达何种比例必须发出全面要约的要求[①]。这就意味着，自愿以要约收购方式持股达目标公司已发行股份 30% 的，只触发部分要约，不触发全面要约，不强制收购人实施全面要约。

（2）收购人以协议方式拥有上市公司权益达已发行股份 30% 要继续收购的，必须改协议方式为要约方式增持股份，收购人可以选择“依法向该上市公司的股东发出全面要约或者部分要约”；收购人“通过协议方式收购一个上市公司的股份超过 30% 的，超过 30% 的部分，……应当发出全面要约”。[②]也就是说，协议收购人持有上市公司已发行股份 30%，触发要约收购，可以选择全面要约或部分要约；当增持至公司股份 30% 后，则必须发出全面要约。换言之，协议收购是根据持股比例，分段触发部分要约和全面要约：持有目标公司已发行股份 30% 的，触发部分要约，持有目标公司股份 30% 的，触发全面要约。

（3）间接“收购人拥有权益的股份超过该公司已发行股份的 30% 的，应当向该公司所有股东发出全面要约”。[③]也就是说，间接收购不触发、不适用部分要约，收购人一旦持有目标公司已发行股份 30% 的，即触发全面要约。

2. 要约收购触发点的标准

《上市公司收购管理办法》根据《证券法》第 88 条第 1 款规定的三种收购方式、两种要约、两种股份，确定了以不同收购方式为依据，明确了部分要约的触发点和全面要约的触发点：要约收购方式持股达目标公司已发行股份 30% 的，即触发部分要约，不触发全面要约；协议收购方式持股达目标公司已发行股份 30% 的，触发部分要约，持股达公司股份 30% 的，触发全面要约；间接收购持股达目标公司已发行股份 30% 的，触发全面要约。也就是说，我国根据公司收购的方式不同，规定有部分要约触发点和全面要约触发点。

按照《上市公司收购管理办法》的规定，同样是持股达目标公司已发行股份 30% 的，要约收购、协议收购，触发部分要约；间接收购则触发全面要约；反之，同样是触发全面要约，协议收购是持股达目标公司股份 30%，间

① 参见《上市公司收购管理办法》第 23 条、第 24 条。

② 参见《上市公司收购管理办法》第 47 条第二款、第三款。

③ 参见《上市公司收购管理办法》第 56 条第二款。

接收购则是持有目标公司已发行股份 30% ！要约收购，只触发部分要约，根本就不触发全面要约。这种根据收购方式不同，同样持有公司已发行股份 30%，却有触发部分要约和触发全面要约之分；同样是触发全面要约，却有两个不同持股比例的触发点：公司已发行股份 30% 和公司股份 30% ！——这表明，我国部分要约和全面要约触发的标准，既不仅仅是收购方式，也不仅仅是持股比例，而是同时以收购方式和持股比例作为标准。

3. 全面要约触发点的比较

我国上市公司发行股票，以人民币标明面值。[①]我国上市公司至今还没有实现股本全流通。公司股本总额（称公司股本）与流通股份（称公司已发行股份）之间的关系，最小的上市公司，股本总额不低于 3000 万元；公司股本总额以 4 亿元分界，4 亿元以下，公司公开发行股份达股本总额 25% 即符合上市条件;4 亿元以上，公司公开发行股份达股本总额 10% 即符合上市条件。[②]我国有股本总额千万元至数百亿元的上市公司。股本总额不同的上市公司股份流通比例，大致有四种情形：（1）3000 万元至 4 亿元以下、公开发行股份只达最低要求、仅占公司股本总额 25% 的公司；（2）4 亿元以上，公开发行股份只达最低要求、占公司股本总额 10% 的公司；（3）发行股份大大超过最低发行要求、占公司股本总额 25%—90% 以上的公司；（4）股份总额 100% 全流通的公司。[③]

我国的要约收购不触发全面要约，这有点类似于美国的自愿要约；协议收购触发全面要约是持有目标公司股份总额 30%，这与英国及欧盟多数国家的触发点相差不大；间接收购全面要约的触发点，是“收购人拥有权益的股份超过该公司已发行股份的 30%”而不是公司股份 30%。

全面强制要约触发点，英国为公司股份 30%；欧盟各成员国中，最低的比例是公司股份 25%，也仅只有两个国家；多数国家为公司股份 30%，极少数国家的触发点甚至达公司股份 50% 及其以上。我国间接收购以公司已发行

---

① 参见《上市公司章程指引》第 16 条。

② 参见《证券法》第 50 条第 1 款。

③ 上市公司的流通股份四种情形，如赛意信息，总股本 0.8 亿，流通股份 0.2 亿，占公司总股本 25%；花王股份，总股本 3.3 亿，流通 A 股 0.83 亿，占公司总股本 25%；上海银行，总股本 78.06 亿元，流通股份 7.81 亿，占公司总股本 10%；万科 A，总股本 110.39 亿股，流通股份 970.83 亿，占公司总股本 87.95%；浦发银行，总股本以及上市流通 A 股均为 281.04 亿股，占公司总股本 100%。参见网上证券交易系统—各股票的股本结构，2017 年 8 月 6 日查询。

股份 30% 作为全面要约触发点，某上市公司“已发行股份”比例越小，与“公司股份”的数量相差就越大，则触发全面要约的持股比例就越低，[①] 收购成功的概率就越小。当上市公司已发行股份分别为公司股本总额的 10%、25%、50%，对应的公司股份则为 3%、7.5%、15%，这是我国独有的创世界新低的全面强制要约触发点。这种触发全面要约的持股比例，需要收购目标公司 97%—85% 的股份。这比持股 30% 发出 70% 的全面要约，需要支付更多收购溢价、需要筹措更多资金。这当然会使有收购企图的人望而却步。这几乎是没有任何成功概率的全面要约触发点，使以间接收购方式触发全面要约在事实上不可能发生，我国有关间接收购的规定，也就形同虚设。

我国虽然与欧洲国家一样，有要约收购触发点的规定，但与欧美国家有着明显的区别，既不同于美国的自愿要约，也不完全同于欧洲的全面强制要约。既有与欧洲国家一样的根据持股比例决定触发全面要约的内容，也有独创的根据收购方式决定是触发部分要约还是触发全面要约的规定，同时，还有创世界新低的要约收购触发门槛。这就是不同收购方式触发不同要约、适用不同触发点的独具中国特色的规则。

三、触发全面要约收购门槛后的豁免

（一）英国及欧盟严谨的要约收购豁免

针对要约收购利弊兼具的特点，各国政府根据市场变化，采取各种措施，对收购公司的要约进行规制和监管。全面要约收购的豁免，就是监管和规制公司收购的方式之一，其目的在于，平衡收购人与目标公司、公司股东的利益，保护公司收购人的合法需求、去除“僵尸企业”、鼓励良性收购、减少要

---

① 某上市公司“已发行股份”比例越小，与“公司股份”的数量相差就越大，触发全面要约的持股比例就越低，以 10 亿元的上市公司为例：（1）当公开发行股份为 10%（1 亿元）时，持有该公司已发行股份的 5%（500 万元），则持有该公司股本总额的 0.5%；持有该公司已发行股份的 30%（3000 万元），则持有该公司股本总额的 3%。（2）当公司公开发行股份为 25%（2.5 亿元）时，持有该公司已发行股份的 5%（1250 万元），则持有该公司股本总额的 1.25%；持有该公司已发行股份的 30%（7500 万元），则持有公司股本总额的 7.5%。（3）当该公开发行股份为 50% 时，持有该公司已发行股份的 5%（2500 万元），则持有该公司股本总额的 2.5%；持有该公司已发行股份的 30%（1.5 亿元），则持有公司股本总额的 15%。（4）只有当该公司公开发行股份为 100%（10 亿元）时，持有该公司已发行股份的比例，才与该公司股本总额相等，持有该公司已发行股份的 5%（5000 万元）和 30%（3 亿元），才是持有该公司股本总额的 5% 或 30%。

约收购导致的不确定性等，最大化地发挥要约收购促进公司治理的益处，遏制不良后果。公司收购实行自由主义模式的美国，要约收购的豁免不是规制或监管公司收购的方式。实行全面强制要约的欧盟及英国，豁免，则是规制要约收购的措施之一。

英国法律规定，因拯救公司、因不可避免的错误（inadvertent mistake）获得股份以及持有公司50%投票权股东宣称不接受收购时，全面强制要约收购规则不被触发。[①] 该规定确定了英国豁免全面要约的三种法定情形：（1）为了避免公司被其他人恶意收购，为了拯救可能被收购的目标公司而非挫败目标公司、猎取公司控制权，如收购人根据经公司股东大会批准的挽救公司的方案增持股份，就是拯救目标公司的增持行为。该种增持股份触发全面强制要约门槛的，豁免发出全面强制要约。（2）因不可避免的错误获得股份，如证券公司在经营范围内承销证券业务不畅，滞留股份超过上市公司股本30%。又如，银行等金融机构在经营范围内发放贷款，借款人无力还贷，只好用质押的股权抵债，即以股抵债。这种导致证券公司、贷款银行持股达到甚至超过触发全面强制要约门槛的情形，是证券公司、贷款银行不愿意发生的情形，是违背证券公司与贷款银行意愿的，因此将其称之为“错误”。这种不可避免的“错误”，实则是不可抗力，违背了持股人的本意和利益。这类情形的持股人，并无意收购公司、无意猎取公司控制权的意图，如果强制要求其发出全面要约、收购公司剩余股份，显然，对持股人不公平，也违背公司管理层及股东意愿和利益，不利于公司的正常运行。（3）英国全面强制要约触发点为持有公司股份的30%，在持有公司50%投票权股东宣称不接受收购时，即使收购人持股达触发点后发出全面要约，根据按份共有财产按占财产份额多数人意见处理的原理，最终也不可能获得公司的控制权。收购人明知不能取得公司控制权还增持股份，或许是为了获得优质公司丰厚的分红或利润，也不排除等待时机，择机收购。但是，不管持股人持股比例多少，只要没有公司控制权，就不可能实施对公司不利的行为。豁免其全面要约，可以减轻收购人的负担，从而不挫减其要约收购行为，也就有利于目标公司中小股东的退出。

1971年，英国著名的诺扣斯公司收购维尼斯塔国际公司案，最终确立了

---

① See Commission of the European Communities, Report on the implementation of the Directive on Takeover Bids. Brussels, 21.02.2007.SEC（2007）268. Annex 3.

全面强制要约豁免的上限为持股 40% 的规则。[①]

《欧盟收购指令》强制各成员国适用全面强制要约收购，同时，赋权各成员国根据自身国情制定全面强制要约收购豁免规则。在欧盟内部，除三个成员国[②]没有规定全面强制要约收购豁免外，每个成员国都规定了全面强制要约收购的各式各样形形色色的豁免情形，主要是因婚姻、继承、赠与获得股份的；因公司增发、或发行新股越过增持股份的；因公司合并或分立、关联公司之间的合并，持股触发门槛的；因执行公司事务持股越过触发门槛的；[③]因暂时获得并持有股份而触发门槛的；[④]获得触发门槛的股份却不享有控制权的[⑤]

① 1971 年在英国发生的诺扣斯公司（Norcos Corp.）收购维尼斯塔国际公司（Venesta International）案，股东大卫·罗兰（David Rowland）为防止公司被收购后出售，在二级市场上大量购入公司股票，最终成为维尼斯塔国际公司控股股东。并购委员会意识到，股东在二级市场收购股份成为控股股东的行为，让剩余的股东没有从收购中享受到按比例和公平价格出售股票的权利和获得股票溢价的收益。由此，并购委员会在 1972 年新版《城市法案》中增加了一条规则："获得上市公司 40% 以上股份的股东，无论获得股份的速度有多平缓（gradual），必须向公司剩余股份发起全面强制要约收购。" See The Panel on Takeovers and Mergers, The City Code on Takeovers and Mergers（1972）.

② 欧盟没有规定全面强制要约收购豁免情形的三个成员国是：塞浦路斯、匈牙利、拉脱维亚。

③ 公司事务相对繁杂，因执行公司事务持股越过触发门槛的，主要包括：因特定情形增加资本、公司控制权内部转移、公司股份内部转移、执行债务、破产情形以及破产挽救、公司集团内部重组、特定管理人持有股票并按指示行使投票权（信托）等情形。

④ 因暂时获得并持有股份而触发门槛的，主要包括：因不可避免的错误获得股份，因目标公司减少注册资本，因另一个股东的行为导致收购人股份超过临界值，为了卖出的股份而暂时增持股份，短暂时间内越过全面强制要约收购的触发线等情形。

⑤ 获得触发门槛的股份却不享有控制权的，往往是在实行双重股权的公司，或者是持有公司 50% 投票权股东宣称不接受收购等情形。所谓双重股权、双重股权结构（Dual Share Class），又称二元股权，是将股东的股权分红与公司控制分离的控制公司的有效手段。双重股权与同股同权相对，实行同股不同权，股份被划分为高、低两种投票权。高投票权的股票拥有更多的决策权。如瑞典的瓦伦堡家族（Wallenberg Family）利用双重股权结构控制了瑞典经济的半壁江山，全球电信巨头爱立信（Ericsson）、白色家电制造商伊莱克斯（Electrolux）、机械设备巨擘 ABB 公司、世界第三大制药集团阿斯利康（AstraZeneca）、全球最大园林机械设备制造富世华（Husqvarna）、世界领先的飞机及汽车制造商萨博（SAAB）、北欧最大的航空公司北欧航空（SAS）都由掌控北欧最大财团银瑞达（Investor AB）的瓦伦堡家族控制。以爱立信公司为例，爱立信公司发行了两种股票：A 股和 B 股，其中 A 股的投票权是 B 股的 1000 倍，仅持有公司总股份 7% 的瓦伦堡家族，持有几乎全部的 A 股，他们由此控制了爱立信公司绝对多数投票权。

等情形。[①]

与《欧盟收购指令》照抄照搬英国《城市法案》相同，欧盟各成员国就全面强制要约豁免的情形，大致与英国的规定类似；对触发全面强制要约、越过触发门槛的持股比例上限，一般没有明确规定，但是都有“暂时”“临界值”等限制，如爱沙尼亚、希腊、芬兰、马耳他等欧盟国家的，就全面强制要约豁免的上限、持股时间，都在原则上做有规定。[②]虽然，“暂时”“临界值”对豁免触发全面强制要约门槛的持股比例不如英国的40%那样明确，但是，对豁免触发全面强制要约的时间和持股比例也不能说就没有一点限制。

英国及欧盟各国对敌意收购的要约豁免，使并非所有达全面强制要约触发点的持股人，都一定要发出全面要约，也存在全面强制要约触发门槛过高、豁免门槛过低，使全面强制要约收购不易触发、触发后易于豁免，收购人要约收购容易成功、豁免收购的规定更偏重收购人利益等问题。但是，就持股达触发门槛后对全面强制要约的豁免，其特点大致有：豁免的主要是针对没有收购公司意图的以及不可能获得公司控制权的情形；仅仅是针对临界值的持股比例给予暂时的豁免，即豁免有持股比例和时间的限制，不是无限度的；豁免的仅仅是全面要约而非要约，符合豁免情形、受到豁免的收购人，可以不发出全面要约，但必须以要约方式收购目标公司的股份，绝对没有豁免要约收购的做法。

对无收购目的的持股人或者明显不能获得公司控制权的收购人，强制其发出全面要约，要持股人、收购人溢价收购不愿意持有的股份或不能获得控制权的股份，明显对增持股份的人不公平，反而会抑制要约收购，影响中小股东的利益。因此，英国法律对没有猎取目标公司控制权的持股和不可能猎取公司控制权的增持股份的行为，予以豁免，不触发全面强制要约收购，但触

---

① Lindgren, Håkan, Succession strategies in a large family business group: The case of the Swedish Wallenberg family, Conference paper for the 6th European business history association annual congress, Helsinki, Finland, 2002, pp.26-34.

② 如捷克法律规定，“暂时越过全面强制要约收购规则的触发线时以及……时，免于触发全面强制要约收购规则”；爱沙尼亚法律规定，“暂时获得股份是为了卖出的情形，全面强制要约收购规则不被触发”；希腊法律规定，当公司另一股东拥有更高投票权时、暂时越过全面强制要约收购规则触发线时、关联公司之间合并以及因为发行新股时享有优先权越过临界值时，全面强制要约收购规则不被触发；芬兰法律规定，当公司另一股东拥有更高投票权时以及因为目标公司或另一个股东的行为导致收购人股份超过临界值时，全面强制要约收购规则不被触发；马耳他法律规定，“合并情形以及因为发行新股时享有优先权越过临界值时，全面强制要约收购规则不被触发”。

发门槛后还要继续增持股份的，则必须采用有利于中小股东利益的要约方式。

持股低于30%就要求收购人发出全面强制要约，收购难度太大成本高；达30%—51%获得公司控制权要求收购人发出全面强制要约，收购难度相对下降；有豁免情形的，在持股30%—40%豁免全面强制要约，而非豁免要约；针对不同持股比例，实行不同的要约方式，只要持股达公司股份30%，收购方式就必须是要约，而非采取非要约的其他收购方式。这既有利于鼓励收购人收购，要约收购又有利于中小股东利益。由此，我们可以深刻地感受到，英国法律针对公司收购，为发挥收购的有利作用、均衡各方利益的那种小心翼翼和谨小慎微。

英国《城市法案》是《欧盟收购指令》的蓝本，欧盟多数国家都采用了与英国相同的触发、豁免的持股比例，一是多数国家有着共同的欧洲发达国家背景，二是英国规定的这些比例在长期的实践中，被证明为在收购关系中为各方均能接受、能够妥当均衡各方利益的持股比例。

（二）我国过于宽泛的要约收购豁免

1. 我国三种收购方式的豁免内容

我国与英国、欧盟各国一样，对持股达要约收购触发点的情形，也有豁免的规定。但我国的豁免，既非美国自愿要约模式的全面豁免，也非英国欧盟式的全面强制要约豁免。

我国的要约收购方式由收购人自愿选择适用，只要不以终止公司上市地位为目的以及不存在公司股票终止上市资格的情况，收购人可以自由选择全面要约还是部分要约，对自愿采用要约方式收购目标公司股份达触发点的，豁免其发出全面要约，就不存在强制适用全面要约，就不需要申请豁免，这一点与美国一样。但是，在中国，要约收购持股达触发点后就只能采用要约方式收购而不能采用其他方式收购，这又与美国的任何持股比例完全自愿采用任何收购方式有区别。

只有协议收购、间接收购才适用全面要约，相应地，也就有持股达触发点后有豁免情形的可以申请豁免之规定。我国的要约豁免情形，与欧盟或者英国规定的豁免情形大致一致。但是，与欧盟、英国豁免全面强制要约而非豁免要约不同，我国豁免的不是全面强制要约，而是豁免要约收购方式和豁免发出收购要约。[①]豁免发出收购要约的，又分为经申请的豁免和不经申请的

① 参见《上市公司收购管理办法》第61条第一款第1项、第2项。

豁免。豁免要约收购方式的，须收购人提出申请，证监会在法定日期内作出是否豁免的决定；取得豁免的，收购人可以不采用要约方式完成本次增持行为。[①] 经申请豁免发出收购要约的，证监会在法定日期内[②] 未提出异议的，相关投资者可以申请办理股份转让和过户登记手续；不经申请发出收购要约的，可以直接申请办理股份转让和过户登记手续。[③]

2. 我国法定豁免情形的利弊

我国的收购人或投资者增持股份比例至触发点，经申请或不经申请豁免要约收购或发出要约的法定情形，包括了英国及欧盟的全面强制要约豁免的各种情形，大致可以归纳为投资人意志之外原因导致的股份增持、经公司股东大会批准的增持行为以及不导致公司实际控制权变化的增持行为和长期持股、缓慢增持股份的行为四类。[④] 予以豁免的这四类情形，各有利弊。如投资人意志外的原因导致股份增持达触发点的，表明投资人股份增持不是有控制意图、损害公司利益的敌意，不会影响公司的生产经营。经公司股东大会批准，表明增持股份的投资者与公司意图一致，是友善协商的结果，不会影响公司经营，不会导致公司经营波动。不导致公司实际控制权变化的增持，表明目标公司的主体地位、生产经营、稳定和持续发展，不会因为投资者增持股份而受威胁和影响，实际控制人增持股份还有利于公司上市地位的稳定。长期持股、缓慢增持股份，持股人承诺 3 年内不转让增持的新股，表明持股人作为投资者，没有短期盈利之不轨图谋；持股人承诺增持股份 1 年后、每 12 个月增持股份限制在 2% 之内，这使增持股份的速度、额度受到限制，使

---

① 参见《上市公司收购管理办法》第 62 条第二款。

② 本自然段的两个法定日期是：豁免要约收购方式的，证监会是否予以豁免的决定，是在受理豁免申请后 20 个工作日内作出；豁免发出收购要约的申请，是证监会在 10 个工作日内决定是否提出异议。

③ 参见《上市公司收购管理办法》第 63 条。

④ 这里归纳的四类情形中，主要包括如下法定情形：持股比例的增加是投资人意志之外原因导致的：如国有资产无偿划转、变更、合并，上市公司回购股份减少股本导致投资者持股比例增加，金融机构经营业务、公司股份回购、所持优先股表决权恢复、继承事实发生等；经公司股东大会批准的行为：如为了挽救公司，经过公司股东大会批准增持公司股份的行为；不导致公司实际控制权发生变化的行为：如增持股份是同一实际控制人控制的不同主体之间股份转让，是权益股份超过 50% 的绝对控股股东继续增持股份；长期持股、缓慢增持股份的行为：如收购人承诺 3 年内不转让拥有的公司股份权益，投资者拥有权益股份超过 30% 一年后，增持股份比例限制在每 12 个月 2% 内。参见《上市公司收购管理办法》第 62 条、第 63 条。

在短期内获得公司控制权的意图无法实现，也让高息贷款收购目标公司、低价快进高价快出抛售股份，或者以拆卸及变卖目标公司在短期内兑现获取高收益的收购意图，因难以实现而自然消退。

尽管我国的现行规定似乎有利于我国公司收购的治理，似乎能够受到豁免的人，任其增持股份，都会持股不动，都不会怀有控制或收购公司的敌意，更不会有挫败对手、赢得竞争之图谋。但是，因为我国豁免的是要约而非仅仅是全面要约，这种豁免，未必就不会损害公司股东权益，未必就不发生公司控制权易主的情况。

如“在一个上市公司中拥有权益的股份达到或者超过该公司已发行股份的 50% 的”绝对控股股东，虽然“继续增加其在该公司拥有的权益不影响该公司的上市地位”，① 但由于对豁免的持股比例没有上限的限制，在该绝对控股股东在需要资金扩大公司经营规模时，每年拿出公司部分收益分红吸纳股东；在公司经营规模扩大并长期盈利、公司效益逐年见长后，逐年增持股份，在不导致公司实际控制权变化的情形下，将其他投资股东逐渐挤出公司，却依法豁免不发出要约收购，中小股东及其他投资者自始至终没有获得要约收购可以得到的溢价，其合法权益当然受到损害。这样的要约豁免，可以成为一时资金不足的公司的融资方式。

再如，持股达触发点的投资者，每 12 个月内增持不超过公司已发行股份的 2%，即豁免其发出收购要约，② 有权不采用要约方式收购公司股份。在股权分散的上市公司中，持股不足公司已发行股份 30% 就已经是公司的控股股东的情况确实存在。这类控股股东，一直以非要约方式收购公司股票，持股达 30% 触发要约收购 1 年后，每 12 个月内增持不超过该公司已发行的 2% 的股份，即可获得要约收购豁免。该控股股东，坚持长期、缓慢增持公司股份，收购股票，蓄势待发，每 12 个月内增持 2% 股份，只要增持股份没有达 5%，依法不需要公告、不需要以要约方式收购，不支付要约收购溢价。这种实质上的公司收购人，持续、缓慢、坚挺地一直以非要约方式收购公司，最后，轻松达到收购目的。最终，原来非经营者的收购人成为公司的所有者，公司创始人反而成为收购人的打工者。这种豁免，必然导致收购人以合法方式侵害公司创始人及中小股东利益。

---

① 参见《上市公司收购管理办法》第 63 条第一款第 5 项。

② 参见《上市公司收购管理办法》第 63 条第一款第 4 项。

《上市公司收购管理办法》第6章关于豁免要约收购方式和经申请豁免发出收购要约的持股比例没有明确规定，仅将不经申请豁免发出收购要约的持股比例明确规定为公司已发行股份的30%；《证券法》第88条规定触发要约收购的持股比例为公司已发行股份的30%；然而，只要未获得豁免的，统一要求将持有的股份减持至“公司股份30%或者30%以下”。[①] 只要是股份非全流通的上市公司，公司已发行股份不足100%的，豁免申请人持有公司已发行股份的任何比例，都不足公司股份的30%，哪有多出公司已发行股份持有比例的公司股份可以减持？对持股比例不同的豁免申请人统一规定减持股份比例，是显而易见的瑕疵。

四、我国要约收购及触发点的保留与改进

我国移植、学习、借鉴欧美先进国家的公司收购规则，结合我国国情，在实践中逐渐形成了我国自愿要约与强制要约、部分要约与全面要约并行，有多个不同要约触发点及多种豁免内容的要约收购规则。我国的公司，亦实行要约收购、推崇全面要约，注重挫败不正当收购行为、稳定公司控制权、活跃公司收购、保护中小投资者、平衡收购各方合法利益。同时，在我国的要约收购规则中，也有亟须改进的内容。我国现行的要约收购规则应当如何修改或增减？笔者赞同这样的说法，“正确的选择是不能偏离现实世界也不能偏离法律传统”。[②] 根据我国股权分置改革、A股市场正在逐渐实现但尚未完全实现上市公司股份全流通的实际情况，就我国公司收购显而易见的漏隙，笔者提出以下改进愚见。

（一）改变以收购方式确定要约及触发比例的规定

按照《上市公司收购管理办法》的规定，同样是持股达目标公司已发行股份30%的，要约收购、协议收购，触发部分要约；间接收购则触发全面要约。反之，同样是触发全面要约，协议收购是持股达目标公司股份30%，间接收购则是持有目标公司已发行股份30%。要约收购，只触发部分要约，根本就不触发全面要约。根据收购方式不同，同样持有公司已发行股份30%，却有触发部分要约和触发全面要约之分；同样是触发全面要约，却有两个不

---

① 参见《上市公司收购管理办法》第61条第二款。

② 张路：《公司治理中的权力配置模式再认识》，载《法学论坛》2015年5月，第92页。

同持股比例的触发点：公司已发行股份 30% 和公司股份 30%。

我国的以收购方式和持股比例同时作为部分要约和全面要约触发点标准的规定，较为复杂难懂，而且给由收购人自行确定收购方式从而自行确定触发比例留下空隙。

公司之间的收购，不管是敌意还是合意，收购人与目标公司之间，不管以何种方式、在何时让渡股份，都是公司法人之间的一种意思表示。收购人获取目标公司股份采用何种方式，我国法律并没有限定。法律规定多种不同收购方式、学界理论界区分不同收购方式，是为了更好地理解不同收购方式的特性，更好地运用，以适应公司收购的不同情况，绝不是为了限制收购人使用哪一种方式。实践中，收购人有权自行根据不同的情况和自身利益的需要，采用某一种或多种收购方式，也有权多种方式同时施行或交叉适用。收购人以多种合法方式收购目标公司股份，持股达法定触发点时，很难认定就是某一种方式获得的股份，很难确定是哪种方式触发了要约收购的持股比例。采取任何法定收购方式获得目标公司股份并非违法之举，都是收购人意思自治的结果，具有任意性。这就使以收购方式确定是触发部分要约还是触发全面要约的标准不统一、不客观。因此，收购人获得目标公司股份的方式就不能作为触发不同要约的依据。

收购方式是收购人自由选择的结果。但是，持股比例则是客观而不容辩驳的。将持股比例作为全面要约触发点的标准，使全面要约的触发点既统一又客观。这正是英国、欧盟国家坚持采用以持股比例作为全面要约触发点的重要原因。

笔者认为，我国法律应当修改以收购方式作为触发全面要约或触发部分要约依据的做法，应当将持股比例作为触发要约、触发全面要约的依据。在持股达触发比例前，任由收购各方当事人协商决定，任由收购人采取获取股份的方式；无论是自愿要约，还是协议、间接收购，只要持股达一定比例，即触发部分要约或触发全面要约，收购人都须以相同价格、相同条件收受目标公司所有股东持有的股份，实行要约规制；将持股比例作为触发要约形成惯例或规则，由大大小小的收购人共同遵行。以持股比例作为要约、全面要约的依据，与我国法律对上市公司收购的规制并不矛盾而且是一致的。我国所有的举牌，编制并公告不同权益变动报告书等，都是根据持股比例[①]的不同而不同。[②]反复细读《证券法》第88条第1款规定，笔者认为，该条款透露的本意是，不管通过证券交易、投资、协议还是其他安排，只要持有上市公司已发行股份达到30%还要增持股份的，就应当依法发出要约。这是以持股比例确定要约以及要约触发点，并非以不同收购方式确定要约、确定触发点。《上市公司收购管理办法》根据收购方式确定要约及全面要约触发点，是误解了《证券法》第88条第1款的本意；对此，应当进行修改，还该条款规定之本意。

（二）保留部分要约以适应我国股权复杂的现实

实现股东利益最大化、保护中小股东利益，在各国公司收购理论中已经达成共识、没有争议。[③]全面要约是保护中小股东利益的最佳要约收购方式。但是，全面要约对公司收购也有副作用。全面要约的推行和实施，需要有适当的触发门槛。触发门槛高，收购人的成本相对低，收购易于成功，容易激发收购意图和行为，但门槛高不易触发，会使全面要约迟迟难以实施以致无法实施；触发门槛太低，收购成本高、难度大，不易成功，是目标公司抵御收购行之有效的措施，是收购人实施公司收购的障碍，就可能抑制全面要约收购的产生。有法国学者指出，“全面强制要约收购规则”并没有给股东带来效益，并充分论证了全面要约规则极大提高了收购的成本因而抑制公司收购的产生原因。[④]当没有人收购公司，借助收购方式治理公司的立法就难以推行和实现，中小股东们借助公司要约收购获得股份溢价、获得公平对待也就不可能实现。

我国不能完全采取美国的自愿要约模式，也不能完全采用英国欧盟各国的全面强制要约模式。部分要约也是要约。只要是要约收购，就比采用协议

---

① 我国法律以持股比例为依据，根据不同的持股比例，要求收购人举牌、编制、公告不同的权益变动报告书，如持有公司已发行股份5%，投资者或收购人要编制并公告权益变动报告书；持有公司公开发行股份5%—20%，编制并公告简式权益变动报告书；持有公司公开发行股份20%—30%，编制并公告详式权益变动报告书；持有公司公开发行股份30%以上，编制要约收购报告书。

② 唐林垚：《论我国上市公司收购之举牌预警及全面要约》，载《西南民族大学学报》2017年12月，第112页。

③ 朱慈蕴、沈朝晖：《不完全合同视角下的公司治理规则》，载《法学》2017年4月，第152页。

④ Sepe，Simone M.，Private sale of corporate control：Why the European mandatory bid rule is inefficient，2010，pp.11-26.

收购或间接收购更公开透明，可以避免暗箱操作损害中小股东利益的弊病，对中小股东更有利；通过公开要约，披露收购公司信息和意图，给目标公司管理层敲响警钟，促进公司治理，提高管理效率。因此，在全面要约条件不成熟，保留部分要约，确有必要。

保留部分要约符合我国国情。我国上市公司股份流通比例高低不一，股权结构相对复杂，各上市公司股权分散与集中的情况大不相同，只实行全面要约，有可能抑制要约收购行为，尤其是对公司股本总额大、股权相对集中、上市流通比例不大、市场化程度相对较小的上市公司，在仅持有该公司已发行股份 30% 甚至公司股份 30% 时，就触发全面要约，收购成功的难度太大、概率太小。就收购人而言，对价值数百亿的大型公司，通过部分要约，坚持不懈，日拱一卒，可以逐渐渗透进入目标公司，逐渐达成收购目的。当部分要约比全面要约对收购人更为有利、在收购人实施全面要约条件不成熟时，允许收购人采用部分要约收购，比采用协议收购或间接收购方式对中小股东、目标公司的治理都更为有利。

（三）明确触发部分要约和全面要约的持股比例

《上市公司收购管理办法》对自愿要约、通过证券交易持股达上市公司已发行股份 30% 的要约收购，是否改用全面要约没有明确规定，使部分要约收购比例没有上限、没有全面要约的强制要求，即根本就可以不触发全面要约，这为收购人规避全面要约留有漏隙。持股达一定比例后不触发全面要约，显然更倾斜于收购人的利益，没有考虑公司中小股东如何退出的问题，会损害目标公司中小股东的利益。

与自愿适用要约收购不触发全面要约不同的是，《上市公司收购管理办法》规定的间接收购全面要约的触发，又过于低，是目标公司已发行股份的 30% 而不是公司股份的 30%。这极大地降低了我国全面要约的触发门槛，没有考虑收购人能否成功、没有成功概率的收购人是否会发出全面要约等问题。

英国部分要约具有强制性，是目标公司发现收购人的收购意图后，收购人就只能采用要约收购方式。英国的部分要约有持股比例上限的规定，即收购人持股达目标公司股份 30% 时，就必须发出全面要约。我国可以参照而非完全借鉴英国的这一做法。不管目标公司是否发现收购人的意图，收购人都可以自愿选择适用部分要约或其他收购方式。但是，不管是自愿适用要约收购、协议收购或间接收购，只要持股达目标公司已发行股份一定比例、还要继续增持目标公司股份的，就触发部分要约。同时，应当改变我国部分要约无持股上限的现行规定，[①]对发出部分要约的持股比例加以明确限制，部分要约收购目标公司股份达一定比例后，必须改为全面要约。

就部分要约的持股比例，宜直接采用《上市公司收购管理办法》关于协议收购的相关规定：触发部分要约持股比例为公司已发行股份30%、触发全面要约持股比例为公司股份30%，[②]即部分要约持股比例区间为目标公司已发行股份30%至公司股份30%之间。这样的触发要约收购持股比例，符合《证券法》将目标公司股份分为已发行股份和公司股份的规定，符合中国国情，也有利于中国的公司收购触发点的规定与国际社会接轨。

我国证券市场尚欠规范、法律法规还不健全，需要政府加强监管力度，加之我国上市公司股权复杂、从严监控收购人信息披露，以上市公司已发行股份百分比作为监管的不同分层，实行持有公司已发行股份5%的举牌预警，降低监管门槛，是可行的、必要的。但是，发出全面要约，就不能以上市公司“已发行股份”而应当采用“公司股份”作为触发点。不管以何种方式收购，只要持有公司股份30%的，一律应当发出全面强制要约收购。以公司股份30%为全面要约触发点，符合实行全面要约的国际通行触发标准或者相近标准，也能适应我国公司股权分布大致情况，不会有失偏颇。

（四）增加限制要约收购豁免适用的条件

与英国及欧盟多数国家相比，我国要约收购触发点仅为上市公司已发行股份30%，远远低于英国、欧盟的持股达公司股份30%的触发点。尽管，触发要约的持股比例低，对收购人不利；尽管，我国要约收购豁免与欧盟或者英国规定的情形大致一致，但是，由于豁免的内容是要约而非仅仅是全面要约，而且，一经豁免，就没有豁免后持股比例上限限制，也没有豁免期限限制，没有恢复适用要约的要求，这就极大地有利于收购人而非目标公司及其中小股东。这种豁免，较为宽泛，过于偏向于公司收购人的利益而有失公平公正。这就为有实力的投资者、收购人规避法律、规避有利于中小股东利益的要约、损害上市目标公司及其股东利益留有空隙。

当我国法律法规取消以收购方式确定要约收购触发点、以持股比例作为触发要约收购的客观标准、将触发部分要约持股比例设置为公司已发行股份

① 就要约收购，《上市公司收购管理办法》仅仅规定，以要约方式收购股份的，可以向目标公司所有股东发出收购全部或部分股份的要约，却没有规定收购部分股份达一定比例后，是否必须必为收购全部股份。参见《上市公司收购管理办法》第23条、第24条。

② 参见《上市公司收购管理办法》第47条。

30%、确定公司收购全面要约触发点为公司股份30%后，要约收购豁免的规定也应当有相应的修改。

首先，改变《上市公司收购管理办法》无论是持有公司已发行股份30%还是公司股份30%，一律适用将“被收购公司股份减持到30%或者30%以下”的规定。收购人持有公司已发行股份30%，有豁免情形，经申请未取得豁免的，应当采用要约方式收购股份或者将持股减持至公司已发行股份的30%以下；收购人持股达公司股份30%，有豁免情形，经申请未获得豁免的，必须改用全面要约方式收购或者将股份减持至公司股份30%以下。

其次，不管以何种方式收购，只要持股比例触发部分要约或全面要约取得豁免的，豁免部分要约的，持股比例上限为公司股份30%；豁免全面要约的，要增加时间限制和持股比例限制；达到全面要约豁免持股上限的，以持股人不再增持股份为限，达全面要约豁免持股上限的收购人只要再增持股份，就应当向目标公司的所有股东持股的所有股份发出全面要约。

五、结语

我国公司收购更为推崇要约收购方式，这与欧美国家的公司收购以要约收购为主的立法与实践一致，有利于收购信息的公开、透明和目标公司的治理，有利于平衡各方当事人利益，保护中小股东合法权益。我国要约收购的触发，与欧美不同：美国无触发要约收购之说，也就没有豁免之规定；英国和多数欧盟国家，采用持股30%的全面强制要约触发点；我国采用收购方式和持股比例双重标准，以至于同一持股比例、不同收购方式触发不同要约方式：持有公司已发行股份30%，要约收购、协议收购只触发部分要约，间接收购则触发全面要约；同样是触发全面要约，协议收购持有公司股份30%，间接收购仅持有公司已发行股份30%。这就造成触发部分要约和全面要约的标准不统一不客观。英国和欧盟各国，对符合法定情形的，豁免的仅仅是全面强制要约，对持股达触发点予以豁免的，仅仅是“暂时的”持股达“临界值”或者是持股达40%，超过40%或临界值或一定时期的，不予豁免。我国的豁免，不仅仅的全面要约，而且是要约收购的豁免，甚至还包括是连要约都不必发出的“免于发出要约”的豁免。我国对持股达触发点的豁免，如果较为宽泛易引起有失公平公正的事件。我国应当根据国情，保持部分要约和全面要约两种方式；不以收购方式为依据，仅以持股比例为标准，不管是哪种收购方式，只要持股达公司已发行股份30%的，触发部分要约，持股达公司股份30%触发全面要约。触发部分要约有豁免情形的，豁免部分要约；触发全面要约有豁免情形的，豁免全面要约，豁免后增持股份要有持股比例限制和时间限制；豁免全面要约后再增持股份的或者不增持也不减持股份达一定期间的，必须发出全面要约。如此，符合《证券法》将目标公司股份分为已发行股份和公司股份的规定和符合中国国情；也有利于中国的公司收购触发点的规定与国际社会接轨，才能不失公正地均衡收购各方的利益，达到治理公司、促进经济发展的目的。

企业破产“府院联动”约束机制研究

梁泽宇 *

一、问题的提出

党的二十大提出，要完善产权保护、市场准入、公平竞争、社会信用等市场经济基础制度，优化营商环境，同时提出要转变政府职能，优化政府职责体系和组织结构，推进机构、职能、权限、程序、责任法定化，提高行政效率和公信力。近年来，在企业破产中实施府院联动机制，是通畅市场主体出清、优化营商环境、优化政府职责体系的生动体现和崭新中国实践。

企业破产府院联动机制指通过建立制度化沟通协调机制，发挥政府各职能部门和法院的职能作用，协调解决破产处置所涉及的诸多法律与社会问题。[①] 府院联动机制最初是为服务供给侧结构性改革而出现，2017 年最高人民法院出台《关于为改善营商环境提供司法保障的若干意见》，对府院联动的具体任务进行了部署。北京、上海、浙江等地纷纷出台相关规范性文件，在本地建立府院联动机制。目前，各省级行政区已经普遍了建立了府院联动机制。2019 年 7 月，多部委联合印发《加快完善市场主体退出制度改革方案》（发改财金〔2019〕1104 号），要求以促进资源优化配置和提高资源使用效率为目标，按照市场化、法治化原则，建立健全市场主体退出制度，提高市场重组、出清的质量和效率。自 2020 年 1 月 1 日起，国务院出台的《优化营商环境条例》正式施行，将企业破产的办理纳入优化营商环境的重要内容。2021 年底，国务院又发出《关于开展营商环境创新试点工作的意见》，要求建立健全司法重整的府院联动机制。

长期的实践表明，府院联动机制符合中国国情，有力地实现了社会主义

---

* 中国政法大学民商经济法学院商法研究所讲师。

① 如《上海市浦东新区完善市场化法制化企业破产制度若干规定》；《关于建立企业破产工作府院联动统一协调机制的实施意见》（京高法发〔2019〕698 号）。除了在企业破产方面实施府院联动机制外，该机制还广泛适用于行政争议解决、社会治理等多个方面。出于行文简洁之目的，下文中出现的府院联动均指企业破产府院联动。

市场主体的有效出清和挽救，正如有学者所的总结的，府院联动机制是目前在破产审判工作中解决企业破产衍生社会问题的一种新生机制。作为司法实践中创造出的一种有效机制，府院联动有助于较为高效地解决实际问题，应当予以提倡。[①]

目前，恰逢《企业破产法》修订之际，将府院联动机制写入破产法成为理论界与实务界关注的重点。在2022年“两会期间”，上海代表团率先建议在《企业破产法》修订中增加“府院联动”相关条文，规范破产审判府院联动。目前，已经有多项地方性法规明确引入府院联动机制。应当说，将府院联动的相关规定上升为法律时机已经成熟。

但是，目前的府院联动机制并非尽善尽美。最突出的问题在于，作为一种协调机制，府院联动不具有刚性，由此导致政府存在错位、缺位、越位现象。[②]2021年全国人民代表大会常委会组织开展了《企业破产法》执法检查，指出多个在实践中存在的突出问题，其中就包括府院协调不落地问题。对于法院在府院联动的作用，学者们之间亦存在争议。多数学者认为，法院应当在破产程序中居于主导地位，特别地还可以对政府、管理人的行为进行监督。[③]但也有观点认为，企业破产程序的非讼法律属性，人民法院在破产程序中不宜居于主导地位。[④]府院联动的一些具体措施还存在争议。例如，关于府院联动的启动程序，有学者指出现在的府院联动机制仅具有司法权请求行政支持的单向性，未来应当完善双向互动机制，发挥司法权反向支持行政权的作用。[⑤]理论上争议比较大的是破产行政管理部门的设立问题，不少学者都主张设立专门的破产行政管理部门，但是曾任最高人民法院审判委员会专职委

① 王欣新：《僵尸企业治理与破产法实施》，载《人民司法》2016年第13期。

② 郭娅丽：《破产处置“僵尸企业”中府院联动机制建设的经济法分析》，载《经济法研究》2018年第1期。

③ 如王毓莹：《论我国上市公司重整中的“府院失衡现象”及其协调》，载《法学评论》2022年第2期；王欣新：《僵尸企业治理与破产法实施》，载《人民司法》2016年第13期。

④ 郑伟华：《破产审判中法院的角色定位——基于典型案例的思考》，载《法律适用》2017年第22期。

⑤ 范志勇：《从单向走向互动的破产府院联动机制——以我国法院的破产能动司法为中心》，载《中国政法大学学报》2021年第1期。

员的杜万华大法官则持反对态度。[①]除此之外，还有学者主张对各政府部门之间的职能衔接运行程序、时效、责任性质、责任形式、可否行政诉讼等进行细化规定。[②]

有鉴于此，我们有必要对现有实践进行总结，归纳经验、反思教训，以推进立法的科学性。本文采取先调查、后发言的思路，前两部分先对两个方面的实践进行调查。第一个方面的实践是有关府院联动的规范性文件，研究的目的是总结立法经验，归纳共性，并加以分析和总结，形成立法范本；第二方面的实践关于府院联动机制的司法裁判文书，用意是观察府院联动的实际效果和实践中的缺失。在充分掌握实际情况的基础上，本文会对理论上的重点难点问题进行深入探讨，最终提出明确的法治化建议。

二、规范性文件中的“府院联动”

（一）样本总体描述

本文通过北大法宝分别以“正文：破产 + 协调”和“正文：破产 + 联动”为关键词在“地方法规”类别下分别获得 129 份与 54 份规范性文件，再通过百度搜索以“破产府院联动”+ 省级行政区划（如“破产府院联动 北京”“破产府院联动 上海”）为关键词获得规范性文件 48 份，经过初步辨别、筛查、去重后共有 145 份合格样本。

由图 1 可以看出，除了西藏（香港特别行政区、澳门特别行政区和台湾地区没有纳入统计）外，各地都已经颁布了有关“府院联动”的文件。各地颁布文件的数量不一，数量比较突出的是吉林、浙江、江苏和广西。之所以多数省级行政区都发布了一份以上的文件，是因为除了省级机关发文外，该省下辖的地级市乃至县区都有发文。当然，在同一个省级行政区之内，各级

① 支持设立破产行政管理部门的观点可参见：陈萌：《遵循市场化、法治化原则构建破产处理的府院协调机制》，载《人民法院报》2019 年 3 月 21 日，第 7 版；范志勇：《从单向走向互动的破产府院联动机制——以我国法院的破产能动司法为中心》，载《中国政法大学学报》2021 年第 1 期；陆晓燕：《“府院联动”的建构与边界——围绕后疫情时代市场化破产中的政府定位展开》，载《法律适用》2020 年第 17 期。反对观点可参见：杜万华：《我国破产法律制度完善进程中值得关注的几个问题》，载法学创新网：http：//www.fxcxw.org.cn/dyna/content.php？id=24753。

② 郭娅丽：《破产处置“僵尸企业”中府院联动机制建设的经济法分析》，载《经济法研究》2018 年第 1 期。

地方政府、法院所发文件的格式和内容是大同小异的。

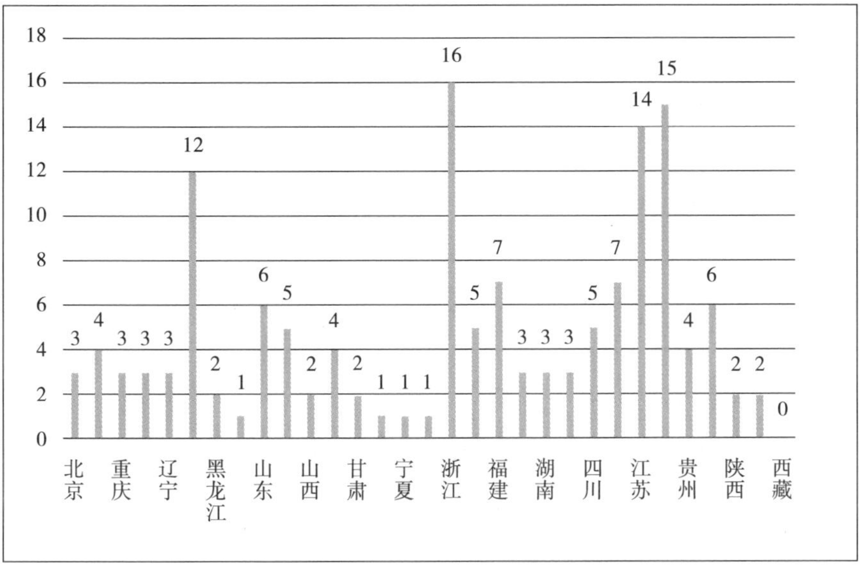

图 1 “府院联动”规范性文件的地域分布图

以规范性文件的发文机构来划分，145 份文件的分布如图 2 所示：

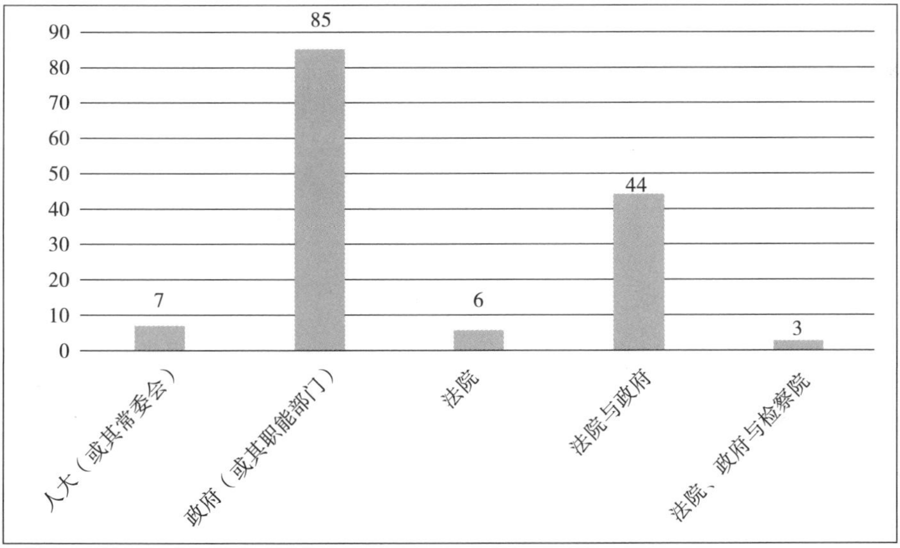

图 2 “府院联动”规范性文件的发文单位

由图 2 可见，大多数的府院联动机制都是由政府或其职能部门所发布，另有 6 份文件是由法院单方面发布。考虑到府院联动是由政府和法院联合参与，一方单独发布文件是否能对另一方产生约束力，仍值得思考。此外，法院与政府联合发布的数量达到 44 份，这较符合府院联动的基本需求。另外，府院联动机制还可能将检察院一同纳入，因此还有 3 份文件的发文单位中包括检察院。此外，由人大及其常委会发布的文件达到了 7 份，同时这也就意味着已经有 7 个地方将“府院联动”写进了地方性法规。特别的是，没有党委发文。

（二）对“府院联动”地方性法规的归纳与整理

首先分析 7 份地方性法规。这其中 5 份仅是一语带过了“府院联动”，其措辞大体一致，本文引用《枣庄市优化营商环境条例》第 26 条第 1 款作为典型：“市、区（市）人民政府和人民法院应当建立健全破产审判府院联动机制，协调解决企业破产启动、职工安置、资产处置、信用修复、涉税事项处理等问题，提高审判效率。”

规定更为细致的是《上海市浦东新区完善市场化法制化企业破产制度若干规定》第 3 条，该条规定的内容主要包括以下三方面：一是浦东新区应当建立区人民政府和区人民法院共同牵头、相关部门参加的企业破产工作府院协调机制。二是区人民政府应当切实发挥在企业破产工作中的公共管理和服务职能，具体包括：（1）保障破产工作所需经费；（2）完善破产企业财产快速处置机制；（3）完善职工合法权益宝藏机制；（4）指定相关部门承担府院联动的日常工作。三是明确列举了应当参与的政府组成部门，具体包括发展改革、建设交通、公安、税务等 10 个部门。

《海南自由贸易港企业破产程序条例》是目前对府院联动机制规定最为完备的立法。该条例相比于前述立法最突出的特点在于：一是较为全面地列举了联动事项，具体包括社会稳定、职工权益、财产接管、资产处置、税收征管、注销登记、信用修复、费用保障、打击逃废债等 9 项事务。二是设置了破产事务管理部门。条例第 5 条规定，省人民政府确定的工作部门或机构负责行使破产事务的行政管理职能，承担行政与司法协调机制的日常工作。第 16 条明确规定了破产事务管理部门应履行的职责。

（三）对“府院联动”其他规范性文件的归纳与整理

经笔者总结，剩余的 138 份文件所规定的内容可以归纳为以下四项。

一是确定府院联动机制的主要任务或工作目标。典型表述如江苏省政府办公厅《关于建立企业破产处置协调联动机制的通知》（苏政传发〔2019〕115号）：“建立健全企业破产处置协调联动机制，统筹解决企业破产处置工作中的民生保障、社会稳定……为实施市场化破产程序、防范化解重大风险、维护社会大局稳定、服务经济高质量发展创造良好条件。”

二是明确划定各参与单位的具体分工。典型如北京市高级人民法院等部门联合出台的《关于建立企业破产工作府院联动统一协调机制的实施意见》（京高法发〔2019〕698号）规定，市高院、市民政局、市财政局、市人力资源和社会保障局、市规划和自然资源委员会、市住房和城乡建设委员会、市市场监督管理局、市国有资产监督管理委员会、市地方金融监督管理局、市税务局、中国人民银行营业管理部、中国银行保险监督管理委员会北京监管局、市工商业联合会等13个单位分别承担统筹协调、推进管理人协会成立、经费保障、破产职工安置、破产土地处置、房屋交易、注销登记、国有企业破产、打击逃废债、税收优惠、征信修复、金融协调、宣传引导等职责。

三是制定工作规则。所有的文件都规定，府院联动机制实行联席会议制度，会议分例会与临时会议。例会的频次有一季度一次、半年一次以及一年一次的。对于重大、紧急、疑难案件，成员单位可以提议不定期召开会议。

联席会议一般设协调单位，候选单位集中在以下3个部门：政府办公厅、发展与改革委员会和人民法院，其中以政府办公厅为最常见。协调单位负责筹备联席会议，并在非会议期间具体负责日常协调工作。

联席会议的组长/副组长（或总召集人/副总召集人、主任/副主任）一般有以下几种构成情况：（1）由政府正职、常务副职或副职等担任组长，由法院院长或副院长担任副组长，此种配置最为常见；（2）由政府副职与法院院长或副院长担任双组长；（3）由法院院长或副院长担任组长。组长（有时也包括副组长）有权提议召开临时会议并主持。

四是督促问责机制。在138份文件中，绝大多数并未规定具体的督促问责，仅有7份对此进行规定，其中贵州省、江西省和黄山市的经验值得借鉴。贵州省人民政府办公厅《关于建立企业破产处置府院联动机制进一步优化营商环境的通知》（黔府办函〔2021〕52号）规定了答复期限和怠于履职的后果：各部门应及时处理涉及企业破产相关问题，具体案件处理协调情况原则上要在10个工作日内答复。对在办理相关案件中发现职能部门怠于履职造成严重后果的，依法依规予以查处。对于主动作为、依法履职而受到诬告的工作人员，依法予以保护。

《江西省企业破产处置府院联动机制工作方案》(赣府厅字〔2021〕12号)规定了函复制度：府院联动领导小组办公室审核确定由成员单位协调解决的事项，应函告相关单位，相关单位应予以协办并函复协办结果。对成员单位不能及时协办的，办公室应予催办。根据该文件，江西省府院联动领导小组办公室设在省高级人民法院，由省法院分管副院长兼任办公室主任，省法院、省发展改革委员会负责人任辅助账，其他单位职能部门负责人为办公室成员。

黄山市人民政府与黄山市中级人民法院发布的《黄山市企业破产处置府院联动工作机制》规定了反馈制度，还赋予法院在政府办公厅陪同下“现场督战”政府相关部门的权力：成员单位在接到交办事项后，对能够办理的事项应立即办理，并及时将办理结果反馈给市法院，并抄市政府办公室；对需要协调其他单位共同办理的，协助单位应积极配合牵头单位开展工作；对需要较长时间方可完成或办理难度较大的事项，应及时反馈给市法院，以及及时提交府院联动工作领导小组会议讨论研定。同时，该文件还规定，在必要时可由市法院牵头，市政府办公室协助，组织有关成员单位对有关事项进行现场办公处理。

(四)小结

通过对府院联动机制的规范性文件进行深入研究，笔者小结如下：

一是府院联动呈现“遍地开花”的趋势，且一定程度上达成共识，制定全国性的规范性文件时机已经成熟。由于府院联动涉及政府和法院两个互不统属的两个部门，因此最好的方案是由全国人民代表大会及其常委会在本次《企业破产法》修订中加入相关内容，退而求其次则由全国人民代表大会常委会另外制定破产府院联动机制的相关规定。这样有利于节省行政与司法资源，并做到全国一盘棋，以免各地各自为政、重复立法。

二是各地文件中的大纲和主要内容可供参考。府院联动机制的规范性文件可以分为主要任务、具体分工、工作规则和督促问责四个部分。其中前三项已经在各地达成较高程度的共识，而督促问责则是目前各地规定的薄弱之处，建议汲取有关省市的经验作出以下规定：

(1)明确时限，规定各政府部门对于府院联动中自己所承担的任务，应当于一定期限内(如10天)办结，情况复杂的或依事项性质无法在规定时限完成的，允许该部门向协调机关或领导小组申请延长。

(2)衔接现有督促问责制度，承担任务的职能部门应当将自己处置破产事项的情况与进度向上级或本级人民代表大会汇报，接受人民代表大会、政治协商会议和社会监督。职能部门怠于履职造成损失的，应承担相应责任。

（3）建立现场办公制度，处理紧急或者重大破产事项的，人民法院可以依靠府院联动机制，获取政府负责人的授权或在政府有关部门的陪同下，进驻相关政府职能部门进行现场办公，该职能部门应当提供场地及人员予以配合。

三、裁判文书中的“府院联动”

（一）样本总体描述

通过收集、整理、分析裁判文书对“府院联动”的实际运用，我们可以发现府院联动机制在破产清算和重组案件中的落地情况，并一定程度上可以根据偿付率、审理周期来评估府院联动的实际效果。

笔者在北大法宝的司法案例栏目以“全文：府院联动”+“案例类型：强制清算与破产案件”为搜索条件获取裁判文书 128 份，在中国裁判文书网以“全文：府院联动”+“审判程序：强制清算与破产案件”为搜索条件获取裁判文书 1 份，在全国企业破产重整案件信息网以“关键词：府院联动”+“内容类别：裁判文书”为搜索条件获取裁判文书 2 份。通过阅读删去无关案例及重复案例，共获取案例 134 份。

这 134 份裁判文书均是裁定书，可以按照不同的破产程序分为以下三类（有些个案发生了程序转换，本文按照转换后的程序将个案纳入统计）：

表 1 运用“府院联动”的裁判文书分类统计

	破产清算	破产重整	破产和解	总数
数量	55	73	6	134
比例	41%	54.5%	4.5%	100%

特别地，在破产清算案件中，涉及僵尸企业处置的有 13 例，“执转破”的案例有 7 例，实施实质合并破产的有 3 例，涉及房地产企业破产并处置烂尾楼的共有 8 例。在破产重整案件中，涉及僵尸企业处置的有 1 例，预重整转重整的案例共 9 例，实施实质合并重整的有 15 例，而涉及防疫设备生产企业的共 2 例，涉及房地产企业破产并处置烂尾楼的共计 12 例。由此，我们可

以粗略地得到以下认识：牵涉利益攸关方数量多、关系复杂、金额巨大、矛盾突出、协调难度大的破产案件，更加需求府院联动。

（二）府院联动机制的适用场景

府院联动机制的适用场景可以分为两个阶段：一个阶段是受理前，另一个阶段是受理至裁定终结。

对于受理前，法院会根据府院联动之结论作出受理或是驳回的裁定。例如，在某案中，申请人以债务人不能清偿到期债务，且明显缺乏偿债能力为由，向法院提起破产重整申请。当日，法院向威县企业破产工作府院联动领导小组递交“河北省威县人民法院关于拟立案审查甲公司威县分公司申请乙公司破产重整一案的报告”，在威县人民政府召开专题会议并出具〔2021〕43号《县政府专题会议纪要》之后，威县法院受理该其案件。[①]

在另外一起案例中，法院就破产案召开协调会议，出席会议的债务人法定代表人、管理人、邢台市教育局及邢台市襄都区人民政府等各方均同意依法裁定驳回破产清算申请，法院最终裁定驳回申请。[②]

实质合并破产的受理同样有赖于府院联动机制。例如某案中法院先是受理了两家公司的合并破产，后管理人依托府院联动机制，紧密联系市场监督管理局、税务局、金融机构等部门，调取大量资料逐一比对筛查，掌握另外两家公司与签署两家公司存在高度混同的情况，在征求债权人意见并向法院申请后，法院裁定对四家公司合并进行破产清算。[③]

更有甚者，能否顺利运用府院联动机制已经成为法院确定管辖权的重要考量依据，在江苏省扬州市中级人民法院裁定的一个案件中，债务人是外商独资企业，由江苏省工商行政管理局核准登记。根据最高人民法院《关于审理企业破产案件若干问题的规定》第 1 条、第 2 条的规定，该破产案件一般应由中级人民法院管辖。但考虑到该企业为扬州市广陵区重大招商引资项目，现有大量债权人集中在广陵区，尚有大量职工未解除劳动合同，需要妥善安置，且企业资产需要盘活利用，该案如下移广陵区人民法院管辖，更有利于府院联动的实效。因此，该院在报请江苏省高级人民法院批准后，指定扬州

---

① 河北省威县人民法院民事裁定书（2021）冀 0533 破申 4 号。

② 河北省邢台市中级人民法院民事裁定书（2020）冀 05 破 4 号。

③ 无锡市中级人民法院发布 2020 年破产审判十大案例之三：江苏江南新材料有限公司、江苏江南环保有限公司、江苏江南搪瓷发展有限公司、宜兴市江南环保有限公司四家公司市值合并破产清算案。

市广陵区人民法院管辖该案。[①]

当然，府院联动机制主要运用于受理后阶段，其运用场景如图 3 所示。

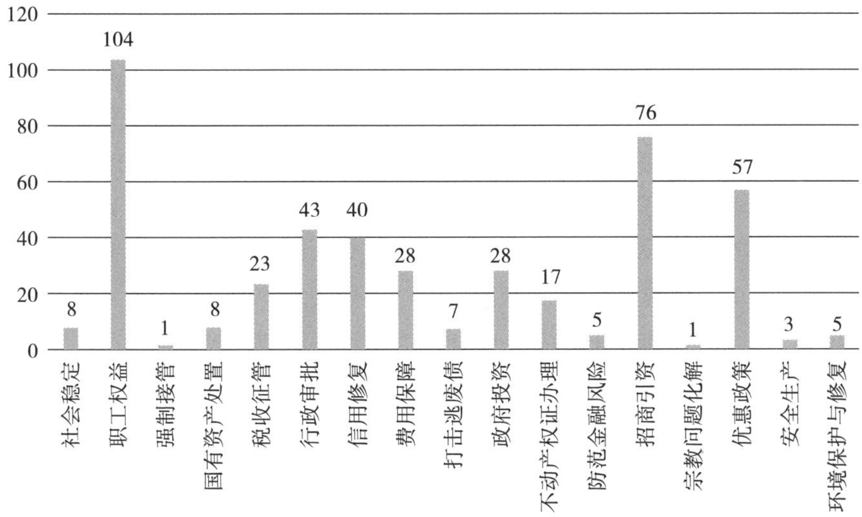

图 3　府院联动机制在裁判中的运用情况统计

下面，本文对图 3 中的各项分类予以进一步说明：

社会稳定和维护职工权益是紧密相连的，职工权益处理不好，很可能影响社会稳定，所以广义的社会稳定应当包括职工权益保护。图 3 中所列"社会稳定"为狭义的社会稳定，不包括职工权益保护，具体来说，社会稳定包括清退破产财产的租户、处理相关信访事件、预先维稳避免群体性事件等。[②]

职工权益保护是府院联动机制普遍关注的事项，因此有 77.6% 的裁判文书提到了此项。具体来说，府院联动加强职工权益保护的措施有：（1）由政府或政府基金垫付职工工资或社保；[③]（2）筹措资金解决职工工资，破解职工

① 江苏省扬州市中级人民法院民事裁定书（2018）苏 10 破申 8 号。

② 例如：四川省自贡市中级人民法院发布 2020—2021 年度十大典型案例之七：四川某环保科技有限公司破产清算案；江苏省苏州市吴江区人民法院发布 2021 年度破产十大典型案例之六：苏州市立城电梯配件有限公司破产清算案；无锡市中级人民法院发布 2020 年度破产审判十大案例之二：无锡外事旅游汽车有限公司重整案。

③ 如 2020 年浙江法院破产审判十大典型案例之七：浙江家园门业有限公司等三公司合并破产清算案；上海破产法庭 2020 年典型案例之十二：上海卓枥教育科技有限公司破产清算案。

集体罢工；[①]（3）解决职工档案遗失、养老金补缴、社保欠费滞纳金核销、职工退休、工伤待遇和特殊工种认定等问题；[②]（4）保障残障人士就业权利；[③]（5）与优先债权人协调，优先债权人自愿放弃一部分债权优先权，用以偿付职工股工资；[④]（6）最后，其他手段的目的之一也是保护职工权益，例如在招商引资时，政府与重整投资人约定由后者接纳破产企业的全部职工。[⑤]

强制接管仅有1例，该案中破产企业及相关人员拒不配合接管，管理人无法顺利接管企业，法院在当地公安、城管、消防等部门的协助下，前往破产企业强制交接，并邀请人大代表、政协委员现场监督。[⑥]

国有资产处置，如债务人所拥有土地为划拨土地，府院联动机制确定由政府收回的方式处置破产企业的土地及地上建筑物；[⑦]由国有企业收购破产国有企业核心资产，确保国有资产不流失。[⑧]

税收征管，如减免企业破产资产处置的税费；[⑨]或协调税务机关与债务人、管理人关于税收核定标准的不同认识。[⑩]

招商引资来寻找重组投资人或是破产财产竞买人，实现企业重组或是破产财产的处置。[⑪]

行政审批包括变更登记和证照、资质的转让。尤其多用于房地产企业破产清算案件中，施工主体变更、建设及土地规划调整、规划许可证、施工许

---

① 江西省高级人民法院发布2021年破产审判十大典型案例之八：大余县通达汽车有限公司等四家企业合并破产清算案。

② 河南法院破产审判十大典型案例之九：平顶山煤矿机械有限责任公司破产清算案。

③ 浙江省建德市人民法院（2020）浙0182破2号。

④ （2021）赣0924破2号之四。

⑤ 江苏省高级人民法院发布13起破产审判典型案例之六：辉山乳业发展（江苏）有限公司、辉山牧业发展（江苏）有限公司破产清算案。

⑥ 江苏省无锡市中级人民法院发布7起2021年度破产审判典型案例之三：江苏国腾现代物流有限公司重整案。

⑦ 广西破产管理人协会2020年度“十大破产案例”之八：北海市造船厂破产清算案。

⑧ 陕西省高级人民法院发布10件破产典型案例（2019—2021）之七：陕西咸阳西郊国家粮食储备库等十家企业破产清算案。

⑨ 2020年浙江法院破产审判十大典型案例之七：浙江家园门业有限公司等三公司合并破产清算案。

⑩ 无锡市中级人民法院发布2020年度破产审判十大案例之五：江阴鑫辉太阳能有限公司破产清算案。

⑪ 例如最高人民法院发布第二批全国法院服务保障疫情防控期间复工复产八个典型案例之八：银京医疗科技（上海）股份有限公司清算案。

可证、竣工验收等，都离不开府院联动机制。[①]例如，在某案中债务人的核心经营价值是合规生产证照和发电业务许可自主，竞买人能否取得上述证照、资质直接影响投资人的引进和资产价值的提升，府院联动机制及时解决可能的障碍，消除了投资人的顾虑。[②]还有就是对于破产程序中的企业为复工复产所需办理的审批手续开设绿色通道，[③]以及协助申请相关指标。[④]

信用修复：破产企业多存在拖欠税款、经营异常、贷款逾期等信用问题，为了使重整企业尽快走上正轨，人民银行负责修复企业银行信用，税务局负责税务信用修复、市场监督管理局负责帮助企业恢复市场交易信用、法院协调屏蔽企业司法信用惩戒信息等。[⑤]

费用保障一般包括由政府垫资现行解决职工工资、补偿金、工程建设等。[⑥]

打击逃废债，管理人在政府相关部门协助下核查、追讨隐匿资产和应收款等，提高普通债权清偿率。[⑦]法院和管理人将债务人、实际控制人妨害清算、隐匿会计账簿等犯罪线索提供给公安机关。[⑧]

政府投资，如国有企业整体收购破产企业或接盘烂尾楼；[⑨]政府或政府的全资公司作为投资人投资等。[⑩]

---

① 陕西省西安市灞桥区人民法院发布优化营商环境十大典型案例之四：“某翰名苑”项目破产重整案；江苏省涟水县人民法院（2019）苏 0826 破 3 号之二。

② 2020 年江苏法院破产审判典型案例之七：江苏翔盛粘胶纤维股份有限公司破产清算案。

③ 上海破产法庭发布 8 个典型案例之一：某医疗公司破产清算期间复工生产案。

④ （2020）桂 10 破 10 号之三。

⑤ 江苏省高级人民法院发布 13 起破产审判典型案例之十三：江苏海纳机电集团有限公司破产重整案。

⑥ 江西省高级人民法院发布 2021 年破产审判十大典型案例之五：新余福燊实业有限公司破产重整案；（2020）湘 1302 破 2 号之五。

⑦ 浙江省杭州市中级人民法院（2012）浙杭商破字第 1 号。

⑧ 江苏省苏州市吴江区人民法院（2017）苏 0509 破 15 号。

⑨ 河南省南阳市中级人民法院发布破产审判六大典型案例之六：邓州市耀诚服饰有限公司破产清算案；济南市中级人民法院发布 12 起破产审判典型案例之九：章丘市恒润帝景置业有限公司破产清算案。

⑩ 山东省高级人民法院发布 2021 年破产审判十大典型案例之六：山东贵和纸业集团有限公司等公司合并破产重整案。

不动产权证办理，如对无证房产进行办证登记，创新房产登记模式等。[①]

优惠政策一般和前述的招商引资配套使用，例如在某案中，破产企业的资产作为政府重点推荐项目进行多轮招商，府院联动机制通过会议纪要对购买破产财产的购买人提供有力的优惠政策和配套服务，吸引投资者进行投资。[②]

企业职工中可能有信教群众，破产企业一般矛盾重重，因此可能引发宗教问题，化解宗教问题政府责无旁贷。[③]

安全生产的案例有：某案中债务人停运的运输罐车曾运输过高危化学品，处置不力极易引发爆炸等事故，通过府院联动机制，确定由环保局扎口处理灭危事项，属地政府提供灭危处置资金，安监局全程监控，法院协助配合，最终危险品运输罐车高价变现，政府垫付的灭危资金作为破产费用获得全部清偿。[④]

环境保护与修复，例如某案中管理人发现建筑物内存在大量未处理的危化品，法院与生态环境部门召开咨询会形成处置方案，固体危废被全部清理、转移、处置，府院联动专班还组织召开专家评审后，结论为该地块为无土壤污染风险。[⑤]再如，某案中债务人虽已停产，但遗留了大量含危险物质的废渣和废水未处理，部分光驱土地土壤已受污染，另有污水渗漏。通过府院联动机制，该厂区地块由市政府收储，由当地政府负责后续处理危险废渣、废水处理及土地污染、水污染治理问题，债务人向有关政府提供900多万元污染处置费用。[⑥]

（三）府院联动的实际效果

根据裁判文书，本文重点从三个维度说明府院联动的实际效果。

第一个维度是职工利益之保护，在134个案例中104个案例职工利益都

---

① 四川省自贡市中级人民法院发布2020—2021年度十大典型案例之七：四川某环保科技有限公司破产清算案；甘肃省高级人民法院发布第五批8起优化营商环境典型案例之三：平凉市博爱房地产有限责任公司破产清算案。

② 江苏省无锡市中级人民法院发布2021年度优化法治化营商环境十大案例之五：宜兴市嘉阳置业有限公司破产清算案。

③ 陕西省高级人民法院发布10件破产典型案例（2019—2021）之九：汉中市灯泡厂、汉中市晶江玻璃厂破产清算案。

④ 2020年江苏法院破产审判典型案例之十：徐州市鹏顺运输有限公司破产清算案。

⑤ 2020年浙江法院破产审判十大典型案例之四：湖州红剑聚合物有限公司破产清算案。

⑥ 广西破产管理人协会2020年度“十大破产案例”之七：百色融达铜业破产清算案。

得到了更好的保障。具体而言，职工利益的提升体现在以下两个方面：一是职工工资、补偿金、社保金等得到了先行垫付或清偿率获得了提高；[①] 二是职工、特别是残障人士得到了工作机会。[②]

第二个维度是破产审判效率得到明显提高。在全部案例中，共有 67 个案例指出府院联动机制提高了破产审判效率，破产清算、重整或是和解都在较短时间内得到完成。[③]

第三个维度是普通债权的清偿率得到提升。在全部案例中，有 30 个案例指出，府院联动机制提升了普通债权人的清偿率。当然，这种提升的来源是多方面的，具体包括：通过打击逃废债查明更多破产财产；[④] 通过招商引资，破产财产价值得到更高价值变卖；[⑤] 通过优化行政审批，提高了破产企业的整体价值；[⑥] 确保费用保障，政府筹措资金实现"破产不停产"。[⑦]

（四）小结

从本部分可以看出，府院联动所涉及事项涉及政府职能的方方面面，几乎牵涉每一个政府职能部门。对府院联动的事项进一步抽象，笔者认为府院联动中政府的主要作用在四个方面：（1）调整经济政策，包括税收征管、行政审批、不动产权证办理、实施优惠政策等；（2）介入行政判断，包括重整价值识别、协助识别实质性合并等；（3）调动社会资源，包括打击逃废债、政府投资、招商引资等；（4）维护社会稳定，包括保护职工权益、强制接管等。[⑧]

以上案例的最终裁判结果充分表明，府院联动机制起到了维护社会稳定、

---

① 四川省德阳市旌阳区人民法院（2016）川 0603 民破字第 1 号。

② 2020 年江苏法院破产审判典型案例之七：江苏翔盛粘胶纤维股份有限公司破产清算案。

③ 山东省高级人民法院发布 2021 年破产审判十大典型案例之五：山东鑫恒置业有限公司破产重整案。

④ 江苏省苏州市吴江区人民法院（2017）苏 0509 破 15 号。

⑤ 四川省高级人民法院发布 2017 至 2021 年破产审判十大典型案例之二：四川盛马化工股份有限公司等五公司市值合并破产重整案。

⑥ 四川省高级人民法院发布 2017 至 2021 年破产审判十大典型案例之七：成都联利投资咨询有限公司清算转重整案。

⑦ 山东省高级人民法院依法服务保障新旧动能转换重大工程十大典型案例之五：威海某船业公司破产重整案。

⑧ 该分类标准参考了陆晓燕法官的分类。陆晓燕：《运用法治手段化解产能过剩——论破产重整实践之市场化完善》，载《法律适用》2016 年第 11 期。

提高清偿率、提升审判效率的效果，值得充分肯定并通过法律予以确立。

四、府院联动的约束机制构建

（一）府院联动机制的突出矛盾：政府错位、缺位、越位

前文的研究表明，我国企业破产府院联动机制的主要任务、具体分工和工作规则已经取得了很大共识，府院联动机制成果显著。目前遗留的问题主要就是如何建立健全府院联动的约束机制。很多评论者都指出，由于缺乏有效的约束机制，导致府院联动中存在着政府错位、缺位、越位现象，严重限制了府院联动机制效果的完全发挥。[①]

错位是指政府没有摆正其政府职能，对市场机制存在不合理的代替。[②]这主要体现在政府对管理人的不合理干预。例如，目前普遍存在着由清算组担任管理人的情况，而清算组往往由政府人员担任组长或多数成员，这就导致破产企业的管理由政府意志所主导，导致企业破产的处置偏离了市场化的轨道。[③]即便不派员组成清算组、管理人，政府还可能直接或间接对管理人、法院施加压力，试图主导企业破产的结果。[④]

缺位表现在：一是政府挑选介入对象，有观察者指出政府主要对参与大型企业的破产具有动力，而对小型企业破产则关注寥寥。[⑤]二是政府逃避其应负的法定职责。破产案件往往会引发职工安置救济、维护社会稳定等社会问题，部分政府以法院应当在审理企业破产中一并解决以上社会问题为推诿借口，逃避自己的法定职责。[⑥]三是政府对于部分事项不予协调或协调不积极，府院联动的有效运作严重依赖于主要党政干部的重视，法院一推一动，不推

---

① 赵树文、王嘉伟：《僵尸企业治理法治化保障研究——以破产法及其实施机制的完善为研究路径》，载《河北法学》2017 年第 2 期。

② 关于政府与市场之间在破产中代替关系的论述，可参见王欣新、王斐民：《政府与市场之间的经济法——以政府保障破产法实施为例》，载《政治法学评论》第 12 卷，第 37—39 页。

③ 王毓莹：《论我国上市公司重整中的“府院失衡现象”及其协调》，载《法学评论》2022 年第 2 期。

④ 陈萌：《遵循市场化、法治化原则构建破产处理的府院协调机制》，载《人民法院报》2019 年 3 月 21 日，第 7 版。

⑤ 陆晓燕：《运用法治手段化解产能过剩——论破产重整实践之市场化完善》，载《法律适用》2016 年第 11 期。

⑥ 王欣新：《僵尸企业治理与破产法实施》，载《人民司法》2016 年第 13 期。

不动。[①] 尤其是有一些机关出于地方保护主义或谋取非法利益等目的滥用职权，拒绝配合法院审判工作，阻碍破产程序的进行。[②]

越位则表现在政府过多地延伸了其合法职能，过分干预市场化破产。例如，政府有时会通过非市场化的手段（如加大补贴力度）延续僵尸企业的生命，以避免冲击地方经济或社会稳定。[③]

政府的错位、缺位、越位严重影响着府院联动实施的确定性和最终的实施效果，是府院联动机制规范化之路上必须予以解决的重要矛盾。

（二）府院联动中政府错位、越位、缺位的根源

如何解决政府的错位、越位、缺位问题是一个宏大的命题。习近平总书记强调，各级政府一定要严格依法行政，切实履行职责，该管的事一定要管好、管到位，该放的权一定要放足、放到位，坚决克服政府职能错位、越位、缺位现象。[④] 政府职能错位、越位、缺位出现在多种场景，府院联动仅是其中之一，政府履职不到位具有共性的根源，同时在各种场景下又有个性特征。本文仅探究在府院联动机制中政府职能发生错位、越位、缺位的特异性原因。

笔者认为，府院联动中政府履职不到位的特异性根源在于，府院联动机制属于两个互相独立的国家机构之间的合作，二者之间无法进行有效的约束，因此政府与法院都一定程度上体现出错位、越位、缺位的倾向。目前，府院联动的约束机制具有主观性和柔性的特点。主观性是指府院联动的启动与实施效果受党政负责人主观意志的重要影响。实践中，凡是府院联动机制运行得比较好的，都是当地党政主要负责人比较关心案件；反之，如果党政主要负责人对于企业破产处置不那么上心，则府院联动的效果就会较差。[⑤]

柔性是指府院联动中参与各方无法对未履职或未全面履职的参与方予以刚性的激励措施，其原因具体有以下两个方面：

---

① 陆晓燕：《“府院联动”的建构与边界——围绕后疫情时代市场化破产中的政府定位展开》，载《法律适用》2020 年第 17 期。

② 王欣新：《僵尸企业治理与破产法实施》，载《人民司法》2016 年第 13 期。

③ 陆晓燕：《运用法治手段化解产能过剩——论破产重整实践之市场化完善》，载《法律适用》2016 年第 11 期；王毓莹：《论我国上市公司重整中的“府院失衡现象”及其协调》，载《法学评论》2022 年第 2 期。

④ 《习近平总书记在十八届中央政治局第十五次集体学习时的讲话（2014 年 5 月 26 日）》，载《人民日报》2014 年 5 月 28 日。

⑤ 陆晓燕：《“府院联动”的建构与边界——围绕后疫情时代市场化破产中的政府定位展开》，载《法律适用》2020 年第 17 期。

一是政府与法院无权对对方进行有效的、刚性的激励，这里的激励既包括正向的激励（即奖赏）也包括反向激励（即惩罚）。这是由我国宪法所划分的国家机构决定的。目前，我国政府与法院进行相互制约、牵制的范例是刑事诉讼流程。公安机关、检察机关与司法机关各司其职，公安机关负责侦查、检察机关负责审查起诉、司法机关负责审判，通过以上安排最大限度地保护犯罪嫌疑人合法权利。但是该套逻辑并不能在企业破产府院联动中得到实现。这是因为，发现与审判犯罪行为是一种诉讼程序，而企业破产是一种非讼程序，企业破产的府院联动强调政府与法院互相配合而非相互牵制。[①] 除此之外，行政诉讼亦是法院对政府制约的一种手段。但是，行政诉讼主要针对的是政府违法行政行为，而非针对政府在法律授权下行使行政裁量权的行为。而根据前文的总结，府院联动的事项主要是后者，维护社会稳定、招商引资、制定并执行优惠政策皆为典型。因此，采用程序监督的手段和行政诉讼的手段来激励府院联动中的政府与法院，终将是收效甚微的。

二是没有公允的第三者作为裁决机构，导致二者极易发生扯皮与推诿。有学者正确地建议，应当明确将金融办、银监局、公安、税务、国土等相关政府职能部门纳入府院联动机制，并明确其配合处置破产企业的义务，对其拒绝履行协同义务的法律责任做出明确规定。[②] 笔者同意这样的观点，但是以上观点缺失了最为核心的部分——由哪个机构享有认定政府职能部门未履行职务并予以处罚的问题。如果由政府享有该权力，则府院联动机制仍有过分柔性、强制性不足、主观任意性大的问题。因为政府是否对政府职能部门进行惩处，依然处于政府内部惩戒的范畴，该项惩处措施能否实现或实现到何种程度，最终还是取决于政府内部评估。反之，如果由法院享有该权力，则事实上是由法院“做自己比赛的裁判”，赋予法院凌驾于政府之上的权力。法院有激励将本应当由自己独立审判完成的案件，推给政府协助解决，以提高结案率、重组率，或是仅仅为了卸责，必然会造成宝贵的行政资源的浪费。总之，如果不明确一个恰当的机关来充当政府与法院之间的裁决机构，空谈政府职能部门应当承担府院联动处置破产企业的义务，必然会使该规定沦为“空中楼阁”，难以落地。

---

① 郑伟华：《破产审判中法院的角色定位——基于典型案例的思考》，载《法律适用》2017年第22期。

② 如赵树文、王嘉伟：《僵尸企业治理法治化保障研究——以破产法及其实施机制的完善为研究路径》，载《河北法学》2017年第2期。

那么，学习域外国家和地区的做法，设立专门性破产行政管理机构，能够解决以上问题吗？笔者毫不怀疑，破产行政管理机构能够在保障破产法实施、提出破产法修订建议、协调各部门政策等事项上发挥重要作用，但是同时对该机构能否承担府院联动的职责持谨慎态度。

首先，若要最大限度地实现府院联动的优势，破产行政管理机构需要承接全部的破产行政职能，而破产行政职能与其他行政职能的完全分割是十分困难的。例如，企业登记属于工商行政部门的职权范围，破产行政管理机构成立后，将分走破产企业的登记职能，而将正常持续企业的登记留给工商行政部门。问题是，破产企业的登记不仅仅是注销登记那么简单，完全有可能涉及正常持续企业的登记。例如，在某破产和解案中，破产企业的债权人、股东和投资人达成和解协议，但企业营业执照已经被注销，为实现和解，企业须先行恢复营业执照，这就必须有工商行政部门参与。[①] 再比如，在企业破产重整中，政府的招商引资职能发挥了重要作用，而招商引资的职能不太可能让渡一部分至破产行政管理机构。考虑到破产审判工作需要支持的行政事务，几乎遍及整个行政部门，一个部门难以把所有的行政事务都予以“一网打尽”，因此指望破产行政管理部门一家对接所有的破产审判行政事务是不现实的。[②]

其次，人员配置也存在重大困难。若严格按照理论推演，破产行政管理部门应当成为一个处置破产企业的“综合办”，那么该部门就会成为一个包含各类专业人员的大杂烩，人员如何调用，如何人尽其用方能不浪费人力资源，是一个非常困难的课题。

最后，破产行政管理部门缺乏足够权限调动其他政府职能部门资源。上文研究表明，现行府院联动机制中的政府方面统筹人多为政府副职，对政府职能部门具有一定的领导权，这才能调动多部门资源。而破产行政管理部门与其他政府职能必然是平级，难以调动其他部门资源。因此，可以想象的是，破产行政管理部门即便获得建立，也只能在自己的职权范围内发挥作用，而在协调其他政府职能部门与法院方面，发挥的作用将较为有限。

---

① 温州破产法庭发布十大破产审判典型案例（2018—2020 年）之十：温州金阳光伏优先公司和解案。

② 参见杜万华：《我国破产法律制度完善进程中值得关注的几个问题》，载法学创新网：http：//www.fxcxw.org.cn/dyna/content.php ？ id=24753。

（三）建立刚性的府院联动机制

从上文分析可以看出，如果仍将目光局限于政府与法院两家，府院联动的顽疾就无法得到有效克服，必须有一个拥有足够权威，又能够保持中立立场，且能够代表社会总体利益的机构，作为政府和法院之间的“裁判员”，如此方能解决前述问题。毫无疑问，在我国这样一个裁判员就是全国人民代表大会（及其常委会）及地方各级人民代表大会（及其常委会）。由人民代表大会及其常委会作为协调机构，以政府及其相关职能部门、法院作为参与人，由此组成一个府院联动工作机制，方能释放府院联动的全部势能，实现评论者所主张的依法确立起对破产运行的“行政配套”及失职追究制度。[①]

以人民代表大会及其常委会作为协调机构，其充分性和必要性如下：

一是根据我国《宪法》所规定的国家机构划分，只有人民代表大会适合作为政府和法院联动机制的协调者和监督者。根据《宪法》第 62 条、第 92 条、第 133 条，政府与法院互无负责、监督、报告工作之责，而无论政府还是法院都应当向人民代表大会负责并报告工作，并接受人民代表大会及人大代表的日常监督及质询。考虑到在一年一度的工作报告中，政府和法院有可能对府院联动中各自的作用作出不完全相同乃至截然相反的表述，人民代表大会参与到府院联动的日常运作中就显得尤为有必要。

二是人民代表大会是社会总体利益的最终评判者。府院联动机制是为了在处置企业破产中促进社会利益最大化而出现的协调机制，但是政府和法院可能对社会利益最大化产生分歧。此时只有人民代表大会才能够作为社会总体利益的评判者，对府院联动中政府与法院的履行行为及后果作出公允评价。

三是全国和地方各级人民代表大会已经存在相关机构和专业人员，由其承担协调机构的责任，不会明显增加工作负担。例如，可以在宪法和法律委员会，或是在财政委员会下设破产委员会，具体担任各级府院联动的工作。

特别地，本方案可以有效地解决实践中可能存在的地方保护主义问题。若某地法院需要协同的对象是外地政府，这时府院联动约束机制可能难以生效。此时，法院一方面可以函告该政府请求协助，但是该请求没有强制性，政府无论协助与否，都事实上不可能承担责任。法院若须获得府院联动的强制性，应当请求二者共同的上级人民代表大会组成专门府院联动小组。例如，

---

① 陆晓燕：《“府院联动”的建构与边界——围绕后疫情时代市场化破产中的政府定位展开》，载《法律适用》2020 年第 17 期。

法院与协同政府不在同一个设区的市但处在同一个省，则由该省人民代表大会的破产委员会负责组建专案小组，或是由省人民代表大会指定法院或政府所在地的人民代表大会行使管辖权。

通过以上分析，笔者认为，府院联动作为互相独立、互无统属的两个国家机构之间的协调机制，赋予该机制刚性的唯一可选路径就是由人民代表大会作为协调机构。由此，人民代表大会对其他各国家机构的关系可以总结为“4+X”。“4”是指，人民代表大会可以产生并监督行政机关、审判机关、监察机关、检察机关，“X”是指前述四个机构的相互配合也应当由人民代表大会承担协调与监督职能。在多个国家机构协同需求愈发勃发、合作愈发紧密的今日，充分激活人民代表大会的“X”职能具有重大意义。

五、结论

“府院联动”是一个具有重大理论和实践意义的课题。本文的研究表明，府院联动机制无法离开人民代表大会的协调，究其本质而言，是因为政府与法院是相互独立、互不统属的两个系统，除少数特定领域外（如刑事诉讼、行政诉讼领域）二者无法相互有效约束，我国采取人民代表大会作为基本政治制度，政府与法院皆由人民代表大会产生、对其负责、受其监督。因此，要充分发挥府院联动的制度优势，必须由人民代表大会作为协调机构进行统筹。

总结现有实践与理论通说，府院联动的相关规定包括以下几个条文：

一是府院联动的工作目标：县级以上人民代表大会应当设置企业破产协调机构，负责协调人民政府职能部门与人民法院职能部门，统筹推进破产处置工作，保障破产工作所需相关经费，加强企业债务风险监测预警和破产信息共享，协调处理破产处置涉及的重大问题，建立并完善相关配套制度。

二是府院联动的工作机制：府院联动采取联席会议办公机制，联席会议分为例会与临时会议。对于特定案件，府院联动可以依据案情设置专门处置小组。府院联动机制的协调办公室设在人民代表大会。由协调办公室负责日常事宜并筹备联席会议。

三是府院联动的具体分工（采取“列举＋概括”的立法技术）：县级以上人民政府发展改革、市场监管、财政、税务、人力资源和社会保障、自然资源和规划、住房和城乡建设、国有资产监督管理、公安等有关部门应当按照职责分工，协调或者处理破产程序中涉及的社会稳定、职工权益、财产接管、资产处置、税收征管、注销登记、信用修复、费用保障、打击逃废债等相关事务，并推动和支持管理人依法履职。

四是府院联动的约束制度：人民法院向企业破产协调机构提起府院联动请求的，企业破产协调机构应召集政府职能部门与人民法院共同审查该请求。认为请求合理的，企业破产协调机构应当向相关政府职能部门分派相关事项，政府职能部门应当在 10 日内完成，并向企业破产协调机构报告。若因事项性质无法完成的，应当在完成后向企业破产协调机构报告。企业破产协调机构可以组织政府与法院进行联合现场办公。企业破产协调机构应当向人民代表大会报告其工作。

数字货币的风险管理与监理方式

许郁婷 *

一、前言

金融科技透过技术的不断演进，推动金融产业迎接创新浪潮，借由新型科技改变或孕育全新的金融商品。这场金融科技的变革不仅为世界各国带来崭新的商机，同时也伴随着新的风险，对金融监理体系提出前所未有的挑战，迫使监管机构重新调整秩序以因应变动的环境。

由于区块链技术的快速发展，数字货币逐渐成为金融市场上的新兴主流话题。近年来，不断发展的许多新形态数字货币，已然是金融科技中一股不容忽视的新势力。世界各国纷纷致力于研拟数字货币乃至金融科技领域的相关法规制度，对于数字货币市场采取开放的态度，以期提升国家在区块链金融中的国际竞争力。

然而，在 2022 年陆续爆发数字货币市场的风险事件，诸如算法稳定币 TerraUSD（亦即 UST）与其代币 Luna 市值崩跌，引发恐慌抛售潮 ①，以及虚拟资产借贷平台 Celsius Network②、对冲基金三箭资本 ③ 与虚拟资产交易平台

---

* 金门大学海洋与边境管理学系助理教授。

① Allison Morrow, *Why this obscure corner of the crypto world has investors in a panic*, https: //edition.cnn.com/2022/05/12/investing/luna-terra-stablecoin-explained/index.html（Sep.19, 2023）. Ryan Browne, *Controversial stablecoin UST — which is meant to be pegged to the dollar — plummets below 30 cents*, https: //www.cnbc.com/2022/05/11/terra-ust-stablecoin-dives-below-1-peg-luna-cryptocurrency-down-80percent.html（Sep.19, 2023）.

② Maria Ponnezhath & Tom Wilson, *Major crypto lender Celsius files for bankruptcy*, https: //www.reuters.com/technology/crypto-lender-celsius-files-bankruptcy-2022-07-14/（Sep.19, 2023）.

③ MacKenzie Sigalos, *From $10 billion to zero: How a crypto hedge fund collapsed and dragged many investors down with it*, https: //www.cnbc.com/2022/07/11/how-the-fall-of-three-arrows-or-3ac-dragged-down-crypto-investors.html（Sep.19, 2023）.

FTX[①] 皆因风险控管失当和内控不足而相继声请破产等，使得各国开始重新省视对数字货币的监管政策。

截至目前，数字货币市场相较于去年表现优异，交易量呈现增加的趋势。显示 2022 年数字货币市场的崩毁并未对实体经济与传统金融体系造成太严重的影响。然而，为了防止数字货币市场演变为系统性风险，我们应提升应对数字货币风险的能力。

二、数字货币之概念与风险

关于数字货币之概念，我国台湾地区目前有广义与狭义两种不同见解。我国台湾地区金融监管机构采取广义见解，认为数字货币系指运用密码学及分布式账本技术或其他类似技术，表彰得以数字方式储存、交换或移转之价值；“法务部”则采狭义见解，依照我国台湾地区“虚拟通货平台及交易业务事业防制洗钱及打击资恐办法”（以下简称“虚拟通货事业洗防办法”）第 2 条之规定，系指运用密码学及分布式账本技术或其他类似技术，表彰得以数字方式储存、交换或移转之价值，且用于支付或投资目的者。但不包括数字形式之新台币、外国货币及我国大陆、香港或澳门地区发行之货币、有价证券及其他依法令发行之金融资产。换言之，数字货币为一非由中央银行、存款机构及电子货币机构所发行而用以表彰价值之数字形态商品，且在某些情况下，可替代通货使用之数字支付产品。简言之，数字货币在广义上，是指所有在数字世界中存在的货币形式，而狭义上，其系基于区块链技术的加密货币。本文所称之数字货币原则系指“狭义数字货币”，即不具有依法令发行金融资产之性质而用于支付或投资目的者，合先叙明。

数字货币为金融科技发展下之产物，虽然缺乏主权国家信用支持，但却以区块链技术及经济理论为其基础而风靡世界。区块链技术是数字货币的核心，它保障交易的安全性和透明性。而去中心化和匿名性则为用户提供更大的隐私和自主权。这些特性使得数字货币成为许多投资者分散投资风险的最佳选择。以比特币为例，在没有政府或金融机构等第三方介入之情况下，得直接以 P2P 方式支付。除此之外，数字货币的多样性和用途也是市场所关注

---

① Natalie Sherman & Joe Tidy, *Crypto giant FTX collapses into bankruptcy*, https：//www.bbc.com/news/business-63601213（Sep.19，2023）.

的焦点。目前，数字货币已发展出高达上万种不同类型的样态，且随着科技不断更迭以及产业发展，数字货币由支付领域拓展至投资与融资领域，除了能如同证券或金融衍生品般利用中心化交易所与去中心化交易所操作交易外，随着以太坊开源的设计导致首次代币发行（Initial Coin Offering，ICO）活动的兴起，数字货币逐渐由原本预期的支付工具或价值储存工具演化为筹资工具，而成为新的资本募集方式[①]，令初创企业和投资者之间的联系更加直接，同时也为创业者提供了更多创新的空间。

由于数字货币在数量与种类上的发展突飞猛进，再加上其全球化与匿名性等特性，令数字货币之金融风险传播速度较其他金融商品更为快速，因此更显得其金融监理之紧迫性。尤其经历2022年的风险事件，随着TerraUSD的价格崩跌而引发一连串的骨牌效应，更加凸显数字货币脆弱的一面，进而影响投资者对数字货币市场之信任。

数字货币的风险可以分为数字货币本身的风险特征与对社会经济的冲击和影响两方面。首先，就数字货币本身的风险特征而言，有以下几点：（1）操控与价格波动风险。我国台湾地区金融监管机构于2013年将数字货币定位为具有高度投机性的数字“虚拟商品”，由于其多缺乏内含价值、无适当的价格管理机制，其价格易受投资者操纵或炒作，交易信息不透明且价格波动大，投资风险高，侵害投资者权利。除此之外，用户之信心易对价格产生一定影响，政府对数字货币的态度会影响投资者信心，进而造成数字货币价格的起伏。（2）营运与技术风险。在数字货币之治理部分，由于治理架构不透明且未受监管，因而易受有心人士操控。更由于数字货币有匿名性之特性，因此不易要求开发者为自己行为负责。再者，数字货币之发行，主要依赖区块链技术，区块链因中断、网络阻塞或其他因素而受到破坏，会影响区块链的成本、功能与依赖区块链的相关服务。除此之外，智能合约的广泛运用也产生了一定的复杂性，盖于编程之前须考虑各种因素，而众多的因素恐提高编程错误之可能性，导致无法修复的结果。预言机的运用同样为数字货币带来一定程度的风险，错误的交易规则或蓄意操控预言机，将触发智能合约之执行，产生意料之外之负面效应。[②]（3）市场诚信与消费者保护。信用风险包

① 杨岳平：《数字货币监管的比较法发展与台湾地区监管架构刍议》，载《月旦法学杂志》2023年4月（第335期），第41页。

② Report submitted to the G20 Finance Ministers and Central Bank Governors , The crypto ecosystem：key elements and risks. 参考网页：https：//www.bis.org/publ/othp72.htm。

含发行单位破产或是交易平台恶意倒闭、诈欺，甚或是网络窃盗等原因导致投资人权益受侵害。市场风险则会因利率等宏观经济变量以及传统金融市场资产价格变动导致加密数字货币价格下跌使得投资者遭受损害。[①] 由于数字货币可能没有实物、发行单位或实体经济之支持，又具有去中心化特性，再加上海外交易平台不受法律规范，若停止买卖、发行单位停止营运、平台恶意倒闭或遭遇黑客攻击，均可能为投资者带来重大损失。[②]（4）隐私风险。投资者在注册与加值交易等过程中所提供之个人资料，可能会同时遭受传统侵权方式与网络环境下新型侵权方式之侵权。例如，不当搜集、泄露、买卖或遭黑客窃取投资者个人资料。（5）结构性缺陷。数字货币的去中心化特性代表其依赖以费用方式激励匿名验证者以确认交易，如此一来，将会引起网络阻塞并挑战公有区块链（Public Blockchain）的扩展能力，令投资者转而使用私有链（Private Blockchain）以及联盟链（Consortium Blockchain），进而加速金融体系的中心化状态，并阻碍数字货币的广泛使用。[③] 虽然私有链（Private Blockchain）和联盟链（Consortium Blockchain）拥有较高的扩展能力，其代价却是中心化程度更高且安全性更低，而易受攻击。[④]（6）流动性风险。数字货币具有成交量不稳定、资金不易快速转换的问题，投资者持有的数字货币若无法被广泛接受用以交易和付款，则将面临交易受限而难以变现之困境。此外，在加密货币中，加密借贷是一种新颖且可快速获得流动性的金融工具，然而，不论是去中心化加密借贷或是中心化加密借贷，均存在一定的流动性风险。在去中心化借贷中，预言极可能会在整体市场流动性紧缩的情况下失效，导致清算面临价格下滑的风险，并使贷方只能收回部分存款。在中心化借贷中，中央参与者可以利用杠杆投资客户存款，但有从平台消耗过多流动性的风险。[⑤]

---

① 王淳、李彧：《加密数字或币发展现状及对金融市场的影响》，载《香港金融研究院香港经济与政策处研究报告》2021 年 5 月，第 10 页。

② 钟欣宜：《数字货币发展动向与政策挑战》，载《经济研究（第 23 期）》2023 年 3 月，第 5—6 页。

③ Agustín Carstens, Jon Frost, and Hyun Song Shin, *A Foundation of Trust*, FINANCE & DEVELOPMENT, 12（2022）.

④ Frederic Boissay, Giulio Cornelli, Sebastian Doerr, Jon Frost, *Blockchain scalability and the fragmentation of crypto*，参考网址：https: //www.bis.org/publ/bisbull56.htm。

⑤ John Gilbert, *Where's the Liquidity ? Crypto Lending Explained*，参考网址：https: //blockworks.co/news/wheres-the-liquidity-crypto-lending-explained。

其次，就数字货币对社会经济的冲击和影响而论，则有以下几点：（1）金融犯罪与金融风险。由于数字货币匿名性与去中心化之特性，使双方无须确认真实身份即可进行交易，令交易不易受到监控。不受监管的首次代币发行容易被不法分子利用以从事金融诈骗、传销吸金等犯罪手段，以诈取财物。除此之外，数字货币也增加洗钱、逃税与资助恐怖主义的可能性。盖数字货币由于其去中心化之特性使其可以在国际间实现快速且低成本的转账，金钱的流向可能跨越多个国家，致使追踪困难，不容易由单一政府机构进行洗钱行为的监管。而且，交易双方分处两国而受不同国家管辖，执法单位难以有效介入和管理。再者，数字货币去中心化的特性与金融监管体系的中心化特色截然不同。亦即传统金融监管方式将难以应对，盖其无法透过传统金融中介控制风险。同时，虚拟货币市场极具投机性，价格波动剧烈，进而影响金融稳定和社会稳定。（2）影响法定货币制度。数字货币避开了现有法币制度和银行体系，试图建立一个全新的货币和支付体系，可能对中央银行的功能构成潜在威胁，挑战基于国家主权信用的法币制度。在当今世界各国主要的货币体系中，普遍由一国政府独占该国货币发行权并进行监督。因此，若数字货币被广泛接受并使用时，可能影响法定货币的地位。如此将减少央行的铸币税收，同时影响央行的货币政策，难以有效控制货币供应量以调节利率和总体需求，例如散户大量持有数字货币，并以数字货币替代法币，以规避外汇与资本管制，将可能导致资本外流并威胁金融稳定。[①] 除此之外，数字货币与传统金融和实体经济日益紧密的相互牵连，亦会对货币主权构成威胁。当经济不稳定或汇率贬值，法定货币持有者可能会转向持有替代货币，进而为本国货币带来额外压力。[②]（3）法律与监管风险。在监管面上，数字货币为科技与金融创新，但由于为全新概念，难以用现有的监管机制明确定义并将之纳入传统金融监管体系中进行监理，如此将使虚拟货币的监管陷入困境，形成监管真空。除此之外，监管主体的不同也会造成监管政策与执行上的分歧。

---

① Bo Li，Nobuyasu Sugimoto，*Crypto Contagion Underscores Why Global Regulators Must Act Fast to Stem Risk*，参考网址：https：//www.imf.org/en/Blogs/Articles/2023/01/18/crypto-contagion-underscores-why-global-regulators-must-act-fast-to-stem-risk。

② The crypto ecosystem：key elements and risks，参考网址：https：//www.bis.org/publ/othp72.htm。

三、数字货币监管方式之抉择

承前所述，随着数字货币与传统金融和实体经济日益紧密的相互牵连，恐将危及国家金融之稳定性，因此关于数字货币的监管议题更显重要。数字货币之风险管理目标应在于保障金融消费者权益、透过审慎监理维护市场完整性以及维持金融秩序的稳定等三方面。

对于数字货币的监管方式，取决于所在国家的金融体系的完整性与监管制度的成熟度。依照目前世界各国因应数字货币所引发的风险态度，大致可分为三种不同方式监管数字货币，分别为完全禁止、订立专法与透过传统金融监管方式管理数字货币。第一种完全禁止的监管方式，系指政府禁止国民发行或持有数字货币，或禁止国民进行数字货币交易或将其用于支付等特定目的。目前采取此种方式的国家有阿尔及利亚、孟加拉国、中国、埃及、摩洛哥等 51 个国家。第二种监管方式为订立专法，区分数字货币与传统金融、实体经济，建立数字货币的独立监管体系，以专法专管。第三种监管方式则是将数字货币作为与传统金融相似的经济活动，利用传统金融方式进行监管。

采取完全禁止的监管方式，且禁止规范确实有效执行，则将会确实保护投资者不会因数字货币之发行单位与交易平台之不当行为而使自身权利受到侵害。除此之外，将完全消除数字货币对传统金融体系造成的影响与威胁。然而，若长期禁止数字货币交易，恐将错失发展重要数字技术的机会。[①] 除此之外，严格禁止数字货币之持有、交易或支付易会对执法带来一定的难度，盖数字货币具有全球化与跨国性之特色，投资者会将相关交易行为转移至其他地区以规避禁令[②]，反而会变相鼓励投资者进入“非法市场”，促使国际监管套利产生。再者，采取完全禁止的监管方式其执行成本高昂，增加政府财政负担。最后，由于从事数字货币相关产业的企业与从业人员众多，禁止规范将会迫使相关企业转型或调整营业方向，进而对产业与经济造成一定影响。

透过订立专法规范数字货币，区分数字货币与传统金融、实体经济，建立数字货币的独立监管体系，则在限制数字货币与实体经济相互关联的前提之下，将可有效防止数字货币将风险传播至传统金融体系，同时也将避免对

---

① 黄益平：《关于央行数字货币与加密货币的一些猜想与思考》，载《律动财经》2023 年 1 月 29 日，参考网址：https：//mp.weixin.qq.com/s/HgPz-lhJdNkNIcE3BlnJLQ。

② Matteo Aquilina，Jon Frost，Andreas Schrimp，*Addressing the risks in crypto*：*laying out the options*，参考网址：https：//www.bis.org/publ/bisbull66.htm。

数字货币市场的监管“核准”争议。但此项监管方式的前提难以实现，数字货币与传统金融间的防火墙如何建立、如何确实有效发挥功能仍有待讨论。其次，若出现新的投资者投入资金，将会再次刺激数字货币之成长，依然会面临投资者保护争议与市场诚信风险问题。

将数字货币作为与传统金融类似的经济活动，纳入传统金融监管架构，则是由数字货币在金融市场上所展现的性质与特点切入，分别判断监管行为对数字货币所产生的性质与特点将会造成何种影响，并与传统金融活动模拟，借用实体经济的规范原则加以监管。至于如何借用实体经济规范，则有不同做法，有直接依照原有法规监管，亦有修正既有法规将之纳入监管架构。如此一来，将可确保实体经济与数字货币投资者在金融活动中的监管同一性，以充分发挥既有监管架构的效用。其次，此种监管方式允许投资者在适法的监管状态下不断进行金融创新，提升金融创新与发展数字技术的能力。但这项监管方式的缺点在于对监管机关就数字货币类型、交易与相关行为须有相当程度的认识与掌握，也就是要求监管机关对数字货币有一定的治理经验，并且能正确的模拟相似的传统金融行为，以适用相应的法律规范。另外，由于数字货币去中心化之特性，对监管机关治理数字货币市场也是一项挑战。

由于加密货币交易所 FTX 宣布破产倒闭引起的轩然大波，让监管机关更加重视数字货币产业。2023 年 5 月，国际证监会组织（IOSCO）正式释出了《加密货币和数字资产市场的政策建议咨询报告》（Policy Recommendations for Crypto and Digital Asset Markets Consultation Report），建议监管机构不要在监管加密资产和传统金融方面造成任何差异，以期消除加密资产和传统金融在监管方面的差异，促进加密资产与传统金融之间更加公平的竞争环境，降低监管套利风险。[①] 而协调跨国金融监管、制定并执行全球金融标准的金融稳定委员会（Financial Stability Board，FSB）认为 2022 年数字货币产业发生的一连串事件凸显数字货币与相关投资参与者的内在关联性与结构脆弱性，因此亦于 2023 年 7 月开始呼吁制定更严格的监管法则来保护数字货币用户的资产，同时避免利益冲突。[②] 金融稳定委员会希望在基于“相同活动、相同风险、

① 《SEC 承诺采纳的“全球加密资产监管规则”是什么？》，参考网址：https：//www.blocktempo.com/what-are-the-global-crypto-asset-regulatory-rules-that-the-sec-has-committed-to-adopt/。

② 《20 多国共抛〈加密货币监管框架〉！金融稳定委员会 FSB 要全球统一基础》，参考网址：https：//www.blocktempo.com/fsb-global-cryptocurrency-regulatory-framework/。

相同监管”原则的前提下，制定一份“全球加密货币监管框架”，并确保加密资产活动和稳定币受到一致、全面、与其带来风险相称的监管，以及负责任的创新。[①]

由是可见，为了应对数字货币带来的风险，国际组织多倾向实行第三种方式，即将数字货币作为与传统金融类似的经济活动，纳入传统金融监管架构中，认为数字货币行为类似于传统金融活动，而应该适用类似的规则，不需要于全球监管架构中创建一个全新的数字货币监管手册。[②]这样做的目的有二：一是为了确保数字货币受到适当监管，避免造成稳定性风险，同时也鼓励负责任的创新。二是因为将数字货币视为类似传统金融活动，纳入现有的金融监管架构之方式被认为是一项公平且有效的监管手段。

然而，除了上述三种监管方式外，全球已有超过一半的国家开始着手研究央行数字货币（Central Bank Digital Currency，CBDC）的发行。与一般数字货币是由去中心化网络和私人开发者创建和维护不同，央行数字货币是由中央银行发行及管控。央行数字货币具有法定货币的地位，与纸币和硬币等同，可以作为国家法定支付手段，且通常具一定程度的可追踪性，中央银行可在需要时追踪和监控交易。综上所述，央行数字货币的优点有三：（1）现代化的支付系统。借由央行数字货币，可以推动支付系统现代化，提高支付效率与便利性，并降低支付成本。（2）货币政策的可操作性。通过央行数字货币的发行，中央银行可以掌握货币供应量和流通情况，实现更精确的货币政策，以应对经济波动。（3）加强国家货币主权。发行央行数字货币可以让中央银行掌握国内货币流通情况、有效控制货币流通量，保护国家的货币主权。[③]若央行数字货币设计并发行得当，将可促进金融创新、提高国家的金融包容性，并强化国家金融监管体系的能力。

---

① 张咏晴：《FSB 提制定全球加密货币监管框架！》，2023 年 7 月 18 日，参考网址：https://news.m.pchome.com.tw/finance/knowing/20230718/index-68966900094227229003.html。

② 《中美共同发表“加密框架”！全球统一监管 10 月问世比特币坚守 3 万卖压沉重》，2023 年 7 月 18 日，参考网址：https://www.binance.com/en/feed/post/811108。

③ 《央行数字货币（CBDC）是什么？为何各国都要发行、有全面监控支付的隐忧？》，2023 年 4 月 12 日，参考网址：https://www.blocktempo.com/what-is-central-bank-digital-currency-cbdc/。

四、我国大陆对数字货币之监管方式与现况

（一）数字货币的监管方式与现况

我国目前对数字货币态度采取严格监管、全面禁止的监理方式。随着网络游戏的急速扩展，数字货币已普遍运用于网络游戏经营服务中。这些数字货币不仅在推动网络游戏产业的发展上扮演关键角色，同时也带来了全新的社会问题与经济争议。2009 年 6 月，文化部与商务部共同发布《关于加强网络游戏虚拟货币管理工作的通知》[①]，用以规范网络游戏市场经营秩序。其内容主要有四，分别为严格市场准入，加强主体管理；规范发行和交易行为，防范市场风险；加强市场监管，严厉打击利用虚拟货币从事赌博等违法犯罪行为以及加大执法力度，净化市场环境。

2013 年 4 月比特币价格经历了该年首次牛市[②]，并且于同年 11 月其价格首次超过黄金[③]。同年 12 月中国人民银行等五部联合发布《关于防范比特币风险的通知》，宣布监管比特币，认为比特币不是由货币当局发行，不具有法偿性与强制性等货币属性，并不是真正意义的货币。从性质上看，比特币应当是一种特定的虚拟商品，不具有与货币等同的法律地位，不能且不应作为货币在市场上流通使用。[④]除此之外，该通知并要求各金融机构和支付机构不得经营比特币相关业务或提供相关服务。严格管理作为比特币主要交易平台的比特币互联网站，且要求相关机构切实履行客户身份识别等法定反洗钱义务以切实防范与比特币相关的洗钱风险。更要求加强对社会公众货币知识的教育及投资风险提示。可见，我国对比特币一开始就采取非常谨慎的监管态度，否定比特币的货币属性，而将之定位为虚拟商品，认为其不应在市场上作为流通货币。

---

① 文化部、商务部《关于加强网络游戏虚拟货币管理工作的通知》（文市发〔2009〕20 号），2009 年 6 月，参考网址：https：//zwgk.mct.gov.cn/zfxxgkml/zcfg/gfxwj/202012/t20201204_906151.html。

② 《比特币价格历史概览》，参考网址：https：//academy.binance.com/zt/articles/an-overview-of-bitcoin-s-price-history。

③ 《比特币 2013 年价格回顾——比特币中国的发展历史》，参考网址：https：//www.cngold.com.cn/20230804371430694 6.html。

④ 中国人民银行、工业和信息化部、中国银行业监督管理委员会、中国证券监督管理委员会、中国保险监督管理委员会《关于防范比特币风险的通知》（银发〔2013〕289 号），参考网址：https：//www.gov.cn/gzdt/2013-12/05/content_2542751.htm。

2017年，我国修正《民法总则》第127条，规定："法律对数据、网络虚拟财产的保护有规定的，依照其规定。"将数字货币等虚拟商品列入虚拟财产，受到民法的保护。[①] 而市场上，比特币价格于一年内飙升近20倍，这一轮牛市巩固了比特币在主流市场中的地位，并引起了机构投资者和政府的注意。[②] 与此同时，ICO市场快速增长，全球募资金额由2016年仅约1亿美元，跳升至2017年的62亿美元。[③] 虽然ICO拥有筹资快速且成本低廉的优势，利于创新产业募集资金，却因为缺乏明确的监管法规，形成监理漏洞，使得ICO亦成为不法分子犯罪的手段。因此于2017年9月，中国人民银行联合其他部门发布《关于防范代币发行融资风险的公告》[④]，明确指出代币发行为非法融资，禁止ICO，包括证券型代币（Security Token Offerings，STO）、首次分叉启动（Initial Fork Offering，IFO）、首次交易发行（Initial Exchange Offerings，IEO）等都视为非法金融活动，并对数字货币交易平台进行整治，关闭国内所有数字货币交易平台。[⑤] 其公告内容重点分述如下：

（1）准确认识代币发行融资活动的本质属性。认为代币发行融资中使用的代币或"虚拟货币"非由货币当局发行，缺乏法偿性与强制性等货币属性，不具备与货币等同的法律地位，不得也不应作为货币在市场上流通。

（2）任何组织和个人不得非法从事代币发行融资活动。全面停止各类代币发行融资活动。已完成代币发行的组织和个人需清退并保护投资者权益，妥善处置风险。

（3）加强代币融资交易平台的管理。公告生效后，任何代币融资平台不得进行法币与代币、虚拟货币的兑换，禁止买卖或为其提供定价、信息中介服务。金融管理部门将关闭存在问题的平台，并吊销其营业执照。

（4）各金融机构和非银行支付机构不得开展与代币发行融资交易相关的

---

① 王中义、杨聪惠：《虚拟货币的财物属性认定及涉案财产处置问题》，载《人民法院报》2023年9月1日。

② 《比特币价格历史概览》，参考网址：https：//academy.binance.com/zt/articles/an-overview-of-bitcoin-s-price-history。

③ 钟欣宜：《首次代币发行（ICO）监理趋势初探》，载《经济研究》2019年3月，第109页。

④ 中国人民银行、中央网信办、工业和信息化部、工商总局、银监会、证监会、保监会《关于防范代币发行融资风险的公告》，参考网址：https：//www.gov.cn/xinwen/2017-09/04/content_5222657.htm。

⑤ 陈伟光、明元鹏：《数字货币：从国家间管到全球治理》，载《社会科学》2021年第9期，第19页。

业务，并须及时报告违法违规行为。

（5）社会公众应当高度警惕代币发行融资与交易的风险隐患。代币发行融资与交易存在多重风险，包括虚假资产、经营失败、投机炒作等，投资者应自担风险，提醒警惕非法金融活动，加强防范和举报。

（6）充分发挥行业组织的自律作用。金融机构应解读政策，督促单位抵制代币发行融资非法活动，加强投资者教育，维护金融秩序。

在这段时间，数字货币被视为商品，受法律保护。虽然该公告并未禁止自然人从事数字货币的买卖与投资，但由于人民银行将 ICO 定义为非法融资，因此使得数字货币在中国境内的场内交易宣告结束，[①] 并迫使相关产业外移以寻求发展。此项举措清楚显示我国对数字货币已然采取较为严格的监管措施。

而后更于 2018 年，由银保监会、中央网信办、公安部、人民银行、市场监管总局共同发布《关于防范以"虚拟货币""区块链"名义进行非法集资的风险提示》（以下简称"《提示》"），明文禁止金融机构不得开展数字货币相关业务，并指出投资者需警惕利用区块链技术进行非法集资、传销和诈骗的行为。这些活动通常具有网络化、跨境化和借助名人大 V"站台"的特点，以"金融创新"为名，实则是庞氏骗局的"借新还旧"手法。《提示》敦促公众理性地看待区块链，建立正确的货币观念和投资理念，增强风险意识，如发现违法线索，应积极向有关部门举报。[②] 可见我国对区块链行业的监管逐渐加强，打压措施不断强化。区块链行业的风险问题层出不穷，引起监管部门的连续警告和持续打击。

随着防制洗钱金融行动工作组织（Financial Action Task Force，FATF）于 2020 年发布监管指南 [③]，对虚拟资产服务提供商（VASP）适用范围的定义提供指引，引导许多国家的监管机构和金融机构制定加密货币法案。2021 年，全球于新型冠状病毒肆虐下开始居家办公，使得区块链应用出现爆炸性的发展，更促使各国针对数字货币逐步采取监管行动。我国则于同年 5 月由国务院金

---

① 杨斌、韩珊珊：《跨境合规视角下的加密资产系列之一：加密货币的主流监管趋势及投资法律风险简析》，参考网址：https：//www.allbrightlaw.com/CN/10475/9b03b1f1f2719190.aspx。

② 付冰冰：《警惕"数字代币"有骗局》，载《人民周刊》2021 年第 11 期，参考网址：http：//paper.people.com.cn/rmzk/html/2021-06/27/content_3056070.htm。

③ Ian Allison，FATF Will Finally Publish Crypto Anti-Money Laundering Guidance Next Week，参考网址：https：//www.coindesk.com/policy/2021/10/21/fatf-to-publish-crypto-aml-guidance-next-week/。

融稳定发展委员会召开第五十一次会议，宣布打击比特币挖矿和交易行为。[①]这是政府首次明确针对加密货币挖矿采取行动。[②]中国国家发展改革委员会则于9月发布《关于整治虚拟货币“挖矿”活动的通知》，借以就整治虚拟货币“挖矿”活动，[③]并于10月发布《市场准入负面清单（2021年版）》，将数字货币及挖矿列入该清单中。[④]随后，由中国互联网金融协会、中国银行业协会、中国支付清算协会共同发布《关于防范虚拟货币交易炒作风险的公告》，内容提及广大消费者应强化风险意识，拒绝参与虚拟货币交易炒作，保护个人财产及权益。要谨慎使用个人银行账户，避免涉及虚拟货币的违法行为和信息泄露。[⑤]尔后，中国人民银行联合最高人民法院、银保监会、证监会等十部门发布《关于进一步防范和处置虚拟货币交易炒作风险的通知》，防范虚拟货币交易炒作风险，全面禁止与虚拟货币结算和提供交易者信息有关的服务，包含“挖矿”、交易及兑换，从事非法金融活动将被追究刑事责任，用以规范相关市场并保护投资者权益。[⑥]

该通知内容重点可分为五个部分：第一，人民银行明确虚拟货币及相关业务的属性，表示虚拟货币不具备法定货币等同法律地位，不能作为市场交易货币。此外，虚拟货币相关业务被明确划定为非法金融活动，包括涉及法定货币与虚拟货币兑换、虚拟货币交易信息中介服务等，这些行为都受到了严格的禁止。境外虚拟货币交易所通过互联网向中国境内居民提供服务同样属于被禁行列。

第二，人民银行会同各部门着手建立虚拟货币交易炒作风险防范机制。

---

① 《刘鹤主持召开国务院金融稳定发展委员会第五十一次会议》，载中国政府网，2021年5月21日，参考网址：https：//www.gov.cn/xinwen/2021-05/21/content_5610192.htm。

② 《中国打击加密货币采矿和交易行为加大比特币跌幅》，载《美国之音》2021年5月22日，参考网址：https：//www.voachinese.com/a/bitcoin-ends-day-on-the-ropes-after-china-clamps-down-on-mining-trading/5900386.html。

③ 国家发展改革委等部门《关于整治虚拟货币“挖矿”活动的通知》，发改运行〔2021〕1283号，参考网址：https：//www.ndrc.gov.cn/xxgk/zcfb/tz/202109/t20210924_1297474_ext.html。

④ 关于《市场准入负面清单（2021年版）》有关情况的说明，参考网址：www.ndrc.gov.cn/sczrfmqd2021。

⑤ 中国互联网金融协会、中国银行业协会、中国支付清算协会《关于防范虚拟货币交易炒作风险的公告》，参考网址：http：//jr.sz.gov.cn/sjrb/xxgk/tzzjy/content/post_8777347.html。

⑥ 《关于进一步防范和处置虚拟货币交易炒作风险的通知》（银发〔2021〕237号），参考网址：https：//www.gov.cn/zhengce/zhengceku/2021-10/08/content_5641404.htm。

各部门联动协同，建立工作协调机制，通过督促各地区统一防范措施，以确保整个国家形成一体化的风险防范体系。各省级政府负总责，建立了常态化工作机制，协调各部门资源，旨在维护金融秩序和社会稳定。

第三，在防范措施中，强调了对虚拟货币交易炒作风险的监测预警。通过各省级人民政府的监测预警系统，提高了对虚拟货币交易炒作活动的精准度和效率。同时，相关部门不断完善加密资产监测技术，实现了虚拟货币全链条的追踪，金融机构也加强了对虚拟货币资金的监测。

第四，构建更加健全的风险防范和处置体系。政府限制金融机构和支付机构参与虚拟货币相关业务活动，禁止互联网企业提供虚拟货币相关业务服务，并依法打击虚拟货币相关非法金融活动，严肃处理涉及犯罪问题的个人和机构。

第五，应强化组织实施的重要性。通过各级政府的组织领导，形成了中央统筹、属地实施的工作机制。政府和行业协会通过多种方式宣传虚拟货币炒作的违法性和危害性，以提高公众对风险防范的意识。

该通知进一步加大了我国自 2017 年以来对加密货币施加的压力。这项禁令一方面是一系列环保措施的组成部分——在电脑上挖掘加密货币需要消耗大量电力，并造成碳排放；另一方面是一场强有力的监管运动，避免金融系统遭受过度风险。①

综上所述，自 2021 年后，中国政府开始全面关停比特币等虚拟货币的“挖矿”，并要求银行与支付机构全面排查识别虚拟货币交易所及场外交易商的资金账户，及时切断交易资金支付链路，使得数字货币在中国的合法空间十分有限。②

然而，政府对于 NFT（Non-Fungible Token，非同质化通证，又称非同质化代币）的态度，相较于数字货币，明显缓和许多。NFT，虽有“代币”称呼，但实际上，NFT 几乎不具备数字货币的支付功能，反倒是更趋近于价值

① 国际司：《中国全面禁止虚拟货币交易》，2021 年 9 月 27 日，参考网址：https：//www.ndrc.gov.cn/fggz/gjhz/zywj/202109/t20210927_1297844_ext.html。

② 陈伟光、明元鹏：《数字货币：从国家间管到全球治理》，载《社会科学》2021 年第 9 期，第 19 页。

储藏的工具。[①] 由于2020年的新型冠状病毒肆虐全球，在各国经济政策的驱使之下，促使投资人勇于冒险投资，使得创生于2017年的NFT（Non-Fungible Token，非同质化通证）市场因此迎来蓬勃发展。从2021年2月开始，NFT开始爆炸式增长，每周交易量超过200万美元。[②] 却因为NFT的流动性低且市场充斥虚伪交易，因此其投资风险非常高。再者，NFT恐涉及洗钱等非法金融活动，因此虽然政府尚未将NFT纳入金融管理间度范畴内，但中国互联网金融协会、中国银行业协会、中国证券业协会于2022年联合发布《关于防范NFT相关金融风险的倡议》，坚决遏制NFT金融化证券化倾向。该倡议认为NFT作为一项区块链技术创新应用，在丰富数字经济模式、促进文创产业发展等方面显现出一定的潜在价值，但同时也存在炒作、洗钱、非法金融活动等风险隐患。[③]

从该倡议内容可以得知，官方将NFT的中文译为"非同质化通证"，而非"非同质化代币"，界定了NFT概念在我国的具体应用。这一决定明确将NFT与政府所严禁的数字货币（即代币token）明确区分开来，强调NFT在本质上不同于传统的代币，避免混淆与法规冲突。倡议对NFT的概念定义就厘清NFT在大陆地区的概念和发展方向至关重要。该倡议不仅提出了行为规范，更划定了监管的底线，为NFT市场的合规发展奠定了基础。倡议明确表示，当前对NFT的监管态度主要旨在防止其金融化和证券化，而非全面禁止NFT本身。这一立场有助于推动NFT在文化和艺术价值方面的充分实现，同时引导NFT行业朝着积极健康的方向发展。[④]

（二）对数字货币的政策分析

总体而言，政府在面对数字货币的政策方面，采取直接限制的监理方式，禁止一切其主要目的为利用数字资产作为货币用途的融资活动。为遏止数字货币所带来的风险，政府选择严格禁止的监理路径，究其背后原因，本文认

① 吴孟道：《NFT到底有什么魔力？全球NFT交易平台、市场趋势与风险》，载《会计研究月刊》第437期，2022年6月，参考网址：https：//www.tier.org.tw/achievements/pec3010.aspx ？GUID=073a45c5-8c3e-408f-9faa-bcb27fe74b86。

② 《一文读懂NFT：全面解析NFT发展简史、价值及未来》，载腾讯新闻，2021年9月12日，参考网址：https：//mp.weixin.qq.com/s/mRPB2MQkbI8YDrT5T4dJDw。

③ 《三协会：坚决遏制NFT金融化证券化倾向》，载中国新闻网，2022年4月13日，参考网址：https：//www.chinanews.com.cn/cj/2022/04-13/9727993.shtml。

④ 《行业组织发布防止NFT相关金融风险的倡议》，载《CHINA BUSINESS LAW JOURNAL》，2022年5月，参考网址：https：//law.asia/zh-hans/prevent-nft-related-risks/。

为此项决策动机在于规范金融市场，减少不透明度，达到有效防范潜在非法融资活动的目标。禁止这类行为使政府和监管机关能够更有效地监管数字资产市场的交易活动，从而减缓因数字货币而引起的市场震荡与波动。此外，这种监管方式还有助于降低市场中存在的欺诈和洗钱风险，为投资者提供更加安全的投资环境。虽然严格禁止的政策会对数字货币市场参与者带来一定程度的负面影响，但由长远的宏观角度以观，这有助于维持金融体系的健康和稳定，为社会经济的可持续发展创造更为有利的条件。

其次，对于数字货币地监管架构，则利用风险提示和传统法律规范的双重监管模式进行。例如《关于防范虚拟货币交易炒作风险的公告》中明确画出监理红线，禁止金融机构与支付机构开展与数字货币相关的业务。本文认为，这种政策模式旨在提高参与者对虚拟货币市场风险的认识，通过风险提示机制强调投资者需谨慎评估数字货币的不确定性和波动性。同时，透过传统法律作为后盾，使监管机关能够规范数字货币的不法行为，进而制裁之。这种双重监管的模式平衡创新和风险管理，有助于在保障市场稳定的同时，保护投资者的权益，防范潜在的金融风险。①

最后，行业组织的自律作用也发挥莫大的监管功能。中国互联网金融协会、中国银行业协会、中国证券业协会、中国支付清算协会等国家级行业自律组织在数字资产相关政策解读方面发挥了积极作用。这些协会提出督促金融机构与投资机构等会员单位自觉抵制数字货币交易炒作等非法金融活动的风险提示与倡议。通过公告提醒市场参与者远离混乱，加强投资者教育，共同维护金融秩序的合法性。透过行业自律的方式引导市场参与者遵守法律法规，同时减少非法金融风险，助于建立良性市场秩序。②

（三）央行数字货币之推行与发展

虽然数字货币有许多风险，但不可否认，其同时也解决传统金融体系中面临的效率缺陷问题。再者，疫情肆虐全球，提高了人民对无现金支付的需求，加速了全球数字货币的竞争力度。③因此政府基于期望借助区块链具备的安全性和透明性等特点，提高货币交易效率，同时为传统金融体系引入更多

① 董月英：《各国加密数字资产监管政策比对与中国监管趋势探析》，载新浪财经，2022 年 4 月 26 日，参考网址：https：//news.10jqka.com.cn/20220426/c638692582.shtml。

② 同上。

③ 王国臣：《全球及中国大陆数字货币现况与趋势》，载《两岸经贸》第 347 期，2020 年 11 月，第 10 页。

创新，以适应数字经济发展，提升数字金融水平之目的[①]，我国虽对于数字货币采取完全禁止的严厉监管态度，却积极投入央行数字货币（Central Bank Digital Currency，CBDC）的研发，以为对禁止数字货币的政策替代方案。

我国的央行数字货币，又称为数字人民币（字母缩写按照国际使用惯例暂定为“e-CNY”）或数字货币电子支付工具（Digital Currency Electronic Payment，DCEP），是人民银行发行的数字形式的法定货币，由指定运营机构参与运营，以广义账户体系为基础，支持银行账户松耦合功能，与实物人民币等价，具有价值特征和法偿性。[②]

中国人民银行在2014年1月成立法定数字货币专门研究小组，开启了对央行数字货币的系统研究。[③]2016年，首次公开证实数字人民币的发行计划与目标，为中国金融体系注入了新的技术纬度。[④]同年，为进一步深化数字货币研究，人民银行设立数字货币研究所，标志着大陆地区在数字货币领域的重大投入。[⑤]人民银行于2019年末启动试点，陆续在深圳、苏州、雄安、成都和冬奥会开展场景展开测试工作，截至2023年4月已完成在深圳、苏州、北京、上海、成都等17个省（市）的26个地区进行试点工作，不断增加数字人民币使用场景[⑥]，使大陆地区成为全球该领域步伐最快的国家之一。

2023年数字人民币在交易规模、覆盖领域及应用场景等方面实现快速发展，我国借由数字人民币试点将持续完善顶层设计和生态体系建设，以不断推动数字人民币应用向纵深发展[⑦]，这充分展现我国借在金融科技领域的积极探索并取得显著进展。

---

① 宋爽、刘东民：《央行数字货币的全球竞争：驱动因素、利弊权衡与发展趋势》，载《经济社会体制比较》2021年第2期，第1页。

② 中国人民银行数字人民币研发工作组：《中国数字人民币的研发进展白皮书》，2021年7月，第4页。

③ 刘琪：《顶层设计已基本完备 数字货币正加速推进》，载《证券日报》2020年11月30日，参考网址：http：//blockchain.people.com.cn/n1/2020/1130/c417685-31949200.html。

④ 《央行称尽早推出“数字货币”》，载中国日报网2016年1月21日，参考网址：https：//language.chinadaily.com.cn/2016-01/21/content_23179713.htm。

⑤ 宋爽、刘东民：《央行数字货币的全球竞争：驱动因素、利弊权衡与发展趋势》，载《经济社会体制比较》2021年第2期，第1页。

⑥ 叶惟祯：《跨境收付增长快速 中国大陆推数字新货币》，载《贸易杂志》第386期（2023年8月），参考网址：https：//www.ieatpe.org.tw/magazine/ebook386/special-report.html。

⑦ 鲁东红：《数字人民币的2023：持续向纵深发展》，载《国际商报》2023年7月17日，参考网址：http：//tradeinservices.mofcom.gov.cn/article/yanjiu/hangyezk/202307/150530.html。

五、我国台湾地区对数字货币之监管现况与建议

我国台湾地区对数字货币的监管方向与政策提出，大致可区分为三个阶段。第一阶段的萌芽期于 2013 年至 2017 年，重点在讨论虚拟货币的定性与风险示警。由我国台湾地区货币政策主管机关与金融监管机构共同发布的新闻稿[①]中，将比特币定性为高度投机之数字“虚拟商品”，并提醒投资者注意相关风险。尔后我国台湾地区金融监管机构相关的行政规则亦多属于补充性或解释性内容。

第二阶段的发展期则是从 2017 年开始至 2022 年这段时间。因为市场上爆发的“首次代币发行”（Initial Coin Offering，ICO）热潮，世界各国及地区的监管重心遂转向 ICO 这项议题上，我国台湾地区也不例外。在缺乏有效监管的情况下，业者以虚伪不实的白皮书，或以不合理的高报酬，吸引投资人参与，涉及诈欺或违法吸金等刑事案件层出不穷。[②]我国台湾地区金融监管机构于 2017 年底再度发布新闻稿，将 ICO 定义为“企业透过发行数字权益、数字资产或数字虚拟货币等‘虚拟商品’，销售予投资人的募集资金行为”，并认为 ICO 是否属证券交易法规范之有价证券，视个案情况认定。[③]在 2019 年，我国台湾地区金融监管机构发布正式函令，核定具证券性质之数字货币为“证券交易法”所称之有价证券。至此，确定我国台湾地区正式用语为“数字货币”，并可认为我国台湾地区对数字货币之监管实行差异化监管模式，分级管理数字货币，如数字货币具证券性质（即证券型代币发行），为我国台湾地区“证券交易法”第 6 条所称之有价证券，订有“证券型代币发行（Security Token Offering，STO）相关规范”采分级管理；而针对非 STO 之数字货币，则将此类数字货币视为商品，而非货币或证券

① 《比特币并非货币，接受者务请注意风险承担问题》，参考网址：https：//www.fsc.gov.tw/ch/home.jsp ？ id=96&parentpath=0，2&mcustomize=news_view.jsp&dataserno=201312300002&aplistdn=ou=news，ou=multisite，ou=chinese，ou=ap_root，o=fsc，c=tw&toolsflag=Y&dtable=News。

② 王志诚、何雨柔：《论虚拟货币之发展与监理趋势》，载《财税研究》第 49 卷第 3 期，第 102 页。

③ 《“金管会”再次提醒社会大众投资比特币等虚拟商品的风险》，参考网址：https：//www.fsc.gov.tw/ch/home.jsp ？ id=96&parentpath=0，2&mcustomize=news_view.jsp&dataserno=201712190002&dtable=News。

等。[①] 于此期间，由于数字货币去中心化及匿名性之特性，使得数字货币引发洗钱风险。我国台湾地区于2018年底修正“洗钱防制法”第5条第2项，明文将数字货币平台及交易业务纳入应负洗钱防制义务的金融机构，奠定数字货币洗钱防制的法源基础，并于2021年公布“数字货币平台及交易业务事业防制洗钱及打击资恐办法”，明定数字货币事业具体应负的洗钱防制义务，构建成我国台湾地区目前的数字货币洗钱防制规范架构。[②]

数字货币市场风波在2022年达到高峰，接连发生的美元稳定币TerraUSD崩盘、美国虚拟资产借贷平台Celsius Network无预警冻结客户资金、以虚拟资产为主的对冲基金三箭资本及虚拟资产交易所FTX破产等多起风险事件，全球开始重新省视数字货币带来的风险，对数字货币监管政策进入第三阶段的调整期。我国台湾地区于2023年正式宣布由金融监管机构纳管数字货币，并订定“管理虚拟资产平台及交易业务事业（VASP）指导原则”与推动VASP相关协会等组织订定自律规范，循序渐进强化我国台湾地区内虚拟资产平台对客户的权益保护。[③] 至于是否要立专法或用其他法规授权方式管理，我国台湾地区金融监管机构认为会再观察半年后再考虑深化。[④]

综上所述，关于我国台湾地区目前的监管方式似乎较倾向将数字货币纳入既有的监管架构中，依照原有法规监管，个案认定适用的监管模式，且采取循序渐进的低度监理，法规对散户投资者参与市场的规定相对宽松，以保护我国台湾地区的金融创新，在应对数字货币带来的风险时，避免造成业者过高的法律遵循成本，属于较弹性的监管方式。

我国台湾地区的政策对于数字货币的态度会表现在监管架构上，并顺应市场发展、法律规范，逐步修正并且缓慢落实。我国台湾地区对于数字货币从一开始谨慎保守的态度，逐渐转向开放，对数字货币行业发展与投资人保护，即具正面意义。

---

① 钟欣宜：《数字货币发展动向与政策挑战》，载《经济研究》第23期，2023年3月，第13页。

② 杨岳平：《数字货币的洗钱防制监管疆域与国际标准——评台湾地区“数字货币平台及交易业务事业防制洗钱及打击资恐办法”》，载《法律扶助与社会》第9期（2022年9月），第96—97页。

③ 廖君雅：《虚拟货币在台要纳管！金管会曝3作法》，载《远见》2023年3月30日，参考网址：https：//www.gvm.com.tw/article/101288。

④ 魏乔怡：《虚拟资产平台金管会不沾锅？黄天牧曝立专法时程表》，载《工商时报》2023年9月27日，参考网址：https：//www.ctee.com.tw/news/20230927700843-430301。

然而，目前的监管模式也出现漏洞与困境，有待解决。首先为目前的监管方式系利用既有法规将数字货币纳入规范，然而依照我国台湾地区金融监管机构于 2022 年发布的新闻稿，除“具证券性质之数字货币”（STO）为“证券交易法”所称的有价证券，应遵循“证券交易法”相关规定外，其他种类的数字货币或由其衍生之相关商品（如期权、保证金交易等），都不是我国台湾地区金融监管机构核准发行的金融商品，数字货币交易平台也不是经我国台湾地区金融监管机构核准设立的机构，不适用既有证券投资人及期货交易人保护中心或金融消费评议中心的处理机制。[①] 换言之，目前的监理方式对于保护金融消费者来说仍略显不足。然而数字货币市场的蓬勃发展，具备一定的市场规模，本文认为应强化投资人保护，将金融消费者保护法纳入数字货币交易之保护范畴，并利用金融评议中心作为诉讼外纷争解决机制，以处理数字货币交易纠纷。

其次，依照“数字货币平台及交易业务事业防制洗钱及打击资恐办法”，数字货币平台及交易业务事业应依我国台湾地区金融监管机构指定的文件、数据及方式，完成洗钱防制法遵声明。然而，目前数字货币平台及交易业务事业并非特许行业，我国台湾地区金融监管机构如何在对于业者并无完整业务监理权限之情况下进行洗钱防制与打击资恐的监理，实为一项挑战。又依照办法，目前受规范的数字货币平台及交易业务事业仅包含五类[②]，是否扩及于其他实质从事数字货币平台及交易之业者，以及如何辨识从事相关行为之业者，均有待厘清。例如比特币自动柜员机（BTM），若无法用新台币兑换加密资产至数字钱包，或透过数字钱包提领新台币提，则并不在涵盖数字货币平台及交易业务事业防制洗钱及打击资恐办法所规范的经营态样中。本文认为，为达到洗钱防制与打击资恐的立法目的，我国台湾地区金融监管机构应

---

① 《“金管会”呼吁民众审慎评估虚拟资产的风险》，2022 年 3 月 4 日，参考网址：https://www.fsc.gov.tw/ch/home.jsp ? id=2&parentpath=0&mcustomize=news_view.jsp&dataserno=202203040001&dtable=News。

② “数字货币平台及交易业务事业防制洗钱及打击资恐办法”第 2 条第 1 项第一款：数字货币平台及交易业务事业（以下简称本事业）：指为他人从事下列活动为业者。

（一）数字货币与新台币、外国货币及大陆地区、香港或澳门发行之货币间之交换。

（二）数字货币间之交换。

（三）进行数字货币之移转。

（四）保管、管理数字货币或提供相关管理工具。

（五）参与及提供数字货币发行或销售之相关金融服务。

加强辅导实质上从事数字货币平台及交易业务之业者进行洗钱防制法遵声明。

再者，随着数字货币产业的不断创新与成长，且涉及的法律问题广泛，冲击传统金融监管体制。仅由我国台湾地区金融监管机构担任主管机关，对于数字货币产业所引发的问题显然无法提供全面的监管。本文认为，政府应与时俱进，偕同各部会，动态调整监管模式。然而由于数字货币的高风险会引发市场上的灾难，因此给予投资者稳定、安全的数字货币投资环境是必要的。为保护投资者权益，防范数字货币被作为洗钱等非法用途，且为稳定金融市场，应以政府修法为主，采取逐步紧缩的监管政策与高度严格的监管模式，由政府成立专门的监管部门进行监管为主，由行业组织进行自律监管为辅。自律监管可以加强业内人士的自律性，减少不当行为之发生。而由政府建立专门的监管部门，则能够监管数字货币市场，确保市场的稳定发展。至于是否要订立专法，由于唯一颁布专法的欧盟尚未落地执行，应待观察欧盟各会员国执行情形后再就监理模式进行讨论。

我国台湾地区货币政策主管机关已于 2020 年及 2022 年分别完成“批发型 CBDC 可行性技术研究”及“通用型 CBDC 试验计划”。现阶段正朝两大方向前进，包括“意见调查”及“精进平台设计”。在意见调查部分，其针对 CBDC 认知度、需求、风险、设计及监理等各个层面，正向公众、政府机关、产业界及学术界等办理意见调查。后续将依调查结果，透过座谈等方式，进行广泛沟通，以完善整体规划。未来将进一步研议我国台湾地区的法律架构，并盘点可能需配合订定或修正之相关法规。① 本文认为，基于监督管理的角度，我国台湾地区最后还是会选择发展主管机关数字货币，借以弱化数字货币对市场的影响，使监管机关可以更有效的监管金融市场。然而，由于现阶段我国台湾地区的主管机关数字货币仍在研究设计时间，因此为了维持金融创新能力，不被这场国际金融科技竞赛淘汰，应优先选择尽力开拓数字货币市场。

六、结论

2022 年的数字货币市场经历一连串的风波，引发市场动荡，并造成投资人巨大损失。虽然灾难不断，但数字货币带来的益处却可以让数字货币继续

① 参见 https：//bitnance.vip/news/cfc56e20-f01f-4db2-b9ea-a88fd11a90aa，2023 年 10 月 3 日访问。

存在且持续发展。然而，为了防止数字货币市场演变为系统性风险，各国和地区开始关注数字货币的安全性与可持续性，并针对数字货币所产生的风险，重新省视对数字货币的监管方式，以求顺利解决风险。

除此之外，不少国家和地区已开始着手研究央行数字货币，有些甚至已经正式发行，盖因央行数字货币能够有效降低交易成本、提高金融服务可达性、扩大金融服务范畴、提高金融透明度和促进金融创新，对于普惠金融推动大有益处。[①]

不同于我国台湾地区对数字货币的开放态度，我国大陆对数字货币采取直接禁止的严格监管方式。我国大陆一直对数字货币市场保持高度警惕，主张防范金融风险，避免不当资金流入和市场混乱。这种谨慎的立场体现在多次发出的关于加密货币交易和ICO的禁令和风险提示上。政府关注数字货币可能带来的潜在风险，包括洗钱、非法集资和金融不稳定等问题，可见政府对数字货币的谨慎态度主要源于对金融稳定和市场秩序的担忧。

然而，为避免因长期禁止数字货币交易，而错失发展重要数字技术机会的遗憾，我国大陆全力发展央行数字货币。我国大陆借由对数字人民币的推进，表明了对金融科技的支持。

本文认为，在我国大陆针对数字货币实行直接禁止的监管方式下，数字人民币的推行或可被视为对数字货币市场的一种规范化和引导，能在未来对开放数字货币市场提供更为妥适且明确的监理方向。利用数字人民币试点项目的进行，将可以更清楚地了解数字货币在实际运作中的表现与缺漏，令监理机关更能掌握数字货币的操作，为未来的政策制定提供宝贵经验。

总体而言，本文非常认同我国大陆的政策方式，一方面基于稳定金融环境、保障投资者的目的，对数字货币施行严格禁止的监管方式；另一方面积极推行数字人民币，既可有效避免数字货币本身带来的风险，同时可减轻数字货币对社会经济的冲击和影响，还可维护我国大陆在金融科技方面的领先地位，并为未来的数字货币监管政策的探索提供了一个实践平台。随着央行数字货币试点的不断推进，未来数字货币市场的合规发展将受到更为明确和有序的引导，为数字经济的健康发展打下坚实基础。

数字货币所带来的风险和争议问题在全球引起广泛讨论。影响金融稳定、

---

① 陈玉凤：《虚拟货币危机频传 强化监管成为共识》，载《贸易杂志》第383期，2023年5月，参考网址：https：//www.ieatpe.org.tw/magazine/ebook383/special-report.html。

洗钱风险、市场操纵等问题使得各国各地区纷纷思考如何有效应对。考虑到这些风险，我国台湾地区在面对数字货币时应参考我国大陆对数字货币的监管政策，必须采取谨慎的监管态度。透过积极监管和风险控制，以有效降低滥用数字货币进行非法活动的风险，同时保护投资者的权益，维护金融体系的稳定运作。同时，应善用数字货币发展的机遇，鼓励金融科技创新，提升金融效率，推动金融体系的现代化。

在经济全球化的浪潮下，我国台湾地区的数字货币发展策略应当更加灵活，结合自由贸易的优势，积极参与全球经济体系。虽然目前尚未启用主管机关数字货币，但可以透过多元化的合作，推动金融科技的发展，提升金融体系的效率，促使现代化转型。

我国台湾地区目前对于数字货币采取开放态度，并采低度监理模式，将数字货币纳入既有的监管架构，依照原有法规监管，个案认定适用的监管模式。后续建议我国台湾地区应强化投资人保护，将金融消费者保护法纳入数字货币交易之保护范畴，并利用金融评议中心作为诉讼外纷争解决机制，以处理数字货币交易纠纷。其次，为达到洗钱防制与打击资恐的立法目的，我国台湾地区金融监管机构应加强辅导实质上从事数字货币平台及交易业务之业者进行洗钱防制法遵声明。最后，主管部门应与时俱进，协同各“部会”，动态调整监管模式。并且，应以修“法”为主，采取逐步紧缩的监管政策与高度严格的监管模式，由主管部门成立专门的监管部门进行监管并由行业协会协同自律监管。以开放的态度，严格的监管，尽力在监管与金融创新发展中取得平衡。透过明确的监管政策，鼓励金融科技创新，推动数字货币的应用，以实现更高水平的经济发展。

诊疗规范与医疗过错的判断

徐喜荣 *

一、问题的提出

医疗过错是医疗损害责任构成要件的关键要素,《民法典》第 1218 条规定,“患者在诊疗活动中受到损害,医疗机构或者其医务人员有过错的,由医疗机构承担赔偿责任。”对于医疗过错的判断,《民法典》第 1221 条规定,“医务人员在诊疗活动中未尽到与当时的医疗水平相应的诊疗义务,造成患者损害的,医疗机构应当承担赔偿责任。”《民法典》第 1222 条第 1 项规定,“患者在诊疗活动中受到损害,有下列情形之一的,推定医疗机构有过错:(一)违反法律、行政法规、规章以及其他有关诊疗规范的规定。”《民法典》第 1224 条第 1 项规定,患者在诊疗活动中受到损害,有下列情形之一的,医疗机构不承担赔偿责任:(一)患者或者其近亲属不配合医疗机构进行符合诊疗规范的诊疗。《最高人民法院关于审理医疗损害责任纠纷案件适用法律若干问题的解释》(以下简称《医疗损害解释》)第 16 条规定:“对医疗机构或者其医务人员的过错,应当依据法律、行政法规、规章以及其他有关诊疗规范进行认定,可以综合考虑患者病情的紧急程度、患者个体差异、当地的医疗水平、医疗机构与医务人员资质等因素。”根据《民法典》的规定,我国对医疗机构及其医务人员是否尽到相应的注意义务?医疗机构或者其医务人员在诊疗活动中是否有过错?主要依据法律、行政法规、规章以及其他有关诊疗规范来进行判断,“从实践看,违反了法律、行政法规、规章以及有关诊疗规范的规定,是判断医疗机构和医务人员存在过错的最直接标准。”[①] 但是,关于医疗过错判断中诊疗规范的范围?医疗机构及其医务人员违反诊疗规范被推定具有过错时,医疗机构及其医务人员是否可以推翻该推定?诊疗规范与最佳医疗

---

* 广州医科大学法学系教授、法学博士。

① 最高人民法院民法典贯彻实施工作领导小组主编:《中华人民共和国民法典侵权责任编理解与适用》,人民法院出版社 2020 年版,第 460 页。

判断的关系？等问题存在较大的争议，一定程度上影响了医疗过错裁判标准的统一，有损司法权威和公正，因此，本文拟对诊疗规范存在的争议问题进行辨析，并提出相应的制度完善建议。

二、医疗过错判断语境中诊疗规范的界定

《民法典》第1222条第1项将医疗机构及其医务人员违反法律、行政法规、规章以及其他有关诊疗规范的规定作为推定医疗机构有过错的情形，对于法律、行政法规、规章的理解，理论与实务界没有太大的争议。但是，其他的诊疗规范的是指其他哪些规范？实践中，诊疗规范存在遵照执行的诊疗规范、参照执行的诊疗规范、参考使用的诊疗规范等多种类型，是不是违反任何法律、行政法规、规章以及其他有关诊疗规范的规定都推定医疗机构有过错？这需要对诊疗规范进行准确的界定。

（一）法律、行政法规、司法解释及部门规章层面关于诊疗规范的界定

1. 法律层面：四部法律使用了“诊疗规范”一词，但都未对诊疗规范进行界定

在法律层面，我国最早使用“诊疗规范”一词的是2009年12月26日通过的《侵权责任法》（已失效），《侵权责任法》（已失效）第58条第1项规定，患者有损害，因下列情形之一的，推定医疗机构有过错：（一）违反法律、行政法规、规章以及其他有关诊疗规范的规定；第60条第1款第1项，患者有损害，因下列情形之一的，医疗机构不承担赔偿责任：（一）患者或者其近亲属不配合医疗机构进行符合诊疗规范的诊疗；第63条，医疗机构及其医务人员不得违反诊疗规范实施不必要的检查。将“诊疗规范”作为推定医疗机构有过错、医疗损害责任的免责事由、过度检查的主要判断依据。随后是2012年10月26日通过的《精神卫生法》，第35条第3款规定，在相关机构出具再次诊断结论、鉴定报告前，收治精神障碍患者的医疗机构应当按照诊疗规范的要求对患者实施住院治疗。接着是2020年5月28日通过的《民法典》，第1222条第1项，患者在诊疗活动中受到损害，有下列情形之一的，推定医疗机构有过错：（一）违反法律、行政法规、规章以及其他有关诊疗规范的规定；《民法典》第1224条第1款第1项，患者在诊疗活动中受到损害，有下列情形之一的，医疗机构不承担赔偿责任：（一）患者或者其近亲属不配合医疗机构进行符合诊疗规范的诊疗；第1227条，医疗机构及其医务人员不得违

反诊疗规范实施不必要的检查。最后是2021年8月20日通过的《医师法》，第56条第5项规定，违反本法规定，医师在执业活动中有下列行为之一的，由县级以上人民政府卫生健康主管部门责令改正，给予警告，没收违法所得，并处1万元以上3万元以下的罚款；情节严重的，责令暂停6个月以上1年以下执业活动直至吊销医师执业证书：（五）利用职务之便，索要、非法收受财物或者牟取其他不正当利益，或者违反诊疗规范，对患者实施不必要的检查、治疗造成不良后果。可见，四部法律都使用了“诊疗规范”一词，但都未对诊疗规范进行界定。

2. 行政法规层面：仅《医疗保障基金使用监督管理条例》使用了“诊疗规范”一词，但未对诊疗规范进行界定

在行政法规层面，仅2020年12月9日通过的《医疗保障基金使用监督管理条例》有与“诊疗规范”相关的规定，《医疗保障基金使用监督管理条例》第15条规定，“定点医药机构及其工作人员应当执行实名就医和购药管理规定，核验参保人员医疗保障凭证，按照诊疗规范提供合理、必要的医药服务，向参保人员如实出具费用单据和相关资料，不得分解住院、挂床住院，不得违反诊疗规范过度诊疗、过度检查、分解处方、超量开药、重复开药，不得重复收费、超标准收费、分解项目收费，不得串换药品、医用耗材、诊疗项目和服务设施，不得诱导、协助他人冒名或者虚假就医、购药。”第38条第2项规定，“定点医药机构有下列情形之一的，由医疗保障行政部门责令改正，并可以约谈有关负责人；造成医疗保障基金损失的，责令退回，处造成损失金额1倍以上2倍以下的罚款；拒不改正或者造成严重后果的，责令定点医药机构暂停相关责任部门6个月以上1年以下涉及医疗保障基金使用的医药服务；违反其他法律、行政法规的，由有关主管部门依法处理：……（二）违反诊疗规范过度诊疗、过度检查、分解处方、超量开药、重复开药或者提供其他不必要的医药服务。”可见，《医疗保障基金使用监督管理条例》没有对诊疗规范的概念进行界定。

3. 司法解释层面：仅《医疗损害解释》使用了“诊疗规范”一词，但未对诊疗规范进行界定

在司法解释层面，仅《医疗损害解释》使用了“诊疗规范”一词，即《医疗损害解释》第16条规定，“对医疗机构或者其医务人员的过错，应当依据法律、行政法规、规章以及其他有关诊疗规范进行认定，可以综合考虑患者病情的紧急程度、患者个体差异、当地的医疗水平、医疗机构与医务人员资

质等因素。”但是,《医疗损害解释》也未对诊疗规范的概念进行界定。

4. 部门规章层面：多部部门规章使用了“诊疗规范”一词，但仍然没有对诊疗规范进行界定

在部门规章层面，有 2005 年 4 月 30 日颁布的《医师外出会诊管理暂行规定》第 11 条规定，“医师在会诊过程中应当严格执行有关的卫生管理法律、法规、规章和诊疗规范、常规。”2006 年 11 月 27 日通过的《处方管理办法》第 14 条第 1 款规定，“医师应当根据医疗、预防、保健需要，按照诊疗规范、药品说明书中的药品适应证、药理作用、用法、用量、禁忌、不良反应和注意事项等开具处方”。2010 年 11 月 19 日通过的《吸毒成瘾认定办法》第 18 条规定，“戒毒医疗机构及其医务人员应当依照诊疗规范、常规和有关规定，结合吸毒人员的病史、精神症状检查、体格检查和人体生物样本检测结果等，对吸毒人员进行吸毒成瘾认定。”2012 年 6 月 29 日通过的《性病防治管理办法》第 50 条第 1 项规定，“医师在性病诊疗活动中违反本办法规定，有下列情形之一的，由县级以上卫生行政部门按照《执业医师法》第三十七条的有关规定进行处理:（一）违反性病诊疗规范，造成严重后果的”；第 49 条规定，“医疗机构提供性病诊疗服务时违反诊疗规范的，由县级以上卫生行政部门责令限期改正，给予警告；逾期不改的，可以根据情节轻重处以三万元以下罚款”。第 50 条第 1 项规定，“医师在性病诊疗活动中违反本办法规定，有下列情形之一的，由县级以上卫生行政部门按照《执业医师法》第三十七条的有关规定进行处理：（一）违反性病诊疗规范，造成严重后果的。”2016 年 7 月 26 日通过的《医疗质量管理办法》第 47 条第 1 项规定，“本办法下列用语的含义:（一）医疗质量：指在现有医疗技术水平及能力、条件下，医疗机构及其医务人员在临床诊断及治疗过程中，按照职业道德及诊疗规范要求，给予患者医疗照顾的程度。”2017 年 7 月 19 日发布的《国家临床医学研究中心管理办法》第 9 条第 3 项规定，“中心的职责和任务：（三）组织开展大规模、多中心的循证评价研究；开展防、诊、治新技术、新方法的研究和应用评价；开展诊疗规范和疗效评价研究；开展基础与临床紧密结合的转化医学研究等。”《医疗机构医疗保障定点管理暂行办法》第 15 条第 1 款规定，“定点医疗机构及其工作人员应当执行实名就医和购药管理规定，核验参保人员有效身份凭证，按照诊疗规范提供合理、必要的医药服务，向参保人员如实出具费用单据和相关资料，不得分解住院、挂床住院，不得违反诊疗规范过度诊疗、过度检查、分解处方、超量开药、重复开药，不得重复收费、超标准收

费、分解项目收费，不得串换药品、医用耗材、诊疗项目和服务设施，不得诱导、协助他人冒名或者虚假就医、购药。”可见，多部部门规章使用了“诊疗规范”一词，但没有一部部门规章对诊疗规范进行了界定。

根据对法律、行政法规、司法解释、部门规章关于诊疗规范的规定之分析，可以看出，就我国目前的立法而言，诊疗规范不仅是判断医疗过错的依据之一，还是医疗保障基金使用监督管理、医师外出会诊管理、处方管理、医疗质量管理的重要标准。但是，法律、行政法规、司法解释、部门规章层面对诊疗规范的概念、范围都没有清楚的界定，不免引起争议和不同理解。因此，笔者检索其他医疗卫生法律、法规，发现其他医疗卫生法律、法规使用了“临床诊疗技术规范”“医疗技术规范”“技术规范”等词，如《基本医疗卫生与健康促进法》第 54 条第 1 款规定，“医疗卫生人员应当遵循医学科学规律，遵守有关临床诊疗技术规范和各项操作规范以及医学伦理规范，使用适宜技术和药物，合理诊疗，因病施治，不得对患者实施过度医疗。”《医疗机构管理条例》第 24 条规定，“医疗机构执业，必须遵守有关法律、法规和医疗技术规范。”《医疗机构管理条例实施细则》第 88 条规定，“技术规范：是指由国家卫生计生委、国家中医药管理局制定或者认可的与诊疗活动有关的技术标准、操作规程等规范性文件。”由此可见，仅《医疗机构管理条例实施细则》对“技术规范”进行了界定，该规定中的技术规范的核心关键词是，“国家卫生计生委、国家中医药管理局制定或者认可”“诊疗活动”“技术标准”“操作规程”“规范性文件”，因此，可以认为《医疗机构管理条例实施细则》第 88 条规定的“技术规范”应当属于“诊疗规范”的类型之一，属于行政规范性文件层面之有关诊疗活动的技术标准、操作规程的诊疗规范。

（二）学理上关于“诊疗规范”的界定

“关于诊疗规范的范围，有观点认为，主要是指与诊疗活动有关的技术标准、操作规程等部门规章；有观点认为，还应包括医学行业公认的各种标准、操作规程；也有观点认为，应包括国家或国际组织制定的技术规范，以及主流的医学学说。”[①]

第一，陈德武认为“诊疗规范是对与疾病诊断及治疗相关的由有权机关

① 邹海林、朱广新主编：《民法典评注：侵权责任编 2》，中国法制出版社 2020 年版，第 557 页。

制定并发布的用于规范和指导诊疗活动的一切规范的总称。”①

第二，武亦文认为，对于“其他有关诊疗规范”，要求其必须经过广泛的临床实践证实，属业界通识，具有普适性。因而，国家卫健委、国家中医药管理局制定或认可的与诊疗活动有关的技术标准、操作规程等规范性文件以及由全国性行业协（学）会针对本行业的特点，制定的各种标准、规程、规范、制度，②经过国家药品管理机构审定的药品说明书，甚至包括教育部出版的权威教科书，③都属于诊疗规范的范畴。④“诊疗规范应狭义解释为专业知识和技术手段方面的诊疗规范，不包括纪律作风类的管理性规范，管理性规范并非衡量医师专业知识和技术手段的标准。如医务人员违反未经所在医疗机构批准不得擅自外出会诊等管理性规范的，应接受行政或纪律处分，但不能以此作为推定医疗机构诊疗行为不符合规范的法定事由。”⑤

第三，王竹认为，所谓诊疗规范，是指法律、行政法规、规章等规定的诊疗活动方面的技术标准和操作规程，它主要涉及医疗机构和医务人员在进行医疗、护理、检验、保健、诊断等各项活动中所遵循的工作方法、程序、步骤。⑥王利明认为，“从实践来看，诊疗规范大多都是通过规章规定的。诊疗规范确定了医务人员的基本行为规则和注意标准。一般来说，诊疗规范涵盖的范围非常宽泛，使用范围很广，很多医疗纠纷中过错的判断都可以运用诊疗规范来作出推定。”⑦

第四，程啸认为，“其他诊疗规范，是指基于维护公民健康权利的原则，在总结以往科学和技术成果的基础上对医疗过程的定义和所应用技术的规范或指南。通常分为广义和狭义两种。狭义的诊疗规范，是指由国家卫生计生委（现国家卫生健康委员会）、国家中医药管理局制定或者认可的与诊疗活动有关的技术标准、操作规程等规范性文件（《医疗机构管理条例实施细则》第88条第4款）。广义的诊疗规范除了狭义的诊疗规范外，还包括由全国性行

① 陈德武：《医疗损害责任原理与实务》，法律出版社2022年版，第25页。

② 程啸：《侵权责任法》（第3版），法律出版社2021年版，第647页。

③ 广东省中山市中级人民法院（2021）粤20民终10455号民事判决书。

④ 武亦文：《〈民法典〉第1224条（医疗机构免责情形）评注》，载《中国应用法学》2023第4期。

⑤ 山东省滨州市中级人民法院（2016）鲁16民终1697号民事判决书。

⑥ 王竹：《中华人民共和国侵权责任法配套规定》，法律出版社2010年版，第114页。

⑦ 参见王利明：《侵权责任法研究（下）》，中国人民大学出版社2011年版，第381页。

业协（学）会（如中华医学会、中华护理学会等）针对本行业的特点，制定的各种标准、规程、规范、制度的总称。”①

第五，曾见认为，诊疗规范的范围“除了法律、行政法规、规章规定的诊疗规范之外，还应当包括医学教科书、医药学专著、专业期刊，甚至外国或者国际组织制定的技术规范。”②也有观点反对将医学专著、教科书等作为诊疗规范，因为“将医学行业公认的标准、操作规程等医疗常规，或者医学专业著作、教科书等内容作为诊疗规范的观点，不符合医学的实践性和探索性的特征，将严重限制执业医师根据诊疗需要灵活使用诊断手段的可能性以及不断探索诊疗新技术、新方法的积极性，不利于医学的发展与进步。”③

（三）医疗过错判断语境中“诊疗规范”的概念界定

我国法律、法规中判定“过错”的“诊疗规范”语焉不详，可操作性较差，学理上对于“诊疗规范”的理解亦出现了较大的争议，导致判断医疗过错的标准较为模糊。司法实践中由于医疗行为的专业性，审理案件的法官不易理解“诊疗规范”中的医疗行为。那么，未来应如何科学地界定“诊疗规范”的范围，从而更好地契合医疗实践和医疗过错的本质。笔者认为，对《民法典》第1222条第1项规定的“诊疗规范”应当进行狭义解释，不应过于宽泛，理由如下：

1. 其他诊疗规范与法律、行政法规、规章关于诊疗规范的规定应当解释为并列关系，其他诊疗规范应当限定在法律规范性文件层面的诊疗规范

违反法律、行政法规、规章以及其他有关诊疗规范的规定，是用“以及”作为连接词，根据《立法技术规范（试行）（一）》（法工委发〔2009〕62号）13.2规定，“以及”连接的并列句子成分，其前后成分有主次之分，前者为主，后者为次，前后位置不宜互换。可见，在“违反法律、行政法规、规章以及其他有关诊疗规范的规定”中，“法律、行政法规、规章”与“其他有关诊疗规范”是并列关系，可见“法律、行政法规、规章”与“其他有关诊疗规范”都属于诊疗规范的规定范畴，但是，“法律、行政法规、规章”与“其他有关诊疗规范”存在主次之分，“法律、行政法规、规章有关诊疗规范的规定”为

---

① 程啸：《侵权责任法》（第三版），法律出版社2021年版，第647页。

② 曾见：《论〈侵权责任法〉第58条中的“诊疗规范”》，载《中国卫生事业管理》2017年第8期。

③ 邹海林、朱广新主编：《民法典评注：侵权责任编2》，中国法制出版社2020年版，第57页。

主，“其他有关诊疗规范的规定”为次。因此，可以明确法律、行政法规、规章中关于诊疗活动的规定属于诊疗规范，其他有关诊疗规范的规定亦应当与“法律、行政法规、规章”的规范性要求一致，比如国家卫生健康委员会、国家中医药管理局发布的关于诊疗活动的规范性文件等。而且，我国大部分诊疗规范是通过“卫办医政发”之类的行政规范性文件的方式颁布的。因此,《民法典》第1222条第1项规定的“违反法律、行政法规、规章以及其他有关诊疗规范的规定”本质上应当理解为各种法律规范性文件中有关诊疗规范的规定。

2. 不应将医学会、国际组织制定的医疗技术规范、专家共识、医学教科书、主流的医学学说等纳入“诊疗规范”的范畴

《民法典》第1222条第1项规定，违反法律、行政法规、规章以及其他有关诊疗规范的规定，将推定医疗机构有过错。如果将医学会、国际组织制定的医疗技术规范、专家共识、医学教科书、主流的医学学说等都纳入《民法典》第1222条第1项所规定的诊疗规范的范畴，虽然“诊疗规范涵盖的范围非常宽泛，适用范围很广，很多医疗纠纷中过错的判断都可以运用诊疗规范来作出推定，这对于减轻患者的举证责任是十分有利的。”[①] 但是，如果让医疗机构及其医务人员在适用范围很广，甚至浩如烟海的所谓的“诊疗规范”中缩手缩脚，动辄可能被推定有过错，防御性的医疗行为将愈演愈烈，最终可能阻碍医疗科学技术的进一步发展，使广大患者的整体利益受损。当然，对于医学会、国际组织制定的医疗技术规范、专家共识、医学教科书、主流的医学学说等，如果国家卫生健康主管机关、国家中医药管理机关以规范性文件的形式予以认可，则其已经上升为规范性文件的范畴，则应当纳入诊疗规范的范畴。[②] 对于没有得到国家卫生健康主管机关、国家中医药管理机关以规范性文件的形式予以认可的医学会、国际组织制定的医疗技术规范、专家

① 王利明:《侵权责任法研究（下）》，中国人民大学出版社2011年版，第381页。

② 如《高血压脑出血临床路径（2011年县级医院版）》即将《临床诊疗指南——神经外科学分册》（中华医学会编著，人民卫生出版社）、《临床技术操作规范—神经外科分册》（中华医学会编著，人民军医出版社）、《王忠诚神经外科学》（王忠诚主编，湖北科学技术出版社）、《神经外科学》（赵继宗主编，人民卫生出版社）作为高血压脑出血的诊断依据。《慢性鼻炎临床路径（2017年版）》将《实用耳鼻咽喉头颈外科学》（人民卫生出版社）作为慢性鼻炎的诊断依据。

共识、医学教科书[①]、主流的医学学说等，在法律、行政法规、规章以及国家卫生健康主管机关、国家中医药管理机关未颁布关于相关的诊疗规范时，可以作为参考和论证的依据，但不应当作为直接推定过错的依据。因为将“违法、违规”作为认定医疗过错的标准并作出宽泛化解释，又没有为医方留下论辩空间，将一个本应主要通过诉讼法解决的问题做实体化处理，造成了新的混乱。[②]“这样导致医务人员在诊疗活动中放弃自己的判断与裁量，为避责而完全循迹于各种一般性规定的规范。即使如此，宽泛且存在矛盾的诊疗规范也会使得医务人员无所适从。”[③]

3. 仅在医疗机构及其医务人员违反强制性、义务性的诊疗规范时，才能推定医疗机构有过错

即使将诊疗规范限定在法律、行政法规、规章以及国家卫生健康主管机关、国家中医药管理机关制定或认可的关于医疗机构或者医务人员开展诊疗活动的规范性文件的范畴，在医疗机构及其医务人员违反诊疗规范，推定医疗机构有过错的时候，也应当进一步将诊疗规范限定在强制性的诊疗规范，而非倡导性的诊疗规范。如遵照执行的诊疗规范，对于遵照应当理解为遵守并依照，即医疗机构及其医务人员应当遵守并依照该诊疗规范进行诊疗活动，属于强制性的诊疗规范；对于参照执行的诊疗规范，参照可以理解为参考并依照的意思，即医疗机构及其医务人员要参考并依照该诊疗规范进行诊疗活动，亦应当解释为强制性的诊疗规范；而关于参考使用的诊疗规范，参考是指医疗机构及其医务人员要借鉴该诊疗规范的规定，但并非一定要依照该诊疗规范进行诊疗活动。（参见表1　部分国家卫生主管机关制定的诊疗规范之执行方式比较）因此，不应当将医疗机构及其医务人员违反任何诊疗规范，都推定医方有过错，若属于“贯彻执行”“遵照执行”的诊疗规范，则属于强制性的诊疗规范。而标明“参考使用”等字样的诊疗规范，则仅为参考性的诊疗规范。非强制性诊疗规范，并不能当然作为判定医方诊疗行为的规范根

---

① 如在江苏省南通市中级人民法院（2021）苏06民终1081号判决书中，“一审法院认为，严某甲所依据的书籍或网络信息并非唯一且权威的诊疗规范，不能仅以某一书籍中的观点作为判断诊疗活动是否存在过错的依据。”

② 纪格非：《医疗侵权案件过错之证明》，载《国家检察官学院学报》2019年第5期。

③ 窦海阳：《〈民法典〉中医务人员过错规范的限缩解释》，载《北方法学》2020年第5期。

据。”[①] 应当为医务人员保留发挥自身医疗专业技术水平，作出对患者最有利的医疗判断的空间。

表 1 部分国家卫生主管机关制定的诊疗规范之执行方式比较

执行方式	名称	文号
遵照执行	胃癌诊疗规范（2011 年版）	卫办医政发〔2011〕20 号
	慢性阻塞性肺疾病诊疗规范（2011 年版）	卫办医政发〔2011〕108 号
	结直肠癌诊疗规范（2010 年版）	卫办医政发〔2010〕165 号
	妇科内镜诊疗技术管理规范	卫办医政发〔2009〕183 号
	常见动物致伤诊疗规范（2021 年版）	国卫办医函〔2021〕417 号
	原发性肝癌诊疗规范（2019 年版）	国卫办医函〔2019〕934 号
	非新生儿破伤风诊疗规范（2019 年版）	国卫办医函〔2019〕806 号
	儿童社区获得性肺炎诊疗规范（2019 年版）	国卫办医函〔2019〕138 号
	儿童急性淋巴细胞白血病、儿童急性早幼粒细胞白血病诊疗规范（2018 年版）	国卫办医函〔2018〕868 号
	癌症疼痛诊疗规范（2018 年版）	国卫办医函〔2018〕734 号
	原发性肺癌等 18 个肿瘤诊疗规范（2018 年版）	国卫办医函〔2018〕1125 号
参照执行	不明原因儿童严重急性肝炎诊疗指南（试行）	国卫办医函〔2022〕206 号
	猴痘诊疗指南（2022 年版）	国卫办医函〔2022〕202 号
	儿童血液病、恶性肿瘤相关 12 个病种诊疗规范（2021 年版）	国卫办医函〔2021〕249 号
	精神障碍诊疗规范（2020 年版）	国卫办医函〔2020〕945 号
	儿童急性感染性腹泻病诊疗规范（2020 年版）	国卫办医函〔2020〕762 号
	儿童腺病毒肺炎诊疗规范（2019 年版）	国卫办医函〔2019〕582 号
	儿童血液病、恶性肿瘤相关 10 个病种诊疗规范（2019 年版）	国卫办医函（2019）716 号
参考使用	骨科有关手术加速康复临床路径（2023 年版）	国卫办医政函〔2023〕348 号

① 武亦文：《〈民法典〉第 1224 条（医疗机构免责情形）评注》，载《中国应用法学》2023 第 4 期。

4. 应当将诊疗规范解释为医疗专业知识和技术手段方面的诊疗规范

《民法典》第 1222 条第 1 项规定，“患者在诊疗活动中受到损害，有下列情形之一的，推定医疗机构有过错：（一）违反法律、行政法规、规章以及其他有关诊疗规范的规定。”根据该规定，推定医疗机构存在过错应符合如下要件：其一，医疗机构具有违反有关诊疗规范的行为；其二，医疗机构违反的诊疗规范应符合法律、行政法规、规章或其他法定形式。法律就该特定事实适用过错推定的目的，系为防止医疗机构利用其专业的知识和技术手段，避免在此情形下因患者举证不能造成利益失衡。故该条规定的“诊疗规范”应当狭义解释为医疗专业知识和技术手段方面的诊疗规范，而不包括纪律作风类的管理性规范。“司法实践中，存在对诊疗规范范围过度扩大的倾向，有的裁判将违反病例制作、保存、提供义务的行为作为诊疗规范违反行为，不仅混淆了《民法典》第 1222 条第 1 项与第 2 项、第 3 项的关系，而且不符合本项诊疗规范的本质。也有判决将违反告知说明义务的行为作为违反诊疗规范的行为，也是不恰当的。”①

因此，应当将《民法典》第 1222 条第 1 项规定的“诊疗规范”解释为：诊疗规范是指法律、行政法规、规章以及其他由国家卫生健康主管机关、国家中医药管理机关制定或认可的与诊疗活动有关的技术标准、操作规程等方面的规范性文件，主要包括各类医疗技术诊疗规范、临床诊疗指南、临床技术操作规范、临床路径等。

三、违反诊疗规范之医疗过错推定可否推翻

“现代法律中有两种“推定”：第一种是许可被推定人以反证予以推翻的推定，第二种是不允许被推定人以反证予以推翻的推定。《民法典》第 1222 条第 1 项规定的“推定医疗机构有过错”属于哪种情况，存有争议。②

（一）不可推翻说

“在此前的裁判实践中存在这样的情形：人民法院在查明被告医疗机构及其医务人员显然违反有关诊疗规范，或者有隐匿有关病历资料甚至伪造、篡

① 邹海林、朱广新主编：《民法典评注：侵权责任编 2》，中国法制出版社 2020 年版，第 557 页。

② 最高人民法院民法典贯彻实施工作领导小组主编，《中华人民共和国民法典侵权责任编理解与适用》，人民法院出版社 2020 年版，第 454 页。

改、销毁有关病历资料的事实之后，却仍然认定医疗机构不存在过错或者采纳所谓不构成医疗事故的鉴定结论，作出被告医疗机构不承担侵权责任的判决。全国人大法律委员会和全国人大常委会法制工作委员会认为，按照民法原理及《侵权责任法》的立法思想，违反有关诊疗规范，或者隐匿有关病历资料甚至伪造、篡改、销毁有关病历资料，这类行为本身即是过错。对这种情形，人民法院应当直接根据“违反有关诊疗规范 或者有隐匿有关病历资料甚至伪造、篡改、销毁有关病历资料”的事实，认定被告医疗机构有过错，既不应要求原告证明被告有过错，也不得许可被告举证证明自己无过错。须特别注意的是，本条所谓“推定医疗机构有过错”属于不允许被告以相反的证据予以推翻的推定而与通常所谓“过错推定”不同。”[①]“患者能够举证证明医疗机构存在本条规定（即《民法典》第1222条）情形的，不再就医疗机构及其医务人员有过错承担举证责任。这一规则的意义在于缓和患者一方举证责任的规则，其意义在于患者能够证明医疗机构一方有本条规定情形时，直接认定医疗机构有过错，此时其对医疗机构过错的举证责任即告完成。”[②]

（二）可推翻说

《民法典》第1222条规定，“患者在诊疗活动中受到损害，有下列情形之一的，推定医疗机构有过错，并非当然认定医疗机构有过错。也就是说，医疗机构可以提出反证证明自己没有过错。本条第1项规定的违反法律、行政法规、规章以及其他有关诊疗规范的规定，是医疗机构存在过错的表面证据，并且是一种很强的表面证据，因此，本条规定这种情形下推定存在过错。但医务人员有过错与违反法律、行政法规、规章以及诊疗规范的规定毕竟不是等同的概念。例如，遇有抢救急危患者等特殊情况，医务人员可能采取不太合规范的行为，但如果证明在当时情况下该行为是合理的，也达到了抢救的目的，就可以认定医疗机构没有过错。”[③]《民法典》第1222条第1项规定，“患者在诊疗活动中受到损害，有下列情形之一的，推定医疗机构有过错：（一）违反法律、行政法规、规章以及其他有关诊疗规范的规定。”这一法律规定的

---

① 参见梁慧星：《论〈侵权责任法〉中的医疗损害责任》，载《法商研究》2010年第6期；最高人民法院民法典贯彻实施工作领导小组主编：《中华人民共和国民法典侵权责任编理解与适用》，人民法院出版社2020年版，第459页。

② 最高人民法院民法典贯彻实施工作领导小组主编：《中华人民共和国民法典侵权责任编理解与适用》，人民法院出版社2020年版，第463页。

③ 黄薇主编：《中华人民共和国民法典释义（下）》，法律出版社2020年版，第2368页。

推定可以被反驳，即可以由医方通过反面证据证明予以推翻。也就是说，医疗机构及其医务人员存在上述行为，即推定医疗机构存在过错，医疗机构不能证明自己没有过错的，应当承担侵权责任。①

（三）分类说

“应当首先区别强制性与非强制性诊疗规范，然后区别应当遵守与可以参考的诊疗规范。违反强制性诊疗规范的，直接认定过错，不可以反证推翻；违反应当遵守的非强制性诊疗规范的，推定过错，可以反证推翻；违反可以参考的非强制性诊疗规范的，不适用过错推定。”②

笔者认为，《民法典》第1222条第1项规定的“推定医疗机构有过错”应当是可以推翻的过错推定。原因在于：违反诊疗规范，不等同于医疗机构及其医务人员的诊疗行为就一定不符合患者的最佳利益，违反诊疗规范不能完全等同于医疗机构及其医务人员有过错。由于诊疗规范需要经过长期的积累，按照法定的程序，由有权机构制定，可是疾病的变化并不因为诊疗规范的规定就不再变化，医疗科学技术也不因为诊疗规范的规定就不再发展创新。相反，随着医疗科学技术的发展，可能就会发现原有诊疗规范存在的不足甚至错误，从一定程度上说，医疗科学技术的发展就会不断修正传统诊疗规范的规定，如果不允许医疗机构及其医务人员对违反诊疗规范的过错推定进行推翻，无异于给医疗科学技术的发展设置了藩篱，将会导致医疗科学技术裹足不前，最终损害社会的整体利益，“来自医学实务界的观点亦表明，一些诊疗规范落后于医疗技术的发展，长远来看将对医学发展形成阻碍，最终对患者不利。”③因此，应当允许医疗机构及其医务人员对《民法典》第1222条第1项规定的“推定医疗机构有过错”举证推翻，尤其是当可尊重的少数的高水平的医疗机构及其医务人员，根据最新医疗科学技术和自身的医疗水平，对传统诊疗规范的突破和创新，“善意地违反诊疗规范”，根据当时的医疗水平作出最佳的医疗判断，不仅可以推翻过错推定，还应当鼓励医疗机构及其医务人员这种善意的突破和创新。

---

① 申卫星主编:《卫生法学原论》，人民出版社2022年版，第341页。

② 曾见:《论〈侵权责任法〉第58条中的“诊疗规范”》，载《中国卫生事业管理》2017年第8期。

③ 熊静文:《诊疗规范中心论与医疗过失的判定——以〈民法典·侵权责任编〉相关条款的拟定为依归》，载《浙江社会科学》2019年第7期。

四、诊疗规范与最佳医疗判断规则

“诊疗规范是针对多数共同临床医疗行为的操作指南，具有一般性、普遍性的特征。而医疗行为具有个体性、特殊性的特征，需要医务人员在个案中进行具体判断。这类规范无法针对个别病情予以具体指导，仅可以作为医务人员在诊疗活动中的参考，而无法替代医务人员针对具体情况的临床判断。如果将诊疗规范作为判断医疗过失的绝对标准，会使得对患者的诊疗活动教条化，使得医务人员不根据具体病情进行审慎判断，而例行公事式地予以敷衍以逃避法律的审查，这样对患者的治疗不利。”①

（一）诊疗规范不等同于最佳治疗方案

医务人员在诊疗活动中，应当对患者尽到最善良的谨慎和关心，尽到与自己的医疗水平相应的注意义务，以避免患者遭受不应有的危险或损害。由于诊疗行为具有专业性、复杂性、风险性的特点，医务人员在从事诊疗活动时，既要依照诊疗规范从事诊疗活动，也要依靠自身的专业知识和技能对患者的病情加以判断和处理，不能机械地认为医务人员已按诊疗规范进行诊疗，就对患者的任何损害不承担任何责任；也不能认为，医务人员违反诊疗规范的行为，就确定无疑、不容分说地认为医务人员存在过错，医务人员的注意义务与诊疗行为符合诊疗规范不能完全等同。“若诊疗行为与医疗过失的判定只用按照白纸黑字的诊疗规范来进行，医生将成为按预置程序操作、冷冰冰的机器，患者也将与生产线上的产品无异。从长远来看，这不利于患者的利益、良性医患关系的建立以及医学科学的发展。”②

需要指出的是，医学是一门探索性、经验性的科学，尚有许多未知领域，这是人类不断发现自我、认识自我的一个漫长的过程，医学是一个需要高度科学积累和探索的领域。由于人类疾病的复杂性以及个体的差异性，医疗行为具有不确定性。医疗机构对患者所负的给付义务属手段债务，而非结果债务。面对各种病症及不同病患，医疗行为是否达到预期的治疗效果，常常难以保证。且在治疗多个病症的过程中，常出现利益冲突，需医师根据诊疗规范及临床指南，权衡利弊，选择最佳治疗方案。同时，“考虑到疾病本身的复

---

① 窦海阳：《〈民法典〉中医务人员过错规范的限缩解释》，载《北方法学》2020 年第 5 期。

② 熊静文：《诊疗规范中心论与医疗过失的判定——以〈民法典·侵权责任编〉相关条款的拟定为依归》，载《浙江社会科学》2019 第 7 期。

杂性和诊疗行为本身的专业性，医务人员的自由裁量权也是推动医学进步和医疗卫生事业发展所必需的。从法律价值导向上看，医务人员为进行疾病诊断特别是一些疑难杂症甚至罕见病的治疗过程中，积极进行的探索性治疗应当予以必要尊重和鼓励，而不宜动辄以违反诊疗规范认定其有过错，否则，一味地固守陈规，可能医学本身的发展就会受阻。也就是说，在受当前医患关系等因素影响下或多或少存在相对保守的治疗观念背景下，医务人员自由裁量权本身在政策导向上有必要支持和鼓励，甚至根据具体病情判断不能使用有关诊疗规范上的通常方法时，有必要肯定医务人员进行的探索性治疗。当然，对于医务人员裁量权的行使不应是不受约束的，对于诊疗规范的突破，要有较为充分合理的理由。”[①] 因此，诊疗规范不能等同于最佳治疗方案，对于一些疾病的诊断和治疗，医务人员需要根据自己的专业知识、职业经验结合诊疗当时的具体情况进行判断，以作出最佳的医疗决策。

（二）最佳医疗判断规则的构建

《医师法》第 23 条第 4 项规定，“医师在执业活动中履行下列义务：（四）努力钻研业务，更新知识，提高医学专业技术能力和水平，提升医疗卫生服务质量。”可见，“努力钻研业务，更新知识”与“遵守诊疗规范”都是医师应尽的法定义务，遵守诊疗规范或者努力钻研，更新知识，其目的都应当是维护患者的最佳医疗利益。医务人员有义务遵循诊疗规范进行诊疗，更有义务让患者受益于他们“努力钻研业务，更新知识”所实际拥有的可能比诊疗规范更先进、更有利于患者利益的诊疗方法和技术。一定程度上而言，诊疗规范并不等同于最佳医疗决策，甚至可能成为最佳医疗决策的障碍。因此，从有利于保障患者的最佳医疗利益、促进医疗科学技术发展的角度出发，应当构建“最佳医疗判断规则”。

笔者认为：“作为医务人员，有义务具备同一或者相似地区或者在相同条件下的医务人员所应具有的学识和技术；有义务掌握同一或者相似地区在相同条件下医务人员在相同病例中使用的医疗方法和技术；有义务在实施医疗方法和技术时保持合理的理性并作出当时情况下的最佳医疗判断；同时，不能仅因事后的医疗结果不佳，即认定医务人员所作的判断并非当时最佳的医疗判断，而对其苛责。”这就是最佳医疗判规则的应有之意。最佳医疗判断规

---

① 参见最高人民法院民法典贯彻实施工作领导小组主编：《中华人民共和国民法典侵权责任编理解与适用》，人民法院出版社 2020 年版，第 454 页。

则要求医务人员根据已经做出的最佳医疗判断实施治疗方案，这从诊疗注意义务的合理性、可行性及风险分担的角度，都更有利于保障患者的生命健康权益。换言之，“必须允许医师广泛地行使他们的判断力和自由裁量权。医学不是一门精确的科学。在许多情况下，并没有固定的规则来确定医师的职责，但他必须经常利用自己的最佳判断并采取相应的行动。因此，法律不会判定医师有过失……即使他的判断在特定情况下可能被证明是错误的，除非表明所采取的做法明显违反了医疗行业普遍认可的正确做法。即使有能力的医师之间存在真诚的意见分歧，但是医师运用自己的最佳判断作出的医疗判断，就不能被认为有过失，即使事后可能发现他错了。”[①] 因此，对于《民法典》第1222条第1项的规定宜解释为：对于法律、行政法规、规章及其他有关诊疗规范来说，首先考虑医务人员的诊疗行为是否与它们相符，如果不相符合，则推定其具有过失。其次，允许医务人员举证其作出的诊疗行为是根据患者当时的具体情况，结合自身的医疗水平，所能采取的最佳医疗判断，即可推翻此推定。

五、结语

根据《民法典》第1221条的规定，“医务人员在诊疗活动中未尽到与当时的医疗水平相应的诊疗义务，造成患者损害的，医疗机构应当承担赔偿责任。”依照本条规定，医务人员是否尽到与当时的医疗水平相应的诊疗义务是判断医务人员是否具有过错的基本标准。而诊疗行为是否符合法律、行政法规、规章以及其他诊疗规范的规定是当时的医疗水平的一个重要依据，诊疗规范对于医疗水平的整体提高、保障患者的合法权益具有重要的价值。但是，诊疗规范并不能完全涵盖医务人员应当具有的医疗水平，诊疗规范甚至可能落后于当时的医疗水平，对传统诊疗规范的突破是医疗科学技术发展的应有之意。而且，即使医务人员完全遵守了诊疗规范，仍然有可能作出事后证明是错误的判断，不能事后诸葛亮式地认为医务人员存在过错，过度地依赖诊疗规范，关键要看相同水平的医务人员在当时的情况下是否作出相同或类似的最佳医疗判断，为医疗科学技术的发展留出必要的空间。

---

① See McPeak v. Vanderbilt Univ. Hosp., 229 S.W.2d 150, 151 (Tenn. Ct. App. 1950).

税收制度对商事自由的不当干预及其法治化调适

——以创业投资/私募股权投资税制为例

何锦前*

一、问题的提出

传统的税法研究较多地侧重于对财产权保护问题的重视，但除财产权以外，在任何市场经济国家，社会生活的日益商业化，经济活动的企业化，都对税法研究提出了新的挑战。非常突出的一个现象是，税收除了对人们的财产权产生影响外，还对人们的商事自由带来了更加频繁而深入的影响。以往的研究在一定程度上回答了税收如何干预财产权以及我们应当怎样规范税收干预的问题，但我们还缺少相应的研究来回答税收如何干预商事自由以及怎样规范它的问题，而对此给出学理上的解释又显得越来越迫切。

基于市场失灵、公共利益等方面的考虑，国家利用税收制度来主动干预商事自由，自有一定的必然性和合理性。但同时，这种干预也势必存在诸多隐患。对此，税法学界有少量的研究做了初步的讨论。葛克昌强调，人民负有纳税义务，以"换取经济自由和营业自由之保障"，而"租税系国家及地方自治团体，对国民财产自由权之侵犯及对职业及营业自由权之干预，应受宪法之限制"。[①] 黄浩源认为，税法不应对经营管理自由进行不当干预，他还提及法国税法上的"经营管理不干涉原则"。[②] 陈清秀则简要分析了"实质比例原则——营业自由之保障与对于人民经济活动友善课税原则"。[③] 周刚志在论述

---

* 首都经济贸易大学法学院教授，博士生导师，财税法研究中心主任。入选"中国法学会青年人才"，日本青山学院大学研究员，香港树仁大学访问教授，中国人民大学访问学者，清华大学法学院博士后，北京大学法学博士。

① 参见葛克昌:《税法基本问题（财政宪法篇）》，北京大学出版社 2004 年版，第 50—74 页。

② 参见黄源浩:《论经营管理不干涉原则》，载《月旦财经法杂志》2008 年第 13 期，第 62—69 页。

③ 参见陈清秀:《法治国原则在税法上之适用》，载施正文主编:《中国税法评论（第 2 卷）》，中国税务出版社 2014 年版，第 103 页。

税收法律主义时也提到，“诸如‘生存权’‘平等权’‘营业自由权’等基本权利，……亦应具有拘束税务机关与人民法院的法律效力”。[①] 朱一飞则认为，“相比于其他的公共负担形式和经济管制工具，税收对于个人营业自由、择业自由的干预和限制程度最小，因而有利于保障个人之财产自由权，维护经济自由，保证市场机制在资源配置中的基础性作用。”[②]

学界注意到，同样是商事主体，商个人、合伙企业、公司三者在许多国家的所得课税方面呈现出企业所得税与个人所得税分立的结构。[③] 这种结构就造成了公司的经济性重复征税，并且深刻地影响了商事组织形式的选择，[④] 多年以来，许多国家都坚持了这一课税结构而未曾改变，既然如此，可能存在某种合理性。国内学者认为，之所以要对公司单独课征企业所得税，其原因在于：公司具有更大的纳税能力，独立课征企业所得税符合量能课税原则；作为法律人格拥有者，公司是单独的实体，对其单独课税符合税收公平原则。[⑤] 美国也采取了公司独立课税制，学者们曾经采用三种理论来解释其合理性：法律实体理论（entity theory）、便于征收理论（administrability theory）和规制理论（regulatory theory），这三种解释都有严重缺陷，于是，又有学者提出了资本锁定理论（capital lock-in theory）。[⑥]

不过，总体而言对商事自由与税法关系的专门研究尚付阙如。考虑到商事组织形式选择自由是商事自由的重要组成部分，甚至是其他商事自由的起

---

① 参见周刚志：《试论“税收法律主义原则”——基于“合宪性解释”方法的理论视角》，载谢立斌主编：《中德宪法论坛 2014》，社会科学文献出版社 2014 年版，第 295 页。

② 朱一飞：《税收法定主义的困惑——基于危机应对中税收调控的背景》，载张守文主编：《经济法研究（第 8 卷）》，北京大学出版社 2011 年版，第 184 页。

③ See Patrick Hobbs. *Entity Classification: The One Hundred-Year Debate*, Catholic University Law Review, 1995（44）: 437-522.

④ See Guenther. *Taxes and Organizational Form: A Comparison of Corporations and Master Limited Partnerships*, The Accounting Review, 1992（1）: 17-45; Ayers, Cloyd and Robinson. *Organizational Form and Taxes: An Empirical Analysis of Small Businesses*, Journal of the American Taxation Association, 1996, 18: 49-67; Hodder, McAnally and Weaver. *The Influence of Tax and Nontax Factors on Banks Choice of Organizational Form*, The Accounting Review, 2003（1）: 297-325.

⑤ 参见张守文：《税法通论》，北京大学出版社 2004 年版，第 169 页。

⑥ See Reuven Avi-Yonah, *Corporations, Society, and the State: A Defense of the Corporate Tax*, Virginia Law Review, 2004, 90: 1193-1255; Steven Bank. *A Capital Lock-in Theory of the Corporate Income Tax*, Georgetown Law Journal, 2006, 94: 889-947.

点，故笔者选择以此为突破口做一点探索。在该问题上，笔者将以创业投资/私募股权投资基金税制为样本开展讨论。

二、中国创业投资/私募股权投资机构组织形式之谜

创业投资/私募股权投资基金对于国民经济发展具有重要的意义。从微观来说，创业投资/私募股权投资可以完善企业治理结构，使企业迅速扩大规模，提高市场占有率，解决员工激励制度，帮助企业引进更多的高级人才，帮助企业未来上市等。例如，2001—2006年，美国701件IPO个案中，70%接受了私募股权的投资。[①] 中国人民银行原副行长吴晓灵曾总结：实践证明，私募股权基金是优化现有企业生产要素组合的主要推动力。[②]

从宏观上来说，对国家经济的作用也非常显著。国外的相关研究也表明，私募股权基金是全球经济增长的重要推动力。[③] 有的研究考察了1997—2001年26个主要国家创业投资/私募股权投资对20个产业的影响，研究发现，创业投资/私募股权投资的确与生产力快速提高密切相关，同时，与以往人们的看法不一致的是，经济波动不会因创业投资/私募股权投资而进一步恶化。[④] 尤其在金融危机之后的今天，我们更要充分发挥私募股权的积极作用。[⑤] 创业投资/私募股权投资可以推动高科技发展，为中小企业提供更多的融资渠道。就前者而言，近年来创业投资/私募股权投资基金越来越多地投资于生物医药、电子信息等高科技产业，有力地推动了国家科技进步和科技成果转化，投资者也获得了较好的回报。对于中小企业融资，则需要我们更多的重视。因此，中小企业需要创业投资/私募股权投资的大力支持，创业投资/私募股权投资也有能力为此做出贡献。除此之外，创业投资/私募股权投资也能为国家提供大量的就业岗位，为社会民生贡献力量。

---

① See Giuliano Iannotta. *Investment Banking*, Springer, 2010 : 19-43.

② 吴晓灵：《中国应更多地发展私募股权投资基金》，载《民族经济与社会发展》2007年第8期，第12—14页。

③ Florence Eid. *Private Equity Finance as a Growth Engine: What It Means for Emerging Markets*, Business Economics, 2006, Vol. 41, No. 3 : 7-22.

④ See The Global Economic Impact of Private Equity Report 2010, *The Globalization of Alternative Investments Working Papers*, 2010, Vol. 3: 3.

⑤ 伍燕然、蒋姮、胡松明：《金融危机背景下私募股权基金的积极作用》，载《国际经济合作》2009年第2期，第13—16页。

总之，实务界和学术界早已“就‘一个强大的私募市场是培育现代经济朝着商业化和创新性方向发展的奠基石’这一命题达成广泛的共识”，[①] 中国应大力发展私募，促进现代市场经济的发育和成熟。

中国创业投资 / 私募股权投资基金组织形式的基本格局究竟如何？这样的问题，只有找到一个合适的参照系和分析平台，才能准确把握和解答。放在全球市场这个宏观的框架下，我们可以更清晰地看到中国的基本格局处在一个什么样的状态。

创业投资 / 私募股权投资基金主要有公司型、合伙型和契约型（信托型）三种类型。以企业形式出现的两种创业投资 / 私募股权投资基金中，合伙型基金占了很大比重，而从全球范围来看，有限合伙型则更是创业投资 / 私募股权投资基金的主流模式。[②] 法律学者也指出，“20 世纪 70 年代后，美国民间高科技风险事业发展迅速，有限合伙企业模式被广泛采用，其对全球的企业组织形式立法产生了深远影响。据称，在美国的风险投资事业中，有限合伙占风险投资机构的 80% 以上。”[③] 也因此，有的学者直接把创业投资 / 私募股权投资基金的组织形式分为两种：股份公司型和有限合伙型。[④]

据统计，在大部分私募股权业发展较为成功的国家和地区中，私募股权机构的组织形式都是以有限合伙型为主导。[⑤] 也可以看看私募股权发源地美国。统计数据表明，美国 80% 以上的私募股权基金都采取了有限合伙形式，有限合伙制也被作为美国私募股权基金成功的关键。[⑥] 从投资情况来看，1977 年有限合伙型创投 / 私募股权机构管理了 20% 以下的投资量，后来迅速提高，

① 沈伟：《中国公司法真的能“孵化”私募投资吗？——一个基于比较法语境的法经济学分析》，载《当代法学》2014 年第 3 期，第 16 页。

② 参见朱慈蕴：《风险投资与有限合伙制度的契合》，载王保树主编：《中国商法年刊（2008）：金融法制的现代化》，北京大学出版社 2009 年版，第 565—573 页；樊志刚、赵新杰：《全球私募基金的发展趋势及在中国的前景》，载《金融论坛》2007 年第 10 期，第 3—8 页；巴曙松：《如鱼得水的欧美私募基金》，载《大众理财顾问》2007 年第 8 期，第 86—87 页。

③ 甘培忠：《企业与公司法学》，北京大学出版社 2014 年版，第 86 页。

④ 参见张亦春主编：《现代金融市场学》，中国金融出版社 2013 年版，第 187 页。

⑤ See Kenney Martin，Han Kyonghee，Tanaka Shoko，The Venture Capital Industries of East Asia：A Report to the World Bank，*BRIE Working Paper 146*，Berkeley Roundtable on the International Economy，UC Berkeley，September 17，2002：11.

⑥ 参见李连发、李波：《私募股权投资基金：理论与案例》，中国发展出版社 2008 年版，第 60 页。

1980—1994 年，从 50% 左右增长到超过 80%。[①]

（一）中国之谜：合伙型创投 / 私募的预期及其落空

如前所述，合伙型特别是有限合伙型基金是全球创业投资 / 私募股权投资基金采取的主流模式，那么，中国是否也是如此？还是属于例外？

20 世纪 80 年代，在改革开放带来整个经济蓬勃发展的大好形势下，中国创业投资 / 私募股权投资基金也得以问世。数十年来，中国创业投资 / 私募股权投资成长较快，尤其是近年来的发展相当迅速，在一定程度上满足了投融资的需要，推动了中国经济发展。有媒体曾描述这样的图景——你在东方君悦或者中国大酒店碰到的 3 个人中，必有一个是做 PE 的，创业投资 / 私募股权投资的热度，由此可见一斑。[②]

在 2006 年修订《合伙企业法》以前，我国大陆尚无有限合伙的合法地位，[③] 私募股权机构如果采用合伙制，势必面临全部合伙人都需承担无限连带责任的巨大风险，更何况中国缺乏个人破产制度，投资者的风险可想而知，所以，合伙制创业投资 / 私募股权投资基金在当时凤毛麟角，少之又少。直到 2005 年，合伙制私募股权机构在所有私募股权机构中的占比才缓慢增长到 5%。

2006 年之后的情况如何？有学者曾写道："2007 年 6 月 1 日该法案生效之后，多数新私募股权基金都抛弃了传统的公司制，转向税收待遇更优的有限合伙制。"[④] 果真如此？我们认为，这种说法缺乏实证基础，实际上，事实正好与这样的判断相反。

2006 年修订的《合伙企业法》新增了"有限合伙"的相关规定，其目的

---

① See George W. Fenn, Nellie Liang, Stephen Prowse. *The Economics of the Private Equity Market*, Federal Reserve Bulletin, December, 1995: 1.

② 参见邬静娜：《中国 PE 市场正在迈向理性》，载《中国经营报》2007 年 5 月 28 日，第 A20 版。

③ 江平先生回忆，"现在（2000 年），我国科技界人士已经在思考如何利用有限合伙这一形态。制订《合伙企业法》时曾将有限合伙单独作一章，后来又将有限合伙删去了。有关领导说：现在实践中没有有限合伙，以后有的话就学美国再单列一个有限合伙法，毕竟现在没这个需求嘛。有次开会遇到全国人大常委会副委员长成思危，他是搞高科技的，他就和我谈起有限合伙，说现在《合伙企业法》中没有有限合伙，但应该搞。是单独立法还是修改《合伙企业法》，有待考虑。"参见江平：《江平讲演文选》，中国法制出版社 2003 年版，第 492 页。

④ 欧阳良宜：《私募股权投资管理》，北京大学出版社 2013 年版，第 58 页。

之一恰在于鼓励和推动股权投资业快速发展；[①] 而《合伙企业法》第3条又为国有独资公司、国有企业、上市公司以及公益性的事业单位、社会团体成为有限合伙人开了闸，也有助于股权投资业的发展。[②] 在此之后，合伙型创投/私募股权机构发展速度明显加快。2006年合伙型比例为10.57%，到第二年就增长为14.57%，当然，考虑到2005—2006年也提高了5.57个百分点，可以说，增加的幅度与往年并没有太明显的区别。更显著的增长是重新《合伙企业法》实施的2007年开始的，超过10个百分点的幅度使2008年的占比跃升为24.58%。同时，公司制私募股权机构的比例逐年降低，由2004年的92%减少为2008年的69%，同样，2007—2008年的增幅最大。

由上可见，2006年之后，合伙型创投/私募基金的比重虽然有所增长，但总的来说很有限，而且，增长时间也只不过两年，因此，前述学者所称"多数新私募股权基金都抛弃了传统的公司制"的情况其实并未发生。更重要的是，前述学者还未注意到，自2009年后，合伙型基金比重迅速下跌，虽然后来又有小幅回升，但也不过是维持在《合伙企业法》修订以前的水平而已。[③]

总而言之，中国现有的创业投资/私募股权投资基金以公司型基金为绝对主力，合伙型基金不过处于非常次要的位置，与国外以合伙企业作为基金主体组织形态的情况迥然有别。如前所述，我国学界和实务界曾期待或估计合伙型基金也将成为创投/私募机构主流，同时，我国《合伙企业法》的修订也的确是冲着发展合伙型基金的目标而去的，然而，这两种期望无疑都已经落空了。我们不妨将这种异常现象称为创业投资/私募股权投资基金组织形式

---

① 参见裴智勇、杜文娟：《聚焦审议：有限合伙制度促进风险投资》，载《人民日报》2006年4月27日，第10版。

② 《合伙企业法》第3条规定，国有独资公司、国有企业、上市公司以及公益性的事业单位、社会团体不得成为普通合伙人。对此，学界存在一些不同看法（参见宋一欣：《私募基金形式及有限合伙型私募股权投资基金》，载王保树主编：《非公司企业法制的当代发展》，社会科学文献出版社2009年版，第249页）。而近来，相关部门也提出了新的建议。例如，"我们建议在满足一定的条件安排下，可以适当放宽对处于行业排头兵的国有企业作为基金普通合伙人的限制。"（国务院国有资产监督管理委员会研究局编：《探索与研究：国有资产监管和国有企业改革研究报告（2012）》，中国经济出版社2014年版，第285页。）但这一建议要付诸实施，似乎不仅是修改《合伙企业法》的问题，至少还涉及《公司法》的修订。例如，能否成为对所投资企业的债务承担连带责任的出资人，就需要新的规则予以回应。

③ 参见中国风险投资研究院编著：《2009中国风险投资年鉴》，民主与建设出版社2009年版，第232页；中国风险投资研究院编著：《中国风险投资年鉴2013》，民主与建设出版社2013年版，第247页。

的“中国之谜”。

（二）谜底可能性

由上可见，在其他国家成为主力军和长板的合伙型创投 / 私募机构，反倒成了中国创投 / 私募领域的游击队和短板。很多人可能会认为，若想创业投资 / 私募股权投资有更快的发展，必须大力促进合伙型基金的数量增长，补齐这块短板。那么，如何来补齐，从何处下手，就得问问合伙型基金比例偏低的原因了，找到了原因，方可对症下药。查找原因的路径有两条，一是正向的，二是反向的。所谓反向的是指先查找全球创业投资 / 私募股权投资基金以合伙为主导的影响因素，然后反过来看我国是否具备类似的条件，如果哪一项或哪几项不符合，则可能是值得我们重点考察的导致中国合伙型基金比例偏低的原因。我们不妨先采用反向考察方法。

为什么合伙形式（特别是有限合伙形式）会在国外创业投资 / 私募股权投资市场中胜出呢？要知道，在其他大多数领域，合伙企业往往都不太可能成为主流形式，在资金实力上一般是公司形式占主导，在企业数量上则可能因地而异，比如，有限合伙型创投 / 私募机构格外流行的美国则是独资企业（sole proprietorship）数量最多。[①]

对此，中肯的解释是：“适用任何情形的企业组织形式并不存在。企业所有者……的任务就是挑选出最能满足实际需要的企业组织形式。这个决策取决于一系列因素，包括特定组织形式的创立和维持成本、创业者保护私人财产不受新企业侵蚀的程度、纳税考虑、投资者类型和数量等。”[②] 比如，在大部分商事领域，合伙企业都存在许多局限性，例如，“合伙企业所能筹集到的资金毕竟还是有限的，因而企业的规模不可能很大。有些国家还明确规定了合伙的人数，……合伙企业在管理上也存在问题，由于企业的重要事项都要合伙人共同决定，有时难以取得完全一致意见。合伙企业的存续也容易中断，常常因一个合伙人死亡或退伙而解散。特别是合伙人通常要对合伙企业的债务负连带无限责任，风险大。因而，企业创办人往往不愿采用这种组织形式，合伙企业在各资本主义国家企业中所占比重不大。”[③] 而综合考虑前述诸多方面

---

① See Jonathan Berk, Peter DeMarzo. *Corporate Finance*, 3rd ed., Boston, Prentice Hall, 2013: 4.

② ［美］布鲁斯·R. 巴林格、［美］R. 杜安·爱尔兰：《创业管理：成功创建新企业（第3版）》，杨俊、薛红志等译，机械工业出版社2010年版，第125页。

③ 王保树、崔勤之：《企业法论》，工人出版社1988年版，第35页。

因素后，针对私募投资领域的极端不确定性和高度风险性等特点，[①]合伙制特别是有限合伙制却又是“最适合”的选择。反过来说，“有限合伙制最终主导地位的确立，说明了在市场自发选择的过程中，有限合伙制作为风险投资机构的组织机构是适宜且有利于风险投资业发展的，尽管这种机制本身也不是尽善尽美”。[②]申言之，在其他领域，有限合伙制或许没什么发挥余地，甚至弱点尽显，而在创业投资 / 私募股权投资领域，更适合的企业组织形式却是有限合伙。

就有限合伙型创业投资 / 私募股权投资机构成为主流的原因，学者们从各个角度作出了解释，例如从法治程度、信用机制、社会文化、政府监管等方面来查找原因，[③]这些方面的解释都很有道理，但总结起来，各方认为最主要的原因集中在三个方面。

第一，可以有效抑制道德风险。有限合伙企业由普通合伙人和有限合伙人组成，两者分别承担无限责任和有限责任，普通合伙人在承担企业内部管理和对外投资决策等职责时，其无限责任所形成的压力机制以及市场声誉机制[④]会使其勤勉经营。由此，在创业投资 / 私募股权投资领域，这种企业形式具有一种风险与责任之间达成均衡结构的合理性和有效性，而公司型基金则相反，因为，“以公司制组织形态中的管理决策层个人的有限责任方式是难以把风险投资企业成功地运作起来的”。[⑤]

第二，可以形成较好的激励机制。“风险投资家作为合伙企业的普通合伙人，在合伙企业总投资中只占有 1% 的投资份额，却能分得净利润的 20%。

---

① See Ronald J. Gilson. Engineering a Venture Capital Market: Lessons from the American Experience, *Stan. L. Rev.*, 2003, 55: 1069.

② 朱慈蕴:《风险投资与有限合伙制度的契合》，载王保树主编:《中国商法年刊（2008）: 金融法制的现代化》，北京大学出版社 2009 年版，第 569 页。

③ See Cyril Demaria. *Introduction to Private Equity: Venture, Growth, LBO & Turn-Around Capital*, 2nd ed., Wiley, 2013: 33-34.

④ 关于普通合伙人（风险投资家）的声誉机制，See Ronald J. Gilson. *Engineering a Venture Capital Market: Lessons from the American Experience*, Stan. L. Rev., 2003, 55: 1069; D. Gordon Smith. *Venture Capital Contracting in the Information Age*, J. Small & Emerging Bus. L., 1998, 2: 174。

⑤ 张陆洋、[美] Christopher Lane Davis:《美国风险（创业）投资有限合伙制》，复旦大学中国风险投资研究中心译，复旦大学出版社 2005 年版，第 24 页。

高杠杆比例的投资收益可以激发风险投资家寻找最好的投资机会。”[①]

第三，税负相对较轻。在不少国家，企业所得税和个人所得税是两套并列的税制，企业所得税一般只适用于具有法人资格的企业和其他主体，而非法人企业则一般适用个人所得税制；[②]同时，在许多国家，合伙企业是不具有法人资格的；由此，合伙企业就往往避免了企业所得税，只需要就合伙人的所得缴纳相应的所得税，合伙人为法人企业的则交纳企业所得税，合伙人为个人的则交纳个人所得税。与公司型基金相比，合伙型基金只有单层税负，理论上来讲，其税负自然要低，甚至可能要低很多。此外，合伙型基金在税收方面的优势可能还有递延纳税、亏损抵扣等。例如，在一些创业投资/私募股权投资发达的国家，“若有限合伙企业将所投资企业的证券分配给合伙人时，合伙人不必立刻缴纳所得税，而是等该证券最后出售时才会发生税收，从而起到递延纳税的作用”。[③]又如，在一些国家，“在合伙制的头几年，投资处于亏损状态时，投资损失可以扣减应税收入，这对承担高的边际税率的富有个人来说颇具吸引力。同时，有限合伙制还能吸引处于税收负担另一极的投资者，即养老基金、捐赠基金等享受税收豁免的投资者，这些机构投资者受益于免税带来的巨大好处。”[④]

就上述三项条件而言，我国《合伙企业法》在2006年修订以前因未承认有限合伙企业的合法性，故前两项条件一度不具备，但自修法后，这两项条件都已经具备或基本具备了。

而如前所述，公司型基金不具备类似的优势，按常理似乎理应在市场选择中居于合伙型基金之后。事实上，有学者指出，我国《公司法》“由于采取僵硬而严苛的设立制度，从而使企业经营者在企业形态确定、内部组织结构治理等方面提供的选择性较少，作为市场经济精髓的营业自由受到较大限制。”[⑤]还有学者指出，与美国相比较，“美国私募业的成功是‘原生态’的，是根植于美国经济制度的融资模式的成功。中国式的私募成功是非‘原生态’的，私募融资在中国没有适合的公司法土壤。……为了规避中国缺乏可预期

---

① 李曜主编：《风险投资与私募股权教程》，清华大学出版社2013年版，第74页。

② 要注意的是，各国税制差别很大，例外情形自然也不少。

③ 李曜主编：《风险投资与私募股权教程》，清华大学出版社2013年版，第74页。

④ 张亦春主编：《现代金融市场学》，中国金融出版社2013年版，第187页。

⑤ 崔文玉、赵万一：《美国LLC制度及其对中国公司法变革的启示——以日、韩修法对LLC制度的引入为视角》，载《现代法学》2013年第6期，第158页。

性的公司法和司法体系，去‘寻求’私募投资者更加熟悉的离岸投资地，借助更为有效并且合理的法域。”[①] 换言之，我国的公司法律制度尚不完善，并不适合私募业的发展，要采用公司型基金，往往要付出许多额外的交易成本，还要面对由此带来的法律风险和市场不确定性风险。难道中国市场的投资者是非理性的，宁愿选择成本更高的公司型基金？显然，如果只是个别或少数投资者如此选择，或许可以称之为非理性，但如果是普遍如此，则必定是背后有深层次原因导致了投资者们作出一致的理性选择。这背后的原因看来不是中国法律没有为合伙型基金提供前述两项条件，那么，原因很可能就在第三项条件。因此，我们要将考察目标转向合伙型基金是否面临比公司型基金更重或更复杂的税收这一问题。

但税收问题可能更悖于“常理”。我国合伙企业在所得税制上已经由适用企业所得税法改为适用个人所得税法，的确避免了以往的双重征税，在此背景下，很多人想当然地会认为，合伙型基金怎么可能比公司型基金税负更重或者面临更复杂的税制？事实上，不少学者都有如下类似的看法：“在我国目前的税收法律环境下，公司制基金在税收地位上处于不利地位，而有限合伙制和信托制基金则处于较有利的地位。即便考虑到创业投资企业的税收优惠政策，公司制基金的实际税负仍然可能高于其他两种形式的基金。”[②] 几年过后，这样的看法仍然非常普遍——“公司型私募股权投资基金的税收困境……公司型组织形态被人诟病最多的是其‘双重征税’制度，与有限合伙型私募股权投资基金相比，二者的差别在于对私募股权投资基金的税收差异。”[③]

这就产生了一个悖论：既然学者们普遍认为公司的税负更高，为什么还要选择公司型基金呢？国外合伙企业的税负更轻从而催生了更多的合伙型基金，为什么中国会特殊，人们普遍认为合伙企业的税负更轻，为什么合伙型基金所占的比重如此之低，就是不同于国外呢？是我国存在税制以外的其他因素导致市场偏爱公司型基金，还是我国学者们对公司型基金与合伙型基金的税负问题存在错误认识呢？

如果是我们对税负问题存在错误认识，就会导致理论上的偏差——很可

---

① 沈伟：《中国公司法真的能“孵化”私募投资吗？——一个基于比较法语境的法经济学分析》，载《当代法学》2014 年第 3 期，第 15 页。

② 欧阳良宜：《中国产业投资基金组织形式探讨》，载《南方金融》2008 年第 9 期，第 47 页。

③ 赵玉：《商事组织立法体系的生长：以私募股权投资基金为中心的观察》，载《社会科学研究》2012 年第 6 期，第 79 页。

能把对“中国之谜”的解释更多地引向商事法律制度、信用制度、社会文化、投资者素质等方面去。不是说这些不可能是影响因素，而是说，由此会让我们失去更全面理解“中国之谜”产生原因的机会。

三、税制何以是关键

“制度是一个社会的游戏规则，更规范地说，它们是为决定人们的相互关系而人为设定的一些制约。”[①] 人们选择包括公司与合伙在内的创业投资 / 私募股权投资企业的组织形式（法律结构），必然要受到税收制度等各类制度的制约。需要说明的是，本问题所涉税种较多，但总的来说，两类企业受影响最大且各自影响程度差异又最明显的税种还是所得税，为此，后面的分析集中于所得税问题。

（一）税制与企业组织形式

如前所述，选择何种商业组织形式，在很大程度上应属商主体的自由无疑。[②] 而税法往往会对此构成显著的影响，最突出的莫过于不同商业组织形式的税收待遇往往存在差别这一点。但是，不同形式的商业组织为什么会有不同的税法待遇，对这个问题的深入研究还很少，特别是在中国，甚至还远未引起应有的关注。有学者指出，“如果说公司、信托与合伙企业的法律结构皆有共性，那么当如何解释公司有别于其他商事组织的税收负担？在国内，学界很少试图去质疑或探究公司承担双重税负的缘由，大多简单地将之作为既定的事实。显然，对这一问题有必要进行深入的讨论。”[③]

对于创业投资 / 私募股权投资而言，税收其实是极为关键的影响因素。学者们认为，税收政策之所以对创业投资 / 私募股权投资业的发展起着至关重要的作用，主要在于其可以降低人们的行为成本。[④] 而关于欧洲杠杆收购与发

---

① ［美］道格拉斯·C. 诺斯：《制度、制度变迁与经济绩效》，刘守英译，生活·读书·新知三联书店 1994 年版，第 3 页。

② 参见肖海军：《营业权的提出与理论意义》，载《岳麓法学评论》2012 年第 7 卷，第 66—79 页。

③ 李清池：《商事组织的法律结构》，法律出版社 2008 年版，第 200 页。

④ 参见郭庆旺、罗宁：《税收与风险投资关系的理论与实证研究》，载《财经论丛（浙江财经学院学报）》2001 年第 4 期，第 18—25 页。

达风险资本市场的关系的研究也表明，税收具有极为重要的作用。[①]

我们知道，不同的企业组织形式其交易成本构成也不同，作为交易成本影响因素的税收——也有很多研究直接将税收成本纳入广义交易成本范畴，无疑也会影响人们对创业投资 / 私募股权投资基金组织形式的选择。但在展开这方面的分析之前，我们有必要强调一点，创业投资 / 私募股权投资基金组织形式的选择并不仅仅是税收因素作用的结果，甚至税收在某些时候也并非最重要的影响因素——尽管是不容忽视的重要因素。对此，Fenn 教授的研究值得一提。他首先强调有限合伙企业在创业投资 / 私募股权投资领域的主导地位是一种组织创新（organizational innovation），他指出，“私募股权投资的发展是一个关于组织创新在规制改革和税制改革的协助下如何在特定市场中迸发活力的经典样本。在这一案例中，作为组织私募股权投资的工具，有限合伙企业被广泛采用，这就是创新。在 20 世纪 70 年代末以前，私募股权投资主要依靠富裕家庭、工业企业和金融机构，由它们直接投资于发行公司（issuing firms）。相比之下，自 1980 年以来，大部分投资都已经由专业的私募股权基金管理者代表机构投资者来运作。组织这类投资活动的工具就是有限合伙企业，其中，机构投资者为有限合伙人，投资管理者为普通合伙人。”[②] 为什么会发生这样的逆转呢？他的解释很有说服力：“作为投资中介的主流形式的有限合伙企业，其兴起乃是私募股权投资市场上产生的严重信息不对称问题和潜在激励问题导致的结果。有限合伙企业的特定优势来源于其解决这些问题的方法。普通合伙人专注于寻找、架构并管理那些投向封闭型私人控股公司（closely held private companies）的股权投资。由于它们是最大和最活跃的股东，有限合伙企业有一些关键手段来对所投资的企业行使正式和非正式的控制，由此其得以控制那些企业为股东利益服务。同时，有限合伙企业采用组织和契约机制来整合普通合伙人和有限合伙人的利益。”[③] 显而易见，有限合伙企业的主导地位首先来自其在创业投资 / 私募股权投资市场这一特殊领域内的特定优势。当然，从上述引文也可看出，这种优势也是“在规制改革和税制改革的协助下”才被更加放大和充分发挥出来的。

---

① 参见冯进路：《私募股权投资基金（PE）国内外研究评述》，载《经济师》2008 年第 5 期，第 102—103 页。

② George W. Fenn, Nellie Liang, Stephen Prowse. *The Economics of the Private Equity Market*, Board of Governors of the Federal Reserve System, December, 1995: 1.

③ Ibid.

萨尔曼的研究就指出，“有限合伙企业的组织形式具有重要的税收和法律方面的考虑。有限合伙企业的收入不征企业所得税，而是由合伙人纳税。此外，合伙企业可以发行证券（distribute securities）而不触发应纳税所得的直接识别——资产出售时标的资产的损益确认。”[①] 正因为如此，“到 1988 年为止，典型的风险投资企业形式是有限合伙企业（limited partnership），其中，风险资本家一般为普通合伙人，（外部）投资者则为有限合伙人。根据 1987 年《风险经济学》（*Venture Economics*）的记载，在 1987 年，500 家资本规模达 200 亿美元的企业都是有限合伙企业。剩余 1/3 的产业资本分别投资于：未按有限合伙形式组织的独立私人风险投资企业，例如，股份有限风险投资公司（incorporated venture-capital companies）和封闭式上市基金（publicly traded closed-end funds），这部分投资在 1987 年占比 9%；工业和金融业方面的风险投资的附属机构（子公司等），这部分占比 14%；独立的小企业投资公司（Small-Business Investment Companies，SBICs），这部分占比 8%”。[②] 为什么相对于普通合伙企业而言，有限合伙企业更为市场所欢迎？对此，萨尔曼的研究给了我们一定的启发。一方面，合伙企业的收益只需要其有限合伙人和普通合伙人在个人所得税申报表（individual tax returns）上报告他们所实现的收益和损失（the realized gains and losses），在一个投资组合公司（a portfolio company）中，获得股份的有限合伙人可以在该股份卖出前延迟确认收益（或损失）。另一方面，作为普通合伙人的风险投资家从合伙企业获得附带权益（carried interest）时，也不产生应税所得。[③] 基于这些考虑，新设立的投资基金往往被设计为有限合伙企业，以便利用税收待遇，并避免那些在向最终投资者分配投资回报时可能产生的不利税收后果。[④]

也有的研究虽然主题不太一致，但从侧面也揭示了税收因素与有限合伙本身特性相结合所产生的综合优势。例如，Poterba 的研究指出，在美国，自 1978 年资本利得税减税后，投资于初创企业（start-up firms）的基金中，超过 3/4 的基金无须缴纳个人资本利得税（individual capital gains tax）。这些基金的投资者中包括养老基金（pension funds）等免税主体，从而，这些基金迅

---

① William A. Sahlman. *The Structure and Governance of Venture-capital Organizations*, Journal of Financial Economics, Volume 27, Issue 2, October 1990: 488.

② Ibid., p. 487.

③ Ibid., p. 499.

④ Ibid., p. 516.

速扩张，比那些由应税投资者组成的基金快得多。[①]而综合前述分析可知，养老基金等免税投资者当然会倾向于选择成为有限合伙企业中的有限合伙人，因为其既可利用自身的有限责任和免税地位，又可利用有限合伙企业中因普通合伙人所负无限责任而产生的激励效应等优势，由此，有限合伙这一组织形式逐渐在市场优胜劣汰的竞争中胜出。研究表明，到1988年底，美国风险投资行业总市值（total capitalization）达到310亿美元，其中近250亿美元是通过合伙型基金提供的。在10年时间里，这类合伙型基金增长了15倍，而同期的小型商业投资公司和公司附属机构（如子公司）募集的基金增长很慢，甚至连一倍都不到。[②]同时，这一期间风险投资资本的变化也显示了合伙型基金特别是有限合伙型基金的活跃程度，以及公司型基金的式微。

（二）中国公司型创投/私募的税制分析

如果不局限于创业投资/私募股权投资领域，从理论上来说，公司相对于合伙而言具有一定的非税优势，比如，有限责任为投资者构筑了坚实的防火墙，形成了股东个人财产的避风港，有效地隔离了企业风险。但同时，人们似乎更多指出了公司这一组织形式的诸多弊端和不足。例如，在一定程度上，公司在内部治理结构和民商事行为等方面受制于国家强制，[③]从公司法、证券法等相关法律中可以清晰地看到这一点，也因此一直以来受到种种批评。[④]

如果单就创业投资/私募股权投资领域而言，由于投资项目和投资进度的不确定，对资金需求有很大的不确定性，而公司内部治理相对比较严格，程序比较烦琐，导致公司型创业投资/私募股权投资基金在决策上要比有限合伙基金更机械和迟缓。同时，公司经理人的道德风险以及相应的制约机制都存在种种问题，[⑤]可能不利于交易安全。而合伙企业特别是有限合伙企业在解决道德风险、信息不对称、激励和约束机制等问题上有独特优势，这些前文均已述及。所以，在许多国家，公司型创业投资/私募股权投资基金的比例

---

① See James M. Poterba. *Capital Gains Tax Policy toward Entrepreneurship*, National Tax Journal, Vol. 42, No. 3, September, 1989: 375-389.

② Ibid., p. 377.

③ 参见苏永钦：《私法自治中的国家强制》，中国法制出版社2005年版，第2—5页。

④ 例如，刘俊海：《论新〈公司法〉的现代化》，载《环球法律评论》2004年第4期，第391—400页；蒋大兴：《公司自治与裁判宽容——新〈公司法〉视野下的裁判思维》，载《法学家》2006年第6期，第70—78页。

⑤ 参见成思危：《我国风险投资的几个问题》，载《武汉理工大学学报（社会科学版）》2002年第1期，第1—4页。

及其业绩表现都要逊色于合伙型基金。

对此，我们所要关注的是，为何中国的投资者们宁愿设立公司型创业投资 / 私募股权投资机构，而不选择有限合伙型机构，税收因素是否使前者具有了某种比较优势？

关于公司型创业投资 / 私募股权投资机构涉及的所得税法，首先要提到的当然是 2007 年《企业所得税法》。根据该法，公司的利润分配给股东后，股东个人还得缴纳个人所得税，这就是人们常说的公司双重征税。如果仅仅是这样，我们似乎看不到公司型基金的税收优势。那么，对那些公司型基金的投资者而言，其吸引力在哪里呢？为什么中国的公司型基金能异军突起、一枝独秀？

《企业所得税法》第 5 条规定，企业每一纳税年度的收入总额，减除不征税收入、免税收入、各项扣除以及允许弥补的以前年度亏损后的余额，为应纳税所得额。这里面或许值得先予分析的是各项扣除和亏损弥补问题，当然，先需说明的是，我们很可能无法单独从各项扣除和亏损弥补上看出公司相较于合伙的优势，如果是这样的话，我们后面再结合合伙企业的相关税收规定做进一步分析。《企业所得税法》第 8 条规定，企业实际发生的与取得收入有关的、合理的支出，包括成本、费用、税金、损失和其他支出，准予在计算应纳税所得额时扣除。《企业所得税法实施条例》进一步明确了扣除项目以及扣除标准。《国家税务总局关于企业股权投资损失所得税处理问题的公告》也就企业股权投资损失税前扣除问题做了规定。这种优惠政策可减少创业投资 / 私募股权投资企业的计税依据，实现了间接减免税收的效果。

顺着《企业所得税法》的基本结构顺序，我们将目光转向公司型基金的税收优惠政策，这其中既包括一般公司所适用的税收优惠政策，也包括专门针对创业投资 / 私募股权投资公司所适用的税收优惠政策。

2007 年《企业所得税法》第 26 条规定了免税收入情形。这种免税优惠主要解决的是经济意义上的重复征税问题。对创业投资 / 私募股权投资公司从被投资企业处获得的股息、红利等权益性收益，凡是符合上述要件的，均可享受税收优惠，无须缴纳企业所得税。《企业所得税法》第 27—34 条则对税收优惠等相关问题作出了规定。

以上都是对一般公司适用的税收优惠，在专门针对创业投资 / 私募股权投资的税收优惠方面，政府的支持力度也比较大。财政部、国家税务总局《关于促进创业投资企业发展有关税收政策的通知》（财税〔2007〕31 号）第 1

条规定，创业投资企业采取股权投资方式投资于未上市中小高新技术企业2年以上（含2年），凡符合下列条件的，可按其对中小高新技术企业投资额的70%抵扣该创业投资企业的应纳税所得额。第31条规定，创业投资企业从事国家需要重点扶持和鼓励的创业投资，可以按投资额的一定比例抵扣应纳税所得额。该条规定之于中国创业投资/私募股权投资的历史性意义以及它所反映的政府意图，均值得我们高度重视。《企业所得税法实施条例》第97条进一步明确了税收优惠。此后，政府陆续出台了一些相关文件，例如《关于实施创业投资企业所得税优惠问题的通知》(国税发〔2009〕87号)等。

（三）中国合伙型创投/私募的税制分析

从合伙型基金所涉税收政策来看，企业层面的税收问题比较简单。《企业所得税法》规定，企业和其他取得收入的组织为企业所得税的纳税人，依法缴纳企业所得税。而个人独资企业、合伙企业不适用该法。因此，合伙制私募股权基金无须缴纳企业所得税，也就不存在企业层面的所得税重复征收问题。

2006年《合伙企业法》第6条明确不再在合伙企业层面征收企业所得税。2007年《企业所得税法》第1条规定，在中华人民共和国境内，企业和其他取得收入的组织为企业所得税的纳税人，依照本法的规定缴纳企业所得税。个人独资企业、合伙企业不适用本法。财政部、国家税务总局《关于合伙企业合伙人所得税问题的通知》(财税〔2008〕159号)规定，合伙企业以每一个合伙人为纳税义务人，其生产经营所得和其他所得采取“先分后税”的原则，如果合伙人是自然人，则缴纳个人所得税，如果合伙人是法人和其他组织的，则缴纳企业所得税。对于法人和其他组织所适用的企业所得税税率，《企业所得税法》的规定很明确，除特殊情况适用20%的税率计征以外，统一适用25%的税率计征。对于自然人合伙人的所得税，除了适用《个人所得税法》外，还要适用多个部门规章和其他规范性文件，例如《关于〈关于个人独资企业和合伙企业投资者征收个人所得税的规定〉执行口径的通知》(国税函〔2001〕84号)等。相关规范性文件在一定程度上实现了自然人合伙人的所得性质的穿透处理，有利于降低合伙企业与合伙人的综合税负。当然，对于法人合伙人的所得能否适用穿透原则，则未予明确。

总体而言，在当时的情况下，合伙企业及其合伙人的整体税负不断降低——当然，与公司制企业下的股东所承担的个人所得税税负相比还是偏高。税负的持续降低似乎还是起了作用，投资者变得乐观起来，市场反应也比较积极。投资者普遍认为，“万事俱备、只欠东风”，有限合伙企业在奔向创业投资/私募股权投资的阳关大道上，只剩下另一只“拦路虎”了，那就是1997年《合伙企业法》，该法是在立法者借鉴有关国家和地区立法经验、但又对相关情况并不十分熟悉的情况下制定的，[①]在立法过程中删去原本拟定的有限合伙企业条款，是为一大遗憾。[②]虽然有限合伙是投资者最为青睐的组织形式，多年来有人呼吁将有限合伙纳入立法之中，但有限合伙企业一直只能以“黑户”“半黑户”的形式提心吊胆地生存，交易安全大受影响。投资者们翘首以待，只等新法的颁布。而立法者通过近10年的考察，特别是通过对发达国家相关立法的比较考察，[③]已经对有限合伙之于创业投资/私募股权投资的重要性有了更深刻的认识，[④]有限合伙被写入2006年《合伙企业法》也就水到渠成了。[⑤]

紧接着，合伙企业的相关税收政策又进一步合理化。财政部、国家税务

---

① 江平先生的回忆丰富了这个过程的细节：“制订《合伙企业法》时，法人能否当合伙人，争论很大，开了两次国际研讨会。原稿中有一句‘法人或公司不得成为合伙人’，起草者振振有词：这是国际惯例。后来研讨会上，美国、德国、加拿大都说我们没这规定呀。……后来一查，就只是日本、中国台湾地区这么规定的。”参见江平：《江平讲演文选》，中国法制出版社2003年版，第499—500页。

② 当年，有限合伙已经进入了立法草案，1996年10月23日，全国人大财经委副主任黄毅诚在八届全国人大常委会第二十二次会议上做了关于《中华人民共和国合伙企业法（草案）》的说明，陈述了有限合伙立法的必要性（参见《全国人民代表大会常务委员会公报》，1997年第1号，第12—16页）。但有限合伙的相关条款最终因故未能面世。

③ 全国人大常委会法工委花了相当多精力调研了国外立法，其研究成果集中反映在《中华人民共和国合伙企业法释义》中。该书专设一章“有限责任合伙制度简介”，其中着重介绍了美国有限责任合伙的发展史以及美国《统一合伙法》。在条文释义中，他们指出，有限合伙“为资本与智力的结合提供了一种便利的组织形式。即拥有财力者作为有限合伙人，拥有专业知识和技能者作为普通合伙人，二者共同组成以有限合伙为组织形式的风险投资机构，从事高科技项目的投资。国外这种做法较为普遍。我国原来的合伙企业法没有规定有限合伙制度，而且有的条文对设立有限合伙形成直接限制，使我国的风险投资行业难以采用这一制度。修订后的合伙企业法，为适应风险投资行业的发展，鼓励创新，同时为市场主体提供更多的企业组织形式，引进了有限合伙企业制度，并以专章的形式对其进行规定。”参见李飞主编：《中华人民共和国合伙企业法释义》，法律出版社2006年版，第97—98、262—266页。

④ 2006年4月25日，全国人大财政经委副主任严义埙在十届全国人大常委会第二十一次会议上关于《中华人民共和国合伙企业法（修订草案）》的说明中，明确表示，“为鼓励推动风险投资事业发展，草案增加‘有限合伙的特殊规定’一章”，并更充分地陈述了有限合伙、风险投资的重要性。参见《全国人民代表大会常务委员会公报》2006年第7号，第595—597页。

⑤ 参见裴智勇、杜文娟：《聚焦审议：有限合伙制度促进风险投资》，载《人民日报》2006年4月27日，第10版。

总局《关于调整个体工商户个人独资企业和合伙企业个人所得税税前扣除标准有关问题的通知》(财税〔2008〕65号)、《关于调整个体工商户业主、个人独资企业和合伙企业自然人投资者个人所得税费用扣除标准的通知》(财税〔2011〕62号)、《关于2018年第四季度个人所得税减除费用和税率适用问题的通知》(财税〔2018〕98号)等先后明确了相关规则。不过，需要注意的是，财政部、国家税务总局《关于合伙企业合伙人所得税问题的通知》(财税〔2008〕159号)规定，企业的合伙人是法人和其他组织的，合伙人在计算其缴纳企业所得税时，不得用合伙企业的亏损抵减其盈利。当然，在研发费用扣除和固定资产税务处理等方面，由于合伙企业一直参照适用个体工商户个人所得税的相关规定，而这些规定又与企业所得税的相关规定有很大不同，因此，必然产生两类企业待遇不公平的后果。

按道理，合伙企业由于避免了企业所得税和个人所得税的双重征收，总体税负应该低于公司制企业，再加上工资、广告等税前扣除比例等方面与公司制企业越来越保持一致，其税收优势应该非常明显。由此，人们自然会想，相继扫除了双重税收、有限合伙的合法性这两大制度障碍后，合伙型创业投资/私募股权投资基金的发展道路是否会一帆风顺呢？显然，我们只有在对公司和合伙进行比较的情况下才能更好地回答这个问题。

(四)税制差异及其对组织形式选择的影响

将公司制企业和合伙企业的税收待遇汇总起来做一比较，就可以更为清晰地发现两者的差别。就扣除、亏损弥补、税收优惠等各项税收待遇而言，可以看出合伙企业在法规范上所处的不利地位。

就扣除而言，合伙企业的适用规则要严于公司，到目前为止，职工福利费、工会经费、职工教育经费、业务招待费、广告费和业务宣传费的适用规则已与公司规则基本一致，但仍有一些公司可适用的扣除规则并未见之于合伙。

就亏损弥补而言，公司的股权投资损失可扣除，而合伙企业未有相关适用规则；一般的亏损结转规则虽然表面上看来两者是基本一致的，但细究起来，合伙企业的亏损不允许跨企业弥补，则会导致两类企业的投资者在税收效果上的实质差别。[①] 粗看起来，公司的亏损不也是自行弥补吗，两者会有差别的原因何在？原因在于，公司的法人地位使其亏损不致直接传递给股东，

---

① 关于亏损结转和加速折旧等制度对企业投资特别是风险投资的刺激作用，可参见杨斌主编:《财政学(第3版)》，东北财经大学出版社2014年版，第429页。

而合伙企业作为“穿透实体”直接将亏损传递给合伙人，合伙企业的亏损看似是“企业的亏损”，实际上就是“合伙人的亏损”。理论上，某个投资者作为合伙人无论参与多少个合伙企业，这些企业的盈利和亏损都穿透合伙企业而直接传递给了投资者，从而，弥补这些亏损的主体具有同一性。如果不允许同一主体将其盈利和亏损相抵，则显然其盈利上的税收负担要更重，且明显不合理。[①]

就税收优惠而言，则合伙与公司的差别更大。公司享有大量的税收优惠，而合伙企业的税收优惠非常少。合伙企业研发费用扣除和固定资产折旧方面的待遇长期低于公司制企业，即便2014年后已渐趋一致，但仍有不公平之处，如研发费用和研发用仪器设备购置费的上限与公司相比标准明显偏低，且没有结转抵扣等待遇。除此之外，与公司制企业的权益性投资收益免税等一般税收优惠、创业投资/私募股权投资抵扣等特别税收优惠相比，合伙企业的相关规则更是一片空白。值得指出的是，2009年国家税务总局《关于实施创业投资企业所得税优惠问题的通知》更是明确把合伙企业排除在外。[②]

当然，除了上述方面的不利因素以外，似乎仍有人会说，合伙企业没有双重征税，难道不能抵消上述不利因素吗？任何时候都不能如此简单地下结论。的确，一般而言，公司型创投/私募股权基金及其投资者面临两道税收。合伙企业层面则无企业所得税，仅在合伙人层面分别交纳两种所得税。我们知道，法人合伙人一般适用25%的企业所得税税率，自然人合伙人则适用累进税率，但私募股权基金募集资金巨大，投资回报数额较高，自然人合伙人的所得往往适用较高的个人所得税税率。许多情况下，合伙型基金的投资者比公司型基金的投资者的税负往往要重很多。（1）合伙型基金无论有没有将利润实际分给合伙人，都须按“先分后税”的原则由合伙人交纳所得税，由于只要该基金有盈利就必须划分份额并纳税，而该基金是否有现金，这是投资者较为顾虑的问题；而公司则不同，它可以不分配利润或少分配利润，留

① 具体案例比较可参见高允斌：《关于有限合伙企业的税收政策分析》，载《财务与会计：综合版》2009年第3期，第50—53页。

② 该通知发布后市场反响不小，例如，“在《通知》发布后，公司制创投机构的管理者颇感欣慰，认为当初选择公司制的组织形式，具有符合中国国情的前瞻性。而合伙制创投机构的管理层则表达了他们的不理解：为何会因为组织形式的不同，在税收上被差别对待？”（岳敬飞：《建言出台补充通知，业界呼吁予合伙制创投税收优惠》，载《上海证券报》2009年5月26日，第B06版。）但这似乎并未影响政策制定者的判断。

存公司的利润则无须由股东当期交纳所得税，这就至少产生了递延纳税的节税效果。（2）合伙型基金和公司型基金同样投资于一家企业获得分红，其税收后果也不相同。合伙型基金的投资者要根据情况适用个人所得税或企业所得税的税率。而公司型基金的税负则是：公司层面可适用股息、红利等权益性投资收益免税规则，税负为零；股东层面，如果是公司则继续适用免税规则，税负为零，如果是个人适用的税率也比较适中。总体税负当然是公司型基金更低。（3）在前面基础上再进一步推理。如果该公司型基金是上市公司，则个人股东的税负更轻。（4）再加上创业投资 / 私募股权投资的税收优惠，公司型基金采取股权投资方式投资于未上市中小高新技术企业，可按其对中小高新技术企业投资额的 70%，在股权持有满两年的当年抵扣其应纳税所得额；当年不足抵扣的，可以在以后纳税年度结转抵扣。税负更轻一筹。（5）再考虑到其他名目繁多的扣除、亏损弥补以及其他税收优惠等，则公司型基金的税收优惠显露无遗，合伙型基金劣势更为明显。

对上述税负分析，曾有实证分析可资参考。研究表明，在不分配股利的情况下，以相同的税前收益率计算，公司税后收益率高出合伙企业税后收益率 3%，表明合伙企业综合税负明显高于公司制企业；在分配股利的情况下，合伙企业综合税负也明显高于公司制企业。[①]

此外，尚需指出的一个重要问题是，有限合伙企业的普通合伙人与有限合伙人在投资架构中的地位、作用以及各自所得的性质应当是不同的，但相关税收规范未做任何区分。这也使得有限合伙的组织结构缺乏相应的税收规定来匹配。

可见，合伙企业解除双重征税枷锁后必定税负轻于公司的情况并不存在，在目前中国税制下，合伙型创业投资 / 私募股权投资基金并无税收上的比较优势，或者说，即便起初具有的某些优势，也在公司税制的不断发展和合伙税制的徘徊不前背景之下而逐渐弱化甚至消失。最初，投资者们希望借立法东风喝上“头啖汤”，结果被税负这一冰冷的现实迎头痛击，灰头土脸

① 参见董再平：《论两税合并后合伙企业税负的调整》，载《财会通讯》2007 年第 12 期，第 75—76 页。

而退。[①]这也反映在数据上。据统计，2006年《合伙企业法》通过当年，合伙型创业投资/私募股权投资基金占总基金数的10.57%，此后两年迅速提升为14.57%、24.58%，但从2009年起开始持续低落，连续3年的比例分别为15.20%、9.47%、8.75%。[②]

在此情况下，作为理性经济人的投资者，怎么会选择负担更重、成本更高的合伙型基金呢？这就将投资者推向了两难选择的尴尬境地。一方面，对理论上的有限合伙的税收优势和非税优势抱有极大的预期，但发现不仅税收优势全无，还相对地成了弱势；另一方面，公司型基金固然有诸多税收优势，但是，投资者又在强制性较强、甚至“僵化”的公司法面前望而却步。[③]如此一来，合伙型基金似乎成了“食之不能、弃之可惜”的“鸡肋”。市场人士重重顾虑之下，扼腕叹息，纷纷追问“阳光私募路在何方”。[④]可以说，当前这种税收政策，已在实践中产生严重的公平危机和制度悖论。在这些税收问题没有解决之前，创业投资/私募股权投资的合伙模式显然竞争不过公司模式，[⑤]我们从而也无法利用合伙模式的优势进一步发展创业投资/私募股权投资，推动经济发展。

那么，我们势必要追问，合伙型创业投资/私募股权投资机构和公司型机构的税负为何出现这样的反差，原本以为的优势方成了劣势方，原本以为的劣势方成了优势方？前述相关事实似乎已经暗示我们，这一反差背后存在两个方面的制度背景，一是企业税制二元化结构存在不合理之处，二是作为创业投资/私募股权投资方面的国家宏观调控政策的某些税收优惠有内在缺陷。

---

① 据媒体报道，上海一家合伙制私募企业在新《合伙企业法》实施后成立，原本期望有税收上的好处，但后来才发现现实并非如此，因此，“这家成立不到一年的企业拟在近期对有限合伙人开放，以除名或减少出资额的方式集中办理合伙人的提前退出手续。在办理完工商变更手续后，企业将把扣除个人所得税以后的余额返还合伙人，待税务问题明确后，再对暂扣款项予以处理。”参见剑鸣：《合伙制私募遭遇税收之惑》，载《上海证券报》2008年2月28日，第A01版。

② 参见中国风险投资研究院编著：《2009中国风险投资年鉴》，民主与建设出版社2009年版，第232页；中国风险投资研究院编著：《中国风险投资年鉴2013》，民主与建设出版社2013年版，第247页。

③ 参见李寿双：《中国式私募股权基金募集与投资》，法律出版社2009年版，第61页。

④ 市场人士对此难免有一定看法，参见屈红燕：《信托“卡脖”“合伙”税重，阳光私募路在何方》，载《上海证券报》2010年6月24日，第A02版。

⑤ 参见德邦证券有限责任公司、上海证券报社：《中国阳光私募年度报告2010》，江苏人民出版社2010年版，第114页。

四、二元税制的制度供给失衡

“制度构造了人们在政治、社会或经济方面发生交换的激励结构，制度变迁则决定了社会演进的方式，因此正是理解历史变迁的关键。”[①] 对于前述问题，我们将首先分析不同的企业适用不同的所得税（二元税制）的制度演变及其原因，然后讨论这一制度变迁所带来的问题，特别是制度内在的多重逻辑产生的张力、割裂和梗阻问题，并讨论二元税制缺陷对商事自由的影响。

（一）从一元税制到二元税制

从 1994 年税制改革迄今，我国经历了从一元税制到二元税制的重大制度变革。1994 年税制改革之前，我国的税种多达 37 个，工商税种最多，有 32 个；改革之后，合并或取消了某些税种，税种数量大幅下降，工商税种就减少了 13 个，其中，各类企业所得税是合并改革的重点所在，主要的内资企业所得税被合并为一种税。

当然，此后我国的企业所得税仍呈现出“一税两法”的格局，“即根据企业投资资本来源的不同，有两套企业所得税同时并存”。一是 1991 年《外商投资企业和外国企业所得税法》；二是 1993 年《企业所得税暂行条例》。企业所得税上的企业基本涵盖了全部内资企业，合伙企业也属于企业所得税纳税人。

合伙企业发展很快，1995 年全国人大常委会审议《合伙企业法（草案）》时，全国合伙企业数量“已有近 12 万个，在社会主义经济发展中起了积极作用，已经成为我国市场经济主体的组成部分之一，亟需通过立法予以规范、引导和调节”。[②] 时任全国人大法律委员会主任委员薛驹在《全国人大法律委员会关于合伙企业法（草案修改稿）修改意见的汇报》中说，根据一些委员意见，建议增加一条规定：“合伙企业应当依法履行纳税义务。”这样的意见被采纳，1997 年《合伙企业法》第 37 条就做了这样的规定。[③] 对此，有的学者批评：“在合伙人承担无限连带责任的同时又负担双重税赋，这是不符合税负公平原则，违背投资者选择合伙企业形式的愿望。如不解决合伙企业及其投资者的双重征税问题，既影响投资者的积极性，不利于企业的发展，也与国际通行做法

① ［美］道格拉斯·C. 诺斯：《制度、制度变迁与经济绩效》，刘守英译，生活·读书·新知三联书店 1994 年版，第 3 页。

② 参见全国人大财经委员会副主任委员黄毅诚 1996 年 10 月 23 日在第八届全国人民代表大会常务委员会第二十二次会议上《关于〈中华人民共和国合伙企业法（草案）〉的说明》。

③ 该条规定也被视为合伙企业为独立主体的证据。参见蒋大兴：《关于合伙为独立民事主体观点的评价——兼谈民法主体理论的重构》，载《法学论坛》1997 年第 6 期，第 19—23 页。

不一致。”[①]还有的学者基于鼓励风险投资的考虑也提出了批评，“《合伙企业法》只笼统地规定合伙企业应依法履行纳税义务，但对合伙企业应该缴纳的税负却没有提及，这一规定容易造成重复纳税而且不利于有限合伙的推广。”[②]

至此，我们看到，非法人的合伙企业和作为法人企业的公司，均在相当长时期内适用同样的企业所得税制。从这个意义上来说，组织形式不同而适用税制一样，其背后的制度逻辑和外化出来的现实效果都是迥异于差别课税的。就此而言，其可以称为一元税制。

不过，各界的推动似乎发生了作用。国务院《关于个人独资企业和合伙企业征收所得税问题的通知》（国发〔2000〕16号）规定，自2000年1月1日起，对个人独资企业和合伙企业停止征收企业所得税，其投资者的生产经营所得，比照个体工商户的生产、经营所得征收个人所得税。紧接着，财政部、国家税务总局《关于个人独资企业和合伙企业投资者征收个人所得税的规定》（财税〔2000〕91号）进一步明确此事。尽管上述政策调整的合法性有待商榷，但其开启了企业税制从一元制向二元制的转变。从此，公司仍旧适用企业所得税制，而合伙企业则不再在企业层面课征所得税；如果从企业与其投资者两个层面的角度来看，则公司在两个层面分别存在企业所得税和个人所得税，合伙企业则只存在个人所得税，这也是现今人们所说的双重征税与单层征税的区别。2007年，新的《企业所得税法》参照了国际通行做法，实现了内外资企业适用统一的企业所得税法等“四个统一”，明确将个人独资企业和合伙企业排除在该法适用范围之外，正式确立了二元税制。

（二）二元税制的多重逻辑与逻辑梗阻

同时，我们还要看到，我国所得税制度都是在不断汲取本国经验教训、综合借鉴国外经验的基础上发展起来的，并不成熟，新旧理念和规则交叉共存，且均存在诸多问题，这就导致二元税制内在地包含多重制度逻辑并经常发生冲突和梗阻。

首先，企业所得税并非完全意义上的“企业”所得税，“其他取得收入的组织”也是该税的纳税人，而有的企业如合伙企业又不是该税的纳税人。因此，企业所得税立法时存在诸多争议，迄今也有认识上的分歧。

---

① 韩桂君：《进一步完善我国合伙企业的法律制度》，载《中外法学》1999年第5期，第90—95页。

② 孙玉荣：《有限合伙法律问题探讨》，载《甘肃政法学院学报》2005年第1期，第109—113页。

其次，公司—股东两个层面的税收制度关系并未厘清，企业所得税与个人所得税的重复征税问题并未完全得到解决。对此，各方也提出了一些批评意见。

最后，企业所得税并非真正意义上的或纯粹意义上的法人所得税。比如，《企业所得税法》规定，除国务院另有规定外，企业之间不得合并缴纳企业所得税，但这也意味着，经国务院另行规定，企业之间可以合并纳税，事实上，并不具有法人资格的某些企业集团经批准后进行汇总合并纳税，成了企业所得税的纳税人。

也就是说，即便排除了个人独资企业和合伙企业，企业所得税也并非纯粹意义上的法人所得税。就此，我们讨论一个与合伙企业纳税有关的、很可能有争议的问题。

有学者认为，非法人制的中外合作经营企业是中外合伙，并将其所得税问题纳入“合伙所得税”范畴中加以讨论，[①] 对中外合作经营企业与合伙企业两者的关系，的确在理论上有很大的争论，[②] 在税收实务中存在一些不确定性。

（三）“高铁”与“绿皮车”：制度供给差异及其对商事自由的影响

我们知道，由于我国在许多方面都缺乏经验，只能“摸着石头过河”，制度建构往往是“成熟一个，制定一个”，而且，为临时解决问题而制定、修改相关制度的情况比较普遍，应急立法问题较为突出。公司与合伙所涉税制的演变中也存在此类问题，从而导致公司税制与合伙税制都不同程度地存在制度缺陷问题。但要害恰恰在于“不同程度”，如果说两辆车都有问题，汽车是

---

① 参见史正保：《论我国合伙企业的所得税》，载王保树主编：《中国商法年刊（2006）：合伙与合作社法律制度研究》，北京大学出版社 2007 年版，第 38—40 页。

② 江平先生回忆，“1988 年我国制定了《中外合作经营企业法》，当时我很意外地担任了全国人大法律委员会副主任，但刚上任该法已经通过了，也不清楚起草的过程。该法公布后，一位日本的年轻律师从上海打来电话和我讨论《中外合作经营企业法》的一些问题，他说：《中外合作经营企业法》规定，中外合作企业可以是法人，也可以不是法人。法人好理解，该企业是有限公司；不是法人，应当如何理解？是不是合伙？出资人是承担有限责任，还是无限责任？我没参加那个法的起草，还真不知道怎么回答。后来，遇见参加起草法律的外经贸部条法司司长，向他咨询，他说起草时对此也没考虑过，当时就这么写了。我问：为什么写‘不是法人’？他说：不是法人就意味着两条便利：一是避免双重纳税，法人税不用交，只交个人税；二则，不是法人就不用要董事会，管理上比较简单、方便。当时立法时只考虑了这些，没考虑诸如法人还是合伙、有限责任还是无限责任的问题。……不是法人的中外合作企业究竟是什么？这个问题至今也未搞清楚，实践中也出现了几起这种纠纷。后来我问外经贸部条法司，他们说：模糊点儿好！说无限责任，外商都不敢来了；有限责任，又说不过去。有人说是有限合伙，但好像也扯不上。”参见江平：《江平讲演文选》，中国法制出版社 2003 年版，第 494—495 页。

还没喷漆，而自行车是还没装上链条，则其功能上的差别是很明显的；公司税制与合伙税制的不完善程度的区别在某种意义上就是如此。比较而言，对公司税制的修改完善力度较大，调整频率较高，发改委、财政部、国家税务总局等部门不断给公司税制优化升级，打“补丁”，合伙税制往往是实在不行了才偶尔打个“补丁”，至少，合伙企业尚未取得完全意义上的“穿透主体”地位，还只能算是“半穿透主体”或“准穿透主体”——在企业纳税义务上基本实现了向下（合伙人）穿透，但从下（合伙人）往上（合伙企业）的穿透尚未充分明确。我们仅以近年来所出台的针对《企业所得税法》第26条的文件为例，例如，财政部、国家税务总局《关于执行企业所得税优惠政策若干问题的通知》（财税〔2009〕69号）、国家税务总局《关于跨境电子商务综合试验区零售出口企业所得税核定征收有关问题的公告》（国家税务总局公告2019年第36号）等，就可以管中窥豹。

这就好比公司税制上了高铁，是直达，沿途还有很多绿色通道，而合伙税制上的是绿皮火车，沿路还得换乘马车，有的地方还不让通过，只能眼睁睁看着公司税制一路绝尘而去。

造成上述结果的原因何在？原因可能是多方面的，但或多或少都可能与“企业形态上的现代化迷思”有关。易言之，由于政府对发展经济有一种效率上的追求，公司又被公认为现代企业形态的代表，公司制度则被视为现代企业制度的核心，再加上公司制企业一般是国家财政收入的重要来源，基于这些原因以及其他相关原因，公司税制更多地受到关注，或许是符合政府的经济逻辑和财政逻辑的。

那么，是不是合伙企业天生就不该受到同等的重视，合伙税制就不应该与公司税制相比较？答案是否定的。合伙税制的很多规则本就应与公司税制相似，立法者或政策制定者本应在构建或完善相应的公司税制的同时，构建或完善合伙税制，[①] 但因为种种原因而长期滞后，是不应该的。

首先，从总的税负考量上来看，合伙企业的减负力度显然不够。在税负轻重的基本原则上，我们完全可以遵循举重以明轻、举轻以明重原则。一般而言，合伙企业及其合伙人的综合税负与公司及其股东的综合税负，在同等情况下，前者应比后者低，最低限度，前者应不高于后者。但是，如前所述，公司

---

① 完善合伙税制的必要性及困难，可参见崔威：《新〈合伙企业法〉及〈企业所得税法〉对合伙企业所得税制的挑战》，载《法学评论》2009年第2期，第48—55页。

方面在不断减轻或取消双重征税，且有诸多减轻税负的配套制度，合伙企业及其合伙人的综合税负在很多情况下要重于公司及其股东的税负。其次，在成本费用扣除、亏损的税务处理、税收优惠等方面，合伙企业未能获得与公司相当的待遇。在税收优惠方面，也并非如同某些人认为的那样，这是专属于企业的优惠而无法惠及合伙企业。其实，合伙企业及其合伙人如果具备了税收优惠的根本宗旨所涵盖的要件，就应当为其设置相对应的税收优惠，或准许它们在可能的情况下（如允许公司制有限合伙人）享受公司同等的税收优惠。这本不应有太大的理论障碍，因为企业所得税制已经将合伙企业当作了非实体或流经主体、穿透主体（pass-through entity），企业的权利义务可以下达合伙人——前述“先分后税”原则就是最为典型的体现，合伙人的身份性质也应允许穿过企业而上传，从而基于其身份性质而享受税收优惠。而二元税制逻辑梗阻的地方就是，既把合伙企业当作穿透主体，又不允许合伙人穿透合伙企业平等适用税收优惠等方面的相关规则，有损税制的公平性。再次，在合伙人层面参照个体工商户所得税制来适用，只是一种临时应急的制度安排，但此后多年都未重新调整这一安排，严重滞后于市场发展，远不能满足商事实践对制度的需求。最后，制度供给不均衡的二元税制还给合伙企业带来严重的不确定性风险。如合伙人的适用规则、缴税时间等存在一定的不确定性。

总的来看，基于上述诸多方面的原因，在当前二元税制下，合伙型创投/私募基金的有形税负、无形的税收成本和制度风险都要显著高于公司型基金。而这些高出来的税负、成本和风险基本都是不合理的。由于企业组织形式的差异很大程度上是交易成本的差异，[①] 市场主体基于不同市场环境、交易类型而选择不同成本的组织形式。上述问题的存在，当然会导致人们尽可能地选择公司而非合伙，正如有的专家所言，“予以差别对待，一个最大的影响是：将有可能人为地使得公司制成为中国创投机构组织形式的首选”[②]，从而也就在实质意义上限制了人们对企业组织形式的选择自由。

---

① See Ronald Coase. The Nature of the Firm, See in O. E. Williamson and S. G. Winter, eds., *The Nature of the Firm*, Oxford University Press, 1991; Geoffrey M. Hodgeson. The Coasean Tangle: The Nature of the Firm and the Problem of Historical Specificity, See in Steven G. Medema, ed., *Coasean Economics*, Kluwer, 1997.

② 岳敬飞：《建言出台补充通知，业界呼吁予合伙制创投税收优惠》，载《上海证券报》2009 年 5 月 26 日，第 B06 版。

（四）中国促进创业投资 / 私募股权投资的国家意图及其规范表达

有人认为，因为公司与合伙企业组织形式不同，因此不可能享受平等的税收待遇。这里似乎涉及享受税收优惠待遇的条件问题。对此，不妨对相关税收激励政策加以剖析。

1. 语义分析

与创业投资 / 私募股权投资相关的第一部法律——《促进科技成果转化法》仅规定，国家鼓励设立风险基金，其资金来源由国家、地方、企业、事业单位以及其他组织或者个人提供。虽然该规定并未明确企业组织形式，但至少，我们无法从中得出排除某种形式的企业这一结论。后续的几个相关文件也与此类似。较为明确地规定投资主体，大概是始于科技部、财政部和税务总局等七部委制定的《关于建立风险投资机制的若干意见》。

《关于建立风险投资机制的若干意见》第 7 条规定，风险投资公司和风险投资基金，是风险投资主体中的主导性机构。第 8 条规定，风险投资公司是以风险投资为主要经营活动的非金融性企业，其主营业务是向高新技术企业及科技型中小企业进行投资，转让由投资所形成的股权，为高新技术企业提供融资咨询，参与被投资企业的经营管理等。风险投资公司设立时要注意政企分开，鼓励非国有企业、个人、外商及其他机构投资入股。风险投资公司采取有限责任公司、股份有限公司等形式并积极探索新的运作模式。我们知道，当时的《公司法》刚修正完毕，其第 2 条规定，本法所称公司是指依照本法在中国境内设立的有限责任公司和股份有限公司；第 3 条规定，有限责任公司和股份有限公司是企业法人。可见，《关于建立风险投资机制的若干意见》中的风险投资基金是指公司制以外的投资机构。结合起来分析，不仅得不出合伙企业被排除在外的结论，相反，可以肯定，合伙企业恰恰和公司一样属于国家政策所指的投资主体，从而也属于相关优惠政策的适格主体。

财政部、国家税务总局联合下发的《关于贯彻落实〈中共中央国务院关于加强技术创新，发展高科技，实现产业化的决定〉有关税收问题的通知》（财税字〔1999〕273 号）规定了相关税收优惠政策，而政策的适格主体包括企业单位（不含外商投资企业和外国企业）、事业单位、社会团体、个人和个体工商户。此通知仅排除了外商投资企业和外国企业，因此，合伙企业当然也就属于该税收优惠政策的适格主体。

2005 年《创业投资企业管理暂行办法》第 6 条规定，创业投资企业可以以有限责任公司、股份有限公司或法律规定的其他企业组织形式设立。这就非常明确了，除了公司形式外，合伙企业也属于国家所规定的创业投资企业可采用的形式之一，因为当时已经有了《合伙企业法》，故合伙当然属于“法律规定的其他企业组织形式”，[①] 而第二年，即2006年修订的《合伙企业法》又把有限合伙企业引入进来，故有限合伙亦成为创业投资的企业组织形式之一。概言之，合伙企业应平等适用创业投资的相关优惠政策。从《创业投资企业管理暂行办法》第3条的规定来看也是成立的，其规定，未遵照本办法规定完成备案程序的创业投资企业，不受创业投资企业管理部门的监管，不享受政策扶持。该办法第二章（创业投资企业的设立与备案）并未将合伙企业排除于备案程序之外，换言之，不论公司还是合伙，只要完成备案并具备该办法的其他要件，均属于优惠政策的适格主体，同时，未备案者均不享受优惠政策，而不论其是公司还是合伙。

主要的例外始于一部低位阶的部门规范性文件——财政部、国家税务总局制定了《关于促进创业投资企业发展有关税收政策的通知》（财税〔2007〕31号）。它在一个大帽子（“有关税收政策”）的底下，仅仅规定了应纳税所得额抵扣额相关的内容，更是明确将享受“有关税收政策”的主体限定为“创业投资有限责任公司”“创业投资股份有限公司”。此后，《企业所得税法》《企业所得税法实施条例》以及财政部、国家税务总局制定的若干其他规范固守了这一政策立场。

2. 目的分析

《促进科技成果转化法》第39条体现了国家优惠政策的目的，即对那些支持高投入、高风险、高产出的科技成果转化或加速重大科技成果产业化的投资机构以鼓励。需要指出的是，《促进科技成果转化法》第38条为2015年8月29日第十二届全国人民代表大会常务委员会第十六次会议修正时新增的规定，其内容为：“国家鼓励创业投资机构投资科技成果转化项目。国家设立的创业投资引导基金，应当引导和支持创业投资机构投资初创期科技型中小

---

① 参与政策制定的人士回忆，“关于有限合伙制创业投资企业的税收优惠问题，我们也曾考虑过。在制定《创业投资企业管理暂行办法》时，尽管《合伙企业法》修订案还没有出台，我们仍然为‘有限合伙’这种形式留了空间。为此，《创业投资仓业管理暂行办法》第6条规定：‘创业投资企业可以以有限责任公司、股份有限公司或法律规定的其他企业组织形式设立。’其中所称的‘其他企业组织形式’，就主要指的（是）‘有限合伙企业’。”参见刘健钧：《研究报告一：促进创业投资企业发展的税收政策解读》，载中国风险投资研究院、香港理工大学公共政策研究所编：《中国风险投资年鉴（2008）》，民主与建设出版社2008年版，第331页。

企业。”该规定的规范目的与第 39 条是一致的。

《关于建立风险投资机制的若干意见》第 4 条规明确风险投资机制的目的是促进高新技术成果走向市场、实现产业化等。为实现此目的，第 6 条明确指出，对风险投资活动以及各类机构和个人对风险投资机构的投资，给予必要的扶持政策。《创业投资企业管理暂行办法》出台时有关部委在答记者问时指出，只要符合该办法的激励目标，就可享受扶持政策，不问出身（公司还是合伙）。①

可以参考的是，《合伙企业法》修订草案说明特别指出，发展风险投资迫切需要在法律中规定有限合伙制度。风险投资是 20 世纪 60 年代快速发展起来的一种股权投资方式，它是吸引社会投资、鼓励自主创新，促进高新技术企业发展的有效方式。风险投资常用的组织形式是有限合伙，有利于将具有投资管理经验或技术研发能力的机构或个人，与具有资金实力的投资机构有效结合起来，既激励管理者全力创业，降低决策管理成本，提高投资收益，又使资金投入机构在承担与公司制企业同样责任的前提下，有可能获得更高的收益。根据国家鼓励自主创新、建设创新型社会的要求，需要大力发展风险投资事业，由于原合伙企业法没有规定有限合伙制度，而且有的条文对设立有限合伙形成直接限制，使我国风险投资难以采用这一制度，因此迫切需要通过国家立法加以促进和规范。②

可见，合伙企业，特别是后来得到法律承认的有限合伙企业，其参与创业投资 / 私募股权投资都是符合国家法律和相关规范的激励导向和指引目标的。

3. 体系分析

在上述分析基础上，我们可以进一步进行体系分析，以考察相关规范的矛盾问题。就创业投资 / 私募股权投资的国家调控规范而言，其导向或目的应是内在一致的。低位阶的规范如果偏离了高位阶规范的目的，甚至南辕北辙的话，就可能构成对高位阶规范的抵触；如果低位阶规范的目的未被清晰

① 参见岳敬飞：《建言出台补充通知，业界呼吁予合伙制创投税收优惠》，载《上海证券报》2009 年 5 月 26 日，第 B06 版。

② 详见全国人大财政经济委员会副主任委员严义埙在 2006 年 4 月 25 日在第十届全国人民代表大会常务委员会第二十一次会议上所作的《关于〈中华人民共和国合伙企业法（修订草案）〉的说明》，参见朱少平主编：《〈中华人民共和国合伙企业法〉释义及实用指南》，中国民主法制出版社 2013 年版，第 264 页。

表达，既可以被解释为对高位阶规范的抵触，又可以被解释为一致，则应尽可能解释为一致，维护规范体系的安定与自洽。

如前所述，诸多优惠政策所涉规范中，唯有财税〔2007〕31号文、确认财税〔2007〕31号文政策的《企业所得税法》第31条和《企业所得税法实施条例》第97条等在优惠政策设计上排除了合伙企业的受惠资格，或者未考虑为合伙企业设计相当程度的优惠政策。这种政策设计，无论是放在整个企业所得税制体系下考量，还是置于整个创业投资/私募股权投资税制下加以考察，都是不合理的。

和以往不同，2007年前后，国家在税收优惠政策上的导向调整为以产业优惠为主、区域优惠为辅。以2007年《企业所得税法》为核心构建起来的企业所得税制也体现了这一点。就此而言，只限定公司制企业获得创业投资/私募股权投资方面的税收优惠，是必然不符合税收优惠的产业优惠导向的。要想让合伙企业同等地享受优惠待遇，《企业所得税法》第31条并不是不能解开的结，它完全可以通过将合伙企业作为透明实体而让公司制有限合伙人享受第31条的优惠政策，或者单独在其他法律中为合伙型投资机构设定大体相当的优惠政策。

那么，置于整个创业投资/私募股权投资税制下来考察，只为公司型投资机构提供税收优惠，也是不合理的。如前所述，诸多规范的目的均非常明确，且其政策适格主体也并不限定企业形式，只要符合支持创新、促进科技成果转化等激励导向，就应当享受相关优惠政策。相关部门有义务为此设计公平的优惠政策，让各类主体均可平等受惠。

五、亡羊补牢：应对与反思

可见，合伙型创业投资/私募股权投资机构实际上并没有获得人们长期以来所认为的理所当然的税收优势，甚至其在诸多方面呈现出明显的劣势。在税收政策缺乏公平性的情况下，市场主体选择合伙还是公司形式的自由当然就受到了束缚，有时这种束缚还是政策制定者所刻意施加的。意识到这一点，市场必然有反应。

（一）地方制度供给

对更为完善的税收制度的需求是一直存在的，且已经表现得日益强烈。市场主体不断利用各种方式，包括寻求官方机构中的支持者发声等，表达投资者的诉求。例如，中国风险创投委员会常务副会长沈志群、中国投资协会创业和股权投资专业委员会副秘书长严新宝和国务院研究室信息司副司长张昌彩一起提交了政策建议，其中提到，“国际经验表明，税收政策是扶持创业投资发展的重要保障。目前，我国创业投资企业税收负担较重，特别是合伙企业的个税过重，影响了社会资金、民间资本的投资积极性。”[①] 此外，“有限合伙企业的税收问题也引起了一些地方政府的高度重视，有关部门已向国家税务机关递交了相关专项报告。”[②]

一直以来，在中央政府的政策制定者那里，仍有不少质疑有限合伙型机构的声音。[③] 这些声音一度被市场解读为“政府力挺公司制 PE”。[④] 在此情况下，要从中央层面一次性解决税收制度供给问题，难度不小。这些年来，还有不少人建议通过制定统一的《创业投资法》《私募股权投资法》或《风险投资法》，以此破解税收优惠力度冷暖不均等问题，但是，目前的立法机构尚未看到这种统一立法的必要性。[⑤] 在这样的背景下，地方政府作为制度供给者就起到了填补制度空白、满足市场需求的作用。

经验表明，创业投资 / 私募股权投资业对地区经济发展发挥了积极的促进作用。正是看到了这一点，北京等地先后出台了地方法规、地方政府规章等，为私募股权基金提供多种税收优惠政策，开展了制度供给上的竞争。

2008 年 4 月 30 日，北京市人民政府发布《关于促进首都金融业发展的意见》，该意见多处涉及创业投资 / 私募股权投资的鼓励政策。2009 年《关于促进股权投资基金业发展的意见》则规定，合伙制股权基金中个人合伙人取得的收益，按照“利息、股息、红利所得”或者“财产转让所得”项目征收个人所得税，税率为 20%。比国家税务总局规定的最高达到 35% 的税率低很多。此外，还有一系列配套税收优惠政策。

深圳 2010 年《关于深圳市促进股权投资基金业发展的若干规定》与北京

---

① 张昌彩、沈志群、严新宝：《关于加快创业投资发展的政策建议》，载宁吉喆主编：《2014 中国经济社会发展形势与对策：国务院研究调查成果选》，中国言实出版社 2014 年版，第 179 页。

② 剑鸣：《合伙制私募遭遇税收之惑》，载《上海证券报》2008 年 2 月 28 日，第 A01 版。

③ 例如，刘健钧、王力军、孔杰：《正确认识有限合伙的作用——关于私人股权与创业投资基金组织形式的思考》，载《中国科技投资》2008 年第 8 期，第 61—64 页。

④ 参见周明：《应对合伙制 PE“两税合一”》，载《中国证券报》2008 年 5 月 20 日，B06 版。

⑤ 2009 年 10 月 31 日全国人民代表大会财政经济委员会《关于第十一届全国人民代表大会第二次会议主席团交付审议的代表提出的议案审议结果的报告》认为，“是否制定专门的风险投资法尚需进一步研究”。

的优惠政策大体相同。所不同的是，有限合伙型基金中不执行合伙事务的自然人有限合伙人，按20%的比例税率计征个人所得税，普通合伙人仍按国家规定执行。

作为西部省份的重庆，制定税收优惠政策更加吸引人。重庆市人民政府《关于鼓励股权投资类企业发展的意见》（渝府发〔2008〕110号）规定，自开业年度起，私募股权基金第一年和第二年缴纳的营业税由财政部门全额返还，第三年至第五年减半返还；自获利年度起，第一年和第二年缴纳的企业所得税地方留成部分由财政部门全额返还，第三年至第五年减半返还。对纳税确有困难的股权投资企业新购建的自用办公房产，免征契税，并免征房产税3年。此外，股权投资类企业高级管理人员，第一年至第三年缴纳的个人工资收入所得税地方留成部分由财政部门按年度给予全额奖励，第四年和第五年按年度给予地方留成部分50%奖励，用于鼓励和支持其深造培训、购买自用住房等。对于有限合伙型投资机构，不执行企业合伙事务的自然人有限合伙人，其从有限合伙企业中取得的股权投资收益，按“利息、股息、红利所得”应税项目，适用20%的税率计算缴纳个人所得税。以有限责任公司或股份有限公司形式设立的股权投资类企业的经营所得和其他所得，符合西部大开发政策的，可按规定执行15%的企业所得税税率。

上海《关于本市股权投资企业工商登记等事项的通知》（沪金融办通〔2008〕3号）规定，不执行有限合伙企业合伙事务的自然人有限合伙人，按“利息、股息、红利所得”应税项目计算缴纳个人所得税。而且，这只是一个初步的方案，“目的是先把股权投资企业吸引到上海，而有关税收以及其他方面措施将在实践中进一步改进。”[①] 同年底，《关于印发浦东新区促进股权投资企业和股权投资管理企业发展意见的通知》和《浦东新区促进股权投资企业和股权投资管理企业发展的实施办法》公布实施，其优惠力度果然更大。

总的来说，地方税收优惠政策要比中央力度大、覆盖主体范围广，尤其是对合伙型基金提供充分的优惠待遇，着重解决了中央税收优惠政策偏向于公司型基金的不足。各地的税收优惠政策效果明显，而且，越是优惠力度大的地区，创业投资/私募股权投资业发展得越快。

（二）中央制度供给

但长期停留于地方制度供给层面，并不能有效满足市场需求，也不能满

① 唐真龙、张良：《上海抢筹私募股权中心》，载《上海证券报》2008年8月25日，第1版。

足地方政府推动经济发展的制度需求。不过，要实现中央层面的统一制度供给实属不易。如前所述，中央的反应链较长，制度供给必然具有更大的滞后性，同时，中国作为一个大国，中央制度供给的成本较高，对需求端信息的处理效率或双向反馈效率不那么高，这些都可能影响中央层面制度的回应性，在很多时候演化成了一种压力型制度生成模式，需求方叫得多了、声音大了、喊得急了，或许就会催生出新的制度来。

财政部、国家税务总局《关于苏州工业园区有限合伙制创业投资企业法人合伙人企业所得税试点政策的通知》（财税〔2012〕67 号）第 1 条规定，注册在苏州工业园区内的有限合伙制创业投资企业采取股权投资方式投资于未上市的中小高新技术企业 2 年（24 个月）以上，该有限合伙制创业投资企业的法人合伙人，可在有限合伙制创业投资企业持有未上市中小高新技术企业股权满 2 年的当年，按照该法人合伙人对该未上市中小高新技术企业投资额的 70%，抵扣该法人合伙人从该有限合伙制创业投资企业分得的应纳税所得额，当年不足抵扣的，可以在以后纳税年度结转抵扣。第 4 条规定，有限合伙制创业投资企业法人合伙人享受本通知规定的税收优惠政策的其他相关问题，参照《国家税务总局关于实施创业投资企业所得税优惠问题的通知》（国税发〔2009〕87 号）的规定执行。或许是因为财税〔2012〕67 号文落日条款规定的失效日期快届满的原因，国家税务总局《关于苏州工业园区有限合伙制创业投资企业法人合伙人企业所得税政策试点有关征收管理问题的公告》（国家税务总局公告 2013 年第 25 号）第 2 条、第 3 条再次明确，符合财税〔2012〕67 号文件第 3 条规定条件的有限合伙制创业投资企业（以下简称“创业投资企业”）以股权投资方式投资于未上市中小高新技术企业，在试点期间内满 2 年（24 个月）的，其法人合伙人可按规定享受优惠政策。法人合伙人按照财税〔2012〕67 号文件第 2 条规定计算其投资额的 70% 抵扣从该创业投资企业分得的应纳税所得额。如果法人合伙人在苏州工业园区内投资于多个符合条件的创业投资企业，可合并计算其可抵扣的投资额和分得的应纳税所得额。当年不足抵扣的，可结转以后纳税年度继续抵扣；当年抵扣后有结余的，应按照企业所得税法的规定计算缴纳企业所得税。

历经 3 年，在苏州试点经验的基础上，国家税务总局发布《关于有限合伙制创业投资企业法人合伙人企业所得税有关问题的公告》（国家税务总局公告 2015 年第 81 号）。公告规定，有限合伙制创业投资企业采取股权投资方式投资于未上市的中小高新技术企业满 2 年（24 个月）的，其法人合伙人可按照对未上市中小高新技术企业投资额的70%抵扣该法人合伙人从该有限合伙制创业投资企业分得的应纳税所得额，当年不足抵扣的，可以在以后纳税年度结转抵扣。所称满2年是指2015年10月1日起，有限合伙制创业投资企业投资于未上市中小高新技术企业的实缴投资满2年，同时，法人合伙人对该有限合伙制创业投资企业的实缴出资也应满2年。如果法人合伙人投资于多个符合条件的有限合伙制创业投资企业，可合并计算其可抵扣的投资额和应分得的应纳税所得额。当年不足抵扣的，可结转以后纳税年度继续抵扣；当年抵扣后有结余的，应按照企业所得税法的规定计算缴纳企业所得税。

至此，中央层面的创业投资 / 私募股权投资优惠制度终于在公平对待有限合伙企业的道路上迈出了关键的一步，也在实质意义上进一步明确了合伙企业的"穿透主体"或"流经主体"的税收地位，特别是进一步明确了有限合伙人享有向上穿透的部分待遇。当然，必须承认，该制度仍未达致理想状态。

接下来该怎么完善制度？国家税务总局的态度是比较谨慎的，采取的措施也是传统的试点措施。2017年4月28日，《财政部、国家税务总局关于创业投资企业和天使投资个人有关税收试点政策的通知》（财税〔2017〕38号）发布。该通知规定如下：公司制创业投资企业采取股权投资方式直接投资于种子期、初创期科技型企业满2年的，可以按照投资额的70%在股权持有满2年的当年抵扣该公司制创业投资企业的应纳税所得额；当年不足抵扣的，可以在以后纳税年度结转抵扣。有限合伙制创业投资企业（以下简称"合伙创投企业"）采取股权投资方式直接投资于初创科技型企业满2年的，该合伙创投企业的合伙人分别按以下方式处理：（1）法人合伙人可以按照对初创科技型企业投资额的70%抵扣法人合伙人从合伙创投企业分得的所得；当年不足抵扣的，可以在以后纳税年度结转抵扣。（2）个人合伙人可以按照对初创科技型企业投资额的70%抵扣个人合伙人从合伙创投企业分得的经营所得；当年不足抵扣的，可以在以后纳税年度结转抵扣。

2017年9月1日，修订通过的《中小企业促进法》第26条是新增加的一个条款，其规定："国家采取措施支持社会资金参与投资中小企业。创业投资企业和个人投资者投资初创期科技创新企业的，按照国家规定享受税收优惠。"就此而言，其并未强调社会资金参与创业投资的组织形式，相反，其将企业与个人投资者并列放在一起，或许，这反映了立法者的一些新的思考。仔细考察，我们发现，这种可能性是存在的。《全国人民代表大会法律委员会关于〈中华人民共和国中小企业促进法（修订草案）〉修改情况的汇报》提及，“一些常委委员提出，税收优惠是促进中小企业发展的重要手段，建议在草案中进一步明确相关税收优惠措施。法律委员会经研究，建议增加规定，国家对符合条件的小型微型企业按照规定实行减征、免征企业所得税、增值税等措施；高等学校毕业生、退役军人等创办小型微型企业的，按照国家规定享受税收优惠和收费减免；创业投资企业和个人投资者投资初创期科技创新企业的，按照国家规定享受税收优惠；国家完善中小企业研究开发费用加计扣除政策，支持中小企业技术创新。”[①]《十二届全国人大常委会第二十八次会议审议中小企业促进法修订草案二次审议稿的主要意见》提及，“二审稿第二十六条规定，国家鼓励社会资金参与投资中小企业。有的委员建议修改为‘国家鼓励各种创业投资机构和个人投资者投资初创期科技创新企业’。有的委员建议增加鼓励天使投资、风险投资对中小企业投资的规定，解决创业创新‘最先一公里’的问题。”

紧接着，2018 年《财政部、税务总局关于创业投资企业和天使投资个人有关税收政策的通知》（财税〔2018〕55 号）规定：有限合伙制创业投资企业采取股权投资方式直接投资于初创科技型企业满 2 年的，该合伙创投企业的合伙人分别按以下方式处理：法人合伙人可以按照对初创科技型企业投资额的 70% 抵扣法人合伙人从合伙创投企业分得的所得；当年不足抵扣的，可以在以后纳税年度结转抵扣。个人合伙人可以按照对初创科技型企业投资额的 70% 抵扣个人合伙人从合伙创投企业分得的经营所得；当年不足抵扣的，可以在以后纳税年度结转抵扣。2019 年《财政部、税务总局、发展改革委、证监会关于创业投资企业个人合伙人所得税政策问题的通知》（财税〔2019〕8 号）规定：创投企业选择按单一投资基金核算的，其个人合伙人从该基金应分得的股权转让所得和股息红利所得，按照 20% 税率计算缴纳个人所得税；创投企业选择按年度所得整体核算的，其个人合伙人应从创投企业取得的所得，按照“经营所得”项目、5%—35% 的超额累进税率计算缴纳个人所得税；按照“经营所得”项目计税的个人合伙人，没有综合所得的，可依法减除基本减除费用、专项扣除、专项附加扣除以及国务院确定的其他扣除。从多处取得经营所得的，应汇总计算个人所得税，只减除一次上述费用和扣除。

《财政部、税务总局关于延续执行创业投资企业和天使投资个人投资初创

---

① 全国人大常委会办公厅：《中华人民共和国中小企业促进法（最新修订本）》，中国民主法制出版社 2017 年版，第 29—30 页。

科技型企业有关政策条件的公告》（财政部、税务总局公告 2022 年第 6 号）、《财政部、税务总局关于延续执行创业投资企业和天使投资个人投资初创科技型企业有关政策条件的公告》（财政部、税务总局公告 2023 年第 17 号）、《财政部、税务总局、国家发展改革委、中国证监会关于延续实施创业投资企业个人合伙人所得税政策的公告》（财政部、税务总局、国家发展改革委、中国证监会公告 2023 年第 24 号）等作了进一步明确。

回顾上述诸多法律、规范性文件的诞生历程，可以发现，在创业投资 / 私募股权投资税收制度的中央供给方面，持续发生着供给侧改革。中央制度供给越来越多，也越来越能够积极回应市场需求和社会诉求。

（三）反思：商事自由保护与束缚之悖论

尽管历经曲折，中国创业投资 / 私募股权投资税制在贯彻公平原则、尊重和保障商事自由方面又有了进步。但是，回顾上述制度供给的历程和机制，还是有诸多方面值得我们反思。

第一，违背税收法定原则，不利于保障商事自由。

无论是中央层面的统一制度还是地方层面的“土政策”，显然都有违税收法定原则。特别是党的十八大以后、《立法法》修正后，仍然以低位阶规范对极为重要的合伙税制问题进行规定，更值得思考。

由于不符合税收法定原则，相关制度必然存在不确定性，由此，不能满足市场交易对制度的稳定性需求，不利于保障商事自由。如果说中央层面的制度不确定性风险可能还不那么大的话，地方政策的风险就很明显了。更重要的是，在中央政府大力清理地方税收优惠政策的情况下，地方政策的风险更大。

当然，尽管地方政策的不确定性风险更大，但无论地方政府还是中央政府，目前其制度供给都欠缺合法性，相关制度并非按照《宪法》《立法法》的要求由最高立法机关制定或按照法定授权程序由有权机关制定，因此，在外界压力下赋予市场主体的部分商事自由完全有可能被政府的有形之手再次收回。事实上，国家税务总局等部门以往就扮演着限制商事自由者的角色，当前虽然似乎成了解放合伙企业、保护商事自由的有功者，但未来是否又会以某种理由、用某些方式来束缚商事自由，仍然不得而知。

第二，改革并不彻底，尚不能充分满足保障商事自由的需要。

首先，要指出的是，新的制度供给其实有点像挤牙膏。本来，有限合伙企业的法人合伙人投资于多个企业的，如何跨企业计算所得额或进行亏损弥补，应该在更广的意义上，即针对全部有限合伙企业来通盘考虑并出台新政策。目前仅仅针对原来的创投税收政策做调整，对于市场需求来说当然不解渴。

其次，要注意的是，即便是前述国家税务总局 2015 年的政策，也仍然承认，“新企业所得税法实施以来，有关合伙制所得税问题的纲领性文件主要是财税〔2008〕159 号文件，该文件确立了‘先分后税’的基本原则，也规定了合伙企业应纳税所得额的计算及分配原则，为此，目前暂以此文件作为试点政策的配套征收管理工作的依据。”[①] 换言之，以财税〔2008〕159 号文为主的一系列政策中的不合理因素并未得到彻底清理，随时可能因前文分析过的各种因素以及我们未曾预料到的因素而再次束缚市场主体的商事自由。

第三，地方政府之间的制度竞争很可能在相当长时期内将一直存在，这种局面也存在不利于商事自由保护之处。

对于地方政策的税收权力，2014 年 11 月国务院试图发起收权之战，[②] 结果，2015 年 5 月即告暂停。[③] 地方政府还可能长期与中央在税权问题上反复博弈。同时，未来一段时期，中央向地方赋权和中央向地方收权的情况都会存在。[④] 在此情况下，地方之间的税收竞争不会在短期内消停。缺乏规范、不受约束的地方之间的税收竞争将演变为竞次游戏或朝底竞争（Race to the Bottom）。[⑤] 由此带来的一个悖论是，地方既是商事自由的保护者，又是商事自由的侵犯者和束缚者。在地方辖区内，由于地方政府通过保护本地企业的商事自由可以将本地经济效益最大化，因此，其有动力充当保护者。但是，地方政府的这种保护恰恰不利于辖区外更多的企业与其保护之下的企业开展平等竞争，就此而言，地方政府当然又在其他方面束缚了甚至侵犯了更多市场

---

① 国家税务总局：《关于〈苏州工业园区有限合伙制创业投资企业法人合伙人企业所得税政策试点有关征收管理问题的公告〉的解读》，载中华人民共和国税收法典编委会编：《中华人民共和国现行税收法规及优惠政策解读（2014 年权威解读版）》，立信会计出版社 2014 年版，第 296—297 页。

② 参见《国务院关于清理规范税收等优惠政策的通知》（国发〔2014〕62 号）。

③ 参见《国务院关于税收等优惠政策相关事项的通知》（国发〔2015〕25 号）。

④ 参见何锦前：《地方财政自主权的边界分析》，载《法学评论》2016 年第 3 期，第 41—48 页。

⑤ See J. D. Wilson, *A Theory of Interregional Tax Competition*, Journal of Urban Economics, 1986, 19 (3): 296-315; G. Zodrow, and P. Mieszkowski, *Pigeou*, *Tiebout*, *Property Taxation and the Underprovision of Local Public Goods*, Journal of Urban Economics, 1986, 19 (3): 356-370.

主体的商事自由。

六、结论与余论

（一）结论

基于前述讨论，笔者尝试提出如下三个方面的建议。

1. 完善二元税制

如前所述，二元税制将公司与合伙分别置于两条制度轨道后，公司税制发展较快也较为完善，而合伙税制基于种种主客观因素而远远落后于实践需求，因此，未来的重点应加快完善合伙税制。

总体原则上，合伙企业可以在程序法上视为纳税实体，严格要求履行税务申报等方面的义务，在实体法上则似应更多地视为纳税虚体或者说穿透主体（pass through entity），实体法上的大部分权利义务由合伙人承担。当然，在某些情况下合伙企业也应被视为实体，例如成本费用扣除等方面。这些安排均应权衡纳税人权利保护、商事自由保护与国家税权，不能仅仅因为征管便利、财政收入最大化或反避税而无视相关权利保护。同时，要协调合伙税制与公司税制，使合伙企业及其投资者的综合税负低于或至少不高于公司方面的税负。

前文已指出，《关于有限合伙制创业投资企业法人合伙人企业所得税有关问题的公告》（国家税务总局公告2015年第81号）、《财政部、税务总局关于创业投资企业和天使投资个人有关税收政策的通知》（财税〔2018〕55号）、《财政部、税务总局、发展改革委、证监会关于创业投资企业个人合伙人所得税政策问题的通知》（财税〔2019〕8号）使合伙型投资机构及其投资者的税收地位与公司方面相比更趋平等。但仅此还不够，还应针对所有的合伙企业通盘设计合理的税收制度。

在成本费用扣除规则方面，应进一步参照《企业所得税法》的相关规则予以完善，确保合伙企业与公司处于公平竞争地位。在亏损弥补方面，也应照此完善。应取消或大幅修改财政部、国家税务总局《关于个人独资企业和合伙企业投资者征收个人所得税的规定》（财税〔2000〕91号）和《关于合伙企业合伙人所得税问题的通知》（财税〔2008〕159号）不允许跨企业弥补亏损等限制性规定。在一般性税收优惠政策方面，应尽可能地使合伙企业的合伙人分别享受个人所得税法和企业所得税法上的优惠待遇。当然，这就必然涉及要进一步明确合伙企业穿透主体的税收地位的问题。在这个问题上，有诸多方案值得探讨。

不少人曾建议，应引入美国的“打勾规则”（Check-the-box Rule），不论是合伙还是公司，不管是否具备独立法人资格，只要该企业把当年收益全部分配给它的投资者，该企业就可以申请作为免税主体，在企业层面不缴纳企业所得税，而分别由其投资者缴纳个人所得税或企业所得税。反之，即便是合伙企业、个人独资企业，也应在企业层面征收企业所得税。这种制度可以同时使公司、合伙等各种形式的企业在自愿选择的情况下免除双重征税，有利于保护商事自由。

当然，也有不少人反对这种做法，认为会给逃避税收者更多的可乘之机，导致国家税收流失。[①] 还有人认为，采用该制度的国家并不太多，我国又无相关经验，风险较大。对此，我们认为许多意见都有道理，对此问题尚待进一步深入探讨。不过，关于我国无此相关经验的说法似乎不太确切。前文已提及，国家税务总局《关于取消及下放外商投资企业和外国企业以及外籍个人若干税务行政审批项目的后续管理问题的通知》（国税发〔2004〕80号）第1条规定，不组成法人的中外合作经营企业，凡企业章程中规定并实际实行共同经营，统一核算，共负盈亏，共担投资风险等合营方式的，企业可以自行决定是否采取统一申报缴纳企业所得税。这显然就是中国版的打勾规则。只不过，迄今我们尚未发现有人从这个角度来看待它。我们认为中国版的打勾规则值得学界好好研究，或许能提炼出某些有助于完善合伙税制的经验来。

不论未来是否采用打勾规则或类似制度，都离不开一点，就是进一步承认合伙企业的穿透性或流经性。在此基础上，对合伙企业的自然人和法人合伙人分别适用不同的税收规则。

就此而言，“先分后税”的原则仍然是适用的，但又有很大不同。一方面，对于法人合伙人而言，就应贯彻流经原则，让其平等适用企业所得税法上的

---

① 财税部门的确存在这方面的担心。2007年《关于促进创业投资企业发展有关税收政策的通知》出台前后，“为了促进多种组织形式的创业投资基金发展，我们最初的设想是：把包括公司制、合伙制、信托制在内的三大类型创业投资基金都作为投资管道对待，不在基金环节征税。然后再根据各类创业投资基金投资中小企业的情况，在投资者环节给予应纳税所得抵扣优惠。但是，后来在与财税部门的沟通过程中，我们理解了财税部门的担心。在当前税收征管环境不是很好的情况下，如果将各类创业投资基金视为投资管道，不在基金环节征税，而是在投资者环节征税，税收征管工作量和难度均将大大增加。”参见刘健钧：《研究报告一：促进创业投资企业发展的税收政策解读》，载中国风险投资研究院、香港理工大学公共政策研究所编：《中国风险投资年鉴（2008）》，民主与建设出版社2008年版，第329—330页。

各项规则，享受相应的税收优惠。另一方面，对于自然人合伙人而言，就可以分两种方案改革相关制度。一是彻底抛弃参照个体工商户所得税制的方案，二是继续参照适用个体工商户所得税制，但大幅修改该税制，并针对合伙企业的不同情况规定更多的例外规则。

解决创业投资 / 私募股权投资税收优惠政策的问题，关键在于税收调控功能回归其应有的位置。在国家大力促进创业投资 / 私募股权投资业发展的制度格局中，税收政策应对所有符合国家产业政策的投资机构给予公平激励。换言之，税收优惠所秉持的理念应当真正实现产业优惠导向，即应以某企业是否符合产业政策为税收优惠的前提，而不是以某企业是否具有独立法律人格为前提。明确了这一点，税收优惠就不可能对合伙型基金不闻不问。这是就税收优惠的质的规定性而言的。再进而言之，就税收优惠的量来进行测度的话，可以说，哪一类市场主体更能实现国家的产业政策，就可以给予它数量更多或幅度更大的税收优惠。明确了这一点，税收优惠制度就应对合伙型基金给予更大的关注和支持，类似于公司型基金的税收优惠就可以通过税法技术得到实现。

2. 贯彻税收基本原则

当前相关税收政策位阶过低，不利于长期、稳定保护商事自由，因此，首先应提升立法位阶。这也是贯彻税收法定原则的必然要求。

依此原则，税收制度的制定主体应为中央。尽管目前各地纷纷出台各自的税收优惠政策，取得了市场的热烈欢迎。但是，如此大尺度地突破中央层面税收制度的边界，存在法理上的瑕疵。中国毕竟不是联邦制国家，从税权分配来看，地方政府所享有的税收权力相当有限，这在《宪法》和《立法法》中有明确规定，因此，地方政府的税收优惠政策影响了税收制度的统一性，在一定程度上也影响了中央政策的普遍效力，有违税收法定的精神。同时，由于并不是所有地方政府都有强大的财政实力给予如此丰厚的税收优惠待遇，因此，发达地区的税收优惠措施的出台，可能进一步加剧中西部地区投融资的困境。所以，税收优惠政策的制定主体应以中央层级为主，而且，税收优惠政策主要应以法律的形式制定。地方出台的税收优惠政策应有一定限度，且应该取得法律上的明确授权。税收法定原则的贯彻落实也有助于缓解部门利益以及部门间利益冲突所导致的制度不完善问题。

税收法定原则还意味着税法的制定应体现民主立法的精神，这一点，不仅是法律层面应予贯彻，低位阶的税收规范的制定也应如此。如前所述，一些有失公平的税收政策的出台，其背后就可能潜藏着与民主立法精神不相符合的因素。要体现民主立法精神，各个位阶税收规范的制定，就必须充分考虑相关各方（如各类市场主体）的意见，充分听取并吸收学界的意见和建议。对于后者而言，仍然值得我们反思的是，学术公共产品与国家公共政策的关系在我国处于何种生态之中。如果在某些问题上学界以形成高度共识，并为国家提供了富有建设性的学术公共产品，但缺乏将其有效转化为国家公共政策的渠道或机制，那么，这势必抑制学术公共产品的供给积极性。供给侧失灵的后果当然将有损于税法和相关税收政策的客观、科学以及最终实际效果。如何建立或完善学术公共产品有效转化为国家公共政策的机制，并非本研究的主题，因此有待另行讨论。但至少，贯彻税收法定原则，提升立法位阶，可以减少政府相关部门及其关键人物的裁量空间，可以降低相关规范的制定在关键环节受到关键人物极大影响的可能性，同时有助于在更为公开公平的平台上让各方利益的代表充分博弈，最终形成一个未必最优但相对以往而言要更被各方所接受的制度方案。

同时，税收公平原则也是税收制度的基本原则之一，不论何种企业主体，税收政策均应一视同仁，不应歧视某一种形态的企业而偏向另一种形态的企业。这里就涉及税法与商法的价值和谐问题。商法的核心范式和价值导向是效率，所以学者们认为，“公司法和商法的法理学基础其实就是效率分析的基础”。[①] 如果税收公平原则得到很好的贯彻，税收政策就不会给投资者选择企业组织形式施加不必要和不合理的税收成本，从而就会保障商事自由，确保市场资源配置的效率最大化和国家经济发展的效益最大化。否则，将使税法与商法之间产生价值冲突，损害个体经济效率和社会整体经济效益。

税收法定原则和税收公平原则都意味着税收规制功能的运用要格外谨慎。税收制度是典型的侵益性制度，故应注意秉持谦抑原则，不要动辄使出这个“大杀器”。因此，我们建议通过相关程序对相关税收制度进行审查，以确保其对商事自由保持应有的谦抑性。

必须指出，企业组织形态本身不存在完全应被法律彻底否定的“原罪”，公司和合伙企业不存在“好孩子”“坏孩子”的当然区别。每种企业形态都有其各自的诸多特点，其中某个特点可能是所谓的消极因素。但就好像人体内

---

① Jody S. Kraus & Steven D. Walt, eds., *The Jurisprudential Foundations of Corporate and Commercial Law*, Cambridge University Press, 1999: 1.

存在的某些可能致病的细菌一样，只要其不引发疾病就不需要杀死它，不必要的杀死某些细菌，反而导致体内生态失调引发疾病。同样，对企业而言，与企业形态不可分割的很多与生俱来的消极因素不爆发、不体现为实际的社会危害，就可以不对其实施法律干预，至少不能因此而把某类形态的企业隔离在市场之外。对于某些消极外部性，首先要坚持市场作为决定性的制度基础这一点，然后才能考虑采取何种必要的最有效的对市场和市场主体损害最小的方式干预，但即便采取干预措施，税收制度也应谦抑，只能在万不得已的情况下"出手"。因为，就制度备选项而言，由于这种干预属于一种市场准入，应优先采用其他常规的市场准入手段，税收手段应是更为靠后的选项。对于已经出台的税收政策，则要加以审查。这一点，和对限制财产权的税收政策的审查可能有所不同。以往的法律保留或税收法定原则是检验税收政策是否不当限制财产权的重要标准，而对商事自由，则在税收法定原则检验基础之上，还应通过比例原则来加以检视，以更好地保护商事自由。

3. 完善相关配套制度

首先，合伙企业中自然人合伙人所适用的个人所得税制度需要做相应的调试。如果自然人合伙人不再参照个体工商户适用税法，则应明确自然人合伙人的所得税适用规则，个人所得税法或相关法规规章应作相应修改。如果自然人合伙人仍然参照个体工商户适用税法，或短期内暂按此方法处理，则应改革个体工商户所得税规则，如适度调减税率水平、修改税率结构。2018年个人所得税法修改时，这方面有所调整，但相关问题仍可做进一步研讨。

其次，各种纳税主体的税负公平要真正落到实处，恐怕还需要很多配套的制度，否则无法操作。比如，与公司型基金相比，对于获取合伙型基金的财务等方面的信息而言，税务机关花费的成本肯定要高得多，如何既落实合伙企业应有的税收优惠待遇，又防止逃税漏税，是必须面对的一大难题。此外，税收优惠的落实还涉及研发费用问题，也很棘手。研发费用归集是一项技术性、专业性很强的工作，就创业投资 / 私募股权投资税收优惠政策中，对被投资的中小高新技术企业的研发费用归集口径不够明朗。而研发费用税前扣除比例也是直接关系到创业投资 / 私募股权投资的事项，其政策如何进一步优化，也牵动着市场的敏感神经。《财政部、国家税务总局、科技部关于完善研究开发费用税前加计扣除政策的通知》（财税〔2015〕119号）、《财政部、税务总局、科技部关于提高研究开发费用税前加计扣除比例的通知》（财税〔2018〕99号），对研发费用归集口径和税前扣除比例问题做了更完善的规定。但在实际上操作上，企业发生的研发费用纷繁多样，有些费用归集的确定颇费功夫，基于现实原因，前述文件的规定未能包含所有类型，因此，对归集口径尚不明朗的被投资中小高新技术企业的研发费用的审核比较困难，尤其是对未按项目实行明细核算的高新技术企业研发费用的审核更为复杂。如此之多的细节，均需要政策制定着详加考量，体现到具体政策之中，以避免税收优惠政策成为镜中月水中花。

除了以上从税收制度方面所作的考虑外，其实不妨从税制与商事法律制度共同变革的角度来考虑其他方案的可能性。例如，各类企业形式都可以根据市场需要不断推陈出新。例如，自20世纪80年代以来，美国创业投资/私募股权投资市场就出现了很多新的企业形式，日本、韩国也曾引入结合了公司与合伙各自优点的美国式有限责任企业（LLC）来发展创业投资/私募股权投资业。

总而言之，商事自由弥足珍贵，既是人的自由之重要部分，也是国家经济发展的基础和动力之一，税收制度理应充分尊重与保护这一自由。在国家制定税收规范的过程中，应将商事自由纳入必备考量因素之中，就如同传统上将财产权纳入考量范围一样，以约束税权，防止对商事自由的不当干预。就各类商事组织的选择而言，不管是政府眼中的“好的选择”还是“坏的选择”，那都是市场主体的自由——选错了市场机制自然会惩罚市场主体。税收政策不应强加不合理的税收成本，人为地影响市场主体的选择自由，甚至强行通过税制使市场主体选择政府部门所偏好的某种企业形式。

（二）余论

如前所述，无论是税法中的扣除、亏损弥补等规则，还是一般性的企业所得税优惠政策，抑或是专门针对创业投资/私募股权投资等方面而制定的税收优惠政策，均属于国家经济法律制度，特别是后两者，更是国家宏观调控制度的组成部分。我们知道，税收制度自20世纪上半叶以来发生了巨大的功能变化。与以往不同，发达国家在一战后对经济社会的深度介入，往往借由财税金融等工具，由此，税法在以往财政汲取功能的基础上进一步强化了其收入分配和经济社会调控功能。这三项功能无一不涉及各类纳税主体的自由与权利，特别是后两项功能，在警察国家成为久远的历史之后，更是广泛而深远地影响了现代社会的商事自由。

自20世纪以来，由于各国不仅通过税收来获得财政收入，还往往借此干预经济，而且，税收的触角已越来越广泛深入市场经济的每一个角落。我们发现，无论是企业所得，还是市场交易，抑或日常消费，乃至合同签订，无不与纳税义务密切相关。自 20 世纪中叶全球普遍开征企业所得税以来，企业所得税已经在各国财政收入中占据了举足轻重的地位。同时，社会保障税、营业税、增值税等诸多税收也与企业和投资者息息相关。

可见，如果仅仅拘泥于税收干预财产权这一问题，可能无法应对税收普遍深入民众生活、介入各类民商事范畴的问题。本文对创业投资 / 私募股权投资范畴中的相关税收问题所作的考察，就反映了公权力部门通过税收政策对商事组织形式选择自由的干预。这些问题，当然可以从财产权的角度来做分析，并由此强调税收法定原则对政府税权的控制。但我们可能也已经意识到，仅此似乎是不够的，还亟待直接从商事自由的角度来讨论税收干预的消极影响。创业投资 / 私募股权投资方面存在的不当税收干预以及其他许多方面的类似问题均表明，商事自由同样关涉人的基本自由，自应不受税制的不当干预，不当干预将伤及税本，阻碍商业繁荣和经济发展，税收调控和规制也将无所依凭。因此，税收调控和税收规制应建立在对商事自由给予充分尊重和保障的基础之上，或者说应将商事自由纳入税收干预的正当性评估的指标之内，从而为税权控制和税收法治化提供另一个权利依据和抓手。而税权控制和税收法治化的实现，既要以税收法定原则的贯彻落实、全面提升规范位阶为基础，也要注重正当程序原则、比例原则在税收领域的引入和应用。

笔者所讨论的公司与合伙企业的税收干预问题，主要涉及商事组织形式选择自由，除此以外，商事自由的诸多方面都可能存在不同程度的税收干预问题，也值得我们加以研讨。不过，正如前文所交代的，由于精力和能力所限，笔者在此研究中无法全部加以讨论，期待自己或更多的人能推动相关方面的研究。

后　记

这是一本祝寿文集，汇集了多位朱慈蕴老师指导的博士生、博士后流动站科研人员和与朱老师共事的青年才俊的作品，旨在向朱老师七秩寿辰送上一份学术意义上的真挚祝福。文章的选题并不囿于商法，各位祝福人也基于个人专长与志趣提交了民法、经济法的论文，表明朱老师的门生并不仅在商法学领域，于相近诸法域亦有建树。

对于我们这些门生或青年同事而言，朱老师是我们学术生涯的“建筑师”“工程师”“监理师”。在朱老师门下攻读学位或者从事博士后研究时，她帮助我们规划研究方向、确立研究方法、明确研究思路，是为“建筑师”；在学位论文、出站报告和学术论文撰写过程中，她帮助我们搭建论文结构、调整逻辑顺序、提高文字修辞，是为“工程师”；毕业或出站后、共事过程中，她时常督促我们写文章、报项目、出专著，总期待我们在学术上能成为她、超越她，是为“监理师”。正是因为有了朱老师的引领、指导和鞭策，我们才能够在学术道路上扬帆起航，乘风破浪，抵达彼岸。然而，让老师失望的是，至今我等尚未能赶超老师的学术出品质量和速度。最近五年，朱老师学术成果不断，在学术创新的道路上越走越快，我等亦步亦趋尚觉艰辛。常言谓“人到七十古来稀”，而人到七十还能保持如此旺盛创造力的，则更是稀少，这大概是老师身体康健的正面效应吧，愿老师身体永远康健！

学术之外，朱老师在生活上对我们也关爱有加，本文集的很多作者都经历过来自朱老师的“催婚”“催生”“催二胎”。她就像一位“大家长”，关注着我们的成长、情感和身心，也期待着我们都能像她一样“孩子孝顺、老公没说儿”。朱老师对生活的热爱也让我等羡慕，她练瑜伽、赏舞剧，以至于保持着与实际年龄不相符合的容颜，愿老师“革命人永远是年轻”！

2023年末，师门年长者开始策划朱老师七秩祝寿文集事宜，各位同门闻讯欣喜，积极撰文，以此为荣。同时，深圳大学与朱老师共事的吕成龙、薛波两位教授以及西南政法大学的孙小雨博士也献上佳作，一并向朱老师表达祝福。

文集的出版，离不开孙小雨博士、刘邦兴先生和刘宏光博士的慷慨赞助，感谢他们，使文集可以快速、顺利出版面世。